Weiße Haut
Schwarze Seele

DORIS BYER

Weiße Haut
Schwarze Seele

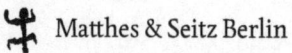 Matthes & Seitz Berlin

Für meine Tochter Beatrice in Dankbarkeit

Inhalt

Vorwort

Im Allgemeinen ist man sich darüber einig, es sei ein Übel. Praktisch jeder und jede distanziert sich davon. Selbst das auf politischem Rassismus beruhende Terrorregime des Nationalsozialismus wollte keineswegs des Rassismus verdächtigt werden (vgl. Kapitel 13). Und wird heute jemand als Rassist bezeichnet, gilt dies als Beleidigung, die gar juristische Folgen nach sich ziehen kann. Maßgebliche Fachgelehrte haben längst bewiesen, dass es keine Rassen gibt, woraus manche durchaus logisch schließen, es könne daher auch keinen Rassismus mehr geben – als hätte der sich jemals an Logik orientiert. Jedenfalls ist man bemüht, diesen schwer belasteten Begriff durch andere, leichter gewichtige Begriffe zu ersetzen, die dem angeblich neuen Charakter des kollektiven Hasses gegenüber anderen besser entsprächen, die jedoch allesamt irgendwann wieder von althergebrachten Haltungen kontaminiert und ersatzbedürftig werden.

Das Phänomen Rassismus zeigt sich von alldem weitgehend unbeeindruckt. Und solange seine historischen Dimensionen und seine volle, immer unberechenbare Tragweite nicht begriffen werden, wird sich daran auch nicht viel ändern.

Dieses Buch beruht in weiten Teilen auf autobiografischen Episoden, und dies nicht, weil mein 1942 begonnenes Leben für meine Nachwelt so besonders interessant wäre, sondern weil sich darin, mal weniger, mal mehr, ein darüber hinausweisender roter Faden erkennen lässt. Ich war einen beträchtlichen Teil meines Lebens sowohl persönlich als auch akademisch mit dem Thema Rassismus befasst, und dies, obwohl ich keiner sichtbaren Minderheit angehöre und keineswegs Opfer systematischer Benachteiligungen, alltäglicher Beleidigungen oder gar blutiger Attacken gewesen wäre. Ich bin eine durchschnittliche Staatsbürgerin weißer Hautfarbe mit allen gemeinhin als »germanisch« (Europa) oder »kaukasisch« (USA) geltenden phänotypischen Kennzeichen ...

Freilich weist mein zur Zeit der Monarchie geformter bildungsbürgerlicher Hintergrund eine leicht exzentrische, am Spinnen des roten Fadens beteiligte Dimension auf. Aufgewachsen inmitten der überwältigenden Bilderflut meines Vaters Hugo A. Bernatzik (1887–1953), eines Weltreisenden, Ethnologen und begnadeten Ethnofotografen, wurde mir das hierzulande übliche Menschenbild nicht in die Wiege gelegt. Von selbst wäre ich nie auf die Idee gekommen, Weiße könnten à priori allen anderen Menschen überlegen sein. Dass eine solche Haltung die vorherrschende war, wurde mir erst im Laufe der Schulzeit bewusst, nicht etwa als ein Verdienst, sondern als Konflikt. Und etwas später als eine Voraussetzung für ein nicht gerade unkompliziertes Leben.

Damit befasst sich der erste Teil des Buches. Autobiografische Skizzen thematisieren eine Kindheit als Flüchtling in den Montafoner Bergen und im Wien der Nachkriegsjahre, beschreiben den wirren, hoffnungsvollen Aufbruch der späten 1960er Jahre und eine verhältnismäßig kurze, aber folgenreiche Ehe mit einem aus der Karibik stammenden Nuklearphysiker.

Der zweite Teil erzählt in historischen Episoden von der Entstehung und Entwicklung jener Rassenideologien, die das Selbstverständnis der westlichen Welt bis heute weitgehend bestimmen und daher kaum wahrgenommen werden, es sei denn anlässlich immer wiederkehrender, blutiger Exzesse – doch dann ist es bereits zu spät. Die verqueren Zumutungen der jüngsten politischen Entwicklungen zwingen schließlich zum autobiografischen Narrativ zurück.

Manche haben es vielleicht schon bemerkt: Der Titel *Weiße Haut, Schwarze Seele* ist, entsprechend abgewandelt, inspiriert von W. E. B. Du Bois, *The Souls of Black Folk*, 1903, und von Frantz Fanon, *Peau noire, masques blancs*, 1951, was manche als Sakrileg empfinden mögen. Darf denn eine blonde Wienerin über *schwarze* Befindlichkeiten schreiben? Die Frage, was ich darf oder nicht, hat mich noch nie besonders beschäftigt. Der Titel ist jedenfalls ein Statement für die Antithese einer gegenwärtig dominierenden, wenngleich sicher vergänglichen Doxa: Rassismus ist nämlich in seiner immer wieder verwirrenden Komplexität für alle Bewohner des globalen Westens, gleich welcher Hautfarbe und Herkunft, nachvollziehbar und bedrohlich – und dies ungeachtet der evidenten, *qualitativen* Unterschiede in den Erfahrungen mit diesem Phänomen.

Die »Schwarze Seele« verweist dabei auf eine Innerlichkeit, die, gleichermaßen entfernt von Coolness wie von moralistischer Empörung, einfach zerrissen ist von den Anforderungen einer Gesellschaft, der man sich zugehörig und gleichzeitig völlig entfremdet fühlt. Dieses Gefühl ist wohl die Voraussetzung für eine gewisse Empfindlichkeit gegenüber aus dem allgemeinen Blickwinkel geratenen Phänomenen.

Man müsste sie erst einmal kennen, diese alten Rassenwissenschaften mit ihren eigenwilligen Prämissen und ihren opportunen Entwicklungen, müsste sich der spitzfindigen Versionen des modernen Rassismus und seiner Folgen erst einmal bewusst werden, dann würde bald klar, dass dies alles keineswegs einer »unvollendeten Aufklärung« geschuldet ist und schon gar nicht einer allgemein menschlichen Disposition, auch nicht nur einer individuellen Bösartigkeit oder Dummheit, sondern dass es sich dabei um ein tragendes Element der europäischen »Geistesgeschichte« handelt; und diese aus dem 19. Jahrhundert überkommene, bis in die Achtzigerjahre des 20. Jahrhunderts übliche fakultative Bezeichnung ist in diesem Fall immer noch angebracht, werden dabei doch Gespenster verhandelt, *Trickster*, die in ihrer bekanntlich amoralischen Verdoppelung die Grundlagen für Europas Größe *und* dessen Desaster repräsentieren.

Erster Teil

1

Trevor A. Byer, der Nuklearphysiker

Der Mai 1968 war vorbei. Und im September balancierte ich, auf dem Sternparkett eines Wiener Stadtpalais stehend, einen Gin Tonic in der einen und ein Zahnstocher-Häppchen in der anderen Hand. Gastgeber war ein renommierter und dennoch bescheidener Avantgarde-Künstler hocharistokratischer Herkunft, und entsprechend mischten sich Gäste aus der sogenannten besseren Gesellschaft mit jenen der neuen und teilweise gewagten Kulturszene. Im Verlauf des Abends kam ich ins Gespräch mit einem hochgewachsenen, schlanken jungen Mann mit gepflegtem dunklem Kinnbart – ein ungewöhnlich spannendes Gespräch. Der Fremde erzählte von seinem Studium der Kernphysik im britischen Cambridge und seiner Arbeit am CERN, dem Europäischen Kernforschungszentrum am Genfer See; und von seinem keineswegs einfachen Entschluss, an der neu gegründeten Internationalen Atomenergieagentur IAEA in Wien die ihm angebotene Stellung anzutreten. Diese neue Agentur habe die Aufgabe, den von den Atommächten USA, UdSSR, England und Frankreich vorgebrachten Plan zur Beschränkung der Weitergabe bombentauglicher Atomtechnologie zu einem für möglichst alle Staaten verbindlichen Vertrag auszuarbeiten und dessen Einhaltung zu überprüfen.

Die Agentur war in einem dunkelgrauen Palais auf der Ringstraße neben dem Schwarzenbergplatz untergebracht; alle Häuser und Palais in Wien waren damals dunkelgrau. Das Stadtzentrum war noch keine Fußgängerzone für verschwitzte Tagestouristen und Markenketten, sondern das pulsierende Herz der feinen Leute und was dazugehörte: viele Autos, selbst in den schmalen Gassen; Modesalons und Delikatessengeschäfte, in denen das Personal die betuchte Kundschaft mit höfischen Floskeln adelte; und nach Einbruch der Nacht boten auf der Kärntner Straße und in ihren Nebengassen professionelle Damen ganz offen ihre Dienste an. Bei einem Drink inmitten von Zuhältern im magischen Glanz der honigfarbenen Loos-Bar im Kärntner Durchgang fühlte man sich gar ein wenig verrucht.

Er habe dem CERN unendlich viel zu verdanken, meinte der Fremde; doch nach drei Jahren im unterkühlten Klima reiner Wissenschaft freue er sich auf diese etwas praktischer ausgerichtete Aufgabe. Es gehe ja bei diesem sogenannten Atomwaffensperrvertrag um nichts Geringeres als um eine globale, entwicklungspolitische Weichenstellung.

Ich war überrascht, war man hierzulande doch davon überzeugt, die Atommächte wollten durch diesen Atomsperrvertrag den Rest der Welt vor nuklearer Bedrohung bewahren. Doch der elegante Mann mit der hohen Stirn über der dunklen Brille klärte mich darüber auf, dass die Atomtechnologie auch aus friedlichen Bereichen nicht mehr wegzudenken sei und es daher nicht nur um die Bombe, sondern um eine mächtige, rasant wachsende Industrie gehe, um Medizin, Energieversorgung, Transportwesen, Archäologie und vieles andere, das ohne Atomkraft bald nicht mehr denkbar sei. Diejenigen, welche über die »Bombe« verfügten, beherrschten auch die technologische und wirtschaftliche Entwicklung, meinte er. Beim Atomsperrvertrag gehe es daher keineswegs nur um Sicherheit, sondern vor allem um die Erhaltung des politischen Status quo, der wirtschaftlichen und strategischen Vormachtstellung der Großmächte.

Ein Hauch von weiter Welt schwebte über dem Wiener Parkett, sämtliche Anwesenden schienen sich um die Gesellschaft des Fremden zu bemühen, seine Aufmerksamkeit schmeichelte mir. Und ich war erstaunt zu erfahren, dass dieser Mann mit seiner Ausbildung, seiner Erfahrung und seinem Wissen erst siebenundzwanzig Jahre alt war.

Sein Name war Trevor Ailwyn Byer und seine Muttersprache Englisch, das ich damals noch nicht sprach. Mein fünfzehn Jahre zuvor verstorbener Vater war nämlich der Ansicht gewesen, im Gymnasium müsse man Französisch lernen, Kenntnisse zum angeblich einfacheren Englisch würden sich später von selbst ergeben. Die Konversation mit Trevor Byer wurde daher auf Französisch geführt, unserer Lingua franca, die wir beide gleichermaßen mangelhaft beherrschten. Und vielleicht war auch diesem Umstand meine Gewissheit zuzuschreiben, wir würden uns ewig verstehen.

Ich begriff die Atomenergie damals als eine Art Pakt mit dem Teufel. Die Kernspaltung versprach unversiegbare Energie, totale Macht und grenzenlosen Wohlstand um den Preis einer potenziellen

Menschheitsvernichtung. Trevor lachte. Der Vergleich sei gar nicht so schlecht, eine Stadt wie Wien könne mit ein paar Tropfen Plutonium in der Wasserleitung innerhalb von zwei Tagen ausgelöscht werden. Er, der es doch wissen musste, fürchte sich am meisten vor den möglichen Folgen dieser Technologie, meinte er lachend.

Bereits damals provozierte die Weigerung des sonst so umgänglichen Schahs von Persien, den Atomsperrvertrag zu ratifizieren, ein Stirnrunzeln des Westens. Trevor hingegen zeigte Verständnis. Reza Pahlavi sei zwar eine Marionette des angloamerikanischen Ölkartells und beherrsche sein Volk mittels geheimdienstlichen Terrors und Folter, doch habe er die volkswirtschaftliche Bedeutung der Atomtechnologie erkannt. Im Grunde strebe er das Gleiche an, woran bereits 1953 der demokratisch gewählte Präsident Mohammad Mossadegh gescheitert war, nämlich eine Befreiung aus der Umklammerung der »Sieben Schwestern«, dem Ölkartell von Royal Dutch/Shell, British Petroleum, Exxon, Mobil, Chevron, Texaco und Gulf. Im Übrigen würde auch Indien den Atomsperrvertrag nicht unterzeichnen. Doch der Subkontinent sei einfach zu groß, um erpresst zu werden.

Trevor Byer vermittelte mir die Sicht der anderen Seite, einer Welt jenseits des Atlantischen Bündnisses, jenseits der westlichen Welt, aber davon beeinflusst. Er stammte aus der südöstlichen Karibik und seine Kenntnisse zu Persien hatte er während seiner Studienzeit am King's College im britischen Cambridge erworben, hingerissen von der unvergleichlichen Anmut und Aufgeschlossenheit persischer Studentinnen aus wohlhabenden Familien, die vor der Rückkehr in ihre Heimat ihre Jungfräulichkeit in einer Schweizer Klinik wiederherstellen ließen.

Ich staunte beeindruckt. Noch nie hatte ich von dergleichen gehört.

Einiges später, er hatte mir bereits die Welt erklärt, standen wir in seinem weißen Triumph im Stau mitten auf der Kärntner Straße. Als die Ampel an der Kreuzung Krugerstraße zum dritten Mal rot wurde, richtete er kurz seinen Blick auf mich und fragte:

Willst du mich heiraten?

Da wurde mir klar, dass ich wohl niemals Ja sagen würde, es sei denn jetzt, in diesem Augenblick, bevor die Ampel grün wurde.

*

Am Südhang des Kahlenbergs, auf der Terrasse des Gasthauses Zur Eisernen Hand stießen wir ganz intim auf unsere Verlobung an. Unter uns die Weingärten wie Wellen bis hinunter zur Donau, damals noch ein unbändiger mächtiger Strom, begrenzt von einem unberührbaren, halbwilden Überschwemmungsgebiet. Seit meiner Adoleszenz war dieses ländliche Lokal mit seiner faden Nudelsuppe und dem fettigen Gulasch ein Zufluchtsort auf meinen regelmäßigen Spaziergängen gewesen, dort fühlte ich mich entrückt der bleischweren Atmosphäre in der vaterlosen Familienvilla am unteren Ende der damals noch nicht asphaltierten und beinahe anrainerlosen Kahlenberger Straße. Seit der Eigentümer sein Lokal an den »König des Wiener Nachtlebens« verspielt hatte und dieser es zur Privatvilla ausbauen durfte, erinnert nichts mehr an diese Zeit.

Die Mutter empfing uns im sogenannten Roten Zimmer und fand nach einer Schrecksekunde zu freundlichen Glückwünschen. Und im Mai 1969 wurde die Hochzeit nach allen Regeln des gehobenen Bürgertums in der Lutherischen Dorotheakirche im 1. Bezirk ausgerichtet: eine gehaltvolle Ansprache des Pastors, die Braut im bodenlangen Kleid aus weißem Damast, der Bräutigam im geliehenen Frack, alles in Gegenwart von *toute Vienne*. Beim anschließenden Empfang im Garten des *Hauses* amüsierte sich Trevor sichtlich. Er liebte Gesellschaften aller Art und fand die hinter der allgemeinen Freundlichkeit lauernde Neugierde durchaus normal. Ich freute ich mich auf die weite Welt und auf ein ganz normales Leben an der Seite eines stattlichen Mannes – mit Kindern, Hunden, einem Freundeskreis und einer vom Ehemann selbstverständlich zugesicherten Freiheit zur eigenen beruflichen Laufbahn.

Wovon nicht gesprochen wurde: Beim Hochzeitszeremoniell hatte es einen kleinen Fauxpas gegeben. Die Braut war nicht von ihrem Onkel, immerhin bis zu ihrem 21. Lebensjahr auch ihr amtlicher Vormund, zum Altar geleitet worden, sondern vom Ehemann der älteren Schwester. Erst Jahre später gestand die Mutter verlegen lächelnd, die Hüftarthrose des Bruders sei nur eine Ausrede gewesen; in Wahrheit habe er sich geweigert, seine Nichte einem *Bantu-Neger zuzuführen*, wie er sich ausdrückte.

Ich lachte nur: Was für ein Spinner.

Selbst als die große Schwester unter einem blühenden Apfelbaum murmelte, *wenn das der Papa wüsste ...*, dachte ich mir nichts dabei.

Was »wüsste«?

Dass Trevor auf einer kleinen Insel am südöstlichen Rand des karibischen Archipels zur Welt gekommen war? Dass er mit sieben Jahren die Insel wegen eines verheerenden, die Hauptstadt Castries verwüstenden Brandes zusammen mit seiner Schwester zu Verwandten der Mutter nach Trinidad geschickt worden war, während sein Vater, ein Arzt, im Katastropheneinsatz auf Saint Lucia verblieb? Dass Trevor später das College in Barbados besucht hatte und die Familie schließlich nach Jamaika gezogen war, wo sein Vater als Berater für öffentliche Gesundheit und Hygiene in das Gesundheitsministerium berufen worden war? Dass Trevors Vorfahren Afrikaner, Spanier, Briten, Inder und Deutsche gewesen waren, in mütterlicher Aszendenz sogar von indigenen Vorfahren gemunkelt wurde? Trevors matte Hautfarbe war für unbefangene Augen unauffällig, sein Englisch und seine Manieren waren britischer als britisch und als Kernphysiker würde er die Zukunft der Welt mitgestalten. Dass mein weltläufiger, mit Menschen jeder Herkunft und Hautfarbe vertrauter, seit eineinhalb Jahrzehnten toter Vater dagegen Einwände gehabt haben könnte, war für mich nicht vorstellbar. Ich war stolz auf meinen Ehemann – und ich war sicher, mein Vater wäre stolz auf mich gewesen.

*

25

Da Trevor Byer nicht vorhatte, auf Dauer in Wien zu leben, und sein Gehalt nicht für teure Mieten verschwenden wollte, bezogen wir zunächst wenig repräsentative Wohnungen, worüber manche Leute die Nase rümpfen mochten. Trevor sah auch keinen Anlass Deutsch zu lernen, sondern lernte den geografischen Schwerpunkten seiner beruflichen Laufbahn entsprechend Spanisch und perfektionierte sein Französisch. Ich meinerseits nahm intensiven Englischunterricht und bemühte mich ansonsten um meine Rolle als »emanzipierte Ehefrau«, die den Interessen des Mannes zu folgen, aber gleichzeitig eine gewisse materielle Unabhängigkeit zu wahren hatte. Bereits eine Woche nach der Entbindung meiner Tochter ging ich in unserem zum Miniatelier umfunktionierten Gästezimmer meiner beruflichen Tätigkeit nach, damals noch als Diplomgrafikerin, entwarf Buchumschläge und zeichnete Layouts für Zeitschriften, neben mir das immer zufrieden juchzende oder schlafende Baby.

Jede Frau in ähnlicher Lage weiß heute, wie leicht man bei diesem Spagat zwischen Heim und Arbeit ausrutschen kann. Doch am Abend überraschte mich der Ehemann dafür mit Neuigkeiten aus der weiten Welt wie andere Männer ihre Frauen vielleicht mit Blumen.

Dass Gamal Abdel Nasser keineswegs ein »arabischer Hitler« oder ein »größenwahnsinniger Kameltreiber« war, sondern ein zunächst durchaus westlich orientierter Eliteschüler der Britischen Militärakademie, ein mutiger, unbestechlicher Staatschef, der charismatische Hoffnungsträger der gesamten »Dritten Welt«; vor allem, dass Nasser alles andere als Kommunist war. Trevor lachte, wenn er hierzulande hörte, Nasser sei ein Freund der Sowjets. Der Mann habe Kommunisten sogar verfolgen lassen, bei seiner großen Agrarreform habe er die gigantischen Latifundien der alten ägyptischen Eliten kaum angetastet, und das triste Los der Fellachen kümmere ihn weder noch versuche er es zu verändern. Nasser und seine Armee seien republikanische Revolutionäre gewesen, wusste Trevor, die nach über einem halben Jahrhundert britischer Kolonialherrschaft den von den Briten 1922 eingesetzten, parasitären König Faruk verjagt hatten und einen demokratischen, laizistischen Staat aufbauen wollten. Doch so leicht war das nicht. Abgesehen von einigen Militärs waren Ägypter während der Kolonialzeit von jeder höheren Berufsausbildung und allen öffentlichen Ämtern ausgeschlossen, es gab keine Beamten und keine Ingenieure. Zudem waren die Ägypter immer noch geprägt von der rassistischen Verachtung ihrer weißen Herrscher. Ägypter, selbst die vornehmsten und reichsten, wurden nicht gegrüßt, durften nicht in denselben Lokalen verkehren wie Weiße, im selben Raum oder gar am selben Tisch Platz nehmen. Und diejenigen, die gegen dergleichen aufmuckten, wurden verfolgt.

Nasser habe auch den Suezkanal nicht aus heiterem Himmel verstaatlicht, sondern zuvor in London mehrmals um Verständnis für seine Pläne eines gigantischen Nil-Staudamm-Projekts geworben. Ganz Ägypten sollte dadurch mit Strom versorgt und so in die Moderne geführt werden. Die Finanzierung plante er durch eine Umverteilung der Einnahmen aus dem Suezkanal, an Verstaatlichung habe Nasser auch deshalb nicht gedacht, weil er sich des Mangels an ausreichenden Fachkräften und Ingenieuren durchaus bewusst war. Doch Anthony Eden und Harold Macmillan weigerten sich zunächst, diesen Araber in Downing Street überhaupt zu empfangen, und bei Nassers zweitem und drittem Besuch behandelten sie ihn, ohne ernsthaft mit ihm zu verhandeln, mit einer derart verletzenden Herablassung, dass er nach seiner Rückkehr nach Kairo das Angebot der UdSSR, den Staudamm zu bauen, annahm und die Nationalisierung des Suezkanals wagte.

Durch Trevor hörte ich auch zum ersten Mal in meinem Leben von der sogenannten Suezkrise 1956. Während ich als vierzehnjährige Schülerin mit dem Sortieren von Kleiderbergen für ungarische Flüchtlinge beschäftigt gewesen war – wofür wir sogar schulfrei bekommen hatten –, griffen England, Frankreich und Israel die Gunst der Stunde nutzend die Stadt Suez an.

Man könne sich kaum vorstellen, wie verheerend die Bombardements für das bitterarme, eben erst unabhängig gewordene Land gewesen seien, meinte Trevor.

Ich war entsetzt: Warum auch Israel?

Die ehemaligen Kolonialmächte wollten den Suezkanal zurücker-
obern und Israel wollte Nasser auslöschen, von dem es sich bedroht
fühlte, erklärte Trevor; und das alles wäre wohl auch gelungen, hätten nicht die Großmächte USA und UdSSR im UN-Sicherheitsrat ihr
Veto dagegen eingelegt. Nein, nicht aus Gerechtigkeitssinn und Groß-
mut. Den USA sei der geschützte Wirtschaftsraum der Kolonialmächte
seit jeher ein Dorn im Auge gewesen, und die UdSSR wollten Einfluss
im Nahen Osten.

Die ganze Welt rückte mir plötzlich auf den Leib. Zwar hatte ich mittlerweile Eduardo Galeano, Joseph Ki-Zerbo, Pablo Neruda und andere
gelesen, die mein Ehemann freilich meist als Romantiker oder Fantasten belächelte; doch niemals zuvor hatte ich gehört, dass die USA,
denen wir doch unsere Freiheit, den Marshallplan, die Demokratie und
das Wirtschaftswunder zu verdanken hatten, in ihrem lateinamerikanischen »Hinterhof« die grausamsten Folterdiktatoren unterstützten,
und damit auch Rückzugsgebiete für Naziverbrecher aller Art. Alfredo
Stroessner in Paraguay, Anastasio Somoza García in Nicaragua, Marcos
Pérez Jiménez in Venezuela und nicht zuletzt das obszöne Drogen- und
Mafiaregime von Fulgencio Batista in Kuba zwischen 1940 und 1958, das
glücklicherweise ein Ende gefunden habe, auch wenn der Kalte Krieg
dadurch angeheizt wurde – du weißt schon, US-initiierte Invasion der
Schweinebucht, russische Mittelstreckenraketen in Kuba ...

Ja, davon hatte ich gehört. Man redete damals ja von nichts anderem als von der dadurch ausgelösten atomaren Bedrohung. Doch Trevors Ansicht über Fidel Castro, wonach dieser ohne das Totalembargo
der USA und die Invasionsversuche rassistischer und rechtsradikaler
Exilkubaner niemals die von ihm eigentlich ungeliebten Sowjets um
Hilfe gebeten hätte, war mir neu.

Beim Thema Guatemala hatte mein disziplinierter Ehemann sichtlich Mühe, gelassen zu bleiben: Was dort vor den Augen der Weltöffent-
lichkeit vor sich gehe, sei allenfalls mit den Praktiken der spanischen
Eroberer im 16. Jahrhundert zu vergleichen. Und auch Trevors »Afrika«

war mir neu. Über Patrice Lumumba etwa, den ersten frei gewählten Ministerpräsidenten des ehemaligen Belgisch-Kongo, kursierten in Wien zu dieser Zeit die launigsten Witze. Allein der Name! Lumumba! Einer von jenen, die, vom Dschungel direkt in den Regierungspalast katapultiert, nun gar als Mitglied der UNO in der Welt das Sagen haben würden! Den Sowjets habe er sich angebiedert; seine katholische Majestät, den König der Belgier aus dem Hause Coburg-Sachsen und Gotha und dessen noch katholischere, aus spanischem Hochadel stammende Gemahlin Fabiola habe dieser Typ beleidigt, weshalb er schließlich, Gott sei Dank, von seinen eigenen Leuten erschlagen worden sei ...

Trevor wusste es anders. Patrice Lumumba, völlig unbestechlich, in Europa ausgebildet und an Europa orientiert, habe sich nur dem neuerlichen Invasionsversuch der Belgier widersetzt, die daraufhin fluchtartig ihre Kolonie verließen und sie dem Chaos überlassen hätten. Und als König Baudouin im Juni 1960 anlässlich der Unabhängigkeitsfeierlichkeiten in Leopoldville (heute Kinshasa) vom – mit Blumen geschmückten – Podium herab die Kongolesen über die Errungenschaften der Kolonisation belehrt habe, über all die Krankenhäuser und Verkehrswege und Schulen, die sie den Belgiern zu verdanken hätten – ganze achtzehn oder neunzehn Kongolesen hatten es während der Kolonialzeit in eine höhere Ausbildung geschafft! –, und der weiße König die schwarzen Kongolesen schließlich ermahnt habe, sich des in sie gesetzten Vertrauens würdig zu erweisen, da habe Lumumba das Podium betreten – bereits seine elegante Erscheinung und sein makelloses Französisch wirkten provokant auf die noblen Gäste mit ihrer Erwartung eines »primitiven Negers« – und habe sich zunächst artig für den königlichen Besuch bedankt. Doch dann habe er die während der Kolonialzeit verübten Verbrechen an der kongolesischen Bevölkerung aufgezählt und die Anerkennung dieses Unrechts gefordert, die für eine doch von beiden Seiten angestrebte, gute Zusammenarbeit in der Zukunft notwendig wäre.

Anerkennung der Verbrechen zu fordern, nur darin bestand Lumumbas »ungeheure Beleidigung«, lachte Trevor.

Und was geschah weiter?

Der »Kommunist« Lumumba sei keineswegs von aufgebrachten Kongolesen gelyncht, sondern Opfer einer Entführung nach Katanga geworden, in die besonders rohstoffreiche, von einem mit Belgien verbündeten politischen Rivalen beherrschte Provinz. Nach schweren Misshandlungen unter Mitwirkung des belgischen und britischen Geheimdienstes wurde er dort ermordet und verscharrt. Das Ganze sei eine Art Joint Venture westlicher Geheimdienste mit kongolesischen Partnern gewesen, die Lumumba aus Rivalitätsgründen aus dem Weg haben wollten. Organisator des Verbrechens vor Ort war der ehemalige Mitstreiter Lumumbas Joseph Désiré Mobutu. Mehrere Millionen Dollar habe er dafür erhalten und gewährleiste seit 1965 als kleptokratischer, vom Westen hofierter Diktator mit Leopardenmütze die ungehinderte Ausplünderung des von ihm in Zaire umbenannten Landes.

Wieder lachte Trevor. Doch erst als er auf die Südafrikanische Union zu sprechen kam, wurde mir bewusst, wie gefährlich das Thema Afrika war. Südafrika galt hierzulande als stabile Demokratie und als verlässlicher Verbündeter des Westens, den zu kritisieren sich allenfalls »linke Spinner« oder »nützliche Idioten« bemüßigt fühlten. Trevor hingegen erklärte, das Apartheidsystem bedeute keineswegs eine »getrennte Entwicklung« von Schwarzen und Weißen, sondern sei ein Polizeistaat der weißen Minderheit zur Unterdrückung, Umsiedlung, Ausbeutung und Dezimierung der schwarzen Bevölkerungsmehrheit; die Townships oder Homelands seien Ghettos für Schwarze, die der Rassentrennung unterworfen waren und denen nur die schlechtesten Schulen und die niedrigste Arbeit überlassen wurden. Das politische System sei nichts anderes als angewandter politischer Rassismus; die Bürger würden entsprechend ihrer Hautfarbe und ihrer Abstammung in einem ausgeklügelten System von unterschiedlichen »Rassen« unterschiedlich bewertet, weshalb es durchaus mit dem System der Naziherrschaft zu vergleichen sei, freilich mit dem bedeutenden Unterschied, dass Juden in Südafrika nicht verfolgt und ausgerottet werden sollten, sondern als Weiße galten und an der Spitze der Rassenhierarchie standen. Deshalb seien nach der Gründung Israels 1948 und auch nach 1967 aus den ehemaligen Kolonialgebieten vertriebene, nichtzionistische Juden lieber nach Südafrika ausgewandert. Zudem blockiere Israel zusammen mit den USA und Großbritannien regelmäßig sämtliche UNO-Resolutionen gegen das Apartheidsystem in Südafrika. Trevor wusste 1968 von einer geheimen atomaren Zusammenarbeit zwischen Shimon Peres und dem damaligen Außenminister Pieter Willem Botha; er wusste sogar von den Vorbereitungen zu einem Bombentest in der Kalahari-Wüste ...

Ich konnte es kaum glauben. Israel? Das von uns allen bewunderte kleine tapfere Land, der David, der sich heldenhaft dem Goliath der blutrünstigen arabischen Nachbarn widersetzt? Das unbewohnte Wüsten urbar macht? Die einzige Demokratie im Nahen Osten?

Im Jahr 2010 enthüllte auch der Londoner *Guardian* und danach *Der Spiegel*, was Trevor bereits 1970 wusste: die durchaus illegale atomare Zusammenarbeit zwischen Israel und Südafrika mit dem Ziel einer Bombe.

Trevor kannte eben andere Menschen, andere Zeitungen, andere Bücher. Dabei war er keineswegs »links«. Für die propalästinensischen Kaufhausbomber in der Bundesrepublik und die hierzulande damals modische »antiautoritäre Bewegung« hatte er nur Spott übrig. Alles, was er anstrebte, war in einem demokratischen Staat mit einiger Rechtssicherheit zu leben. Ohnehin war Europa für ihn ein reichlich undurchsichtiges Terrain. Auf dem Harrison College in Barbados war über die Geschichte der Karibik kein Wort verloren worden; und Europa war seinem Geschichtslehrer nur einige kurze Bemerkungen über den »Rosenkrieg«, über Queen Victoria, die Westminster Abbey und den Buckingham-Palast wert, um sogleich zu Indien, Ceylon, Australien, Neuseeland und Afrika überzuleiten. Immerhin habe beinahe ein Viertel der Weltbevölkerung damals noch zum British Empire gehört.

Dafür wusste Trevor erstaunliche Details zur chaotischen Entkolonisierung Indiens im Jahr 1948. Ich hatte nur vage etwas von edlen Männern wie »Mahatma« Gandhi und dem aus Kaschmir stammenden Brahmanen Jawaharlal Nehru gehört, doch dass in wenigen Monaten an die zwanzig Millionen Muslime vertrieben worden waren und über Nacht ein neues Land, nein, sogar zwei auf dem Reißbrett entworfen worden waren, Pakistan und Bangladesch, davon hatte ich keine Ahnung, bevor Trevor mir die in den Zeitungen präsenten »neuen Rassenunruhen« in London erklärte.

Wieso »Rassenunruhen« in London?

Nach der Unabhängigkeit Indiens, erklärte Trevor, seien wohlhabende indische Muslime lieber nach Kenia, in die Karibik oder nach Südafrika ausgewandert, wo sie im Vergleich zur schwarzen Bevölkerung privilegierter waren und überdies stolze Besitzer ihres britischen Passes bleiben durften. Bis 1963 auch Kenia nach blutigen Guerillakämpfen in die Unabhängigkeit entlassen wurde und sich die seit eineinhalb Jahrzehnten in Kenia lebenden muslimischen Inder mit britischem Pass nun für die britische und nicht für die kenianische Staatsbürgerschaft entschieden und nach Großbritannien übersiedelten. Sie glaubten, nun im Besitz aller Rechte und Pflichten britischer Staatsbürger zu sein, doch kaum angekommen, verpassten ihnen die britischen Behörden einen verhängnisvollen Stempel auf die erste Seite ihres königlichen Dokuments: *No UK subject, no work permit in the UK*. Sie mussten daher versuchen, nun *illegal* über die Runden zu kommen, und in den Londoner Straßen entwickelte sich ein neuer Volkssport: *Paki-bashing*, ein rassistisches Fanal, bei dem »pakistanisch« aussehende Menschen durch die Straßen gehetzt und täglich hunderte mit zerbeulten Schädeln oder gebrochenen Knochen in die Krankenhäuser eingeliefert wurden.

*

Nur zögernd ließ Trevor einiges über seine eigene Jugend durchblicken. Streng behütet und, wie in der karibischen Mittelschicht üblich, britischer als britisch, gefangen in den Widersprüchen des kolonialen Systems seiner Zeit. Sein Vater, Doktor Maurice Aylwin Byer, religiös und sparsam, Angehöriger einer methodistischen Kirche, hatte die Mutter aus einer kinderreichen Familie von Großgrundbesitzern in

Trinidad geheiratet und als Berater der Regierung in Jamaika die endemische Malaria ausgemerzt, weshalb er von Queen Elizabeth II. zum Lord geadelt wurde. Seine Ausbildung auf dem King's College in Cambridge verdankte Trevor einem Stipendium und einer bei seiner Geburt 1941 vom Vater abgeschlossenen Sparversicherung. Frühzeitig wurde dem kleinen Trevor deutlich gemacht, was zählte: *respectability* und *hygiene*. Dafür musste man auf gewisse Regeln achten: in der Schule immer zu den Allerbesten gehören, immer ein Vorbild für alle anderen Kinder sein, auf der Straße nie länger als unbedingt nötig verweilen, immer auf korrekte Kleidung und auf gutes Benehmen achten, in öffentlichen Lokalen niemals aus einem Glas, sondern nur aus der Flasche oder der Dose trinken, sich zu Hause als Erstes die Hände waschen und niemals mit schwarzen Dienstboten spielen. Die Nichtbeachtung eines dieser Gebote hatte Hausarrest oder gar den »Ledergürtel« zur Folge. Die Furcht der Eltern: Im Rahmen der von den Kolonialherren ersonnenen Farbenhierarchie konnte jedes Stolpern einen bodenlosen Fall bedeuten.

Nachdem er an der Universität von Cambridge die Aufnahmeprüfungen ins King's College mit Auszeichnung geschafft hatte und bereits im Jahr darauf mit einem Tutorium betraut worden war, fühlte sich Trevor durchaus wohl unter all den begabten und privilegierten Jugendlichen aus aller Welt. Das Vereinigte Königreich investierte damals viel in die Ausbildung künftiger Eliten aus Kolonien, ehemaligen Kolonien, dem Commonwealth; die Professoren mochten ihn und es mangelte ihm auch nicht an Freunden. Alles lief perfekt, bis zu diesem ersten Wochenendausflug nach London, den er zusammen mit zwei Freunden unternahm.

Man wollte ein wenig Abwechslung von der britischen Kantinenküche und sich danach in einem Tanzclub amüsieren. Doch sämtliche Restaurants und Bars gaben vor, ausgebucht zu sein, obwohl die Lokale offensichtlich halb leer waren und vor dem Eingang wartende Weiße ohne Zögern eingelassen wurden. Hungrig von einem Restaurant zum anderen zu ziehen und immer wieder auf der Straße stehen gelassen zu werden – das war eine neue und ungemein frustrierende Erfahrung für ihn, der in Cambridge gefördert und verwöhnt wurde.

Was war nur los mit diesem angeblich so liberalen demokratischen Land?

Erfahrene Kollegen klärten Trevor dann über die rassenideologischen Grenzen des britischen Selbstverständnisses auf; und der junge Mann begann zu grübeln, bis er beschloss, sich von den Marotten der Engländer nicht kleinkriegen zu lassen, und eine Möglichkeit fand, sich dennoch zu amüsieren. Beim nächsten Ausflug nach London schloss er sich einer Gruppe an, in der ein Enkel von Indira Gandhi mit von der Partie war. Ein etwas leichtsinniger, am Studium völlig desinteressierter, aber großzügiger und freundlicher junger Mann, meinte Trevor, ein Vertreter jener Jeunesse dorée der »Dritten Welt«, die von den leistungsorientierten Stipendiaten am King's College nicht sehr ernst genommen, sogar ein wenig verachtet wurden. Doch der Gandhi-Enkel brauchte in London nur seinen Namen zu nennen, allenfalls seinen Ausweis zu zücken, und schon öffneten sich alle Tore für die ganze Truppe, selbst zu den exklusivsten Clubs und Restaurants. Genugtuung bereitete diese Erfahrung freilich nicht, doch immerhin habe er damals gelernt, dass man in Europa mit einer anderen Hautfarbe sehr prominent oder sehr reich sein muss, um nicht wie Dreck behandelt zu werden.

War das nicht etwas übertrieben? Trevor war doch das beste Beispiel dafür, dass Rassismus eigentlich überwunden oder zumindest auf dem Weg dazu war. Wenn ich aber auf die Aufklärung verwies und auf die großen Dichter und Denker, meinte er nur, er habe sich zwar weniger mit Belletristik und Poesie befasst als mit Leuten wie Luise Meitner, Wolfgang Pauli, Robert Oppenheimer und vor allem mit dem »großartigen«, »vollkommen verrückten« Werner Heisenberg – aber eines wisse er mit Sicherheit: In den Straßen Europas spielen sein PhD und seine Position keine Rolle, da sieht man nur seine »Rasse«.

*

Ich nahm das damals alles nicht wirklich ernst. Nichts wusste ich von den jahrhundertealten Verbrechen gegen Schwarze, von den Ketten, dem Joch, den Brandeisen, den Lügen und dem Brudermord, der Peitsche, dem Boykott und der Blockade. Nichts wusste ich vom Geheimnis hinter dem Melanin, vom wahren Ausmaß der Gewalt des weißen Herrn gegenüber einer schwarzen Sklavin, nichts von der Nötigung, der Vergewaltigung und der Folter, die nahezu immer am Anfang einer »braunen« Familie in der Karibik steht, wohl auch am Anfang der Byers; und dass erst im letzten Drittel des 19. Jahrhunderts durch ein kluges, integratives Zivil- und Familienrecht auf den Britischen Inseln allmählich jene feinen, stabilen Schattierungen von Hautfarben und Selbstbewusstsein entstehen konnten, die für diese karibische Region kennzeichnend sind.

Nicht einmal, als manche unserer Hochzeitsbillets eher Verwünschungen glichen, schöpfte ich ernsthaft Verdacht. *Es ist schade um dich*, stand auf einem; und einige Zeit später lag im Briefkasten ein Umschlag ohne Absender, die Adresse in einer absichtlich verschnörkelt entstellten Handschrift. Als ich ihn aufriss, hielt ich ein Blatt in Händen mit schaurigen Skizzen und aus Zeitungen ausgeschnittenen und zu unaussprechlich obszönen Gewaltfantasien zusammengefügten Lettern.

Im ersten Schock musste ich mich auf eine Stufe im Stiegenhaus setzen. So viel Mühe, Sorgfalt und Zeit für eine derart hasserfüllte Botschaft! Dieser verstörende Wunsch nach sexueller, perverser Gewalt! Einen Augenblick dachte ich sogar daran, den Brief im nahe gelegenen Polizeikommissariat zur Anzeige zu bringen, verwarf die Idee aber rasch bei der Vorstellung an die Gesichter der Beamten beim Anblick des Zettels.

Dabei konnten Trevor und ich uns über mangelndes Wohlwollen in der Wiener Gesellschaft nicht beklagen. Wir waren ein ziemlich exotisches Paar, in dessen Gesellschaft man Weltoffenheit bekunden konnte, was damals noch zählte. Einladungen häuften sich, Trevor galt überall als

»Genie« und als »wahnsinnig interessant«, was ihm sichtlich nicht unangenehm war. Oder täusche ich mich? Was wirklich in ihm vorging, konnte ich freilich nicht wissen. Er sprach kaum über sich, erklärte lieber anderen die Welt. Ich freilich ahnte bald, dass dieses demonstrative Wohlwollen der Gesellschaft nur die Kehrseite jener Haltung sein könnte, die uns etwa in öffentlichen Verkehrsmitteln entgegenschlug. In der Annahme, wir verstünden die Sprache ohnehin nicht, bekam ich von anderen Fahrgästen einiges über die »stinkenden, faulen, diebischen Neger« zu hören und über diese »Schlampen«, die sich mit so jemandem einlassen. Wie erleichtert war ich nun, dass Trevor nicht Deutsch lernen wollte, fand alles eher komisch. Ich war jung und überzeugt, dies sei das letzte Wetterleuchten einer längst überwundenen Zeit.

Ohnehin würden wir bald wegziehen.

Doch manche, durchaus wohlwollende Bekannte meinten, ich hätte diesen Mann nur geheiratet, um zu »provozieren«. Und ein Psychoanalytiker vermutete als Grund für meine Eheschließung den unbewussten Wunsch, das Interesse meines Vaters an »Negern« nachzuvollziehen. Dazu die Hochzeitswünsche eines alten Bekannten mit der Botschaft: *Ich bewundere Deinen Mut!*

Welcher Mut? Dieser Mann war meine Rettung! Mein Tor zur Welt, zur Freiheit, zum Leben! Der Typ hätte schreiben sollen: Ich beneide Dich! Was niemand verstehen konnte: Für mich hatte meine Ehe nichts, gar nichts Exotisches an sich; außer, dass Trevor Atomphysiker war.

2

Ein Flüchtlingskind in Montafon

Zwei kleine graue Fotos zeigen ein kleines, drei oder vier Jahre altes Mädchen mit schütteren weißblonden Locken im ländlichen Dirndl auf einem dunklen Holzbalkon stehend. Auf dem einen Bild wendet das Kind trotzig seinen Blick ab, auf dem anderen direkt der Kamera zu, mit geschlossenen, zu einem Grinsen verzogenen Lippen.

Jetzt lach doch ein bisschen ...

Das kleine Montafoner Bauernhaus liegt zwölfhundert Meter hoch an einem steilen Wiesenhang unterhalb eines Waldrandes. Es war der Familie nach wochenlangem Warten im überfüllten, ungeheizten Gasthof Post in Tschagguns als Quartier zugewiesen worden. Wien war seit Oktober 1944 verstärkt das Ziel von Großangriffen durch US-Bomber gewesen, und im Rundfunk hatte sich die Aufforderung zur Evakuierung von Frauen und Kindern aus der Stadt wiederholt. Weil der Vater lieber mit französischen Besatzungssoldaten, deren Sprache er beherrschte, zu tun haben wollte, als mit jenen der UdSSR, hatte es die Familie über Umwege schließlich doch noch bis nach Vorarlberg geschafft.

Was denkt man sich in diesem Alter? Sicher ist, dass ich ziemlich bald die Welt der Bücher entdecke. Zwei davon fallen mir wieder ein: das eine voller purzelnder, heulender, schwarzer Männchen mit dicken roten Lippen und Kraushaaren und dazu die Reime in Blockschrift, auf deren Inhalt man mittels der Bilder rückschließen und dadurch lesen lernen konnte, ganz allein, in einem längst zu kurzen Gitterbett und mit der Geduld und Neugierde eines Ägyptologen bei der Entzifferung von Hieroglyphen:

»Zehn kleine Negerlein / Die krochen mal auf die Scheun'
Da ist das eine runterg'fall'n / Da waren's nur noch neun
Neun kleine Negerlein / Die gingen auf die Jagd
Das eine wurde totgeschossen / Da waren's nur noch acht
Acht kleine Negerlein / Die gingen in die Rüb'n,
da ist das eine stecken'blieben / Da waren's nur noch sieb'n
Sieben kleine Negerlein / Die gingen mal zur Hex
das eine wurde aufgefressen / Da waren's nur noch sechs

Sechs kleine Negerlein / Die liefen ohne Strümpf

das eine hat sich totgefror'n / Da war'n es nur noch fünf

Fünf kleine Negerlein / Die gingen mal zum Bier

Das eine hat zu viel getrunken / Da waren's nur noch vier

Vier kleine Negerlein / Die kochten heißen Brei

Das eine hat zu heiß gegessen / Da waren's nur noch drei

Drei kleine Negerlein / Die aßen ein hartes Ei

Das eine hat zu viel gegessen / Da waren's nur noch zwei

Zwei kleine Negerlein / Die fingen an zu weinen

Der eine hat sich totgeweint,

Da gab es nur noch einen.

Ein kleines Negerlein / Das fuhr mal in der Kutsch

Da ist es unten durchgerutscht / Da war'n sie alle futsch. «

Noch einem anderen Buch verdanke ich durch wiederholtes Betrachten und Vergleichen von Text und Bild meine frühreifen Schreib- und Rechenkenntnisse. Das Drama der *Sieben Schneemänner* manifestiert sich in Karotten als Nasen und Kohlen als Augen, signifikant für die an Vitaminen und Heizmaterial mangelnde Nachkriegszeit. Es ist in drolligen Zeichnungen und sowohl in gemeiner »Druckschrift« als auch in Versalien beschrieben: Zunächst ausgelassen miteinander spielend müssen die Schneemänner in der ersten Frühlingssonne einer nach dem anderen jämmerlich dahinschmelzen, bis nur mehr eine Lache zwischen Schneeglöckchen und Schlüsselblumen, ein paar orangerote Karotten und schwarze Kohlen übrig sind.

Was könnte lustiger sein als angesichts des Scheiterns der armen, blöden Negerlein das Gefühl der eigenen Überlegenheit zu genießen; oder das Missgeschick der Schneemänner in der warmen, von einem selbst freudig begrüßten Frühlingssonne, wenn man sich selbst in Sicherheit weiß. Es macht Spaß, die rhythmischen Reime vor sich herzusagen, allein, im weißen Gitterbett, wenn einen niemand hört.

Es sollten bald andere Bücher folgen, die man immer und immer wieder lesen und anschauen kann: über den fantastisch schaurigen

Struwwelpeter, über Wilhelm Buschs böse Buben *Max und Moritz*, natürlich die Märchen der Gebrüder Grimm; doch vor allem Selma Lagerlöfs *Die wunderbare Reise des kleinen Nils Holgersson* auf dem Rücken der Wildgans Akka von Kebnekaise lässt einen in neue Welten eintauchen und beflügelt eskapistische Fantasien.

Einige Jahre später, bereits in der vierten Klasse der Volksschule in Grinzing, wird am Wandertag im herbstlich erglühten Wienerwald ein unvergessliches Lied gebrüllt:

> »Negeraufstand ist in Kuba
> Schüsse gellen durch die Nacht
> auf den Straßen liegen Leichen
> mit den aufgeschlitzten Bäuchen.
> Rumbarumbarassa, rumbarumbarassa oléeee!«

Und so weiter, in zahlreichen, immer blutrünstigeren Strophen. Die Lehrerin hätte ja lieber »Hoch auf dem gelben Wagen« oder »Das Wandern ist des Müllers Lust« angestimmt; aber mit Landidyllen war offenbar nicht mehr zu punkten. Wien war in vier »Zonen« geteilt, wobei Grinzing den USA gehörte, das ländliche Heiligenstadt, der Bezirk unseres *Hauses*, der Sowjetunion. Gleichzeitig, auf der anderen Seite des Atlantiks, begannen Fidel Castro und Ernesto Che Guevara den »Großen Marsch« gegen das von den USA unterstützte Regime des Commandante Fulgencio Batista, der die fruchtbare Insel im Würgegriff von Sklaverei, Prostitution und der Drogenmafia hielt.

Das alles fällt mir ein, als ich unlängst mit meinem Rad neben dem großen Getreidespeicher am Donauufer in Korneuburg auf die Rollfähre ans andere Ufer wartete. Flussaufwärts zieht ein weißes Ausflugsschiff vorbei, voll besetzt mit singenden, trommelnden Schwarzen, vielleicht Studenten aus den USA oder aus Afrika, vielleicht eine freundliche Initiative von Flüchtlingshelfern, um ihren Schutzbefohlenen einmal

eine andere Seite von Österreich zu zeigen als Stacheldraht und industrielle Randbezirke.

Zwei Männer meiner Generation warten ebenfalls auf die Fähre und
wundern sich:

Do schau her, lauta Nega! Schwoaze Nega auf da blauen Donau, so
weit samma scho ...

Vielleicht wida a Negaaufstand?

Offenbar kennen sie ebenfalls das Lied aus ihrer Schulzeit.

*

Unterhalb des kleinen Hauses am Berg liegen das Dorf Latschau und ein
Stausee der Illwerke. Eigentlich bin ich noch zu klein, aber weil man
nicht weiß, was sonst mit mir anfangen, darf ich meine um drei Jahre
ältere Schwester in die Dorfschule begleiten, eine Bauernstube, in der
alle Dorfkinder zwischen sechs und vierzehn Jahren vom Herrn Lehrer
unterrichtet werden. Als Kleinste darf ich in der ersten Reihe sitzen und
bin anfänglich sogar stolz darauf, dass ich dank der » Zehn kleinen Negerlein« und der » Sieben Schneemänner« sogar Groß- und Kleinbuchstaben
besser an die Tafel malen und Grundrechenaufgaben zwischen 1 und 10
schneller lösen kann als die meisten älteren Kinder. Wie viel ist 10 weniger 7? Doch bald wird mir der Stolz auf meine frühreife Leistung vergehen.

Einmal pro Woche unterrichtet der *Kohlensack* Religion. Er trägt seinen
Namen wegen seiner immer speckigen, schwarzen Soutane und seines
formlosen, einen säuerlichen Geruch verströmenden Leibes. Wenn er
den Kindern die »sieben Todsünden« vermittelt, was ihm ein besonderes Anliegen ist, bilden sich feine Speichelfäden zwischen seinen Lippen. Dennoch freute ich mich immer auf »Religion«, ich liebte den
Katechismus, denn diese Geschichten sind viel spannender als die der
beiden Kinderbücher im Haus am Berg.

Der Kohlensack erzählt über die Erschaffung der Welt in sechs Tagen,
über den braven Adam und die ungehorsame, verführerische Eva und

über einen sanftmütigen blonden Mann, eine Art Magier, den er Gottes Sohn nennt, der allen Menschen nur Gutes tut, die ihn zum Dank dafür grausam zu Tode quälen, *kreuzigen*. Gott habe seinen eigenen Sohn geopfert, um die sündige Menschheit von der ewigen Hölle zu erlösen, erklärt der Kohlensack. Das ist nur eine unter vielen, den Alltag damals beherrschenden Unverständlichkeiten.

Dafür gibt es spannende Geschichten von Männern und Frauen, die von ihrem Glauben nicht ablassen wollten und dafür gegeißelt, von Pfeilen und Messern durchbohrt, mit Zangen gezwickt, vom Feuer gebrannt oder im Wasser ertränkt wurden; es gibt wunderbar schaurige kleine Bilder davon, bunt glänzend und mit zackigem weißen Zierrand, die man als Belohnung fürs Auswendiglernen des Katechismus erhalten kann. Ich habe ein gutes Gedächtnis und bald eine ansehnliche Sammlung davon.

Bekanntlich ruft der Gekreuzigte mit seinen schönen, schulterlangen blonden Locken in der Stunde seiner größten Qual seinen Vater zu Hilfe, der, verborgen hinter Lichtstrahlen und Wolken, den Sohn einfach hängen lässt. Vater im Himmel, warum hast du mich verlassen, ruft er sehr menschlich. Dass er seinen Peinigern verzeiht und sogar für sie betet, zeugt hingegen von seiner Göttlichkeit. Warum sollte der Vater im Himmel den Peinigern vergeben, wenn er sogar den eigenen Sohn hängen lässt? Ich beschließe, von nun an immerzu brav zu sein, um den Erlöser nicht zu kränken und irgendwann ebenfalls beim Vater im Himmel zwischen Wolken und Licht sitzen zu dürfen.

Mein eigener Vater ist kaum anwesend im Haus am Berg. Und wenn, dann ist er mit wichtigen Dingen befasst oder er ist krank. Er reist viel, um, wie er in einem seiner vielen tausend hinterlassenen Briefe schreibt, »die Lage zu sondieren«; er kümmert sich in Wien um das von einer Bombe beschädigte *Haus* und um seine alte Mutter, die nicht dazu zu bewegen ist, es zu verlassen; er hört heimlich BBC und schreibt der Mutter im September 1944, sie solle sich keine Sorgen machen, Österreich werde *als ein von Hitler besetzter Staat* von Bomben verschont bleiben.

Heute denke ich: Warum im Mai 1942 ein Kind auf diese Welt bringen – noch dazu in Wien? Die *Wannseekonferenz*, der *1000-Bomben-Angriff* auf Köln, die Sommeroffensive auf der Krim, die Landung der Alliierten, *Stalingrad*. Was dachten sich die Eltern dabei? Was wusste der Vater?

Ich kann ihn nicht mehr fragen, er ist heute seit über vierzig Jahren tot. Alles, was ich habe, sind Tausende von Briefen, seine Publikationen, seine Fotos. Das ist mehr, viel mehr, als vielen anderen der 1942 geborenen Kinder von ihren Vätern geblieben ist. Ich werde viele Jahrzehnte später ein Buch daraus machen, eine politische Biografie, in der Hoffnung, damit die Geister der Vergangenheit beschwörend zu bannen.

*

Unter den sieben Todsünden, die der Kohlensack erläutert, sind manche einfach nicht zu verstehen und deshalb beunruhigend. Dass man nicht morden, lügen oder stehlen darf, ist einleuchtend. Aber wie soll man etwas vermeiden, von dem man nicht einmal weiß, was es war? Was bedeutet *falsches Zeugnis ablegen wider deinen Nächsten*? Und was soll man sich unter *Völlerei* vorstellen? Zwar hat die große, damals bereits siebzehnjährige Schwester einmal heimlich in der Holzkammer ein Stück echtes Roggenbrot dick mit echter Butter bestrichen und ganz allein und heimlich verzehrt, wo doch eine mit echter Butter bestrichene Scheibe echten Brotes eine kostbare Seltenheit war und allenfalls als Delikatesse in Streifen geschnitten unter allen drei Kindern aufgeteilt hätte werden müssen. Vielleicht war das ja *Völlerei*, denkt die Kleine. Aber deswegen gleich in die Hölle zu kommen, schien mir übertrieben, wo die große Schwester doch immer ganz verhungert war, wenn sie vom Internat bei den Ursulinerinnen in Bregenz in den Ferien zu uns auf den Berg kam. »Hungerfurunkel« an den Beinen, aus Vitaminmangel, diagnostizierte der Vater, der nach dem Ende des Ersten Weltkrieges zwei Semester Medizin studiert hat.

Und dann erst die Todsünde *Unkeuschheit*. Der Kohlensack spricht das Wort, ohne Näheres zu erläutern, derart drohend aus, dass niemand nachzufragen wagt. Dafür erzählt er detailverliebt von den drohenden glühenden Kohlen im Fegefeuer, den ewig lodernden Flammen in der Hölle, dem schwarzen Teufel mit langen Ohren und der dreizinkigen Mistgabel und all den Qualen, die nicht nur einen Augenblick dauern, so als hätte man sich die Hand am Feuerherd verbrannt, sondern *bis in alle Ewigkeit*. Es gibt Zeugnisse dafür: Reproduktionen von Altarbildern großer, alter Meister, die in der Stube reihum gereicht werden. Es ist dann immer ganz still. *Ewigkeit* bedeutet, diese Qualen würden niemals, wirklich niemals ein Ende nehmen, erklärt der Kohlensack. Und ich fühle bedrückt, dass eigentlich alles, was niemals, niemals ein Ende hat, irgendwann zur Qual werden muss.

Das Zweite Vatikanische Konzil findet erst in fünfzehn Jahren statt. Und des Kohlensacks Behauptung, alle nichtkatholischen Menschen auf der Welt würden in der ewigen Hölle landen, auch wenn sie nie etwas Böses getan hätten und niemals vom Katechismus, vom Gekreuzigten und seiner jungfräulichen Mutter gehört haben konnten, ist schockierend. Auf meine bestürzte Nachfrage, ob das denn stimmen kann, ob wirklich alle, alle Menschen auf der Welt, nur weil sie nicht katholisch sind, in die Hölle kämen, bleibt der Kohlensack unerschütterlich. Kryptisch erklärt er, dies sei die Folge der *Erbsünde*. Und dass die Heilige Kirche ja aus diesem Grund Missionare in die weite Welt entsende, um den armen heidnischen Eingeborenen vom Vater im Himmel und seinem einzigen Sohn Jesus Christus, dem Erlöser, zu erzählen. Bekehrt kämen die Menschen dann nicht mehr in die Hölle. Im Gegenteil, der liebe Gott habe die Bekehrten besonders gern.

Doch im Haus am Berg zeugen die überall herumliegenden Fotos des Vaters von so vielen verschiedenen Menschen auf der Welt, Menschen mit anderen Hautfarben, Augenformen, Lidfalten, mit oder ohne durchbohrten Nasen und Lippen, einige mit langgezogenen Hälsen oder künstlich zu einem Ei gestreckten Kopf, Menschen mit Narbenornamenten am Körper, mit spitz geschliffenen Schneidezähnen, beinahe nackt oder tief verschleiert, in Leder, Baströcken, bestickten Trachten oder auch nur mit einer Schnur um die Mitte bekleidet, mit fantastischen Frisuren und Körperbemalungen. Es sind schöne Menschen und auch hässliche, die allesamt anders leben und glauben als wir und vielleicht niemals in ihrem Leben einen Missionar treffen werden, und wenn, ihn dann vielleicht gar nicht verstehen können.

Des Vaters Fotoarchiv. Es wird mein Menschenbild prägen. Und als erwachsene Frau werde ich manchmal in fremden Weltregionen dem trügerischen Gefühl erliegen, etwas Vertrautem wiederzubegegnen, verfremdet durch die Zeit, ein anheimelnder Nachhall aus einer zeitlosen Kindheit. Die respektvolle Achtsamkeit des Vaters gegenüber diesen Fotos ist überzeugender als der vom Kohlensack entworfene Glaube, der den allermeisten Menschen nur Marter und ewige Höllenqualen zu bieten hat. Und ich beginne zu zweifeln.

Doch jedes Kind möchte glauben und vertrauen, zuallererst den Eltern und gleich danach den Lehrern. Und jedes Kind, auch ich, möchte eigentlich nur sein wie alle anderen Kinder.

Komme ich jetzt in die Hölle? Der Kohlensack hat eine Lösung anzubieten: die heilige Kommunion. In der Kirche wird einem eine weiße Oblate auf die Zunge gelegt, wissen die Kinder, so eine wie zum Backen von Weihnachtsgebäck, und die muss man dann, ohne sie mit den Zähnen zu berühren – denn dies könne den *Leib Christi* verletzen und sei eine furchtbare Entweihung –, schlucken, zusammen mit einem Schluck Wein, vom Pfarrer in einem silbernen Kelch gereicht. Oblate und Wein werden zuvor unter priesterlichen Beschwörungen und dem Klingeln einer hellen Glocke in *Fleisch und Blut Jesu Christi* verwandelt. Das scheint mir einleuchtend. Der Vater hat von »Eingeborenen« auf fernen Inseln erzählt, die vom Fleisch eines verstorbenen großen Ahnen essen, um dadurch einen Teil seiner Macht zu gewinnen. Immerhin bietet die Zauberkraft des Pfarrers den Vorteil, kein zweifellos ekelig vergammeltes Zeug essen zu müssen, sondern nur einen *Ersatz*, ein bleiches Scheinbrot und einen Schluck Wein. Das ist doch ein Fortschritt. Doch zuvor muss man gebeichtet, bereut und vom Priester die »Absolution« – auch so ein geheimnisvolles Wort – erhalten haben.

Doch was ist eine »Beichte«? Alle anderen Kinder tun so, als wüssten sie es. Man sitzt zusammen mit dem Pfarrer, aber durch ein Gitter von ihm getrennt, in einem eigens dafür konstruierten Holzkasten, und der Pfarrer fragt dann, ob man gelogen oder gestohlen oder *Unkeuschheit* getrieben oder auch nur daran gedacht oder davon geredet hat. Man muss immer nur Ja oder Nein sagen. Es ist ganz einfach, sagen die Kinder. Nur nüchtern muss man sein, das heißt, man darf vorher nichts essen.

Und eines Tages ist es dann so weit. Irgendetwas wird mir schon einfallen, denke ich, beruhigt von der fröhlichen Selbstverständlichkeit, mit der sich alle Kinder auf den Weg machen zur weißen Dorfkirche mit dem mit Schindeln gedeckten Zwiebelturm auf der anderen Seite des Dorfes. Einige, aber nicht alle, sind herausgeputzt mit weißen Dirndlblusen, und ältere Knaben tragen sogar lange, meist viel zu weite Hosen. An diesem Nachmittag im April hängen die Wolken tief, als ein Kind nach dem anderen durch das schwere, geschnitzte Holztor in das hell erleuchtete Innere verschwindet. Der Kohlensack steht neben dem Tor und macht für jedes eintretende Kind einen Haken auf einer Liste. Als ich an der Reihe bin, tut er erstaunt:

Du darfst da nicht hinein, sagt er und fügt mit einem schmalzigen Lächeln hinzu: Du musst zuerst deine Eltern fragen.

Warum?, will ich erschrocken fragen, er hat mich doch gelobt beim Aufsagen des Katechismus, mir bunte Bildchen geschenkt! Aber ich bringe kein Wort heraus. Das nächste Mal, sagt der Kohlensack tröstend, aber zuvor muss ich ein schriftliches Einverständnis des Vaters bringen.

Das nächste Mal. Kinder aber, für die ein Tag eine Ewigkeit und ein Jahr einen Augenblick bedeuten kann, wissen instinktiv, was Erwachsene erst schmerzhaft erfahren müssen: Es gibt kein *nächstes Mal.*

Mittlerweile sind alle Kinder hinter dem Kirchentor verschwunden, der Kohlensack tritt als Letzter ein und verschließt das Tor von innen. Ich bleibe alleine vor verschlossenem Tor. Und die Hölle ist mir sicher.

Heulend tappe ich durch den dämmrigen Wald hinauf zum Haus am Berg. Es ist bereits stockdunkel, als *unsere Rosi* mich im erlösenden Licht der offenen Eingangstür erwartet. Schluchzend werfe ich mich in ihre Arme, stammle, *ich darf nicht hinein*, und dass ich unbedingt katholisch werden und zur heiligen Kommunion gehen will. Und die liebe Rosi verspricht sich dafür einzusetzen, sie erzählt es der Mutter und die Mutter erzählt es dem Vater bei seinem nächsten Besuch am Berg, bei dem er, sehr geschwächt, das Schlafzimmer nicht verlassen kann und von mir *nicht gestört* werden darf. Schließlich erhalte ich von der Rosi einen zugeklebten Briefumschlag für den Pfarrer, dem ich das Kuvert nicht ohne Stolz nach der nächsten Religionsstunde überreiche. Der Kohlensack öffnet ihn mit mildem Lächeln und dicken Fingern, liest die drei oder vier auf der Schreibmaschine getippten Zeilen und wendet sich wortlos und ohne mich eines Blickes zu würdigen zum Gehen.

Irgendwann erklärt dann die immer ein wenig zerstreute Mutter auf der knarrenden Holztreppe ins Obergeschoss, wir sind eben nicht katholisch, sondern evangelisch; und der Pfarrer will dich nur bekehren, aber da hat er sich getäuscht; der Papa ist wütend – und jetzt Schluss damit!

*

Erst Jahrzehnte später wird klar: Die aus einer katholischen Industriellenfamilie stammende Mutter trat dem Vater zuliebe der Lutherischen Kirche bei. Es war die Zeit, da der politische Katholizismus in Österreich eine Ehe praktisch unauflöslich machte, und darauf wollte sich der Vater nicht einlassen. Selbst nachdem ein Paar seit Jahren »von Tisch und Bett getrennt« lebte, war es nach der Gesetzeslage nicht möglich, sich wieder zu verheiraten – es sei denn durch einen vom Höchstgericht erteilten »Dispens« von der ersten Ehe, der aber von einem Verwaltungsgericht für ungültig erklärt werden konnte. Gemischt konfessionelle Ehen galten als »wilde Ehen« und die daraus hervorgehenden Kinder als »Bastarde«. Sogar ein renommierter Jurist wie Hans Kelsen, Schüler und Nachfolger meines Großvaters Edmund Bernatzik (1955–1919) am

Lehrstuhl für Staats- und Verwaltungsrecht in Wien sowie Mitglied des Verfassungsgerichtshofs, scheiterte bei seinem Versuch, die »Dispensehe« abzuschaffen, und verließ schließlich Wien in Bitternis.

Protestantismus hatte in Österreich tatsächlich etwas mit Protest zu tun. Und selbst in den 1950er Jahren haftete noch dem Lutherischen Bekenntnis, das man auf jedem Schulzeugnis anzugeben hatte, das Odium einer suspekten Minderheit an.

Vater und Mutter heiraten 1928, zu der Zeit, als die christlich-soziale Partei mit den faschistischen »Heimwehren« und rechtsnationalistischen Verbänden ehemaliger »Frontkämpfer« ein Bündnis schloss, um die nach den Wahlen mehrheitlich im Nationalrat vertretene Sozialdemokratie aus der Regierung zu drängen. Und ein paar Jahre später war es so weit: Der klerikalfaschistische »Ständestaat« bereitete der jungen Demokratie ein Ende – neuerdings wertneutral »Kanzlerdiktatur« genannt, als hätte es niemals die Einparteiendiktatur der »Vaterländischen Front« gegeben, mit verpflichtender Mitgliedschaft für alle Staatsbediensteten, mit ihrem Spitzelwesen und ihrer katholisch-fundamentalistischen und nationalistisch-autoritären Ideologie; als hätte es niemals eine enge politische Partnerschaft mit Benito Mussolini gegeben und eine ideologische Verbundenheit mit dem Franco-Regime.

In seinen Briefen aus jener Zeit spricht der Vater stets mit Spott und Zynismus über die politischen Entwicklungen. »Nun haben wir also einen Ständestaat«, schreibt er an seinen nach Brasilien ausgewanderten Freund und ehemaligen Kriegsgefährten am Isonzo, »die Stände allerdings dürften bald verhungert sein.«

Sooft es geht, versucht er zu entkommen. 1925 Ägypten, 1927 Anglo-Ägyptischer Sudan, 1928 Albanien, 1929 Donaudelta, 1930/31 Portugiesisch-Guinea; 1932/33 die britischen Salomon-Inseln, Neuguinea und Indonesien; im Frühjahr 1934 entfliehen beide Eltern den deprimierenden Zuständen nach dem kurzen, aber blutigen »Bürgerkrieg« zwischen Sozialdemokraten und Christlich-Sozialen nach Schwedisch-Lappland, um Vögel in den schwarzen Fjorden der Nordsee zu fotografieren und mit Rentiernomaden durch die Tundra zu wandern. 1936/37 dann die letzte große Reise vor dem Zweiten Weltkrieg nach Südostasien, mit überschwänglichen Erwartungen, einigen Erfolgen und verhängnisvollem Nachspiel.

Was sollte ich als Kind antworten auf die ewige Frage nach dem »Beruf der Eltern«? Der Vater ist weder Arzt noch Anwalt, weder Angestellter noch Unternehmer. Trotz seiner zahlreichen Bücher ist er kein Schriftsteller im eigentlichen Sinn, trotz seines viel beachteten fotografischen Werkes auch kein Fotograf; und ungeachtet seiner Dozentur, später »außerplanmäßiger« und noch später »außerordentlicher« Professur am Institut für Geografie in Graz ist er auch kein richtiger, das heißt unkündbarer, von öffentlichen Bezügen risikolos lehrender, forschender, publizierender Professor. Und auch die Mutter ist alles andere als »Hausfrau«, aber auch keine »Angestellte« oder »Pensionistin«, wie die amtlichen Fragebögen und Zeugnisse dies vorsehen.

Ein Kind möchte Klarheit. Und die Unmöglichkeit, die eigenen Eltern einer üblichen Existenz zuzuordnen, macht mir lange Zeit zu schaffen. Bis ich mich damit abfinde, nicht ohne einen gewissen trotzigen Stolz auf mein Anderssein.

Nur einmal wendet der Vater sich mir zu, ein einziges Mal, mir ganz allein. Befangen vom Duft seiner uralten speckigen, hirschledernen Knickerbocker sitze ich auf seinem Schoß, wir sind alleine in der engen Stube im Haus am Berg, offenbar ist sonst niemand zu Hause. In ehrfürchtigem Glück erstarrt, spüre ich seine leichte, schmale Hand an meiner Vogelschulter und die Abwesenheit seines Blicks aus lila umrandeten, tiefen Augenhöhlen. Schräg blicke ich zu seinen buschigen Augenbrauen hoch, die er, wie immer beim Nachdenken mit der freien Hand zu kleinen Strähnen zwirbelt. Ich fühle seine Besorgnis, als eine dunkle Männerstimme aus dem braunen Kasten mit dem grünen Auge dringt. Und angestrengt denke ich darüber nach, wie ich den Vater aufheitern könnte. Mir fällt nichts ein. Reglos versuche ich, mich möglichst leicht zu machen, um *nicht zu stören*.

Es könnte an meinem dritten Geburtstag gewesen sein, am 8. Mai 1945. Oder an meinem fünften, am 8. Mai 1947, oder, hoffentlich, an irgendeinem anderen Tag. Das dumpfe Gefühl der Nichtigkeit wird mein lebenslanger Begleiter.

*

Unterdessen wird in Wien eine Million Kubikmeter Schutt und Müll beseitigt, *sehr kostspielig und völlig unproduktiv*, stellt der von den vier Besatzungsmächten bestellte Gemeinderat fest. Über elftausend Kinderschuhe werden verteilt, ein Geschenk der Pestalozzi Foundation. Zu essen gibt es nichts, die Wiener strömen in Scharen in ihren Wienerwald, nicht zum Wandern, sondern um Brennholz zu sammeln. Das Flüchtlingskind hat es in den Montafoner Bergen eigentlich nicht schlecht getroffen.

Doch bis ich dort ankam, ist noch einiges passiert, was ich mir nur aus Briefen und Erzählungen zusammenreimen kann. Ende 1944 bombardierten Tiefflieger die mit Flüchtlingen überfüllten Züge und Bahnhöfe auf der Weststrecke. Im Bahnhof Innsbruck oder Wörgl lagerten die Übersiedlungskisten und warteten auf den Weitertransport. Der Bahnhof ging in Flammen auf, mit ihm sämtliche Negative des väterlichen Fotoarchivs. Wenige Tage später wurde das Bibliographische Institut in Leipzig getroffen, wo die Bildmanuskripte für die Herstellung der letzten beiden großen Publikationen des Vaters zum Druck bereitlagen, die Monografie *Akha und Meau* und das unter Mitarbeit zahlreicher Wissenschaftler aus ganz Europa entstandene Nachschlagwerk *Afrika. Handbuch der angewandten Ethnologie.*

Meine Lebensarbeit ist zerstört, schreibt der Vater der Mutter. Alles, was im Ausland einen Wert gehabt hätte, ist vernichtet. Beide Werke wird er unter unglaublichem Kraftaufwand 1947 selbst noch einmal herstellen und vertreiben.

In einem der Flüchtlingszüge Ende 1944 sitzen eingepfercht zwischen der Mutter und *unserer Rosi* die drei Töchter, vierzehn, fünf und zwei.

Am Himmel das anschwellende Dröhnen, die ersten Explosionen, der Zug kommt pfeifend, quietschend und knirschend mitten in einem Feld zum Stehen; Menschen wirbeln durcheinander, stürzen kreischend aus brennenden Waggons, rennen weg vom Gleis auf der Suche nach Deckung. Irgendjemand habe mich gepackt und sich hinter einer Scheune schützend über das zweijährige Kind geworfen, wird mir später erzählt.

Ich habe keine Erinnerung daran. Auch nicht an die heulenden Sirenen in Wien, die Verdunkelung, die Detonationen in der Nachbarschaft, die Aufenthalte im Keller, die der Vater verweigert, um das Ballett der Bomber vom Balkon aus zu verfolgen. Aber fünfunddreißig Jahre später stürzen mir unversehens beim Dröhnen der Geschwader der Kampfhubschrauber und dem leuchtenden Napalm-Feuerwerk im fernen Vietnam die Tränen in die Augen. Fast gekotzt hätte ich beim Hinausstolpern quer durch die unwillig aufstehende Reihe des Kinopublikums.

Aber das ist doch ein Antikriegsfilm! Ganz großes Kino! Ein Francis Ford Coppola! Mein Begleiter hat keinerlei Verständnis. Er ist 1950 geboren. Du hättest zumindest das Ende abwarten können ...

Was »abwarten«? Das Ende der »Apokalypse«; »das Grauen, das Grauen«; die ohnehin reichlich dubios als »wahnsinnig« verharmloste Romanfigur wird vom Kongo nach Vietnam verlegt – und damit außerhalb von Zeit und Raum. Als gleichsam allgemein gültiges, allgemein menschliches Phänomen. Was sollte daran so großartig sein?

Was mir vom Krieg geblieben ist: eine kleine Phobie in geschlossenen Räumen, die sich im Alter verstärkt; eine eigentümliche Unruhe beim Duft von Heu.

*

Ab wann werden die Kinder meine Feinde? Der Herr Lehrer, nicht mehr jung und von großer Gelassenheit, sitzt vorne auf dem Pult neben der schwarzen Tafel und lässt ein langes Holzlineal in seiner rechten Hand sanft auf die Fläche seiner linken Hand klatschten. Wird ein Kind an die Tafel gerufen, schlägt er mit der Kante des Lineals in die durchgedrückten kindlichen Kniekehlen, nur leicht, aber fest genug, dass sie einknicken, worüber die sitzenden Kinder herzlich lachen dürfen. Mir in der ersten Reihe macht das alles nichts aus. Im Gegenteil, ich finde die Schule toll, weil ich immer alles kann, was von mir verlangt wird. Doch gelegentlich erwache ich des Morgens in einem warmen, aber nassen Bett. Und daran ändert auch nichts, dass die *liebe Rosi* in der Überzeugung, ich sei einfach zu faul, um aufzustehen und durch die kalte Holzkammer auf den Abort zu gehen, mir das mit Urin getränkte Leinentuch um die Ohren klatschen lässt. Ich verstehe ja ihre Wut und bedauere mein nasses Bett. Ich weiß, wie mühselig das Waschen des Leinentuchs in der eiskalten Waschküche im Keller ist, wo der Wasserkessel mit Holz angeheizt, das Tuch auf der blechernen Wäscherumpel mit Schmierseife über dem dampfenden Trog traktiert werden muss, ich stehe oft daneben, immer mit der strengen Ermahnung, dem kochenden Wasser nicht nahe zu kommen. Ich bin der Rosi daher nicht böse, wenn das Leinentuch um meinen Kopf klatscht, und fühle mich entsprechend schuldig.

Aber ich kann doch nichts dafür! Das Bett ist bereits beim Aufwachen immer nass. Und nicht einmal an einen Traum kann ich mich erinnern.

Selbst in der Schule pisse ich mich gelegentlich an – welch Fest für die Kinder! *Geele Weaneren, geele Weaneren! Hamma öppa wida id Hose brunzt,* schreien sie in der Pause und nach der Schule hinter mir her. Nie werde ich erfahren, was dieses *geel* eigentlich bedeutet, vielleicht gelb, weil ich blond bin, oder vielleicht etwas ganz anderes. Aber selbst wenn ich es nicht verstehe, fühle ich doch die damit verbundene Abscheu, die Ablehnung und den Spott und die große Freude der Kinder über mein Missgeschick. Dass ich Buchstaben und Zahlen oft besser als die großen Buben malen kann, macht alles nur schlimmer. *Abrunze duat se si!*

Dabei beherrsche ich den Montafoner Dialekt bald so perfekt, dass die Eltern in Sorge sind, ob ich bei dieser Gesellschaft jemals des

»Hochdeutschen« mächtig sein würde. Vielleicht ist dieses *geel* ja rätoromanischen Ursprungs. Der Vater meint, vieles am Montafoner Dialekt sei *rätoromanisch*, wobei dies nur eines der seltsamen Worte ist, die ich zu hören bekomme. Ein anderes ist *loikozyten*, etwas, das in Vaters Blut gefährlich überhandnimmt und häufig Gesprächsstoff bei Tisch ist. Doch als ich nachfrage, was das eigentlich sei, brechen alle in Gelächter aus. Dergleichen Fragen gelten als »altklug«.

Eines Tages taucht eine Neue in der Klasse auf, ebenfalls ein Flüchtlingskind aus Wien, ebenfalls blass und dünn – aber noch viel schüchterner. Und die Neue mit den farblosen dünnen Zöpfen stottert sogar! Und sie verströmt jenen abgründigen Geruch, den alle sofort erkennen. *De brunzt se aa, Hea Lera, de brunzt se aa*, schreien die Kinder. Und von nun an gilt ihre Aufmerksamkeit nach dem Unterricht der Neuen. Alle Kinder tanzen johlend um sie herum, und ich lache und tanze mit. Endlich fühle ich mich auf der richtigen Seite, auf der Seite der Starken, der Seite der Mehrheit, endlich gehöre ich dazu.

Aber die Neue hat Eltern, die sie beschützen. Ihr Vater beschwert sich beim Lehrer Brugger und ihre Mutter steht eines Tages sogar vor der Tür des Hauses am Berg: Frau Professor, auch Ihr Kind war dabei!

Und plötzlich bin ich wieder auf der falschen Seite. Alle sind böse auf mich, die Mutter, die Rosi, der Lehrer, besonders die Schwester und die anderen Kinder, alle sagen: Ausgerechnet du! Allen außer mir ist scheinbar klar, dass man nicht einfach von der Seite der Ohnmacht auf die Seite der Macht wechseln kann, es sei denn, man hat mächtige Helfer.

*

Es dämmert bereits, als an das Haustor geklopft wird. Die Eltern sind wieder einmal abwesend und die Rosi bekommt vor Aufregung einen feuerroten Hals, als sie die beiden Männer in Uniform vor der Tür stehen sieht. Auffallend freundlich bewirtet sie die beiden in der Stube mit einem »Schnäpsle« und führt sie danach durch das Haus.

Vielleicht sind ihr die beiden ja bekannt, im Dorf unten kennt man einander. Das Dorf ist gar nicht so abschnitten von der Welt, in einem »Kolonialwarenladen« gibt es Zucker, Mais, Feigenkaffee und »Seidenbonbons« zu kaufen, und das »Lager«, eine Barackensiedlung aus Holz, beherbergte früher Arbeiter der Ill-Werke, danach Kriegsgefangene, wohl auch »Politische«, und nun haben dort französische Besatzungssoldaten und die neue Gendarmerie ihr Quartier.

Die beiden Uniformierten öffnen alle Kästen und Schubladen, schauen unter alle Betten, heben die Matratzen hoch und sogar den Flügel des *Blüthners*, der seinen Weg aus Wien bis in die Montafoner Berge gefunden hat und die halbe Stube einnimmt. Schließlich rücken sie die mit Blumenranken und Heiligenköpfen bemalte Bauerntruhe in der Stube zur Seite, denn sie wissen, unter solchen Truhen verbirgt sich meist eine in einen Keller führende Klapptür. So auch in diesem Fall, doch finden sie in diesem Kellerloch nur ein paar wurmstichige Äpfel. In der Holzkammer mit dem Plumpsklo hinter der Küche, wo der Fuchsschwanz an der Bretterwand hängt und die lange, für Baumstämme vorgesehene Doppelsäge und sogar noch eine Kraxen aus Holz, auf der man die schweren, metallenen Milchkannen auf dem Rücken transportieren kann und wo die schwere Axt noch im Holzblock steckt und der Holzschlitten mit den vorne hoch aufgebogenen Kufen in einem Winkel lehnt, gibt es noch so eine Truhe. Aber sie ist unbemalt und aus dunkel verstaubten, schweren Brettern zusammengezimmert, und diese unscheinbare Truhe rühren sie nicht an. Sie gehen an ihr vorbei und zurück in die Stube, wo sie noch ein »Schnäpsle« kippen, bevor sie sich verabschieden.

Im Kellerloch unter dieser unscheinbaren Truhe hätten sie jedoch gefunden, wonach sie wahrscheinlich suchten: eingepökeltes Fleisch vom natürlich »schwarz« geschlachteten, selbst gemästeten Schwein und von dem Hirschen, den der Vater zusammen mit dem französischen Kommandanten erlegt hat. Lebensmittel sind rationiert, und auf Schwarzschlachten stehen schwere Strafen. Und am Ende gar noch Wilderei? Der Vater spricht als Einziger weit und breit Französisch und steht dem Kommandanten mit Dolmetscherdiensten zur Verfügung. Außerdem versucht er dem Kommandanten die kulturelle Eigenart der Region zu erklären, die bewirkte, dass all diese katholisch gläubigen, hingebungsvoll praktizierenden Bauern »bei der Partei« waren. Dafür darf der Vater, ein guter Jäger, den französischen Kommandanten zur Hochwildjagd in die Berge führen, dem Kommandanten das Geweih, dem Vater das Fleisch – so ist es ausgemacht.

Von Wilderei könne keine Rede sein, meint die Rosi, die ganz blass geworden ist und sich auf den Küchenstuhl setzt, nachdem die beiden Männer gegangen sind. Aber im Kellerloch lagern ja auch die Jagdwaffen des Vaters, der Drilling und die Mannlicher-Schönauer, wo doch Waffenbesitz strengstens verboten ist und mit Zuchthaus oder gar Ärgerem bestraft wird.

Als die Mutter endlich nach Hause kommt und Rosi ihr vom Vorgefallenen erzählt, runzelt sie die Stirn: Was diesmal wieder dahinterstecken mag?

Eigentlich geht es um den *Unbedenklichkeitsbescheid*, auch so ein Wort! Der Vater benötigt das Dokument von den französischen Behörden für seine geplante Reise nach Marokko. Und irgendwer hat es wohl darauf abgesehen, diesen Plan zu vereiteln, mutmaßt die Mutter, sie haben ihm ja immer alles verdorben, aus purem Neid oder blanker Bosheit. Später wird eine »anonyme Anzeige« erwähnt, und ich denke erschrocken, wer in diesem Dorf, wo doch alle miteinander per Du sind, nur mit dem »Herrn Professor« nicht, wer hasst uns so sehr, dass er uns das bisschen schwarz geschlachtetes Fleisch nicht gönnt? Und den Vater wegen seiner Jagdwaffen ins Gefängnis oder gar an den Galgen schicken will?

Was steckte dahinter? 1994 finde ich den erbitterten Brief des Vaters vom Herbst 1947 an das Innenministerium in Wien. Er schreibt von »absurden, völlig ungerechtfertigten Verdächtigungen« der Spionage, der illegalen Mitgliedschaft, dem Vorwurf von Hochverrat und von einer angeblich für ihn von den Nazis vorgesehenen »hohen Position« in Berlin. Wer immer diese Anschuldigungen in die Welt setze, schreibt der

Vater wütend, solle wissen, dass er weder damals noch heute eine »hohe Position« in Aussicht gehabt habe, die man ihm hätte neiden können; dass er sich nie besonders für Politik in Österreich interessiert habe, sondern eher für fremde Völker ferner Kontinente; dass er nur bestrebt war, über die Runden zu kommen und dabei das Schlimmste zu verhindern. Er lässt auch seiner Empörung über Hausdurchsuchungen in Wien während seiner Abwesenheit freien Lauf und über den dadurch ausgelösten, bösen Tratsch in der Nachbarschaft, die doch vor Kurzem aus glühenden, jederzeit zur Denunziation bereiten Parteigängern bestanden habe, die nun zu jeder Denunziation bereit seien, um von sich selbst abzulenken. Ob die Herren im Innenministerium sich bewusst seien, dass eine derartige Vorgehensweise seinen Ruf schwer beschädige und seine Existenz als Forscher und Publizist gefährden könne, schreibt der Vater in beachtlicher Naivität.

*

Eines schönen Sommertages stehe ich aufgeregt zusammen mit Mutter und Schwestern inmitten der Dorfbewohner am Rande des Stausees, wo der Vater zusammen mit dem eigens aus Bregenz angereisten Autohändler ein dunkelblaues, wannenförmiges Fahrzeug die steile Betonwand hinunter bis zum Wasserspiegel lenkt, rechtzeitig einen Propeller zwischen den Hinterrädern herausklappen lässt, das Gefährt knatternd den See durchpflügt, bis es, einem Wunder gleich, am anderen Ende des Sees mit aufheulendem Motor die Staumauer wieder emporklettert, von allen Zuschauern entsprechend beklatscht und bestaunt. Der »Schwimmer« muss seine amphibischen Qualitäten unter Beweis stellen, sollte er doch den wilden Wasserläufen im Hohen Atlas gewachsen sein und unabhängig von Wetter und Wasserstand den Drâa-Fluss durchqueren können.

Zwei ausrangierte Militärfahrzeuge der Marke Volkswagen, der »Kübelwagen« und der »Schwimmer« sind damals die einzig erhältlichen Fahrzeuge, die den kranken Vater, die Mutter, die eben maturierte

große Schwester und einen aus der Schweiz angeheuerten Expeditions-
begleiter bis nach Marokko und wieder zurück bringen sollen.

Noch heute summt das Winseln der Motoren in meinen Ohren, mit
dem nach wochenlangen, aufregenden Vorbereitungen im Haus am Berg
die beiden Fahrzeuge mit den als Planwagen bepackten Anhängern hinter der Kurve verschwinden.

Ich bin sieben Jahre alt, stehe zusammen mit der drei Jahre älteren
Schwester auf dem Balkon im oberen Stockwerk des Hauses am Berg,
die Rosi schwenkt dem winzigen Konvoi tief unten auf der gewundenen Straße nach Tschagguns ein weißes Leinentuch hinterher. Sie hebt
mich hoch, damit auch ich über das Geländer hinaus die Eltern und die
große Schwester entschwinden sehen kann. Kein Abschiedsschmerz,
keine Trauer, keine Angst. Pragmatisch, wie Kinder sind, vertraue ich
der anwesenden *Rosi*. Was blieb mir anderes übrig? Ohnehin waren die
Eltern selten anwesend. Was ist schon der Unterschied zwischen Wien
oder Ouarzazate, zwischen einer Woche und einem Jahr?

Heute frage ich mich, wie es möglich war, im Herbst 1949, nur vier
Jahre nach Kriegsende, mit zwei ausrangierten Wehrmachtsfahrzeu-
gen einer besiegten Armee, zuvor der Schrecken ganz Europas, von
den Montafoner Bergen aus über die Schweiz, Frankreich und Spanien
bis nach Gibraltar, Tanger, Marrakesch und weiter bis nach Tindouf
zu fahren, ohne jemals irgendwelchen Feindseligkeiten zu begegnen;
während mich nach über einem halben Jahrhundert gelegentlich noch
immer ablehnende Blicke treffen, wenn ich einem Café in Marseille oder
nahe der Place des Vosges in Paris mit meiner Tochter Deutsch spreche.

*

Die drei Jahre ältere Schwester besucht nun in Bludenz ein Gymnasium
und wohnt bei Freunden. Ich bleibe allein zurück am Berg und habe die
Rosi mit ihren weißen weichen Armen und der faltigen Haut am Hals
endlich ganz für mich. Das neue Schulgebäude auf der anderen Seite
ist heller und größer, aber im Winter sind die Klassenräume kälter als

die alte Bauernstube und mein Schulweg ist um einiges weiter. Seit ich vom Schularzt eine Brille und eine Flasche Lebertran gegen die damals verbreitete Rachitis bekommen habe, johlen die Kinder *Brüllahschlange! Brüllahschlange!* hinter mir her, bis eines grauen Märztages der große Emil, der nicht schwimmen kann, einen Einfall hat: *Zag amol ob so guat schwimma kanscht wies Auto vom Dedda!* Und inmitten der jubelnden Klasse werde ich quer durchs Dorf bis zum Stausee getrieben, stolpere über ein gestelltes Bein und falle in den Schneematsch, meine Brille ist zerbrochen und an der Staumauer gibt der große Emil vor, mich über die Staumauer zu stoßen, um meine Schwimmkünste zu testen. Oder hat er es wirklich vor? Ein zufällig in der Ferne vorbeigehender Mann schreit irgendetwas herüber, worauf die Kinder das Weite suchen.

Ich stolpere halb blind durch den dämmrigen Wald hinauf nach Hause, wo mich die Rosi bereits erwartet. Beunruhigt durch mein Ausbleiben hat sie einiges vom Balkon aus mithilfe des Feldstechers verfolgt. Am folgenden Tag darf ich zu Hause am Berg bleiben. Und auch später gibt es immer einen Grund, die Schule zu meiden: Husten, Darmkatarrh, eine Lungenentzündung, immer ist etwas mit mir nicht in Ordnung. Ich darf einstweilen Hühner vor dem kreisenden Habicht beschützen, Löwenzahn und Hasenbrot für unser Kaninchen sammeln, auch junge Brennnesseln, wilder Rhabarber und Sauerampfer gehören zu unserem Speiseplan, im Gemüsegarten jäte ich Unkraut, pflücke die pelzigen Raupen von den Kohlblättern, zerquetsche die gelben Eierkolonien unter den Karfiolblättern und bestaune die auseinanderstrebenden Hälften eines unter dem Spaten zerteilten Regenwurms.

Einsam ist das Flüchtlingsdasein in den Bergen. Und erbarmungslos biologisch.

Gegen Ende des Jahres sind die Eltern wieder zurück, mit exotischen Teppichen, Schmuck aus Silber und Bernstein und mit aufregenden Geschichten über Reiterspiele und Schwerttänze, über freundliche Männer in langen, wollenen Gewändern mit Zipfelkapuzen, manche sind sogar blond und blauäugig, schauen aus wie unsere Bauern, aber sie stricken ihre langen gestreiften Hosen aus selbst erzeugter Schafwolle selbst, was bei uns keinem Mann einfallen würde. Über Frauen in farbenfrohen Trachten, welche die kunstvollen Teppiche weben und selbst bei der Feldarbeit ihren schweren Schmuck nicht abnehmen; über gastfreundliche, würdevolle Caids in ihren biblischen Burgen und über den schändlichen Versuch des Schweizer Reisebegleiters, dem großzügigen Gastgeber wertvolle alte Teppiche zu stehlen, indem er sie unter seiner Djellaba um seinen Bauch wickelte und aus der Burg schmuggeln wollte, wobei er aber von den Wächtern erwischt wurde. Nur dem diplomatischen und finanziellen Einsatz des Vaters ist es zu verdanken, dass dem Dieb die zu erwartende drakonische Strafe erspart blieb und er nur des Landes verwiesen wurde. Aber ich schäme mich zu Tode für diesen Lumpen, dem der Vater doch vertraut hatte, und angesichts dieser Dramen sind meine Schulgeschichten nicht mehr der Rede wert.

Ohnehin hatte der Vater genug andere Sorgen. Neuerlich erkrankt, musste er in Casablanca eine Zeit lang im französischen Militärkrankenhaus zubringen, und nun, nach seiner Rückkehr, wird im Haus am Berg nur mehr über Nierenwerte, Leberbefunde, Blutwerte, erhöhte Temperatur und Diät gesprochen. Es folgen Aufenthalte im Sanatorium in Schruns, danach im Tropeninstitut in Hamburg, wo ihm versehentlich verunreinigtes Penizillin verabreicht wird. Diesmal ist er so lange abwesend, dass ich ihn beinahe vergesse.

Doch irgendwann ist es so weit. Im Herbst 1951 geht es im voll bepackten Kübelwagen mit Anhänger und offenem Dach Richtung Wien. Die Landstraßen entlang des Inn, der Salzach, der Enns, der Donau sind praktisch leer, die Eltern streiten kein einziges Mal, auch die zwölfjährige Schwester ist gut gelaunt und lässt mich ungeschoren. Die Fahrt dauert einige Tage. Vier Besatzungszonen sind zu überwinden und die Verordnungen können sich wöchentlich ändern, erklärt die Mutter, man hat ja kein Radio dabei, man kann nie wissen. Gerastet wird an den mit Weiden und Schilf bestandenen Kieselbuchten der Flussufer. Und während wir Kinder Brennholz für das von der Mutter fachgerecht betreute Lagerfeuer sammeln, wartet der kranke Vater erschöpft und kreidebleich hingestreckt auf einer karierten Decke auf heißes Wasser für seinen Tee. Übernachtet wird in ranzigen Wirtshäusern, bewirtet mit fadem Erdäpfelgulasch oder trockener Polenta, bevor man in einem feuchten Zimmer unter eine schwere, kalte Federdecke kriecht. Wasserkrug und Waschschüssel stehen auf dem Tisch, der Nachttopf unter dem Bett, das Klo befindet sich, mit Glück, im selben Stockwerk.

Diese Reise mit der »ganzen Familie« quer durch das graue, zerrissene Nachkriegsösterreich gehört zu den glücklichsten Erinnerungen meiner Kindheit.

3

Jamaika I: Eine Art Hochzeitsreise

Zu Jamaika, das mein neues Zuhause werden sollte, fiel mir außer Sonne, Rum und allenfalls Zigarren kaum etwas ein. Erste Umrisse erhielt der weiße Fleck auf meiner Landkarte im Juni 1969, als mich Trevor mit seiner Familie bekannt machte: ein höflich zurückhaltender Vater, eine umtriebige, leicht nervöse Mutter, eine vorbildhafte ältere Schwester und ihr britischer Ehemann. Das obere Stockwerk im Haus am hügeligen Stadtrand von Kingston, etwas übertrieben »Beverly Hills« benannt, irritierte durch die in den Tropen üblichen, das Fensterglas ersetzenden, offenen Holzjalousien, welche einen steten, angenehmen Luftzug bewirkten, aber selbst ein nur geflüstertes Wort überall hörbar machten. Trevors Schwester, eine hübsche Frau mit hellem Teint und braunen Locken, hatte in Edinburgh die Goldschmiedekunst erlernt, erwartete ein Baby und war umsichtige Mitarbeiterin in der großen Kunstgalerie ihres Ehemannes mit dem etwas unterkühlten, britischen Humor. Sie war in jeder Hinsicht vorbildhaft und mir mit ihrer eifersüchtigen Bruderliebe auch sonst keine große Hilfe bei der Eingewöhnung in die neuen Verhältnisse. Ihr dreistöckiges Haus im Zentrum von Kingston beherbergte außer ihrem Goldschmiedeatelier eine Galerie, eine Buchbinderwerkstatt und eine Rahmenhandlung. In allen Räumen stapelten sich Werke zur Geschichte und Gegenwart der Karibik, die Wohnung im oberen Stockwerk ging auf eine wegen der Hitze freilich niemals benutzte Dachterrasse hinaus. Einziger Makel: Nur ein Stacheldrahtzaun trennte das Haus vom größten *Ghetto* der Stadt.

Trevor gab sich Mühe. Er präsentierte mir Kingston von der besten Seite, zeigte mir die Regierungsgebäude und Handelshäuser aus der Kolonialzeit, die moderne University of the Westindies inmitten einer üppigen Parkanlage, er führte mich in das klimatisierte und für mich, die ich in einem Tropengarten zu speisen gehofft hatte, enttäuschende Restaurant in Devon House. In den Tropen ist niemand so verrückt, im Freien zu essen, lachte Trevor. Nur das Ghetto zeigte er mir nicht. Ein Ghetto sei nicht etwas, das man *zeigt*, erklärte er. Es ist ein Raum einer durch Not erzwungenen Promiskuität, alles spielt sich vor aller Augen ab, aber nur innerhalb der Gruppe; jeder Fremde ist dabei eine Zumutung. Trevor verabscheute Touristen, die fremdes Elend bestaunen wollen. Zu seinen Lieblingsgeschichten gehörte jene von einer Touristin, der die Tasche geklaut wird, als sie, angeblich »um zu helfen«, ungebeten in eine der Wellblechhütten eindringen will; oder die Geschichte eines amerikanischen Geschäftsmannes, der in einer Limousine durch das Ghetto gefahren wird und mit einem schockierten *Oh, my God!* auf eine offene Latrine zeigt, woraufhin ein Mann mit einer Machete im Vorbeigehen den mit einem funkelnden Ring geschmückten Zeigefinger abtrennt.

Im Hause Byer waren Hautfarben ein allgegenwärtiges Tabu, nicht einmal zur Beschreibung einer unbekannten Person durften sie Erwähnung finden. Und bald erwies sich das, was zunächst als Ausdruck von Toleranz erschien – »Hautfarben haben keine Bedeutung« –, als eine problematische Strategie gegen die Unlösbarkeit komplexer Probleme.

Das seit fünf Jahren unabhängige Jamaika hatte sich ein Motto gewählt, über das Trevor nur lachen konnte: *Out of many one people!* Unter den etwa zwei Millionen Inselbewohnern war nicht einmal ein halbes Prozent Weiße, meist Besitzende und Unternehmer, eine dünne Mittelschicht von Kaufleuten wies indische, chinesische und libanesische Herkunft auf, dazu kamen ein paar fastweiße oder nichtschwarze Beamte, Politiker, Künstler und Akademiker, zu denen Trevor zu zählen war, und über neunzig Prozent waren an der Grenze zur Armut oder gar im Elend lebende Schwarze. Wie sollte daraus »ein Volk« entstehen, fragte Trevor rhetorisch, vor allem wenn der Regierungschef Hugh Shearer nur auf Wünsche der USA hört und niemals auf die seiner Wählerinnen und Wähler.

Für mich waren die politischen Verhältnisse ohnehin undurchschaubar, sie widersetzten sich jeder mir gewohnten Zuordnung. Premier Shearer etwa stammte aus einfachen, ländlichen Verhältnissen, er kam aus der Gewerkschaftsbewegung, machte aber eine sehr konservative Politik. Seine Partei nannte sich JLP – Jamaica Labour Party, wurde jedoch von der CIA und mit Kapital aus den USA finanziert. Monate vor unserer Ankunft hatte Hugh Shearer den jungen Historiker und politischen Aktivisten der Bürgerrechtsbewegung Walter Rodney zur Persona non grata erklärt, was einen Sturm der Entrüstung unter der schwarzen Bevölkerung zur Folge hatte. Rodney und Shearer hatten die gleiche, eher dunkle Hautfarbe, doch ihre diametrale Laufbahn schien die Irrelevanz dieser Äußerlichkeit zu belegen. Shearer war in dunklem Anzug und Krawatte unterwegs und bezeichnete sein Regierungsgebäude in Kingston als *Oval Office*, während der aus der bürgerlichen Mittelschicht in British Guayana stammende Walter Rodney in lässigem T-Shirt und Jeans als Universitätsprofessor im sozialistischen Daressalam lehrte. 1972 nahm Walter Rodney mit seinem Buch *How Europe underdeveloped Africa* (auf Deutsch 1975 erschienen unter dem euphemistischen Titel *Afrika. Die Geschichte einer Unterentwicklung*) alles vorweg, was seit damals über dieses Thema geschrieben worden ist. Er wurde an die Universität von George Town in Guyana, seiner Heimat, berufen, doch auf Anweisung des neuen, von den USA eingesetzten Premierministers entzog man ihm kurz nach seiner Einreise die Lehrbefugnis. Daraufhin wurde er Politiker, gründete die größte Oppositionspartei in Guyana und wurde 1980 durch eine Autobombe ermordet.

Walter Rodney gehörte zu jenen Persönlichkeiten, die man im Hause Byer besser nicht erwähnte. Trevors Eltern waren konservativ und zur Zeit unseres ersten Besuchs im Frühjahr 1969 von den sogenannten Rodney Riots erschüttert. Diese sozialen Proteste schienen sie mehr zu beunruhigen als der ein Jahr zuvor verübte Mord an dem auch von ihnen verehrten Martin Luther King.

Insgesamt muss ich gestehen, dass die Tage im Haus der Schwiegereltern reichlich anstrengend waren. Die Mahlzeiten wurden von einer energischen Köchin unter Aufsicht der Mutter zubereitet, und zum Essen an dem mit geschliffenen Gläsern und Stoffservietten gedeckten Tisch musste man unbedingt pünktlich und in korrekter Kleidung erscheinen. Eingeladen zum Tee bei Lady D. oder Reverend G. waren bei fünfunddreißig Grad im Schatten Handschuhe und Seidenstrümpfe zu tragen.

Dann saß man in einem nach Muskat und Moder duftenden, mit britischen Antiquitäten überladenen Salon oder auf einer Holzveranda in kunstvoll geflochtenen Rattan-Fauteuils, trank heißen Tee aus englischem Porzellan, knabberte an harten Keksen und pries das berühmte Orangen- und Ingwergelee. Neuigkeiten über mir gänzlich unbekannte Verwandte und Freunde wurden ausgetauscht, diskrete Anspielungen auf rätselhafte politische Verhältnisse machten die Runde.

Ich bemühte mich, alles richtig zu machen, bewegte mich aber auf schwankendem Grund. Gleich am ersten Tag hatte mir die Schwiegermutter mit maliziösem Lächeln zu verstehen gegeben, Blondinen kenne sie eher als leichte Mädchen, die nach Jamaika kämen, um sich die besten Söhne des Landes zu angeln ...

Was sollte man darauf antworten?

Hart traf mich die Anweisung, niemals allein das Haus zu verlassen, und sei es nur auf einen Spaziergang durch das Villenviertel in der Nachbarschaft. Nicht einmal als die Byers eines Tages im Stadtzentrum etwas Amtliches zu erledigen hatten, durfte ich alleine zu Hause bleiben, sondern musste den Nachmittag sinnlos im Fond des Wagens oder in einem Korridor zubringen.

Das war zu viel. Ich vermutete eine Schikane der Schwiegermutter und bat meinen Mann um Hilfe, doch der verteidigte seine Eltern mit der Begründung, in einer Stadt mit einer derartigen Kluft zwischen Arm und Reich sei permanente Vorsicht geboten. Schau dich doch um, jeder, der es sich irgendwie leisten kann, lebt hinter Gittern, meinte er, und ich war mir nicht sicher, ob er scherzte; doch er fügte ernst hinzu, unser Haus ist das einzige weit und breit, dessen Fenster nicht vergittert sind, was allgemein als Leichtsinn gilt.

Schließlich ließ er sich überreden, mich auf dem Weg nach Downtown Kingston am Campus der Universität abzusetzen, wo es einen Swimmingpool gab und ich dann, ganz allein, den Tag verbringen durfte, in der Universitätsbibliothek stöbern, in der Kantine mit allen möglichen Leuten essen – eine Befreiung. Im Vorfeld hatte ich mich zu gewissen Verhaltensregeln verpflichten müssen: keinen Kontakt zu Fremden, schon gar nicht zu Schwarzen, aber auch nicht zu Indern und Chinesen, die freilich ohnehin lieber unter sich blieben; auch vor manchen Weißen sollte ich mich hüten, du kannst dir nicht vorstellen, wie viel Gesindel sich hierzulande herumtreibt.

Natürlich hielt ich mich nicht daran. Kaum war ich allein, plauderte ich mit jeder halbwegs sympathischen Person. Eines war bald klar: Die Byers misstrauten jedem. Und das soziale Feld der Hautfarben war vermint.

*

Please meet Eric Williams, Prime Minister of Trinidad & Tobago, die große Hoffnung der karibischen Region! Du weißt doch, meine Mutter stammt aus Trinidad, und ihre Familie kennt Eric seit seiner Kindheit ...

Als Trevor mich am Ende des Nachmittags vom Campus abholte, war er zufällig diesem betagten Herrn mit weichen Gesichtszügen, dunkler Haut und Brille sowie schütterem Haarkranz begegnet. Eric Williams weilte anlässlich einer Konferenz zur Universitätsreform in Kingston und kam eben von seinem Referat. Da er nicht viel Zeit hatte, vereinbarten die Männer ein Treffen für den nächsten Tag. Und im Auto zurück nach Hause erzählte Trevor mir einiges von diesem Mann, das für mich wieder einmal neue Fragen aufwarf.

Eric Williams kam 1911 in Port of Spain auf Trinidad zur Welt und hatte bereits 1938 seinen PhD in Philosophie und Wirtschaftsgeschichte in Oxford mit Auszeichnung in der Tasche, was für einen Schwarzen recht ungewöhnlich war. Zu verdanken hatte er seinen Studienplatz in Oxford dem damaligen britischen Gouverneur, der die Begabung des Knaben früh erkannt und gefördert hatte. Doch dies allein hätte Eric Williams kaum zu seiner außergewöhnlichen Karriere verholfen. Die politischen Rahmenbedingungen vor dem Zweiten Weltkrieg waren nicht gerade günstig für die Karriere eines Schwarzen aus einer britischen Kolonie, nicht zuletzt fand sich auch für seine Dissertation *Capitalism and Slavery* kein britischer Verleger, obwohl sich seine Professoren in Oxford für die Arbeit eingesetzt hatten.

Erst sechs Jahre später, im Jahr 1944, wurde die Arbeit verlegt, ausgerechnet in den USA, wo immer noch strikte Rassentrennung herrschte. Wieso das? Eric Williams' Dissertation wurde von der heute renommierten Howard University in Washington, D. C. verlegt, jener Mitte des 19. Jahrhunderts eigens für Afroamerikaner gegründeten Universität, gegen die weiße Gouverneure zunächst mit allen, auch gewaltvollen Mitteln vorgegangen waren. Und gegen Ende des Zweiten Weltkrieges begannen sich rund um diese Institution der schwarze Widerstand und die Bürgerrechtsbewegung zu formieren.

In *Capitalism and Slavery* wird der atlantische Sklavenhandel erstmals nicht aus moralischer, sondern aus wirtschaftshistorischer Perspektive betrachtet, unter Verwendung neu erschlossener Quellen wie Aufzeichnungen von Reedereien, Protokollen von Parteien, Korrespondenzen von Bankdirektoren und Politikern, Bilanzen von Handelsunternehmen und Kontoren in England, in der Karibik, in Afrika. Auf dieser Grundlage kam der Autor zu dem Schluss, der britische Slavery Abolition Act von 1833 sei weniger aus humanitären Gründen, sondern vor allem aus wirtschaftlichen und strategischen Überlegungen erfolgt. Der britischen Ostindien-Kompanie sollte eine Monopolstellung in der Zuckerindustrie gesichert und die Konkurrenz der aufmüpfigen Plantokratie in der Karibik sollte ausgeschaltet werden. Im Vorwort von 1943 schreibt Eric Williams, sein Buch sei keine Studie zur Institution der transatlantischen Sklavenwirtschaft, sondern zeige Verbindungen zwischen dem durch die Sklaverei erwirtschafteten Kapital und der Wirtschaftsentwicklung in England auf – und sämtliche Zahlen und Daten wiesen auf die überragende Bedeutung des atlantischen »Dreieckshandels« für die industrielle Revolution in England hin. Trevor vermutete darin einen Hauptgrund, warum sein Buch in London erst 1964 bei André Deutsch erschien, sechzehn Jahre nach dem Ende des British Empire.

Heute stellt sich die Frage, ob Williams' dunkle Hautfarbe nicht ebenfalls ein Grund gewesen sein könnte, warum das offizielle England ihn nicht vor dem Ende seines von Rassengesetzen bestimmten Empires als Wissenschaftler anerkennen konnte.

In den Tagen darauf nahm ich mir in der Bibliothek der Westindischen Universität *Capitalism and Slavery* vor. Doch nach den ersten Seiten musste ich einsehen, dass mich die Fülle an Zahlen und Tabellen, an fremden Namen und Formulierungen in einer mir fremden, akademischen Sprache überforderte. Die Frustration darüber, dass ich etwas, was mich brennend interessierte, nicht verstehen konnte, trug wohl dazu bei, dass ich zwanzig Jahre später ein zweites Leben mit einem Universitätsstudium beginnen und mir dadurch die notwendigen »Denkwerkzeuge« aneignen würde, um diesen Text und viele andere mit Gewinn lesen zu können. Ungeachtet der späteren, meistens politisch motivierten Kritik blieb Eric Williams' *Capitalism and Slavery* bis in die Gegenwart ein Standardwerk, auf dem zahlreiche Studien aufbauen konnten.

Als Politiker strebte Eric Williams vor allem nach einer Landreform und weitgehender Autarkie sowie nach wirtschaftlicher Zusammenarbeit innerhalb der karibischen Region. Das Fehlen jedweder wirtschaftlichen, verkehrstechnischen, kulturellen Beziehung zwischen den karibischen Inseln war ja ein verhängnisvolles Erbe der Kolonialzeit, während der alles über die jeweiligen Metropolen abgewickelt wurde; diese Kolonialwirtschaft war ein geschlossener, streng regulierter Raum, den zu sprengen den USA erst nach dem Zweiten Weltkrieg gelingen würde.

Es mochte wohl dieser neue Regionalpatriotismus der Menschen in den neuen, »imaginären Gemeinschaften« (Anderson 1983) der Karibik gewesen sein, weswegen die konservativen Eltern Trevors sich für Eric Williams begeistern konnten. Denn mit Ausnahme des allgemein verehrten Reverends Martin Luther King erschienen den Byers sämtliche Führer der damals boomenden amerikanischen Bürgerrechtsbewegung eher als gefährliche Wilde. Und für die frühen Befreiungsbewegungen der Karibik hatten sie ebenfalls wenig übrig. Marcus Garvey (1887–1940), der aus Jamaika stammende Kämpfer für die Rechte der Schwarzen in den 1930er Jahren, wurde von ihnen wegen seiner Low-class-Herkunft aus der Plantagensklaverei in der Provinz St. Ann geringgeschätzt und für seine idealistischen Ambitionen, »König eines vereinten Afrikas« zu werden, allenfalls verspottet.

Der pittoreske Synkretismus in der Repräsentation von Markus Garvey macht die Haltung der Byers freilich nachvollziehbar. Die schwarzen Führer im Kampf gegen die Sklaverei ließen sich allesamt in napoleonischer Reiterpose verewigen, in Uniformen, gespickt mit Zitaten sämtlicher europäischer Herrscher. Auch der ehemalige Plantagensklave Toussaint Louverture (1743–1803), Anführer der bedeutenden und folgenreichen Revolution auf Französisch-Haiti im ausgehenden 18. Jahrhundert, trug die Uniform eines französischen Generals, was die ihn – letztlich vergeblich – bekämpfenden napoleonischen Truppen völlig lachhaft fanden. Dabei stellt sich die Frage, warum schwarze »Eingeborene«, welche sich europäisch kleiden, von den Weißen als komisch oder verachtenswert empfunden wurden, während gleichzeitig Weiße in den Trachten arabischer oder subsaharischer Stammesgesellschaften von diesen immer akzeptiert wurden und bei europäischen Künstlern sogar in Mode kamen.

Trevors Vater, Maurice, war im Grunde ein calvinistischer Puritaner, während seine Mutter Phyllis eine lebhafte, ursprünglich katholische Frau war, die gerne lachte und noch mit echten Steelbands und Calypso aufgewachsen war, eine Musik, die in Jamaika nun zur Blütezeit des Reggae als koloniales Erbe galt und höchstens noch für Touristen in unerschwinglichen Luxushotels dargeboten wurde.

Für den Vater zählten nur Leistung und Rechtschaffenheit als Garanten für sozialen Aufstieg. Er selbst hatte es vom Landarzt auf der kleinen Insel Saint Lucia am südöstlichen Ende der Karibik zum Gesundheitsberater der Regierung in Jamaika geschafft und war für seine Verdienste um die öffentliche Gesundheit sogar von der Queen zum Lord geadelt worden. Auf einer Rundfahrt durch die Ebenen an Kingstons Uferzeile durfte ich mich von seinen Verdiensten überzeugen. Ein ehemals malariaverseuchtes, brackiges Schwemmland war dank seiner Initiative und tonnenweise versprühtem DDT von der todbringenden Anopheles-Mücke befreit worden, nun sollten dort Sozialwohnungen entstehen, die Bewohner des *Ghettos* in Downtown Kingston dorthin umgesiedelt und dadurch Platz für eine neue Stadtentwicklung geschaffen werden.

Maurice saß am Steuer des Wagens neben einem Immobilieninvestor aus den USA. Für mich, schwitzend und schweigend im Fond des schlecht klimatisierten Wagens sitzend, war es kaum vorstellbar, irgendjemand würde freiwillig auf diesem staubigen, glutheißen Gelände fernab der Stadt leben wollen. Doch an der Bedeutung meines Schwiegervaters gab es keinen Zweifel.

*

Reggae. Kaum verwunderlich hatten meine Schwiegereltern wenig für diese in der Wildnis der New Yorker Soundstudios von jamaikanischen Auswanderern erfundenen »primitiven Rhythmen« übrig. Trevor musste sich bittere Vorwürfe wegen eines Konzertbesuchs in Downtown Kingston anhören, zu dem er mich mitnehmen wollte. Der angekündigte Sänger, ein Rastaman, war für die Schwiegereltern die Verkörperung einer abstoßenden, vielleicht auch gefährlichen Sekte. Voller Ekel erzählte die Mutter, was sie vom Hörensagen wusste: Unter Berufung auf Gott verweigerten diese Leute die Seife und andere Produkte von Unilever, gingen am liebsten splitternackt und ließen sich die Haare nicht schneiden, bis diese als unentwirrbares Geflecht allen möglichen Insekten, von Läusen bis Tausendfüßlern, als Lebensraum dienten. Der Wunsch, zurück nach Afrika zu gehen und Haile Selassie als ihren Messias zu preisen, konnte nur im Ganja-Rausch entstanden sein, fand Maurice. Er war dabei gewesen, als vor drei Jahren, 1966, der Kaiser von Abessinien Jamaika besucht hatte, ein in seinen Bart hineingeschrumpfter, winziger alter Mann. Völlig verwirrt von der ihn erwartenden unüberschaubaren

73

Menschenmenge sei er auf dem Flughafen Norman Manley dem Jet der Air Ethiopia entstiegen, und, geschützt von seinen Leibwächtern, sogleich in einer Regierungslimousine verschwunden. Der 225. Nachfolger von König Salomon, selbst ein hellhäutiger, amharischer Aristokrat, der Schwarze eher verachtete, wusste offenbar nicht, dass diese Menschenmassen aus ganz Jamaika bereits seit Tagen auf ihn gewartet hatten. In Addis Abeba forderten andere Massen gerade seinen Sturz, vielleicht habe er geglaubt, man wolle ihn lynchen, lachte Phyllis. Wie konnte Trevor, ihr smarter Sohn, nur ein Konzert von so einem Rasta besuchen, noch dazu mit seiner jungen Frau!

Der lächelte auf seinen Teller hinab und schwieg. Ich hatte das erste Mal von diesen Leuten und ihrem Glauben gehört und auch mir kam die Idee, sich ausgerechnet von dem politisch in freiem Fall befindlichen äthiopischen Kaiser die Erlösung zu erwarten, reichlich schräg vor. Doch hat nicht jede Religion etwas Bizarres an sich?

Der Park nahe Kings Road war zum Bersten voll mit Menschen, die meisten barfuß und mit Frisuren à la Angela Davis oder mit Dreadlocks; rotgrüngelbe Strickmützen, später das Markenzeichen der globalen Vermarktung des Reggae, waren nur vereinzelt zu sehen. Der süße Duft glühenden Hanfs und der dumpfe, auf dem zweiten Schlag betonte Rhythmus schweißte die Menschen in der schwülen Nacht zu einem einzigen Körper zusammen. Ich stand zwischen Trevor und einem indischen oder pakistanischen Freund etwas außerhalb des Geschehens am Rande des Parks, doch erstmals fühlte ich dieses Vibrieren unter meiner Haut wie künftig immer, wenn irgendwo Rasta-Drums den Boden erbeben ließen. Ich war die einzige Weiße, und die beiden Männer neben mir waren die Einzigen mit einem Jackett. Und während das Publikum im Rhythmus der Musik wogte wie ein Kornfeld im Wind, ließ ein Blick auf meinen reglosen Ehemann keinen Zweifel: zuhören ja, aber tanzen wäre unpassend gewesen. Reggae zu tanzen, wagte ich erst nach dem Ende meiner Ehe, als ich noch ganz andere Dinge wagen musste.

In der durch Büsche etwas eingeschränkten Sicht auf die Bühne waren im Lichte dreier bescheidener Scheinwerfer in Rot, Grün und Gelb drei oder vier Musiker zu erkennen und ein unerwartet hellhäutiger, magerer junger Mann mit bis zu den Hüften reichenden verfilzten Haarsträhnen, der mit geschlossenen Augen auf der Bühne taumelte, in die Saiten der lose an ihm hängenden Gitarre griff, sich die Hände an beide Ohren legte, als wolle er sie vor seiner eigenen Musik schützen, oder wie Halt suchend in die Luft griff, die Arme ausbreitete, wie um davonzufliegen. Alles machte einen eher steifen, beinahe amateurhaften Eindruck, frei von jeder Inszenierung. Doch die träge, leicht belegte Stimme erzählte im suggestiven Rhythmus von der Gewalt des Ghettos, von der Freiheit von Not und Gewalt, von Liebe und Hoffnung und von der unversiegbaren Kraft des Lebens – und das Publikum tobte.

Ich stand da, reglos erregt, vielleicht ein wenig berauscht vom Einatmen des alles einhüllenden, duftenden Smogs von Gras. Nein, nicht der Löwe von Juda, sondern diese Musik brachte den Menschen hier die Erlösung, dachte ich überzeugt und voll euphorischer Zuversicht beim Gedanken an meine eigene Zukunft.

Am Ende stieg der Sänger unter tosendem Pfeif- und Trommelkonzert aus dem Publikum von der Bühne, ganz ohne die in Europa nach jedem Popkonzert üblichen hysterischen Forderungen nach mehr und immer mehr. Gelassen bahnte er sich, flankiert von ein paar Begleitern, den Weg durch die wie von selbst auseinanderweichende Menge Richtung Ausgang und kam dabei dicht an uns vorbei, wobei Trevors Freund, der ihn offenbar kannte, mit seiner offenen rechten Hand die des Sängers berührte und danach seine eigene Brust mit einer Faust: *Love and peace – man! It was great!* Und zu mir gewandt: *Please meet Bob Marley, the new born star on Jamaica's sky.*

Wie klein er war! Viel kleiner als ich; und seine Haut fast so hell wie meine. Die Hand, die er mir reichte, zart und völlig trocken. Und keine Spur eines Lächelns. Aus dem erschöpften Antlitz flog sein heller Blick an mir vorbei in die tiefschwarze Tropennacht.

Nein, es handelte sich nicht um das sagenumwobene *One Love Peace Concert* von 1978, sondern um eine der ersten öffentlichen Darbietungen des späteren Weltstars.

*

Der Familienausflug nach Port Royal entsprach nicht ganz meinen Vorstellungen von einer Landpartie. Für die Schwiegereltern lauerten überall Gefahren: Spanische Witwen, Skorpione, Schlangen, Hundedreck, Vogelscheiße, tödliche Bazillen, ätzende Riesenquallen; nicht einmal im kristallklaren Wasser der smaragdgrünen, mit bunt schillernden Fischen geschmückten Lagune durfte ich schwimmen. Die Abwässer hier sind nicht geklärt! Hast du das nicht bemerkt? Sogar in unserem auf einem Hügel über der Bucht gelegenen Gästehaus aus Holz mit seiner bunt gestrichenen, rundum laufenden Galerie und seiner traumhaften Aussicht lauern alle möglichen Gefahren, und auch unser Abwasser fließt direkt ins Meer ... !

Trevor entschuldigte seine Eltern mit den Verhältnissen in ihrer Jugend, als strikte Hygiene eben eine Frage des Überlebens gewesen sei. Weder auf Saint Lucia noch auf Trinidad oder Barbados habe es damals eine Kanalisation gegeben, Strom wurde mithilfe von kleinen Generatoren und Windrädern gewonnen, freilich nur für den Gouverneur, einige Plantagenbesitzer und Kaufleute sowie für den Blockeis-Fabrikanten außerhalb der Stadt. Das war ein anderes Leben damals.

Na und? Auch für meine Eltern war die Welt ihrer Jugend Anfang des 20. Jahrhunderts eine andere und dennoch hatten sie keine vergleichbare Paranoia entwickelt.

Aber das ist doch nicht zu vergleichen! In Wien, einer imperialen Stadt! Stell dir vor, einmal pro Woche marschiert eine kleine Gruppe ehemaliger Sklaven im Gänsemarsch von Haus zu Haus, leert mittels einer Handpumpe die Senkgruben der Häuser in Kübel, die dann auf den Köpfen zum Meer getragen werden. Stell dir vor, die Scheiße von ganz Castries, Port of Spain oder Bridge Town wurde auf Köpfen zum

Ozean getragen. Die Forderung der lokalen Gemeinden, dafür wenigstens ein Pferdefuhrwerk einzusetzen, wurde von der Kolonialverwaltung mit der Begründung abgelehnt, dass Schwarze billiger seien und barfuß schneller in den schmalen Gassen unterwegs waren als ein Pferdewagen ...

Nichts sei in die Kolonie investiert worden, erklärte Trevor, der Mangel an Infrastruktur immer noch Grund für den wirtschaftlichen Stillstand. Für den schmalen Mittelstand, zu dem die Byers sich zählten, gab es ständig etwas zu befürchten: von oben die Willkür der Behörden und der Polizei, von unten einen Aufruhr oder Einbruch. Dazu Cholera, Typhus, Malaria, Erdbeben, ein Tornado oder ein Hurrikan, die Angst sitzt einem noch nach Generationen in den Knochen und entlädt sich oft über Umwege.

Aus Angst, ihr begabter Sohn könne sich durch Missachtung der väterlichen Hygienevorschriften oder durch »unpassende Gesellschaft« in Gefahr bringen, scheuten Trevors Eltern bei der Erziehung vor harter, sogar körperlicher Bestrafung nicht zurück. Und nachdem er mir davon erzählt hatte, erschien mir auch nach unserer Rückkehr nach Kingston eine Aura von Furcht im Haus der Schwiegereltern allgegenwärtig. Jedes unbekannte Geräusch, jeder fremde Geruch raubte einem den Schlaf: ein streunender Bluthund, ein drohender Aufstand, der Blutgeruch der Vergeltung über dem verminten Feld der Hautfarben.

*

Als Trevor mir dann das »echte Jamaika« zeigen wollte, dachte ich, nun würde alles gut. Ganz ohne Eltern kreuz und quer über die Insel fahren, zu den Küsten im Norden, durch die Wälder blühender Flammenbäume im hügeligen Hinterland, dazwischen die wie Blütenblätter verstreuten Holzhäuser in Türkis, Ocker und Scharlachrot; und auf den Hügeln das eine oder andere märchenhaft verlotterte, doch immer noch beeindruckende Gutshaus. Was gibt es Erbaulicheres als die Ruinen hinfälliger Herrschaft?

James Bond – 007 jagt Dr. No war hier gedreht worden. Am Ende des goldfarbenen Sandstrands stürzt ein kalter, klarer Wasserfall in silbernen Kaskaden über Felsen in die Tiefe – *Laughing Water*. Aufgefangen in einem von purpurnen Trompetenblumen und duftenden Aranda-Orchideen umstandenen Felsbecken bahnt sich das eiskalte Quellwasser seinen Weg in lindgrünen Schlieren bis zum lauwarmen Ozean. Ausgerechnet hier fällt Ursula Andress mit stahlblauen Augen und Fallschirm vom Himmel, direkt vor die Füße von Sean Connery.

Verträumt schlenderte ich an der schäumenden, Zeit und Raum auflösenden Grenze zwischen Himmel, Wasser und Erde. Plötzlich ein Stich, der Red Snapper hatte doch glatt meinen großen Zeh durchbissen. Ich staunte, wie schnell der Blutstrom vom nächsten Brecher fortgetragen wurde. Dann humpelte ich Trevor hinterher, der vorwurfsvoll von Barrakudas und Tetanus erzählte und mich wieder einmal belehrte, die Tropen seien nun einmal keine Spielwiese.

Doch die wahren Gefahren lauern meist dort, wo man sie nicht vermutet.

Da das alte Gästehaus in Savanna-la-Mar an der Westküste, das Trevor in Erinnerung hatte, geschlossen war, fuhren wir entlang der gewundenen Küstenstraße bis nach Negril. Juni oder Juli 1969. Am anderen Ende des kilometerlangen Sandstrandes stand nur ein einziges weithin sichtbares Gebäude, das sich beim Näherkommen als weiß schimmerndes Luxushotel im neoviktorianischen Stil inmitten alter Königspalmen erwies. Unerwartet lähmende Hitze in der Abendsonne. An der Strandbar saß niemand, auf einigen Liegen dämmerten müde ein paar Gäste, allesamt schön, jung, braungebrannt und glücklich, wie Trevor und ich. Zumindest zwei Nächte in diesem eigentlich unerschwinglichen Dollarschloss müssten doch drin sein, meinte Trevor. Der Wechselkurs stand offiziell etwa 1 : 2, doch auf dem Schwarzmarkt erhielt man für einen US-Dollar zwischen fünf und sechseinhalb jamaikanische Dollar und Einheimische zahlten ohnehin andere Preise.

Ich schwang mich also auf einen Barhocker und beobachtete aus der Ferne, wie er durch die gläserne Doppelschwingtür mit Messingbeschlägen verschwand und von einer schlanken, stark geschminkten Dame mit brauner Haut und breitem, ausdruckslosem Lächeln empfangen wurde; wie er mit ihr eine Weile zu plaudern schien, wie die Dame schließlich in einer gegenüberliegenden Tür verschwand und mit einem großen weißen Mann im hellen Anzug wiederkam.

Ich freute mich schon auf eine Schwimmtour bei Sonnenuntergang, auf eine ausgiebige Dusche, eine tropische Fischspezialität und ein Himmelbett mit Blick über den leuchtenden Ozean. Aber warum dauerte das so lange?

Endlich trat Trevor ins Freie und kam, den Kopf schüttelnd, langsam auf mich zu.

Bastard, murmelte er wie zu sich selbst, *what a bastard!*

Er war ganz grau geworden. So hatte ich ihn noch nie gesehen.

Das Hotel sei ausgebucht, habe ihm die geschminkte Dame erklärt, was offensichtlich eine Lüge war. Er kannte sich damit aus. Das Schlüsselbrett war voll, der Parkplatz leer und im Restaurant waren nur fünf oder sechs Tische gedeckt. Als Trevor den Manager verlangte, kam dieser WASP daher, ein Ami, denn das Hotel gehörte einer amerikanischen Kette, und forderte ihn zum Verlassen des Hotels auf.

I'll take them to court, zischte Trevor. *Yes, I will sue them …*

Die Sonne tauchte eben ins Meer, in einer halben Stunde würde es dunkel sein. Wir waren hundemüde. Was tun? Mittlerweile hatte sich ein weißes Paar an den sechseckigen Tresen aus Bambus gesetzt, nippte an grünen, mit kleinen Papierschirmen und rot gestreiften Röhrchen verzierten Drinks; um die drückende Stimmung zu zerstreuen, schlug ich vor, die beiden doch zu fragen, ob sie sich durch unsere Anwesenheit, die man heute *invasiv promiskuitiv* nennen würde, gestört fühlten; vielleicht könnten wir sie für unser Anliegen gewinnen und mit ihnen zusammen dem Direktor die Gesetzeslage erklären. Immerhin war seit der Unabhängigkeit vor fünf Jahren jede Form von Diskriminierung aufgrund von Hautfarbe gesetzlich verboten!

Hatte mich Trevor gehört? Er verzog keine Miene, blickte eine Weile stumm an mir vorbei und meinte dann: Komm, lass uns gehen.

*

Die Nacht war angebrochen, als wir endlich in einem ehemaligen Herrenhaus im bewaldeten Hinterland ein Quartier gefunden hatten. Bereits auf den Serpentinen zur Auffahrt des Gebäudes aus Holz im Kolonialstil mit seinen ausladenden Terrassen musste ich an *Die Nacht des Leguan* denken. Richard Burton, Ava Gardner und Deborah Kerr, nach einem Buch von Tennessee Williams, dem unvergleichlichen Beleuchtungsspezialisten für blinde Winkel. Angekettet wartet der gefangene Leguan eine ganze schwüle Nacht lang auf sein Schicksal, das sich unterdessen für Ava Gardner durch Richard Burton erfüllt und das Tier daraufhin in die Freiheit entlassen wird.

Die Besitzerin des Farmhauses, Miss H., war zwar nicht zu vergleichen mit der grausamen, ihre Sklaven auspeitschenden Ava Gardner, aber ebenfalls eine einsame Erbin. Eine grauhaarige, etwas füllige Witwe, die über ihre geschwollenen Füße stöhnte, als sie uns über die dunkle Holztreppe in das geräumige Gästezimmer im oberen Stockwerk führte. Das Kassettenparkett aus tropischen Hölzern knarrte bei jedem Schritt, und die nach Zimt und Muskat duftenden englischen Betten waren so hoch, dass man hinaufklettern musste, um sich zwischen blütenweißen, bestickten Laken unter der riesigen Reuse weißer Moskitonetze auszustrecken. Das angrenzende Badezimmer verfügte nicht über fließend Wasser, jedoch über bezaubernd bemalte Krüge und Schüsseln aus längst nicht mehr existierenden britischen Manufakturen, sogar über eine emaillierte Wanne mit ausladend geschwungenem Rand.

Die einzige Birne an der Decke des Schlafzimmers flimmerte schwach im Rhythmus eines lärmenden Dieselgenerators auf der Rückseite des Hauses. Doch Miss H. tröstete, der Generator sei ohnehin nur wenige Abendstunden in Betrieb. Die meisten Gäste bevorzugten den intimen Schein der beiden Petroleumlampen mit Schirmen aus kunstvoll geätztem Milchglas. Das taten wir dann auch. Daher bemerkte ich erst am nächsten Morgen die riesigen Spinnen im Deckengebälk, und von Panik ergriffen übersah ich zunächst die mehrere Zentimeter großen braunen Schaben, die des Nachts aus den Ritzen im Fußboden hervorgekrochen waren und das Badezimmer bevölkert hatten.

Trevor erstaunte mich mit Gelassenheit. Schaben seien in den Tropen praktisch unvermeidlich, belehrte er mich und zerquetschte sie knackend mit der im Nachttisch lagernden Bibel. Und Spinnen fand er sogar nützlich, abgesehen von der giftigen Vogelspinne, die aber kaum jemals freiwillig in ein Haus eindrang.

Auf meine Bitte stieg er dann doch auf einen wackeligen Stuhl und beförderte mithilfe eines Handtuchs die Achtbeiner mit ihren kugelförmig aufgequollenen, grünlich schillernden Leibern ins Freie. Erleichtert zog ich die Vorhänge aus weißer, geklöppelter Spitze zurück, trat auf den Balkon und atmete tief den morgendlichen Moder aus dickblättrigen, von Lianen und Orchideen durchwirkten Baumkronen ein. Ich lauschte der vielstimmigen Symphonie der Vögel, Frösche, Kröten, Schlangen und Affen aus dem Wald, vermischt mit dem Rauschen des Ozeans in unsichtbarer Ferne.

Schon öffnete sich die Zimmertür, und ein bezauberndes schwarzes Mädchen servierte uns lächelnd das opulente Frühstück mit Eiern und gebratenem Speck, mit Porridge, Honig und tropischen Früchten. Ein Paradies.

Doch Trevor hatte schlecht geschlafen. Er hatte wenig Sinn für Plantagen-Domänen- Romantik; mehr als Spinnen und Kakerlaken fürchtete er die allgegenwärtigen Dämonen der Vergangenheit.

Miss H. kannte natürlich »die Byers«. Vater Maurice war ja eine Art Prominenter. Mit melodischem Jamaika-Akzent erzählte sie von ihrem nicht immer leichten Dasein als einsame Witwe im Hinterland und von den Sorgen einer verarmten Gutsbesitzerin. Seit fünf Generationen lebte die Familie auf und von dieser Farm, die wie sämtliche alte Güter auf der Insel aus der Zeit der Sklavenwirtschaft stammte. Gegenwärtig wurden auf kleinen Feldern noch ein wenig Zuckerrohr und Kaffee produziert, für den eigenen Bedarf erntete man auch Süßkartoffeln, Kürbisse, Kalalu und verschiedene Baumfrüchte. Ihr einziger Sohn war nach Kanada ausgewandert, die Arbeiter zogen in die Stadt und dazu die unsichere politische Lage, was soll man sagen. Man stelle sich vor, seit Kurzem wird sogar Gift auf die Felder der Bauern gesprüht, von kleinen Flugzeugen aus und ohne jede Vorwarnung! Nur weil zwischen den Nutzpflanzen auch ein paar Reihen Marihuana gepflanzt sind, und dies seit Menschengedenken! Was, bitte, können die Bauern hier dafür, wenn sich die Amis sich blödkiffen? In Jamaika war Marihuana eine Alltagsdroge, wie Bier oder Wein in Wien, jeder rauchte zur Entspannung am Ende des Tages seinen Joint; und die allermeisten wissen, wie viel sie vertragen können. Doch nun besprühen amerikanische Flugzeuge mit amerikanischen Piloten jamaikanischen Grund und Boden mit Gift, und dies mit beflissener Erlaubnis unseres Premierministers Shearer. Und sie besprühten dabei nicht nur die kleinen Ganja-Felder, die zwischen Kalalu- und Maispflanzungen aus der Höhe gar nicht genau angepeilt werden können, sondern auch die angrenzenden Nutzpflanzen, die dazwischen grasenden Hühner, die am Feldrand angepflockten Ziegen. Sogar spielende Kinder könne es treffen, und unlängst sei dabei sogar ein im Schatten eines Baumes schlafendes Baby ums Leben gekommen ...

Dabei gab es damals noch gar keinen »Krieg gegen Drogen« als politisches Programm der USA; und Trevor, dem zu dieser Zeit ebenso wenig wie mir jemals eingefallen wäre, einen Joint anzurühren, versuchte Miss H. zu trösten: Nach der nächsten Wahl würde sicher alles besser werden.

Drei Jahre später, sie befand sich auf ihrer jährlichen Einkaufstour in Miami, brannte ihr das Haus bis auf die Grundmauern nieder. Jahrhundertealtes Holz brennt wie Zunder, in weniger als einer Stunde war nichts mehr übrig, erzählten die Leute. Eine Grundspekulation? Ein Versicherungsbetrug? Oder gar etwas Politisches? Niemand zwischen Negril, Saint Lucia und Savanna-la-Mar wollte darüber reden. Nur dass es Brandstiftung war, darüber war man sich einig.

4

Das Haus in Wien

Der Tod des Vaters

Das Haus, das die Welt des neunjährigen Mädchens aus den Montafoner Bergen von nun an bestimmen sollte, wurde 1911 vom Großvater erbaut. Beauftragt wurde der in modernen Kreisen angesagte Architekt Josef Hoffmann (1870–1956), der eine zweistöckige Familienvilla mit Dachgeschoss entwarf, der Idee des Gesamtkunstwerks der Wiener Werkstätte folgend: geräumig und *modern*, doch keineswegs luxuriös oder gar protzig. Alles, von der Türschnalle über Lampen und Sitzmöbel bis zum Nachtkästchen oder Schreibtisch wurde von Josef Hoffmann oder von Künstlern der Wiener Werkstätte entworfen.

Großvater Edmund Bernatzik (1854–1919) war Sohn eines bescheidenen k. u. k. Notars und einer Baronin Buol in Mistelbach, sein älterer, bereits zu Beginn des 20. Jahrhunderts verstorbener Bruder war der Maler Wilhelm Bernatzik (1853–1906), ein Mitbegründer der Wiener Sezession. Edmund gelang eine Karriere als Professor für Staats- und Verfassungsrecht, er war 1906 ein Mitbegründer der Wiener Urania, des Tempels bürgerlicher Volksbildung, er setzte sich als Mitglied des Reichsrats für das allgemeine Wahlrecht und die Zulassung von Frauen an der Universität ein und wurde 1910/11 Rektor der Wiener Universität. Nun wollte er seiner umfangreichen Familie ein dem Geschmack und der Gesinnung der bürgerlichen Avantgarde entsprechendes Zuhause bieten.

Fotos aus dem Atelier d'Ora zeigen ihn als Ikone eines professoralen Patriarchen vor dunklem Hintergrund, mit Vollbart, Glatze und Zwicker, die Hände am Gelehrtenpult. Doch die Familientradition weiß von seiner Toleranz und seiner liberalen und weltoffenen Haltung zu berichten, von moderner Erziehung der Kinder, von einem im Haus aus und ein gehenden Freundeskreis aus jungen Künstlern und Wissenschaftlern, darunter Hugo von Hofmannsthal, Hermann Bahr, natürlich auch Josef Hoffmann, der Familie bis in die 1950er Jahre treu verbunden, und Künstler im Umfeld der Wiener Werkstätte. Auch der Verfassungsjurist Hans Kelsen (1881–1973) war Gast in der neuen Villa, Edmunds bester Schüler und sein Nachfolger am Lehrstuhl der Universität, zumindest behauptete das die im zweiten Stock lebende jüngere Schwester des Vaters Helene, die im Übrigen ebenfalls für die Wiener Werkstätte tätig war. Der überraschende Fund einer pergamentenen Urkunde bezeugt gar, dass Edmund Bernatzik 1915 von Kaiser Franz Joseph I. zum (wahrscheinlich letzten) Ritter geschlagen wurde, was im Wissen um des Großvaters notorische Kritik am kaiserlichen Militarismus und insbesondere an den adeligen Privilegien im Bildungssystem erstaunen mag. Er selbst hatte als Externer in der Theresianischen Akademie vorzeitig und mit Vorzug maturiert, in einer Eliteschule der Aristokratie, in der ein Bürgerlicher immer nur ein geduldeter Außenseiter blieb. Dem Standesdünkel seiner Kollegen setzte Edmund seine Intelligenz, seinen Fleiß und seine Verachtung entgegen. Noch als Universitätsprofessor erbitterte es ihn, dass selbst dem dümmsten Grafensohn ein Studienabschluss und danach eine Position im gehobenen Staatsdienst sicher war. Aus Protest gegen den katholischen Klerus, der die polizeistaatlichen Methoden von Eduard Graf Taaffe (1833–1895) unterstützte, hatte er die Katholische Kirche verlassen und war später seiner Ehefrau Josephine Tourelle zuliebe der Lutherischen Kirche beigetreten.

Das *Haus* baute er zu einer Zeit, als die Region – abgesehen von der neuen und bald in Konkurs geratenen Zahnradbahn auf den Kahlenberg – kaum Attraktionen zu bieten hatte. Es war eine ländliche Region, Heiligenstadt ein ärmliches Weinbauerndorf am Rande der verkehrsmäßig schlecht angebundenen Stadt, sieht man von der etwa eine Viertelstunde Fußweg entfernten Endstation der Straßenbahn auf der Hohen Warte ab, wo auch die ersten Villen entstanden. Nur wenige Beamte und Akademiker ließen sich in dieser Gegend nieder, die zwar als romantisch attraktiv galt, aber billiger war als das wohlhabende Hietzing mit seiner Nähe zum kaiserlichen Schönbrunn.

Dieses *Haus* repräsentiert ein gegenwärtig nicht mehr existierendes, bürgerliches Wiener Milieu, einer der Gründe, warum ich ihm ein paar Sätze widmen möchte; ein anderer Grund liegt darin, dass es für mich bis zu meiner Ehe mit Trevor Byer gänzlich unvorstellbar war, irgendwo anders zu leben. Und auch danach träumte ich noch davon, nicht weil ich dort so glücklich gewesen wäre, sondern weil ich einfach der ungewöhnlichen, immer auch ambivalenten Aura dieses Hauses verhaftet blieb.

Den damaligen gesellschaftlichen Verhältnissen entsprechend beherbergte das Gebäude im Parterre nur Wirtschaftsräume und eine Hausmeisterwohnung, die bei unserer Ankunft noch von behördlich einquartierten »Vertriebenen« besetzt war. Die beiden Kinder wurden in einem Zimmer im zweiten Stock einquartiert, von dem aus man damals über drei blühende Kirschbäume, über Weingärten und Pfirsichbäume bis zur zweieinhalb Kilometer entfernten Spitze des Grinzinger Kirchturms blicken konnte; heute erstreckt sich über die gesamte Distanz ein lückenlos verbautes Gebiet.

Der erste Stock war das Reich der Eltern, mit Schlafzimmer, Bad, Gästezimmer, Speisezimmer, einer Anrichte mit dem kurios anmutenden, von Hand betriebenen Speiseaufzug aus der Küche im Parterre, einer verglasten Frühstücksveranda mit Aussicht über die weite Landschaft angrenzender Gärten, von der aus eine Steintreppe hinunter in den Garten führte; schließlich einem »Besenkammerl«, das bei schweren Vergehen zur gefürchteten Dunkelhaft für die Kinder diente. Das Zentrum aber war das »Rote Zimmer«, der Salon, in dem jene Teile von Vaters Sammlungen Platz gefunden hatten, die nicht zum Verkauf bestimmt waren, und dessen Zutritt den Kindern eigentlich verboten war, was sie jedoch nicht hinderte, vor den in Vitrinen, an den Wänden und auf den Simsen platzierten Schätzen herumzurätseln: fächerförmig geordneter Speer und Pfeile mit angeblich *lebensgefährlich vergifteten* Spitzen, raffiniert geschnitzte *tödliche* Keulen aus dem Sudan, schwarze, kunstvoll mit Perlmutt eingelegte und figural geschnitzte Zeremonialschalen und Tanzschwerter von den Salomon-Inseln und vor allem die 1930/31 erworbene Sammlung verschiedener Objekte des rituellen und profanen Lebens der Bidjogo in Portugiesisch-Guinea, heute Guinea-Bissau, ein damals noch heidnisches, matrilinear organisiertes Inselvolk vom Bissagos-Archipel: Seelenfiguren, Tanzmasken, mit Ritzzeichnungen und figuralen Schnitzereien verzierte Gebrauchsgegenstände aus Holz, Kürbis- und Nussschalen, geschnitzte Fallriegelschlösser, Hocker und Nackenstützen, Musikinstrumente, Rauchutensilien, Schmuck aus Horn, aus diversen Metallen, aus Muscheln und Samen.

Faszinierend waren auch des Vaters Erzählungen, wie diese Dinge aus fernen Welten in das Haus in Wien gekommen waren, etwa die der Bidjogo: Kurz vor des Vaters Ankunft war die Königin Pampa Raimpa oder Kaimpa (die Schreibweise in der Literatur variiert), vier bekannte Hexer wurden dafür verantwortlich gemacht und, wie in solchen Fällen üblich, von den königlichen Nachkommen im Meer ertränkt, um sich selbst vor der Hexerei zu schützen. Diese Sitte war jedoch von den portugiesischen Kolonialbehörden unter Strafe gestellt worden, weshalb die Tochter und Erbin der Königin sämtliche Spuren ihrer Verwandtschaft zur Königin vernichten wollte, um nicht in Verdacht zu geraten. Sie willigte in den Verkauf der Objekte ein und gestattete dem Vater sogar Blitzlichtaufnahmen im Inneren des Königshauses, in dem Wandmalereien, portugiesische Kanonenrohre und barocke Galionsfiguren aus dem 18. Jahrhundert neben Skulpturen von Ahnengöttern und Schutzgeistern alle kindlichen Fantasien anregten. Andere Leute verkauften damals ihre Objekte, weil sie Bargeld für die Steuereintreiber der Kolonialverwaltung benötigten. Wie in den meisten Kolonien führte die portugiesische Verwaltung die Steuereintreibung nicht selbst durch, sondern beauftragte mit dieser schmutzigen Arbeit ethnisch fremde Einheimische, in diesem Fall muslimische Fulbe vom Festland, welche die Heiden verachteten und nicht zögerten, bei geringstem Versäumnis ganze Dörfer niederzubrennen und Jungfrauen zu rauben. Finanz- und Kolonialminister Antonio de Ribeiro Salazar in Lissabon hatte erst kurz zuvor die Kopfsteuer eingeführt, um die Einheimischen zur Feldarbeit auf den Plantagen zu nötigen, was aber nur unvollständig gelang und großen Widerstand zur Folge hatte.

Kopfsteuer! Allein der Begriff ließ mich erschrecken. Der Vater, zur Zeit der Reise noch ein Student der Ethnologie, war entsetzt von den grausamen Praktiken der Steuereintreiber und informierte darüber die portugiesischen Behörden in Bolama, in der wohl naiven Erwartung, sie dadurch verhindern zu können.

Es gab noch andere Schätze im Roten Zimmer: Die elegante schwarze Bronze eines Buddhakopfes aus Ayutthaia/Ayuthia, ein vom 14. bis zum 18. Jahrhundert blühendes Reich der Khmer, die Bernatzik 1937 in der Stadt Ayuthia in Thailand bei einem Antiquitätenhändler erworben hatte und die nun eingefasst in einen von Josef Hoffmann entworfenen Sockel aus vergoldetem Holz auf einem schwarzen Notenschrank stand; ferner eine durch Zinnpest leicht beschädigte Königsbronze aus Benin, die der Vater 1935 mangels Devisenverkehrs vom Bremer Überseemuseum für Teile seiner Sammlung aus Westafrika eingetauscht hatte; in den Glasvitrinen zwischen der Bibliothek stauten sich alter Silberschmuck und diverse Objekte aus dem Sudan, aus Siebenbürgen und dem Donaudelta, aus Portugiesisch-Guinea, aus Marokko; und in einer stets verschlossenen Vitrine Tausende blütenweiße Schädel von Vögeln, Reptilien und Affen, sorgfältig nach Größe und Art vom winzigen Vogelköpfchen bis zum Affenschädel gereiht und mit schwarzer Tusche nummeriert.

Es hieß, nach Kriegsende hätten die in der Villa einquartierten sowjetischen Besatzungssoldaten diese Vitrine als Einzige unversehrt gelassen. Die »abergläubischen Russen« hätten sich davor gefürchtet. War es etwa nicht zum Fürchten? All diese Mühe und Arbeit, um Tausende Tiere, die der Vater doch leidenschaftlich gerne lebend beobachtete, bewunderte und schützte, zu töten, stundenlang in Natriumlauge zu kochen und mit Pinzetten die verwesenden Reste zu entfernen, bis sie bereit waren für die Ewigkeit hinter Glas – mit welchem Ziel, welchem Sinn? Die Mutter erklärte, der Vater habe dadurch der Entwicklung des Lebens auf die Spur kommen wollen.

*

Ebenso rätselhaft war manches Objekt der heimischen Kultur, etwa ein Damenschreibtisch aus rötlich schimmerndem Kirschholz von Dagobert Peche. Die zahlreichen Geheimfächer waren angeblich für Briefe und Schmuck der Dame des Hauses gedacht – was sonst könnte eine Dame mit einem Schreibtisch auch anfangen. In den ersten zwei Jahrzehnten nach dem Krieg wurden dieser Schreibtisch und das gesamte Mobiliar des Hauses von Freunden und Bekannten als »altes Zeug« betrachtet, das besser von Nierentischen, Schalensitzen und Spinnenleuchtern ersetzt werden sollte, wozu der Mutter aber glücklicherweise die Mittel fehlten.

Vor allem erregten mich zwei große Gemälde an den gegenüberliegenden Wänden im Roten Zimmer. Ein milchiges, leicht geneigtes Frauenprofil mit geschlossenen Augen, umrahmt von dunklen Haaren über goldenen Ovalen und Ringen auf orangerotem Grund, ein bläulicher Totenkopf, drei elfenbeinerne Frauenköpfe im Halbprofil mit geschlossenen Augen über leichenblassen Wangen, gehalten von schmalen, langfingrigen Händen; die Figur tritt aus einer dunklen, goldgesprenkelten Fläche wie aus einer Felsspalte hervor – was sollte sie darstellen?

Eine schwangere Frau, meinte die Mutter. Der Totenkopf und das schwindsüchtige Frauenantlitz symbolisierten die Einheit von Geburt und Tod, und der Maler Gustav Klimt habe das Bild *Hoffnung* genannt.

Leben als Todessehnsucht, das entsprach irgendwie meiner damaligen Befindlichkeit. Ich stand davor wie vor einem Altar, dünn und gleichsam geschlechtslos, mit dicken Brillengläsern auf der zu großen Nase, ein sich selbst überlassenes Nichtkind.

Gegenüber hing ein weniger prächtiges, düsteres und ebenfalls rätselhaftes Gemälde. Auf dunklem, wolkigem Hintergrund traten die Umrisse kreidiger Dächer und Mauern hervor, gerahmt von indigofarbenem Wasser, als solches freilich nur durch die Bezeichnung des Gemäldes zu erkennen: »Stadt am Fluss«. Kleine rötliche und schmutziggelbe Figuren schweben darauf wie aus dem Fenster geflogene, ertrinkende Puppen. Jedenfalls sahen sie nicht nach fröhlich schwimmenden Menschen aus und boten eine ideale Projektionsfläche für meine pubertäre

Melancholie. Und als das Gemälde 1956 von der verwitweten Mutter, der niemand, auch nicht ihr Bruder ein kleines Darlehen zum Umbau des oberen Stockwerks zwecks Vermietung gewähren wollte, an die Grazer Galerie für 40.000 Schilling verkauft wurde, erschien mir das Rote Zimmer plötzlich fremd und leer.

*

Das Reich der Kinder war der Garten. Auf der Rückseite des Hauses an andere Gärten grenzend, bildete er eine duftende, zirpende Landschaft, wo Fruchtbäume immer in Blüte standen; und erst allmählich wurde erkennbar, dass dieses Paradies von Grenzen durchzogen war, die weit mehr als nur Grundstücke markierten. Das linke Ende grenzte mit seinem verrosteten Drahtgitter an einen »Dschungel«. Der verwilderte Collalto-Park war mit jahrhundertealten Rotbuchen, Eichen, Eschen und Ulmen bestanden und erfüllt von süßen Düften und bedrohlichen Geheimnissen. Als strengstens verbotenes Terrain war er der Lieblingsspielplatz der Kinder; aller Kinder, auch aus der ferneren Nachbarschaft. Nach vorsichtigem Überwinden des Stacheldrahts tobte man wie benebelt durch Lichtungen voll brusthoher Brennnesseln und Nachtschattengewächse, bis eine düstere Ruine mit dem unübersehbaren Schild *Betreten verboten, Lebensgefahr!* zur Umkehr mahnte.

Angeblich lagen immer noch »Blindgänger aus dem Krieg« im Gebüsch, was das wilde »Räuber-und-Gendarm«-Spiel umso aufregender machte. Verstauchte Knöchel, blutige Knie, zerrissene Hosen und Röcke waren keine Seltenheit, niemand kümmerte sich darum. Ich war stolz, es mit wilden Buben aufzunehmen, die bedrohlichen Erfahrungen aus der Montafoner Volksschule waren Geschichte.

Der Collalto-Park war bis Anfang des 20. Jahrhunderts im Besitz der Grafen Collalto, einem ausgestorbenen Geschlecht in direkter Deszendenz von Feldmarschall Wallenstein aus dem Dreißigjährigen Krieg. In den 1930er Jahren stand das Grundstück im Besitz des altösterreichisch-jüdischen Verlegers Paul Zsolnay, der den Park und die Schlossruine der austrofaschistischen Miliz namens »Heimwehr« als Exerzierbasis zur Verfügung stellte. Im Februar 1934 diente das Gelände als Ausgangsbasis zum Beschuss des ein paar hundert Meter Luftlinie entfernten, eben fertiggestellten Karl-Marx-Hofes unten auf der Heiligenstädter Straße, die eine Art gesellschaftspolitische Demarkationslinie in Heiligenstadt gewesen war: oben die Villenbesitzer, unten die Proleten. Zwischen 1925 und 1933 von der sozialistisch regierten Gemeinde Wien mit über fünftausend modernen Wohnungen, mit Wasserklosett und fließend Wasser »innen«, mit Gemeinschaftsräumen, Freizeiteinrichtungen und Grünflächen errichtet, gilt er heute als Pionierleistung moderner Stadtarchitektur. Finanziert wurde der Bau aus Mitteln der von Finanzstadtrat Otto Breitner eingeführten »Wiener Wohnbausteuer« zur Bekämpfung der katastrophalen Wohnungsnot der Nachkriegszeit. Otto Breitner, seit Jahrzehnten aus der jüdischen Religionsgemeinschaft ausgetreten und Mitglied der Sozialdemokratischen Partei, entstammte einer jener wohlhabenden, aus Böhmen zugezogenen Familien von Getreidehändlern und war sogar eine Zeit lang, freilich glücklos, an der Börse tätig. Für die »Breitner-Steuer« wurde er zur Zielscheibe leidenschaftlichen antisemitischen Hasses des christlich-sozialen und völkischen Bürgertums. Lange vor Adolf Hitler galten Juden als »Rasse«; und der antisemitische *und* katholische »Heimwehrführer« und Innenminister Ernst Rüdiger von Starhemberg (1899–1956) konnte mit großem Zuspruch rechnen, als er 1930 auf dem Wiener Heldenplatz verkündete, *diese Wahlschlacht im Zeichen Breitners* führen zu wollen; und nicht eher zu ruhen, *bis der Kopf dieses Asiaten im Sand rollt ...* Die öffentlichen Worte waren damals rau, und noch rauere Taten würden folgen.

1933 verbot Bundeskanzler »Doktor Engelbert Dollfuß« alle parlamentarischen Parteien, und aus der »christlich-sozialen Partei« wurde die Einheitspartei »Vaterländische Front«; er ernannte den Heimwehrführer Rüdiger von Starhemberg zum Vizekanzler und verkündete den katholisch-deutschen »Ständestaat«. Nachdem Dollfuß 1934 durch österreichische Nazis bei einem stümperhaften Putschversuch

versehentlich ermordet wurde, suchte sein Nachfolger Kurt Schusch-
nigg ein Bündnis mit Benito Mussolini, der gerade dabei war, für einen
der letzten und grausamsten kolonialen Eroberungskriege in Abessinien zu werben.

Explizit als »Rassenkrieg« gepriesen, wurde dieses Abenteuer ohne
Nachdruck vom Völkerbund verurteilt, worauf Mussolini sich kurzerhand aus dem Bund verabschiedete. Anfänglich musste die italienische Armee große Verluste gegen die traditionell bewaffneten Heere
des abessinischen Kaisers hinnehmen und konnte erst nach systemati-
schem Einsatz von Senfgas und Phosphorbomben ihre Ziele erreichen.
Siedlungen wurden aus der Luft mit Giftgas bombardiert und mit Flam-
menwerfern abgefackelt, bis den Menschen die Haut in blutigen Fetzen vom Leib platzte. Hunderttausende kamen dabei ums Leben. Die
Bewohner im Zentrum von Addis Abeba und in anderen Regionen wurden zwangsweise in wüstenähnliches Gebiet umgesiedelt, wurden versklavt und vergewaltigt. Dies steht freilich in keinem österreichischen
Geschichtsbuch. Benito Mussolini mit seinem schlichten, aber durchaus radikalen »Rassenmanifest«, seinen Vorstellungen von der »reinen italienischen Rasse« und dem aus Libyen, Eritrea und Abessinien
entstandenen *Neuen Imperium Romanum* gilt heute als ein marginales
Übel im Vergleich zum Staat Hitler, mit dem er später kollaborierte.
Engelbert Dollfuß wurde nach Kriegsende gar zum »Helden des Wider-
stands«, Vizekanzler Rüdiger von Starhemberg, dem es nach neuestem
Geschichtsbild ohnehin »nur« um die Wiedereinführung der Monarchie gegangen sei, gilt zumindest auf Wikipedia als Opfer des Nationalsozialismus und als echter Patriot.

Für die Villenbesitzer, die sich an der Wende zum 20. Jahrhundert zwischen den ländlichen Weinbauerndörfern Grinzing und Heiligenstadt
niedergelassen hatten, bedeutete der Karl-Marx-Hof eine Art Achse
des Bösen. Sie begrüßten zwar die mit dem städtischen Wohnungs-
bau einhergehende Verbesserung der Infrastruktur, fürchteten aber
die rot beflaggten Fahnenstangen auf den an Zinnen gemahnenden

Giebelfronten und fantasierten den Karl-Marx-Hof als strategischen Vorposten für einen geplanten Einmarsch der neuen Sowjetarmee.

Es ist nicht anzunehmen, dass die Bewohner des Hauses Bernatzik diese Furcht teilten. Der Vater plante 1935, seinen alten Freund Herwig Hamperl in Moskau zu besuchen, der dort an der Universität Anatomie lehrte und begeistert über das interessante Kulturleben in Moskau schrieb. Seine Mutter Josephine im zweiten Stock beklagte sich über die Schießereien und das misstönende Absingen von Heimatliedern im nachbarlichen Collalto-Park, und Schwester Marie hatte nur Abscheu übrig für den »ganzen uniformierten Pöbel, ob Hahnenschwänzler, Hakenkreuzler oder Pfeilträger«.

Jedes große Haus ist eine in sich geschlossene Welt. Und allzu leicht verlieren die Bewohner den Bezug zur Realität außerhalb des Hauses – was wohl ein Zweck derartiger Domizile ist.

*

Die Haushaltsführung im Hause Bernatzik war seit jeher eher spartanisch, nicht nur in den Zeiten während und nach einem Krieg. Luxus und Verschwendung wurden verachtet, sämtliche verfügbare Mittel wurden in Hugos Reisen und in *das Haus* gesteckt. Im Winter 1951 und 1952 lernte ich in diesem *Haus* die schlimmste Kälte meines Lebens kennen, viel schlimmer als die der langen Schneewinter in den Montafoner Bergen. Nun gab es keinen Kachelofen mehr, keine Ofenbank und keine Küche mit einem stets glimmenden Feuerherd, an dem man sich die Hände wärmen konnte. Das Wiener *Haus* wurde mit Koks beheizt, die Räume waren hoch und weit, Kohle war knapp und die Heizung stammte aus dem Jahr 1911. Die ewigen Ermahnungen zu sparen nervten, wenn ohnehin die Hände immer klamm waren und man sich am Morgen kaum aus dem Bett wagte vor Kälte. Aber die Erhaltung des Hauses kostete Geld, das der kranke Vater, trotz der Neuauflagen seiner Bücher, trotz Lichtbildvorträgen und Radiosendungen, trotz seiner Lehrverpflichtung in Graz nicht mehr verdiente.

Dennoch finanzierte er seiner ersten, 1930 geborenen Tochter ein Studium an der Pariser Sorbonne, weil er von den Verhältnissen an der Wiener Universität wenig hielt. Und im Frühsommer kam Mourad zu uns auf Besuch, ein hochgewachsener Mann mit warmen braunen Augen und eher schütterem, dunklem Haar, im Mundwinkel immer eine Pfeife. Sein Besuch galt der großen Schwester, die er als Französischlehrer am Institut Français in Marrakesch kennengelernt hatte.

Mourad stammte aus der algerischen Kabylei und hatte vor seinem Berufsverbot aus politischen Gründen und seiner Flucht nach Marokko an einem Lycée in Algier unterrichtet. Die große Schwester war noch nicht aus Paris zurück, vielleicht hatte er sie zuvor dort getroffen, jedenfalls wurde sie von den Eltern nach den Prüfungen am Ende des Semesters erwartet.

Aber sie kam nicht. Mourad, einquartiert in einem der Mansardenzimmer, wartete vergeblich einen Tag um den anderen und die Gespräche mit dem kranken Vater wurden immer leidenschaftlicher. Vielleicht wollte Mourad den Vater um die Hand seiner Tochter bitten, wie dies damals nicht nur in arabischen Ländern, sondern auch hierzulande noch üblich war. Doch mit der schmerzhaften Neugierde einer Zehnjährigen lauschte ich im Garten unterhalb der immer geöffneten Verandafenster der schneidend leisen Stimme des Vaters und der zunehmend dunkel dröhnenden Stimme von Mourad, und selbst ohne Französischkenntnisse war klar, dass es sich um Dramatisches handeln musste.

Die Mutter meinte, es ginge »um Politik«.

Mourad trat für die Unabhängigkeit Algeriens ein, während der Vater anführte, das 1830 eroberte Algerien sei ja keine Kolonie, sondern seit über hundert Jahren ein französisches Département mit Millionen von Siedlern nicht nur aus Frankreich, sondern aus dem gesamten europäischen Mittelmeerraum. Unter keinen Umständen würden sie eine Loslösung von Paris zulassen, und um einen blutigen Bürgerkrieg zu vermeiden, sollten die Algerier lieber eine weitgehende Autonomie unter französischer Hoheit anstreben. Doch Mourad wollte davon nichts wissen. Er wusste zu gut, dass dieses vorgeblich französische Territorium

Algerien keineswegs nach den demokratischen Gesetzen Frankreichs regiert wurde, sondern eine Art Militärdiktatur war, mit »Eingeborenengesetzen«, welche weit entfernt davon waren, den arabischen und kabylischen, kurzum den muslimischen Algeriern gleiche Rechte und Chancen zuzugestehen. Sämtliche vor dem Krieg gegebenen Versprechungen von Freiheit und Autonomie waren gebrochen worden, dies war 1945 ja auch der Grund für die friedliche Demonstration in Sétif gewesen, die in einem Massaker durch die französische Polizei geendet hatte. Warum sollten die Franzosen nun mehr Verständnis zeigen? Des Vaters distanzierte Gelassenheit brachte ihn in Rage, und je verhaltener des Vaters etwas altmodisches, aber flüssiges Französisch wurde, desto lauter brüllte Mourad.

Er meint es nicht böse, beruhigte die Mutter, das ist eben sein mediterranes Temperament.

Die großen Ferien hatten längst begonnen, doch die große Schwester war immer noch nicht zurück. Für mich und meine ältere Schwester war das ein Gewinn. Mourad spielte mit uns Tischtennis und Federball, begleitete uns an die Alte Donau, und so entkamen wir der Langeweile der unendlich langen Sommerferien in einer Zeit, als so etwas wie Urlaubsreisen nicht denkbar war. Allenfalls eine Faltbootfahrt auf der Donau mit Cousins. In Nussdorf nahm man den Zug nach Tulln oder gar Krems, wo die beiden Faltboote der Eltern zusammengebaut wurden, und paddelte zurück nach Nussdorf, unterbrochen von einer aufregenden Nacht im Zelt beim Lagerfeuer an einem der damals noch existierenden Naturstrände. Das war zwar aufregend, aber rasch wieder vorbei. Mourad stand uns jeden Tag zur Verfügung und als Lehrer konnte er gut mit Kindern umgehen. Sogar mich, die dünne Kleine mit der spitzen Nase, dem lieblos gestutzten »Bubikopf« und der dicken Brille bedachte er mit einer freundlichen Aufmerksamkeit, wie ich sie nie zuvor erlebt hatte. Er versuchte sogar, uns Arabisch beizubringen, was wir spannend fanden, weil alles an dieser Sprache so vollkommen anders war. Diese schönen Schnörkel und Punkte, die je nach der Stellung im Satz unterschiedliche Bedeutungen annahmen, die Schreibweise von rechts nach links, wie konnte ein Mensch nur dergleichen beherrschen; und unwillkürlich fragten wir uns, wie diese Leute sonst ihr Leben gestalten mochten. Bei gemeinsamen Spaziergängen auf den herb duftenden, schmalen Pfaden in den Donauauen hob mich Mourad auf seine hohen Schultern und selbst die drei Jahre ältere Schwester war in seiner Gegenwart gut gelaunt und vergaß ihre ewigen Maßregelungen. Im Herbst würde ich das von rechts nach links beschriebene Übungsheft in die erste Klasse Gymnasium mitnehmen, stolz auf etwas, was sonst niemand kannte. Und es wurde auch von den Freundinnen gebührend bestaunt.

Doch beim Ballspiel in den Donauauen hatte Mourad etwas bemerkt, was ich überhaupt nicht beherrschte und was doch für alle anderen Kinder selbstverständlich war. Ich konnte nicht schreien. Ich bemühte mich ja, aber es ging einfach nicht.

Mourad konnte es zunächst nicht glauben, vermutete wohl Scham oder Affektiertheit in meinem Verhalten. Versuch es doch, sei doch nicht so gehemmt, rief er immer wieder in einem durch Gesten und Mimik verständlich gemachten Französisch; schrei lauter, noch lauter, aus voller Brust, soooo! Und er machte vor, wie man den Bauch anspannt, den Brustkorb bläht, den Mund aufreißt, den Kehlkopf herunterdrückt, die Arme hochwirft und lustvoll in die Wolken brüllend die Weidenbäume erzittern lässt.

Doch mir entkam immer nur ein kläglicher Laut, bis Mourad schließlich resigniert den Kopf schüttelte. Mir war dieses Nichtkönnen furchtbar peinlich und als die ältere Schwester mich noch dazu auslachte, verstummte ich gänzlich und hätte mich wohl abgewandt, wenn Mourad mir nicht zugelächelt und mir zu verstehen gegeben hätte, es sei doch alles gar nicht schlimm, mich nochmals auf seine hohen Schultern gehoben und weiter durch den Auwald getragen hätte, als sei nichts gewesen. Vielleicht war es ja auch *nichts*?

Die Idylle fand ein Ende, als klar war, dass die große Schwester nicht nach Wien kommen würde. Nicht einmal sehen wollte sie den Mann. Der Vater fand das zwar nicht korrekt, denn Mourad sei »ein hochanständiger und gebildeter Mann« und wäre, ohne dass ihm die Tochter Hoffnungen gemacht hätte, wohl kaum den weiten Weg nach Wien gereist. Aber letztlich kam ihm die Abwesenheit der Tochter nicht ungelegen. Zwar sei Mourad nicht religiös und habe sogar versprochen, im Falle einer Verehelichung jede politische Betätigung aufzugeben und nach Paris zu übersiedeln, doch könne man nie wissen, wie ein Mann aus einer muslimischen Gesellschaft sich nach der Eheschließung verhalten würde.

Ehrfürchtig lauschte ich den Geschichten vom Schicksal weißer Frauen in »mohammedanischen« Ländern. Dass damals auch im katholischen Österreich eine verheiratete Frau »dem Manne untertan« zu sein hatte und ohne Einwilligung des Ehemanns keine wichtige Entscheidung treffen, weder arbeiten noch verreisen konnte, das erwähnte der Vater nicht.

Beim Abschied wurden Mourads Augen noch dunkler und mir schnürte es die Kehle zu. Nachdem er weg war, meinte der Vater mit seiner leisen, dezidierten Stimme, wenn er wirklich wieder »in die Politik geht«, wird er nicht lange leben.

Der Krieg um Algeriens Unabhängigkeit dauerte bis 1962 und sollte Dimensionen annehmen, welche die düsteren Prophezeiungen des Vaters weit übertrafen.

Nicht nur Mourad, sondern Menschen vielerlei Hautfarben und Herkunft gingen damals im *Haus* ein und aus; man traf sie im Stiegenhaus, wenn man an ihnen vorbei Richtung Garten huschte oder von ihrer Ankunft zufällig im Roten Zimmer überrascht wurde. Westafrikanische Diplomaten und Studenten besuchten uns meist durch Vermittlung der großen Schwester in Paris, denn allen war der Name Bernatzik ein Begriff. Nicht nur die Sorbonne in Paris, sondern auch die Universität Wien vergab damals großzügig Stipendien an junge Leute aus Afrika und Asien, es galt, eine Elite nach westlichen Vorstellungen heranzubilden, um auch nach der erwarteten Unabhängigkeit der Kolonien Beziehungen nach westlichen Vorstellungen unterhalten zu können.

Deutlich ist mir auch der Besuch der amerikanischen Sozialanthropologin Margaret Mead in Erinnerung, die zwei Jahre jünger als der Vater war, mir aber wegen ihrer uneitlen Erscheinung, ihres leicht ergrauten Haars und ihrer Körperfülle wie eine alte Frau erschien. Sie hatte Samoa und Neuguinea bereist und darüber publiziert und war in den USA bereits Ende der 1920er Jahre einem breiten Publikum bekannt. Wegen ihres Buches *Male and Female* (1949), einer komparativen Studie über Geschlechterverhältnisse auf den Salomon-Inseln, galt sie als Feministin, über die man in Wien allenfalls indigniert den Kopf schüttelte. Den Vater wollte sie wegen seiner Arbeiten über die Salomon-Inseln kennenlernen, auch wenn seine Erfahrungen von 1932/33 bereits zwanzig dichte, die Welt verändernde Jahre zurücklagen. Im Kreis der Familie bezeichnete der Vater diese ungewöhnliche Frau danach als »zweifellos hochintelligent«, aber wenig anziehend »als Frau«, was wohl ihre beruflichen Erfolge erkläre – damals die gängige Doxa: Nur unattraktive Frauen waren genötigt, sich intellektuell zu betätigen oder gar einen akademischen Ehrgeiz zu entwickeln.

Junge österreichische Abenteurer wie Hans Hass oder Herbert Tichy holten sich beim kranken Vater Ratschläge, und als Robert Heine-Geldern, vor dem »Anschluss« und nun wieder vielleicht der einzige vom Vater geschätzte Professor am Institut für Ethnologie in Wien, sich im jagdgrünen Lodenmantel das weiße Stiegenhaus empormühte, übte ich gerade Klavier im Roten Zimmer. Nach der Begrüßung entfernte ich mich diskret, doch bei der anschließenden gemeinsamen Jause fiel der Name Thor Heyerdahl, der damals wegen seines Versuchs, im selbst gebauten Auslegerboot Kon-Tiki die Besiedlung Ozeaniens von Amerika aus zu beweisen, in aller Munde war. Der Vater tat dies als unwissenschaftliches Abenteuer ab und führte dafür gute Gründe an: Nach seinen Beobachtungen bei vietnamesischen Bergvölkern 1937 vermutete er eine Besiedlung Ozeaniens vom asiatischen Kontinent, insbesondere von Vietnam aus, weshalb er 1939, vor Ausbruch des Krieges noch eine neue, freilich nicht mehr realisierte Forschungsreise nach Tonkin und auf die Philippinen geplant hatte. Robert Heine-Geldern verteidigte Thor Heyerdahls Hypothesen, die heute eindeutig widerlegt sind.

Dass die beiden Männer noch gänzlich anderes zu besprechen hatten, ahnte ich erst dreißig Jahre später im Zuge meiner Arbeit an den nachgelassenen Korrespondenzen. Robert Heine-Geldern, ein Nachfahre des Dichters Heinrich Heine, hatte 1938 während einer Gastvorlesung in den USA seinen Lehrstuhl an der Wiener Universität verloren. Ein Kollege hatte ihn als »Halbjuden« denunziert. Sein Besuch beim Vater geschah kurz nach seiner Rückkehr aus den USA. Den nachgelassenen Korrespondenzen ist zu entnehmen, dass er den Vater immer mit wohlwollenden Gutachten und Ratschlägen unterstützt und, im Unterschied zu seinen engsten Mitarbeitern, niemals hintergangen hatte.

Manch unscheinbarer Satz aus der Vergangenheit bleibt an einem hängen wie ein Fossil aus dem Holozän; nach Jahrtausenden geborgen, gewinnt es eine neue, vielleicht gewichtigere Bedeutung, als es zu Lebzeiten jemals hatte. Immer noch fühle ich die seltsame Schwermut des Vaters, als er nach Verabschiedung seines Gastes bemerkte: »Der alte Heine-Geldern ist ein wirklich feiner Herr.«

*

Rückblickend erscheint das Streben nach einer bürgerlichen Vorkriegsnormalität im Hause Bernatzik in Anbetracht aller Probleme beachtlich. Sogar die traditionellen Kammermusikabende mit befreundeten Musikern oder musizierenden Freunden wurden wieder aufgenommen. Ich zog dann das dunkelblaue Samtkleid mit den aus demselben Stoff gepressten, winzigen Knöpfen an und saß artig auf einem der hinteren Stühle im Roten Zimmer. Ein spätes Rasumowsky-Quartett, ein Schubert-Trio oder ein Cellosolo von Bach konnten mir tatsächlich heimliche Tränen entlocken. Oder gab es einen anderen Grund zu weinen?

Immer noch war der Vater imstande, mit seinen Lichtbildvorträgen das Auditorium Maximum der Universität oder den großen Saal der Wiener Urania zu füllen. Doch bei seinem letzten Vortrag war der

Saal nur spärlich besetzt und der Vater konnte sich kaum mehr von seinem Stuhl erheben. Er hatte, völlig unbefangen, eine Thermosflasche mit heißem Tee vor sich hingestellt, was mir im Publikum ein wenig peinlich war. Vor einer aufgerollten Weltkarte erzählte er dann mit leiser, aber immer noch deutlicher Aussprache von »Eingeborenen« oder »Kolonialvölkern«, klopfte mit dem Zeigestock leicht auf den Boden, um dem Operateur den Wechsel der gläsernen Diapositive anzuzeigen, und ich hielt den Atem an: Würde alles funktionieren, das gewünschte Bild nicht wieder verdreht auf der Leinwand erscheinen? Würde der Vater durchhalten, das Publikum ausreichend klatschen?

Seine Erlebnisse lagen zwar bereits Jahrzehnte zurück, aber sie fesselten offenbar immer noch. Die Lebensweisen der »Eingeborenen« und ihr angeblicher Charakter wurden ohnehin als zeitlos begriffen, die Kolonialverwaltung und ihre »Fehler« ebenfalls. Am liebsten erzählte er von »Missverständnissen« zwischen »Eingeborenen« und Europäern, deren Grund seiner Ansicht nach in der Unwissenheit lag. Ohne ausreichende Kenntnis über Traditionen und Lebensweisen der »Kolonialvölker« entstünden Irrtümer mit bisweilen dramatischen, sogar komischen Folgen; und wenn der Vater dann Beispiele vorführte, war ihm der Beifall sicher. Das Publikum lachte und ging mit der beruhigenden, aber nicht ungefährlichen Illusion nach Hause, das konfliktreiche Verhältnis zwischen Herrschenden und Beherrschten habe nichts mit Machtverhältnissen zu tun und sei durch entsprechendes Wissen über kulturelle Unterschiede zu beheben.

Als dem Vater das Stiegensteigen zu schwerfiel, übersiedelte er gänzlich in sein Arbeitszimmer im Parterre. Von nun an durften die Kinder nicht mehr auf dem Kiesplatz vor dem Arbeitszimmer Tischtennis spielen und nur auf Zehenspitzen vorüberschleichen. In seinen Briefen ist wiederholt zu lesen, wie unerträglich ihm die durch seine Erkrankung aufgezwungene Lebensweise in geschlossenen Räumen sei, »ein Leben ohne Natur und ohne freien Himmel über dem Kopf« könnte er sich einfach nicht vorstellen. Damals war er bereits seit Längerem nicht mehr im Garten zu sehen und nicht bei den Mahlzeiten; den Kindern wurde, wenn sie nach ihm fragten, erklärt, er habe zu arbeiten und sei müde.

Eines Nachmittags im Oktober 1952 nahm ich mir ein Herz. Ich klaubte ein paar vom Vater besonders geschätzte, frisch gefallene Nüsse aus dem feuchten Gras, befreite die weißen Kerne sorgfältig von ihrer bitteren Haut und näherte mich damit vorsichtig dem Arbeitszimmer, dessen Glastür zum Garten halb offenstand. Schließlich wagte ich einzutreten.

Da sah ich den Vater im dunkelgestreiften Schlafrock am Schreibtisch sitzen, vor ihm die Schreibmaschine, wie immer umgeben von Fotografien, diesmal Kopien irgendwelcher Zeichnungen, die meinem flüchtigen Blick als Kritzeleien von Fischen, Vögeln und Fabelwesen erschienen; ich sah die scharfen Backenknochen des Vaters, die blauen Schatten um die tiefliegenden Augen und hinter ihm an der Wand hängend eine furchteinflößende, schwarze kauernde Gestalt, die mich unter bösen Stirnfalten direkt anzustarren schien; wie ich heute weiß war es eine Holzskulptur aus der oberen Sepik-Region in Neuguinea.

Als der Vater aufblickte und mich mit meiner ausgestreckten Hand voller Nusskerne bemerkte, war er überrascht, vielleicht sogar erschrocken und verlegen, ebenso wie ich, als ich nähertretend die unmäßige Wölbung seines aufgeblähten Bauches unter dem Schlafrock bemerkte. Als er die Nüsse sah, zog sich eine Augenbraue schief in die Höhe und seine schmalen Lippen formten ein bitteres Lächeln.

Danke, sagte er leise und sichtlich angestrengt, aber ich darf das nicht essen. Und bitte, geh wieder spielen, du siehst doch, ich habe zu arbeiten.

Geh wieder spielen, sagte er; dabei hatte ich, die Zehnjährige, seit Wochen an nichts anderes gedacht als an eine Möglichkeit, einen Kontakt mit dem entschwindenden Vater herzustellen. Hatte ich wieder einmal etwas falsch gemacht?

Heute denke ich, vielleicht wollte er dem Kind die Erinnerung an seinen erbärmlichen Zustand ersparen.

An einem kalten Nachmittag im März 1953 wurden meine ältere Schwester und ich vom Bruder der Mutter vor der Schule erwartet, sogar mit dem Auto, und wir freuten uns über den unerwarteten Komfort. Der lange Schulweg mit schlechtem Schuhwerk durch Wasserlachen und Schneematsch wäre kein Vergnügen gewesen. Erst als wir vor dem Bogen unseres Gartentors aus dem Wagen stiegen, erklärte der Onkel: Euer Vater ist vergangene Nacht gestorben.

Da fühlte ich - und fühle es noch immer -, wie sich meine Lippen zu einem breiten Grinsen verzerrten, und hörte den Onkel gutmütig sagen: *Na, Kleines, was gibt's denn da zu lachen ...*

Ich aber wollte sterben vor Scham und Wut. Scham über mein »Lachen«, das keines war, Wut beim Gedanken an den Betrug der Erwachsenen und ihre beschwichtigenden Lügen über den Zustand des Vaters; und an ihr Schweigen, selbst an diesem Morgen, als der Vater bereits tot war und wir Kinder, als wäre nichts gewesen, unseren Kakao tranken und in die Schule verabschiedet wurden.

Ich wusste, nun war es für alles zu spät.

5

Jamaika II: Whity go home

Gerechtigkeit verhandeln

1972 wurde der Sozialdemokrat Michael Manley nach lupenrein demokratischen, wenn auch nicht ganz konfliktfreien Wahlen neuer Premierminister von Jamaika. Die Leute erwarteten alles von ihm, dem Sohn von Norman Manley, »Vater von Jamaikas Unabhängigkeit« und Namenspatron des Flughafens in Kingston. Wie viele Intellektuelle aus ehemaligen Kolonien versprach Michael Manley, ein Absolvent der London School of Economics and Social Science, die aus der Sklavenökonomie herrührenden Strukturen der Insel zu reformieren und das Land in eine echte, auch ökonomische Unabhängigkeit zu führen.

Die USA reagierten darauf, wie sie immer in ihrem »Hinterhof« reagieren: Mit verdeckten Waffenlieferungen und der Finanzierung oppositioneller Gruppen; mit Unterwanderung und Bestechung von Gewerkschaften, der Polizei, des Heeres, des öffentlichen Dienstes durch Angehörige der Mafia und Agenten der CIA; mit der Stornierung bereits zugesagter Hilfskredite, mit einem Lieferboykott von Öl und Gas; »spontane Bürgerproteste« und Streikbewegungen wurden mobilisiert. Michael Manley überstand mehrere Mordversuche durch Exilkubaner und/oder gedungene Kriminelle.

1976 wurden ganze Schiffsladungen von Mehl aus Deutschland und Reis aus Costa Rica systematisch mit Parathion vergiftet, besser bekannt unter dem Kürzel E 605. Im selben Jahr wurde Oliver Clark, der allmächtige Chef der maßgeblichen Tageszeitung *The Daily Gleaner*, zum Direktor der Inter American Press Association in Miami gewählt und von nun an durch US-Kapital finanziert. Zum Dank scheute er nicht vor der Publikation blanker Unwahrheiten zurück, etwa über ein geplantes Bündnis mit Kuba oder gar eine angebliche Anwesenheit kubanischer Truppen auf Jamaika. Öffentlich und ungestraft forderte Oliver Clark die Streitkräfte zum Sturz der Regierung auf und beklagte sich gleichzeitig über eine angebliche Unterdrückung der Pressefreiheit. Das Personal der US-Botschaft verdoppelte sich über Nacht, Handelsunternehmen und Supermärkte spekulierten auf eine Preisexplosion und begannen Lebensmittel und Konsumgüter zu horten. Und die Bevölkerung fragte sich, was Michael Manley verbrochen haben mochte;

wollte der Premierminister am Ende wirklich ein kommunistisches Regime errichten?

Henry Kissinger, Staatssekretär in Sicherheitsfragen und US-Außenminister zur Zeit des Vietnamkrieges, wurde in Österreich und Deutschland als »genialer Stratege« im Ost-West-Konflikt berühmt; Michael Manley hatte er 1972 nach den gewonnenen Wahlen persönlich gratuliert und ihm sein Ehrenwort gegeben, die USA würden von »verdeckten Maßnahmen« gegen die neue Regierung Abstand nehmen. Was Michael Manley nicht wissen konnte: Kissinger hatte ein Jahr zuvor das Gleiche dem neuen chilenischen Botschafter von Salvador Allende in Washington versprochen, und auch die Destabilisierung der neuen jamaikanischen Regierung war da bereits beschlossene Sache.

Post festum wurde der große Sündenfall der Regierung Manley bekannt: Er hatte diplomatische Beziehungen zu seinen mittlerweile ebenfalls sozialdemokratisch regierten Nachbarn aufgenommen, zu Trinidad und Tobago, zu Mexiko, zu Chile und, horribile dictu, sogar zu Kuba (Blum 2016). Innenpolitisch hatte er unterdessen die allgemein zugängliche, kostenfreie Grundschule und eine allgemeine Gesundheitsversorgung eingeführt, Handwerk und Gewerbe gefördert und versucht, die aus der Karibik stammenden, aber in westlichen Metropolen ausgebildeten und dort wirkenden Fachkräfte und Wissenschaftler für den Aufbau der jungen Nation zurückzuholen.

*

In dieser Lage besann sich Trevor Byer seiner karibischen Herkunft und tauschte das satte Dollargehalt bei der Atombehörde in Wien gegen das vergleichsweise bescheidene Salär in jamaikanischen Dollar eines Energieberaters der Regierung Michael Manley. 1973 folgte er dem Ruf des Premierministers und übersiedelte nach Kingston.

Ich selbst blieb zunächst zusammen mit unserer dreijährigen Tochter in Wien. In Jamaika würde ich keine Arbeitsbewilligung erhalten, und eine völlige Abhängigkeit von meinem Ehemann in diesem Inselstaat schien mir riskant. So ließen wir unsere Ehe in der Schwebe zwischen den Kontinenten, doch besuchte ich ihn zusammen mit meiner Tochter sooft meine finanziellen Mittel und der Schulalltag es zuließen. Trevor bewohnte nun vier großzügige Räume in einem von Wächtern am Schlagbaum gesicherten Wohnkomplex nahe dem Zentrum Kingstons, und ich nutzte jede Gelegenheit, um der beklemmenden Schwüle dort zu entkommen. Der sechs Kilometer lange, gegen Westen gerichtete Sandstrand von Negril war damals noch frei von Hotelburgen, Prostitution, Koks und Crack, und ich wartete unter der Woche in einer billig angemieteten Holzhütte auf meinen am Wochenende mich besuchenden Ehemann.

Ich befand mich mit meiner kleinen Tochter beim Einkauf in Negril Village, als die Nachricht vom Mordanschlag auf Bob Marley einschlug wie ein Meteorit. Die Menschen rannten auf die Straße, fielen einander schluchzend und schreiend in die Arme, verfluchten die *Weißen*. Im *The Daily Gleaner* stand etwas von einem Drogendelikt, doch daran glaubte niemand. Für alle Jamaikaner, selbst für Trevor, stand außer Zweifel, dass der Anschlag politisch motiviert war. Und auf Bretterwänden, Wellblechplanen, selbst auf dem glühend heißen Asphalt leuchtete das kreideweiße Graffito: *Whity go home!*

War am Ende auch ich damit gemeint?

Trevor beruhigte: Hierzulande neige man zu Übertreibungen. Und bald war mir klar, *whity* bedeutete nicht einfach Weißer, *whity* bedeutete Gewalt, Korruption, gebrochenes Versprechen. *Whity* bedeutete die jahrhundertealte Misere der Schwarzen und hatte nichts mit meiner unbedeutenden Person zu tun.

Dennoch glaubte damals beinahe jeder an ein gutes Ende der Geschichte. In Chile war der Sozialdemokrat Salvador Allende gewählt worden, in Trinidad & Tobago regierte Eric Williams, in Nicaragua würden die Sandinisten irgendwann gegen den blutrünstigen Diktator Anastasio Somoza García siegen, auch in Honduras, Panama, Peru, Paraguay und

El Salvador würden die von der USA gestützten Folterdiktaturen fallen wie Dominosteine, die mörderische Familie Duvalier in Haiti würde Geschichte sein und selbst Exilkubaner in Miami würden irgendwann einsehen, dass es mit dem süßen Leben in Kuba endgültig vorbei war. Alle Menschen, die ich kannte, waren davon überzeugt – außer vielleicht der Ehemann von Trevors Schwester, der Kunsthändler mit dem eisigen britischen Humor, der, wie sich Jahre später herausstellte, ein Agent des britischen Auslandsgeheimdienstes SIS gewesen war.

*

Trevor A. Byer war mit zweiunddreißig Jahren noch sehr jung, als er in die neu gegründete jamaikanische Bauxit-Kommission geholt wurde. Dieses Gremium aus Juristen, Ökonomen, Ingenieuren und Energieexperten sollte die aus der Kolonialzeit stammenden Verträge mit den sechs in Jamaika etablierten internationalen Aluminiumgesellschaften neu verhandeln: Alcoa, Alcan, Alpart, Revere, Kaiser und Raynolds. Leiter der Kommission war der jamaikanische Rechtsanwalt Patrick H. O. Rousseau, ein ehemaliger Rechtsberater der US-Metallurgie-Gesellschaft Kaiser und mit der Materie bestens vertraut. Doch nach eigenem Bekenntnis hatte selbst er die Schwierigkeiten bei den kommenden Verhandlungen unterschätzt (Rousseau 1987). Die Gesellschaften waren von unterschiedlicher Größe und Bedeutung, arbeiteten mit unterschiedlichen Technologien und Unternehmensstrategien; gemein war ihnen, dass sie ihren Geschäftssitz in westlichen Metropolen hatten und in Jamaika seit Jahrzehnten jährlich zwei- bis dreistellige Millionen Tonnen der roten Erde abbaggerten, dabei das Grundwasser vergifteten, übelriechende Seen roten Schlamms hinterließen, und das alles gegen eine marginale Abgabe an die jamaikanische Regierung.

Nun musste mit jeder dieser Gesellschaften einzeln verhandelt werden, und Patrick Rousseau war beeindruckt von Trevor Byer, diesem jungen Mann mit einem PhD in Nuklearphysik aus Cambridge und internationaler Berufserfahrung. Trevor schien zudem der Einzige zu sein, der sich von Anfang an der Herausforderungen bewusst war.

Bereits das Setting der ersten Verhandlungen spiegelte die Machtverhältnisse wider: In einer Suite im feinen Pegasus-Hotel in Kingston saßen acht bis zehn Mitglieder der jamaikanischen Bauxit-Kommission bis zu siebenunddreißig Anwälten, Managern und als Diplomaten getarnten Geheimagenten gegenüber, dies in einem vom Kalten Krieg und dem »Ölschock« gezeichneten politischen Klima. Dass im selben Jahr der ersten Verhandlungen gigantische Bauxit-Vorkommen in Kanada entdeckt wurden und Jamaika damit vom Rang des weltgrößten Bauxit-Exporteurs verdrängt wurde, vereinfachte die Ausgangslage nicht.

Die Mitglieder der jamaikanischen Bauxit-Kommission mussten jedenfalls über genaue Kenntnisse der rechtlichen, technischen, ökonomischen und politischen Hintergründe der weltweiten Aluminium-Industrie verfügen, um den Tricks der einzelnen Gesellschaften auf die Spur zu kommen. Denn es ging ja nicht nur um höhere Steuern und Abgaben, sondern um Eigentumsrechte an Grund und Boden, um Förderquoten, um Umweltschutz, während man eine höhere Produktionsquote an Alumina in Jamaika anstrebte, was wiederum sehr viel mehr Energieeinsatz erforderlich machen würde. Bei alldem galt es, eine vernünftige Balance zu finden zwischen Jamaikas berechtigten Forderungen nach einem höheren Anteil am Gewinn und den Interessen der Gesellschaften, die schließlich im Land gehalten werden mussten.

Hier kam nun Trevor Byer mit seinen Grundsatzpapieren ins Spiel.

Es mussten die Betriebskosten der Gesellschaften genau nachgerechnet und Bilanzfehler aufgezeigt werden, technische Mängel an den Reaktoren mussten erkannt werden, um zu beweisen, dass deren Unwirtschaftlichkeit nicht, wie von den Gesellschaften behauptet, auf eine mindere Qualität des jamaikanischen Bauxits und der lokalen Arbeitskräfte zurückzuführen war, sondern auf ihre veralteten Industrieanlagen. Denn, wie Rousseau in seinem Bericht festhielt, die Angaben der Gesellschaften über Rohstoffvorkommen, Betriebskosten und

Fördermasse waren schlicht falsch, in der Annahme, die dummen »schwarzen« Jamaikaner seien ohnehin nicht in der Lage irgendetwas zu begreifen und sicher auch bestechlich.

Um dem Druck der gegnerischen Gesellschaften besser begegnen zu können, versuchte die Kommission ein Kartell der Bauxit produzierenden Länder zu etablieren, ähnlich der kurz zuvor in Wien etablierten OPEC. Und 1975 nahm dieser Plan tatsächlich Gestalt an. Neben Guinea, Ghana und Suriname schlossen sich Jugoslawien und sogar Australien dem Kartell an, es waren Handelsbeziehungen mit Venezuela, Mexiko, Trinidad, Russland und Ungarn geplant, die Alumina aus Jamaika abnehmen und dafür günstiges Öl und Gas liefern sollten.

Bei alldem war höchste Eile geboten, denn Jamaika war vom Einkommen aus der Bauxit-Industrie abhängig, und ohne positive Verhandlungsergebnisse konnte die Regierung Manley das nächste Budget nicht beschließen. Während der Verhandlungen blockierten die Energiegesellschaften die Versorgung, die Energiepreise explodierten, die Einnahmen der Regierung aus dem Bauxit-Export blieben aus, und Michael Manley sah sich gezwungen, begonnene Reformen im Schulwesen und der öffentlichen Gesundheit zu stoppen. Bald konnte er die Gehälter der Exekutive kaum bezahlen. Vergeblich bemühte er sich um Darlehen bei den westlichen Industriemächten, schließlich sogar in Moskau, ebenso erfolglos, doch mit verheerenden politischen Folgen.

Trevor Byer lieferte die Unterlagen zur Bauxit- und Alumina-Produktion, errechnete den Energiebedarf für eine größere Alumina-Produktion und jettete um die Welt, um Kontakte zu anderen Bauxit- und Alumina-Produzenten in Lateinamerika und Afrika herzustellen. Nach jahrelangen Verhandlungen gelang es immerhin, die jamaikanischen Einnahmen aus der Bauxit-Industrie um das Hundertfache zu vermehren und den enormen Grundbesitz der Aluminiumgesellschaften wieder dem jamaikanischen Staat zuzuführen. Der Abbau von Bauxit wurde über Pachtverträge und Gesellschaftsanteile gesichert und selbst eine Erhöhung der Produktion von Alumina wurde festgeschrieben, auch wenn die geplante Errichtung eines rentableren Reaktors nicht mehr gelang.

Am bedeutendsten für die jamaikanische Kommission war jedoch der ideelle Gewinn, schreibt Patrick O. Rousseau. Man habe es mit höchst unterschiedlichen Verhandlungspartnern zu tun gehabt und daraus gelernt zu differenzieren. Auf der gegnerischen Seite fanden sich zwar einige anmaßende und zudem erstaunlich uninformierte und dumme Manager aus der Zeit der Kanonenbootdiplomatie, die der jamaikanischen Kommission anfangs mit durchaus rassistischer Herablassung begegneten, sie zunächst als Bittsteller oder gar linksideologische Fantasten behandelten; aber es gab auch verständige und kooperative Persönlichkeiten, und allesamt mussten allmählich feststellen, dass sie es mit kompetenten Fachleuten zu tun hatten, deren Verhandlungsgeschick ihr eigenes oft übertraf; und dass Politiker und Fachleute der »Dritten Welt« keineswegs nur unfähig und korrupt waren.

Die Jamaikaner lernten andererseits, dass, wie Patrick Rousseau es formulierte, »Wissen und fachlicher Durchblick nicht unbedingt ein Vorrecht der Weißen aus den Industriemetropolen sein muss«. Und ihr Selbstvertrauen wuchs in dem Maße, in dem sich ihre Vorstellung von supereffizienten, multinationalen Gesellschaften als Seifenblase herausstellte. Darüber hinaus lernten sie, dass Betriebsleiter und Kader im kommunistischen Ungarn, in der Sowjetunion und in anderen Ländern des »Ostblocks« genauso rassistisch herablassend und verlogen gegenüber der jamaikanischen Delegation agierten wie gewisse westliche Manager der Aluminium-Konzerne. Eine Erfahrung, die ihnen auch von ihren Partnern in Ghana und Sierra Leone bestätigt wurde.

Bei diesen Verhandlungen ging es nicht nur um eine Frontverschiebung von Wirtschaftsinteressen, sondern immer auch um die Revision eines rassenideologischen Menschenbildes, das eine dunklere Hautfarbe und die Herkunft aus einer ehemaligen Kolonie als Stigma bewertete.

*

Als die Erfolge der Bauxit-Kommission langsam die Staatskasse füllten, war es bereits zu spät. Den neuen Devisensegen verschwendete
Michael Manley nun für unproduktive Notprogramme zur Bekämpfung der Arbeitslosigkeit, in der vergeblichen Hoffnung, die Bevölkerung damit zu beruhigen. Damit erreichte er nur, dass sich nun auch
seine treuesten Anhänger abwandten.

Die jamaikanische Bauxit-Kommission zerfiel 1978. Patrick O. Rousseau bezichtigt in seinem Bericht Michael Manley einer verheerenden,
linksideologischen Rhetorik und einer fachlich inkompetenten, kon-
traproduktiven Einmischung in die Bauxit-Verhandlungen. Er kündigte daraufhin jede weitere Zusammenarbeit mit der Regierung auf,
und bald wechselten die anderen Mitglieder der Kommission ebenfalls
auf besser bezahlte Stellen in die Privatwirtschaft.

Die Jamaikaner spürten unterdessen die Folgen von dem, was niemals
explizit als Wirtschaftsblockade bezeichnet wurde, aber im Grunde
nichts anderes war. Stromausfälle wurden zur alltäglichen Plage, die
Versorgungslage der Bevölkerung spitzte sich zu. Meine Bekannten und
Freunde spotteten: Was macht eigentlich dein Ehemann, der Energie-
experte mit dem PhD aus Cambridge? Warum kümmert er sich nicht
wenigstens um die Stromversorgung in St. Ann?

Ich wusste keine Antwort. Trevor war ungeachtet seiner Redefreu-
digkeit bezüglich der allgemeinen Weltlage immer sehr diskret, was
seine eigene Tätigkeit anging. Nur von Bestechungsversuchen erzählte
er lachend. Es sei allemal eine beachtliche Versuchung, wenn einem ein
halbes Prozent der Baukosten eines Atomreaktors angeboten werde für
den Fall, man könne die Regierung von dessen Notwendigkeit überzeugen.
Derartige Angebote galten nicht einmal als Bestechung, sondern als »Pro-
vision«. Doch selbst um den Preis einer arbeitsfreien, gesicherten Zukunft
hätte er niemals daran gedacht, der Regierung ein auf Dauer zweifellos
unrentables und noch dazu unsicheres Atomkraftwerk zu empfehlen.

Schließlich verabschiedete auch er sich von der Bauxit-Kommission.
Nach zwei Jahren bei der Caribbean Development Bank wechselte er in

die Weltbank und übersiedelte nach Washington, D. C. Und wieder flog er von Kontinent zu Kontinent, führte Verhandlungen in Thailand, Bangladesch, Sri Lanka, Brasilien, Kenia, Mexiko und Kolumbien, entwickelte Machbarkeitsstudien und Grundsatzpapiere, diesmal freilich im Auftrag einer Institution, deren Politik er zuvor immer kritisiert hatte.

Zwischen 1984 und 1992 sollte er für die Weltbank die Milliardenkredite an die neuen Nationen evaluieren, eine heikle Aufgabe, denn diese Kredite waren entsprechend der Ideologie von der Allmacht des Marktes an strenge Bedingungen geknüpft: Abschaffung staatlicher Subventionen für Grundnahrungsmittel, drastische Sparmaßnahmen in der gerade erst im Aufbau begriffenen Verwaltung, im Gesundheits- und Bildungswesen, Öffnung der einheimischen Märkte für subventionierte Importe aus den Industrieländern, beliebig fremdbestimmte Wechselkurse. Bald konnten die mit Krediten der Weltbank gesegneten Länder die Zinsen nicht mehr bedienen, ganze Volkswirtschaften kollabierten, gewählte Regierungschefs wurden gestürzt und neue, oft korrupte Diktatoren eingesetzt.

Trevor wusste das alles. Und ich weiß bis heute nicht, wie er in seiner Position damit zurechtkam. Seinem offiziellen Lebenslauf ist zu entnehmen, dass er bei der Weltbank an der Gründung des Energy Sector Management Assistance Program beteiligt war. Doch bei unseren selten gewordenen Begegnungen hatte sich nichts an seiner kritischen Haltung gegenüber der Politik dieser Institution geändert. Schließlich wurde er nach Abuja entsandt, Nigerias Hauptstadt, wo er zwischen 1995 und 2000 als Vertreter der Weltbank ein Büro mit achtzig, später vierzig Mitarbeitern leitete, mit dem heiklen Auftrag, die Wirtschaftlichkeit der Milliardenkredite zu überprüfen. Fünf Jahre lebte er in diesem eigentlich unregierbaren Land von der dreifachen Größe Deutschlands und Frankreichs zusammen, das mit seinen über hundertachtzig Millionen Einwohnern, seinen unterschiedlichen Religionen und Kulturen sicher zu den unglücklichsten Konstruktionen der ehemaligen Kolonialmächte zählt.

Dass Großbritannien anlässlich der sogenannten Biafra-Krise, bei der zwischen 1967 und 1970 zig Millionen eingekesselt wurden und an die drei Millionen Menschen verhungerten, maßgeblich für das Gelingen der Blockade von Port Harcourt verantwortlich war, dem einzigen Zugang zu den Ölquellen im Nigerdelta für die Igbo, das wusste Trevor bereits in den 1990er Jahren. Meines Wissens wurde es erstmals 2010 zum Thema einer akademischen Studie, als Nigeria bereits seit fünfzehn Jahren wegen »Verletzung der Menschenrechte« aus dem Commonwealth suspendiert worden war.

Seit damals ist Abuja der Regierungssitz. Muslimische und christliche Regierungen wechseln sich ab, doch alle sind abhängig von den im Nigerdelta operierenden westlichen Konzernen. Das Nigerdelta wurde zur Mülldeponie des Westens, der Südwesten Nigerias, das ehemalige Königreich Benin, zum Zentrum von Zwangsprostitution und der zentralamerikanischen Drogenmafia, die ihre Ware entlang der Routen des westafrikanischen Flüchtlingselends bis nach Europa schleust. Und in den uralten, von Dürre und politischer Vernachlässigung erodierten Kalifaten im Nordosten tummeln sich evangelistische Missionare mit ihren jenseitigen Verheißungen, während im Diesseits der Terror unter dem Code *boko haram* – »verbotenes Buch« – und gelegentliche Massaker durch nigerianische oder auch internationale Truppen die Aufmerksamkeit der Weltpresse erregen.

Fünf Jahre lang kontrollierte Trevor die Energiepolitik dieses Landes. Zweifelsohne entging ihm nicht die Hybris seiner Position. *We are the last Mandarins of the World*, pflegte er zu sagen und meinte damit leitende Beamte internationaler Organisationen wie er selbst. Nach dem Ende seiner Mission in Abuja widmete er sich wieder dem karibischen Energiesektor, bevor er unheilbar erkrankt nach Saint Lucia zurückkehrte, der Insel seiner Geburt – wie ein zur Ursprungsquelle wanderndes hybrides Wesen. Dort stapeln sich in seinem Haus immer noch die ungeöffneten Aktenordner aus Abuja mit dem Etikett: FRAUDE.

6

Jamaika III: Das Dschungelhaus

»Slavery and Social Death«

Während Trevor sich in Kingston mit der Aluminiumindustrie herumschlug, lernte ich Jamaika kennen. Erstmals verbrachte ich frei von Verhaltensregeln einige Tage am Strand von Negril, der zu jener Zeit hauptsächlich von sogenannten *beachcombers* bevölkert war, mehrheitlich bis zur Bewusstlosigkeit bekifften und betrunkenen jungen Männern aus den USA. Hier wollten sie der Einberufung nach Vietnam oder der Haft entgehen, sei es aus politischer Überzeugung oder einfach, weil sie keine Lust hatten, am anderen Ende der Welt einen Bruder zu töten, der ihnen nie etwas getan hatte, wie dies Muhammad Ali alias Cassius Clay formulierte. Eigentlich waren es politische Flüchtlinge, die im damaligen Jamaika wohl auf Verständnis gestoßen wären, hätten sie nicht durch ihr Benehmen die allemal geduldigen Einheimischen allmählich gegen sich aufgebracht. Da landeten diese Typen aus dem Reich des Überflusses und bestritten ihre Existenz hauptsächlich durch Diebstahl an denjenigen, die ohnehin kaum etwas hatten. Hühner, ein Stück Wellblech, Werkzeuge, eine Plastikplane, nichts war vor ihnen sicher. Sie handelten mit Drogen oder stifteten dazu an, kannten keinerlei Scham und wollten ihre unsägliche Lebensweise den Einheimischen als erstrebenswerte *Freiheit* aufschwatzen. Das war die Meinung aller Leute, denen ich begegnete; denn entgegen der familiären Anweisungen plauderte ich mit jedem, der mich anschwatzte, und lernte dabei jedes Mal etwas Neues.

Eigentlich sollten diese Amerikaner in die USA zurückgeführt werden, aber die meisten hatten kein Geld für den Rückflug, und etliche waren infolge von Drogen und Alkohol gar nicht fit genug für eine Reise. Auf der Polizeistation in Lucia wüssten sie kaum mehr ihren eigenen Namen, und die lokalen Behörden sahen sich in jeder Hinsicht überfordert.

Der alte Rastaman, der das alles erzählte, war in der Dunkelheit plötzlich wie aus dem Nichts neben mir aufgetaucht. Bei einer abendlichen Wanderung hatte ich den Einbruch der Nacht zu spät bemerkt, plötzlich war das Meer verstummt und bald sah ich nicht mehr die Hand vor den Augen. Nur dumpfer Reggae-Rhythmus aus dem tiefschwarzen Wald zeugte von Leben.

Der Mann sagte einfach: *Follow me. Don't worry.*

Natürlich erschrak ich. Er überragte mich um Kopfeslänge, war bis auf einen um die Lenden gewickelten, farblosen Lumpen unbekleidet; den mächtigen Haarknoten, der sich durch das Gewicht bis auf den Rücken neigte, hatte er in einem Netz zusammengeballt, aus dem einige filzige Strähnen bis zur Mitte seines hageren Körpers fielen; seine Arme und Beine waren mit Reifen und Bändern geschmückt, an seiner Brust baumelten Amulette und Ketten aus Muscheln und Samen.

Er stellte nicht die üblichen Fragen, woher kommst du, wohin gehst du, wie heißt du, sondern erklärte ohne die Spur eines Lächelns:

It's not good to walk alone at night.

So folgte ich ihm eben, schritt schweigend und in gebührendem Abstand die erste halbe Stunde entlang der schäumenden Wasserlinie hinter ihm her, später in zwei Metern Abstand neben ihm. Da erzählte er von diesen *white people*, vor denen man sich in Acht nehmen müsse.

They have no dignity.

Und was wollte er von mir? Wo wohnte er?

Mit einem langen, dünnen Arm wies er in Richtung Wald, woher die Rhythmen klangen. Dort lebe er mit seinen Leuten. Er sei der Chef und kümmere sich um die Sicherheit am Strand, und als er mich in der Dunkelheit daherkommen sah, habe er sich gedacht, diese Frau ist leichtsinnig. Sie braucht Begleitung. Ich beeilte mich zu erklären, ich sei neu hier und die Pracht des Sonnenuntergangs habe mich Zeit und Distanz vergessen lassen ...

Angekommen vor meinem »Bungalow« wies er das angebotene Geld und sogar das Glas Wasser mit einer beiläufigen Handbewegung zurück, nickte kurz zum Gruß und wandte sich zum Gehen. Falls notwendig, werde er mich auch an den kommenden Abenden zurückbegleiten, erklärte er noch, und dabei blieb es.

Die Gelassenheit des Rastaman konnte freilich nicht über die allgemeine Erregung hinwegtäuschen. Passanten sprachen einen an, ich »als Europäerin« müsse »etwas unternehmen«! Man habe ja nichts gegen

Weiße im Allgemeinen, sondern nur gegen diese rassistischen Amis in ihren All-Inclusive-Hotels, die keinen einzigen Jamaikanischen Dollar im Land ließen und Lügen verbreiteten. Man wünschte sich mehr Touristen aus Europa, am besten Deutsche, die man für freigiebiger und weniger rassistisch hielt. Doch solange die Zeitungen nur von Krawallen und Schießereien in Jamaika berichteten, gar von der »kubanischen Gefahr«, mache das jede Form von Tourismus kaputt. Nur ein Auto neben einer Tankstelle in Ocho Rios habe gebrannt, ein einziges Auto, doch das Foto davon ging um die Welt mit dem Titel: »Aufruhr in Jamaika!« Und diese Lügen über eine Anwesenheit kubanischer Soldaten! Hast du irgendwo kubanische Soldaten gesehen?

Jeder wisse doch, dass Jamaikaner nie viel für ihre iberischen Nachbarn übriggehabt haben. Auch nicht für diese Revolutionäre Fidel Castro und Che. Ob ich in meiner Heimat nicht einmal etwas Vernünftiges über Jamaika schreiben könne?

Aber Schreiben war damals noch nicht mein Metier. Und selbst wenn, wer würde mir schon glauben?

Bald kauften Exxon und United Fruit die schönsten Strände und Ländereien der ins Ausland emigrierten Eigentümer auf, am Strand von Negril wuchsen Hotelburgen in den Touristenhimmel und junge Männer mit rotgelbgrünen Mützen über Dreadlocks boten nicht mehr Ganja, sondern Crack und nicht selten auch sich selbst an. Wollte man nicht darauf eingehen, wurde einem Rassismus vorgeworfen.

No problem – das war gestern.

Glücklicherweise hatte ich eine Freundin, eine alte Bekannte meines Mannes, die vor einigen Jahren aus British-Guayana nach Jamaika übersiedelt, oder besser, geflohen war. Denn als Cheddi Jagan, der demokratisch gewählte, allgemein beliebte und keineswegs »kommunistische«, sondern sozialliberale Premierminister dabei war, mit England einen friedlichen Übergang zur Unabhängigkeit des Landes auszuhandeln, fürchteten die USA um ihren Einfluss und die CIA zettelte eine Streikbewegung an, um Cheddi Jagan zu stürzen. »Unruhen« und ethnische

Fragmentierung waren die Folge. Wie meine Freundin Liz (der Name ist geändert) stammte Cheddi Jagan von indischen Vertragsarbeitern des 19. Jahrhunderts ab, in British-Guayana etwa so zahlreich wie die Nachkommen der zuvor als Sklaven eingeschleppten Afrikaner. Die CIA machte durch gezielte Unterwanderung die großenteils aus schwarzen Mitgliedern bestehende unabhängige Gewerkschaft zu einem Vasallen der »internationalen Gewerkschaftsmafia der CIA«, schreibt William Blum in *Killing Hope*. Arthur Schlesinger höchstpersönlich habe diese Strategie dem jungen Präsidenten J. F. Kennedy empfohlen, um das fruchtbare Land an der Kandare zu halten.

Dreißig Jahre später, als die ehemalige »Kornkammer« Zentralamerikas endgültig in die totale Abhängigkeit von US-Konzernen und in den Ruin getrieben war, sollte Schlesinger sich sogar öffentlich dafür entschuldigen. Zu spät, die Folgen seiner »Strategie« waren bereits im Rollen: gewaltsame Ausschreitungen zwischen indischstämmigen und afrikanischstämmigen Bürgern und ein militärischer Überfall der USA, ungeachtet des zuvor an die Welt gerichteten, verzweifelten Hilferufs von Cheddi Jagan.

British-Guayana wurde 1966 unabhängig, aber nicht mit dem demokratisch gewählten, sondern mit einem von den USA eingesetzten Premierminister namens Forbes Burnham, der umgehend die »Öffnung des Marktes« verfügte. Und bis 1994 bestand der Export der Republik Guyana praktisch nur mehr aus Menschen.

Meine Freundin Liz lebte damals bereits in Kingston. Sie hatte ihren Job bei einer britischen PR-Agentur verloren und kehrte eben aus Toronto zurück, wo sie ein Stellenangebot im letzten Moment doch nicht angenommen hatte. An einem so kalten Ort, wo die Menschen an einer Busstation ewig nebeneinanderstehen können, ohne jemals ein Wort zu wechseln, wolle sie nicht leben. Zusammen mit ihrem gewichtigen, schweigsamen Freund, der gerade in London sein Facharztstudium für Chirurgie abgeschlossen hatte, zogen wir vorübergehend in einen komfortablen Strandbungalow neben dem berühmten

Wasserfall des Dr. No. Der goldsandige Strand zwischen Ocho Rios und St. Ann war als einer der letzten noch im Besitz einer alten jamaikanischen Familie, deren Erben mit Liz befreundet waren und uns das Haus billig überließen.

Der Freund von Liz rauchte Kette und konnte stundenlang reglos einen ebenso reglosen, grün schillernden Gecko beim Fliegenfangen belauern. Auch er stand vor großen Entscheidungen: In Jamaika zu bleiben schien bei der herrschenden Unsicherheit wenig verlockend, in Europa war es eng, teuer und kalt, und nach Kanada, woher seine Eltern stammten, wollte er schon gar nicht zurück.

Ein Jahrzehnt später würde ich ihn in Adelaide besuchen. Aus dem schweigsamen, reglosen Brocken war ein angesagter orthopädischer Chirurg geworden, mit Haus, Pool und Jacuzzi, mit einer als Schönheitschirurgin erfolgreichen Ehefrau und einer Farm samt Hunderten Merinoschafen in den Bergen. Am Ethnologischen Museum von Adelaide lernte ich engagierte Sozialanthropologen kennen und bestaunte eine mich nachdenklich stimmende Vorführung einer Gruppe aus Alice Springs eingeflogener Aborigines, deren offensichtliche Befangenheit sich erst nach Stunden so weit legte, dass so etwas wie ein »Tanz« zu erahnen war. Am des River Murray verbrachte ich im Hausboot meiner Freunde einige unvergessliche Tage entlang der Flusswindungen bis ins tiefe Outback, quer durch Eukalyptuswälder, begleitet von Schwärmen weißer Aras und flüchtenden Kängurus.

*

Damals an der Nordküste Jamaikas war unsere einzige Nachbarschaft Annabella, ein ehemaliges Fotomodell aus Großbritannien, die, ebenfalls mit den Grundeigentümern befreundet, in etwa hundert Metern Entfernung aus Brettern, Schilf und Wellblech eine provisorische Bleibe für sich und ihre beiden kleinen Kinder errichtet hatte. Das Dach ragte in die Krone eines alten Mandelbaumes, weshalb das Ganze »Dschungelhaus« - *jungle hut*, eigentlich »Dschungelhütte« - genannt wurde.

Doch es war alles andere als eine Robinsonade irgendwelcher Aussteiger. Unterm Dach herrschte der Ernst des Lebens.

Annabella hatte einige Jahre zuvor ihren Ehemann, einen Modefotografen, durch einen tödlichen Autounfall verloren und danach beschlossen, nicht mehr nach London zurückzukehren. Sie ließ sich mit ihren beiden Kindern in Jamaika nieder und meisterte mit stoischer Ruhe und einem ewig glimmenden Joint im Mundwinkel den Balanceakt zwischen den Unwägbarkeiten ihres neuen Lebens. Niemals hörte man sie klagen, niemals sah man sie zweifelnd oder deprimiert. Großzügigkeit und gesellschaftliches Feingefühl sicherten ihr einen beachtlichen Freundeskreis quer durch alle Hautfarben und Schichten der jamaikanischen Gesellschaft. Im »Dschungelhaus« war sie der Halt der dort ein und aus gehenden höchst unterschiedlichen Menschen. Kaum jemand merkte es, aber sie arbeitete Tag und Nacht. Und sie hatte eine neue, von manchen zunächst belächelte Geschäftsidee: alte Zigarrenkistchen mit Etiketten aus der guten alten, längst vergangenen Arbeitswelt der Tabakindustrie zu renovieren und als touristische Sammelobjekte zu vermarkten. Als Originale nicht mehr aufzutreiben waren, stellte sie die Schachteln mithilfe zweier lokaler Arbeitskräfte in Eigenregie her, beklebte sie mit Reproduktionen karibischer Künstler und vertrieb sie bald im gesamten Commonwealth. Dies war der Anfang ihres Jahre später entstehenden Kunsthandelsimperiums mit einer großen Galerie und einem Restaurant in Ocho Rios, mit Niederlassungen in Costa Rica und Antigua.

Ein britischer Künstler war bei ihr eingezogen, wo, war nicht klar, doch Graham war offensichtlich unentbehrlich, nicht nur wegen seines zuvorkommenden, humorvollen Wesens. Er hielt den improvisierten Haushalt zusammen, begleitete die Kinder mit dem Kleinbus zur Schule in Ocho Rios und hatte seine Staffelei unter einen Baum gestellt. Auch er hatte der Heimat eine Absage erteilt, Devon, eine ländliche, wie aus der Zeit gefallene Idylle, wo seine Familie seit mehreren Generationen eine Webstuhlmanufaktur betrieb. Doch diese Familie gehörte den

Plymouth Brethren an, einer fundamentalistischen Laienbruderschaft aus dem 19. Jahrhundert mit einem eher eigenwilligen Lebensstil. Der Vater unterrichtete seinen Sohn mithilfe drakonischer Strafmaßnahmen selbst, teilte den Leib Christi in Form von selbst gebackenem Brot im Kreis der Familie, untersagte jeden gesellschaftlichen Verkehr außerhalb der Bruderschaft. Nicht nur der Besuch öffentlicher Schulen und jedweder Kirchen war verpönt, sondern auch Kino, Musik und Tanz und natürlich jede Form nicht unmittelbar der Fortpflanzung dienender Lust. Dennoch schaffte es Graham, dem Vater irgendwann beizubringen, dass er die Webstuhlmanufaktur nicht übernehmen, sondern Künstler werden wollte – noch dazu als Schüler von David Hockney. Schließlich zog er nach Jamaika und fand »zu sich selbst«. Doch seit sein Freund, ein attraktiver Intellektueller mit dunkler Brille und ebensolcher Hautfarbe beschlossen hatte, eine Assistenzprofessur an der Universität von Chicago anzunehmen, malte Graham weniger und rauchte mehr als üblich.

Wir, die Nachbarn von Pearly Beach, schlenderten jeden Abend zum »Aperitif« – mangels alkoholischer Getränke ein herumgereichter Joint – zum »Dschungelhaus« hinüber und meistens stießen noch andere Freunde dazu. Obwohl es die passende Zeit gewesen wäre, war das »Dschungelhaus« keinesfalls eine Hippiekommune, sondern eher eine Art Warteraum, eine Schutzzone für Menschen an einem Scheideweg. Alle waren nicht mehr ganz jung und alle hatten ihre Probleme, die mit freundlicher Anteilnahme auch erörtert wurden, ohne jemals Urteile zu fällen – für mich im Verhältnis zu meinem Wiener Milieu eine gänzlich neue, befreiende Erfahrung. Mit fortschreitendem Abend tauschte man zur allgemeinen Erheiterung erfundene oder erinnerte Geschichten aus. Ich brauchte dazu keinen Joint, allenfalls in homöopathischen Dosen, denn die Farben des flimmernden Ozeans und das Rauschen des lauen Wassers als Hintergrund für dieses Zusammensein mit liebenswerten, mir wohlgesinnten Menschen waren völlig ausreichend für euphorische Gefühle.

Selbst der wenig gesellige Collin Garland kam hin und wieder vorbei, seine surrealistischen Gemälde erzielten damals Höchstpreise. Der Mann mit dem melancholischen Blick und einem wie von Narben zerklüfteten Gesicht war vor Jahrzehnten aus Australien zugewandert – ich fragte nie warum – und längst ein Jamaikaner geworden. Er flößte Respekt ein, vielleicht wegen seiner Schweigsamkeit. Besuchte man ihn in seinem chaotisch barocken Wohnatelier an der steinigen Küste von Oracabessa, wurde man von seiner großzügigen Gastfreundschaft überrascht und von fantastischen Skulpturen aus Papiermaschinen und Ölgemälden voller Poesie. In der Abgeschiedenheit dieser wilden Küstenlandschaft erschienen mir seine sensible Intelligenz und sein großes Wissen beinahe als Verschwendung; noch ahnte ich nicht, dass unter bestimmten Umständen Einsamkeit zum Überlebensmodus werden kann.

*

Mitte der 1970er Jahre war für normale Bürger in Jamaika kein Treibstoff mehr zu erhalten, die Regale in den Supermärkten waren leer. Es gab kein Öl und keine Margarine, kein Brot, kein Mehl, kein Salz, es gab längst kein Fleisch mehr und keine Milch, nicht einmal in kondensierter Form oder als Pulver; es gab keine Seife, keine Zahnpasta, keine Zündhölzer; selbst Zucker war auf der Zuckerinsel nicht mehr zu erhalten, eine Flasche Rum nur zu unsinnig hohen Preisen in einem diskreten Hinterhof. Und zu allem Überfluss gab es auch keine Zigaretten mehr. Die Jamaikaner reagierten darauf mit versteinerten Gesichtern, schrägen Witzen und einer pflanzenähnlichen Verlangsamung ihrer Gebärden. Sie waren dem Aufruhr nahe.

Die Bauern boten auf lokalen Märkten zwar Früchte und etwas Gemüse an, und hin und wieder kam eine kleine Fischerbarke mit ihrem bunt schillernden Fang vorbei. Verhungern würde man also nicht, aber der Mangel an Brot und Reis, an Salz und Zucker, an Streichhölzern und Hygieneartikeln und, was Annabella und Liz betraf, an Zigaretten, zehrte an den Nerven. Irgendjemand hatte dann die Idee, ausgerechnet ich solle einige dringend benötigte Artikel »besorgen«, und zwar aus einem der All-inclusive-Hotels in Ocho Rios, die alles zur Versorgung der Gäste Nötige direkt aus den USA bezogen und daher von der allgemeinen Knappheit nicht betroffen waren. Abgesehen vom bescheidenen Lohn für einige lokale Mitarbeiter blieb kein einziger Dollar im Land, und *colored people* waren dort immer noch nicht willkommen (damals war noch keine Rede von *people of color*). Niemand sprach darüber, aber man richtete sich danach. Ich war die Einzige in unserer Runde, die als »Touristin« durchgehen konnte, als Blonde hatte ich überall Zutritt und auch wenig Skrupel, dieses beschämende Privileg auszunutzen. Erhobenen Hauptes betrat ich die gepflegte Parkanlage, die elegante Lobby, die Tagesbar und das Restaurant mit den makellos gedeckten Tischen auf der überdachten Terrasse über dem Meer, flirtete diskret mit dem eleganten farbigen Barkeeper, erzählte irgendeine Geschichte über eine verunglückte Hochzeitsreise und kaufte mit US-Dollar aus meiner eisernen Reserve zwei Päckchen Marlboro. Wenn der Barkeeper wegsah, griff ich nach Streichhölzern und den mit Zucker gefüllten Papierröllchen auf der Theke; auf dem Weg zur Damentoilette steckte ich ein oder zwei gut gefüllte Salzstreuer und zwei Fläschchen Olivenöl ein, auf den mit grünem Marmor gekachelten Toiletten stopfte ich sämtliche verfügbaren Papierrollen in meine Strandtasche und klaute alle Seifen, die damals noch nicht aus Schleim in fest verankerten Flaschen bestanden, sondern aus gut in der Hand liegenden, duftenden Stücken. Trickreich schmuggelte ich dann meine Beute nach draußen, vorbei an der Toilettenfrau, vorbei am netten Barkeeper, vorbei am Empfangschef, immer lächelnd, immer mit einem unbefangenen *how are you* und *see you soon* und *thank you*. Niemals schöpfte jemand wegen meiner aufgeblähten Tasche und meinem überweit gebauschten Strandkleid Verdacht, bis ich den Schlagbaum der Auffahrt passierte und auf der Straße auf ein Buschtaxi hoffte.

Was für ein jubelnder Empfang wurde mir dann im »Dschungelhaus« zuteil! Vielleicht das einzige Mal im Leben fühlte ich mich wirklich beliebt. Die Not hatte mein verborgenes Talent zum ehrenwerten

Gaunertum ans Licht gebracht und ich hatte entlang der *colorline* wie ein Zirkuspferd tanzen gelernt.

Irgendwann legte sich dann die Nachricht vom Polizeimord an Steve Biko in Südafrika wie ein Pesthauch über das »Dschungelhaus«. Mehrmals war der widerständige Mann bereits festgenommen worden, allein oder zusammen mit Nelson Mandela, und am 11. September 1977 wurde er schließlich im Verlauf eines Polizeiverhörs zu Tode gefoltert. Das Ereignis löste nicht nur im »Dschungelhaus« hitzige Debatten aus. Zwei Jahre zuvor hatte die UNO-Resolution 3379 gegen Rassendiskriminierung weltweite Hoffnungen geweckt, doch Israel hatte sich darüber empört, dass darin der Zionismus als eine Form von Rassismus bezeichnet und Israels Politik gegenüber Palästinensern mit jener von Südafrika und Rhodesien gegenüber Schwarzen verglichen wurde. Bis 1991 Kofi Annan die sogenannte »Anti-Rassismus-Resolution« ersatzlos streichen würde, weil Israel mit dem Abbruch der ohnehin obsoleten Friedensverhandlungen drohte. In Israel und Teilen Europas wurde das als längst fälliger Sieg gefeiert, doch sämtliche »neue Nationen« waren darüber entsetzt. Selbst Bob Marley, im Allgemeinen politischen Kommentaren abgeneigt, warnte in einem Interview: Solange es Rassismus gibt, wird es Krieg geben.

Das löste im »Dschungelhaus« Kontroversen aus. Die einen meinten, Kriege hätten doch auch andere Gründe! Sie existierten, seit es Menschen gibt! Das stimmt, räumten die anderen ein, doch der Glaube an die Überlegenheit der eigenen »Rasse« oder »Kultur« führe immer irgendwann zu Gewalt und Krieg. Dann herrschte eine Zeit lang bleischweres Schweigen zu diesem Thema. Man war es leid; man fühlte das Fass ohne Boden.

Wie ahnungslos ich damals immer noch war. In Wien am Gymnasium war der »Amerikanische Bürgerkrieg« der 1860er Jahre als ein Krieg zwischen dem agrarischen Süden und dem industrialisierten Norden bezeichnet worden, über Sklavenwirtschaft und die Folgen kein Wort.

Zwar hatte ich mittlerweile einiges über »Rassentrennung« gelesen, doch was das für die Betroffenen, den Schwarzen *und* den Weißen, im Alltag bedeutete, davon hatte ich bis zu jenem banalen Zwischenfall am Strand von Negril anlässlich meiner »Hochzeitsreise« im Juni 1969 (Kapitel 3) keine wirkliche Vorstellung. Nun lernte ich, dass bis 1964 nicht nur in den USA, sondern auch im gesamten British Empire die sogenannten Jim-Crow-Gesetze aus den 1870er Jahren galten, ein politisches »Rassen«-Regelwerk, das tiefgreifendere Folgen für die Gesellschaften hatte, als in Europa die gelegentlichen Bilder von erschlagenen, erschossenen, gefolterten, blutenden schwarzen Körpern irgendwo auf der anderen Seite der Welt suggerierten. Denn bei der Segregation handelt es sich nicht um eine Ausnahmesituation, einen Ausbruch von manifester Gewalt, sondern um einen zwar unerträglichen, aber gleichzeitig völlig normalen Alltag, der nur mithilfe von latenter Gewaltdrohung funktionieren konnte.

Dass in den USA zwischen 1966 und 1968 Zehntausende schwer bewaffnete Soldaten und Polizisten gegen unbewaffnete Bürgerrechtsdemonstranten eingesetzt, dass dabei über vierzig Demonstranten getötet und an die zweitausend schwer verletzt wurden, das erfuhr ich erstmals Ende der 1990er Jahre von einer in Marokko lebenden US-Amerikanerin, einer Weißen, die Los Angeles zur Zeit des Vietnamkrieges wegen der in ihrer Heimat explodierenden Gewalt verlassen hatte.

In Österreich war Rassismus damals kein Thema. Man war damit befasst, an die von den Großmächten verbriefte Rolle als Hitlers erstes Opfer zu glauben. 1969 hatte ich jedenfalls noch nie von den Jim-Crow-Gesetzen gehört, welche das Verhalten des *Negers* gegenüber dem *Weißen* bis in jedes Detail vorschrieben: nicht im selben Stadtteil wohnen, nicht dieselben Räume, Lokale, Hotels, Parkbänke, Eingänge benutzen, nicht dieselben Schulen oder Sportvereine besuchen, bei der Begegnung mit einem Weißen den Gehsteig verlassen und die Straßenseite wechseln, im Bus nur bestimmte Plätze in den hinteren Reihen einnehmen, einem Weißen, und besonders einer weißen »Lady« niemals in die

Augen blicken, und so fort. Wer aber bestimmte bei der Farbenvielfalt der menschlichen Haut, ab wann jemand ein *Neger* war? Zur Beantwortung dieser Frage wurde bereits 1820 die *One Drop Rule* ersonnen, wonach »ein Tropfen schwarzes Blut« genügte, um aus jeder Person, gleich welcher Hautfarbe, auch einer als weiß wahrgenommenen, einen *Neger* zu machen. Bis in die 1960er Jahre färbten bizarre Begriffe wie *invisible blackness* eine helle Hautfarbe in ein rechtloses »Schwarz« um, nicht nur in den USA, sondern auch in großen Teilen des British Empire.

In Wien hatte man zwar von Rassismus in den USA gehört, doch dass Lyndon B. Johnson erst 1967, also zwei Jahre vor meiner Heirat, die aus 1870 stammenden Jim-Crow-Gesetze abgeschafft hatte, davon hatte ich keine Ahnung. Kennedy hatte dies bereits geplant gehabt, wurde aber vorher ermordet.

Heimlich fragte ich mich nun, inwieweit diese *One Drop Rule* auch das soziale Leben auf den britischen Inseln der Karibik bestimmt hatte und wie diese hyperbritische Familie Byer, die sich keineswegs als schwarz begriff, damit umgegangen sein mochte.

*

Im »Dschungelhaus« kam hin und wieder auch mein Ehemann Trevor vorbei, etwa auf seinem Weg von Kingston nach Montego Bay, wo etwas Berufliches zu erledigen war. Einmal brachte er einen Freund mit, Antony Hill, der danach einige Male auch ohne ihn vorbeischaute und später Botschafter in Genf wurde. Für Trevor und Anthony, die beiden smarten, nicht besonders naturverbundenen Männer in ihren korrekten Anzügen oder gebügelten Hemden war die lockere Atmosphäre zwischen Himmel und Ozean wohl etwas gewöhnungsbedürftig; und natürlich mieden sie den reihum gereichten Joint. Das tat auch ein weiterer Mann, der eines Nachmittags unerwartet zur Tür hereinkam.

Please meet Orlando, ein guter alter Freund, rief Annabella erfreut bei seinem Anblick, und da ich damals wegen meines erst 1979/80 begonnenen Universitätsstudiums allgemein als verwegene Spinnerin galt, fügte sie mit einem Augenzwinkern in meine Richtung hinzu: Er ist furchtbar gescheit und wird dir gefallen. Eben ist er Professor in Harvard geworden – herzlichen Glückwunsch, Orlando! Leider ist dein Buch *Slavery and Social Death* so furchtbar dick, dass ich kaum dazu kommen werde, es zu lesen ...

Was sagt man als Autor zu einem derart ambivalenten Kompliment? Orlando Patterson, gutaussehend und elegant, wirkte in seinem weißen Hemd und den glänzenden Schuhen ein wenig deplatziert, aber durchaus entspannt. Insgesamt machte er einen zurückhaltenden, doch keineswegs professoralen Eindruck, und bald entwickelte sich eine scherzhafte Plauderei über seine Befindlichkeit, die Zustände in Jamaika und der Welt.

Zehn Jahre lang hatte er an seiner mehrfach preisgekrönten, vergleichenden Studie über die Sklaverei als politische und soziale Institution gearbeitet; und nun, da das Buch endlich vorlag, war er des Themas eigentlich überdrüssig. Er besuche Annabella im »Dschungelhaus«, um sich zu entspannen, und wolle die Anwesenden und sich selbst nicht mit Vorträgen langweilen.

Orlando erschien mir als eine Art Doppelgänger von Trevor Byer. Beide kannten sich aus der Zeit in England, als Orlando an der London School of Economics and Social Science seinen PhD erworben und danach in Cambridge eine Zeit lang geforscht hatte. Auch Orlando Patterson gehörte zu jenen Akademikern aus der Karibik, die Premier Michael Manley nach Jamaika in sein Beraterteam zurückgeholt hatte, und auch ihn zog es nun wieder weg. Doch Orlando war ein waschechter Jamaikaner, er stammte aus der Provinz Westmorland, was sich auch in seinem dezenten Akzent niederschlug. Und während sich Trevor als Nuklearphysiker der Energiepolitik in öffentlichen Institutionen zugewandt hatte, wählte Orlando mit seiner Berufung nach Harvard eine akademische Karriere. Seit Kurzem mit Neyris verheiratet, einer aus Wales stammenden, sehr attraktiven Soziologin mit durchscheinend weißer Haut, grünen Augen und einer flammend über die Schultern fließenden, kupferfarbenen Haarpracht, boten die beiden einen ungemein attraktiven Anblick. Ihr Spezialgebiet war keltische Geschichte – und keltische Sklaverei.

*

Als Annabella schließlich aus dem »Dschungelhaus« ausgezogen war und mit ihrem neuen, britischen Ehemann und ihren beiden Kindern ein hübsches Haus an der Steilküste in Ocho Rios bewohnte, beschloss ich, eine Zeit lang in das nun leerstehende »Dschungelhaus« zurückzukehren, um in Ruhe und Konzentration meine erste Geschichte zu schreiben – wie man sich das eben so vorstellt, wenn man es noch nie versucht hat.

Für die Hälfte des üblichen Preises buchte ich einen Flug mit Aeroflot über Moskau nach Havanna und danach mit Jamaican Airlines nach Kingston. Ein billiger, sehr langer, aber aufregender Trip mit einem Aufenthalt von zwei Tagen und einer Nacht in Moskau, wo damals die bunten Trachten der Führer der »Dritten Welt« den Flur des Flughafenhotels belebten, um sich im Kreml die Türklinken in die Hand zu geben. Diese neue Möglichkeit, von Europa über die Nachbarinsel Kuba nach Jamaika zu fliegen, war eine der angeprangerten politischen Sünden von Premierminister Michael Manley. Für mich war es ein ungemein lehrreicher Trip.

Meine Freundin Liz holte mich in Kingston am Flughafen ab, brachte mich mit ihrem alten Ford direkt an die Nordküste ins »Dschungelhaus«, musste jedoch am selben Tag wieder nach Kingston zurück, wo sie schließlich einen PR-Job bei einer Handelsgesellschaft gefunden hatte. Ich fand mich mit meinem Jetlag plötzlich allein in der leeren, aller Dekoration beraubten Hütte; allein auf dem staubigen Lehmboden, allein mit dem kerosinbetriebenen, rostigen Kühlschrank, der einsam von der Decke baumelnden Lampe, der kalten Dusche im Freien. Eine Sprossenleiter führte über eine Luke in den Schlafraum unterm Dach, mit einer Matratze am Boden, dafür mit Aussicht über das unendliche türkisblaue Meer. Mein Schlaf würde von seinem Rauschen begleitet, mein Erwachen vom Konzert der Vögel, und nach Sonnenaufgang würde ich ins laue, glitzernde Wasser gleiten, würde dem Horizont entgegen bis zum Wasserfall *Laughing Water* schwimmen, danach am goldenen Strand zurückwandern und den Rest des Tages lesen und arbeiten – so stellte ich mir das vor.

Die Nacht kam schnell. Ein paar Minuten nach Sonnenuntergang war es bereits stockdunkel, was mir zuvor in plaudernder, lachender Gesellschaft nie aufgefallen war. Allein im Dunkeln vor dem Haus zwischen schwarzen Büschen und dem milchig leuchtenden, später tiefschwarzen Wasser zu sitzen war längst nicht so angenehm. So zog ich mich ins Innere der Hütte zurück, schob den rostigen Riegel vor das morsche Holztor und setzte mich auf das abgewetzte Sofa. Hellwach wusste ich nicht, wohin mit meinen Füßen, das Sofa war zu niedrig, um bequem zu sitzen, zum Liegen war es zu früh, das Licht der einzigen schwachen Glühbirne in der Mitte des Raumes war zu schwach, um zu lesen, aber stark genug, um die handtellergroßen Spinnen zu bemerken, die plötzlich von allen Seiten aus Ritzen und Fugen hervorgekrochen kamen.

Ich erstarrte. Erstmals in meinem Leben war niemand zugegen, um die Biester zu verjagen. Vorsichtig setzte ich mich auf den einzigen Stuhl, blickte unverwandt auf die blitzartig über den Boden sausenden, gleich einem Spiel einander kreuzenden, quer durch den Raum flitzenden, sich jeweils in einem anderen Loch auf der gegenüberliegenden Seite versteckenden Arachniden, um kurz darauf wieder hervorzuschießen und in einem anderen Loch zu verschwinden. An ein Verscheuchen, Fangen, Erschlagen war nicht zu denken. Sie waren viel zu schnell. Man durfte sie keine Sekunde aus den Augen lassen.

Der Ozean hinter dem verschlossenen Scheunentor war nun verstummt, von der anderen Seite vor dem Haus war das Rascheln und Scharren irgendwelcher nachtaktiver Kleintiere zu hören, Buschratten oder Spitzmäuse, vielleicht auch etwas ganz anderes; nachzusehen wagte ich nicht, die Nacht vor dem Haus war dicht wie eine Mauer.

Ich blieb sitzen, gebannt von der Bewegung der Spinnen, selbst keine Regung wagend. Einmal blickte ich auf meine Uhr: Es war erst acht Uhr abends. Und überrascht stellte ich fest: Ich hatte Angst.

Nach einer Ewigkeit hypnotischer Spinnenüberwachung erfasste mich endlich eine gewisse Müdigkeit, vielleicht Erschöpfung. Immerhin hatte ich eine Reise um die halbe Welt hinter mir. Ich kletterte über die Leiter in den Schlafraum hoch, zog die Luke hinter mir zu, verschloss sie sorgfältig mit dem Haken, stellte meinen Koffer darauf, legte die Machete neben meine Matratze – und blieb schlaflos.

Wer kann schon schlafen zu so früher Stunde mit einem Jetlag? So liegt man einfach da und lauscht dem einsetzenden, sanften Rauschen der Baumkronen, dem müden Plätschern der strandenden Wellen; und vor allem dem messerscharfen Surren der Moskitos, anschwellend nahekommend, dann wieder leiser sich entfernend, man muss sich auf den Sound konzentrieren, um zu wissen, wo sich die Gefahr befindet, bevor sie auf der schweißnassen Haut landen, um rechtzeitig zuzuschlagen, natürlich immer vergeblich. Der Dunst der glimmenden Spirale im Winkel ist wohl giftiger als ein Mückenstich und scheint den Moskitos bei ihrem unberechenbaren Flug wenig anzuhaben. Man schützt die Arme unter dem bis zum Kinn hochgezogenen Leintuch, aber die Augenlider, die Stirn, die Ohren sind dem anschwellenden Surren ausgeliefert ... an Schlaf ist nicht zu denken.

So versucht man im Licht einer batteriebetriebenen Reiselampe auf der Stirn interesselos ein paar Seiten zu lesen, doch alle Aufmerksamkeit ist von dem ewigen Zzzzzz in Anspruch genommen. Schließlich steht man auf, blickt durch das breite Fester über das fortschreitend schwarze Verschmelzen von Himmel und Ozean, blickt zu den hellen und kalten Sternen empor, die keineswegs herabblicken. Man ist allein auf der Welt.

Man legt sich also wieder hin. Doch nun wird die Kehle trocken, man hat vergessen eine Flasche Wasser mitzunehmen und wagt nicht, über die Leiter hinunter zu den Spinnen zu steigen und wohl auch zu den Ratten, denn woher sonst soll das huschende Trippeln zu ebener Erde stammen? Man wälzt sich also weiterhin verschwitzt und durstig auf der Matratze, bis irgendwann sehr weit weg der erste Hahnenschrei die Erlösung verkündet. Jetzt ist es leichter, eine weitere Stunde auszuharren, bis tatsächlich das erträumte Vogelkonzert einsetzt, vor dem Fenster ein dunstiges Blaugrau erkennbar wird und man nach einer weiteren halben Stunde die Luke zu öffnen und über die Leiter hinabzusteigen wagt, zu all den Bestien – die allesamt verschwunden sind. Hat es sie jemals gegeben?

Nach Zwieback und Tee kommt die Erschöpfung. Kein ungestörtes Schreiben, kein stundenlanges Schwimmen im lauen Meer, keine Fahrt mit dem Buschtaxi zum Markt in St. Ann. Nichts. Man lungert den ganzen Tag auf einer Liege zwischen Hütte und Meer oder auf dem durchgelegenen Sofa im Inneren herum, gefangen in bleierner Müdigkeit und der Furcht vor der kommenden Nacht; man blickt auf das smaragdgrüne Wasser und grübelt darüber, wie man sich so sehr hatte irren können, über den Ort, über sich selbst. Zwar bleiben die Spinnenmonster tagsüber unsichtbar, aber man weiß, sie werden wiederkommen, nach Sonnenuntergang. Schon ist man versucht, seine Sachen zu packen und anderswo unterzukommen, doch man hat nicht genug Geld für ein Hotel. Und man schämt sich, Freunden von seiner Angst zu erzählen und um Hilfe zu ersuchen, abgesehen davon, dass das nächste erreichbare Telefon einen erschöpfenden, mindestens halbstündigen Fußmarsch entfernt ist. Vor der Erfindung des Mobiltelefons einen Kontakt zur Außenwelt herzustellen war ein kleines Abenteuer.

Was, wenn plötzlich »etwas passiert«? Nur nicht daran denken.

Irgendwie vergeht der Tag, vergeht die zweite, endlose Nacht und ein weiterer Tag. Ich bin am Ende meiner Kräfte. So kann es nicht weitergehen. Irgendwann stellt sich die Frage: Wovor fürchte ich mich eigentlich? Realistischerweise ist jede Fahrt auf der Südautobahn von Wien bis nach Graz wesentlich gefährlicher als ein paar Spinnen in tropischer Nacht. Und die Wahrscheinlichkeit, dass mir, von der jeder weiß, dass sie kein Geld hat, jemand nach Leib und Leben trachtet, ist zumindest in jener Zeit ebenfalls äußerst gering. Meine Furcht ist daher nicht durch die äußere Realität begründet, sondern durch mich selbst. Aber diese Erkenntnis hilft nicht weiter, die Angst bleibt. Und irgendeine Kindheitserinnerung, etwa an das Plumpsklo mit den vielen Spinnen in den Montafoner Bergen, ändert daran ebenso wenig.

Es ist ganz einfach: Ich habe Angst, allein zu sein. Wieder zähle ich nach, ob nicht doch ein Hotelzimmer drin wäre. Wenigstens für zwei Nächte und dann sehen wir weiter. Der Gedanke beruhigt mich.

Doch plötzlich wird mir klar, liefe ich jetzt davon, würde ich mein Leben lang nicht allein bleiben können, würde immer unfähig sein, mich selbst zu ertragen. Ich müsste immerzu von anderen Menschen die Rettung erhoffen, meistens oder gar immerzu vergeblich; denn der Abgrund des Alleinseins ist zwar von Chimären erfüllt, könnte aber unter Umständen der einzig sichere Raum sein, in den man sich jederzeit zurückziehen kann.

So beschließe ich, die Sache anders anzugehen. Ich muss aufhören mit dem Versuch, die Spinnen zu verjagen oder sie durch Blicke zu bannen; ich muss Distanz zu ihnen wahren, wie auch sie zu mir Distanz halten – keine hatte mich angefallen oder war auch nur aus Versehen über meine bloßen Füße gehuscht. Ich muss die Spinnen als Mitbewohner akzeptieren, die Ritzen und Löcher in diesem Haus sind schließlich ihr angestammtes Spinnenheim, aus dem zu vertreiben ich als vorübergehender Gast eigentlich kein Recht habe!

Nach Einbruch der Dunkelheit warte ich bereits auf sie. Und als eine nach der anderen aus ihren Löchern auftaucht, begrüße ich sie mit einem Hallo und gebe ihnen Namen. Die beiden aus dem rechten Eck sind Johnny und Marlene, die dicke unter dem Küchenkasten mit den behaarten Beinen ist die Friederike, hallo, da bist du ja! Und die mit dem weißlich angestaubten, grünen Leib ist Margot. Ich erzähle den Spinnen von meiner Entschlossenheit, mit ihnen gemeinsam dieses Haus zu bewohnen, zum Glück kann mich kein Mensch hören.

Und in dieser Nacht schlafe ich wie ein Stein.

Von nun an verlaufen die Tage wie geplant, ausgeruht fahre ich mit dem Buschtaxi zum Markt nach St. Ann, treffe mich mit Freunden, denen ich stolz von meinem gelungenen Alleinsein in der schönsten aller Welten berichte. Bisweilen erhalte ich Besuch und sitze dann nach Einbruch der Dunkelheit vor dem Haus zwischen Himmel und Meer. Das Alleinsein ist überhaupt kein Problem mehr. Und allmählich fühle ich mich so geborgen, dass mich eines Nachts gegen drei Uhr nicht einmal die mich weckenden Männerstimmen vor dem Haus beunruhigen können. Erst als am Holztor gerüttelt wird, fahre ich hoch – und reagiere, wie man auf keinen Fall bei einem Einbruch reagieren sollte: Ich lehne mich weit aus dem Fenster und rufe: Wer ist da?

Und siehe da, es sind zwei mit ihrem Boot gestrandete Fischer, Unterschlupf suchend vor dem nahenden Regen. Wir dachten, das Haus sei unbewohnt, sagt der eine, *don't worry*.

Come in, antworte ich.

Denn es ist eigentlich selbstverständlich, Spinnen und Menschen angstfrei zu begegnen.

7

Paul Celan unterm Weihnachtsbaum

Die Reise nach Dakar

Frühling in Paris – und Prag

Im Wien der 1950er Jahre hätte ich Angstfreiheit kaum lernen können. Die Welt war voll verschwiegener Bedrohungen. Wie den meisten
Kindern wäre der Elfjährigen kaum in den Sinn gekommen, durch die
Abwesenheit des Vaters etwas Wesentliches verloren zu haben, wären
da nicht die peinlichen Mitleidsbekundungen des Klassenvorstands
vor der gesamten Klasse gewesen. Es war damals ganz normal, dass
Väter nicht oder kaum anwesend waren, und viele waren tot. Darüber
wurde nicht geredet, so war das eben. Der Mangel, den ich durch den
Tod des Vaters empfunden haben mochte, entstand eher dadurch, dass
der tote Vater gegenwärtiger war, als der lebende es jemals sein konnte.
Als trauernde Witwe beschwor die Mutter ihn durch eine idealisierte
Überidentifikation und löste dadurch für sich die zu seinen Lebzeiten
konfliktreichen Widersprüche. Immer weniger wurde klar, wer von beiden was wann erlebt, gedacht oder geschrieben hatte, was später bei meinen Recherchen einige Probleme bereiten sollte; vielleicht zu Unrecht,
denn letztlich war Vaters Leben und Wirken ohne diese Mutter an seiner Seite ohnehin nicht denkbar. Sie war es, die ihm »alles abnahm«,
sie drängte ihn zu einer akademischen Karriere, was bei den bekannten politischen Umbrüchen in Österreich und Deutschland, zumal als
Ethnologe, ein konfliktbeladenes, wenn nicht gar gefährliches Unterfangen sein musste. Heute denke ich manchmal, dass er ohne ihren Ehrgeiz vielleicht ein friedlicheres Leben und Lebensende auf einer Insel
fernab vom Wüten in Europa hätte haben können, etwa auf Bali, wie
er dies am Ende seines Buches *Südsee* (1935) auch beschwor.

Die Hauptsorge der Mutter galt damals freilich dem *Haus*, das kaum
mehr zu erhalten war. Der Vater hatte ja kein Kapital, sondern nur Auto-
renrechte hinterlassen. Niemand wollte der Witwe zur Überbrückung
einen kleinen Kredit gewähren, nicht einmal ihr geliebter Bruder und
amtlicher »Vormund« ihrer beiden schulpflichtigen Töchter. Er und
alle anderen drängten die Mutter zum Verkauf des Hauses, doch das
kam für sie nicht infrage. Das *Haus* war kein beliebiges Dach über dem
Kopf, sondern repräsentierte ihr Leben, ihre Welt, die Moderne einer

ganzen »Vorkriegsepoche« ihrer Heimatstadt, auf die man stolz sein durfte. So wurden eben einige der besten Stücke der ethnografischen Sammlung sowie »der Schiele« verkauft, zu Schleuderpreisen, versteht sich, denn die Not ist niemals ein guter Berater in finanziellen Dingen.

Doch die Mutter schaffte es in der Folge, durch Vermietung, durch Neuauflagen der alten Bücher und durch weitere Verkäufe exotischer Schätze das *Haus* und ihre Kinder durchzubringen. Was sie nicht mehr schaffte, war ihr Buch über die letzte Reise mit dem Vater, das sogenannte »Berber-Buch«. Nicht nur zu Ehren des Vaters, sondern auch aus finanziellen Gründen wäre eine Fertigstellung notwendig gewesen – der geduldige Verlag in der Schweiz hatte bereits einen Vorschuss bezahlt, der längst verbraucht war. Es ist kaum übertrieben zu sagen, dass die Mutter an dieser Aufgabe verzweifelte. Und wenn sie nach schlaflosen Nächten ihre schulpflichtigen Kinder an ihrem Elend teilhaben ließ, brauchte ich anschließend den gesamten Tag, um mich davon zu erholen. Man konnte ja nicht helfen, war vielmehr als Nutznießer ihrer verzweifelten Anstrengungen mitschuldig: Das *Haus* wurde ja *nur für euch, nur für euch Kinder* erhalten.

*

Petticoat und Prinzessabsätze, lackierte Schaumrollen-Frisuren, Hüftmieder und Strapse wurden langsam auch in Österreich Mode; aber die magere Dreizehnjährige, seelisch längst eine Frau, bevorzugte immer noch die schlackernden Cordhosen und den weiten Nicki-Pullover. Die 1950er und die frühen 60er Jahre waren von lähmender Stumpfheit und repressiver Autorität geprägt, demgegenüber das *Haus* als Hort der Freiheit und Toleranz erschien. Auf dem Bundesrealgymnasium in der Billrothstraße, einer reinen Mädchenschule mit über tausend Frauen herrschten strikte Geschlechtertrennung und Kleidervorschriften wie in einem Kalifat, es war es verboten Hosen zu tragen, selbst im frostigen Winter und bei weitgehend unbeheizten Schulräumen. Für mich war dies ein erster Anlass zu »rebellieren«, und bald wurde das

Gymnasium nach anfänglichen Erfolgen zu einem Martyrium. Nur durch die beschämende Protektion als Tochter der verwitweten »Frau Professor Bernatzik« blieb mir der Schulverweis wegen einer grotesken Lappalie, die hier nicht weiter ausgeführt zu werden braucht, erspart, und so schleppte ich mich widerwillig bis zur Matura.

Tatsächlich waren die Zeiten damals keineswegs so hell und sicher wie in der gegenwärtigen Vorstellung, die sämtliche Unannehmlichkeiten im öffentlichen Raum den neuen, dunklen Einwanderern zuschreiben möchten. Auch damals konnte es für ein junges Mädchen nach Einbruch der Dunkelheit ungemütlich werden. Der tägliche Schulweg führte anfänglich durch einen engen, beidseitig durch einen hohen Bretterzaun begrenzten Fußweg quer durch private Grundstücke auf der Rückseite von einigen Heurigenlokalen. Pöbeleien durch Betrunkene waren nicht selten, und nach dem ungeklärten Mord an der unglücklichen Ilona Faber im April 1958 im Gebüsch rund um das »Russendenkmal« am Schwarzenbergplatz wurde diese Gasse noch dunkler. Es war die Zeit des »Wiederaufbaus« und der Gewöhnung an demokratische Spielregeln; wohl auch für führende Politiker wie Julius Raab, Mitunterzeichner unseres brandneuen »Staatsvertrags«, der noch im Herbst 1930 der Demokratie abgeschworen und den »Korneuburger Eid« der christlich-sozialen »Heimwehr« unterzeichnet hatte, ein Text, den zu lesen sich gegenwärtig zumindest auszugsweise wieder lohnt:

»Wir wollen Österreich von Grund aus erneuern! Wir wollen den Volksstaat des Heimatschutzes. Wir fordern von jedem Kameraden den unverzagten Glauben ans Vaterland, den rastlosen Eifer der Mitarbeit und die leidenschaftliche Liebe zur Heimat. Wir wollen nach der Macht im Staate greifen und zum Wohl des gesamten Volkes Staat und Wirtschaft neu ordnen. Wir müssen den eigenen Vorteil vergessen, müssen alle Bindungen und Forderungen der Parteien unserem Kampfziele unbedingt unterordnen, da wir der Gemeinschaft des deutschen Volkes dienen wollen!

Wir verwerfen den westlichen demokratischen Parlamentaris-
mus und den Parteienstaat!

Wir wollen an seine Stelle die Selbstverwaltung der Stände setzen und eine starke Staatsführung, die nicht aus Parteienvertre-
tern, sondern aus den führenden Personen der großen Stände und
aus den fähigsten und den bewährtesten Männern unserer Volks-
bewegung gebildet wird. (...)

Jeder Kamerad fühle und bekenne sich als Träger der neuen
deutschen Staatsgesinnung, er sei bereit Gut und Blut einzusetzen,
er kenne drei Gewalten: Den Gottglauben, seinen eigenen harten
Willen, und das Wort seiner Führer. «

Julius Raab habe sich in der Nachkriegszeit davon distanziert, ist heute
zu hören, und überhaupt sei das mit dem »Ständestaat« gar nicht so
gemeint gewesen. Doch es lässt sich kaum bestreiten, dass der klerikale
Ständestaat als Konkurrenzmodell zum Nationalsozialismus gedacht
war und dass schon damals »Erneuerung« einen Rückgriff auf Alther-
gebrachtes meinte.

*

Manchmal, wenn genug Zeit war, spähte ich am Anfang des schmalen
Weges, dort wo die besonders mächtigen Baumkronen emporragten,
durch jede noch so kleine Lücke des Bretterzauns. Tante Helene hatte
erzählt, dahinter verberge sich eine prächtige Villa, angeblich die einzige, die bereits lange vor unserem *Haus* da war und die vor dem Krieg
der Familie Josef Redlich gehört hatte, ebenfalls ein Schüler ihres Vaters,
Edmund Bernatzik. Redlich habe mit ihm im Reichsrat sogar in derselben, »deutsch-freisinnigen Fraktion« gesessen; und die beiden Männer
hätten zusammen mit Hans Kelsen der kaiserlichen Kommission zur
Verfassungsreform angehört.

Josef Redlich entstammte einer jüdisch-altösterreichischen Familie aus Südböhmen, die wegen ihres vorwiegend auf Zuckerfabriken

und umfangreichem Landbesitz beruhenden Wohlstandes zu Baronen geadelt worden war. Edmund Bernatzik verdankte als Sohn eines Provinznotars hingegen seinen sozialen Aufstieg nur seiner akademischen Laufbahn, weshalb die beiden Männer wohl auch unterschiedliche Ansichten hatten. In der Familie hieß es später, Redlich habe die Legitimität der Habsburger nie angezweifelt, er habe für Kaiser Karl die letzten zwei Monate des Krieges als letzter Finanzminister gedient und 1936 sogar dem Schuschnigg-Regime, aber er sei ein feiner, hochanständiger Mann gewesen.

Sein Anwesen in unserer Nachbarschaft war nach dem Ende des Zweiten Weltkriegs von der Wiener Städtischen Versicherung übernommen worden und wurde später an den aus schwedischem Exil in die heimische Politik zurückgekehrten Bruno Kreisky vermietet. Dessen Sohn Peter begegnete mir bisweilen auf dem schmalen Weg zwischen dem Bretterzaun, und im Laufe der Zeit führte dies zu einer losen, von beidseitiger Schüchternheit und Neugierde geprägten, später auch politisch getönten Freundschaft. Die Familie Redlich aber würde Jahrzehnte später auf überraschende Weise in mein Leben treten.

Die erste erreichbare Straße mit geschlossenen Häuserzeilen und ein paar Geschäften war die Döblinger Hauptstraße. Für mich war sie »die Stadt«. Dort konnte man unbefangen schlendern, sich erwachsen fühlen und Neues entdecken, etwa diesen verstaubten Buchladen mit den dunklen Stellagen, wo mich der Verkäufer – vielleicht war es sogar der Inhaber – wie ein vernunftbegabtes Wesen behandelte und mir Bücher empfahl, die mich wesentlich mehr fesselten als die Pflichtlektüre in der Schule. Die »verruchte« Welt des Adrian Leverkühn faszinierte mich so sehr, dass ich *Doktor Faustus* selbst während des Unterrichts nicht aus der Hand legen wollte, bis das Buch von der Professorin konfisziert und die Mutter in die Schule zitiert wurde: Aber Frau Professor, das ist doch keine Lektüre für ein Kind von elf Jahren!

Die Mutter, Schulgeschichten gegenüber im Allgemeinen meist gleichgültig, war eher belustigt. Wenn sie für längere Zeit verreisen musste, hinterließ sie uns Kindern ein paar leere Blätter mit ihrer Unterschrift, auf denen wir für allfällige Fehlstunden nach Gutdünken eine »Entschuldigung« eintragen konnten, eine Freiheit, für die ich von meinen Freundinnen beneidet wurde. Aber diese Freiheit hatte auch eine Kehrseite: Niemand wartete auf einen und es gab niemanden, wirklich niemanden, dem man sich hätte anvertrauen können.

Erst recht nicht über diese leidige Sache mit dem Körper! Man kann sich heutzutage die Beschwerlichkeiten nicht mehr vorstellen, denen eine Jugendliche damals unterworfen war. Während der »Tage« war so ziemlich alles verboten, was Freude oder nur ein Wohlgefühl ermöglichen könnte. Laufen, tanzen, turnen, schwimmen, selbst ein Bad in der Badewanne galt wegen angeblicher Infektionsgefahr als riskant. Die von Hand zu waschenden Stoffbinden wurden aus Windeln gefaltet und erst allmählich durch Zellstoffbinden abgelöst. Doch diese Binden waren teuer und daher so sparsam wie möglich zu verwenden und wurden zudem von einem unbequemen, um die Hüften getragenen Gummigeschirr gehalten, das wenig Sicherheit bot. Man lebte in ständiger Angst vor dem eigenen, unversehens zwischen den Beinen herabrinnenden Blut und dem fremden Spott. Dazu das vermehrte Schwitzen, der säuerliche Geruch aus den Achselhöhlen und insgesamt ein plötzlich fremd werdender eigener Körper, über den man mit niemandem reden konnte, selbst im vergleichsweise offenen Klima unseres ohnehin nur von Frauen bewohnten *Hauses*. Doch das Verhältnis dieser Frauen zum eigenen Geschlecht war über das Begehren eines Mannes definiert, es war eigentlich ein frauenfeindlicher Frauenhaushalt, und ganz allgemein konnten Frauen damals nur über die Anerkennung eines Mannes an Bedeutung gewinnen.

Doch irgendwann ersetzte auch ich Nicki-Pullover und Cordhose durch Petticoat, Strapse und gepolsterte Büstenhalter; und für besondere Gelegenheiten gab es den »Schlüpfer«, dieses blassrosa Folterinstrument für das ohnehin kaum entwickelte Fleisch. Die Haare wurden schulterlang und lockig getragen oder zu lackierten Schaumrollen gedreht und bald konnte man sich mit Bleistiftabsätzen an spitzen Pumps die Füße

146

ruinieren. Die Beschaffung einer »anständigen Garderobe« war vor der Erfindung der Konfektion ein in jeder Hinsicht aufwendiges Unternehmen, verbunden mit Besuchen in einem der drei »guten« Stoffgeschäfte der Stadt, danach bei einer Schneiderin, die einem vermittels Zeitschriften und Schnittmustern die neuesten Modelle vorführte, bevor sich alles Weitere durch die mütterlichen Anweisungen ohnehin erübrigte. Vor der Fertigstellung des Kleidungsstücks musst man zweimal zur Anprobe, Termine, die so wichtig und auch fast so heikel waren wie jene beim Zahnarzt. Die Mutter war nicht kleinlich, was meine Gesellschaftsfähigkeit anging, auch wenn sie über die Kosten jammerte. Ungeachtet aller finanziellen Nöte sollte der Jüngsten das Gleiche wie den Älteren geboten werden: die Tanzschule bei Elmayer, die Eröffnung der feinen Bälle mit all dem teuren Drumherum, ein Musikinstrument lernen, in meinem Fall Klavier, der Schikurs und natürlich eine »anständige Garderobe« – wie sollte ihre Tochter einen ordentlichen Mann finden, wenn die Handtasche nicht zu den Schuhen passte!

*

Auch außerhalb des Körpers standen große Veränderungen an. Ich jubelte den Unterzeichnern des Staatsvertrags auf dem Balkon von Schloss Belvedere zu; stand bei der feierlichen Verabschiedung der Besatzungstruppen vor dem Hauptquartier der Alliierten auf dem Schwarzenbergplatz andächtig in der Menge; lauschte ergriffen dem sonoren Pathos von Ewald Balser anlässlich der Wiedereröffnung des Burgtheaters: *Es ist ein gutes Land, wohl wert, dass sich ein Fürst sein unterwinde!* Das kannte ich bereits aus der Schule. Aber dass Ewald Balser auf Joseph Goebbels' »Gottbegnadeten-Liste der wichtigsten Künstler des NS-Staates« stand, das erfuhr ich erst ein halbes Jahrhundert später.

In Budapest marschierten die Sowjets ein, und Budapest ist nah. Innerhalb weniger Tage schafften es an die zweihunderttausend Ungarn sowie über Ungarn geflohene Ostdeutsche über den Neusiedlersee schwimmend, versteckt im Schilf, nach Durchquerung von Wäldern und Flüssen über die Grenze nach Österreich. Diese Grenze war nicht irgendeine, sondern die zum »Reich des Bösen«, gesichert durch Wachtürme, Stacheldraht und beidseitiges »Niemandsland«, sogar quer durch den Neusiedlersee, diesen ausgedehnten Steppensee etwas über eine Stunde südöstlich von Wien, umgeben von einem breiten für die Vogelwelt paradiesischen und für flüchtende Menschen ziemlich praktischen Schilfgürtel. Bereits Kinder lehrten Erzählungen über »Zwischenfälle« an dieser Grenze das Fürchten.

Trotz aller Sicherungen kamen Flüchtlinge nun zuhauf. Sie seien vor den bösen Kommunisten der Sowjetunion geflohen, wurde erzählt, die Privateigentum verbieten und Akademiker zur Feldarbeit oder zum Kanalräumen schicken würden. Jeder hatte Mitleid mit ihnen, und eine Welle von hilfsbereiter Solidarität erfasste das ärmliche, von der CIA bis in jede noch so unbedeutende Zeitungsspalte hinein überwachte Österreich. Es gab sogar einen Tag schulfrei, damit wir beim Sortieren und Verteilen von gespendeten Kleidern und Lebensmitteln helfen konnten. Und nach dem Unterreicht wurde man aufgefordert, die Eltern wenn möglich um eine Unterbringung von Flüchtlingskindern zu ersuchen.

Davon war ich sofort begeistert. Unser Haus war groß genug, ein Flüchtlingskind aufzunehmen wäre nicht nur eine gute und angesehene Tat, sondern auch Gelegenheit für eine möglicherweise interessante Gesellschaft gewesen. Aber nichts da. Meine Mutter hatte *schon genug andere Sorgen*. Und so scheiterte mein Versuch, meine soziale Integration mithilfe eines Flüchtlingskindes voranzutreiben.

Das Jahr 1956 blieb mir daher nur durch einen langen Tisch mit einem Haufen übelriechender Textilien in Erinnerung und mein aufrichtiges Bedauern für diese armen Menschen, die diese kratzigen Stricksachen, diese zerbeulten Schuhe, all diese stinkenden Klamotten tragen sollten, während ich mich bereits in den abgetragenen Kleidern meiner älteren Schwester unbehaglich fühlte.

Dann kam die Zeit des Rock'n'Roll, als selbst Jugendliche »aus unseren Kreisen« anrüchig pomadisierte Frisuren und Lederjacken trugen und in Wien Schlurf genannt wurden. Auf »wilden Partys« in den Gärten der elterlichen Villen oder in »Hübners Meierei im Stadtpark« versuchten die Jungen die Mädchen über die Hüften zu werfen oder ihnen ihre verschwitzte Wange ins Gesicht zu drücken. Ich tanzte eigentlich gerne, aber bei dem Lärm konnte man nicht reden und so langweilte ich mich bald. Später wurde man von wohlerzogenen jungen Männern ins »Kerzenstüberl« oder gar ins damals vornehme »Fischerhaus« im Wienerwald eingeladen, und war einer besonders großzügig, gab es ein *dîner dansant* im eben von der Gemeinde Wien glanzvoll hergerichteten Schloss Cobenzl, ein Abendessen begleitet von einer richtigen Tanzkapelle vor einer atemberaubenden Aussicht über Wien.

Dergleichen Einladungen verbanden die jungen Männer wohl mit durchaus ehrbaren, aber gänzlich unerfüllbaren Hoffnungen, und bei manchem mochte auch das *Haus* gewisse Begehrlichkeiten geweckt haben, die ich dann fälschlich auf mich bezog. Meist war die Konversation aber schleppend, die Abende zu lang – und ohnehin war es für mich völlig unvorstellbar, jemals irgendwo anders als in unserem wunderbaren *Haus* zu leben.

*

Möglicherweise hatte ich die grauenhaften Bilder erstmals in der »Österreichischen Wochenschau« vor einem Film gesehen; oder in Alpbach, jenem romantischen Bergdorf in Tirol, wo damals ein besseres Europa erprobt werden sollte. Weil die Dreizehnjährige nicht ganz allein im großen *Haus* in Wien zurückgelassen werden konnte, wurde ich zunächst von der Mutter, dann von der großen Schwester mitgenommen. Meine Teilnahme an den »Hochschulwochen« mochte zu früh gewesen sein, doch sie war für mich eine Art Initiation und gewissermaßen die Rettung.

Ob in der Wochenschau oder auf einer Leinwand in einer Alpbacher Bauernstube, jedenfalls erinnere ich mich an Filmaufnahmen von Elendsgestalten in Sträflingskleidung, unscharfe, schwarz-weiß flimmernde, halb lebende Skelette vor einer Grube mit übereinandergeworfenen

Leichen, unerträgliche Bilder, von denen ein Kommentator behauptete, dies seien Aufnahmen amerikanischer Soldaten aus einem *deutschen Konzentrationslager*. Doch es waren so unwirkliche Bilder, wie nur das Kino sie hervorzubringen vermag, und als ich die Mutter darauf ansprach, immerhin hatte sie »den Krieg noch erlebt«, schüttelte sie ungläubig den Kopf und meinte, ich habe mich wohl geirrt, vielleicht verhört; und als ich protestierte, fügte sie nachdenklich hinzu, vielleicht habe es sich bei diesen Aufnahmen um manipulierte Bilder aus dem Koreakrieg gehandelt oder aus Kambodscha oder aus einem peruanischen Bergwerk, überall dort gebe es grauenhafte Internierungs- und Arbeitslager, aber bei uns in Europa, in Deutschland oder Österreich, habe es so etwas sicher nicht gegeben – sonst hätte man davon gewusst.

Die Mutter war weit gereist und kannte die Welt. Ich hatte keinen Grund, ihr nicht zu glauben.

Es soll sie ja gegeben haben, die kühnen, aufgeklärten Menschen, die von Anfang an immer alles gewusst haben. Mir begegneten sie damals nicht. Und auch später erzählten eigentlich nur diejenigen, die selbst existenzielle Gefahren erlebt hatten, dass sie bereit gewesen waren, das Ungeheuerliche zu glauben – und allzu oft nicht einmal die.

Alpbach war damals noch ein magisches Bauerndorf, wo alles möglich war. In anregender Höhenluft traf man auf Leute von anderen Sternen, konnte unter schattigen Baumkronen über Existenzphilosophie und Kritische Theorie parlieren. In den damals noch schlichten Wirtsstuben wurde man mit dem Unterschied zwischen Antonio Gramsci, Wladimir Iljitsch Lenin und Leo Trotzki vertraut gemacht, auch mit Simone de Beauvoir, Jean-Paul Sartre, Arthur Köstler oder Raymond Aron. Im Kreis von Studenten aus ganz Europa saß man zwanglos um Persönlichkeiten herum, die noch kurz zuvor, sei es freiwillig oder erzwungen, Österreich peinlich gemieden hätten. Alpbach war ein Ort der Überraschungen, und ich war wie elektrisiert. Ich fand es grauenhaft, erst dreizehn Jahre alt zu sein; nicht etwa wegen der Statuten der Alpbacher Hochschulwochen, die für die Teilnahme eine Altersgrenze von achtzehn Jahren vorsahen, sondern weil ich fürchtete, meine für mein Alter vielleicht unpassenden Interessen könnten nicht ernst genommen werden. Spontan erklärte ich mich für sechzehn, was mir ohne Weiteres abgenommen wurde, und bald erhöhte ich mein Alter unbekümmert weiter. Alle anderen waren doch Studenten, Professoren, Journalisten, Künstler – und ich, ach, ich hatte nicht einmal die Matura!

Während die große Schwester umgeben von Prominenten im Hotel Böglerhof sich am Witz und den Komplimenten des alten Oskar Kokoschka erfreute, hatte ich ein billiges Studentenquartier am anderen Ende des Dorfes bezogen und erfüllte meine Rolle als Zuhörerin. Von den Musikexperimenten des charmanten György Ligeti war ich auf Anhieb fasziniert, und eine Tonbandaufführung von *Il Canto Sospeso* in Anwesenheit von Luigi Nono, seit Kurzem verheiratet mit der Tochter von Arnold Schönberg, trieb mir Tränen in die Augen – hatte der attraktive Meister aus Venedig es bemerkt? Nach der Vorführung kam er tatsächlich auf mich zu, fragte lächelnd, wie es mir gefallen habe, und lud mich auf ein Glas auf der Terrasse eines Gasthofes ein. Stolz und glücklich über diese Aufmerksamkeit, zweifelte ich keinen Augenblick an seiner Ernsthaftigkeit. Auch ehrwürdige Philosophen wie Ernst Bloch, Herbert Marcuse und Herbert Feigl traf man in Alpbach, und wenngleich ihre leidenschaftlich geführten Auseinandersetzungen für mich nicht immer durchsichtig waren, fühlte ich, dass es um Existenzielles, ging, und das erregte mich.

Damals spielte es noch keine Rolle, dass der eine »Marxist«, der andere »Positivist« oder gar Kommunist war, wie etwa Luigi Nono, der seit 1952 sogar Parteimitglied war und offen für Fidel Castro und die »Blockfreien« eintrat. Erst Jahre später wurde das Dorf in den Tiroler Bergen zunehmend von Kalten Kriegern eingenommen, und im Laufe der Jahre mutierte das ehemalige Forum für innovatives Denken zu einer Bühne für Wirtschaftstreibende und Politiker.

Damals schrieb ich die Zuwendung dieser gescheiten, doppelt so alten oder noch älteren Männer ausschließlich meinem verständigen Interesse an ihren Werken und Worten zu. Selbst die zärtliche

Aufmerksamkeit jenes Journalisten und Dramaturgen, den ich wegen seiner ironischen Eloquenz und seiner scheinbar abgeklärten Welterfahrung, aber auch wegen seiner humorvollen Respektlosigkeit gegenüber der Alpbacher Prominenz grenzenlos bewunderte, führte ich zunächst darauf zurück. Er war einen Kopf größer als ich, elegant, mehr als doppelt so alt und sehr blass; und in seinen Augen hinter dicken Brillengläsern spürte ich eine Verletzung, deren Geheimnis ihn noch anziehender machte. Ihm verdanke ich ein ganz besonderes Geschenk mit weitreichenden Folgen.

Seit geraumer Zeit hatte ich nämlich die Poesie entdeckt. Wusste ich mich allein, und das war nicht selten, versetzte ich mich durch lautes Rezitieren von Goethe, Rilke, Wildgans, Mörike oder Benn in eine leicht melancholische Zeitlosigkeit – *Denn das Schöne ist nichts / als des Schrecklichen Anfang / und wir bewundern es so / weil es gnädig verschmäht / uns zu zerstören / Ein jeder Engel ist schrecklich.* Später folgten Arthur Rimbaud und François Villon, Autoren, die sogar im Französischunterricht in der Schule Erwähnung fanden und damals in der gut sortierten französischen Buchhandlung in der Wollzeile erhältlich waren. *Les Fleurs du Mal* von Charles Baudelaire bekam ich im Zugabteil auf einem meiner ersten fluchtähnlichen Ausflüge nach Paris von einem Soldaten geschenkt. Er war sehr jung, hatte eine olivfarbene Haut und versucht, als ich eingenickt war, mich zu küssen, worauf ich erschrocken hochfahrend ihn heftig beschimpfte. Doch er zeigte sich beinahe so erschrocken wie ich, entschuldigte sich zerknirscht, er wisse nicht, was in ihn gefahren sei, ich habe »wie ein Engel« ausgesehen ... Ach, wenn er wüsste! Bevor er in Straßburg ausstieg, kramte er ein abgegriffenes Buch aus seinem Feldrucksack hervor: *Prends ça, je n'en ai plus besoin.* Es hatte so traurig geklungen, dass es heute noch schmerzt.

Der Algerienkrieg hatte zu dieser Zeit auch die Metropole Paris mit einer Welle von Gewalt erreicht, doch davon bekam ich bei meinen von der bedrückenden Stimmung in Wien mich befreienden Wochenendausflügen nichts mit.

In dieser Zeit schenkte der von mir bewunderte Mann aus Alpbach mir ein dünnes, in schwarzes Leinen mit Goldprägung gebundenes Bändchen: Paul Celan, *Mohn und Gedächtnis. Gedichte.* Ich war sofort überwältigt.

*

Über Paul Celan wusste ich damals nicht mehr, als dem Klappentext zu entnehmen war: In Czernowitz als Jude geboren, mehrere Arbeitslager der Nazis überlebt, nun wohnhaft in Paris. Von der jüngsten Vergangenheit hatte ich keine Ahnung, in der Schule fiel darüber natürlich kein Wort, »Geschichte« endete mit dem »Untergang der Monarchie«. Was danach kam, wurde offenbar nicht der Geschichte, sondern der Gegenwart zugerechnet – was gewissermaßen auch zutraf. Doch etwas musste ich geahnt haben, ich hatte diese grauenvollen Bilder gesehen und wohl auch andere Erklärungen als die der Mutter gehört, anders lässt sich mein Verhalten kaum erklären. Celans Gedichte lösten eine fast sakrale Ehrfurcht in mir aus und irgendwann hatte ich das Bedürfnis, dieses Geschenk, von dem ich mich geadelt fühlte, mit mir nahestehenden, geliebten Menschen zu teilen.

Zu Weihnachten, von der Mutter immer mit großem Aufwand als Fest der Liebe inszeniert, bis die Fetzen flogen, war es üblich, bei Kerzenlicht unterm Tannenbaum etwas Erbauliches zu rezitieren, bevor man sich auf die Geschenke stürzte. Die Auswahl der Texte wurde meist mir überlassen, und diesmal sollte es etwas ganz Besonderes sein.

Der Christbaum im Roten Zimmer war endlich aufgestellt und geschmückt, die letzten Päckchen waren ausgetragen, Karpfen und Punsch standen im Parterre in der Küche bereit, und alle vier durch den Verlust des Familienoberhauptes verbundenen Frauen harrten im Kerzenlicht des magischen Salons des großen Moments, die Mutter wie immer im schwarzen, mit fantastischen Blumenranken und Vögeln bestickten siamesischen Seidenkasack und dem goldenen Geschmeide von Josef Hoffmann um den Hals, das sie nur zu Weihnachten trug; da trat ich vor, öffnete das kleine schwarze Büchlein und begann daraus, wahrscheinlich mit dem meinem Alter und meiner Verfassung entsprechenden Pathos, vorzulesen.

Was ich mir wohl dachte bei Zeilen wie dieser:

»Der Tod ist ein Meister aus Deutschland«

Oder dieser:

»dein goldenes Haar Margarete
dein aschenes Haar Sulamith«

Was bewog mich dazu, unterm Weihnachtsbaum ein Gedicht wie dieses vorzutragen:

»Aus der Hand frisst der Herbst mir sein Blatt: wir sind Freunde
Wir schälen die Zeit aus den Nüssen und lehren sie gehn:
die Zeit kehrt zurück in die Schale«

Oder dieses:

»Ihr mahnt uns: Ihr lästert!
Wir wissen es wohl,
es komme die Schuld über uns.
Es komme die Schuld über unser aller warnende Zeichen,
es komme das gurgelnde Meer,
der geharnischte Windstoß der Umkehr,
der mitternächtige Tag,
es komme, was niemals noch war!
Es komme der Mensch aus dem Grabe. «

Ich war vierzehn Jahre alt, vielleicht einige Monate älter. Wollte ich meine Familie beeindrucken? Meine Ahnungen einer Prüfung unterziehen? Hoffte ich auf eine Erklärung oder einfach auf ein Gespräch, eine Anteilnahme an meiner Ergriffenheit?

Und wie reagierte meine Familie auf Paul Celan unterm Weihnachtsbaum?

Als Erstes kam ein zunächst glucksendes, dann wieherndes Gelächter von der großen Schwester, das mich traf wie ein Hieb. Sie war zwölf Jahre älter und der von den Eltern bevorzugte Star, sie war schön und frisch promoviert in französischer Literatur und Journalismus an der Pariser Sorbonne, für mich war sie damals ein bewundertes, unerreichbares Vorbild. Ihr verletzendes Gelächter konnte ich nicht einordnen. Vielleicht fand sie, ebenso nichtsahnend wie ich, das Ganze wirklich nur komisch – und vielleicht war es das auch, wenn ich mir heute die weihnachtliche Inszenierung vergegenwärtige. Angeregt durch die Große folgte das vorsichtig erleichterte Lachen der älteren Schwester und schließlich die ratlose Ermahnung der durch die Störung der weihevollen Stunde irritierten Mutter:

Aber Kinder!

Dann nahm die große Schwester mir das Bändchen aus der Hand, blätterte darin, fuhr mit ihrer Nase riechend über die aufgeschlagenen Seiten, wie sie das bei Büchern zu tun pflegte, und begann wahllos und mit einem mich nachäffenden, übertriebenen Pathos daraus vorzulesen, bis sie das Buch schließlich auf den Flügel legte und kopfschüttelnd etwas über meine »totale Überspanntheit« murmelte.

Für mich leitete das alles einen neuen Lebensabschnitt ein. Durch die Begegnungen in Alpbach war jedes Interesse an »jungen Männern aus gutem Haus« erloschen. Mein jugendliches Unbehagen richtete sich zunehmend gegen mein eigenes Milieu und bald auch gegen die *Verhältnisse*. Plötzlich erschienen mir die »einfachen Leute« als die besseren Menschen, ich zog die Löwinger Bühne dem Burgtheater vor, und als eines Nachmittags ein jugendlicher Installateurgehilfe, während ich mich mit Hausaufgaben quälte, einen Heizkörper reparierte und er meine beiläufige Klage über diese »schreckliche Schule« mit dem Satz beantwortete, *sans do froh, das no in d'schui gen diafen, i hob des nia kenan*, war ich zutiefst beschämt. Dass eine höhere Schulbildung ein unverdientes Privileg war, wurde mir in diesem Augenblick bewusst.

Damals war in unserem gesamten Bekanntenkreis die Begeisterung für Israel enorm. Es schien, als erwarte man sich von diesem jungen kleinen Land ein großes Wunder. Am Radio hängend verfolgten wir den Krieg von 1967 wie ein Fußballspiel. Man jubelte, wenn die *Araber* – niemand sprach von Palästinensern – *barfuß in die Wüste gejagt* wurden, David Ben-Gurion war für alle der Held des Tages, man schwärmte von der Tüchtigkeit der Juden, welche in den Kibbuzim zukunftsweisende Gesellschaftsmodelle entwickelten, während *diese Araber* kriegerische Horden blieben. Und zeigte ein *Araber* einmal Stärke, wurde dies mit Witzeleien bedacht: *Hitler ist über das Mittelmeer g'schwommen und auf der anderen Seite oisa Nasser wieder rauskommen* ... Es war das erste Mal. Bald wurde jeder für den Westen unbequeme Herrscher der arabischen Welt zu einem neuen Hitler.

Zahlreiche junge Männer und Frauen aus gutbürgerlichen Kreisen wollten sich damals in einem Kibbuz oder später in einem Lazarett auf den eben von Israel besetzten syrischen Golanhöhen nützlich machen. Erst als ein Freund des Hauses, ein diskreter, eigentlich liebenswerter junger Mann mit Interesse an der älteren Schwester bewundernd meinte, die Juden sollten doch mit all diesen Kameltreibern kurzen Prozess machen, eine andere Sprache verstünden sie nicht, da erfasste mich ein diffuses Unbehagen. Ich wusste, dass seine Eltern ziemlich überzeugte Nazis gewesen waren und dachte plötzlich, vielleicht entsprach ja die allgemeine Israelbegeisterung einfach der Sehnsucht, endlich auch einmal auf der »richtigen Seite« zu stehen, aufseiten von Siegern oder gar auf der Seite eines auserwählten Volkes.

*

Mittlerweile hatte ich die Matura und die Aufnahmeprüfung an die Hochschule für angewandte Kunst am Stubenring, heute ebenfalls

»Universität«, überstanden. Nun durfte auch ich einmal hinaus in die Welt. Am 15. Dezember 1960 wartete ich also am Flughafen von Orly auf den Abflug einer brandneuen Boing 707 in Richtung Dakar; ein ungeheurer Luxus, finanziert von der Mutter, ihrem Bruder sowie mit meinem Lohn eines Ferienjobs bei der Wiener Messe. Als einziger Flughafen von Paris, schlicht Aéroport de Paris genannt, verfügte Orly damals nur über ein einziges Terminal, dieses aber von exklusiver Eleganz, und die sinnlich raue Stimme der einzigen Sprecherin hauchte jeden Anflug, Abflug und die Einladung zum Boarding so liebenswürdig durch die Räumlichkeiten, als handle es sich um eine persönliche Einladung an Bord ihres Privatjets. Selbst Nichtrauchern machte diese Stimme Lust auf eine Gauloises.

Warum ausgerechnet Dakar? Weil die große Schwester, dem Angebot von Staatssekretär Bruno Kreisky folgend, Presseattaché bei der neu etablierten österreichischen Gesandtschaft in Dakar geworden war. Bruno Kreisky, unser Nachbar, hatte im Audimax einen Vortrag der großen Schwester über die Marokkoreise 1949/50 besucht und Gefallen an der attraktiven Blondine mit perfekten Französischkenntnissen und Erfahrungen in Afrika gefunden. Hierzulande waren Persönlichkeiten, die sich vor »Negern« nicht fürchteten, eher rar. Und Kreisky hatte große Pläne in Afrika. Er war wohl der einzige Politiker in Österreich, der eine Vorstellung von der internationalen Rolle der immer noch jungen, laut Staatsvertrag »immerwährend neutralen« Zweiten Republik am Rande des Eisernen Vorhangs entwickelt hatte. Und er war überzeugt von der künftigen Bedeutung der um Unabhängigkeit oder Konsolidierung ringenden Kolonien. Nichts war entschieden und alles schien damals noch möglich.

Die große Schwester hatte mich zu Weihnachten nach Dakar eingeladen und auch mir hätte damals vielleicht noch alles im Leben gelingen können, als ich an diesem sonnigen Spätnachmittag im Dezember 1960 in der Mitte der Ankunftshalle in Dakar in einer Schlange stand und auf die Überprüfung meiner Impfzeugnisse für Meningitis, Polio, Tetanus und Gelbfieber sowie auf einen kurzen Gesundheitscheck wartete, bevor man nach langwierigen Gepäck- und Devisenkontrollen den Zoll passieren konnte. Das alles dauerte lange genug, um über die unerwartete Eleganz der bunt gekleideten Menschen, über die feindgliedrigen schlanken Hände des Zollbeamten, über all die lachenden, schwatzenden, einander ohne Scheu berührenden Menschen zu staunen, bis ein gutaussehender Franzose in heller Leinenhose mich im Auftrag meiner großen Schwester souverän durch das Gedränge der senegalesischen Sippschaften zum wartenden Wagen schleuste.

Dakar war damals eine französische Stadt, jedenfalls dort, wo die große Schwester wohnte. Ihre geräumige Dreizimmerwohnung im obersten Stockwerk eines modernen Gebäudes öffnete sich auf eine kleine, von Jasmin umrankte Terrasse, eine Köchin und ein Hausdiener sorgten für unser Wohl und im Vergleich zur kargen Kälte in Wien erschien hier alles wie ein Paradies. An dunkle Haut gewöhnte ich mich rasch. Niemals hatte ich Probleme, die Leute wiederzuerkennen und auseinanderzuhalten, die sympathischen und weniger sympathischen, die intelligenten und weniger intelligenten, die attraktiven und weniger attraktiven. Das Fremdeste an ihnen war ihre offene Freundlichkeit.

Auf den Straßen waren freilich die zahlreichen Bettler nicht zu übersehen, all die Bedürftigen und Versehrten, die sich auf ihren selbstgezimmerten Brettern auf kleinen Rollen mithilfe der bloßen Hände am Boden vorwärtsbewegten, all die Straßenkinder, die vom Abfall lebten. Die Leute würden ohnehin bald aus dem Zentrum vertrieben werden, meinte die große Schwester, die neue Regierung plane ein internationales Festival für afrikanische Kultur, und den aus aller Welt erwarteten Besuchern sei der Anblick des Elends nicht zumutbar.

Während die große Schwester im Büro ihren Aufgaben nachging, lungerte ich in Rattan-Fauteuils eines Clubs umgeben von tropischen Gärten herum, las französische Zeitungen, schlürfte exotische Getränke und beobachtete europäische Geschäftsleute und afrikanische Prominenz. Ich bewunderte die kokette Eleganz der Frauen in ihrem farbenprächtigen, meist eine bronzene Schulter freigebenden, wallenden *boubou* mit dem dazu passenden, königlich um den Kopf drapierten Tuch, ich staunte über die Selbstsicherheit oder gar Arroganz der senegalesischen Männer, die, ob in traditioneller Tunika oder im europäischen Anzug, jedenfalls besser gekleidet und eleganter waren als die Europäer. Hier waren es die Weißen, die sich um die Gunst der Schwarzen bemühten, denn all diese Geschäftsleute, Politiker und Journalisten erwarteten sich einiges von den neuen Verhältnissen und wollten sich mit der lokalen Prominenz gutstellen. Die große Schwester hatte mich im Vorfeld, wie ich fand, überflüssigerweise ermahnt, mich ordentlich zu benehmen, mit niemandem zu flirten, um jede Geringschätzung durch die lokale Bevölkerung zu vermeiden, und mir jedes Wort zweimal zu überlegen. Afrikaner seien sehr empfindlich und Spione lauerten überall.

Am Tag vor ihrem diplomatischen Weihnachtsempfang drückte mir die große Schwester eine Banknote in die Hand und schickte mich zum zentralen Blumenmarkt an einem grauen Sandstrand mit bunten Fischerpirogen, Fußball spielenden Kindern, streunenden Hunden, leeren Dosen, Flaschen und anderen Resten des Lebens. Die Köchin hatte noch gelacht, für so viel Geld könne ich den halben Markt kaufen! Kaum angekommen stürzten die Blumenfrauen von allen Seiten auf mich ein, hielten mir schreiend und gestikulierend üppige Rosen, duftende Lilien, grelle Trompetenblumen und andere, mir unbekannte Gewächse vors Gesicht, zupften mich am Kleid, hielten mich an den Armen, berührten meine Haare, lachten, tippten mir von hinten auf die Schulter und schubsten mich immer fordernder herum, sodass ich schließlich froh war, mich aus ihrer Umklammerung zu befreien, und gar nicht mehr auf die wenigen zerknitterten Blüten achtete, die mir für meinen Geldschein geblieben waren.

Die große Schwester und die Köchin lachten mich aus und später wurde der Hausdiener nochmals auf den Blumenmarkt geschickt. Ich hatte versagt, das hatte ich begriffen – jedoch nichts von den wirklichen Verhältnissen in diesem Land.

*

Im Dezember 1960 war der Senegal erst seit vier Monaten eine unabhängige Republik. Zwar war der Hafen von Dakar bereits 1840 von den Franzosen erbaut worden, doch Dakar wurde nach Saint-Luis am Senegal erst ab dem Ende des 19. Jahrhunderts zur Hauptstadt jenes gigantischen Territoriums, das sich Französisch-Westafrika nannte und die heutigen Staaten Mauretanien, Mali, Niger, Burkina Faso, Guinea, Ghana, Dahomey/Benin und die Elfenbeinküste umfasste. Als Maturantin in Wien hatte ich von alldem noch nie gehört, auch nicht, dass auf der Halbinsel Goré unweit der Stadt über Jahrhunderte lang die großen Sklavenschiffe in Richtung Karibik und Amerika ausgelaufen waren. Dreieckshandel? Zuckerkolonien? Industrielle Revolution? In Wien wurde Sklaverei allenfalls mit einem Operndekor oder mit *Onkel Toms Hütte* verbunden. Nun erfuhr ich, dass Léopold Sédar Senghor, seit drei Monaten Staatspräsident, ein christlicher, frankophoner, seit 1928 vorwiegend in Paris lebender Dichter war. Sehr kultiviert und sympathisch, meinte die große Schwester.

Der ursprünglich geplante Zusammenschluss von Französisch-Senegal mit dem benachbarten Französisch-Sudan, heute Mali und Niger, war nach einem halben Jahr gescheitert – aus Gründen, die in Mali und Senegal unterschiedlich erzählt wurden. Sicher ist, dass Modibo Keïta, ein vornehmer Muslim aus Bamako und charismatischer Gründer der Föderation, kein Wunschkandidat des Westens gewesen war. Anlässlich eines Besuchs in Dakar wurde er dann unter irgendeinem Vorwand verhaftet und kurzerhand über die Grenze nach Mali zurückeskortiert. Bereits am nächsten Tag wurde Léopold Senghor von Frankreich als Präsident der neuen Republik Senegal anerkannt. Daraufhin rief Modibo Keïta ebenfalls die Unabhängigkeit aus und gründete die »Demokratische Republik Mali«, ganz ohne Frankreich zu fragen, was ihm Charles de Gaulle nie verzeihen konnte. Und später, als Keïta auf soziale Reformen und eine wirtschaftliche Autarkie setzte und sich den blockfreien Staaten zuwandte, galt er im Westen natürlich als Kommunist, während die Gegenseite in Léopold Sédar Senghor einen Vasallen der ehemaligen Kolonialmacht sah.

Im Dezember 1960 war eine spürbare Nervosität in Dakar also kein Wunder. Ich aber genoss das Privileg, Zeugin bei der Entstehung einer neuen, wahrscheinlich besseren Weltordnung zu sein, ahnend, dass etwas unwiderruflich zu Ende ging, für das ich erst viel später den Begriff lernte: Das »europäische Zeitalter«.

*

Zum festlichen *déjeuner*, das die große Schwester für die lokale Prominenz in einem französischen Restaurant ausgerichtet hatte, durfte die kleine Schwester mitgehen. Ich hatte mein hellblaues Seidenkleid mit dezentem Dekolleté und Puffärmeln angezogen und saß nun inmitten prächtig gekleideter Männer und Frauen verschiedener Hautfarben an einem langen, mit blütenweißem Damast, feinem Porzellan, Silberbesteck und duftenden Blumenarrangements gedeckten Tisch. Die üppige Speisefolge war atemberaubend im Vergleich zum asketischen Haushalt in Wien.

Mein Sitznachbar, ein leicht korpulenter Senegalese in dunklem Anzug und silbergrauer Krawatte beeindruckte mich durch seine lückenlose Informiertheit über jeden meiner Schritte seit meiner Ankunft in Dakar. Monsieur war Protokollchef des Präsidenten Senghor und wusste selbst über mein Missgeschick auf dem Blumenmarkt Bescheid. Seine Haut schimmerte wie schwarzer geschliffener Turmalin, und obwohl er mit seinem kurzen, stämmigen Wuchs und seinen ausgeprägten Lidfalten nicht gerade meinem Schönheitsideal entsprach, fesselte er mich mit seinen selbstironischen, humorvollen Erzählungen über die großen Probleme der jungen Nation mit ihren vielen Bevölkerungsgruppen und Sprachen.

Unvermittelt kam er auf die akute Gelbfieberepidemie in der Casamance zu sprechen, der südlichen Grenzregion zwischen Senegal und Gambia. Wir hätten Glück gehabt, meinte er, und sein Brustkorb erbebte unter einem unterdrückten Gelächter, dass uns die senegalesische Polizei an der Weiterreise in das behördlich gesperrte Gebiet gehindert habe, denn unser geplanter Besuch an der Grenze wäre ziemlich leichtsinnig gewesen ...

Ich erstarrte vor Schreck.

Der Mann wusste offenbar alles! Auch über unseren touristischen Ausflug in das Grenzgebiet, der zweifellos kein Ruhmesblatt diplomatischer Schicklichkeit gewesen war. Die große Schwester hatte mir das »echte Afrika« zeigen wollen, das wir beide von den Fotos des Vaters zu kennen meinten und das angeblich in der Casamance noch zu finden war. Dort lebten Angehörige der Manjago (oder Manjako) und der Fulup, jener Völker, die der Vater 1930/31 im damaligen Portugiesisch-Guinea fotografiert und beschrieben hatte. Die bekannten »Unruhen« im Grenzgebiet zu Gambia hatten ihren Grund ja in den willkürlichen Grenzziehungen der Kolonialmächte quer durch diese traditionellen Siedlungsgebiete, wo zudem reiche Bodenschätze vermutet wurden. Zusätzlich musste man auf der Fahrt in die Grenzstadt Ziguinchor, wo ein Quartier für uns bereitstand, Gebiete passieren, die wegen einer Gelbfieberepidemie gesperrt waren, weshalb Reisende einen gültigen Impfpass vorweisen mussten, den wir natürlich alle hatten. Oder zumindest glaubten zu haben. Denn nach stundenlanger Fahrt, als die erste Straßensperre zu erwarten war, bemerkte die große Schwester, dass sie ihn vergessen hatte.

Wir waren mit zwei Autos unterwegs, das eine steuerte ein in Dakar lebender französischer Unternehmer und Freund meiner großen Schwester, der überzeugt war, die Kontrollen mithilfe einer entsprechenden Banknote überwinden zu können – doch da hatte er sich geirrt. Wir mussten der strengen Aufforderung des Beamten umzukehren Folge leisten, taten dies aber nur scheinbar. Denn der andere Wagen wurde von einem einheimischen Fahrer gesteuert, der die Region gut kannte und uns nach drei Kilometern auf eine selten befahrene und daher nicht kontrollierte Piste quer durch das gesperrte Gebiet in Richtung Casamance führte. Weil jedoch beim Verlassen des Sperrgebiets wieder ein Kontrollposten zu befürchten war, versteckte sich die große Schwester vorsichtshalber im Kofferraum ihres Wagens, was ich ziemlich waghalsig fand – was, wenn ein Polizist ihn öffnete? Schon sah ich uns in einem senegalesischen Gefängnis schmachten, ich war nie besonders draufgängerisch und wäre lieber umgekehrt. Außerdem schämte ich mich ein wenig für das, wie mir schien, kindische Verhalten meiner großen Schwester und für den Bestechungsversuch ihres Freundes. Als an der nächsten Straßensperre der Kommandant darauf verzichtete, den Kofferraum zu öffnen, war ich ziemlich erleichtert. Es war tiefe Nacht, als wir endlich in dem kleinen, aus Bambus und Holz gezimmerten Gästehaus irgendwo an einem Waldrand eintrafen; seltsamerweise habe ich nicht die geringste Erinnerung an den Rest unseres Aufenthalts oder an unsere Rückfahrt.

Doch nun diese überraschende Bemerkung des Protokollchefs! Nach der ersten Schrecksekunde bemerkte ich jedoch, dass er offenbar nichts über unsere Weiterreise wusste, obwohl ihm eigentlich unsere behördlich gemeldeten Übernachtungen in Ziguinchor kaum entgangen sein konnten. Oder doch?

Wie auch immer, erleichtert konzentrierte ich mich jetzt auf das befremdliche, nie zuvor erblickte Schalentier auf meinem Teller, eine Languste, und versuchte durch diskretes Beobachten der anderen den Gebrauch der rätselhaften Zangen, Spieße und Haken neben meinem Teller zu verstehen. Beim dritten Gang geschah es dann: Ein nach französischer Art blutendes Stück Fleisch, von mir wohl ungeschickt attackiert, sprang von meinem Teller und landete auf meinem Schoß, inmitten hellblauer Seide. Ratloses Entsetzen. Warum tat sich der Boden unter mir nicht auf. Doch Monsieur *le chef du protocole* an meiner Seite schien von alldem nichts bemerkt zu haben, jedenfalls zeigte er nicht die geringste Reaktion. Ohne seinen Satz zu unterbrechen, seinen Kopf zu wenden oder auch nur seinen Blick zu verändern, ohne einen Lidschlag und ohne die geringste Befangenheit griff er blitzschnell in meinen Schoß und beförderte das Steak wieder auf meinen Teller, als wäre es das Alltäglichste der Welt.

Niemand hatte etwas bemerkt. Und ich bemühte mich weiterhin um Konversation und hätte mich gerne an dem glitzernden Sorbet, der

Käseplatte, der feinen Crème brulée und an den nie zuvor gesehenen tropischen Früchten erfreut, wäre da nicht der braune Fleck auf der hellblauen Seide meines Schoßes gewesen, der mich an nichts anderes als an den unweigerlich kommenden Augenblick des allgemeinen Aufbruchs denken ließ. Wie würde ich mich erheben und den Schandfleck verbergen können?

Als es dann so weit war, die senegalesische Prominenz sowie die Botschaftsangehörigen, unter ihnen die große Schwester, sich erhoben und nach endlosen Verabschiedungen dem Ausgang zustrebten, blieb ich ratlos sitzen. Mein Tischnachbar hatte sich ebenfalls erhoben und mit überschwänglicher Liebenswürdigkeit das ältere Paar an seiner anderen Seite verabschiedet; doch zuvor hatte er mir, ohne den Kopf zu wenden, zwischen seinen geschlossenen Lippen zugezischt *Suivez-moi*, weshalb ich mich nun ebenfalls erhob und mich dicht an seinem Rücken durch die Menge bis zum dunkelblauen Citroën vor dem Restaurant führen ließ, wo der Fahrer bereits die Tür aufhielt. Niemand, auch nicht die große Schwester, hatte etwas von meinem Malheur bemerkt.

In der folgenden Woche begegnete ich Monsieur überraschend in der schattigen Gartenanlage des Clubs, in dem ich die heißesten Stunden des Tages vertrödelte. Schon von Weitem begrüßte er mich breit lachend wie eine alte Bekannte, plauderte ein wenig über Belangloses und machte nicht die geringste Anspielung auf mein Missgeschick von neulich. Ich war beeindruckt von der Geistesgegenwart, seinem Taktgefühl, seiner Gewandtheit; und von der Selbstironie, mit welcher er sein möglicherweise erotisches Interesse an mir – denn was sonst hätte er an der achtzehnjährigen Blondine finden sollen – in eine harmlose Witzelei umzuwandeln verstand, völlig undenkbar in Wien, wo damals jeder noch so harmlose Flirt zu einem Drama geriet.

Als Monsieur mich zwei Jahr später überraschend als Mitglied einer offiziellen Wirtschaftsdelegation in Wien telefonisch kontaktierte, war es für mich selbstverständlich, ihm die besten Seiten meiner damals noch keineswegs herausgeputzten Heimatstadt zu zeigen. Und nach Abschluss seiner offiziellen Mission begleitete ich ihn sogar auf einer Fahrt durch das Salzkammergut, weil er den Wunsch geäußert hatte, die berühmte Seenlandschaft und die Landwirtschaft in Österreich kennenzulernen. Wo immer sein schwarzes Diplomatenauto im Salzburger Land anhielt, versammelten sich stille, neugierig Daumen lutschende Kinder um uns herum; und hinter den mit Geranien geschmückten Fenstern der dunklen Bauernhöfe erschienen staunende helle Gesichter wie Heiligenbilder in einem Adventskalender. *First Contact*.

Stolz auf meine Weltläufigkeit präsentierte ich den interessanten Gast der Familie meiner seit Kurzem verheirateten älteren Schwester, deren Ehemann im Atterseer Hinterland ein altes Bauernhaus als Feriendomizil erworben hatte. Man zeigte sich erfreut über die Abwechslung dieses unerwarteten Besuchs, man plauderte über das im Vergleich zum Senegal so unterschiedliche Klima und die Landschaft, die Speckjause wurde serviert und der muslimische Gast hielt sich diskret an Mondseer Käse. Abgesehen von seiner Weigerung, Wiesen und Waldwege zu betreten aus Angst vor Schlangen, Skorpionen, Tausendfüßlern oder was sonst noch im afrikanischen Grasland lauern mochte, verhielt er sich während dieser zweitägigen Reise immer zuvorkommend und korrekt; und nichts ließ damals erahnen, dass dieser Besuch und unser Ausflug noch vierzig Jahre später für manch bösen Tratsch sorgen würden.

*

In Wien gab es damals, abgesehen von den Tempeln der Hochkultur, den »Strohkoffer«, wo ein mir persönlich bekannter Pianist mit zwei weiteren Musikern meisterhaft Free Jazz darbot; es gab die »Fledermaus«, ein rauchiger Keller mit Darbietungen von Fritz Kreisler, Alfred Bronner und anderen, und es gab das Kabarett »Simpl«, wo Karl Farkas, Hugo Wiener, Helmut Qualtinger und Cissy Kraner uns zum Lachen brachten. Wir ließen uns kein Programm entgehen. Es war ein Fest, wenn Cissy Kraner sang:

»In der Zeitung konnt' ich lesen
gesucht wird ein Fräulein mit angenehmem Wesen
das tanzt vor Negern und Chinesen
ich hätt' die Stellung gern angenommen
aber der Novak lässt mich nicht verkommen«

Und viele weitere Stanzeln.

Man jubelte und niemand dachte sich etwas dabei. Die Freude an der Frivolität war wohl der erleichternden Befreiung vom damals verbreiteten Stereotyp geschuldet, jedweder Kontakt mit einem dunkelhäutigen Ausländer müsse unweigerlich als Sexsklavin in einem Bordell in Marseille, Tanger oder Algier enden, was wohl ein spätes Echo der von den Nazis unter Strafe gestellten »Rassenschande« gewesen sein mochte.

Mit Ausnahme von Helmut Qualtinger waren es allesamt aus Österreich vertriebene oder geflohene Künstler, die das mörderische Mitteleuropa irgendwo zwischen Lissabon, Bogotá und Caracas überdauert hatten und nun zu den Ersten gehörten, die nach Wien zurückgekehrt waren. Warum? Glaubte jemand wirklich, die Wiener hätten sich grundsätzlich geändert? Alliierte Bombengeschwader und Geldsegen des Marshall-Plans hätten aus mörderischen Rassisten über Nacht tolerante Demokraten gemacht? Die Künstler und Kabarettisten waren wohl weniger aus Sehnsucht nach ihren Landsleuten, sondern nach der österreichischen Sprache zurückgekehrt.

Ich mühte mich damals an der Hochschule für angewandte Kunst mit Aktzeichnen, Heraldik und Druckgrafik ab, wobei meine bescheidene Begabung durch meine Verlegenheit, vor aller Augen arbeiten zu müssen, gehemmt wurde. Im Café Windhaag schrieb ich lieber Gedichte und in meiner Dachkammer im elterlichen *Haus* drehte sich der Plattenteller mit der verhalten feurigen Stimme von George Moustaki, dem in Alexandria geborenen, griechisch-ägyptisch-französisch-jüdischen Liedermacher, der sich selbst als *métèque* besingt.

»Nous prendrons le temps de vivre
D'être libre, mon amour
Sans projet et sans habitude
Nous pourrons rêver notre vie
Viens, je suis là, je n'attends que toi
Tout est possible, tout est permis
Viens, écoute ces mots qui vibrent
Sur les murs du mois de mai
Ils nous disent la certitude
Que tout peut changer un jour«

Eine Liebeshymne der Zeit. Denn es ist heute kaum vorstellbar, was es vor der Erfindung der »Pille« für ein junges, unverheiratetes Liebespaar aus »guter Familie« bedeutete, zusammen sein zu wollen: Zu Hause undenkbar, und für jedes bessere Zimmer in einem Hotel oder zur Untermiete wurde der Nachweis der Eheschließung verlangt, weil der Inhaber sich sonst wegen »Kuppelei« strafbar machte. Dazu das ständige Risiko, ja, die Panik vor einer Schwangerschaft, deren Abbruch per Gesetzesparagraf aus der Nazizeit unter schwerer Strafe stand: Ausgenommen bei »erbgenetischen Schäden«, bei »sozialer Verwahrlosung« oder einer Lebensbedrohung der Mutter drohten Haftstrafen bis zu einem Jahr und die Zerstörung der Zukunft durch das Verbot einer akademischen Ausbildung sowie durch den giftigen Wiener Tratsch; man musste mit der totalen Überwachung durch Mütter, Geschwister, Freunde und Bekannte rechnen, kurzum, es herrschten eigentlich Zustände, wie man sie sich heute im Iran oder bei den Saudis vorstellen mag.

Politisch gab es in diesem Jahrzehnt einiges, um sich zu erregen. Etwa diesen Professor an der Hochschule für Welthandel mit dem schwer auszusprechenden Namen, der seine Hörer mit Lob für Hitlers Wirtschaftspolitik und antisemitischen Witzen bei Laune hielt. Im damaligen Klima wäre das wohl kaum aufgefallen, hätte nicht der Student Ferdinand

Lacina – zwanzig Jahre später sicher einer der fähigsten Finanzminister der Zweiten Republik – ein Tonband mit in die Vorlesung genommen und Anzeige erstattet. Das mediale Beben war beträchtlich.

Auch ich verlieh meiner Empörung Ausdruck und nahm auf Anregung eines Kollegen von der »Angewandten« teil an einer Demonstration gegen den Professor, was einen zerrissenen Mantelärmel und ein aufgeschürftes Knie zur Folge hatte. Ich hatte Glück. Ein zufällig in der Nähe der Geschehnisse stehender ehemaliger Widerstandskämpfer war durch einen Fausthieb getroffen auf das Pflaster gestürzt und an Herzversagen verstorben. Der Professor wurde von Bundeskanzler Josef Klaus – einem »echten Österreicher« der ÖVP – in Schutz genommen und mit vollen Bezügen in vorzeitigen Ruhestand versetzt.

1963 erregte dann der Grazer Prozess um den ehemaligen SS-Schergen in Vilnius, den Steirer Franz Murer, die Gemüter. Sein unerwarteter Freispruch veranlasste mich, eine juristisch geschulte, ältere Verwandte zu fragen, wie so etwas denn möglich sei, und bekam die Antwort, *Juristisch war da leider nichts zu machen.* Die aus aller Welt angereisten, betagten Opfer hätten sich bei ihren Aussagen zum genauen Hergang und Zeitpunkt der über zwanzig Jahre zurückliegenden Gewalttaten in Widersprüchen verfangen, weshalb *dem Murer seine Schuld nicht eindeutig bewiesen werden* konnte.

Anderswo mochten die permanente Drohung eines Atomkriegs oder die Angst vor Terroristen und erpresserischen Entführungen die Menschen in Atem halten, hierzulande war es das tragische Schicksal der *unfruchtbaren* Kaiserin Soraya. In Deutschland wurden »Konsumtempel des Kapitalismus« in die Luft gesprengt, ein Staatsanwalt wurde ermordet, hierzulande begeisterte man sich für die Garderobe von Kaiserin Farah Diba, und die stümperhaft gescheiterte Entführung des Sohnes eines Unterwäschefabrikanten löste einige Heiterkeit aus. In Berlin wurden unter komplizenhafter Zurückhaltung der Berliner Polizei die Demonstrationen gegen den Staatsbesuch des Schahs von persischen Schlägertrupps auseinandergeprügelt, hierzulande wusste kaum jemand, worum es dabei überhaupt ging. Die Zeitungen berichteten kaum über die Repressionen des Reza Pahlevi gegen sein Volk und die Foltermethoden seiner Geheimdienste, der Schah war ein »Freund des Westens«; und man befasste sich lieber mit der charmanten Jacky Kennedy im kleinen Kostüm, einmal rosa, einmal gelb, immer mit Pillbox-Hut und passendem Lacktäschchen und am liebsten natürlich mit ihrem feschen Ehemann JFK, dem *Berliner*.

Zu Hause wurde kaum über »Politik« gesprochen. Die Mutter hatte *andere Sorgen*, seit der österreichische Staat das *Haus* unter Denkmalschutz gestellt und die Adaptierung für eine bessere Vermietung des Erdgeschosses untersagt hatte. Was sie besonders erboste: Das Museum für Völkerkunde verwendete Fotos ihres verstorbenen Mannes zur Illustration ausgestellter Objekte, ohne vorher anzufragen, ohne den Autor anzugeben und natürlich ohne Honorar. Und als sie die Skulptur einer Ahnenfigur vom oberen Sepik in Neuguinea – jene, die mich bei meinem kindlichen und gescheiterten Versuch, mit dem Vater Kontakt aufzunehmen, so erschreckt hatte – an einen französischen Sammler verkaufen wollte, verhinderte die Direktorin des Museums die Ausfuhr mit dem Argument, das Museum sei an dem Objekt interessiert. Für einen Ankauf fehlte jedoch das Geld.

Kurzum, die Mutter hatte immer Grund zur Sorge und ich suchte wenn möglich das Weite.

Mein Fluchtweg führte damals nach Paris. Zusammengedrängt mit fremden Menschen in einem Abteil des Liegewagens, die noch heute in mir nachklingende Begleitmusik: das Zischen, Seufzen, Pfeifen der Dampflokomotive, der Rückstoß der Puffer, das Quietschen der anrollenden Räder, der sich beschleunigende Rhythmus der Treibstangen, das schrille Pfeifen und die Rufe der Zugbegleiter, alles eingehüllt in den Geruch von Eisen, Ruß und bald auch Diesel; nach einer Nacht in einem dieser Fernzüge am Morgen am Gare du Nord in eine andere Welt einzutauchen, das alles versetzte mich jedes Mal in Euphorie. Dafür sparte ich mein wahrlich karges Taschengeld, arbeitete in diversen Gelegenheitsjobs oder verkaufte alte Kleider und Bücher auf dem Flohmarkt.

Vom ersten Aufenthalt in Paris bei einer durch die Schule vermittelten französischen Brieffreundin sind mir die Entdeckung des Musée Rodin in Erinnerung, das psychedelische Blau in der Sainte-Chapelle auf der Île de la Cité sowie ein völlig leeres Zimmer mit fleckig weißen Wänden, wo ich zusammen mit drei blassen jungen Männern auf dem Boden saß, fasziniert von den mittels eines surrenden Amateurprojektors auf die Wand geworfenen, flimmernden Bildern eines Films. Es war der 1938 gedrehte Film *Alexander Newski*, der mich nicht zuletzt wegen der Musik von Sergei Prokofjew aus einer damals noch ungewohnten Stereoanlage schwer beeindruckte. Dabei lernte ich über die Geschichte eines russischen Kriegshelden aus der Mitte des 13. Jahrhunderts und bewunderte Sergej Eisensteins Inszenierung der »Schlacht am Eissee« mit ewig sich hinziehenden Schwenks über einen völlig leeren Horizont, bis unter den anschwellenden Rhythmen der Musik die ersten Lanzenspitzen der teutonischen Reiterheere des Heiligen Römischen Reiches auftauchen. Ich hatte nicht die geringste Ahnung vom politischen Hintergrund dieses Films, aber noch heute ist mir seine ungeheure Kraft in Erinnerung und die Atmosphäre der Geheimnistuerei, welche diese Vorführung begleitete. Wie ich in die Gesellschaft dieser vielleicht kommunistisch, vielleicht anarchistisch gesinnten jungen Männer und in diesen Raum geraten war, weiß ich nicht mehr.

Ein Jahrzehnt später war es immer noch das gleiche Paris der Bouquinisten am Ufer der Seine, das Paris der Clochards, von denen behauptet wurde, sie lebten aus reinem Freiheitsdrang unter den Brücken der Seine; das Paris mit den alten Markthallen, wo zwischen drei und fünf Uhr morgens *tout Paris* miteinander verkehrte, Marktarbeiter, Künstler, Obdachlose und feine Leute nach durchfeierter Nacht sich ihr erstes Frühstück gönnten. Die Kathedrale von Notre-Dame und der Louvre waren damals jederzeit und ohne eine Minute Schlange zu stehen zugänglich, und die billigen Hotelzimmer ohne fließend Wasser und mit einem Stehklo am Gang waren mit üppigen Blumentapeten geschmückt. Zwar kostete es jedes Mal einige Überwindung, sich auf der Terrasse eines Cafés niederzulassen und sich von den arrogantesten Kellnern der Welt nach wiederholtem Bitten einen Pastis oder einen Kaffee bringen zu lassen. Denn während die Kellner in Wien einfach grantig waren, straften sie einen in Paris mit furchteinflößender Verachtung. Hatte man sich durchgesetzt, war man in Paris angekommen und kam sich direkt verwegen vor. Im Café de Flore oder im Les Deux Magots konnte man Menschen aller Hautfarben in abgewetzten Rollkragenpullis und schwarzen Röcken beim Rauchen, Reden und Zeitunglesen zusehen; nein, Sartre und die de Beauvoir begegneten mir nicht, auch nicht Juliette Greco, doch es hätte noch möglich sein können.

In Anbetracht meiner Befangenheit, nicht zuletzt durch mein mangelhaftes Schulfranzösisch, war mein Vorstellungsgespräch bei einem Verlag tatsächlich mutig; noch erstaunlicher war, dass ich den Auftrag als Buchillustratorin wirklich erhielt. Diesmal würde ich meine Reise um zwei Wochentage verlängern und sie von der Steuer abschreiben, dachte ich stolz, während ich kreuz und quer durch die Stadt wanderte, verzaubert vom Charme, dem Lebensmut und der Kreativität einer von allen möglichen, aus unbekannten und bekannten Erdteilen stammenden Kulturen befruchteten Gesellschaft. Ich wanderte durch den verwinkelten Marais und über den harmonisch verlotterten Place des Vosges hinauf zum Montmartre, wo zeitgleich mit Henri de Toulouse-Lautrec der ältere Bruder meines Großvaters, Wilhelm Bernatzik, als Schüler von Claude Monet dem Licht zu folgen versucht und sich dabei die »Französische Krankheit« geholt hatte.

Das Wunderbarste jedoch war, dass einem in den Pariser Straßen die Menschen beim Vorübergehen geradewegs in die Augen blickten, einem manchmal sogar zulächelten, was man ohne Skrupel erwidern konnte, einfach aus Freude, da zu sein. Wurde man angesprochen und ging darauf ein, war das ganz normal und immer unverbindlich. Im

Unterschied zu Wien war ich in Paris niemals irgendwelchen Übergriffen ausgesetzt, niemals fühlte ich mich allein, hatte alle Möglichkeiten und brauchte sie nicht einmal zu ergreifen.

Im Mai 1968 geriet ich eher aus Neugierde in den mit lärmenden Studenten zum Bersten gefüllten Hof der Sorbonne, wo ein junger sommersprossiger Deutscher mit roten Haaren auf einer improvisierten Bühne feurige Reden in perfektem Französisch hielt. In meinem neuen Chanel-Kostüm – ich hatte eine Verabredung zum Mittagessen am » rechten Ufer « – drängte ich mich zwischen die Studenten, verstand im herrschenden Trubel nur Bruchstücke etwa davon, dass die » Arbeiter aus Montreuil morgen zu uns stoßen « würden, was mit Jubelgeschrei und dem Donner von auf den Boden trommelnden Füßen begleitet wurde, oder von der Klage der Universität wegen der zerbrochenen Fenster, Türen, Stühle, Tische, was ausgelassene Heiterkeit zur Folge hatte; und die Ermahnung des Redners, nicht zu lachen, das sei Vandalismus, ein Delikt, wurde mit brüllendem Gelächter quittiert. Am nächsten Tag zog auch ich einen Schlabberpulli und Jeans an und beobachtete aus sicherer Entfernung die wogenden Menschenmassen, die ungeachtet ihrer kriegerischen Sprechchöre und Transparente eher an die Inszenierung eines wütenden Balletts erinnerten: Immer wieder wurden die Demonstrierenden von den geschlossenen Reihen der französischen Bereitschaftspolizei CRS hinter ihren transparenten Plastikschilden mit Hartgummiknüppeln, Wasserwerfern und Tränengas auseinandergesprengt, um sich immer wieder neu zu formieren, während sich in die Sprechchöre Pfiffe mischten, die dem Minirock irgendeiner jungen Frau galten. Pünktlich zur Mittagszeit verwandelten sich alle revolutionären Demonstranten in Baguette und Quiche mampfende junge Männer und Frauen, die auf Terrassen und in Parkbänken die Ereignisse besprachen.

Alles schien spielerisch und todernst zugleich. Charles de Gaulle hatte Panzer der Armee vor der Stadt auffahren lassen, und es wurde immer deutlicher, dass es den Demonstranten in Paris nicht nur um den Sturz einer ungeliebten Staatsmacht ging, sondern um nichts weniger als eine neue Weltordnung von freien und gleichberechtigten Völkern und um eine neue politische Praxis. Denn die Ereignisse in Paris waren eigentlich nur die Echowellen größerer Umbrüche, die sich unmittelbar nach Ende des Weltkriegs 1945 angekündigt hatten. Europa lag noch in Trümmern, als ein paar hundert Algerier in einem Dorf in Französisch-Algerien ihrer Enttäuschung über das nicht eingehaltene Versprechen der Kolonialmacht für den verlustreichen Einsatz im Krieg gegen Hitler eine weitreichende Autonomie, wenn nicht gar Unabhängigkeit zu erhalten, Luft machten. Die friedliche, unbewaffnete Demonstration wurde von französischen Polizeieinheiten beschossen und ging als »Massaker von Sétif« in die Geschichte ein. Die Funken des daraufhin sich entwickelnden »Algerienkriegs« sprangen auch nach Paris über. Im Oktober 1961 zogen an die dreißigtausend Algerier von ihren schlammigen Elendsvierteln über die Champs-Elysées bis zum Quai Voltaire. Sie protestierten gegen den gnadenlosen Folterkrieg in ihrer Heimat, gegen unzumutbare Lebensbedingungen in Frankreich, das seinen Wiederaufbau nicht zuletzt den algerischen Arbeitskräften verdankte. Friedlich marschierten die Arbeiter auf den großen Boulevards, bis sie von schwer bewaffneten Polizeieinheiten angegriffen wurden; und es konnte kaum unbemerkt geblieben sein, dass rund um Notre-Dame und um den Eiffelturm Hunderte Demonstranten massakriert oder einfach in die Seine gedrängt und Tage später die verstümmelten Leichen der Ertrunkenen aus dem Fluss gezogen wurden. Tausende Algerier wurden danach im Stadion von Vel' d'Hiv' zusammengetrieben, wie zwanzig Jahre zuvor die Juden, und auch der befehlende Polizeipräsident war noch derselbe: Maurice Papon.

1972 gründete ein an systematischen Folterungen beteiligter Anhänger der militärischen Geheimorganisation OAS in Algerien die rechtsradikale Partei Front National in Frankreich. Der Algerienkrieg ist immer noch präsent. 2013 führten in Marseille und Aix-en-Provence die politischen Streitereien über die geplanten Ehrungen zum

100. Geburtstag von Albert Camus schließlich zur Absage sämtlicher Veranstaltungen.

*

In Österreich erschöpfte sich die Revolution im individuellen, anal-fixierten Exhibitionismus einiger prägender Persönlichkeiten im Großen Hörsaal der Universität Wien; oder im autoritär verordneten Laissez faire gegenüber Kindern. Zu Hause drehen sich auf meinem Plattenteller in der Mansarde trotzige Lieder von Wolf Biermann und die »Schmetterlinge« mit ihrem widerständigen Wiener Charme. Und immer wieder Franzosen: Yves Montand trug mit sanft samtener Stimme das blutige Partisanenlied vor, von dem ich zunächst nicht einmal wusste, dass es gegen die Deutsche Okkupation gerichtet war:

> »Ami, entends-tu les cris sourds du pays qu'on enchaîne?
> Ohé, partisans, ouvriers et paysans, c'est l'alarme.
> Ce soir l'ennemi connaîtra le prix du sang et des larmes.
> Montez de la mine, descendez des collines, camarades!
> Sortez de la paille les fusils, la mitraille, les grenades.
> Ohé, les tueurs à la balle ou au couteau, tuez vite!
> Ohé, saboteur, attention à ton fardeau: dynamite ... «

Doch das Lied, das mich am meisten bewegte, war »Le déserteur«, schlicht und pathetisch zugleich, wie nur Franzosen es können, drückte es damals wohl die Sehnsucht junger Menschen jeder Gesinnung aus:

> »Monsieur le President
> Je vous fais une lettre
> Que vous lirez peut-être
> Si vous avez le temps

Je viens de recevoir
Mes papiers militaires
Pour partir à la guerre
Avant mercredi soir

Monsieur le Président
Je ne veux pas la faire
Je ne suis pas sur terre
Pour tuer des pauvres gens
C'est pas pour vous fâcher
Il faut que je vous dise
Ma décision est prise
Je m'en vais déserter

Monsieur le Président
Si vous me poursuivez
Prévenez vos gendarmes
Que je n'aurai pas d'armes
Et qu'ils pourront tirer«

Dem Internet ist freilich zu entnehmen, dass die letzten Zeilen ursprünglich weniger pazifistisch lauteten:

»Monsieur le Président
Si vous me poursuivez
Prévenez vos gendarmes
Que je tiendrai une arme
et que je sais tirer«

Das Lied wurde bereits 1954 von Boris Vian anlässlich des Indochinakriegs verfasst und war während des Algerienkriegs verboten, was niemanden daran hinderte, die Schallplatten zu vertreiben und aufzulegen. Auch zur Zeit des Vietnamkriegs wurde es zensiert und war dennoch weltweit verbreitet. Und es gehört wohl zu den Widersprüchen dieser stolzen Republik, dass in Frankreich noch 1999 eine Lehrerin fristlos entlassen wurde, weil sie diese schlichten Verse im Unterricht für französische Literatur den jungen Franzosen zur Kenntnis bringen wollte.

Wenn ich damals wirklich weinen wollte - Gründe dafür fanden sich genug - legte ich die von Gilbert Bécaud interpretierte, dramatische Klage der verlassenen Seele auf:

»Et maintenant que vais je faire
De tout ce temps que sera ma vie ... «

Und immer wieder George Brassens mit seiner Vertonung des Gedichts von Louis Aragon:

»Rien n'est jamais acquis à l'homme
Ni sa force ni sa faiblesse ni son cœur
Et quand il croit ouvrir ses bras
Son ombre est celle d'une croix
Et quand il croit serrer son bonheur il le broie
Sa vie est un étrange et douloureux divorce
Il n'y a pas d'amour heureux«

Abgesehen davon führte ich ein durchaus konventionelles Leben mit einem Job als Grafikerin in einer Werbeagentur, besuchte Konzerte und Cocktailpartys, gab mein Geld im damals noch wilden Süden Frankreichs aus, wohin ich mich gelegentlich flüchtete, und war ansonsten darauf bedacht, eher nicht aufzufallen. Minirock und bloße Brüste unter transparenter Bluse wurden in der Wiener Gesellschaft später nur deshalb akzeptiert, weil diese Mode aus den USA kam und als »antikommunistisch« galt.

*

Zu Hause gab es den *Vietnamkrieg*. Die ältere Schwester hatte bereits 1963 geheiratet, die große war ohnehin kaum jemals in Wien, so blieb der Mutter nur mehr die jüngste zur Entladung ihrer Emotionen. Die Tragödie in Vietnam berührte sie unmittelbarer als manches innenpolitische Ereignis, hatten die Eltern doch auf ihrer Südostasienreise 1936/37 auch in Vietnam gearbeitet, bei Bergvölkern, die als »noch nicht« von den Franzosen »befriedet« galten. Die Mutter war auf echten Arbeitselefanten der Biet durch jenen Dschungel geritten, der nun mit *Agent Orange* »entlaubt« wurde, um US-Piloten eine bessere Treffsicherheit für den Feuertod der Dorfbewohner zu ermöglichen, die Kämpfer des Vietcong hatten sich längst unter der Erde vergraben. Nicht nur in den USA, sondern auch hierzulande war die vorherrschende Meinung, diese kleinwüchsigen zähen »Schlitzaugen« könnten, wenn überhaupt, nur eine entfernte Ähnlichkeit mit dem Menschen aufweisen, waren sie doch fähig, im Schutze des tropischen Blätterdachs in unterirdischen Gängen zu leben und sich bis hinter die feindlichen Linien zu wühlen.

Die Mutter wusste hingegen, dass es sich um uralte Bauern- und Handelsvölker handelte, Nachfahren der Tscham, einer Hochkultur, die bis ins 16. Jahrhundert ein mächtiges Reich beherrschte. Sie holte die Fotoalben mit Kontaktkopien des Vaters aus dem Archivkasten im Arbeitszimmer, darin die Aufnahmen der Dörfer der Biet und der Dscharai, bevor sie durch Napalm- und Giftbomben vernichtet wurden. Es war ja nicht irgendein weit entfernter Dschungel, der da »entlaubt« wurde, sondern die Vernichtung eines Lebensraums für Zigtausende wilder Elefanten, intelligente, königliche Tiere, und Lebensgrundlage für die Biet, die sie zu Arbeitstieren für Landwirtschaft und Transport abrichteten. Elefanten waren die Grundlage ihrer Kultur wie der Verbrennungsmotor für die unsere. Die Fotos des Vaters zeigten Männer der Biet bei der Arbeit mit diesen Elefanten, sie zeigten trauernde Frauen der Dscharai vor meterhohen Holzskulpturen, anmutige Frauen mit bloßen Brüsten und einem um die Hüften geschlungenen, von Hand gewebten Wickelrock an ihrem Tretwebstuhl, sie zeigten lachende, Reisbier trinkende, Pfeife rauchende, nur mit Lendenschurz bekleidete

Männer, einen für das große Opferfest geschmückten und an einen »Seelenbaum« gebundenen Büffel, sie zeigten ausgelassene, spielende Kinder und ganze Sippschaften nebeneinander in kunstvoll gezimmerten und geflochtenen Langhäusern friedlich schlafen. Das waren die Menschen, auf die nun Napalmbomben niedergingen – *gooks* wurden sie von den Amis genannt.

Der Vater war damals im nördlichen Grenzgebiet zwischen Laos und Siam auf der Suche nach den geheimnisumwitterten »Dschungelnomaden«, den *Phi tong luang* oder *Mlabri* gewesen, die damals als eine der ersten Menschengruppen in diesem Raum galten, bevor sich vierzig Jahre später dank neuer DNA-Analysen herausstellte, dass sie »erst« vor etwa sechshundert Jahren in die Region eingewandert waren. Auf der Suche nach ihnen war der Vater zu Gast in einem damals noch autonomen Dorf der *Meau/Miao/Hmong*, wo ihm als erstem Europäer wunderbare Fotos dieser vor Jahrtausenden aus Yünan eingewanderten Brandrodungsbauern gelangen. Die Fotos zeigten die von Viehzucht und Feldbau lebenden Menschen, die alle fünf bis sieben Jahre ihre Dörfer verlegen mussten, samt Rindern, Schafen, Ziegen und Hühnern, samt Webstühlen und Schmieden. Sie zeigten den Dorfchef bei seiner Arbeit als Heiler und Wahrsager, zeigten die Herstellung von Papier, das längst nicht mehr als Trägermaterial für ohnehin längst vergessene Schriftzeichen diente, sondern zur magischen Heilung verwendet wurde: der Heiler platzierte auf den Patienten unter bestimmten Ritualen das Papier, das gleich einem Löschpapier imstande war, die verderblichen Kräfte eines Erkrankten aufzunehmen, und danach verbrannt wurde.

Die Fotos zeigen lachende Frauen bei der Arbeit und beim Reigentanz in handgewebten, handgefärbten Trachten, behangen mit fein ziseliertem Silberschmuck, den die Mutter akribisch mit Bleistift in ihren Reisetagebüchern festgehalten hatte; sie zeigen sanfte, freundliche Männer mit bis zum Gürtel reichender Haarpracht, kleine Kinder versorgend und strickend; und immer wieder Kinder, das beliebteste Motiv des Vaters, schmutzige, aber gut genährte und ausgelassene Kinder – ein etwa sechsjähriges Mädchen auf dem Weg zurück von der Feldarbeit, einen kleinen Hund auf dem Arm, einen schweren, geflochtenen Korb voller Knollenwurzeln auf dem Rücken und eine lange Pfeife im Mund. Was wurde aus diesen Kindern?

Weit entfernt vom Kriegsgeschehen in Vietnam führten diese Menschen ihre mehr oder weniger beschauliche Randexistenz, ernährten sich von Feldfrüchten, Schweinen und Rindern und handelten mit Mohn und seinen Derivaten ...

Bis eines Tages »Entwicklungshelfer« aus den reichen USA aufkreuzten und Schulen, Verkehrswege, eine Krankenstation und mühelosen Wohlstand versprachen; dafür erhielten sie die Erlaubnis des alten, gleichwohl fortschrittlich gesinnten Dorfchefs, der sich in seiner Jugend im Indochinakrieg auf Seiten der Franzosen verdingt und es sogar bis zum »General« gebracht hatte, den Wald zu roden und mit den Arbeiten zu beginnen. Es kamen Planierraupen und Bulldozer, und die Dorfbewohner, gewohnt, den Wald von Hand mit einfachen Werkzeugen zwar mühsam, aber schonend zu roden, erlebten fasziniert und fassungslos, wie unter den Walzen und Scheren der stählernen Monster alles Leben im Nu vernichtet war. Und was danach entstand, war keine Krankenstation, keine Schule, keine Straße, sondern eine geheime Flugpiste und ein Hangar als Stützpunkt für den Nachschub der US-Truppen im fernen Vietnam.

Denn diese Männer aus den USA waren keineswegs Entwicklungshelfer, sondern getarnte Soldaten auf einer geheimen Mission des sympathischen JFK.

Auch das am Krieg völlig unbeteiligte Königreich Kambodscha blieb nicht verschont. Der Osten des Landes wurde mit einem Bombenteppich aus B-52-Staffeln belegt, um, wie es hieß, den Nachschub des Vietcong zu behindern. Innerhalb weniger Wochen wurden auf das Gebiet mit den ungefähren Ausmaßen von Niederösterreich zweimal so viele Bomben abgeworfen wie auf ganz Deutschland während des Zweiten Weltkriegs. Dann putschte die CIA den korrupten Lon Nol an die Macht, der die Getreideernten der Kambodschaner militärisch beschlagnahmen ließ und den darauffolgenden Aufstand der Bevölkerung in einem Blutbad ertränkte. Überlebende flohen nach Hanoi – und würden ein Jahrzehnt später zusammen mit nordvietnamesischen kommunistischen Truppen als Besatzer zurückkehren. Die Mutter erzählte auch von den Gefangenenlagern für Oppositionelle, den Folterungen, an denen sich »General« Lon Nol persönlich erfreut haben soll – woher wusste sie das? Welche Zeitungen hatte sie gelesen, welche Sendungen gehört?

Und was geschah danach? Nichts.

Die USA verloren den Krieg, und der »freie Westen« ging keinesfalls unter. In Kambodscha freilich folgte die Schreckensherrschaft der Roten Khmer, von der auch hierzulande berichtet wurde. Nicht aber davon, dass die USA ihre »Entwicklungshelfer« und die Army abzogen und die *Meau/Hmong* schutzlos der Rache des siegreichen Vietcong überließen.

Die Nachkommen jener *Hmong*, mit denen die Eltern gearbeitet hatten, wurden aus ihren Bergen vertrieben, leben nun von Überfällen und Bettelei, sie werden von den Behörden in Thailand und Laos wie Tiere gehetzt oder zwangsweise in Betonschuppen entlang der Hauptstraße angesiedelt und dem Elend preisgegeben.

Zwar war die Erregung über den Watergate-Skandal, der den Betrug des amerikanischen Präsidenten an seinem eigenen Volk enthüllte, groß; immerhin hatte Nixon, als bereits klar war, dass dieser Krieg nicht zu gewinnen war, junge Amerikaner weiterhin in die Hölle geschickt. Sogar ein Absetzungsverfahren gegen den Präsidenten wurde eingeleitet. Doch die Verantwortlichen für all diese sinnlosen Kriegsverbrechen und die bis heute nachwirkende Zerstörung von Natur und Gesellschaften in den betroffenen Gebieten, für all die absurden Grausamkeiten dieses Krieges, der keineswegs nur zur »Verteidigung des Westens gegen den Kommunismus« geführt wurde, sondern auch in tiefster Verachtung gegenüber Menschen »fremden Blutes«, wurden niemals zur Rechenschaft gezogen. Warum sollte Ähnliches wie in Vietnam nicht wieder geschehen? In anderen Regionen, mit anderen Mitteln?

Bei mir zu Hause war jedenfalls lange bevor die Bilder des vor Napalm-Flammen fliehenden, splitternackten Mädchens um die Welt gingen und Bilder von vergewaltigten Frauen und grauenhaft verstümmelten Männerleichen, lange bevor Boxweltmeister Cassius Clay als Muhammad Ali Schlagzeilen machte, weil er öffentlich den Wehrdienst in Vietnam verweigerte und dafür seine Existenz als Bürger und Sportler zerstört wurde, lange vorher war bei mir zu Hause klar, dass etwas mit der »Freiheit des Westens« nicht stimmen konnte, wenn sie mit solchen Mitteln verteidigt werden musste. Deswegen war man noch lange keine »nützliche Idiotin« oder gar eine »Revoluzzerin«, wie mir das etwa auch von meinem Schwager vorgeworfen wurde.

1965 kamen der Mutter beim Durchblättern der Alben die Tränen. Ein wenig ungeduldig stand ich daneben, wie meistens, wenn sie von ihrer überreichen Vergangenheit erzählte. Kinder sind so. Heute denke ich, die politischen Tragödien Indochinas mochten sie wohl auch an ihre eigenen, letztlich gescheiterten Hoffnungen erinnert haben. Denn nach der großen Südostasienreise hatte die Mutter, stilistisch gewandter als der Vater, das Buch *Die Geister der Gelben Blätter* verfasst und sich davon den großen Durchbruch und einen finanziellen Erfolg erhofft. Anfang 1938 kam es, angereichert mit den Fotos des Vaters und einer »Monografie der *phi tong luang*« unter dem Namen ihres Mannes bei Bertelsmann heraus. Doch was danach kam, waren weder ein finanzieller Erfolg noch der wissenschaftliche Durchbruch, sondern die »Causa Gerlach« und Hitler.

Für mich war der Vietnamkrieg Anlass, erstmals eine »linke Buchhandlung« zu betreten. Nicht ohne Überwindung, denn die beiden selbstsicheren, schwarz gekleideten jungen Buchhändlerinnen, die zur Begrüßung kaum von ihrer Arbeit aufblickten, schüchterten mich ebenso ein wie die Blicke der männlichen Kundschaft, in denen ich nur Ablehnung der offensichtlich »Bürgerlichen« zu erkennen glaubte. Doch da ich nicht das Privileg eines Studiums bei Adorno und Horkheimer in Frankfurt zu verbuchen hatte, musste ich mich eben selbst durch die kunterbunte alternative Welt der damals angesagten Dichter und Denker arbeiten. Von Herbert Marcuse, Elias Canetti, Jean-Paul Sartre und Simone de Beauvoir konnte man allemal einiges lernen und Sigmund Freud, Walter Benjamin, Hannah Arendt, Günther Anders und viele andere damals entdeckte Autorinnen und Autoren begleiteten mich ein Leben lang mit wachsendem Gewinn.

Manchmal genügt ja bereits der Besitz eines Werks für die Illusion, den großen Problemen etwas nähergekommen zu sein. Das lindert Furcht vor den Menschen; und es ermöglicht neue Bekanntschaften mit Menschen aus einem anderen, durchaus heterogenen Milieu, unter ihnen Nachfahren ehemals verfolgter Juden ebenso wie Adepten der kleinen, ewig zerstrittenen marxistischen Sekten.

Den neuen Gesellschaftsmodellen konnte ich freilich immer nur ein Stück weit folgen, weit genug, um einiges infrage zu stellen, aber nie bis zur letzten Konsequenz. Ungeachtet aller schwierigen Terminologien kamen mir die Entwürfe letztlich zu einfach vor für eine derart komplizierte Welt. Allein der Begriff »Weltgesellschaft« täuscht ja eine unheimliche Übersichtlichkeit vor. Alles Übel, ob Frauenfeindlichkeit, Rassismus, ob Atomkrieg oder Terrorismus, wurde auf den Grundwiderspruch des Kapitalismus reduziert und eine Lösung nur von der Weltrevolution erwartet. Das aber dauerte mir zu lang. Und nach den Abenden in verrauchten Kellerlokalen kehrte ich gerne wieder in das lichte *Haus* mit seinen ebenfalls unerfüllbaren Versprechungen zurück. Dort herrschte nach wie vor die Mutter.

*

Nur einmal, ein einziges Mal war mir vergönnt, dieses Haus mit Freunden als *mein* Haus zu teilen. Im Sommer 1968, als die Mutter wieder einmal in den Schweizer Bergen mit der Fertigstellung des »Marokko-Buchs« befasst war, hatte ich drei Freunde aus Prag für ein Wochenende nach Wien eingeladen, *zu mir nach Hause*. Damit revanchierte ich mich für deren Gastfreundschaft in der damals noch wenig glänzenden

Goldenen Stadt, deren Frühlingsluft ich in Begleitung eines Wiener Journalisten hatte schnuppern dürfen. Prag erschien damals wie eine mit Ruß geschwärzte, doch amüsantere Kopie von Wien. An Brücken und Häusern bröckelten Putten und Gesimse, doch in den engen Gassen und Lokalen pulsierte ein feuchtfröhliches und kulturell inspiriertes Leben in den Lokalen, ganz ohne Touristen. Für mich war diese ausgelassene Atmosphäre umso beeindruckender, als die allgemeine Meinung über die Bevölkerung im »Ostblock« eher von James-Bond-Filmen und unseren Medien geprägt war: indoktriniert, hinterhältig, lustfeindlich. Doch die drei Männer, die uns in Prag mit der lokalen Szene vertraut gemacht hatten, ein unabhängiger Zeitungsherausgeber, ein Verleger politischer Texte und der Dritte ein renommierter Kafka-Übersetzer mit dem Namen Kafka, beeindruckten durch ihre Belesenheit, ihren Mut und ihren unbeschwerten, leicht ironischen Humor, mit dem sie die politischen Ereignisse in ihrer Heimat kommentierten. Und nicht zuletzt mit ihrer ansteckenden Gewissheit bezüglich eines guten Ausgangs der Geschichte.

Nun waren sie also zu Besuch in *meinem Haus*; und niemand störte sich daran, wenn wir nächtelang im Roten Zimmer, auf der Veranda oder im Garten diskutierten und laute Musik hörten. Beschwingt von reichlich Grünem Veltliner gaben die Gäste Anekdoten über Intrigen und Verrat aus der Welt des realen Sozialismus zum Besten und versicherten in perfektem Prager Deutsch, wie unbeschwert und frei sie sich hier fühlten, so frei wie nie zuvor in ihrem Leben. Sie schwärmten von der Zeit, als das *Haus* erbaut wurde und das Bürgertum ihrer Meinung nach noch weltoffen, mutig und aufgeschlossen gegenüber Neuerungen war. Sie lauschten meinen Geschichten über das exotische Interieur und über meine Eltern, ich fühlte mich verstanden und alle machten mir den Hof – mehr nicht, doch ohne Flirt ging damals gar nichts. An diesem langen Wochenende war ich fest davon überzeugt, auch mir sei eine gute Zukunft beschieden. Zwei Jahre später erhielt der eine Freund Berufsverbot und nahm sich das Leben, der andere erlag einem Gehirntumor, der dritte war in Haft.

Ich hatte geheiratet. Und ein paar Jahre später hatte ich *das Haus* für immer verloren.

8

Besessen sein in Rio de Janeiro

Der Einladung eines seit Langem befreundeten, nun in Rio de Janeiro akkreditierten deutschen Journalisten folgend entschloss ich mich 1976 zu einem Besuch und damit zum ersten Urlaub seit der Geburt meiner nunmehr siebenjährigen Tochter, die unterdessen die Ferien bei ihrem Vater in Kingston verbrachte. Es war die erste Trennung von ihr. Doch einmal in Rio, diesem pulsierenden, fantastisch fremden Kosmos, erschien bald alles entrückt, selbst die Sorgen um meine kleine Tochter. Der Journalist, ich nenne ihn Hermann, bewohnte ein geräumiges, beinahe leeres Appartement in den Hügeln von Santa Margarita, war berufsbedingt bestens informiert und verstand es, mich in kürzester Zeit an die »offenen Adern Lateinamerikas« anzuschließen: sämtliche Fantasien anregende Luxusvillen inmitten paradiesischer Gärten neben Elendsvierteln, denen von Weitem rein gar nichts anzusehen war; kupferfarbene, weiße, schwarze, braune, immer perfekte Körper am Strand von Leblon und Copa Cabana; staubige Zwinger für graue, in Leuchtfarben gehüllte Arbeiter hinter meterhohem Drahtzaun der glutheißen Baustellen, auf denen nicht nur Tag und Nacht gearbeitet, sondern auch gelebt wurde; und nach Einbruch der Dämmerung trieben auf jedem Tümpel, jedem Fluss, jedem See auf Blätter aufgesetzte Kerzen – und alles konnte Hermann mir erklären. Furchtlos stürzte ich mich mit der auf schwindelerregend hohen Gerüsten ratternden Zahnradbahn an den Elendsvierteln vorbei in die Schluchten zwischen glitzernden Wolkenkratzen transnationaler Kapitalgesellschaften.

Ein vom Pentagon bezahlter Thinktank hatte vor Kurzem die These über das quasi automatische »Durchsickern« des von Eliten akkumulierten Reichtums bis hinunter zu den Millionen Hungernden aufgestellt, was im gesamten Westen mit Begeisterung aufgenommen worden war. Mich als damals noch reichlich unbedarfte Grafikerin mutete es freilich direkt alchimistisch an, die Ökonomie nach Gesetzen der Schwerkraft zu denken. Und in Rio war es nun allzu offensichtlich: Nichts würde »durchsickern«, gar nichts.

Nichts passt hier zusammen und alles will integriert sein, meinte Hermann, als er versuchte, mir die Unterschiede zwischen den spirituellen, afrobrasilianischen Religionen Candomblé, Umbanda und Macumba zu erklären. Er befasste sich damit – natürlich nur theoretisch, war er doch, ebenso wie ich, ein Kind der Aufklärung und jedem esoterischen Gedankengut abhold. Hatte ich etwas übersehen? Verwundert stellte ich nun bei dem etwas unterkühlten Journalisten eine gewisse Hochachtung fest, als er mir eine Bekannte vorstellte, eine weiße, anglophone Chefsekretärin bei Unilever, die sich zur *filha de santo* ausbilden ließ. Eine harte Ausbildung mit Grenzerfahrungen, die durchzuhalten nicht jedem vergönnt sei, meinte Hermann respektvoll.

*

Das verlängerte Wochenende auf einer Hazienda von Freunden war vorbei und auf unserer Heimfahrt nach Rio vibrierte immer noch das ohrenbetäubende Gebrüll der Rinder in meinen Ohren, und die Erregung, die mich erfasst hatte, als wir zu Pferd die Rinderhirten quer durch fahlgelbes und dunkelgrünes Hügelland voller Kornfelder, Kaffeeplantagen und Buschwälder begleiten durften, hallte noch in mir nach. Man musste im unwegsamen Gelände höllisch aufpassen, nicht zuletzt wegen der Unberechenbarkeit der freilebenden Rinder, die ihre spitzen Hörner natürlich tragen durften und notfalls auch einzusetzen wussten. Ich hielt mich, meiner Erinnerung nach, heldenhaft; und nur der Schmerz in meinen Wadenmuskeln erinnerte mich jetzt an meine Überforderung.

Es dämmerte bereits, als wir die Ebene erreichten und endlich fanden, was wir ungeduldig erhofft hatten: eine Bar mit einer Zapfsäule für Sprit davor, auf der Straße durch eine Siedlung mit ein paar niedrigen, mit Blech gedeckten Häusern. Eigentlich wollten wir nur rasch tanken, als plötzlich ein aus der Ferne anschwellender, unwiderstehlicher Trommelwirbel unsere Neugierde weckte. Den Klängen auf einem sandigen Fußweg quer durch lehmige Pfützen folgend landeten wir schließlich vor einer abseits liegenden, bunt bemalten Halle aus Wellblech und Beton. Wir traten ein und standen zunächst etwas verloren im durch ein weißes Band vom Rest der Halle abgetrennten Eingangsbereich herum, inmitten einiger Dorfbewohner, die ebenfalls herumstanden, bevor sie sich begleitet von tosendem Trommelwirbel nach und nach unter die scheinbar trägen und ziellos in der Mitte der Halle sich hin und her bewegenden Frauen in weißen langen Gewändern mischten.

An der rechten Längsseite der Halle bearbeiteten fünf Musiker verschiedene Schlaginstrumente, am anderen Ende der Halle erleuchtete ein Scheinwerfer ein grellbuntes Allerlei aus Gipsskulpturen, Kunstblumen, Girlanden und anderes, nicht Erkennbares, und inmitten dieses sorgfältig inszenierten Plunders taumelte ein alter grauhaariger Mann mit einem Stoppelbart vor sich hin, einen Glockenstab in der einen, eine lange, qualmende Pfeife in der anderen Hand.

Wir waren in eine Zeremonie des Candomblé geraten – oder war es Umbanda? Hermann war sich nicht ganz sicher. Jedenfalls waren wir die einzigen Weißen in einem unbekannten Dorf im Nirgendwo. Niemand beachtete uns, niemand wandte auch nur den Kopf in unsere Richtung, als wir die Halle betraten, ganz als wären wir Luft. Alle Anwesenden, Männer und Frauen, konzentrierten sich auf das Treiben in der Mitte, bevor einzelne zögernd das weiße Band hoben, sich in die Mitte des Raumes begaben und sich dem kommenden Kontrollverlust überließen, jede und jeder für sich allein. Hin und wieder wurde jemand auch durch eine *filha de santo* mit verführerischen Gesten in die Mitte der Halle gelockt, die sich dann unter den gestikulierenden, spuckenden, gurgelnden Interventionen des offensichtlich schwer berauschten alten Mannes dem Taumel überließ. Mittlerweile hatten unter anschwellendem Tamtam einige der weiß gekleideten Frauen begonnen, sich mit wilden, teilweise obszönen Gesten um ihre eigene Achse zu drehen, bis die eine oder andere plötzlich pfeilschnell quer durch die Halle raste oder sich zuckend auf dem Boden wälzte, während sie von anderen wie schlafwandlerisch gestützt und vor etwaigen Verletzungen bewahrt wurde. Bisweilen wurde auch eine leblos auf dem Boden zusammengebrochene *filha de santo* von den anderen hinter den Vorhang eines Verschlags getragen.

Als skeptischer, gleichwohl faszinierter Zaungast war ich auf Anhieb überzeugt, dass es sich hier um ein kathartisches Ritual handeln müsse. Dieses Außer-sich-Geraten der anderen und die anschwellenden Rhythmen hatten durchaus etwas Erregendes an sich und ließen einen bald die Abgelegenheit des Ortes, die fortgeschrittene Zeit vergessen; beinahe neidvoll verfolgte ich das zunehmend enthemmte Mienenspiel und die verstörenden Bewegungen der »Tänzerinnen« in der Mitte des Raumes.

Am anderen Ende der Halle winkte der Alte hinter seinem Pfeifenqualm nun jemandem in unserer kleinen Gruppe zu; ich blickte mich um. Meinte er etwa uns? Außer Hermann und mir standen nur noch drei oder vier Dorfbewohner herum, offenbar zögernd, ob sie in den Tanzring steigen sollten oder nicht. Und wieder winkte der Priester, und diesmal war es ziemlich eindeutig, Hermann stieß mich mit dem Ellenbogen leicht in die Seite, seine auffordernde Geste galt mir. Erschrocken schüttelte ich den Kopf. Was sollte ich, die Ungläubige, bei den Besessenen? Doch Hermann flüsterte, bitte geh hin, was ist schon dabei, sonst ist der Alte gekränkt; und ich fühlte mich beinahe wie eine Betrügerin, als ich mich schließlich klopfenden Herzens entlang der langen Seitenwand und vorbei an den Musikern bis zum Altar und dem Priester, oder wie auch immer er bezeichnet wurde, begab.

Am liebsten wäre ich wieder umgekehrt. Doch Hermann folgte drei Schritte hinter mir und ich fürchtete, er könnte mich für feige oder »verklemmt« halten. Unsere Ankunft besiegelte der Alte befriedigt mit einem tiefen Zug aus seiner qualmenden Pfeife.

Ob ich Sorgen hätte, fragte er, kaum dass ich vor ihm stand, und Hermann übersetzte.

Nein, antwortete ich, nicht im Geringsten, es geht mir gut, sehr gut sogar.

Oder gibt es irgendeinen Wunsch? Nein, ich hatte keinen Wunsch.

Aber irgendein Problem müsse ich doch haben, insistierte der Alte, er könne das *sehen*!

Mit so einer Bemerkung liegt man immer richtig, dachte ich, wer hat schon gar keine Probleme!

Du brauchst ja nichts zu erzählen, meinte der Alte nun meine Hand ergreifend, denk einfach fest daran, was dich bedrückt, dann kann ich dir helfen.

Der Alte will nur ein »Geschenk« für seine Götter, dachte ich. Doch wollte ich keine Spielverderberin sein, und so dachte ich eben, woran ich ohnehin die meiste Zeit dachte, an meine kleine Tochter, an meine durch Kontinente von mir getrennte, geliebte Tochter bei ihrem fernen Vater in Jamaika.

Ich hatte mich immer bemüht, ihre Beziehung zu dem mittlerweile getrennt von uns lebenden Vater aufrechtzuerhalten, denn ich war überzeugt, dass selbst eine schlechte Beziehung zum eigenen Vater besser als gar keine ist – aber plötzlich war ich mir nicht mehr so sicher. Es könnte ja etwas geschehen sein und ich wüsste nicht einmal davon. Es gab hier kein Telefon und der Zeitunterschied – plötzlich wurde mir ganz elend vor Angst. Wie konnte ich hier einfach in den Tag hinein leben, ohne Kontakt zu ihr, es war doch das erste Mal seit ihrer Geburt ...

Der Alte hielt immer noch mit seinen knochigen Fingern meine Hand umklammert, nahm erneut einen Zug aus seiner Pfeife, entließ eine mächtige Qualmwolke aus Mund und Nase und machte eine Kopfbewegung in Richtung einer der weiß gekleideten Frauen; sie war jünger und nicht so dick wie die meisten anderen, kam nun mit gemessenen, ganz normalen Schritten auf uns zu und begrüßte mich mit einem kleinen Lächeln, als begegneten wir uns auf der Straße. Sie sagt, du brauchst keine Angst zu haben, übersetzte Hermann, und so wartete ich einfach ab. Bis der Alte endlich meine Hand losließ, die junge Frau von mir wegführte, sie einmal um ihre eigene Achse drehte, wobei er sie mit Pfeifenrauch anblies, einen geprusteten Sprühregen auf sie herabregnen ließ und schließlich ihre Hand freigab.

Mit mächtigem Schwung trippelte die Frau schräg rückwärts davon, drehte sich wie ein losgelassener Kreisel pfeilschnell quer durch die ganze Halle und wieder zurück zu mir und dem Alten, der nun unsere beiden Hände ergriff, sie ineinanderlegte und drei Schritte zurücktrat.

Dann geschah nichts, gar nichts.

Nur eine große Müdigkeit überwältigte mich, wahrscheinlich die Entspannung nach den aufregenden Tagen, dachte ich und fühlte mich behaglich wie in einem Daunenbett, dennoch mit dem stetig bohrenden Gedanken, was mache ich hier nur, ich mache mich nur lächerlich, während meine Kleine, allein und so weit weg ... es ist doch schon spät, wir sollten längst unterwegs sein ... dergleichen ging durch meinen Kopf und eigentlich wollte ich, wie gefangen in einem beschwerenden Traum, aufwachen, was aber nicht und nicht gelang. Allmählich begann der Boden unter meinen Füßen leicht zu schwanken, doch als ich durch ein paar Schritte das Gleichgewicht wahren wollte, richtete er sich völlig überraschend beinahe senkrecht vor mir auf, sodass ich mich auf eine Wand zu bewegte, der ich auszuweichen suchte, worauf der Boden wieder in die Ebene vor mir zurücksank, sich danach ein wenig wölbte, sich wieder aufrichtete und wieder zurücksank; und ich bemühte mich ohne Verwunderung all diesen Schwankungen des Bodens möglichst geschickt zu begegnen und das Gleichgewicht zu halten, all das in vollkommener Stille. Kein Trommelwirbel, nichts war mehr zu hören; wahrscheinlich sind sie verstummt, weil ich hier fehl am Platz bin, dachte ich und wollte Hermann fragen.

Doch der war nicht mehr zu sehen.

Unterdessen war die junge, weiß gekleidete Frau, ohne dass ich es bemerkt hatte, an meiner Seite geblieben; sie hatte meine Hand nicht losgelassen und sank nun, wie vom Blitz getroffen, zu Boden, rappelte sich in eine Hocke hoch und folgte allen meinen Bewegungen. Machte ich ein paar Schritte, folgte sie mir mit gebeugten Knien, den Kopf etwa in der Höhe meiner Hüfte – und dann bedeckte sie meine von ihr immer noch gehaltene Hand mit kleinen Küssen und brabbelte dabei irgendetwas Unverständliches, weder auf Brasilianisch noch in einer anderen mir bekannten Sprache, doch zunehmend artikuliert, aber mit einer völlig veränderten Stimme, einer hohen Kinderstimme. Und plötzlich hörte ich sie auf Deutsch, wirklich Deutsch, mit hoher, kleiner Stimme sagen: Bussi, Bussi, Mami, wo bist du, Mami, hab dich lieb ...

Flüchtig fühlte ich eine leichte Berührung am Oberarm. Und gleich darauf, als wäre nichts geschehen, stand ich daneben, als Hermann dem Alten einige Scheine aushändigte, der jeden einzelnen gegen das Scheinwerferlicht hielt und pustend bespuckte.

Die nächtliche Heimfahrt nach Rio verlief schweigend. Hermann saß am Steuer und mich hielt eine bleischwere Müdigkeit gefangen und eine leichte Übelkeit – wohl wegen der vielen Kurven.

Du warst in einer Art Trance, in einer Halbtrance, meinte Hermann viel später mit einer Mischung aus Staunen und Bewunderung; es machte mich verlegen, denn ich hatte den Eindruck, er erwartete sich irgendetwas davon. Doch ich konnte ihm nichts bieten, keine Erschütterung, keine Erkenntnis. Ich war nur etwas überrascht, dass mir, der Zweiflerin, Derartiges widerfahren konnte, auch wenn ich nie daran gezweifelt hatte, dass außer Vernunft und Logik noch andere, durchaus achtenswerte Überlebensstrategien existierten.

Was mich betrifft, hielt ich mich weiterhin lieber an das, was ich einigermaßen zu beherrschen gelernt hatte.

9

Begegnung mit
Lore Redlich-Ledermann-Williams,
eine Wienerin auf Saba

Trevor war nun nach Washington, D. C. übersiedelt und meine Freunde hatten sich zerstreut, auch Graham, der Künstler, hatte seinen Weg gemacht und mithilfe einer kleinen Erbschaft ein heruntergekommenes altes Farmhaus aus Stein mit einer rundum führenden, überdachten Terrasse erworben. Es lag auf einem mit Flammenbäumen bestandenen Berg oberhalb von Runaway Bay inmitten eines blühenden Gartens, und die überwältigende Aussicht über smaragdgrüne Hügel bis zum fahlen Streifen des sich im Himmel verlierenden Ozeans machte seine Einladung, ihm während der Sommerferien bei der Renovierung des Hauses zu helfen, unwiderstehlich.

Von nun an kehrte ich regelmäßig an diesen magischen Ort zurück: *Golden Spring*. Und nach einem mit Schrubben, Streichen, Schmirgeln, Zementieren und Polieren ausgefüllten Tag verlor man sich in der weißen Hängematte auf der Terrasse in zeitloser Glückseligkeit, selbst im Winter, wenn Schuhe und Bücher unter der Feuchtigkeit der Nebelwolken verschimmelten.

Unsere Musik: Die beiden großen Bobs, Marley und Dylan, der Poet Leonard Cohen, der junge Donny Hathaway aus Chicago, der sich kurz nach seinem großen Erfolg mit sechsundzwanzig Jahren aus dem Fenster zu Tode stürzte, die damals noch nicht von Drogen und Alkohol gezeichnete Nina Simone mit Songs wie »Sinnerman« und »Strange Fruit«, die selbst nach hundertmal Anhören nicht an Kraft verlieren, und viele andere Künstler, damals allesamt jung und neu. Erst heute wird mir bewusst, wie unendlich privilegiert wir waren, mit all diesen unvergleichlichen Musikern und Dichtern unsere besten Jahre bereichern zu können.

Graham stellte seine Gemälde in Kingston in der Galerie von Trevors Schwester und ihrem britischen Ehemann aus sowie in der neuen Galerie von Annabella in Ocho Rios, und allmählich gewann er einen ansehnlichen Kreis von Käufern, die meisten aus den USA.

Diesmal kehrte er von der Eröffnung einer Ausstellung auf San Martin zurück, erzählte von seinen Erfolgen und von einer »reizenden alten Dame«, die sich als ehemalige Wienerin zu erkennen gegeben habe. Als der Namen Bernatzik fiel, sei sie wie elektrisiert vor Freude gewesen, erzählte Graham, angeblich sei ihr Vater mit meinem Großvater befreundet gewesen und meinen Vater habe sie selbst noch gut gekannt. Auf meine Frage nach ihrem Namen blätterte Graham in seinem üppigen Adressbuch, denn er war ein sehr geselliger Mann, und erklärte schließlich triumphierend: Das ist sie ja, Lore Redlich, so stellte sie sich vor. Und sie lässt dich unbekannterweise sehr herzlich grüßen. Mehr wusste Graham nicht. Damit begann meine Suche nach dieser »reizenden alten Dame«, die schließlich auf der winzigen Insel Saba endete, einem inmitten der Karibischen See aufragenden Berg vulkanischen Ursprungs, der aus der Ferne aussah wie der Salzburger Schafberg, halb versunken im Ozean.

San Martin, eine ehemalige, zwischen Holland und Frankreich geteilte Zuckerkolonie in unmittelbarer Nachbarschaft zur britischen Insel Anguilla ist ungeachtet der Lage inmitten der Karibik gegenwärtig Teil der Europäischen Union; diese etwas bizarre politische Konstellation ist Folge einer ebenso bizarren europäischen Geschichte. Die Insel Saba gehört zum niederländischen Teil von San Martin und war damals zweimal pro Woche durch eine Fähre zu erreichen. Ein Felsen, ohne Strand, ohne Hafen, ohne Mole. Die Fähre legte nach etwa einer Stunde Überfahrt an einem langen hölzernen Steg an, danach kletterte man über nicht enden wollende Stufen und einen ansteigenden Fußweg hinauf zu einer sich unversehens ausbreitenden, knallgrünen Hochebene, über die weiß lackierte Holzhäuser mit rosa Giebeldächern, zyklamenroten Fensterläden und blauen Veranden verstreut inmitten blühender Vorgärten lagen, wie abgefallene Blütenblätter. Jetzt, im Februar, stand alles, was irgendwie auf diesem Felsen Wurzeln schlagen könnte, in voller Blüte.

Im Zentrum stand die Kirche mit einem quadratischen Glockenturm. Und daneben fand sich zum Glück ein Gästehaus mit fünf oder sechs Zimmern und einer blütenumrankten Terrasse, wo ich, ohne angemeldet zu sein, Quartier nehmen konnte. Und nach einigen vergeblichen Versuchen läutete ich schließlich am richtigen Gartentor etwas außerhalb der Ortschaft, und eine zarte, weißhaarige Dame mit kurzem glatten Haarschnitt trat in einem karierten, ärmellosen Kleid aus dem Tor des kleinen Hauses und kam mir auf dem Kiesweg entgegen.

Bei der Nennung meines Mädchennamens breitete sie ihre papiernen, braungebrannten Arme aus, fiel mir mit einem freudigen Aufschrei um den Hals, als wären wir unzertrennliche, doch seit Ewigkeiten getrennte Freundinnen, was umso überraschender war, weil ich meinen Besuch ja nicht hatte ankündigen können. Ihr unerwartet herzlicher Empfang rührte mich, da ihre feine, im heutigen Österreich kaum mehr vernehmbare altösterreichische Sprachmelodie mich an den Vater meiner Kindheit erinnerte. Und ihre Lebensgeschichte, die sie mir im Laufe der nächsten zwei Tage erzählte, legte die Vermutung nahe, wir hätten wirklich Freundinnen sein können, lägen nicht zwischen ihrer und meiner Geburt diese lumpigen zwanzig Jahre und eine katastrophische Geschichte.

*

Eigentlich hieß sie Eleonora Ledermann-Williams, geborene Redlich. 1920 in Wien in jenem herrschaftlichen Domizil in unserer Nachbarschaft zur Welt gekommen, hatte sie meinen Vater erstaunlicherweise als interessanten, lebenslustigen Abenteurer in Erinnerung. In der Wiener Gesellschaft sei er als »Löwenjäger« und »Afrikaforscher« etwas abschätzig betrachtet worden, meinte sie, und ihr Vater Josef Redlich (1869–1936), der ungeachtet gelegentlicher politischer Differenzen sich mit meinem Großvater sehr gut verstanden habe, sei erstaunt über die Entwicklung des »kleinen Hugo« gewesen, der vor dem Weltkrieg eher als »schwieriges Kind« gegolten hatte und nun nach seiner Rückkehr aus Afrika und einigen Publikationen in aller Munde war.

Lore war, wie sie erzählte, zusammen mit ihrem Vater des Öfteren zu Gast im Hause Bernatzik gewesen; erinnerlich waren ihr ein Kammermusikabend und ein Empfang zur Feier der Geburt der großen Schwester 1930 sowie diese Einladung nach der Rückkehr aus »Afrika« 1931. Sie liebte diese Besuche in dem zum Vergleich zu ihrem eigenen Elternhaus unkonventionellen und freizügigen Haus mit den ungewohnt erdbeerroten, kanariengelben und eisblauen Wänden, den schwarzen Hoffmann-Möbeln und all den Dolchen, Keulen, Speeren, Fetischen überall. Diese Besuche waren für Lore eine willkommene Abwechslung zu ihrem sonst eher streng geregelten Alltag im Sacré Coeur, wo sie zu einer höheren Tochter erzogen werden sollte, obwohl ihr Vater wie die meisten »assimilierten« Wiener Juden eigentlich protestantisch gewesen war. Das Sacré Coeur war eine katholische Internatsschule der Erzdiözese Wien für Sprösslinge der aristokratischen Elite, wo neben Religion und gutem Benehmen Englisch und Französisch, Sticken, Nähen, ein wenig Kochen, ein wenig Literatur und ein Instrument gelehrt wurden, in ihrem Fall Klavier; eine Kenntnis, die zur Unterhaltung eines künftigen standesgemäßen Ehemannes und seiner Gäste unverzichtbar war in einer Zeit, als Musik nur sehr unzulänglich reproduziert werden konnte.

Als im Februar 1934 in Wien der »Bürgerkrieg« ausbrach, hielt sich ihr Vater gerade wegen eines Lehrauftrags in Harvard, Massachusetts auf. Ihre Mutter weilte mit ihren beiden Mädchen im damals angesagten Abbazia, heute Opatija, und kam eben mit ihren beiden mit Rüschen und bunt bebänderten Strohhüten geschmückten Töchtern von der Strandpromenade ins Hotel zurück, als sie ein Telegramm ihres Mannes vorfand, mit der Anweisung, nicht mehr nach Wien zurückzukehren, sondern in Genua das nächste Dampfschiff nach New York zu nehmen. Dort wurden Lore und ihre jüngere Schwester in der Obhut eines jüdischen Vereins jüdisch-orthodox erzogen, was für das Kind aus dem Sacré Coeur abgesehen von den veränderten Gebetsritualen kaum eine große Veränderung bedeutete. Sie fühlte sich dort recht wohl, zudem hatte ihr Vater ihr bei seinem einzigen Besuch versprochen, sie so bald wie möglich zurück nach Wien zu holen. Doch Josef Redlich, der nach Österreich unter dem Kruckenkreuz zurückkehrte, verstarb unerwartet im Herbst 1936 in Wien. Und während Lores jüngere Schwester weiter in der Obhut des Vereins bleiben durfte, wurde Lore im Jahr darauf entlassen, aus Gründen, die unklar blieben. Jedenfalls fand sie sich, kaum siebzehn Jahre alt, ohne einen Cent auf den Straßen von New York – nein, nicht als Flüchtling, betonte sie, denn sie war ja nie ernsthaft bedroht gewesen, dennoch war die folgende Zeit nicht leicht.

Wie das passieren konnte, wurde freilich nicht klar. Ihr Vater war immerhin ein wohlhabender Mann und sein Erbe wurde sicher noch vor Hitlers Einmarsch geregelt. Und wo war die Mutter? Lore erwähnte sie mit keinem Wort, ebenso wenig wie ihren damals bereits erwachsenen Stiefbruder aus der ersten Ehe ihres Vaters. Auf meine Frage begnügte sie sich mit einer Andeutung über »irgendwelche Familiengeschichten« und ich ließ die Sache auf sich beruhen, da ich ohnehin plante bald wiederzukommen.

Dafür schilderte sie mit Freude am Detail ihr Leben auf den Straßen von New York. Die von ihr frequentierten Notquartiere wagte sie aus Angst vor den Mitbewohnern und vor Ungeziefer kein zweites Mal aufzusuchen, und so schlug sie sich die Nächte lieber in neonbeleuchteten Imbissstuben um die Ohren, half beim Abwasch und ernährte sich von gratis überlassenen Brötchen mit Senf. Auch als Babysitterin und Haushaltshilfe war sie tätig, dafür reichte ihre Ausbildung gerade, lachte sie. Immerhin habe sie im Sacré Coeur doch etwas gelernt, was ihr nun nützlich war, nämlich Nähen.

Im Hinterhof einer Schneiderwerkstatt in der Bronx fand sie schließlich Arbeit als Hilfszuschneiderin und stand den ganzen Tag in einem schlecht beleuchteten, nach Stoffen und schlechtem Atem riechenden Raum am Schneidertisch. Ihr Chef, der Schneider, war Philosophieprofessor in Warschau gewesen, ein älterer, finster dreinblickender, depressiver Jude, einzig Überlebender seiner Familie. Es war Liebe auf den ersten Blick. 1941 heiratete sie im Alter von gerade einmal einundzwanzig Jahren den um dreißig Jahre Älteren. Bald kam das erste Kind, danach ein zweites. Völlig beansprucht von der Familie und dem bescheidenen Haushalt las sie keine Zeitung und bemerkte kaum den fernen Krieg auf anderen Kontinenten, der auf ihr Leben in New York keine unmittelbaren Auswirkungen hatte. Ihre Ehe mit Herrn Ledermann war ungeachtet des Altersunterschieds ausgesprochen glücklich, versicherte sie, vielleicht sei er ja eine Art Vaterersatz gewesen, aber dies sei natürlich eine nachträgliche Interpretation. Nur seine Depressionen waren bisweilen belastend für die Familie, tagelang sprach er dann kein Wort, und versuchte man Zugang zu ihm zu gewinnen, wurde es nur schlimmer. Bis er eines Tages, völlig überraschend, einem tödlichen Herzanfall erlag.

Ihr eigenes Leben hatte in gewisser Weise erst danach begonnen. Lore fand eine Anstellung als Schnittzeichnerin in einem großen Modeunternehmen, stieg gar zur Einkäuferin auf, wurde zu allen bedeutenden Modenschauen und Textilmessen geschickt, besaß eine eigene Wohnung und sogar ein Auto. Sie arbeitete Tag und Nacht, hatte gleichzeitig für die beiden Kinder zu sorgen und niemals einen freien Tag, bis sie schließlich einen Zusammenbruch erlitt; der Erschöpfungszustand verschlug ihr die Sprache, ließ sie erstarren und machte sogar die Nahrungsaufnahme unmöglich.

Heute würde dies wohl Burnout genannt werden, doch in New York Anfang der 1950er Jahre wurde sie einfach abgeholt und in eine psychiatrische Heilanstalt gebracht, die erste von mehreren, die sie in den folgenden zwei Jahren kennenlernte. Ihre beiden Kinder kamen unterdessen in Obhut ihrer Schwester, die mit einem orthodoxen Juden verheiratet war.

Irgendwann gewann Lore zwar nicht ihre Kinder, aber immerhin ihr Gleichgewicht und ihre Freiheit zurück, fand wieder Arbeit in der Textilbranche und begegnete einem um einiges jüngeren Mann namens Williams. Ein lebensfroher und liebenswerter Mensch, versicherte sie, der sie verwöhnte und ihr wieder Selbstvertrauen und Mut schenkte. Aber er war ein african american, in der Sprache der Zeit ein *negro*, gar *nigger*, und das Leben des gemischten Paares in New York wurde zunehmend »kompliziert«. Schließlich überredete er sie, mit ihm nach San Martin zu übersiedeln, wo es angeblich ruhiger und billiger sei, wo die Leute freundlicher seien und er als Tauchlehrer für reiche Touristen eine gut bezahlte Arbeit finden könne. So geschah es auch, und anfänglich verlief alles problemlos. Das herrliche Klima, die luftigen kleinen Häuser, die heiteren Menschen und das warme Meer, alles schien im Vergleich zu New York paradiesisch. Herr Williams fand im besten Jachtclub eine gutbezahlte Stelle als Tauchlehrer für Millionäre, und sie selbst, die gleich zu Beginn ihres Aufenthalts den Mangel an Matratzen und Bettwäsche auf der Insel erkannt hatte, gründete in Phillipsburg ein kleines Importunternehmen für Weißwaren und Matratzen. Kurzum: Die Geschäfte liefen gut.

Doch das gesellschaftliche Leben entwickelte sich weniger erfreulich. Lore behauptete zwar, die offensichtliche Herablassung ihrer weißen Kundschaft ihr gegenüber sei ihr gleichgültig gewesen, und selbst mit dem Verlust und der Abneigung ihrer beiden Kinder habe sie sich schließlich abgefunden. Die orthodoxen Kreise in New York, in denen sie aufwuchsen, waren ziemlich prüde und durchaus auch rassistisch, behauptete sie, und ihrer Mutter konnten sie wohl nie verzeihen, dass ihr neuer Ehemann jünger war und noch dazu schwarz. Doch es war ihr Ehemann, der unter den Umständen allmählich litt. Als Tauchlehrer war er täglich mit dem herablassenden Benehmen seiner Kunden konfrontiert, denn die Besitzer von Luxusjachten und geschmacklosen Riesenvillen glaubten offenbar, die Zeit der Plantagensklaverei sei hier noch nicht vorbei, und forderten Dienstleistungen von ihm, die nichts mit seiner Aufgabe als Tauchlehrer zu tun hatten. Wenn er dem Grenzen zu setzen suchte, gab es Probleme. Doch auch mit der schwarzen Bevölkerung war es nicht einfach. Wegen seiner Ehe mit einer etwas älteren, weißen Unternehmerin wurde er als Außenseiter oder gar als Gigolo angesehen, und das machte ihm wirklich zu schaffen.

Anfänglich waren diese Umstände keineswegs absehbar gewesen, scheinbar lebten die Menschen verschiedener Hautfarben ohne Unterschied und in unverbindlicher Freundlichkeit zusammen. Erst allmählich stellte sich heraus, dass die Leute auf San Martin noch rassistischer waren als die in New York, wo Schwarze besser nicht denselben Eingang, dieselbe Parkbank, dasselbe Restaurant wie die Weißen benutzen sollten. Sie wurden zwar nur selten als *nigger* beschimpft, aber sonst unterschied sich das Verhalten der Weißen in New York kaum von dem, was man von den Südstaaten hörte, meinte Lore. Die rassistischen Verhaltensregeln waren zwar dumm und ärgerlich, aber man konnte sich darauf einstellen, während auf San Martin eine formale Rassentrennung zwar nicht existierte, doch die Köpfe der Leute beherrschte, die an nichts anderes als an »Rassen« zu denken schienen. Als sich die Auseinandersetzungen ihres Mannes mit den Kunden seiner Tauchkurse häuften, hängte Mister Williams den Tauchlehrer an den Nagel und nahm einen, freilich nicht so gut bezahlten, Job als Kapitän auf dem Fährschiff nach Saba an. So kam es, dass sie beide nach einiger Zeit beschlossen, sich gänzlich auf dem Felsen mitten im Ozean niederzulassen, wo die Leute bescheidener und gegenüber dem neuen Paar freundlicher waren als die eitle Luxusgesellschaft auf dem Festland. Als Kapitän der Fähre wurde ihr Ehemann allgemein respektiert, immerhin hing von ihm die Versorgung der Insel ab. Lore führte von Saba aus ihr Geschäft weiter, so gut es ging, bis sie das Alter für eine kleine Pension erreicht hatte.

Und jetzt?

Sie habe ihre Ruhe, meinte sie lächelnd. Nun, da sie wieder alleine lebte, werde sie vielleicht als verschrobene Alte belächelt, aber das störe sie nicht. Die Nachbarn waren freundlich, man half sich gegenseitig aus, das Leben sei zwar nicht aufregend, aber auch nicht unangenehm. Freilich musste sie jetzt, im Alter, wieder öfter an ihre Kindheit in Wien denken und hätte die Stadt sehr gerne wiedergesehen, die Hohe Warte, die Familienvilla in der Armbrustergasse mit dem schönen Park; doch eine Reise lag außerhalb ihrer finanziellen Möglichkeiten. Und wenn sie sich dann vorstellte, wie ihr Leben in Wien als Ehefrau eines standesgemäßen Mannes verlaufen wäre, fand sie ihren eigenen Lebensweg eigentlich gar nicht so schlecht und war sogar ein wenig stolz darauf. Nur dieser verdammte Rassismus habe ihr das Leben vergällt, wobei bei dieser Bemerkung zu spüren war, sie hätte das Thema lieber gemieden. Das, was sie erleben musste, sei zwar nicht der Rede wert im Vergleich zu dem, was ihrem ersten Mann in Polen widerfahren sei. Doch die ewige Unsicherheit, der Ärger, all die Kränkungen und vor allem diese unbestimmte Angst, was vielleicht noch alles passieren könnte, all dies sei auf Dauer ziemlich belastend gewesen. Auch dass all ihre Versuche, mit ihren Kindern Kontakt aufzunehmen, erfolglos geblieben waren, machte sie traurig; sie schämen sich wohl immer noch ihrer Mutter, meinte sie, doch in einem Tonfall, als bedaure sie ihre Kinder mehr als sich selbst.

10

Jamaika IV: Die nichtdeutschen »Deutschen« von Seafordtown

Besuch bei Orlando Patterson in Harvard

Eines Tages war der Gemüsebauer, der üblicherweise unseren kleinen Haushalt in Golden Spring mit seinem Handwagen belieferte, nicht wie üblich schwarz, sondern weiß. Seine Haut wies ein mit Sommersprossen belebtes helles Rosa wie aus dem sonnenarmen Norden auf, doch seine Sprache hatte den gleichen singenden Akzent wie der schwarze Gemüselieferant; seine Kleidung war ebenso bescheiden und seine Gesten waren so energiesparend bedächtig wie die der schwarzen Bauern, und meine Einkaufsliste für die nächste Lieferung reichte er mit der Bemerkung zurück, er habe ein gutes Gedächtnis. Dabei wich mir sein wasserblauer Blick unter den rötlichen Haarsträhnen aus, so wie es der dunkle Blick eines schwarzen Bauern getan hätte, denn der Mann konnte nicht lesen.

Meine Fragen an Bekannte, was es mit diesem seltsamen Weißen auf sich habe, ergaben unterschiedliche Antworten: Es hieß, der Mann käme wohl aus Seafordtown, einer Siedlung deutscher Einwanderer aus dem 19. Jahrhundert in den Bergen. Dort lebten einfache weiße Bauern, die sich jedoch mit den schwarzen Bauern nicht vermischen wollten, was in Jamaika allemal ungewöhnlich sei. Dabei hätten diese ehemaligen Deutschen weder die deutsche Sprache noch irgendeine deutsche Lebensweise bewahrt, nur diese seltsame Weigerung, Schwarze zu heiraten, was vielleicht Ausdruck eines angeborenen, typisch deutschen Rassismus sei.

Wie das? Wurde mir hierzulande nicht bei jeder Gelegenheit versichert, deutsche Touristen seien den amerikanischen Touristen vorzuziehen, weil sie angeblich weniger rassistisch seien? Ein weiterer Bekannter, ein britischer, seit zwanzig Jahren in Kingston tätiger Fernsehjournalist, behauptete auf meine Frage, die Leute von Seafordtown seien Nachkommen von schiffbrüchigen deutschen Auswanderern, die eigentlich nach Amerika wollten, doch von einer launenhaften Meeresströmung an die Küste Jamaikas getrieben wurden. Dort mussten sie feststellen, dass die fruchtbaren Regionen im Inneren der Insel bereits von befreiten Schwarzen besiedelt waren und für sie nur der karge Rest übrig war. Dies sei immerhin eine Erklärung für die beachtliche Rückständigkeit dieser Deutschen, wahrlich eine Tragödie, wenn man die große Tüchtigkeit der deutschen Auswanderer in anderen Regionen bedenke. In Kingston hätten einige Expats sogar eine Hilfsorganisation gegründet, um die bedauernswerten Kinder aus Seafordtown zu adoptieren und ihnen eine ihnen entsprechende Ausbildung zu ermöglichen.

Ihnen »entsprechende Ausbildung«? Meinte der Mann, dass Weißen eine andere Ausbildung »entspräche« als Schwarzen? Und wie kam das Bild vom sonst überall so tüchtigen Deutschen in seinen Kopf? Und vor allem: Warum wollten ausgerechnet die Deutschen in Seafordtown sich nicht mit ihren schwarzen Nachbarn vermischen, wo sie andernorts spätestens nach zwei Generationen in der Farbe der Mehrheitsbevölkerung ihres Gastlandes aufgegangen waren?

Darauf wusste der Journalist keine Antwort.

Plötzlich erfasste mich das erregende Gefühl, von diesen »Deutschen« in Seafordtown vielleicht etwas Neues und Bedeutendes zum Phänomen Rassismus erfahren zu können. Und ich beschloss sie zu besuchen. Ohnehin suchte ich gerade ein Thema für meine Diplomarbeit.

Zuvor befasste ich mich mit der mir zugänglichen, eher kargen Fachliteratur zu deutschen Auswanderern im karibischen Raum. Immerhin lernte ich, dass diese Weißen von Seafordtown zwischen 1834 und 1838 von Agenten der britischen Krone oder direkt von Plantagenbesitzern in Deutschland angeworben und nach Jamaika verbracht wurden, um dort den Folgen der Sklavenbefreiung von 1833 zu begegnen. Sie sollten die Unruhen bekämpfen, den Mangel an Arbeitskräften ausgleichen, sie sollten gegen die Angst der weißen »Herrenmenschen« vor der Rache der ehemals Versklavten helfen und eine »Vernegerung« verhindern, ein Begriff, der bereits im 19. Jahrhundert existierte. Doch war die Angst der Plantagenbesitzer nicht vielleicht »berechtigte Angst«? Die allermeisten freigelassenen Sklaven waren nicht bereit, wie von der Verwaltung vorgesehen, ihren ehemaligen Herren weiterhin als Lohnarbeiter zu dienen, sondern versuchten lieber im unerschlossenen Hügelland zu überleben, was wiederum bei ihren ehemaligen Herren eine zusätzliche

Angst vor etwaiger Konkurrenz bei der Aneignung unerschlossenen Grund und Bodens auslöste. Bedürftige weiße Europäer einzuführen schien tatsächlich eine Lösung für sämtliche Probleme dieser Herren.

Doch die Deutschen, die nun kamen, waren nicht zu vergleichen mit jenen Reedern, Sklavenhändlern und Plantagenbesitzern deutscher Herkunft, die bereits ein Jahrhundert zuvor erfolgreich gewesen und bald in Jamaikas Mittelschicht aufgegangen waren – etwa auch in der Familie meines Ehemannes Trevor Byer. Die Deutschen, die in den Dreißigerjahren des 19. Jahrhunderts von Bord eines Kutters gingen, waren Tagelöhner, landlose Bauern oder entlassene Soldaten, die in einem kriegsverwüsteten Fürstentum ohne Krieg keine Zukunft für sich sahen. Und sie kamen allesamt ohne Kapital.

Das Einzige, was sie mitbrachten, waren ihr Glaube und die Hoffnung auf eine sonnige Zukunft, die ihnen ein deutscher Militärarzt in britischem Dienst namens William Lemonius verheißen hatte. Sogar einen Arbeitsvertrag hielt er für sie bereit, befristet auf fünf Jahre, und danach Eigentumsrechte am urbar gemachten Grund und Boden. Das klang nicht schlecht. William Lemonius rekrutierte für 15 Pfund in Silber pro Kopf einige hundert Männer und Frauen aus der Gegend rund um das mit England in Personalunion des Herrscherhauses verbundene Hannover, er rekrutierte für die britische Krone und für seine eigene, durch Flucht und Sklavenrebellion heruntergekommene Plantage »Stettin«. Ein weiterer deutschstämmiger Plantagenbesitzer namens John Solomon Myers suchte ebenfalls Ersatz für die ihm abhandengekommenen Sklaven und schickte seinen Bruder als Agenten nach Bremen. Bald liefen zwei Transporte mit deutschen Auswanderern auf dem Segelkutter »Olbers« aus Bremerhaven aus, und nach einer wenig erbaulichen, etwa ein Drittel der Reisenden das Leben kostenden Passage von einhundert und sechs Tagen gingen im Februar 1834 die überlebenden Elendsgestalten in Port Royal an Land. Sie wurden auf verschiedene Gebiete der Insel verteilt, als Söldner und Sicherheitskräfte eingesetzt, mehrheitlich jedoch als Plantagenarbeiter oder Siedler im Hinterland.

An diese waren die Erwartungen hoch: Sie sollten Buschwald roden, in den Himmel wachsende, dunkelgrüne, von Lianen und Orchideengewächsen gefesselte Baumriesen fällen, schwarzmooriges und rotes Erdreich aufbrechen, um darauf irgendetwas zum Exportieren oder wenigstens zur eigenen Ernährung Verwertbares anpflanzen zu können; das alles mit den einfachen Werkzeugen der Zeit und in einem gänzlich ungewohnten, drückend heißen Klima. Darüber hinaus sollten diese Leute auch moralisch gefestigte, christliche Familien gründen, mit möglichst vielen weißen Kindern zur Stärkung des »weißen Blutes« auf der Insel. Dreißig Jahre später zeugten jedoch meist nur mehr einige deutsche Namen wie »Lorelei« oder »Gottschalk« von weißen Siedlungen im schwarzen Hinterland, deren Bewohner allesamt »vernegert« waren.

Nur Seafordtown in der Provinz Westermorland hatte als geschlossene, weiße Siedlung überlebt.

Das Terrain gehörte einem gewissen Lord Seaford, der die angeworbenen Deutschen als Plantagenaufseher einsetzte und mit ihrer Hilfe den freien Schwarzen bei der Erschließung neuen Landes zuvorkommen wollte. Ein Blick in seine Familiengeschichte gewährt Einsicht in gewisse Kontinuitäten in europäischen Metropolen. Bereits 1665 erwirtschaftet ein Colonel John Ellis in Jamaika mit Zuckerplantagen und Sklavenhandel ein beachtliches Familienvermögen, auf dessen Grundlage sein Enkel zum obersten Richter Jamaikas aufsteigen kann. Dessen Kinder heiraten in den britischen Hochadel ein, der 1774 geborene Charles Rose Ellis erbt neben einem märchenhaften Herrenhaus und ausgedehnten Liegenschaften einen Plantagenbesitz im Wert von einer Viertelmillion Pfund, verteilt auf mehrere Regionen, darunter Montpellier – eine Region, die freilich bereits von Maroons besiedelt ist, frühzeitig freigekommene oder geflohene Sklaven. Charles Rose Ellis profiliert sich auch im westindischen Parlament und in diversen Ausschüssen durch seine vehemente Ablehnung jeder Art von Reform oder gar Abschaffung der Sklaverei. Zudem tritt er entschieden gegen die von der jamaikanischen Plantokratie geforderte Unabhängigkeit von London ein, was ihm schließlich 1826 mit einem Adelstitel vergolten wird und er sich nun Erster Lord Seaford aus Seaford in der Grafschaft zu Essex nennen darf.

Zu Beginn der 1830er Jahre hat er freilich allen Grund zur Besorgnis; es sind ausgerechnet Sklaven auf seinen Plantagen, die 1831 durch ihre Rebellion allmählich die ganze Insel in Aufruhr versetzen, bis die Verwaltung sich im Januar 1834 zum Erlass einer allgemeinen Sklavenbefreiung genötigt sieht. Und auch die von Charles Rose Ellis, alias Erster Lord Seaford bekämpfte Unabhängigkeit jamaikanischer Zuckerbarone von der britischen Krone ist auf Dauer nicht zu verhindern und wird, freilich erst nach seinem Tod 1845, Wirklichkeit. Seinen Nachkommen hinterlässt der Erste Lord Seaford ein noch größeres Vermögen und ausgedehnte Latifundien in Jamaika sowie Liegenschaften in London und in der Grafschaft zu Essex – die gegenwärtig offenbar immer noch im Besitz der Familie sind; wodurch diese kleine Familiengeschichte ein Licht auf die Entstehung eines großen Vermögens und des bis heute einflussreichen britischen Geldadels wirft.

Den »Deutschen« in Seafordtown blieb dieser Glanz allerdings verborgen. Lord Seaford persönlich bekamen sie nie zu Gesicht. Und niemand hatte sie zuvor über ihre neuen Lebensbedingungen in der glühenden, damals noch malariaverseuchten Wildnis Jamaikas aufgeklärt. Unter unsäglichen Strapazen rodeten sie den Buschwald, versuchten erfolglos Apfelbäume, Weizen und Roggen anzupflanzen, fanden sich unwissend und schutzlos der Anopheles-Mücke, den Hakenwürmern und dem durch Mücken übertragenen Gelbfieber ausgeliefert. Und nach dem Ende der von der Verwaltung ein paar Monate lang gewährten Lebensmittelrationen verlor die Siedlung binnen eines Jahres die Hälfte ihrer Einwohner durch Flucht oder Tod.

Die, die blieben, waren auf die Hilfestellung ihrer schwarzen Nachbarn angewiesen, wobei durchaus vorstellbar ist, dass die weiße Konkurrenz zunächst auf wenig Gegenliebe stieß. Doch offenbar fanden sich

Maroons und andere Schwarze bald mit den Eindringlingen ab, denn sie waren es, die den deutschen Siedlern letztlich alles zum Überleben Notwendige beibrachten: die Bearbeitung des gerodeten Bodens ohne Zugochse und Pferd, den Anbau von Jams, Aki, Kalalu und weiteren in diesem Klima gedeihenden Nutzpflanzen, die Bearbeitung tropischer Hölzer mithilfe einfachster Werkzeuge zur Errichtung der Häuser, alles lernten die Weißen von den Schwarzen. Allmählich zogen auch versprengte Deutsche aus anderen Regionen der Insel nach Seafordtown, und nach der Bereitstellung einer rudimentären medizinischen Versorgung in den 1880er Jahren durch einen übrigens österreichischen Missionar namens Tauer konnte sich die Siedlung auf rund fünfhundert Einwohner stabilisieren.

Das Leben dort blieb freilich prekär. Und bereits in dritter Generation hatten diese ehemaligen Deutschen ihre Heimatregion und die deutsche Sprache vollkommen vergessen. Umso erstaunlicher mutete es an, dass ihnen die strikte Ablehnung der Promiskuität mit Schwarzen als Einziges geblieben und eine Zeit lang sogar im Gemeinderecht verankert war. Nur Kinder eines weißen Paares durften Haus und Grund erben – wenn ein Elternteil nicht weiß war, mussten die Kinder als damals so genannte *half cast* abwandern. Bald gab es in Seafordtown kaum mehr als drei Familiennamen und die Leute sahen einander so ähnlich, dass manche Anthropologen in den rotblond behaarten, kantigen Schädeln das Resultat einer Rückzüchtung auf ein »uraltes Germanentum« zu erkennen meinten. Andere Autoren berichteten unverhohlen von verblödender Inzucht und wieder andere empfanden offenbar eine gewisse Genugtuung darüber, dass die »Deutschen aus Seafordtown« ein lebender Gegenbeweis gegen die viel beschworene »Überlegenheit der weißen und insbesondere der deutschen Rasse« zu sein schienen.

Auch wenn man sich dem Tonfall dieser Urteile nicht anschließen mag, war kaum von der Hand zu weisen, dass das Gebot der »Blutreinheit« inmitten einer ansonsten kunterbunt gemischten Inselbevölkerung eine wenig förderliche Isolation für das Individuum und für die Gemeinschaft zur Folge haben musste. Was aber dachten die betroffenen

Menschen darüber? Wie begründeten die Leute ihr störrisches Festhalten an einer »Rassenreinheit«, die ihnen offensichtlich nur Nachteile einbrachte?

*

Nach stundenlanger Fahrt auf gewundenen Straßen quer durch grünes Hügelland erreichte ich Montpellier, eine weitläufige Streusiedlung eigentümlich grandioser Villen mit weißen Balustraden und Parabolantennen. Nichts ließ erahnen, dass diese Gegend bereits Ende des 18. Jahrhunderts von Maroons besiedelt war; nichts erinnerte an die ausgedehnten, von Tausenden Sklaven bewirtschafteten Zuckerplantagen des Lord Seaford und rein gar nichts an den gewaltigen Aufstand seiner Sklaven im Jahr 1831, der einem Feuersturm gleich und auf die gesamte Insel übergreifend den Anfang vom Ende der Sklaverei auf Jamaika bedeutet hatte. Lord Seafords Grundbesitz musste unendlich gewesen sein, denn die Fahrt von Montpellier bis Seafordtown wollte einfach kein Ende nehmen – und nirgendwo ein einziges weißes Gesicht. Bei jeder kurzen Fahrtunterbrechung tauchten aus dem unbewohnt scheinenden Buschwald zu beiden Seiten der Straße nur schwarze Kindergesichter auf, einige Jugendliche boten Früchte an oder bettelten um Zigaretten oder ein paar Cents.

Nein, diese »Deutschen«, zu denen ich unterwegs war, siedelten keineswegs auf einem »unbewohnten Eiland«, wie in einem Zeitungsartikel aus den 1960er Jahren zu lesen war, sondern in dicht besiedeltem Gebiet mit mehr Einwohnern pro Quadratkilometer als in der Schweiz; freilich im Buschwald verborgene, unsichtbare, arme Einwohner.

Endlich ein Schild: *You are entering Seafordtown, the German Township founded in 1835.* Vor keiner indischen oder chinesischen Siedlung in Jamaika fand sich eine die Herkunft der Bewohner betonende Ankündigung. Und nach ein paar weiteren Serpentinen ragte auch schon ein mächtiger grauer Kirchturm aus dem dunkelgrünen Buschwald.

Der Platz vor der Kirche war leer, als ich ausstieg und mir die Beine vertrat. Rechts neben der Kirche ein kleiner, gepflegter Friedhof, davor ein offenbar altes Herrenhaus aus dunklem Holz mit Giebeldach und einer Veranda, dahinter ein langgestreckter ebenerdiger Betonbau und links von der Kirche ein roh gezimmertes kleines Blockhaus. Schon umringten mich, wie überall, schwarze Kinder und gaben Auskunft: Im alten Haus wohne *Father*, im Betonhaus dahinter seien Schule und Krankenstation untergebracht und im kleinen Blockhaus das »Museum«.

Es bestand kein Zweifel: Kein Weg zu den Bewohnern führte an dieser Missionsstation vorbei. Und schon öffnete sich das Eingangstor des Herrenhauses und eine schwarze Haushälterin trat heraus: Father Francis sei noch nicht zurück, aber sie könne mir einstweilen das Museum aufsperren.

Die Wände im Inneren waren mit alten Stichen, Fotos, handschriftlichen Genealogien und Zeitungsausschnitten behängt. Jede Familie war mit dem Datum ihrer Ankunft, ihrem Namen und dem ihrer Nachkommenschaft, mit ihren Toten und ihren wieder weggezogenen Mitgliedern dokumentiert. Aus Bäcker wurde Baker, aus Koch wurde Coh, aus Kuhlmann wurde Couliman und so weiter. Einige Bilder zeugten vom Aufstand auf den Besitzungen des Lord Seaford in Montpellier und Shettlewood, auch die beiden Transportschiffe Anna und Olbers waren verewigt. Unter Glas, vergilbt und mit Stockflecken bedeckt, war sogar eine kalligrafierte Dankesschrift der Passagiere an Bord der Olbers für ihren Kapitän namens Exter zu bestaunen, auf Englisch, von der ich einen Auszug übersetze:

> »Wenn nicht Armut uns von unserer Heimaterde vertrieben hätte, würden wir Ihnen als Zeichen unserer grenzenlosen Dankbarkeit ein wertvolleres Geschenk darbringen. Sie waren unser Vater, unser Freund und Ratgeber, Sie trösteten und versorgten uns, Sie haben mehr als ihre Pflicht erfüllt auf unserer schweren Reise von Bremen nach Jamaika. (...) So aber können wir nur in

unseren Gebeten Gott, den Allmächtigen, um seinen Segen für Sie anflehen.«

Die Wände erzählten schließlich von der segensreichen Einführung der Bananenkultur 1883, die eine weitere Zuwanderung bewirkte, bis es 1950 damit wieder vorbei war, als die United Fruit Company das Gebiet verließ, nachdem das Erdreich ausgelaugt, die Plantagen nicht mehr ertragreich genug waren. Etliche Leute wanderten nun nach Kanada oder in die USA aus, und abschließend kündete eine Tafel noch von der jüngsten wirtschaftlichen Leistung in Seafordtown: Über eintausendfünfhundert Eier pro Woche wurden hier produziert und damit die Märkte bis im fernen Kingston beliefert.

Das Ächzen der Eingangstür ließ mich hochschrecken. Die Haushälterin verkündete »Father Francis« Ankunft.

Reverend Francis Friesen, ein altersloser, hagerer Mann mit weißblonden Haaren, scharfem Nasenrücken und einem steten Lächeln um die schmalen Lippen, musterte mich lange mit seinen stahlblauen, wirklich stahlblauen Augen, bevor er mich ins schattige Innere des Pfarrhauses bat. Die Haushälterin brachte uns einen erfrischenden Maracujasaft, während der Reverend, unverwandt seinen eisblauen Blick auf mich richtend, zuhörte, als ich ihn um Vermittlung zu den Leuten im Dorf ersuchte. Als er statt einer Antwort ohne den Kopf zu wenden eine am rechten Tischrand liegende Publikation ergriff und darin, ohne mit den Augen seiner Hand zu folgen, blätternd einen Artikel suchte, wurde mir klar: Reverend Francis Friesen war blind. Doch er war durchaus gesprächig.

Aus den Niederlanden stammend, Mitglied des ursprünglich französischen Ordens Mission of the Sacred Heard begleitete er seit über zwanzig Jahren das Schicksal der Leute von Seafordtown. Nach seiner Ankunft hatte er zunächst den Wiederaufbau der von Missionspfarrer Tauer 1882 errichteten Kirche veranlasst, deren hundertjähriges Jubiläum er nun vorbereitete. Seiner Initiative waren auch Schule und Krankenstation im Betonbau hinter der Kirche zu verdanken sowie die

Zusammenstellung der Dokumentation im »Museum«. Denn er verfügte über beste Kontakte zur Universität in Kingston und hatte dort eine Jamaica German Research Group gegründet.

Aber helfen konnte er mir nicht.

Er sei mit jedem einzelnen Menschen und dessen Geschichte in der gesamten Region vertraut, betonte er, als wolle er sagen: Es ist ohnehin alles getan. Und überdies hätten ihn die Leute ausdrücklich ersucht, Besuche von Fremden zu verhindern; die Leute hatten den Touristenrummel satt, neuerdings organisiere eine Agentur in Montego Bay sogar Seafordtown Tours, Busfahrten zu den »primitiven Deutschen«! Kaum hält ein Bus am Kirchplatz, strömen Horden mit gezückter Kamera durch die Siedlung und schämen sich nicht, ungebeten in Häuser einzudringen und die Leute mit ihrer Neugierde zu belästigen. Dabei gebe es ohnehin kaum mehr als eine Hundertschaft hellhäutiger Einwohner, die übergroße Mehrheit der Dorfbewohner sei längst schwarz.

Reverend Francis verstummte. Und ich holte tief Luft.

Aber ich bin doch anders! Bin keine Touristin! Habe andere Fragen! Bin angehende Historikerin und seit Jahren auf vielfältige Weise mit Jamaika verbunden! Ich möchte hier über einen längeren Zeitraum arbeiten, mit Methoden der »Oral History«, einer »dialogischen Anthropologie«, einer »Geschichte von unten«, ich möchte die Erzählungen der Leute mit den großen historischen Abläufen verbinden, Reverend, ich kann Ihnen versichern, ich werde niemanden belästigen, sondern nur gemeinsam mit den Leuten und nicht zuletzt für sie arbeiten, solange sie mit mir arbeiten wollen.

Reverend Francis wischte mit seiner schneeweißen, langfingrigen Hand über die Tischplatte, wie um Fliegen zu verscheuchen.

Kein Mensch hier interessiert sich für Geschichte, zischte er dann; Geschichte ist etwas für Arrivierte, für Touristen oder vielleicht für Nachkommen der aus Seafordtown Weggezogenen, die in den USA oder Kanada eine mittelständische Existenz aufbauen konnten und sich plötzlich für ihren »Ursprung« und ihre »Identität« interessieren. Oder für

Akademiker wie Sie und für Journalisten, die mit derartigen Geschichten ihren Lebensunterhalt verdienen. Hier sind die Leute mit dem Überleben befasst und nicht mit ihrer »Geschichte«. Nur die Mächtigen und die Arrivierten glauben an Geschichte, die anderen glauben an Gott oder an das Schicksal – aber das wissen Sie sicher selbst ...

Nur Arrivierte? Nur Mächtige? Das hängt davon ab, ob Sie unter Geschichte nur die der Mächtigen verstehen. Und was verstehen Sie unter »arriviert«? Vielleicht das »Angekommensein« in der Aufklärung, in der Demokratie, der Trennung von Kirche und Staat – es wäre nachvollziehbar, dass sie dafür wenig übrighaben, das könnte ja ihre Rolle schmälern; oder irre ich mich?

Er lächelte unverwandt.

Ach, darum geht es doch gar nicht. Die Leute haben einfach keine Zeit für sowas. Und kein Interesse. Und sie sind verletzt von dem, was über sie publiziert wird. Sie empfinden sich ja keineswegs als »Deutsche«, sondern als ganz gewöhnliche Jamaikaner, und wollen nicht immer angestaunt werden wie seltsame Tiere. Zu Beginn des 20. Jahrhunderts und in den 1930er Jahren gab es Initiativen, die Leute von Seafordtown vor der »Vernegerung« zu bewahren und sie in »ihre Heimat« zurückzuführen. Aber für die Leute war Jamaika ihre Heimat, sie wollten nicht von irgendjemandem »gerettet« werden und schon gar nicht in ein fremdes, deutschsprachiges Land verbracht. Dieses ganze Getue um die »Deutschen« in Jamaika verursacht doch nur Zwietracht unter den Leuten!

Aber warum dann das »Museum«? Warum die Tafel am Eingang des Dorfes *You are entering Seaford Town, the German Township?*

Er schwieg einen Augenblick. Dann meinte er, das alles sei nur dieser linken Identitätspolitik zu verdanken, denn das ganze Übel habe ja mit den marxistischen Kulturwissenschaften begonnen, der Indoktrinierung der Schwarzen, sie sollten sich auf ihre afrikanischen Wurzeln besinnen; und der politischen Bewegung, die daraus entstand. Da fanden die Weißen in Seafordtown, diese »afrikanische Identität« gehe sie nun wirklich nichts an, sie hatten doch nichts mit Afrika zu tun. Und plötzlich hatten ein paar Leute die Idee, diese Tafel aufzustellen, denn warum sollten sie sich nicht auch auf eine Identität besinnen dürfen? Da fingen die Probleme an. Schwarze kritisierten die Tafel als Ausdruck typisch weißer Überheblichkeit, Weiße beklagten sich, nur Schwarze dürften von Entwicklungsprojekten profitierten und die Weißen bekämen niemals etwas ab. Und sie hatten ja recht! Nicht einmal der deutsche Botschafter in Kingston wollte für die von Father Francis im Rahmen seines Vereins gegründete Berufsschule deutsches Geld beisteuern aus Furcht vor dem Vorwurf, »deutschstämmige« Menschen zu unterstützen! Dabei sollte diese Schule ausdrücklich allen Kindern der Region zugutekommen! Doch in der immer zur Selbstanklage neigenden bundesdeutschen Presse wurde die Einführung von Deutschkursen für deutschstämmige Jamaikaner als Deutschtümelei kritisiert, als nationalistisch, gar als rassistisch! Ist das nicht verrückt? Niemand kämе doch auf die Idee, Kurse für Yoruba, Wolof oder Bambara als nationalistisch oder völkisch oder rassistisch zu kritisieren!

Ich schwieg, etwas verlegen. Denn plötzlich wurde mir gerade an diesem Beispiel die bewusste oder unbewusste Irreführung deutlich, wenn ein offensichtlich asymmetrisches Machtverhältnis zur Symmetrie zurechtgebogen werden und nicht Vergleichbares gleichgemacht werden soll. Wären etwa geförderte Kurse für Yoruba oder Bambara wirtschaftlich gleichermaßen vorteilhaft wie Deutschkurse? Natürlich nicht. Mit Deutschkenntnissen hatte man einfach mehr Chancen auf dem Arbeitsmarkt und überhaupt im Leben als jemand mit Kenntnissen von Edo oder Igbo. Das war doch auch der Grund, warum niemand auf die Idee käme, für die schwarze Bevölkerung in Seafordtown Kurse für eine afrikanische Sprache zu fördern, obwohl sie sich angeblich gerne auf ihren afrikanischen Ursprung beziehen.

Laut sagte ich: Aber ich bitte Sie, Reverend! Es ist doch nicht zu übersehen, dass sogar in Seafordtown Schwarze und Weiße durch ihre jeweils unterschiedliche Geschichte in irgendeiner Weise geprägt sein müssen. Die Vorfahren der einen wurden gegen ihren Willen in Ketten auf die Insel verschleppt, während die der anderen freiwillig und als Freie kamen, als »Wirtschaftsmigranten« würde man heute sagen. Die Weißen waren zwar mittellos, doch mit ihren Grundherren durch das gleiche *Rasseninteresse* gegen die Schwarzen verbunden. Sollten sie nicht den Schwarzen das unerschlossene Buschland streitig machen? Sollten sie nicht deren sittliches Vorbild nach christlichen Dogmen sein?

Aber das war doch berechtigt, wehrte sich Father Francis, die Schwarzen hatten zuvor keine Ahnung von Familie und Verantwortung oder vom rechten Glauben, sie lebten in Polygamie und Promiskuität, im Chaos und in der Sündhaftigkeit, wie heute noch die Maroons, die Rastafaris, die Leute im Ghetto! Vom Import deutscher Familien erhoffte man eben eine Verbesserung der Sitten, ein Vorbild für eine gottgefällige Familie mit Vater, Mutter, Kindern, vereint in Pflichterfüllung und Gottesfurcht durch das heilige Sakrament der Ehe. War das denn schlecht?

Ich lauschte beeindruckt. Abgesehen von seinem bigotten Urteil über angeblich Schwarze Lebensweisen fiel mir auf, dass in Seafordtown offenbar ein Bedeutungswandel von »kultureller Identität« stattfand, eine Art Enteignung eines politischen Konzepts. Ursprünglich war »kulturelle Identität« als Konzept für marginalisierte, verunsicherte Bevölkerungsgruppen wie Afroamerikaner in den USA, für die neuen postkolonialen Nationen in Afrika oder die Arbeiter in Europa gedacht, um deren Selbstbewusstsein zu stärken, als eine Art Empowerment. Doch wenn dieser Begriff nun von Weißen übernommen wird, die sich ohnehin »rassisch« und/oder kulturell überlegen fühlten, muss im Rahmen eines vorgeblich gleichrangigen Wettbewerbs zwischen Schwarz und Weiß eine »afrikanische Identität« wiederum den Kürzeren ziehen, weil sie sich nicht auf vergleichbar mächtige Solidargemeinschaften und kulturelle Ressourcen stützen kann.

Es war eigentlich erstaunlich, dass diesem gebildeten, vordergründig keinesfalls rassistischen Reverend Francis Friesen diese Asymmetrie von schwarzer und *weißer* Identitätspolitik verborgen blieb.

W. E. B. Du Bois, auf den sich viele postkoloniale Theoretiker beziehen, schrieb 1900 von einem »doppelten Bewusstsein« (*consciousness*), eines Schwarzen, der sich einer weißen Gesellschaft, die ihn ablehnt oder »unsichtbar« macht, zugehörig fühlen muss. In den 1970er Jahren sollte eine »multiple« oder »zerrissene« Identität (Anderson 1988, Hall 2018) die soziale Verunsicherung in der europäischen Nachkriegsgesellschaft oder in den neuen Nationen erklären helfen. Gemeint waren damit verschiedene, einander widersprechende Loyalitäten.

Bewusstsein leitet sich von »Wissen« ab, von der Wahrnehmung von Welt; während eine »Identität« dem Subjekt durch äußere Umstände auferlegt wird, sei es durch eine Bürokratie, die dafür Personalausweise erfunden hat, sei es durch den politischen Willen einer bestimmten Gruppe. Der französische Sinologe und Soziologe François Jullien (2017) ist überzeugt davon, dass Kultur keine »Identität« produziert, sondern Ressourcen, die von Subjekten und Staaten auf verschiedene Weise genutzt, angeeignet, vernichtet oder auch verloren werden. Nicht eine ominöse »Identität«, als *passe partout* für alles und jeden, sondern spezifische kulturelle Ressourcen bestimmen unser Handeln, unser Selbstbewusstsein, unsere Stellung in der Gesellschaft. Und deshalb kämpfen wir um sie.

»Identität« war zunächst ein linker Hilfsbegriff mit emanzipatorischem Anspruch. Doch bald bedienten sich auch Eliten sowie politische Manipulatoren und Volksverführer - euphemistisch »Populisten« - einer »kulturellen Identität«, um ihre Privilegien zu sichern und andere auszugrenzen. Bis daraus die Identitäre Bewegung entstand.

So weit war es im Jahr 1982 freilich noch nicht, als ich Reverend Francis Friesen endlich doch noch wagte, die Frage aller Fragen zu stellen, deretwegen ich eigentlich gekommen war:

Aber, bitte sagen Sie mir, warum vermischen die Leute sich nicht mit der schwarzen Bevölkerung? Nach so langer Zeit, nach hundertfünfzig Jahren? Eine winzige weiße Minderheit, die unter gleichen Bedingungen wie ihre schwarzen Nachbarn lebt und der ihre »Blutreinheit« doch nur Nachteile bringen kann, warum weigern sich diese Leute, Schwarze zu heiraten? Wie begründen diese Leute ihre Haltung, oder wie wurde sie seinerzeit begründet?

Wieder schwieg der Reverend eine Weile; dann warf er, wie beiläufig, hin: Vielleicht haben sie einfach Angst …

Angst wovor? Vor den Schwarzen? Die haben diesen »Deutschen« hier doch alles beigebracht und ihnen das Überleben erst ermöglicht … und außerdem wissen Sie sicher selber, wie schnell man sich an Hautfarben gewöhnt.

Vielleicht ist es Angst, vielleicht Scham vor dem Abgleiten in das sündige Leben, Furcht vor den Dämonen der Barbarei, wiederholte der Reverend, als hätte er mich nicht gehört.

Nein, bei aller Freundlichkeit, mein Vermittler wollte er immer noch nicht sein. Ich solle doch die Partnerwahl der Leute einfach respektieren, ohne nach Erklärungen zu suchen, ohne Anschuldigung, ohne Rechtfertigung, einfach nur *respektieren*. Es ist doch ihre private Angelegenheit.

Ist es das wirklich? Kann es das jemals sein?

*

Draußen auf dem Kirchplatz saß ich bei offener Tür im Wagen und überlegte eine Weile was tun. Den ganzen langen Weg zurückfahren, ohne diese Weißen im schwarzen Land wenigstens einmal gesehen zu haben, kam nicht infrage. Doch ich wollte keinesfalls als respektlos gelten und empfand mich auch nicht so. Beiläufig blätterte ich einige Publikationen durch, die mir der Reverend freundlicherweise überlassen hatte, diverse Tourismusprospekte, Zeitungsartikel, Essays, die Francis Friesen mithilfe seiner zwischen den Bücherwänden hin und her huschenden Haushälterin für mich herausgesucht hatte und die das ganze Spektrum ideologischer Selbstverblendung beleuchteten: Da schrieb ein Autor 1905 von einem Spendenaufruf für die rettende Heimholung der verlorenen Blond-Blauäugigen aus ihrer unverschuldeten Misere, »das Herz bricht einem angesichts der Vernegerung deutschen Blutes«; ein Geograf namens Karl Sapper – wie ich später lernte »Deutschlands führender Mittelamerikaforscher« sowie Mentor des Hamburger Museumsdirektors Franz Termer – warnt in der *Kolonialen Rundschau* 1937 auswanderungswillige Deutsche vor tropischen und von »Negern« bewohnten Gebieten, nicht nur wegen der Unverträglichkeit des Klimas, sondern »vor allem wegen der Gefahr einer »Vermischung mit dem Negerelement«. Man müsse bedenken, dass gemischte Ehepaare später nach Deutschland zurückkehren könnten und dadurch »Negerblut ins Deutsche Volk getragen« werde. »Selbst wenn die Menge zweifellos gering« sei, sollte man »im Sinne der Reinhaltung deutschen Blutes« lieber keine Verbindung mit einer »Eingeborenen« riskieren. An anderer Stelle fanden sich schadenfrohe Kommentare aus den 1960er Jahren über die »weißen Neger von Seafordtown«, die sich in ihrem Rassenhochmut bis ins Urgermanentum »zurückgemendelt« hätten und dabei verblödet seien. In einer Tourismus-Beilage *Daily Gleaner* aus dem Jahr 1979 kam wiederum ein vergleichsweise sachlicher Artikel mit dem Titel »In Seafordtown sind Jamaikaner blond« zu einem reichlich abgedroschenen Schluss, in dem es hieß:

> »Vielleicht gelingt es noch, die letzten Überreste von Sprach- und Kulturgut zu dokumentieren, ehe die Alten aussterben und die Jüngeren gänzlich abgewandert sind.«

Dieser Satz, so abgenutzt wie schale Luft überfüllter Hörsäle, findet sich in zahlreichen Werken der klassischen Ethnologie, etwa auch in den Büchern meines Vaters über die Melanesier auf *Owa Raha* (1934, 1936), einer kleinen, allen Prophezeiungen zum Trotz heute überbevölkerten Insel im Südpazifik. Spürt niemand den kalten Hauch des Todes in diesem nur durch ein baldiges »Aussterben« begründeten Interesse? Manche nennen es *Nekromantik* (Mbembe 2013), andere *Thanatologie* (Streck 2013) und erkennen darin das Wesen jener Anthropologie und Ethnologie, deren Interesse nur untergegangenen, verschwundenen oder existenziell bedrohten Gesellschaften gilt. Ich aber hoffte durch

Fragen an die Lebenden auf Antworten für eine lebendige, zukunftsorientierte Gesellschaft. Und so stieg ich wieder aus dem Wagen aus und schlenderte trotzig durch die Siedlung, die Kamera im Anschlag, wie jeder beliebige Tourist.

In den glühenden Nachmittagsstunden herrschte leblose Stille. Ich sah kleine, rosa, hellblaue oder grüne Holzhäuser von Schwarzen Bewohnern, mit einer Veranda, einer Blechtonne zum Sammeln von Regenwasser davor und rundherum Bananenstauden, an Stöcken aufgebundene Tomaten und Jams, einige Avocadobäume und Kokospalmen, dazwischen ein paar Hühner, Ziegen, Esel und hin und wieder eine an einen Baum angebundene Kuh. Ich sah kleine Holzhäuser mit Veranda von Weißen, nicht bemalt, sondern grau verwittert, manchmal mit Schnitzereien am Dachgeviert, wie alte Bauernhäuser in unseren Regionen, davor ebenfalls Regentonnen und rundherum Bananenstauden, Tomaten, Jams, Kokospalmen, dazwischen ein paar Hühner, Ziegen, Esel und hin und wieder eine im Schatten angebundene Kuh. Menschen sah ich keine. Nur einige schwarze Augen in dunklen Kindergesichtern hinterm Busch. Und als ich schon die Hoffnung aufgegeben hatte, erschien ein rosafarbener, rotblonder Mann mit wässrig blaugrauen Augen in seinem Vorgarten – und verschwand bei meinem Anblick im Haus. Ohne Einladung klopfe ich nirgendwo an, das würde ich niemals tun! Ich war ja keine Reporterin und hatte längst meine Kamera wieder in die Tasche gesteckt. Vielleicht ein anderes Mal, vielleicht mit einem anderen Zugang. Ich musste zurück, wenn ich die lange Fahrt nach Golden Spring nicht im Finstern riskieren wollte.

*

Doch zuvor wollte ich mir in dem kleinen Kiosk an der Kreuzung zur Hauptstraße noch rasch eine Erfrischung gönnen; es war eine Bretterbude, wie überall auf dem Land, mit einer Theke, hinter der ein Mann nicht nur Rum, Bier, Coca-Cola, Schweppes verkaufte, sondern auch

Reis, Zucker, Kondensmilch, Margarine und, wenn vorrätig, Zigaretten, einzeln; und natürlich Treibstoff in alten Rumflaschen. In dem kleinen, zur Straßenseite offenen Raum war die Mehrheit der Männer schwarz, aber auch einige Weiße standen plaudernd herum und alle trugen die im Alltag üblichen zerschlissenen Hosen und ärmellosen Unterhemden. Alle sprachen den gleichen, singenden Dialekt, begleitet von den gleichen lockeren, energiesparenden Gesten. Alle Gesichter waren von anstrengender Arbeit gekennzeichnet, auch von jener störrischen Verschlossenheit, wie man sie in abgelegenen Alpendörfern findet. Und alle verstummten, als ich den Raum betrat.

Ich grüßte laut und freundlich, bestellte ein Ginger Ale. Alle schauten mich an, wie überall auf dem Land. Ich schickte mein freundlichstes Lächeln in die Runde und spürte gleich: Irgendetwas war doch nicht wie überall.

Niemand lächelte zurück, niemand sprach mich an mit dem üblichen woher kommst du, warum bist du hier, warum allein. Niemand scherzte. Alle sahen mich nur an, mit der gleichen Verschlossenheit. Das war's, dachte ich. Und wandte mich meiner Flasche zu.

Da knallte vor dem Eingang der Auspuff eines Motorrads, und zwei junge Männer in blumigen Hemden, weiten, schenkellangen Hosen und mit weißblonden, durch ein Stirnband zusammengehaltenen, wirren Haaren betraten den Raum, barfuß. Wäre nicht die zwillingsgleiche Ähnlichkeit ihrer etwas buckligen Nasen gewesen, hätte man sie für Hippie-Touristen halten können. Einer ging zur Bar, rief etwas, die Musik wurde lauter. Bauchfellerschütternder Reggae – wie überall auf dem Land. Aus einem Winkel trat nun ein schwarzer Jugendlicher hervor, ging mit einem der beiden Weißen vor die Tür, setzte sich auf den Rücksitz des Motorrads und die beiden Burschen verschwanden unter Aufheulen ihrer Maschine hinter der nächsten Kurve. Kein Wort war gefallen. Nach einer Weile hielt ein verbeulter, mit erdigen Knollenfrüchten beladener Pick-up vor der Bar, der Fahrer, weißblond und verstaubt, betrat den Raum, stellte sich ans andere Ende der Theke, bestellte ein Red Stripe, begrüßte alle Anwesenden der Reihe nach und würdigte mich keines Blickes. Allmählich entspannte sich die Stimmung, es wurde getratscht und geplaudert, ein wenig gelacht und niemand beachtete mich.

Bis ein schwarzer Jugendlicher, kaum älter als vierzehn oder fünfzehn Jahre, die Bar betrat, mich angrinste, *whity* sagte. Als hätte er eben etwas ganz Neues entdeckt. Doch es war kein naives, sondern ein abfälliges *whity*. Und er meinte natürlich nicht die anderen, viel weißeren Weißen im Raum, sondern mich, die fremde weiße Frau.

Niemand reagierte; und ich wollte schon aufbrechen, als ein mit spitzen Schuhen und makellos hellblauem Hemd adrett bekleideter Schwarzer auf mich zutrat, den ich zuvor gar nicht bemerkt hatte. Etwas kleiner als ich, mit dunkler Sonnenbrille und einer safranfarbenen Ledertasche um die Schulter, machte er mit einer hierzulande eher unüblichen, weichen Körperfülle einen gut situierten, aber gleichzeitig etwas schmuddeligen Eindruck. Als er mich in perfektem Oxford-Englisch fragte, ob ich Britin sei, und ich verneinte, sondern Wien als meinen Ursprung nannte, schien er enttäuscht. Aber dann: Wenigstens aus Europa!

Er kam aus London, wo sich, wie er leutselig erklärte, »seit Margaret die Stimmung leider derart verschlechtert« habe, dass er ans Auswandern denke. Derzeit wohne er bei Bekannten in Montego Bay, wo er einen Frisiersalon aufmachen wolle. Wie froh er sei, endlich jemanden zu treffen, mit dem man sich unterhalten könne, mit den Leuten hier sei dies doch etwas schwierig.

Finden Sie nicht auch? Obwohl, andererseits sind sie ja auch interessant, diese primitiven Weißen, finden Sie nicht auch?

Primitive whites hatte er gesagt und stand dabei unmittelbar neben dem blonden Fahrer des Pick-ups. Ich schämte mich seiner kompromittierenden Komplizenhaftigkeit, umso mehr, als ich die Leute doch selber »interessant« gefunden hatte. Der britische Friseur war mir lästig. Ich wollte ihn loswerden, ohne unfreundlich zu sein.

Zur Klärung der Lage zog ich nun *Sky Writings* aus meiner Tasche, das Magazin von Air Jamaica, das mir Reverend Francis Friesen überlassen hatte. Ostentativ legte ich es mit dem Coverfoto nach oben und für alle sichtbar auf die Theke: ein älteres Paar aus Seafordtown, grauhaarig, weiß verwitterte Gesichter mit knolligen Nasen auf der Holzveranda ihres Hauses stehend. Der Mann trägt eine braune Hose, ein farbloses, zerknittertes Hemd und hält mit beiden Händen einen alten Hut vor seinen Bauch, die Frau mit langen, ungekämmten Haaren in einem hellblauen, bis zum Boden reichenden Gewand stützt sich am Holzpfeiler ab, die Augen wie geblendet zusammengekniffen. Das ganze Foto in weiches Licht getaucht, milde, harmonische Farben, ein schönes Bild vom unschönen Leben.

Oh, die beiden kenne ich ja, rief der britische Friseur, ist das nicht ein wunderbares Bild?

Schon wieder dieses Unbehagen. Auch ich hatte das Foto *gut* gefunden, bevor Reverend Francis Friesen mir von der Empörung der Leute darüber erzählt hatte. Und schon zischte der Barmann hinter der Theke: Nimm das lieber weg. Die Leute hier mögen sowas nicht.

Und auf meine scheinheilige Frage, was meinen Sie damit, erzählte er mit gedämpfter Stimme, wie eines Morgens um halb sieben ein paar Männer aus Kingston an sämtliche Häuser geklopft hätten, bis sich schließlich eine Tür geöffnet habe und dieses verschlafene Paar auf die Veranda getreten war, vom Blitzlicht der Kameraleute total überrascht. Niemand habe sie um Erlaubnis gefragt oder auch nur anständig gegrüßt!

Würdest du es mögen, wenn man dich verschlafen, unfrisiert, kaum angekleidet mit Kameras und Blitzlicht überrascht und dein Bild dann groß als Cover bringt, um der ganzen Welt zu zeigen, wie verkommen und arm du bist?

Der blonde Pick-up-Fahrer hatte zugehört, doch als ich mich ihm zuwandte, wandte er sich ab. Und ich hörte, wie er zu einem neben ihm stehenden Schwarzen sagte: Wirklich, das Ganze ist eine Sauerei.

Warum eigentlich, mischte ich mich, meinen ganzen Mut zusammennehmend, ein; ich wollte wirklich niemanden provozieren, eigentlich wollte ich immer nur von allen geliebt werden. Aber jetzt musste ich etwas riskieren.

Haben Sie den Artikel überhaupt gelesen, fragte ich in die Runde blickend, ich finde nämlich, der ist doch ganz in Ordnung ...

Natürlich hab ich ihn gelesen, brummte der blonde Mann und blickte an mir vorbei, mein Sohn hat ihn mir vorgelesen. Eine wirkliche Sauerei!

Und alle nickten.

Das war nun doch ein wenig überraschend, denn der Artikel enthielt nichts Nachteiliges über die Bewohner, im Gegenteil. Es war ein Bericht voller Empathie, voller Lob über die Gastfreundschaft der Leute, ihre blonden Kinder mit den himmelblauen Augen, engelsgleich im kleinen Teich spielend, splitternackt »wie Gott sie schuf«; und im Inneren des Magazins lauter hübsche Bilder von blonden Männern in gebügelten Hosen und Frauen in geblümten Sommerkleidern; man las von Lord Seafords immensem Plantagenbesitz entlang des fruchtbaren Great River Valley, von den anfänglich schweren Lebensbedingungen der weißen Siedler, das Ganze nicht im geringsten herabsetzend und ziemlich gut dokumentiert. Der Autor, Ray Fremmer, Journalist aus Kingston, berichtet auch von der Abwanderung vieler Weißer nach Kanada und in die USA, und schließlich fügt er hinzu, für die Weißen aus Seafordtown sei es nämlich wesentlich leichter ein Visum zu erhalten als für die Schwarzen, obwohl Letztere die gleichen oder gar bessere Voraussetzungen mitbrachten – warum wohl?, schließt er vielsagend und überlässt die Antwort dem Leser, dass sie nämlich nur wegen ihrer weißen Haut und ihrer deutschen Abstammung die begehrten Visa in die USA erhielten. Und am Schluss noch ein ambivalentes Kompliment: Seafordtown sei zweifellos ein Paradies für Anthropologen und Genetiker, denn der Widerstand der Bewohner gegen jede Vermischung mit der schwarzen Bevölkerung garantiere zwar nicht unbedingt Genialität, verweise jedoch auf einen außergewöhnlich dominanten Claninstinkt.

So könnte man es auch nennen: Claninstinkt, Stammesdenken.

Alles nicht wahr, lauter Lügen, empörte sich nun der neben mir stehende graublonde Bauer mit einem Blick auf das Magazin. Diese Leute kommen einfach in unser Dorf, sprechen die Kinder an und sogar unsere Frauen, dringen in unsere Häuser ein, schauen sich alles neugierig an! Nie zuvor hat sich wer um uns gekümmert! Was wollen jetzt alle plötzlich von uns? Was kümmert sie überhaupt, wen wir heiraten und warum? Wir sind doch kein Zuchtvieh!

Zuchtvieh, nein, dachte ich, heute nicht mehr. Aber vor hundertfünfzig Jahren? Immerhin wurden die Leute nicht zuletzt zur Stärkung des »weißen Blutes« eingeführt. Und das Gespräch mit Revered Francis hatte gezeigt, dass das Gerede, *pardon*, der Diskurs über »kulturelle Identität« letztlich in die gleiche Sackgasse führt, in der schon die »Rasse« als Untote modert.

Es kommt immer auf den politischen und gesellschaftlichen Kontext einer Frage an. Und Begriffe wie »Nation«, »Rasse« oder auch »Kultur« nehmen unter verschiedenen Voraussetzungen verschiedene Bedeutungen an. Die Weißen von Seafordtown waren in den letzten hundertfünfzig Jahren zum Spielball wechselnder politischer Interessen geworden und seit einiger Zeit im Fokus der Tourismusindustrie; nun kam ich daher, mit *meinen* Fragen zu *ihren* Fortpflanzungsmarotten. Reduzierte ich sie damit nicht ebenfalls auf ihr Weißsein? Es war wohl an der Zeit, auch meine Fragen einer Revision zu unterziehen. Der Zweifel, was mir diese Leute denn schon Neues über Rassismus erzählen konnten, wurde größer. Ohnehin war alles offensichtlich. Rassismus beruht wesentlich auf der Asymmetrie von Machtverhältnissen, er funktioniert von oben nach unten, als politisches Konstrukt der Mächtigen gegenüber den Ohnmächtigen. Was sollten diese weißen Bauern, die sich in nichts von den Schwarzen unterschieden, schon Neues über diese tausendköpfige Hydra zu sagen haben, die vielleicht besser gar nicht geweckt werden sollte; und die mich längst im Griff hatte.

Ich zahlte, grüßte und verließ die Bar. Und beschloss meine Diplomarbeit einem anderen Thema zu widmen.

11

Besuch bei Orlando Patterson in Harvard

Über Political Correctness

Ich musste das Thema Rassismus wohl anders angehen, musste dort beginnen, wo das Ganze erfunden worden war - in Europa. So arbeitete ich mich entlang der Bruchlinien zwischen Evolutionismus versus Kreationismus, zwischen Rassentheorien und darwinistischen Züchtungsutopien ab, staunte darüber, dass der Begriff »Rassenhygiene« keineswegs dem Nationalsozialismus zu verdanken war, sondern eine Wortschöpfung vom Ende des 19. Jahrhunderts, inspiriert vom britischen Konzept der *eugenics* des Naturforschers und Schriftstellers Sir Francis Galton (1822–1911); dass Begriffe wie »Volkskörper« und »Herrenrasse« bereits um die Jahrhundertwende zum Sprachschatz der Gebildeten unterschiedlicher politischer Ausrichtung gehört hatten - und dabei galt die Zeit vor dem Ersten Weltkrieg doch als das unschuldige Zeitalter der Wiener Moderne!

In Wien wurde erstmals die Geschichte der Arbeiterbewegung zur akademischen Disziplin, von der auch ich mir einen Gegenentwurf zu den katastrophischen Rassenideologien des 20. Jahrhunderts und dem katholisch-völkischen Nationalismus mit Vertretern wie Othmar Spann versprach. Wie standen eigentlich die ideologischen und politischen Autoritäten der Arbeiterklasse zu Rassentheorien und Züchtungsutopien?

Diesen Fragen suchte ich in meiner Dissertation nachzugehen. War das Thema bereits in Wien einigermaßen schwierig zu vermitteln, was sollte ich erst in Golden Spring auf die höflichen Fragen der Gäste nach meiner Arbeit antworten? Sie konnten nicht verstehen, was an einer akademischen Arbeit so aufregend war, dass ich lieber schwitzend und klopfenden Herzens im ehemaligen Gärtnerhaus meine Olivetti bearbeitete, als auf der schönen Terrasse in Gesellschaft heiterer Menschen einen Rumpunsch oder einen Joint zu genießen. Wie hätte ich vermitteln können, dass es bei diesen nur »geistesgeschichtlichen« Plänkeleien der Zeit über Evolution *oder* Kreation, über Umwelt *oder* Vererbung, über »wertvolle« *oder* »minderwertige« Menschen letztlich immer nur um eines ging: um die Kontrolle weiblicher Sexualität, um die totale Kontrolle des Menschen über den Menschen - und immer um Leben und Tod.

Bob Marley war bereits 1981 an Krebs gestorben, sein langjähriger Wegbegleiter Peter Tosh kam sechs Jahre später in seinem Haus in Kingston durch mehrere Schüsse aus »ungeklärten Gründen« zu Tode. Nur Jimmy Cliff überlebte die Jahrtausendwende. In Afrika konvertierte er zum Islam, als Manifest gegen den Rassenhass der Christen, und im Übrigen tourte er weiter mit Songs wie »Vietnam«, »The Harder They Come« oder »You can get it if you really want« durch die Welt. Annabellas Kunstgalerie hatte mittlerweile eine Filiale nahe Nelsons Dockyard an der Südküste von Antigua aufgemacht, denn viele Kunden und Geschäftspartner kamen nun aus den USA und zahlten mit US-Dollar. Und da Graham nicht nur ein Freund, sondern auch Gesellschafter ihres Unternehmens war, fand ich mich hin und wieder in einem exklusiven Clubhotel in Ocho Rios oder beim kürzlich eröffneten angesagten »Italiener« außerhalb der Stadt am gemeinsamen Tisch mit Millionären.

Dabei konnte es geschehen, dass ein potenzieller Geschäftspartner nach einigen Gläsern Whisky einen kleinen Scherz über *nigger* machte – wie soll man dieses Pack denn sonst nennen, immer dieses Gejammer über Arbeitslosigkeit, und dann sind sie nicht einmal imstande, lumpige zwölf Stunden am Fließband der neuen Geflügelfarm in Spanish Town ihren Akkord zu erfüllen ...

So plauderte der Herr neben mir ganz unbefangen – nun, eine Farm war es eigentlich nicht. Das Federvieh wurde aus kalifornischen Massenbrutanstalten importiert und in Spanish Town am Fließband zerlegt; Brustfleisch und Keule zum Reimport in die USA, der Rest für Jamaikaner, zu Dumpingpreisen, das freut die Leute im Supermarkt ... sicher, die einheimischen Bauern können mit diesen Preisen natürlich nicht mithalten, *that's life*. Der Stärkere gewinnt. Die Investition ins Hühnergeschäft sei aber eine echte Win-win-Situation, jeder profitiere davon, der Unternehmer, die Arbeiterinnen und die Konsumenten sowohl in den USA als auch in Jamaika! Wenn nicht diese *Nigger-Weiber* alles versauten, lieber herumlungerten vor der zugegeben nicht besonders gut gelüfteten Halle, als drinnen am Fließband zu stehen. Immer diese Klagen über Kopfweh, Bauchweh und was sonst noch alles, nie erfüllen sie ihre Quoten! Wie soll hier bei derartig elenden Arbeitskräften noch jemand etwas investieren wollen? Die politischen Verhältnisse sind ohnehin riskant genug. Und leider ist die Prügelstrafe aus der guten alten Sklavenzeit ja verboten – *hahaha* – dabei würde hin und wieder eine Nilpferdlederpeitsche diese Leute schon lehren, dass man sein Geld nicht mit »Luftholen« verdient – *hahaha*!

Schau doch nicht so streng, *darling*, war doch nur Spaß!

Das sagte die Frau dieses Mannes, der für alle zahlte, zu mir. Sie saß genau gegenüber. Doch ich, von Grund auf humorlos, erhob mich wie von selbst und ohne mir dabei etwas zu denken von meinem Stuhl, wie von selbst erhob ich meine Hand zu einer rundum deutenden Geste des Grußes, lächelte, *thank you for the nice evening*, und schritt durch die spärlich beleuchtete Parkanlage dem Ausgang zu, wo ich den Wächter neben dem Schlagbaum um ein Taxi ersuchte. Es war das erste Mal. Und ich war traurig. Es waren doch Freunde, die mir diese Gesellschaft zugemutet hatten. Und als Graham, der mir leicht angeheitert und verlegen gefolgt war, mich nun, liebenswürdig wie immer, zum Bleiben bewegen wollte, es sei doch »alles nicht ernst gemeint«, da ahnte ich, dass alles noch viel ernster war.

Übers Jahr wurden erstmals in Jamaika auch ländliche Regionen von Gewalt heimgesucht. Dabei ging es nicht mehr um Politik, sondern um Crack, jene neue, billig produzierte und importierte Droge, die bereits nach dem ersten Mal abhängig und im Unterschied zu Gras meist aggressiv macht. Auch bei jenem Überfall auf einen Nachbarn, ein seit Jahrzehnten ansässiger, allseits beliebter Engländer, der mit einer Machete zerstückelt wurde, ging es um Crack. Sogar Graham, bisher immer davon überzeugt, ein gutes Verhältnis mit der einheimischen Bevölkerung schütze am besten vor Gewalt, war ein wenig beunruhigt. Im Mai 1980 war es in Miami wieder einmal zu »Rassenunruhen« gekommen, und 1982, als das Buch *Slavery und Social Death* von Orlando Patterson herauskam, regierte seit Kurzem Ronald Reagan im Weißen Haus, nicht zuletzt dank der Unterstützung der von der italienischen Mafia unterwanderten, überaus einflussreichen Schauspielergewerkschaft von Kalifornien (Blum 1992). Als Erstes verschärfte der neue Präsident die bereits von seinem demokratischen Vorgänger in die Wege geleiteten Drogengesetze so radikal, dass nun selbst ein Schwarzer in Jamaika harte Strafen befürchten musste, wenn die Polizei ihn im Besitz eines einzigen Joints erwischte. Graham oder Annabella liefen natürlich nicht Gefahr, kontrolliert zu werden, und wenn doch, dann gab es ja Banknoten … nun ja, unter gewissen politischen Verhältnissen kann Korruption auch die letzte Freiheit bedeuten.

Dies galt nicht für Schwarze. Damals wurden in den USA ganze Viertel in die Illegalität getrieben, viele Familien durch das Wegsperren der Männer zerstört, die Arbeitslosigkeit unter Schwarzen stieg rasant. Weiße rauchten und schnupften hingegen, was ihr Budget erlaubte, und wurden kaum jemals kontrolliert. Weiße Polizisten gingen immer öfter mit Gewalt gegen meist unbewaffnete Schwarze vor, bald gab es wütende und später auch gewalttätige Proteste, nicht nur in Detroit und Chicago, sondern auch in New York, wo die Polizeimorde an Willie Turks, Michael Griffith und Yusef Hawkins noch heute in Erinnerung sind und, wie alle anderen, ungesühnt blieben. Selbst Lynchmorde gab es wieder, freilich ohne brennende Kreuze, doch immer noch unter Berufung auf das Christentum. Damals wurden die USA, was sie heute noch sind: der Staat mit der weltweit höchsten Dichte an Haftanstalten und dem weltweit höchsten Prozentsatz an Häftlingen, in übergroßer Mehrheit Afroamerikaner.

*

Dies war die Lage, als ich im Frühjahr 1984 Orlando Patterson in Harvard besuchte. Ich wollte seine Meinung zur jüngsten Entwicklung erfahren und wohl auch eine Orientierungshilfe für meine Arbeit an der Dissertation. Mittlerweile hatte ich mich mit Orlandos Buch *Slavery and Social Death* auseinandergesetzt und ich erinnere mich noch meiner Verblüffung beim ersten Satz, in dem es hieß: »Sklaverei ist kein Skandal, sondern etwas ganz Normales, wobei ›normal‹ keineswegs als Wertung gedacht ist; ebenso könnten Mord und Totschlag als ›normal‹ in der menschlichen Gesellschaft gelten, dennoch käme niemand auf die Idee, diese Taten nicht zu verurteilen.«

Dass ein schwarzer Jamaikaner schreiben konnte, Sklaverei sei kein Skandal, sondern soziale Tatsache, war erstaunlich. Insgesamt war das Buch weit entfernt von jenem Betroffenheitspathos, das gegenwärtig das Denken und Handeln erschwert. Es war eine nüchterne, mit Statistik und Daten gespickte vergleichende Studie der »Herrschaftstechnik Sklaverei«, die in allen differenzierteren Gesellschaften und zu allen Zeiten, wenngleich auf sehr unterschiedliche Weise, institutionalisiert war. Das Buch thematisiert altkeltische, altgermanische, griechisch-antike, byzantinische, altafrikanische, arabische, asiatische Sklaverei bis hin zur merkantilistischen und kapitalistischen Sklavenwirtschaft in Europa und in den USA und macht deutlich, dass Menschen aller Hautfarben im Laufe der Geschichte versklavt wurden. Der Begriff *Rasse* kommt in seinem Buch gar nicht vor.

Orlando Patterson nimmt in dem Buch auch auf G. W. F. Hegels Dialektik Bezug, doch weniger unter dem Aspekt der Freiheit, sondern unter dem der Angst. Denn es ist die Angst, die dieses extrem asymmetrische und daher auch labile Machtverhältnis zwischen Sklaven und Herrn zusammenhält; die Angst des Sklaven vor der Gewalt des Herrn, die Angst des Herrn vor der Rache des Versklavten. *As many slaves as many enemies*, erkannten bereits die alten Griechen, hatte Orlando Patterson notiert. Um Herr seiner Angst zu werden, sieht sich der Sklavenbesitzer genötigt, seine eigene parasitäre Beziehung zu beschönigen, gar ins Gegenteil zu verkehren und sich als das eigentliche Opfer darzustellen, bis er schließlich selbst daran glaubt.

Diese imaginäre Umkehrung realer Verhältnisse erfordert freilich jenen beachtlichen Aufwand an Worten, Taten und Institutionen, aus dem schließlich jener Diskurs hervorgeht, der sich seit der ersten industriellen Revolution kaum geändert hat: Nicht der Sklave, der mit Gewalt seiner Sprache, seiner Religion, seiner Kultur und sämtlicher Produkte seiner Arbeit sowie aller sozialen Bindungen beraubt wird, ist das Opfer, sondern sein Herr und Besitzer, der erkennt, dass seiner Ausbeutung durch humanbiologische Voraussetzungen gewisse Grenzen gesetzt sind. Nicht die Versklavung ist der Skandal, sondern der Umstand, dass der Sklave sogar dann noch am Leben erhalten werden muss, wenn sein Besitzer nicht mehr von ihm profitieren kann.

In keiner einigermaßen stabilen, traditionellen Sklavenhaltergesellschaft wurde gebilligt, einen wegen Alter oder Krankheit arbeitsunfähigen Sklaven einfach auf die Straße zu setzen und dies als »Befreiung« zu bezeichnen – was nicht heißt, dass dies nicht gelegentlich geschah. Eine extrem schlechte Behandlung von Sklaven wurde sanktioniert, nicht etwa aus Menschlichkeit, sondern aus Furcht vor den sozialen Folgen – einer durchaus »berechtigten Furcht«, wie die Geschichte zeigt.

Orlando Patterson geht es in seinem Buch um scheinbare Widersprüche der Geschichte, etwa um den Umstand, dass Vordenker der Menschenrechte und der Demokratie wie Thomas Jefferson (1743–1826) oder Alexis de Tocqueville (1805–1859) Sklavenhalter oder gar Sklavenhändler waren und gerade deshalb die Grenzen und Probleme der Sklaverei erkannten. Ludwig XIV. hatte 1685 den *Code Noir* erlassen, ein Gesetzeswerk, das den versklavten Afrikaner juristisch erstmals als Sache, als Gut und als Ware definierte, um Fragen der Besitzverhältnisse und der Verantwortung zu regeln. Was heute schockiert, sollte damals der irrationalen und unökonomisch grausamen Praxis bei der Sklaverei Grenzen setzen. Doch mit dem Code Noir wurde der Mensch erstmals in seiner Geschichte nicht nur zur Ware, sondern auch zu Kapital, wodurch die transatlantische Sklavenwirtschaft eine völlig neue Dimension gewann.

Ob in Jamaika oder in den USA, überall wurden »Neger« erst nach ihrer Befreiung zu einer *Negerfrage*. Erst nach dem britischen Verbot der Sklaverei 1837 zeigten sich die gesellschaftlichen Folgen einer Befreiung ohne Existenzgrundlage für die Befreiten. In Jamaika kam es zu den erwähnten Hungerrevolten, welche die Unabhängigkeit der Insel beendeten, in den Südstaaten der USA richtete sich der berüchtigte Furor rassistischer Gewalt des 1860 gegründeten Geheimbundes Ku-Klux-Klan gegen diejenigen Schwarzen, die es irgendwie zu einer »ehrbaren Existenz« gebracht hatten, gegen Farmer, Prediger, kleine Kaufleute.

Ziel des »Clans« war es, durch die zeremonielle Vorbereitung und Durchführung von illegalen, aber behördlich und gesellschaftlich geduldeten Lynchmorden Terror zu verbreiten sowie Schwarze an der Ausübung ihrer Rechte zu hindern. Die sozialen Folgen dieser Praxis werden aus zahlreichen Biografien ehemaliger Sklaven und deren Nachkommen deutlich. Paradigmatisch dafür ist die Biografie von Malcolm Little *alias* Malcolm X *alias* El-Hajj Malik el-Shabazz, Mitbegründer der »Nation of Islam«, Prediger der »Black Muslim«, Staatsfeind Nummer eins in den USA, weltweiter Bürgerschreck – auch für meine ehemaligen Schwiegereltern.

Malcolm wurde 1925 in Nebraska geboren und 1965, drei Jahre vor Martin Luther King, in Harlem ermordet, angeblich durch ein vom FBI gedungenes Mitglied der Nation of Islam.

Seine Kindheit war gezeichnet durch die mehrfache gewaltsame Vertreibung seiner Familie, schließlich durch den vom Ku-Klux-Klan begangenen Lynchmord an seinem Vater und den darauffolgenden Nervenzusammenbruch seiner jeder Rechte und Mittel beraubten Mutter. Unter den Augen ihrer Kinder wurde sie in eine »Irrenanstalt« abtransportiert, währen diese in verschiedenen Pflegefamilien untergebracht wurden. Das hinderte den kleinen Malcolm nicht, an Gerechtigkeit zu glauben. Er war ein Musterschüler und wollte Anwalt werden. Erst als sein Lehrer ihm rundheraus erklärte, dies sei kein Beruf für einen Schwarzen, er solle lieber ein Handwerk erlernen, begann allmählich seine bekannte Laufbahn als Kleinkrimineller bis hin zur charismatischen politischen Führergestalt.

1924 zählte der Ku-Klux-Klan noch an die vier Millionen Mitglieder, und nach dem durch die Weltkriege bedingten Schwund seiner Bedeutung gewann er im Zuge der Bürgerrechtsbewegung in den 1960er Jahren unter dem Namen United Clans seinen alten Schrecken zurück. Ihr Führer David Duke wurde 1980 zwar wegen eines Steuervergehens verurteilt, doch seine Organisation und seine Gesinnung haben sich über die Tea-Party-Bewegung bis in die höchsten politischen Kreise erhalten.

Das alles war freilich kein Thema für Orlando. Ihm ging es um Sklaverei als Institution. In seinem Buch kam er zwar zu dem von Hegel inspirierten Schluss, der moderne Begriff von Freiheit sei wohl durch die merkantilistische Sklavenwirtschaft des 17. und 18. Jahrhunderts ermöglicht worden. Doch Orlando ging einen Schritt weiter und stellte die Frage nach dem Wert einer Freiheit, die nur um den Preis einer totalen Verdinglichung des Menschen durch den Menschen erworben wird. Und diese Frage würde Thema seines Werkes *Freedom in the Making of Western Culture* (1991) sein.

*

Orlando schien erfreut, mich zu sehen, gleichzeitig aber distanzierter, als ich ihn in Erinnerung hatte. Vielleicht war dies seiner Stellung als angesehener Professor zu verdanken, dachte ich, und begnügte mich mit Konversation über den letzten Tratsch aus Jamaika und private Befindlichkeiten. Die Zeit verging, schon blickte Orlando auf die Uhr, die nächste Lehrveranstaltung wartete. Erst auf dem von Rasen gesäumten Weg zu seiner Fakultät nahm ich mir ein Herz.

Was er von der neu entflammten Polizeigewalt gegenüber Schwarzen halte, immerhin der schlimmsten seit den bürgerkriegsartigen Zuständen in Detroit von 1967.

Er verzog keine Miene. Und nach einer Sekunde des Schweigens meinte er nur kurz, das sei doch alles »von den Medien hochgespielt«.

Ich war überrascht; fragte störrisch, ob er persönlich jemals Probleme wegen seiner Hautfarbe gehabt habe, worauf er mit sichtlicher Ungeduld antwortete: Selbstverständlich niemals! Sonst wäre ich doch nicht hier. Im Übrigen sei er dieses ewigen Themas eigentlich überdrüssig, es werde ununterbrochen über »Rassismus« geredet und geschrieben und damit doch nur beschworen, was man zu bekämpfen vorgab. Und schlecht gelaunt fügte er hinzu, natürlich seien die »Zwischenfälle« bedauerlich, aber er frage sich, warum ausgerechnet er immer wieder danach gefragt werde.

Nun, immerhin bist du schwarz und hast ein Buch über ...

Nicht über Rassismus, sondern über Sklaverei!, unterbrach er mich. Er habe auch anderes publiziert, aber danach werde er niemals gefragt.

Für mich war klar, Orlando war gefangen in der *colorline*, die er nicht zur Kenntnis nehmen wollte. Kurz bevor wir uns verabschiedeten, wurde er verbindlicher. Er habe sich in seinem Buch bemüht, nachzuweisen, dass die »Ghettokultur der Armut« in schwarzen Vierteln auf gewisse Gegebenheiten aus der Zeit der Sklaverei zurückzuführen sei. Damals waren nicht die versklavten Eltern, sondern die Sklavenbesitzer verantwortlich für deren Kinder, die nicht ihren Eltern, sondern den Sklavenbesitzern gehörten und teilweise sogar in eigenen Zuchtanstalten zur Welt gekommen waren. Insbesondere die Väter hatten keinerlei Beziehung zu den Kindern. Daher fühlten sich die Männer auch nach ihrer Befreiung nicht besonders verantwortlich für ihre Kinder, sondern bürdeten sämtliche Pflichten den meist überforderten Frauen auf, während die Väter oft in Haft saßen oder arbeitslos waren. Von den Müttern wurde nicht nur die Versorgung der Kinder, sondern auch die der ganzen Familie erwartet. Mit Rassismus habe das alles nichts zu tun, Rassismus habe man in den USA längst hinter sich gelassen.

Ich war sprachlos.

Und im Zug zurück nach Boston fragte ich mich traurig, was ich nur falsch gemacht haben mochte, um Orlando zu verärgern.

Nichts hatte ich wieder einmal verstanden. Erst viel später erfuhr ich, dass sein Konzept von der »Ghettokultur« bei afroamerikanischen Autoren auf einige Kritik gestoßen war. Man warf ihm vor, mit seinem Rekurs auf die Sklavenwirtschaft den institutionellen Rassismus der Gegenwart auszublenden. Nicht die Sklaverei vor zweihundert

Jahren sei schuld an der gegenwärtigen Lage der Schwarzen, sondern die segregationistische Stadtplanung, die betrügerischen Immobilengesellschaften, die ungleiche Gesundheitsversorgung, die gewaltsamen Übergriffe der Polizei, die private Industrie der Haftanstalten, die Diskriminierung auf dem Arbeitsmarkt in der Gegenwart und so fort. Orlandos Thesen erfuhren einen in den Sozialwissenschaften nicht seltenen Wandel in der Rezeption. In den 1970er Jahren waren seine Forschungen gegen das in den USA verbreitete Selbstverständnis gerichtet, Elend und Kriminalität in schwarzen Vierteln seien *rassisch* bedingt, weil Schwarze von Natur aus faul, triebhaft und verantwortungslos seien. Doch ein Jahrzehnt später wurde sein sozialhistorischer Erklärungsversuch als Verschleierung einer rassenpolitisch vergifteten Gegenwart interpretiert.

Es mochte freilich weitere Gründe für seine damalige Ungeduld gegeben haben. Zum einen war er es wohl einfach überdrüssig, mit *Opfern* in einen Topf geworfen und immerzu auf seine Hautfarbe reduziert zu werden. Zum anderen war zur Zeit meines Besuchs in den USA gerade die Diskussion um Political Correctness entbrannt, die dreißig Jahre später in Europa zu einer Art rhetorischen Massenvernichtungswaffe gegen alles, was irgendwie mit Respekt und Anstand zu tun hat, werden sollte. Ein paar Zeilen sollen daher der Wandlung dieses Begriffs gewidmet sein.

*

Der Begriff Political Correctness entstand in den USA als Folge eines im Weißen Haus verabschiedeten Dekrets zur gezielten Förderung der Chancengleichheit für Afroamerikaner. Folgende Überlegungen lagen der sogenannten Affirmative Action zugrunde: Afroamerikaner seien durch ihr Erbe der Sklaverei, den nachfolgenden Ausschluss von Bürgerrechten und eine allgemeine Benachteiligung im nationalen Wettbewerb um Ressourcen in einem hermetischen Zirkel von Stigmatisierung *ergo* schlechter Ausbildung *ergo* Arbeitslosigkeit gefangen und blieben weiterhin im »fairen Wettbewerb« um nationale Ressourcen benachteiligt. Dies wurde für eine auf Konkurrenz und Konsum aufgebaute Wirtschaft als nachteilig angesehen. Zu Beginn der 1970er Jahre beschloss daher die Regierung Nixon einige bereits von J. F. Kennedy geplante, durch dessen Ermordung nicht mehr realisierte Maßnahmen, die dem entgegensteuern sollten.

Von nun an sollten bei der Vergabe von Stipendien für höheren Schulen oder beim Zugang zu öffentlichen Stellen Afroamerikaner *bei gleicher Qualifikation wie Weiße* bevorzugt werden; dies explizit als Kompensation für ihre bis dahin wirksame Benachteiligung. Diese Maßnahmen der Affirmative Action waren bis zur Erreichung eines statistischen Gleichgewichts zwischen Schwarzen und Weißen befristet, beschränkten sich nur auf öffentliche Einrichtungen und beinhalteten keinerlei Eingriffe in die Privatwirtschaft, sieht man von Universitäten ab, die in den USA großenteils privat finanziert sind.

Doch bald wurde dieses Dekret von Teilen der weißen Eliten als ungerechte Bevorzugung der »Neger« und als illegitime Einmischung des Staates in die vorgeblich naturgesetzliche Konkurrenz zwischen verschiedenen »Rassen und Kulturen« verurteilt und bekämpft. Dennoch hielten insbesondere demokratische Kommunen und Staaten an diesen Maßnahmen fest, sodass Schwarze nun erstmals in elitären Bildungseinrichtungen neben Weißen zu sehen waren, auch in höheren Rängen der Polizei und der Armee, zur großen Empörung der abgewiesenen Weißen. Und sie beruhigten sich nicht einmal dann, als nach einer tatsächlichen oder vielleicht nur statistischen Verbesserung der Lebensverhältnisse der Afroamerikaner dieses Programm der Affirmative Action ohnehin wieder ausgesetzt wurde. Jedes Mal, wenn eine schwarze Person einen Posten oder ein Stipendium erhielt, erhob sich weißes Gezeter, dieser Posten oder dieses Stipendium seien angeblich nur der Political Correctness zu verdanken und keiner entsprechenden Qualifikation. Und die Weißen schrien so laut, bis die Politik sie erhörte und sie sich den ursprünglich für Schwarze gedachten »Opferbonus« aneignen konnten: Plötzlich galten Weiße als die Opfer einer unfairen Bevorzugung der Schwarzen – und der ursprüngliche Status quo, die Benachteiligung von Schwarzen, war wiederhergestellt.

Heute denke ich mir, Orlando Patterson könnte in den 1980er Jahren vielleicht von der Polemik über die Affirmative Action betroffen worden sein; vielleicht hatte er unter dem Verdacht, seine Professur nur der Political Correctness zu verdanken, zu leiden; vielleicht hatte er dies nur befürchtet. »Rassismus? – so etwas gibt's doch nicht mehr in den USA« wäre dann ein defensiver Reflex gewesen, um dem ganzen Irrsinn zu entkommen. Ich habe keinen Kontakt mehr zu ihm und würde ihn ohnehin nie dazu befragen. Vielleicht war er auch nur von meiner damaligen Naivität genervt. Dem Internet ist zu entnehmen, dass Orlando Patterson in jüngerer Zeit unter dem Eindruck der zahlreichen, ungesühnten polizeilichen Tötungsdelikte an unbewaffneten schwarzen Jugendlichen – Prince Johnson 2010, Trayvon Martin 2012, Michael Brown 2014 und vielen anderen – eine Verbindung zwischen seinen sozialhistorischen Thesen über die Sklaverei mit dem nicht mehr zu übersehenden strukturellen Rassismus der Gegenwart herstellt.

Als der Begriff Political Correctness den Atlantik überquerte, erfuhr er eine beachtliche Mutation. In Österreich und Deutschland war bis dahin mangels einer ausreichenden Zahl an Schwarzen weder Rassendiskriminierung noch Bürgerrechtsbewegung ein Thema, nicht zuletzt auch deshalb, weil die USA als vorbildhafte Verbündete Europas gelten. Hier konnte von Affirmative Action keine Rede sein und dennoch eigneten sich die Weißen sozusagen präventiv und ganz ohne Umweg über eine etwaige Bevorzugung von Schwarzen den allfälligen Opferbonus an. Seit Mitte der 1990er Jahre wurde dann zunehmend über eine angeblich alle Freiheiten gefährdende Political Correctness geklagt, es wurde mit Spott und vieldeutiger Verachtung über das »N-Wort« (an sich ein durchaus anzweifelbarer *Ersatz*-Begriff) und die Beharrlichkeit einer angeblichen PC-Community gestritten, bis der Begriff »politische Korrektheit« ein Schlachtruf gegen jede Form von Anstand und

Respekt wurde und den Siegeszug dessen, was man seitdem *Populismus* nennt, einleitete.

Freilich darf nicht verschwiegen werden, dass bereits in den USA die Praxis der Affirmative Action ein grundlegenderes, bis heute ungelöstes Dilemma offenbarte: Um von den staatlichen Anreizen zur Verwirklichung einer Chancengleichheit zu profitieren, mussten sich Betroffene vor der Behörde *ethnisch* und/oder *rassisch* definieren, wodurch sie zwangsläufig den Klassifikationssystemen vergangener Jahrhunderte verhaftet blieben. Ab wann ist jemand schwarz? Ab wann ein »Neger« oder Afroamerikaner? Genügt »ein Tropfen schwarzes Blut«? Ein Onkel oder eine Tante in dritter Aszendenz?

Bekanntlich dient eine amtliche Statistik zur ethnischen Zusammensetzung einer Bevölkerung keineswegs immer nur der Förderung staatsbürgerlicher Gleichheit. Je nach dem politischen Programm kann sie auch zur Spaltung der Gesellschaft und zur Diskriminierung verwendet werden. Stolze Demokratien wie etwa Frankreich verbieten deshalb ethnisch basierte Statistiken. Aber dies verunmöglicht andererseits eine Datenerhebung zur gezielten Bekämpfung von Diskriminierung. Frankreich etwa verfügt über vergleichsweise vorbildliche Antidiskriminierungsgesetze, dennoch sind Ethnic Profiling durch die Polizei sowie die rassistische Benachteiligung bei der Suche nach Wohnung und Arbeit an der Tagesordnung. Öffentliche Daten darüber gibt es keine, sie werden nur von privaten Vereinen erhoben, die sich dann dem Vorwurf der Parteilichkeit ausgesetzt sehen, was wiederum einer der Gründe ist, warum rassistische Aggressionen oder Diskriminierung meist ohne Konsequenzen bleiben. Kurzum, mit jeder staatlich verordneten antirassistischen Maßnahme werden immer auch rassistische Klassifizierungen wiederbelebt. Wie kann dieses Dilemma überwunden werden?

12

Ein Redakteur in Wien

Vom »Neger« und vom »Fetisch«

Zurück in Wien stellte ich mich dem Gecko-gleichen Blick des leitenden Redakteurs einer neuen, vielversprechenden Wochenzeitschrift. Ich bot ihm »Briefe aus der Karibik« an, in denen ich ein etwas differenzierteres Bild vermitteln wollte, als die vom Kalten Krieg üblicherweise bestimmten Medien es konnten.

Jamaika etwa strebe keineswegs den Kommunismus oder gar ein Militärbündnis mit Kuba an, Jamaikaner seien keineswegs nur Autos anzündende Drogenfreaks und auch die Wirtschaft der Insel beschränke sich nicht nur auf die Herstellung von Rum. Dort würden weltpolitische Weichen gestellt, erklärte ich stolz; 1971 hätte ich zum Beispiel von der Konferenz in Ocho Rios zur Aufhebung der Goldstandards berichten können, wo das Abkommen von Bretton Woods 1944 für nichtig erklärt wurde und die USA, durch den Vietnamkrieg derart hoch verschuldet, dass sie den Goldstandard des Dollars nicht mehr halten und feste Wechselkurse nicht mehr garantieren konnten, den Dollar von nun an *frei floaten* ließen und das als wirtschaftliche Freiheit verkauften. Ich hätte vom Treiben der Vietnamkriegs-Verweigerer an den Traumstränden Jamaikas berichten können oder von den Cayman Islands, von Barbados, von San Martin, von St. Kitts, lauter wunderschöne Inseln voller Börsenhaie, Geheimagenten, Waffenschieber, die auf ihren Luxusjachten den nächsten steuervermeidenden Schachzug planten; oder vom Friedenskonzert in großen Stadion von Kingston 1978, als ein ganjaumwölkter Bob Marley zusammen mit Peter Tosh die beiden einander bekämpfenden Cousins, den Sozialisten Michael Manley und den Konservativen Edward Seaga, auf die Bühne holte, vor dreißigtausend im Reggae-Rhythmus wogenden Menschen die Hände der beiden ineinanderlegte und beide Politiker versprechen mussten, endlich aufzuhören mit der Gewalt, den bezahlten Gangs, den gedungenen Mördern! Alles versprachen sie. Auch Mick Jagger war dabei, Sie kennen ihn sicher, Herr Redakteur, diesen auf seiner Gitarre tobenden, von Drogen zerrütteten Ritter der traurigen Gestalt, der die saturierten europäischen Kids mit seinem Song »I can't get no Satisfaction« außer sich geraten lässt. Haben Sie ihn unlängst in der Wiener Stadthalle gesehen?

Auch Nachrichten über die erschütternden Geschehnisse in Brasilien und Argentinien könnte ich liefern, von denen ich durch den unerwarteten Besuch eines in Rio akkreditierten Südamerika-Korrespondenten der *Süddeutschen Zeitung* Kenntnis habe. Ich hatte diesen Mann – ich nenne ihn Hermann – in Wien zur Zeit des Prager Frühlings kennengelernt, danach einmal in Rio, wohin er versetzt worden war, besucht und seitdem keinen Kontakt mehr. Nun stand er plötzlich am Strand von Negril vor meiner angemieteten Hütte. Ich erkannte ihn kaum, wie ein Alien in dieser Umgebung, so groß, graublond, preußisch, im gepflegten Baumwollpulli und mit einer gediegenen ledernen Umhängtasche um die Schulter. Woher hatte er Kenntnis von meinem Aufenthalt? Ohne sich mit einer Antwort aufzuhalten, erklärte er: Du musst mir helfen!

Ausgerechnet ich. Wo ich doch selbst gerade bemüht war, wieder Fuß zu fassen nach dem Entgleiten meiner Ehe.

Auf meine erstaunte Frage erzählte er, wie er vor einer Woche von Rio de Janeiro nach Buenos Aires geflogen sei, um der Einladung des mit ihm befreundeten Chefredakteurs der letzten noch unabhängigen Zeitung zu folgen, denn Argentinien unter Jorge Rafael Videla war bekanntlich eine Militärdiktatur. Als er, wie verabredet, den Freund zum Mittagessen in der Redaktion abholen wollte, stand er vor verschlossenen Türen. Und erst über viele Umwege erfuhr er von der plötzlichen Verhaftung sämtlicher Redaktionsmitglieder der Zeitung und dem »Verschwinden« seines Freundes, des Chefredakteurs. Daraufhin habe er alles in Bewegung gesetzt, um den Aufenthaltsort seines Freundes herauszufinden, doch ohne Erfolg; er war zunehmend in Panik geraten, denn er wusste von den Foltermethoden der Militärjunta und deren Praxis, die bis zur Unkenntlichkeit gequälten Opfer über dem Südatlantik aus einem Flugzeug zu werfen, teils lebend, teils tot, als Fraß für die Haie, jeder wusste davon. An die dreißigtausend Menschen seien bereits »verschwunden«, erzählte er, und nun auch sein Freund und Kollege. Er rief seinen Chefredakteur in München an, doch als er ihn endlich in der Leitung hatte, habe er sich anhören müssen, so etwas interessiere ihn nicht, ganz Lateinamerika sei voller Folterleichen und Verschwundene, die

Deutschen hätten eigene Sorgen mit ihren selbst gemachten Terroristen, die einen Staatsanwalt ermordet, einen Arbeitgebervertreter entführt, ein Warenhaus in die Luft gesprengt hatten. An eine Intervention seinerseits sei nicht zu denken, meinte der Chefredakteur in München, kein Geringerer als Henry Kissinger habe bei seinem Besuch in Argentinien die Militärregierung ausdrücklich gelobt wegen ihrer »notwendigen Abwehr gegen den Vormarsch des Kommunismus«. Und der deutsche Botschafter in Buenos Aires sei persönlich mit dem Geheimdienstchef der Junta befreundet; wie könne er da etwas gegen das Verschwinden des Chefredakteurs einer, nun ja, linksliberalen Zeitung unternehmen ... Seine Hände seien feucht geworden, erzählte Hermann, während dieses Telefonats, das sicher abgehört wurde. Die Militärjunta ließ ja nicht nur Oppositionelle »verschwinden«, sondern gleich deren gesamten Bekanntenkreis, unabhängig davon, ob sich jemand politisch betätigt hatte oder nicht. Nur keine Zeugen. Die Verschwundenen sollte man im Schweigen der Todesangst vergessen, das Rezept hatte sich bewährt.

Auf meine irritierte Frage an Herrmann, warum er glaube, ausgerechnet von Negril aus »etwas unternehmen« zu können, wo es hier nicht einmal ein funktionierendes Telefon gab, meinte er, das sei reiner Zufall. Aus Argentinien musste er verschwinden, nach Rio konnte er nicht mehr zurück, denn das Spitzelwesen der Junta war auch dort allgegenwärtig. Daher habe er sofort ein Taxi zum Flughafen bestiegen, dort die nächste Maschine nach Panama City genommen, danach eine nach Miami, wo ganz zufällig eine Maschine nach Kingston zum Abflug bereitstand. Da habe er sich an mich erinnert und dass ich doch mit einem Jamaikaner in gehobener Position bei der Regierung verheiratet sei, vielleicht hätte ich nützliche Beziehungen, und er selbst sei in Jamaika unter Michael Manley vielleicht am sichersten und könnte von dort aus etwas unternehmen. Doch bei der Deutschen Botschaft in Kingston hob niemand ab, und in seiner Ratlosigkeit habe er versucht, mich, eine Mrs. Byer, zu erreichen, woraufhin er mit Trevor A. Byer in Kingston verbunden wurde, der gerade in einem Meeting war und ihm meinen Aufenthaltsort durch eine Sekretärin vermittelte.

Nun war er eben hier. Vielleicht könne ich meinen Mann überreden, etwas für seinen verschwundenen Freund zu unternehmen ... Fast fühlte ich mich geschmeichelt von dieser Einschätzung. Doch selbst zu den besten Zeiten meiner Ehe konnte von Einfluss auf meinen Mann keine Rede sein. Geschweige denn jetzt. Was also tun? Wir schlenderten den Strand entlang und die detailverliebten Schilderungen meines Besuchers über argentinische Foltermethoden stürzten wie Flammenwerfer aus dem abendlichen Purpurhimmel. Sie erzwangen eine Komplizenschaft, der ich mich einfach nicht gewachsen fühlte. Mir wurde richtig übel und der Abend verlief wenig harmonisch.

Wussten Sie, Herr Redakteur, von den Zuständen in Argentinien? Das Land hat doch eben die Fußballweltmeisterschaft gewonnen, sämtliche westliche Regierungschefs waren in Buenos Aires, Helmut Schmidt und Außenminister Genscher und auch die österreichische Regierung ...

Irgendwie war ich außer Tritt geraten, marschierte aber weiter. Ich redete und redete, glaubte immer noch, das Grauen sei Zufall und die Lüge eine Ausnahme und die einzige Waffe dagegen sei die Wahrheit.

Der Redakteur hatte geduldig zugehört. Nun richtete er seinen grauen Blick auf meine, bekanntlich Dummheit signalisierenden blonden Locken und meinte tonlos:

Na sowas – Sie wollen schreiben? Über verschwundene Kommunisten in Argentinien? Da werden Sie sich keine Freunde machen. Und über die Neger in Jamaika? Wollen's in die Fußstapfen Ihres Vaters treten? Wen soll das denn noch interessieren?

*

Ob all diese Sätze tatsächlich so fielen, kann ich nicht garantieren. Im Kopf hatte ich sie jedenfalls. Sicher bin ich mir nur über eines: Der Redakteur hatte *Neger* gesagt; und *Fußstapfen des Vaters*. In meiner Kindheit war dieser Vater für die einen der unermüdliche Kämpfer für das Verständnis fremder Kulturen, für die anderen der »Negerfotograf«. Als Teenager hatte ich mir Bekenntnisse von reifen Männern anhören müssen, von Taxifahrern und Ärzten und Beamten, und sie sahen mich dabei gleichsam prüfend an, wenn sie gestanden, die Fotos meines Vaters seien für sie die ersten Wichsvorlagen gewesen; es habe ja sonst keine Bilder von weiblichen Brüsten und langen Penissen gegeben. Nun hatte ich die vierzig überschritten, und die ersten Auswirkungen der zehn Jahre zuvor aufgestellten Schuldenfalle für die »neuen Nationen« machten sich bemerkbar. Hungerrevolten, Entlassungen von Lehrern, Polizisten, Beamten, Schließungen von Krankenhäusern und Schulen; nun wurden die gewählten Präsidenten gestürzt, unter Hausarrest gestellt, ermordet und durch andere, dem Westen wohlgesinnte ersetzt. Diese »Neger« sollten gefälligst sparen lernen und die Zinsen ihrer Schulden bedienen, hieß es in unseren Zeitungen, sie sollten aufhören uns mit ihren Hungerbäuchen und Stammesfehden zu belästigen. Bald kamen Klagen darüber auf, dass der zur lieben Gewohnheit gewordene *Neger* plötzlich nicht mehr als solcher benannt werden wollte. Wie solle man ihn denn sonst nennen, *Schoko* oder *Bimbo*?

Aus Jamaika kommend, fand ich die Diskussion um das »N-Wort« zu absurd, um mich einzumischen. Bis eines Tages ein wirklich guter alter, über jeden Verdacht erhabener Freund im Obstgarten seines Waldviertler Bauernhofs erklärte, er verstehe nicht, warum die Neger plötzlich beleidigt seien, wenn sie Neger genannt werden; »Neger« bedeute doch nur »schwarz«; er selbst sei ja auch nicht gekränkt, wenn ihn jemand als Weißer bezeichnet.

Was sollte man da antworten? Sollte man unter blühenden Bäumen bei einem Glas guten Weins die schlechte Welt erklären? Dozieren, es gehe dabei doch nicht um Farben, sondern um Machtverhältnisse? Dass Unvergleichliches nicht gleichzusetzen sei? Weiß zu sein war niemals ein Makel, sondern Zeichen einer »kulturellen und rassischen Überlegenheit«; der Begriff »Neger« hingegen lässt sich vom *negro* der portugiesischen Seefahrer des 15. und 16. Jahrhunderts ableiten, als Bezeichnung von Afrikanern, die versklavt wurden, was seitdem zum selbstverständlich herabwürdigenden Sprachschatz gehört.

Nirgendwo, weder in Jamaika, in den USA noch in Frankreich gab es die Frage, »wie man sie denn sonst nennen« solle. In Frankreich fand der Begriff *nègre* allenfalls noch Verwendung, wenn man bankrott war – *je suis nègre*; oder als Metapher für jemanden, der für jemand anderen eine Rede schreibt – *c'est son nègre*. Der Begriff findet sich natürlich im historischen und literarischen Zusammenhang: *l'art nègre* von Léopold Sédar Senghor; das berühmte *nègre je suis, nègre je resterai* seines Studienkollegen und Freundes aus der Karibik, des Dichters Aimé Césaire (2005), der damit den abwertenden Begriff zu einem positiven Bekenntnis machte. Nicht einmal in den USA gab es Proteste, als der *negro* dem *african american* oder *Afroamerican* weichen musste. Aufregung gab es erst über die durch die Affirmative Action entstandene neue Konkurrenz. Aber in Österreich und Deutschland will es einfach niemand verstehen. Ich konnte meinem alten Freund doch nicht sagen, wie sehr mich dieses selbstgerechte Beharrungsvermögen auf der eigenen Ignoranz deprimierte, besonders bei ihm, einem genialischen, kritischen Sprachkünstler und Komponisten. Es waren ja keineswegs nur schlechte Menschen, die auf dem spöttisch als »N-Wort« verklausulierten Begriff beharren und nicht verstehen wollen, dass sich die Bedeutung politischer Begriffe je nach Kontext und Zeit eben ändern kann. Die unmittelbar davon Betroffenen können am besten den Unterschied in der Bedeutung erkennen, ob ein alter Bauer in einem finsteren Tal »schau, ein Neger!« sagt oder ein Journalist in der Hauptstadt diesen Begriff *ostentativ* verwendet. Oder eben ein guter alter Freund ...

Warum eigentlich erregt die Frage, ob *Neger oder nicht*, dermaßen?

Michael Taussig, ein 1940 in Sydney geborener, in New York lehrender und in Kolumbien forschender Kulturanthropologe mit österreichischen Wurzeln analysiert den Begriff *Fetisch* auf eine Weise, die vielleicht auch zum Verständnis der Erregung um den *Neger* beitragen könnte. Auch der Fetisch stammt von portugiesischen Händlern. Sie bezeichneten damit ihnen unbekannte, aber offensichtlich spirituell aufgeladene Objekte in Afrika als *fetich* oder *f'tich*, was so viel wie ein *von Menschenhand gemachtes Ding* bedeutet. Dahinter verbirgt sich die verhängnisvolle Frage der portugiesischen Christen, wieso diese *Neger*, von denen sie Elfenbein, Sklaven und andere wertvolle Waren kauften, einfach nicht erkannten, dass besagte Gegenstände nur vom Menschen fabrizierte oder der Natur entnommene, jedenfalls seelenlose Objekte und daher keineswegs einer Anbetung würdig sind. Für portugiesische Christen waren Objekte mit einem privilegierten Verhältnis zum allmächtigen Christengott der Anbetung würdig. Und daher vermuteten sie hinter diesem *f'tich* der *Neger* ebenfalls ein machtvolles Geheimnis, das ihnen verborgen blieb und sie daher beunruhigte (Taussig 2013).

Dreihundert Jahre später erkennt ein gewisser Karl Marx, dass die auf den Märkten dieser Welt verhandelten Waren mit der »Fetischkraft« exotischer Ritualobjekte offenbar einiges gemeinsam haben. Waren sind beileibe nicht nur das, was sie als Objekt zu sein scheinen, ein Gegenstand zum täglichen Bedarf, ein Kleidungsstück oder auch ein Schmuckstück, sonst könnten sie kaum derart leidenschaftliches Begehren oder brennenden Neid entflammen, sondern Waren verbergen ebenfalls ein Geheimnis. Nach Karl Marx ist es die ihnen zugrundeliegende Arbeit und die damit verbundene Entfremdung des Menschen von der Natur, der Gesellschaft, der eigenen Person. Später lenkt Sigmund Freud die Aufmerksamkeit auf die visuellen Gaukeleien des sexuellen »Fetischismus«, jene Tricks, die einem scheinbar toten, seelenlosen Objekt eine fantastische, erotische Energie verleihen. Nach Freud dienen diese Tricks dazu, eine den Knaben erschütternde Tatsache enthüllend zu verbergen, nämlich das Fehlen des männlichen Geschlechtsorgans am Genital der Mutter – und der Frauen im Allgemeinen. Die Tricks am toten Objekt sollen den Mangel ersetzen und sind imstande, »wahnsinnige« Angstlust zu erzeugen. Kein Wunder, meint Michael Taussig, dass der Begriff *Fetisch* übel nach Geheimnissen riecht, den ihrigen wie den unsrigen.

Vielleicht unterliegt der Begriff *Neger* ebenfalls einem Prozess der Fetischisierung. Dies würde seine nahezu obsessionelle Beliebtheit vor allem bei jenen verständlich machen, die sich über jede Form eines möglichen Lernprozesses erhaben fühlen, die »sicher keine Rassisten« sind, vielleicht sogar des »Negers beste Freunde«. Offenbar fühlen sich manche herabgewürdigt von der sich allmählich durchsetzenden Ächtung des lieb gewordenen Begriffs. Manche werfen all jenen, die *Neger* nicht mehr hören können, moralistische Überheblichkeit vor. Das wird in diesem Zusammenhang verständlich. Denn es ist nicht leicht, der jahrhundertealten Nomenklatura des Herrschens zu entsagen, gerade dann, wenn man selbst keineswegs herrschaftlich lebt.

Aufgeladen von fünfhundert Jahren blutiger Geschichte wurde der Begriff *Neger* zu einem Kraftwort, in dem sich die nostalgische Phantasmagorie von weißer Überlegenheit und Weltherrschaft gleichermaßen verbirgt *und* enthüllt. Der Kampf des globalen Westens gegen den Rest geht weiter. Warum sollte *Neger* ausgedient haben? Jetzt erst recht, sagen diejenigen, die in der Zunahme des sinnerfassenden Analphabetismus ihre Chance sehen.

13

Die Geschichte mit meiner Tochter

Waldheim

Edgar Hilsenrath –
eine versäumte Begegnung

Meine Tochter kam 1969 zur Welt. Alle fanden sie »wahnsinnig süß«, in der Familie gab es jedenfalls keine Probleme. Das änderte sich, nachdem mein immerhin gutverdienender Ehemann endgültig nach Jamaika abgeflogen war. Nach einer Zeit quälender Ungewissheit wollte ich meine Angst vor dem Alleinsein vergessen und in vertrauter Gesellschaft auf meine »neue Freiheit« anstoßen und besuchte daher auf dem Rückweg vom Flughafen meine ältere Schwester und ihre Familie. Während wir am Jausentisch saßen, tobte die dreijährige Beatrice in hinreißender Unbekümmertheit trällernd durch das herrschaftliche Anwesen, den verhängnisvollen Irrglauben scheinbar bestätigend, dass kleine Kinder ohnehin nichts mitkriegen von der Welt um sie herum. Mitleidig blickte der Schwager dem Kind hinterher:

Hopp hopp ... hopp hopp! – *Woyzeck*, du weißt schon ...

Natürlich wusste ich. Es gibt Augenblicke im Leben, die fühlen sich noch vierzig Jahre später wie die Ewigkeit an. Die Inszenierung von Alban Bergs Oper an der Wiener Staatsoper war damals eine Sensation. Des Schwagers *hopp hopp* spielte auf die letzte Szene an, als der mittels Elektroschocks zur Versuchsperson missbrauchte Woyzeck seine geliebte Marie erwürgt, bevor er selbst ins Wasser geht und der nunmehr verwaiste Junge auf einem Steckenpferd über die leere Bühne reitet: *hopp hopp ... hopp hopp!*

VORHANG.

Meiner Tochter wurden also von der Familie wenig Chancen eingeräumt. Damals war eine Scheidung noch nicht üblich. Und die Scheidung von einem »Neger« machte einen vogelfrei, wie sich im Verlauf meiner Arbeitssuche bald herausstellte. Kaum ein potenzieller Arbeitgeber, der sich nicht erpresserische Annäherungsversuche herausgenommen hätte. Sexualität hat immer auch mit Machtverhältnissen zu tun, daher sind von Übergriffen vorwiegend Machtlose, Abhängige, *Untergebene* betroffen – oder jene, die dafür gehalten werden.

Jahre später zeigte mir die Tochter den neuesten Unterrichtsbehelf zum Thema »Dritte Welt«, eine Broschüre mit vermeintlich kindgerechten Illustrationen und Texten zum Erlernen von »Empathie«. Bei Beatrice kamen sie freilich nicht gut an. Die Strichmännchen verhungerter, schwarzer Kreaturen und ihre Geschichten von Not und Dankbarkeit über unsere weggeworfenen Kleider und hingeworfenen Münzen empörten sie. Sie zerriss das Heft und rief, aber so ist es doch gar nicht!

Und ich dachte mir, wer, um Himmels Willen, möchte »Anteil nehmen« an diesen spinnenbeinigen, blähbäuchigen schwarzen Männchen und Weiblein mit Kraushaaren und Wulstlippen irgendwo auf einem fernen Kontinent?

Meine Tochter war damals kaum acht Jahre alt. Und ich stellte verwundert fest, dass sie, die Wienerin, sich dieser »Dritten Welt« auf unbestimmte Weise zugehörig fühlte, und dass wir beide, Mutter und Kind, diese Welt offenbar aus einem anderen Blickwinkel wahrnahmen als die Schulbehörde, welche dieses gut gemeinte, aber keineswegs gute Lehrmaterial entwickelt hatte.

Dass auch wir mit anderen Augen gesehen wurden, war uns damals noch nicht klar.

Erst Jahrzehnte später erzählte sie mir von den mittelalterlichen Strafmaßnahmen ihrer Grundschullehrerin am Lycée Français in Wien, damals noch nicht im Ruf einer Eliteschule, sondern schlicht die einzige nicht konfessionsgebundene und einigermaßen erschwingliche Ganztagsschule von Niveau. In Frankreich feierte das neue französische Bildungssystem enorme Erfolge. Doch am Lycée in Wien hatte meine Tochter das Pech auf eine Grundschullehrerin zu stoßen, die sie in der Pause mit einer Eselsmaske und einer Tafel um den Hals – J'ai menti – im Schulhof stehen ließ, zu Deutsch: Ich habe gelogen.

Warum dieser mittelalterliche Pranger? Sie habe die Hausaufgaben nicht gemacht und dies zu vertuschen versucht, erklärte Beatrice mir dreißig Jahre später. Doch es gab vielleicht auch etwas anderes, über das zu sprechen ihr immer noch nicht leichtfiel. Sie hatte manchmal Geschichten erfunden, wie so viele Kinder, Geschichten über einen ganz anderen Vater und eine ganz andere Mutter, über eine andere, richtige Familie in Wohlstand und Sorglosigkeit. Und die Lehrerin hatte gemeint, sie solle sich dafür schämen.

Dem kleinen Mädchen wäre kein Sterbenswort über diese Demütigungen über die Lippen gekommen, schon gar nicht gegenüber ihrer gestressten Mutter. Kinder verstehen alles, und besonders das Unausgesprochene wird zur lebenslangen Gewissheit. Sie wollte vermeiden, was diese Mutter selbstverständlich getan hätte, nämlich in die Schule stürmen, die Lehrerin zur Rechenschaft ziehen, lauter Aktionen, um deren Wirkungslosigkeit das Mädchen wusste und derer sie sich nur schämen würde. Schon die Abwesenheit des Vaters war ihr peinlich genug. Dazu kam diese diffuse Scham über eine Mutter, die irgendwie anders war als andere Mütter und sie im Falle von Konflikten nicht beschützen konnte wie die Väter anderer Kinder.

Ob das Verhalten dieser Lehrerin gegenüber dem kleinen Mädchen auch etwas mit der Herkunft des Vaters zu tun hatte? Vielleicht, es lässt sich nicht mit Sicherheit sagen. Doch zweifelsohne verfügen sadistisch veranlagte Pädagogen und Pädagoginnen – denn die gibt es! – über einen besonderen Spürsinn zum ungestraften Ausleben ihrer dunklen Seiten an Schutzbefohlenen, deren Eltern, aus welchen Gründen auch immer, nicht in der Lage sind, ihr Kind angemessen zu verteidigen.

Beatrice war ein geselliges, fröhliches und sportliches Kind, mit vielerlei Interessen. Mit sechs Jahren verblüffte sie die Crew eines Segelschiffes in Jamaika mit einem verwegenen Sprung vom Deck ins tiefblaue Wasser und durch die Ausdauer, mit der sie die etwa zweihundert Meter an Land schwamm – die erschrockene Mutter und die Seeleute hinterher. Doch nun war sie acht, und am Strandbad an der Alten Donau wollte sie an diesem glühenden Sommernachmittag einfach nicht ins Wasser, sondern wippte mit finsterem Gesicht auf ihrem rot-weiß gestreiften Wasserball und verfolgte auf dem Rasen neidvoll die wenige Meter entfernt unter knorrigen Weidenbäumen herumtobende Kinderschar.

Die offensichtliche Einsamkeit der Tochter war beklemmend, meinen Vorschlag, mit ihr zusammen um die Wette zu schwimmen oder Ball zu spielen, lehnte sie schroff ab. Nach einer Weile stand sie auf, schlenderte langsam, ganz langsam, vorbei an den spielenden Kindern in Richtung Wasser, nahe genug, um von den Kindern bemerkt werden zu müssen. Ich vertiefte mich scheinbar in mein Buch, wollte ihre schüchterne Suche nach Spielgefährten durch das Gefühl beobachtet zu werden nicht noch schwieriger machen.

Plötzlich kam sie angelaufen, schluchzend: Aber ich bin doch gar kein Negerkind!

Und auf meine erstaunte Frage: Der Bub dort hat es zu seiner Mama gesagt! Schau Mama, hat er gesagt, ein Negerkind!

So ein Blödsinn, war meine erste Reaktion. Wahrscheinlich war der blasse Bub nur erstaunt, vielleicht sogar neidisch auf deine Sonnenbräune, jedenfalls hat er es sicher nicht böse gemeint.

Der Bub stand nun, verstohlen zu uns herüberblickend, neben seiner mächtigen halbnackten Mama auf einem Strandsessel inmitten der Schnitzel und Erdäpfelsalat aus Papiertellern mampfenden Großfamilie.

In meiner zweiten Reaktion versuchte ich, die schluchzende Tochter zu beruhigen: Mach dir doch nichts draus! Du bist doch gar kein Negerkind, bist doch gar nicht schwarz. Und selbst wenn es so wäre, ist das doch nichts Schlimmes!

Aber die Tochter hörte mir gar nicht zu, sondern wiederholte nur unter dicken Tränen, aber ich bin doch gar kein Negerkind! Ich bin doch gar kein Negerkind – immer heftiger in ihrer Empörung über meine Beschwichtigungsversuche, welche ihre Verletzung nicht ernst genug nahmen. Bis ich offen aussprach, was ich vor vierzig Jahren für richtig hielt, aber heute für falsch und sogar gefährlich halte:

Doch, mein Liebes, eigentlich bist du schon ein bisschen Negerkind, denn unter den Vorfahren deines Vaters gab es neben Indianern, Indern, Deutschen und Briten eben auch Neger – aber das ist doch nicht schlimm und der Bub hat es sicher auch nicht bös gemeint ...

Nur Rassenpolitiker wollen ganz genau wissen, ab wann jemand ein »Neger« ist. Und Mitte des 19. Jahrhunderts fanden sie in den USA den bereits erwähnten Schlüssel dafür: Die *One Drop Rule*. »Ein Tropfen schwarzes Blut« genügt, um jemanden zum »Neger« zu machen; und was tat ich, die ich damals gar nichts davon wusste? Ich bot nun meiner Tochter eine *One Drop Rule* als Lösung ihrer Probleme an und versicherte noch dazu: *Ist ja gar nicht schlimm.*

Natürlich glaubte sie mir nicht. Die Tochter spürte, die Mutter erzählt Unsinn, um eine viel schlimmere Wahrheit zu verbergen, die Mutter nimmt ihren Schmerz nicht ernst genug. Beatrice hörte nicht auf zu weinen und bestand schließlich darauf, nach Hause zurückzukehren. An diesem glühend heißen Sonntagnachmittag wollte sie lieber weg vom erfrischenden Wasser, weg von den schattenspendenden, in der Brise zitternden Weidenbäumen, wollte sich lieber in der dumpfen Stadtwohnung verbergen, als ein »Negerkind« zu sein.

Ohne jemals rassistischen Erfahrungen ausgesetzt gewesen zu sein, spürte sie, dass ein »Neger« keineswegs »nicht so schlimm« ist; und fühlte mit ihren acht Jahren sehr genau, was hierzulande die meisten Erwachsenen bis heute nicht begreifen wollen – und ich damals ebenfalls nicht. Dieses kleine Mädchen, das nichts über Kolonialismus und Sklaverei wusste, nichts über »Rassentrennung«, über koloniale »Eingeborenengesetze«, über die »Rassengesetze« der Nazis, dieses Mädchen, dessen Haut sich nicht wesentlich von anderen, hierzulande üblichen Hautfarben unterschied und das Schwarze nur von paradiesischen Ferien beim Vater in Jamaika kannte, dieses Mädchen spürte sehr genau: »Neger« bedeutet keineswegs *nur* schwarz zu sein.

Sie spürte, dass dieser Begriff etwas konstruiert, was über das unmittelbar Bezeichnete hinausweist; und dass dessen vorgeblich etymologische Unschuld eine Lüge ist, hinter der eine schwarze Gesinnung weißgewaschen werden soll. Und wie das Kind in Hans Christian Andersens Geschichte von des Kaisers neuen Kleidern sprach sie die Wahrheit aus, von der Erwachsene nichts wissen wollen. Kinder kennen sich aus mit Lüge und Verkleidung und fürchten die Nacktheit nicht. Nur

Erwachsene fühlen sich ertappt wie Gewohnheitsdiebe, denen man ihre Taten vorhält, und manche schreien »Gesinnungsterror«, weil sie andere mit ihrer eigenen Gesinnung weiterhin terrorisieren möchten.

*

Das kleine Mädchen mit dem kastanienfarbenen Wuschelkopf und den hellgrünen Augen wuchs zur graziösen Schönheit heran. Alles an ihr war perfekt. Doch zu Hause verbrachte sie Stunden reglos vor ihren Hausaufgaben, selbst den anspruchslosesten, allen Ermahnungen zum Trotz; sie war wie gelähmt und meine immer dringlicheren Rügen ließen sie versteinern; zu Stein gewordener Widerstand gegen mich, gegen die Schule, gegen die Zumutungen dieser Welt. Nichts konnte sie erweichen, keine Ablenkung, keine Anregung, kein Liebesbeweis und schon gar keine Strafe. Alles perlte an ihr ab wie Regentropfen an Butter. Natürlich: Das Kind ist in der Pubertät; dem Kind fehlte der Vater; das Kind kann das Sprachchaos nicht bewältigen, Deutsch, Französisch und in den Ferien gleichzeitig Englisch, das ist zu viel für das Kind. Dennoch: Das alles ist keine Erklärung.

Als Beatrice vierzehn war, schrieb ich sie in ein österreichisches Realgymnasium ein in der Hoffnung, sie dadurch besser mit österreichischer Geschichte und Kultur vertraut zu machen und ihr den Schulalltag zu erleichtern. Sie selbst hatte sich diese Schule wegen einer dort ebenfalls eingeschulten Freundin ausgesucht, ich hätte schon damals das viel näher gelegene Akademische Gymnasium vorgezogen.

Bald hatte sie eine ganze Clique von Freunden gefunden, die Wiese am Heldenplatz wurde der Mittelpunkt ihres Lebens – der Burggarten, die historische Parkanlage hinter der Neuen Hofburg war damals durch einen Polizeikordon vor Jugendlichen geschützt. Auch eine neue »beste Freundin« hatte sie gefunden, ein aufgewecktes Mädchen mit dunklen Haaren und Mandelaugen, das bei uns häufig zu Besuch war. Beatrice wurde dafür zur festlichen Bar-Mizwa ihres jüngeren Bruders eingeladen, von der sie begeistert erzählte; gestaunt habe sie über die

Gewandtheit ihrer Freundin angesichts der vielen eleganten Besucher und Besucherinnen. Alles schien sich zum Besseren zu wenden. Doch an ihren Noten änderte sich wenig. Nicht einmal der Umstand, dass sie Französisch und Englisch besser als alle anderen Kinder beherrschte, fand Anerkennung bei der Professorin, die mir in einer Sprechstunde erklärte, diese Kenntnisse seien ja »nur ihrer Abstammung« und nicht ihrem Fleiß zu verdanken.

Bis ich an einem sonnigen Nachmittag von einer beruflichen Besprechung nach Hause kam und meine Tochter hingestreckt auf dem Sofa im Wohnzimmer fand, schlafend. Über ihr das blaue Himmelsdreieck im Atelierfenster, die gegenüberliegende Fensterfront reflektierte das Sonnenlicht auf ihre über die Polster fließenden, rosa schimmernden Locken. Tauben gurrten in der Dachrinne vor dem offenen Fenster und in der Ferne das sanfte Wummern der Stadt.

Der friedliche Anblick ließ mich mein Erstaunen, sie um diese Stunde schlafend vorzufinden, vergessen. Ich hauchte einen Kuss auf ihre Stirn, leicht genug, sie nicht zu wecken, und schon wollte ich mich dem Arbeitstisch zuwenden, als ich neben ihrem Kopf, halb verdeckt von den Haaren ein schwarzes, großformatiges Arbeitsbuch liegen sah – das *Klassenbuch 7b*.

Sie schlug die Augen auf, sah mich schweigend an.

Hatte sie wirklich geschlafen?

Es war am Tag vor dem großen »Elternsprechtag«, für mich, die ich meine eigene Schulzeit am liebsten vergessen würde, immer eine Herausforderung.

Was hat denn das Klassenbuch hier zu suchen, fragte ich sanft und arglos.

Sie lächelte schmal und schwieg. Ich dachte mir nicht viel, schlug dann beiläufig das Buch auf, immerhin ein öffentlich-rechtliches, nur für den Lehrköper bestimmtes Dokument. Und als Erstes fiel mein Blick auf ihren, nein, auf *unseren* Namen, der nicht nur einmal aufschien, sondern auf jeder Seite der letzten vierzehn Tage, und immer in der ersten Zeile des jeweiligen Wochentages, immer mit dem Eintrag: *Abwesend. Abwesend. Abwesend.*

Wieso *abwesend*?

Sie war doch jeden Morgen zur Schule gegangen und jeden Nachmittag entsprechend dem Stundenplan nach Hause gekommen, hatte jeden Tag mit der gleichen muffigen Miene an ihrem Schreibtisch gesessen und in Büchern und Heften gewühlt, hatte mir sogar einige Hausaufgaben und manchmal sogar einen gewissen Arbeitswillen gezeigt – war das alles Einbildung?

Wie ist das möglich?

Alle meine Fragen, immer ungeduldiger, am Schluss beinahe panisch, konnten die Mauer ihres Schweigens nicht durchdringen. Bis sie schließlich trotzig ausspuckte: Ich war eben nicht in der Schule.

Aber warum? Und woher hast du das Klassenbuch?

Hab es eben mitgenommen, damit du das Ganze nicht erst morgen am Sprechtag erfährst ...

Was *erfährst*?

Wieder das dumpfe Schweigen. Und da rastete ich aus.

Wie sie sich das denn vorstelle! Wie es denn nun weitergehen solle! Und vor allem: Wo, bitte, war sie die ganze Zeit gewesen? Vierzehn Tage lang und davor vier Tage und davor noch einmal zwei und davor wieder und so weiter ... *abwesend, abwesend, abwesend*!

In wachsendem Entsetzen riss ich die Blätter des Klassenbuchs herum, bis sie sich endlich aufrichtete, sich stumm auf den Sofarand setzte, mich einfach ansah. Und ich wusste, sie hatte nichts zu sagen, hatte sich nichts, gar nichts dabei gedacht, sondern erwartete nun von der Mutter die Lösung all ihrer Probleme. Vielleicht mit Fug und Recht, dazu sind Mütter ja da, zumindest bis zu einem gewissen Alter. »Alleinerziehende Mütter« sind für die Lösung sämtlicher Probleme zuständig, auch solcher, die mit der Entwendung eines Klassenbuchs am Tag vor dem großen Elternsprechtag einhergehen.

Also, wo warst du?

Schweigen.

REDE MIT MIR!

Ich fasste sie an den Schultern – hatte ich sie wirklich »geschüttelt«, wie sie mir Jahre später vorhalten würde? Und wenn schon – sie war ja kein Baby mehr. Ihr Gesicht war jetzt nur eine Handbreit von meinem entfernt, ich sah ihre Augen feucht werden, sah erste Tränen sich ihren Weg durch die Wimpern über die Wangen bahnen, und ich erinnere mich, wie wir schließlich beide auf der Bettkante saßen, Mutter und Tochter, schluchzend einander umschlingend, das einsame, ratlose Elend sämtlicher alleinerziehender Mütter und ihrer Kinder auf der Welt.

Psychologen wissen freilich, dass ich schmählich dem »empathischen Stress« erlegen war, überfordert und unfähig, meiner Tochter zu helfen, mir selbst zu helfen; ihr Versagen war mein Versagen und umgekehrt. Aber auch dieses Wissen wäre wenig hilfreich gewesen. Schlussendlich redete sie doch. Und was sie schließlich stammelnd und schluchzend vorbrachte, beruhigte zwar meine panischen Fantasien über heimliche Drogenexzesse, kriminelle Bandenbildung, Sexorgien und was sonst einer Siebzehnjährigen alles zuzutrauen war. Aber es war noch viel schlimmer.

*

Die 1980er Jahre waren eine turbulente Zeit. Eine Allianz von prominenten Aktivisten aus höchst unterschiedlichen politischen Lagern zusammen mit einer großen Schar Gleichgesinnter der »Zivilbevölkerung« rettete die Donauauen südlich von Wien vor dem »Fortschritt« in Form eines weiteren Großkraftwerks; eine radikale Palästinensergruppe um Abu Nidal ermordete 1881 den sozialistischen Nationalratsabgeordneten Heinz Nittel in seiner Funktion als Präsident des *Jewish Welcome Service*; verübte einen Anschlag auf die Synagoge im Zentrum Wiens und 1985 einen auf den Wiener Flughafen als Reaktion auf die Bemühungen der österreichischen Regierung, jüdischen Flüchtlingen aus der UdSSR einen möglichst reibungslosen Transit nach Israel zu ermöglichen. Es gab Skandale rund um kriminelle Finanzmanipulationen beim gigantischen Bauprojekt Allgemeines Krankenhaus und die unheimliche Heimlichtuerei rund um die über unseren Köpfen drohende Wolke aus dem explodierten Atomkraftwerk in Tschernobyl; nicht zu vergessen die originelle Weinveredelungsmethode mittels eines Frostschutzmittels durch Burgenländische Bauern. Und es gab gewisse Persönlichkeiten des öffentlichen Lebens, die irgendwie in diese paradoxe Zeit passten. Etwa ein »risikofreudiger« Mann, immer mit originellen Ideen, dem ein Unternehmen schon mal »aus dem Ruder« laufen konnte, wie seine Freunde beteuerten. Und wenn dann bei einem gewagten Versicherungsbetrug auf hoher See sechs Menschen starben, war das für gewisse Redakteure, Minister, Staatssekretäre, Schauspielerinnen, einen Bürgermeister und einen Rundfunkdirektor noch lange kein Grund, an seine Schuld zu glauben und die Gesellschaft dieses »originellen« Mannes zu meiden – waren *eh nur ein paar Neger!*

Niemand war sich offenbar bewusst, dass bereits eine entscheidende Wende eingeleitet war. In Großbritannien hatte Margaret Thatcher mit berittener und gepanzerter Polizei der Streikbewegung in Kohleminen und in Werken der British Steel Corporation ein blutiges Ende gesetzt. Sie wurde dafür gefeiert, die Macht der größten Gewerkschaft im Land zu brechen und Einwanderer aus ehemaligen Kolonien aus dem weißen Blick der Öffentlichkeit zu rücken. Als schließlich Zigtausende Schwarze und Pakistani mit britischem Pass durch eine friedliche Demonstration auf ihr Elend aufmerksam machen wollten, befeuerte die Eiserne Lady die Spannungen mit rassistischen Polemiken im Parlament und ließ mit Gewalt gegen sie vorgehen. Befreundet mit Ronald Reagan und General Pinochet, wollte sie ebenfalls einen Krieg, wenigstens eine klitzekleinen, gegen die abgelegenen Falklandinseln vor der chilenischen Küste, doch allemal groß genug, um ihre Popularität zu festigen und die Waffenindustrie anzukurbeln. In Europas südöstlicher Nachbarschaft tobte ein besonders schmutziger Krieg zwischen den bösen Ayatollahs und dem bösen Saddam Hussein, den die guten Westmächte durch Belieferung mit schweren, auch verbotenen Waffen an beide Seiten volle acht grausame Jahre mit Millionen toter Zivilisten am Leben hielten. Österreich war wie immer »neutral«, versuchte sich nur ein wenig im Waffengeschäft und zeigte sich ansonsten irritiert von den plötzlich auftauchenden, »artfremden« Flüchtlingen aus dem Iran.

In dieser Zeit kam ein unfreiwilliger Märchenprinz im Gewand eines ehemaligen UNO-Generalsekretärs und weckte ganz nebenbei die Nation aus ihrem Dornröschenschlaf des Vergessens. Er hatte sich für das Amt des Bundespräsidenten beworben, doch leider »vergessen«, in seinem Curriculum seine frühere SA-Mitgliedschaft und seinen Einsatz als Verbindungsoffizier in Griechenland 1944 anzugeben; vielleicht nur in der treuherzigen Annahme, alle Welt wüsste ohnehin Bescheid über einen wie ihn, der von den USA während des Kalten Krieges ein ganzes Jahrzehnt lang zum Generalsekretär der UNO gekürt worden war und auch danach eine ehrenvolle Professur an der Georgetown University in Washington, D. C. innehatte. Doch abgesehen von den Lücken im Lebenslauf wollte Kurt Waldheim auch nichts von den durch die Wehrmacht in Griechenland verübten Massakern und Deportationen gewusst haben – und das als Verbindungsoffizier. Schließlich ergaben professionelle Nachforschungen, dass der weltbekannte Österreicher zwar nicht unmittelbar an den Verbrechen beteiligt gewesen sein konnte, da er gerade auf Heimurlaub war. Aber Kenntnis davon musste er allemal gehabt haben. Und letztlich bewirkten seine peinlichen Reaktionen auf die Anschuldigungen, seine verklemmt katholisch-nationalistischen und antisemitischen Anspielungen, dass man ihm alles und noch mehr zutraute.

Die leidenschaftlichen öffentlichen Debatten über diesen eigentlich durchaus trivialen, jedoch ehrgeizigen Beamten führten schließlich dazu, dass sich die Österreicher erstmals mit ihrer politischen Verantwortung während und nach dem »Dritten Reich« auseinandersetzen mussten; und erwachen mussten aus dem Traum, das unschuldige erste Opfer Hitlers zu sein (eine Legende, die freilich bereits von den Außenministern Großbritanniens, der USA und der Sowjetunion in Moskau am 1. November 1943 in die Welt gesetzt wurde, freilich relativiert durch die im Kleingedruckten versteckte Bemerkung von einer möglichen Eigenverantwortung, was jedoch, wie alles Kleingedruckte, leicht zu übersehen war; umso fester konnte man von der eigenen Unschuld überzeugt sein).

Etwas war in Gang geraten, und nun, dreißig Jahre nach Kriegsende und dem Ableben der meisten ehemaligen Naziakteure konnte der »Widerstand« richtig beginnen. Das seit damals aktuelle Losungswort lautete »Aufarbeitung der Vergangenheit« – als ob die Arbeit an dieser Geschichte jemals zu Ende sein könnte. Damals war die Teilnahme an feierlichen Empfängen für ehemals Vertriebene und deren Hinterbliebene sowie an Vorträgen über Erinnerung und Schuld und ein Nie-Wieder ein Muss für jeden, der etwas auf sich hielt. Auch wollte man einfach Gleichgesinnte treffen und sich dadurch weniger fürchten müssen vor dem, was war und immer wieder kommen könnte. Mit Sicherheit wusste man nur eines: Man wollte keinen Lügner als Bundespräsidenten, einen, der seine Wahl durch die »unerhörte Einmischung der Juden an der Ostküste« gefährdet sah. Man wollte diesen Mann einfach nicht – und man bekam ihn »jetzt erst recht«.

Denn im tiefen Österreich wurde immer noch getuschelt, was denn all diese zurückgekehrten »Emigranten« eigentlich bei uns wollten, wo sie es doch ohnehin gut getroffen hatten zwischen *american kitchen* und gemachtem Bett, während hierzulande das Elend, der Bombenterror, die Russen ...

*

Diesmal kam ich etwas zu spät, die Veranstaltung im Innenstadtpalais war überfüllt, und so kam ich beim Eingang unter ebenfalls zu spät Gekommenen zu stehen. Unmittelbar neben mir stand ein schmächtiger kleiner Mann mit schütterem weißen Haarkranz, dem es noch weniger als mir gelang, über die breiten Rücken hinweg etwas von den Geschehnissen auf dem Podium mitzubekommen. Man verstand auch kein Wort und zufällig kreuzten sich unsere Blicke, bevor wir die Veranstaltung gemeinsam verließen. Draußen auf der Straße atmete ich tief den lauen Fliederduft ein und der kleine Mann meinte unvermutet: Eigentlich wird mir übel bei all diesen pathetischen Veranstaltungen.

Und ich, leicht irritiert: Wie er das denn meine?

Man solle sich doch nichts vormachen, antwortete er, all diese Leute wärmten sich doch nur am Wohlbehagen ihrer guten Gesinnung, an der Hitze ihrer gerechten Empörung. Ohnehin wolle niemand wissen, wie das alles geschehen konnte, was davor geschah und danach ...

Warum besuchen Sie dann solche Veranstaltungen?

Ach, es treibt mich einfach hin, immer wieder in der Hoffnung, etwas über die schleichende Zerstörung eines Gemeinwesens zu hören, von dem rassistischen und antisemitischen Geschwätz, das zunächst eher unauffällig und plötzlich allgegenwärtig ist, bis man sich daran gewöhnt. Und nach einer Weile reagiert man darauf höchstens noch mit einem Achselzucken. Wenn es dann ernst wird, ist es immer zu spät. Die Leute gieren nach der Feuersbrunst, das Wetterleuchten beachten sie nicht, sie empören sich lieber über verkohlte Leichen. Sie wollen grauenhafte Geschichten aus einer vorgeblich ganz anderen Welt, die doch nichts mit unserer ehrenwerten Demokratie zu tun hat. Man sonnt sich gerne im Glanze der vertriebenen Dichter und Denker, die es – trotz allem! – auf der anderen Seite des Ozeans doch zu etwas gebracht haben und nun wieder echte Österreicher sein sollen. Niemanden, wirklich niemanden interessieren die Namenlosen, denen man keine Gemälde, keine Villen, keinen Schmuck und keine großen Bankkonten hätte stehlen können; niemanden kümmert die übergroße Mehrheit der im Exil oder schon vorher Gescheiterten. Und niemand will wissen, wie sich die halb verhungerten, kranken Menschen aus den Todeslagern nach ihrer Befreiung durchgeschlagen haben, nicht nur in den ersten Tagen, als sie noch auf den Schutz der Siegermächte zählen konnten, oder auch in den ersten Wochen, als »echte« Österreicher sie bekanntlich als Landplage betrachteten – warum sollten sie plötzlich etwas anderes denken, nur weil der Führer tot war –, sondern auch die Jahre danach ...

Der kleine Mann hatte geredet und geredet und verstummte nun plötzlich.

So wie Sie?

Zum Beispiel.

Schon überlegte ich irgendwelche zwangsläufig unpassenden Worte des Bedauerns, doch er ließ mich ohnehin nicht zu Wort kommen. Am meisten nervten ihn die Leute, die sich mit ihren Schuldgefühlen ausgerechnet an ihn wandten, ausgerechnet von ihm eine Erklärung, eine Erkenntnis oder gar die Absolution erwarteten. Was gehen mich ihre Schuldgefühle an! Warum erwarten sie ausgerechnet von mir eine richtige Antwort auf ihre falschen Fragen, sollen sie doch sehen, wo sie damit bleiben ...

Mittlerweile wanderten wir durch den blühenden Burggarten, immer noch gemeinsam, als wäre es das Selbstverständlichste auf der Welt. Er reichte mir gerade bis zum Kinn und trug eine offenbar schwere Tasche über der Schulter. Er muss damals sehr jung, fast noch ein Kind gewesen sein, dachte ich. Doch ich wagte nicht nach seinem Alter zu fragen, geschweige denn nach Details zu seinem Schicksal, das wäre mir aufdringlich erschienen. Ich wollte keinesfalls in die unsägliche Empathiefalle tappen, ihm am Ende gar Schuldgefühle aufdrängen, die ich eigentlich auch nie gehabt hatte. Enttäuschung, ja; Bestürzung und Scham, ja, das alles konnte mir den Schlaf rauben. Aber Schuldgefühle niemals. Zu Schuldgefühlen gehört das Gefühl der Verantwortung, und es wäre eine Perversion, müsste man sich verantwortlich fühlen für eine Zeit, in die man ungefragt hineingepresst worden war. Es genügte mir, die Last der Gegenwart tragen zu müssen.

Ich wollte mehr über diesen Mann wissen, aber auf der Straße konnte man einen Wildfremden doch unmöglich über so intime Angelegenheiten wie Demütigungen ausfragen. Sollte ich einen Kaffeehausbesuch vorschlagen? Vielleicht würde ihm das gefallen, an seinem Akzent war seine Herkunft aus dem Norden Deutschlands zu erkennen, dort schätzte man doch die Wiener Spezialitäten.

Mittlerweile hatten wir die Babenbergerstraße hinter uns gelassen und warteten an der Haltestelle Mariahilfer Straße auf die Straßenbahn, die damals noch in Betrieb war. Autos fuhren noch, und zwischen

Mariahilfer Straße und Burggasse erstreckte sich eine schattige Oase mit verwilderten Grünflächen sowie alten Linden und Ahornbäumen vor der Winterreithalle der Hofstallungen von Fischer von Erlach mit schmutzig gelb bröckelnder Fassade.

Wir könnten ins Sperl gehen, dachte ich.

Da sagte er plötzlich: Ich habe mich ja gar nicht vorgestellt: Edgar Hilsenrath.

Der Nazi und der Friseur, schoss es mir durch den Kopf, ein Lieblingsbuch von mir!

Sein anderes wichtiges Buch, *Das Märchen vom letzten Gedanken,* über den Völkermord an den Armeniern würde erst ein Jahr später (1989) erscheinen, da war das Thema noch nicht politisch opportun, sondern eher ein Wagnis für einen wie Edgar Hilsenrath.

Aus Schüchternheit und Furcht, ihn durch unangebrachte Komplimente in Verlegenheit zu bringen, brachte ich außer einem »Oh! Sehr erfreut« kaum etwas hervor. Unterdessen hatte er sich umgeblickt und bemerkt, dass er in die falsche Richtung gegangen war, weil eigentlich in der Rotenturmstraße verabredet. Wir lachten beide, tauschten Telefonnummern aus, versicherten einander, wie froh wir über die unverhoffte Gesellschaft waren.

Er hat sich später wohl kaum an diese ephemere Begegnung mit einer fremden Wienerin erinnert. Für mich aber gesellt sich die Frage, warum ich ihn damals nicht in ein Kaffeehaus einzuladen gewagt hatte, zu allen anderen Fragen über Versäumnisse meines Lebens.

*

Während ich in barocken Palais und verrauchten Clubs den Zeitzeugen lauschte, verteilte meine Tochter mit ihrer Freundin Flugblätter am Wiener Graben: *Waldheim, nein danke!*

Sie erzählte mir schließlich, wie alles angefangen hatte an einem jener Tage, als sie »die Nase voll hatte von allem« und zusammen mit ihrer Freundin nicht die Straßenbahn Richtung Schule genommen, sondern in die Innenstadt gegangen war. Vor dem Chattanooga am Graben stellten sich die Mädchen dann auf den Gehsteig und verteilten diese Zettel; die Freundin hatte sie von irgendwoher beschafft und sie waren nicht die Einzigen, die auf diese Weise demonstrierten. Meine eigentlich eher schüchterne Tochter erzählte, wie sie plötzlich keine Hemmungen mehr hatte vor den fremden, vorbeihastenden Menschen in ihren damals noch sorgfältigen Garderoben, dem kleinen Kostüm, dem dunklen Anzug, dem jagdgrünen oder grauen Lodenmantel; jüngere Frauen trugen vielleicht auch einen Hosenanzug à la YSL und vereinzelt waren Miniröcke zu bemerken, doch nur über perfekten Beinen. Plötzlich habe sie sich so sicher gefühlt wie nie zuvor, erzählte sie. Dass kaum jemand ein Flugblatt mitnahm, störte die beiden Mädchen, berauscht von ihrer eigenen Kühnheit, wenig. Bis irgendwann einige Passanten aus ihrer Rolle fielen, erzählte die Tochter – aber vielleicht sei es ja auch umgekehrt gewesen, vielleicht hätten die Leute ihre wirkliche Rolle erst gefunden, als sie die beiden Mädchen nun als dumme Fratzen beschimpften, als verlorene Generation, die nichts Besseres zu tun habe, als diese blöden Zettel zu verteilen. Mitten am Vormittag am Graben stehen und nicht in der Schule sitzen! Die Polizei sollte man rufen! Ein Mann spuckte vor ihnen aus und meinte, sie sollten doch abhauen, wenn ihnen etwas nicht passe, so wie sie ausschauten, gehörten sie ohnehin nicht nach Österreich, und ein anderer Mann sekundierte: Man hätt' euch allesamt vergasen sollen. Jemand spuckte sie im Vorübergehen an, die Freundin wurde getroffen, oder war es meine Tochter oder beide, jedenfalls leuchtete der lichte Schleimbatzen immer noch auf dem Mantel ihrer Erinnerung. Es war ein echter Schock, dieses andere Gesicht ihrer Heimatstadt zu sehen, meinte sie, vielleicht das wahre? Die Szenen spielten ja nicht in einer dunklen Gasse mit rechtsradikalen Rabauken, sondern am helllichten Vormittag, mitten am Graben, vor anderen Passanten, die an der Szene vorbeigingen, als hätten sie nichts bemerkt.

Und dann, wie habt ihr reagiert?

Die Freundin, in der Schule erfolgreich, war auch in dieser Situation nicht auf den Mund gefallen und hatte einige ziemlich derbe Antworten parat, erzählte meine Tochter. Sie selbst habe sich eigentlich nur mehr geschämt.

Wofür denn?

Nun, eigentlich für alles, für diese pöbelhaften Leute in ihren feinen Klamotten und irgendwie auch für die Frechheit der Freundin, obwohl sie diese dafür auch bewunderte, doch es war doch alles recht peinlich ... obwohl, so arg war's eigentlich gar nicht, das Ganze war eigentlich ziemlich lustig ...

Lustig?

Na ja, wir mussten unentwegt lachen, aber es war schon alles ziemlich heftig.

Warum hast du mir nie zuvor davon erzählt? Und warum hattet ihr »die Nase voll von allem? «

*

Wie gesagt, Waldheim war, *jetzt erst recht*, der neue Bundespräsident. Und nach den Osterferien betrat ein Neuer die Klasse der Tochter und setzte sich in eine der mittleren Reihen. Der junge Mann trug schwarze, mit glänzenden Nieten beschlagene Stiefeletten und hatte einen kahl geschorenen Kopf, er war größer als alle und offenbar auch älter. Ein Skinhead eben. Und einige Mitschüler, sonst eher auf Markenkleidung aus, waren auf Anhieb beeindruckt von der Selbstsicherheit des Neuen.

Offenbar hatte er es von Anfang an darauf angelegt ...

Worauf »angelegt«?

Nun, er war sich seiner Sache eben sehr sicher ...

Welcher Sache?

So genau war das zunächst gar nicht zu erkennen, er wollte provozieren, spielte sich gleich zu Beginn als Anführer auf, in den Pausen sprach er am lautesten und tat überlegen; vielleicht, weil er tatsächlich älter als die anderen war, denn er hatte in anderen Schulen bereits ein oder zwei

Klassen wiederholt, wie man später erfuhr. Vielleicht war es auch seine aristokratische Herkunft, von der manche beeindruckt waren. Der Neue behauptete nämlich, wegen seiner weit verstreuten Familie aus einem jahrhundertealten Geschlecht gebühre ihm eine besondere Stellung in Österreich, und er könne jeden Menschen nach dem ersten Blick beurteilen ... er wisse genau, wer dazugehört und wer nicht.

In welcher Weise beurteilen?

Jeden Satz ließ sie sich abringen, und immer diese langen Pausen dazwischen, es war wohl für beide Seiten ein herausforderndes Gespräch. Doch allmählich formte sich ein Bild von dem Prozess, der nun folgte, nämlich dem Auseinanderbrechen einer (Klassen)Gemeinschaft.

Der Neue kanzelte zunächst alle ab, die bei den damals üblichen Diskussionen über den neuen Bundespräsidenten anderer Meinung waren als er; er fand den Mann zu Unrecht diffamiert und behauptete, die ganze Diskussion um die »Vergangenheit« dieses Mannes sei nur linke Meinungsmache – der Begriff »Meinungsterror« war damals noch nicht üblich. In Wirklichkeit sei dieser Waldheim ein anständiger Österreicher, der immer seine Pflicht erfüllt habe, selbst im Rahmen eines so zweifelhaften Vereins wie der UNO, wo Neger in Afrika und rückständige Araber nun dieselben Stimmen hätten wie Deutschland oder Großbritannien oder die USA. Die Sozis hätten ihn ohnehin nur mithilfe der Juden in den USA derart beschädigen können, und mit ihm den Ruf ganz Österreichs! Und so ging es weiter, präzise artikuliert und selbstbewusst, bis kaum jemand mehr zu widersprechen wagte. Die meisten wussten ohnehin nicht, worum es eigentlich ging, und verstanden die ganze Aufregung um diesen Waldheim gar nicht.

Beatrices Freundin war eine der wenigen, die dem jungen Mann widersprachen. Daraufhin bezeichnete er sie glatt als »Verräterin«, die nach Israel abhauen solle, worauf sie antwortete, warum nach Israel, wo sie doch Österreicherin und in Wien zu Hause sei, und da lachte der junge Mann mit der Glatze und den schwarzen Nietenstiefeln und mokierte sich über ihre Nase, ihr angeblich gar nicht wienerisches Aussehen und ihren keineswegs wienerischen Akzent.

Schüchtern, wie meine Tochter nun einmal war, habe sie ihre Freundin aus dem Hintergrund durch eifriges Kopfnicken und mit einem gezischtem »So ein Blödsinn!« oder »Was für ein Idiot!« zu unterstützen versucht. Aber da hatte der Skinhead sie bereits entdeckt, musterte sie von oben bis unten, doch nicht mit jener Mischung aus Spott und heimlichem Begehren, wie sie es von Jugendlichen gewohnt war, sondern auf eine derart kalte, hochmütige Weise, dass es ihr einfach die Sprache verschlug. Und dann ging es los: Woher kommst denn du überhaupt?

Und als Beatrice trotzig meinte, woher wohl, aus Wien, lächelte er süffisant und meinte, dann ist eben etwas faul mit deinen Eltern.

Nichts ist faul! Du Idiot!

Sie war ziemlich wütend geworden, auch auf sich selbst, denn eigentlich wollte sie gar nicht antworten, was bildete der sich ein, sie zur Rechenschaft zu ziehen wegen ihres Aussehens, ihrer ihm gänzlich unbekannten Eltern, ihrer »Herkunft«! Doch andererseits musste sie dem Kerl doch zeigen, wie blöd er war, und dass sie eine ganz normale Wienerin mit einer Wiener Mutter war und einem Vater, der Nuklearphysiker war und nun in Washington, D. C. ... daran ist überhaupt nichts »faul«, fauchte sie und verstummte. Sie war stolz auf ihren Vater, doch plötzlich unsicher, weil sie nicht wusste, wie sie ihn klassifizieren sollte. *Was* war ihr Vater? Welche Nationalität hatte er eigentlich mit seinem britischen Pass, doch ohne Brite zu sein? Nichts war eindeutig. Doch ihr Schweigen kam dem Typen gerade recht: Ah, dein Vater kommt aus der Karibik, der ist wohl ein Neger, das erklärt natürlich alles!

Worauf sie wieder in die Falle tappte und widersprach, nein, natürlich kein Neger, er ist ja gar nicht schwarz ... nur seine Haare sind ein wenig anders ...

Und dann wusste sie wirklich nicht mehr weiter, denn es war ohnehin alles klar: Herabsetzen wollte sie der Kerl, demütigen, ausschließen, das war es, was er wollte.

Für ihn war die Sache gelaufen: Natürlich ist er ein Neger, ein Neger, ein Neger! Wenn er Negerblut hat, ist er ein Neger, und du bist ebenfalls eine Negerin! Oder meinetwegen eben ein Mischling. Das ist eigentlich noch schlimmer, ich hab's mir ja gleich gedacht, so wie du ausschaust ... Und ihre Freundin stand daneben und sagte nichts; die ganze Gruppe stand herum, und niemand wusste mehr, was sagen.

Von nun an drehte sich der Pausentratsch nicht mehr um Waldheim, sondern um ihr »Mischling«-Sein. Mischlingen könne man nie trauen, wusste der Skinhead, Mischlinge seien verschlagen, verlogen, treulos und litten häufig unter Erbkrankheiten und Unfruchtbarkeit, das alles sei längst wissenschaftlich bewiesen und allgemein bekannt. Er jedenfalls würde sich niemals mit einer wie ihr einlassen, obwohl er persönlich natürlich nichts gegen sie habe, sie sei ja sogar ziemlich fesch, aber gerade deshalb eine Gefahr für das Volk. Denn man könne ja nie wissen, ob mit so einer wie ihr die Kinder schwarz, braun oder gefleckt sein würden, *hahaha*, alles könne sich durchmendeln, das seien Naturgesetze, weshalb auch ihr Nicht-wienerisch-Sein gleich erkennbar sei ...

So redete er. Und da half es nicht, wenn sie trotzig wiederholte, aber ich bin trotz allem eine Wienerin, glaubst du denn, mit deinen geschorenen Haaren und deinen tätowierten Monstern am Arm bist du wienerischer als ich? Glaubst du, besser hierherzupassen als ich?

Doch er hörte ja nicht zu, redete einfach weiter in diesem halb ironischen Tonfall, der jede Schweinerei mit einem Sei-doch-nicht-gleich-Beleidigt, So-war's-doch-nicht-Gemeint unterlaufen konnte. Er warf mit Namen von angeblich renommierten Wissenschaftlern um sich und alle standen beeindruckt um den Typen herum. Was der alles wusste! Sogar ihre Clique, ihre Freunde und Freundinnen, mit denen sie sich nach der Schule oft getroffen hatte und bei einigen auch zu Hause eingeladen gewesen war, auch beim Sohn eines prominenten Politikers, der ebenfalls in ihre Klasse ging und eigentlich ein netter Kerl war. Doch nun schien der sich mehr für den faszinierenden Skinhead zu interessieren, lud ihn sogar zu sich nach Hause ein – doch angeblich habe ihn sein Vater rausgeschmissen und erklärt, der Typ solle nie wieder sein Haus betreten.

Die Tochter war endlich gesprächig geworden, nun war ich es, der die Worte fehlten. Wie hätte auch jemand in ihrer Klasse dem Skinhead widersprechen können, wahrscheinlich hatte niemand zuvor jemals von dergleichen gehört. Beatrice kränkte am meisten, dass ihr niemand zu Hilfe kam, obwohl doch leicht erkennbar war, dass es um nichts anderes als um eine aggressive Herabsetzung ging. Niemand sagte dem Kerl, red' keinen Blödsinn; vielleicht aus Angst sich selbst zu blamieren oder vielleicht nur aus Faulheit. Vielleicht glaubten ja einige das, was er sagte, er warf ja mit Fachausdrücken und Namen irgendwelcher Wissenschaftler um sich, aber das würde bedeuten, dass sie nun auch von den anderen als »fremdes Blut« und als nicht wienerisch betrachtet wurde. Vielleicht waren sie auch nur beeindruckt von seiner Eloquenz oder vom Namen seiner aristokratischen Familie.

Sie fühlte sich jedenfalls im Stich gelassen – obwohl ja auch sie nicht mehr wusste, was sie ihm entgegnen könnte. Es lag eine unheimliche Aggressivität in allem, was er sagte, und dazu immer: »ist ja nicht persönlich gemeint«, »sind nur naturwissenschaftlich bewiesene Fakten«. Es war wie ein schleichendes, lähmendes Gift, jeden Tag eine kleine Dosis, nie genug, um spektakulären Schaden anzurichten, aber ausreichend, um sie zu schwächen; denn aufrecht zu bleiben und sich zu beherrschen benötigte viel Energie, und auf die Arbeit konnte sie sich noch weniger als sonst konzentrieren.

Allmählich wurde die Stimmung in der Klasse immer gespannter, man konnte über nichts mehr reden, ohne dass es zu Streit oder zu einem plötzlichen Verstummen kam, als hätte man irgendetwas zu verbergen; man versuchte sich mit Spott darüber hinwegzutäuschen, verletzende Bemerkungen wurden häufiger: Borg doch der Negerfut nicht das Lineal, das kriegst du ja nie wieder; die lügen doch alle, diese Mischlinge; pass nur auf, diese Mischlinge sind besonders geil und man weiß nie, was dabei herauskommt; und alle lachten dann, es war doch nicht ernst gemeint ... Was soll das heißen, *nicht ernst gemeint*, empörte sich Beatrice, etwa dass sie selbst nicht glauben, was sie sagen, sondern mich *nur* ärgern wollten? Oder *nur* dem Typen imponieren? Was macht das denn für einen Unterschied ...

Wer weiß, was noch alles gesagt wurde, worüber Beatrice nicht lachen konnte; obwohl sie es ja versucht hatte, anfangs zumindest, denn im Unterschied zu ihrer Mutter wollte die Tochter immer dazugehören und auf keinen Fall eine Spielverderberin sein.

Am unangenehmsten wurde es, wenn einige versuchten, den adeligen Skinhead zu ironisieren, indem sie seine dummen Bemerkungen scherzhaft übertrieben, ihnen dadurch aber noch mehr Gewicht verliehen. Vielleicht empfanden sie das Ganze als eine belanglose, unter Jugendlichen übliche Neckerei, oder sie versuchten sich in einer Art »Mediation«, indem sie sich über *beide*, den Skinhead und Beatrice, lustig machten – in der Hoffnung, beide zum Mitlachen zu bewegen und sich dadurch von ihrem eigenen schlechten Gewissen zu befreien.

Denn das gab es damals immerhin noch. Es waren doch alle mehr oder weniger »gut erzogene« Jugendliche, die noch gelernt hatten, Bitte und Danke zu sagen, andere zu grüßen und zu respektieren. Und es konnte ihnen unmöglich entgangen sein, was da vorging.

Aber was hätten sie tun können? Selbst meine Tochter verfügte nicht über das Wissen und die Begriffe, um auf all diese Behauptungen und Urteile einzugehen, der Skinhead warf mit Namen und Daten um sich wie mit faulen Eiern, und sie verfügte einfach nicht über die »Denkwerkzeuge« (Pierre Bourdieu), um dieser »Fabrikation des minderwertigen Anderen« (Toni Morrison) etwas entgegenzusetzen; sie hatte nur ihre Empfindsamkeit. Konfrontiert mit der kalten Aggressivität des Skinheads und mit dem Stimmungswandel in der Klasse blieb ihr das Lachen im Halse stecken. Da half kein verführerischer Augenaufschlag mehr oder der Umstand, dass sie sich wenigstens mit ihrer Freundin über die Lage einig war.

Diese trug nun ein T-Shirt mit der Aufschrift *I am proud of being jewish*. Doch auf welche Gruppe, auf welche Gemeinschaft hätte Beatrice sich berufen können? So zog sie sich eben zurück, konnte sich nicht mehr konzentrieren und ihr wurde heiß vor Scham, wenn der Skinhead oder jemand anderer, während sie sich bei einer Schularbeit hilfesuchend umsah oder zur Beantwortung einer Frage an die Tafel gerufen wurde, das »Affenzeichen« machte. Meine Tochter hatte kein T-Shirt mit einem Logo zur Beschwörung einer Zugehörigkeit. Sie kannte keinen Abwehrzauber gegen den bösen Blick, der sie als Persönlichkeit verschwinden lassen konnte. So ging sie eben nicht mehr zur Schule. Und letztlich war das auch die einzige Möglichkeit, sich dem ganzen Theater zu entziehen, denn gegen rassistische Stigmatisierung hilft kein Dementi.

Seit jeher gab es immer einige, die ihre Stimme erhoben, Zweifel gegen die *Rassenwissenschaften* im Sinne von Michel Foucault anmeldeten, die gegen Rassismus wetterten und demonstrierten, es gab sie in den 1880er, in den 1920er und in 1930er Jahren und es gibt sie immer noch und immer wieder. Doch jede Gegenstimme lässt den giftigen Geifer noch üppiger fließen. Und von demütigenden Angriffen zu erzählen bleibt selbst Jahre später noch ein Wagnis. Bestenfalls bekommt man zu hören, du musst damit zu leben lernen, oft aber nur die gute alte sozialdarwinistische Küchenpsychologie, dass ein gesundes Schulkind rassistisches Mobbing auch ohne Hilfe und Intervention der Schulautoritäten durchstehen müsse, weil es dadurch stark werde für die Prüfungen des späteren Lebens. Und die es nicht schaffen, sind ohnehin zu schwach und nichts nütze.

Doch was tat die Tochter die ganze lange Zeit während ihrer Abwesenheit von der Schule, wenn sie nicht gerade Zettel verteilte? Ich stelle mir vor, wie sie mit der Freundin oder alleine durch den Tag trödelte, auf Parkbänken herumsaß oder ins Kino ging, vorausgesetzt, sie hatte genügend Geld. Darüber sprach Beatrice nie. Mit siebzehn kann man sich der Mutter schwer anvertrauen, der ohnehin von ihrer prekären Lage überforderten Mutter schon gar nicht; zudem wusste die Tochter, die zu erwartende mütterliche Reaktion würde alles nur verschlimmern. Aber wie weitermachen? Spätestens am Elternsprechtag würde ohnehin alles ans Licht kommen. Und was dann?

Schließlich hatte sie das schwarze Buch mit den kompromittierenden Eintragungen eben mitgenommen. So einfach war das jedoch nicht, man konnte so ein »amtliches Dokument« in hart gedeckeltem Großquart nicht einfach in eine Mülltonne werfen, irgendjemand könnte es finden, melden, zurückbringen. Irgendetwas würde ihr schon einfallen, dachte sie, als sie an diesem Nachmittag die leere Wohnung betrat und, einer unendlichen Müdigkeit nachgebend, sich auf dem Kanapee unter dem Himmelsdreieck ausstreckte, das Klassenbuch neben ihrem Kopf, damit die Mutter es finden und das Schicksal in die Hand nehmen konnte – endlich.

*

So könnte es gewesen sein. Und die Mutter reagierte genau so, wie die Tochter es befürchtet hatte, stürzte wie eine Löwin in die Schule, ließ den Klassenvorstand gar nicht erst zu Wort kommen:

Schule geschwänzt? Ja, das ist bedauerlich. Aber Sie, Herr Professor, Sie wollen nichts gemerkt haben von dem, was in der Klasse seit dem Auftauchen dieses unsäglichen jungen Mannes vorging? Sie wollen nichts gesehen haben von seiner symbolträchtigen Aufmachung, nichts gehört von seinen dummen Sprüchen, nichts gespürt von der veränderten Stimmung in der Klasse? Sie wollen den aggressiven Schwachsinn, der die Runde machte, nicht wahrgenommen haben?

Daraufhin der Klassenvorstand, ein Mann mittleren Alters, mit schmalen Lippen und spitzer Nase, kühl:

Aber ich bitte Sie, Frau Byer, Sie übertreiben sicher, bei Ihrer Biografie ist das ja auch nicht verwunderlich.

Wie meinen Sie das, bei »meiner Biografie«? Sie glauben, meine Biografie zu kennen, nehmen sich heraus, darüber zu urteilen? Es geht hier nicht um *meine* Biografie, sondern um *ihre* Klasse, um das skandalöse

Verhalten eines Schülers und dessen Einfluss in der Klasse, für die Sie, Herr Professor, die Verantwortung tragen ...

So ging es weiter, bis ich schließlich eine öffentliche Entschuldigung meiner Tochter gegenüber von diesem unsäglichen jungen Mann mit verheerendem Menschenbild forderte, und zwar vor versammelter Klasse, und zusätzlich ein Disziplinarverfahren gegen ihn. Schmallippig verschloss sich der Klassenvorstand den mütterlichen Tiraden. Später erzählte Beatrice, er habe anschließend vor der versammelten Klasse in Zusammenhang mit den » Vorfällen« an die christliche Tugend der Vergebung appelliert. Andere Lehrkräfte blickten zur Decke oder zu Seite, sprachen von einer » schwierigen Situation«. Nur der Deutschprofessor ließ Verständnis und eine sympathische Verlegenheit erkennen. Er habe ohnehin vorgehabt, im Rahmen des Unterrichts die durch den Neuen eingebrachte Thematik anzuschneiden, womit er immerhin die Existenz eines Problems zugab; doch in Ermangelung eines brauchbaren Unterrichtsmaterials müsse er sich die Unterlagen erst selbst zusammenstellen und das benötige eben Zeit und Arbeit; und über disziplinarische Konsequenzen könne ohnehin nur die Schulleitung entscheiden.

Diese meinte, man werde der Angelegenheit selbstverständlich nachgehen, bis jetzt gebe es ja nur die Aussagen der beiden betroffenen Mädchen ...

Was heißt hier *nur*!

... und bei meiner eher leistungsschwachen Tochter könnten diese auch als Entlastungsstrategie für ihr Schulschwänzen aufgefasst werden.

Was für eine verantwortungslose Schuldumkehr, fauchte ich, das Schulschwänzen sei eindeutig als Folge der rassistischen Anwürfe zu werten, und nur um diese gehe es im Augenblick! Im Falle der Untätigkeit der Schuldirektion würde ich eben selbst Maßnahmen ergreifen müssen!

Damit verließ ich das Zimmer. Das fehlende Klassenbuch fand niemals Erwähnung. Möglicherweise wollte der Klassenvorstand den Verlust nicht an die große Glocke hängen, um selbst nicht der Nachlässigkeit bezichtigt zu werden.

Rückblickend wundere ich mich eigentlich über meine damalige Fassungslosigkeit angesichts des Erwartbaren. Wie sonst hätte diese Institution reagieren können, wenn nicht mit Abwehr. Dies ist ja einer der Gründe, warum rassistische Übergriffe kaum jemals öffentlich gemacht werden, denn die Betroffenen können sich davon nur eine Schuldumkehr erwarten.

*

Beatrice hatte durch den Umstand, dass die Mutter mit ihrer dubiosen »Biografie« sie offenbar nicht angemessen verteidigen konnte, keine Möglichkeit gesehen, sich weiter dieser Klasse auszusetzen, doch ihre Freundin konnte einen Vater, eine Mutter, einen Bruder und eine Großmutter mit moralischer Gewichtigkeit mobilisieren. Alle kamen in die Schule, um sich der Sache anzunehmen, und die Großmutter schob vor der Klasse den Ärmel ihrer Bluse hoch und entblößte einen fleckigen Unterarm mit dem schockierenden Zeichen: eine mehrstellige Zahl, über deren Bedeutung alle im Bilde waren.

Da wurde es plötzlich sehr still im Raum, erzählte Beatrice.

Letztlich war es diesem beeindruckenden Auftritt zu verdanken, dass eine »Untersuchung« eingeleitet wurde, bei der die Schüler in Anwesenheit des Klassenvorstands und der Schuldirektion einzeln zu dem Geschehen befragt wurden. Es ist anzunehmen, dass die Aussagen der Schüler und Schülerinnen so verschieden waren wie ihr Wille oder ihre Fähigkeit, irgendetwas zu begreifen. Um die Wahrheitsfindung zu vollenden, wurden Beatrice und ihre Freundin schließlich dem Skinhead gegenübergestellt und sollten in Anwesenheit der Schulautoritäten alles wiederholen, was sich die beiden Teenager selbst kaum einzugestehen wagten, nämlich den genauen Wortlaut der herabsetzenden Äußerungen und Handlungen.

Wie sollte man sich das vorstellen? Der X hat gesagt, borg' dieser Negerfut doch nicht das Lineal, und Y hat gesagt, alle Mischlinge sind geil und erblich belastet, oder, hau doch nach Israel ab, wenn es dir hier nicht passt! Dergleichen intime Schmähungen wiederholen? Noch dazu vor versammelter Schulautorität?

Natürlich dementierte der junge Mann. Derartiges habe er niemals behauptet, und seine Eltern, der aristokratische Vater in angesehener Position, die sehr katholische, diskrete Mutter, waren mittlerweile ebenfalls in der Direktion vorstellig geworden, mochten dort vielleicht gefleht haben, man möge ihrem missratenen Bengel noch eine Chance geben, jedenfalls wurde mir danach nahegelegt, zu überdenken, ob ich die Anschuldigungen und meine Forderung nach disziplinären Konsequenzen nicht einfach zurückziehen wolle. Ob ich die ganze Angelegenheit nicht einfach vergessen könne, die Eltern seien mit diesem Sohn, der bereits zweimal wegen ähnlicher Probleme von anderen Schulen geflogen war, ohnehin zu bedauern.

Wie meinen Sie das, *vergessen, zurückziehen*? Der Bursche muss doch wissen, was er anstellt! Nur ein Disziplinarverfahren könnte ihm das begreiflich machen, nur ein Dementi und eine Entschuldigung des jungen Mannes vor versammelter Klasse ...

Man blickte mich an und schwieg. Zu Hause angekommen schwor meine Tochter unter Tränen, diese Schule niemals, niemals, niemals wieder zu betreten.

*

Es musste nun alles sehr schnell gehen, daher hatte ich nicht einmal um einen Termin ersucht. Was hätte ich auf die unvermeidliche Frage einer Sekretärin »Um was geht es?« antworten sollen? Ich hatte auch nicht die Geduld, auf den Lift zu warten, sondern erstürmte zwei Stufen auf einmal nehmend den vierten Stock im Palais Epstein, wo damals die oberste Schulbehörde Wiens residierte, und betätigte hechelnd die Klingel neben dem Türschild: *Wiener Stadtschulrat, Präsident.*

Ein Vorzimmer, einige Stühle an der Wand und eine Empfangsdame an einem Schreibtisch. Was ich ihr erzählte, weiß ich nicht mehr. Doch umgehend, wie mir schien, öffnete sich die Flügeltür zu einem dunklen, geräumigen Büro, wo ein Herr hinter dem Schreibtisch saß, von dem ich annahm, er sei der Präsident des Stadtschulrats, und dem ich ohne Umschweife mein Anliegen vorbrachte: erstens, meine Tochter unverzüglich an ein anderes Gymnasium zu versetzen; zweitens, ein Disziplinarverfahren gegen den adeligen Skinhead wegen rassistischer Verhetzung einzuleiten.

Der Herr machte einen überraschend jugendlichen Eindruck, entsprach kaum meinem Vorurteil von einem rangobersten Pädagogen. Leger gekleidet und gelassen hörte er sich geduldig meine Geschichte an und erklärte dann freundlich, ein Schulwechsel während des laufenden Schuljahres sei gesetzlich einfach nicht vorgesehen. Und nach einer wie eine Ewigkeit scheinenden Pause: Wenn Sie aber einen Schuldirektor finden, der bereit ist, Ihre Tochter aufzunehmen, werde ich mich dem nicht entgegenstellen.

Ich war fassungslos vor Glück, als wäre damit bereits alles gelöst. Dann meinte der Herr jedoch, vielleicht sollte ich meine Anzeige gegen den Burschen noch überdenken; die verzweifelten Eltern hätten in dieser Angelegenheit bereits bei ihm interveniert. Wenn ihr Sohn nun zum dritten Mal aus einem Gymnasium verwiesen würde, wäre damit das Ende seiner Laufbahn besiegelt ...

Das kannte ich bereits. Da gäbe es nichts zu »überdenken«, antwortete ich kühl. Der Kerl hätte sich das eben vorher überlegen sollen. Mit neunzehn Jahren und einschlägigen Erfahrungen sei ihm die Einschätzung der Folgen seines Verhaltens doch zumutbar. Oder sehen Sie das anders?

Nur schnell raus hier, bevor ich mich vergesse. Ich stand auf, bedankte mich überschwänglich für das Verständnis, versprach mich zu melden, sobald eine Schule gefunden sei, grüßte und betrat das Vorzimmer, wo ein Ehepaar im klassischen Lodenlook wartete – die »verzweifelten Eltern«.

Zufall? Fügung? Inszenierung? Der Vater, der, wie auch immer, offenbar erfahren hatte, wer ich war, erhob sich bei meinem Eintreten mit einer höflichen Verbeugung und wieder wurde ich gedrängt, von meiner Anzeige Abstand zu nehmen; und er drehte die Schraube noch weiter, indem er hinzufügte, ich könne doch nicht verantworten, wegen eines jugendlichen Unfugs die gesamte Zukunft seines Sohnes zu ruinieren ...

Da musste ich tief, sehr tief Atem holen.

Kümmert Sie etwa die Zukunft meiner Tochter? Meine Tochter, die durch Ihren Sohn rassistisch stigmatisiert wurde, sich nicht mehr in die Klasse traut und daher die Schule wechseln muss, mitten unterm Jahr – wissen Sie überhaupt, was das für sie bedeutet?

Schon fiel die schwere Eingangstür mit einem dumpfen Klacken hinter mir ins Schloss.

Unten auf der Straße wurde ich von einem leichten Schwindel erfasst. Die Frühlingssonne brannte wie tausend Nadelstiche auf meinem Kopf. Plötzlich war meine Euphorie verflogen. »Schule« bedeutete für mich seit jeher Unbehagen und Ausweglosigkeit. Warum sollte es jetzt anders sein?

Es war anders. Später erfuhr ich, der Herr hinter dem Schreibtisch war Kurt Scholz gewesen, ein Historiker und engagierter Pädagoge, der erst wenige Tage zuvor von Bürgermeister Helmut Zilk zum Präsidenten des Stadtschulrats designiert worden war. Zudem war ich mit seiner Ehefrau, welche die Sigmund Freud Gesellschaft leitete, recht gut bekannt. Ein Glücksfall ...

Zu Hause erwartete mich die Tochter mit einer Mischung aus Neugierde und Beklemmung. Zwei Journalisten hätten angerufen und um ein Interview gebeten. Sie erwarteten meinen Rückruf. Die wollen eine große Geschichte über »Rassismus in einer Wiener Schule« machen, erklärte sie voller Unbehagen, woher wissen die überhaupt von der Angelegenheit?

Beatrice wollte unter keinen Umständen »als Opfer« Schlagzeilen machen. Oder sollte die Geschichte am Ende gar parteipolitisch ausgeschlachtet werden? Immerhin besuchte der Sohn eines bekannten Politikers dieselbe Klasse und war dabei gewesen ...

Wir rätselten herum, wer die Geschichte an die Presse weitergegeben habe könnte, vielleicht in guter Absucht, vielleicht um sich wichtig zu machen, wie das nun einmal ist. Wir aber hatten keinen Rückhalt, weder durch eine Partei noch durch einen Ehemann oder eine Familie – und vor allem hatten wir noch keine andere Schule!

Ich griff zum Telefon und erklärte den Journalisten, ich möchte derzeit lieber kein Interview geben, was naturgemäß auf Unverständnis stieß: Aufklärung sei doch wichtig!

Sicher. Aber nicht jetzt und nicht auf dem Rücken meiner Tochter. Bitte gedulden Sie sich, bis ihre Lage geklärt ist.

Heute mag der ganze Vorfall banal und alltäglich erscheinen. Zweifellos wäre er keiner medialen Aufmerksamkeit wert. Doch damals, als man noch an eine bessere Zukunft und an das unwiderrufliche Ende des Rassismus glaubte, war er »eine Geschichte«, die schließlich, wenngleich ohne den Namen meiner Tochter, ein Journalist »bekam«, durch wen, blieb unbekannt.

*

Wieder saß ich einer pädagogischen Autorität hinter einem schweren Schreibtisch gegenüber, doch diesmal ein alter Hase und offenbar kurz vor seiner Pension. Der Direktor des altehrwürdigen Akademischen Gymnasiums mit großer Vergangenheit und einem hervorragenden Ruf in der Gegenwart musterte mich durch eine runde Brille – hatte er eine Glatze oder bildete ich mir das ein? Auch er hörte mir geduldig zu, aber er konnte an den Äußerungen des Skinheads – zum wievielten Mal musste ich sie nun wiederholen? – nichts besonders Verwerfliches finden. Jedenfalls sicher keinen Grund, meine Tochter mitten im Schuljahr aufzunehmen. Er schmunzelte sogar, murmelte etwas von der Unbefangenheit eines Jugendlichen, über die man nicht zu streng urteilen sollte. Dann fügte er wohlwollend hinzu und nannte mich dabei »gnädige Frau«, man tue meiner Tochter doch nichts Gutes mit dem Akademischen Gymnasium; offensichtlich passe das Mädchen ohnehin nicht in diese traditionsreiche Schule und sie würde sich hier kaum wohler fühlen als zuvor in der anderen ... Da klingelten alle Alarmglocken in mir.

Wie soll ich das verstehen, Herr Direktor, entgegnete ich forsch, warum sollte meine Tochter nicht »passen«? Was unterscheidet sie von anderen Schülern?

Und nun begann meine Tirade über den *exzellenten* Familienhintergrund meiner Tochter, über ihren Vater, einen Kernphysiker und Energieexperten für die Weltbank in Washington, D. C., ihren Großvater, einen von der britischen Königin zum Lord geadelten Regierungsarzt, und auch ich konnte auf respektable Vorfahren verweisen, Edmund Bernatzik, Universitätsprofessor für Staats- und Verwaltungsrecht, dessen Bruder Wilhelm Bernatzik, einen renommierter Maler und Mitbegründer der Wiener Sezession, schließlich meinen Vater Hugo Bernatzik, den berühmten Ethnologen ...

Ich schwitzte vor Scham über dieses Namedropping, über mein Prahlen mit Herkunft und Respektabilität. Doch darauf konnte ich jetzt keine Rücksicht nehmen, als ich den Herrn Direktor in scheinheiliger Unterwürfigkeit anflehte, sich von den derzeit schwachen Leistungen und der häufigen Abwesenheit meiner Tochter nicht beeindrucken zu lassen, das alles sei maßgeblich dem verpesteten Klassenklima geschuldet und würde sich nach einem Schulwechsel sicher nicht wiederholen.

Glücklicherweise würde ich erst viel später erfahren, dass der Direktor seine Position einem Ticket der rechtsnationalen oder rechtsradikalen »Freiheitlichen« zu verdanken hatte, denn in Österreich werden alle pädagogischen Positionen nach dem entsprechenden Parteibuch verteilt; sonst hätte ich mein Anliegen wohl gleich aufgegeben. So flehte ich ihn förmlich an, meine Tochter sofort aufzunehmen, um ihr weitere Versäumnisse im Lehrstoff zu ersparen, und fügte scheinheilig hinzu, letztlich wäre das auch in seinem Sinne, denn einige Journalisten hatten bereits Interesse an einer großen Geschichte über das Verhalten der Schulbehörde in einem Fall von rassistischem Mobbing gezeigt ...

Da zog der Herr Direktor die Augenbrauen hoch, lehnte sich in seinem ledernen Drehstuhl zurück, nahm die Brille ab und blickte mir, erstmals, wie mir schien, geradewegs ins Gesicht. Er werde sich die Angelegenheit durch den Kopf gehen lassen, meinte er dann. Aber da ein Wechsel unterm Schuljahr eigentlich nicht möglich sei, müsse er sich zuvor mit dem Stadtschulrat in Verbindung setzen, danach werde er mich kontaktieren.

Wie auf Flügeln schwebte ich durch das neugotische Backsteingebäude dem Ausgang entgegen. Meine Skrupellosigkeit hatte Wirkung gezeigt! Bereits am übernächsten Tag erhielt ich Bescheid, mit meiner Tochter noch einmal in der Direktion zu erscheinen.

Seltsamerweise ist mir von diesem zweiten Termin nicht die geringste Erinnerung geblieben, doch Beatrice erinnert sich genau. Der Direktor habe sie gemustert und erklärt, er könne sie leider nicht aufnehmen, weil sie noch gar nicht von der anderen Schule abgemeldet sei; offenbar hatten wir das in der Aufregung vergessen, andererseits hätten wir uns kaum abmelden können, ohne eine andere Einrichtung in Aussicht gehabt zu haben. Beatrice erinnert sich auch, die im selben Raum an einem anderen Schreibtisch sitzende Sekretärin habe angesichts unserer Verzweiflung Tränen in den Augen gehabt; bis der Direktor schließlich gönnerhaft meinte, na, na, wir werden das schon irgendwie richten ... Jedenfalls saß sie in der folgenden Woche in einer der siebenten Klassen des Akademischen Gymnasiums, die sie zwar wiederholen musste, in der sie aber bis zur Matura niemals mehr irgendwelche Probleme hatte.

Zuvor musste sie noch einmal in ihre alte Schule zurück, um Habseligkeiten zu holen, und auch weil sie sich von ihrer Freundin verabschieden wollte. Sie kam verstört zurück. Nicht die geringste Verlegenheit ihrer Mitschüler, keine Andeutung eines Bedauerns über das Geschehene oder Verwunderung über ihren Abgang. Die Schuldige war sie. Sie war es, die dem Skinhead ein Disziplinarverfahren »anhängen« wollte, sie war es, die der Schule den Rücken kehrte. Angeblich habe sie bereits seit Langem die Absicht geäußert, die Schule zu wechseln. Ihre Freundin mit dem T-Shirt *I am proud of being jewish* warf ihr gar vor, feige das Feld zu räumen, statt »Widerstand zu leisten«, wie sie sagte, zu »ihren

Wurzeln zu stehen«, »solidarisch für ihresgleichen« zu kämpfen. Beatrice erzählte davon mit steinernem Gesicht. Wo bitte seien denn ihre »Wurzeln«, wenn nicht in Wien? Und überhaupt, sei sie denn eine Pflanze? Und mit wem, bitte, solle sie sich solidarisieren? Mit allen Farbigen dieser Welt? Da müsste sie sich ja mit der übergroßen Mehrheit der Weltbevölkerung »solidarisieren« ...

Was Beatrice an der Bemerkung ihrer Freundin kränkte, war die Anmaßung, ihr vorzuschreiben, welche Reaktion in ihrer Lage »richtig« oder »falsch« gewesen wäre. Die Freundin mochte von ihrem Abgang enttäuscht gewesen sein, aber berechtigte sie das, über sie zu urteilen?

Und der Skinhead, was wird aus ihm?

Über ihn sei kein Wort gefallen. Ob es entsprechende Konsequenzen für ihn geben würde, interessierte Beatrice nicht. Das lag nun im Ermessen der Institution.

14

Begegnung mit Erika Bourguignon Eichhorn

Die Einladung einer ehemaligen Schulfreundin nach Columbus in Ohio kam gerade zur rechten Zeit. Das Angebot eines Professors an der Universität von Lissabon für ein gemeinsames Forschungsprojekt in Guinea-Bissau hatte sich zerschlagen, es sollte den Fotos und Objekten gewidmet sein, die mein Vater 1930/31 aus Portugiesisch-Guinea mitgebracht hatte, und wäre sicher interessant gewesen. Aber über der Universität in Lissabon lag immer noch der Schatten des im Sommer 1970 verstorbenen Diktators António de Oliveira Salazar, jeder schien Angst vor jedem zu haben, die Forschungsthemen blieben vage formuliert, der zugesagte Termin wurden im letzten Augenblick um ein Jahr verschoben, und schließlich zog ich mich aus dem Projekt zurück und überlegte, wie es weitergehen sollte. Der Zufall kam mir zu Hilfe.

Seit ihrer Eheschließung mit einem amerikanischen Peace-Corps-Chef vor einigen Jahrzehnten hatte ich keinen Kontakt mehr zu dieser ehemaligen Schulfreundin gehabt; nun waren ihre erwachsenen Kinder ausgezogen, ihr Mann war zum demokratischen Gouverneur von Ohio gewählt worden, und da erinnerte sie sich plötzlich an mich. Sie lud mich ein und ich verbrachte vier Wochen als verwöhnter Gast in der repräsentativen Gouverneursvilla im grünen Gürtel von Columbus und lernte »die beste aller Welten« kennen, in der alles *great* und *phantastic* zu sein hatte. Beinahe täglich waren Prominente aus Politik und Kultur zu Gast, Arbeitsgruppen zu den mir damals gänzlich neuen Gender Studies diskutierten leidenschaftlich einen Feminismus, der gar nichts mit dem zu tun hatte, was ich noch aus meinen frühen Pariser Jahren und von Simone de Beauvoir in Erinnerung hatte. Und eines Nachmittags stellte mir die ehemalige Freundin eine ältere Dame vor: Sie ist eine berühmte Anthropologin, eine fantastische Frau! Und außerdem stammt sie aus Wien und kennt sogar deinen Vater!

Sofort schwante mir Unheil. Doch Erika Bourguignon, seit Kurzem emeritierte Professorin für Sozial- und Kulturanthropologie an der Ohio State University, blickte mich aus graublauen, hinter dicken Brillengläsern geweiteten, hellwachen Augen an und kannte den Vater nicht nur dem Namen nach, sondern behauptete, bereits als Teenager, vor ihrer

Flucht aus Wien 1938, sei sie beeindruckt von seinen Fotos gewesen, in Österreich habe man Schwarze ja allenfalls als mit Ruß geschwärzte Kindergesichter bei Dreikönigssammlungen gekannt. Sie hatte angeblich die meisten seiner Bücher gelesen und erwähnte auch die 1970 in den USA erschienene Lizenzausgabe *Akha and Miao*, wobei sie betonte, dass die zweibändige Originalausgabe von 1948 die allererste Monografie eines Europäers über diese hinterindischen Bergvölker gewesen sei.

Ich freute mich über ihr Lob. Und ich erzählte der mir eigentlich fremden Dame vertrauensvoll von dem Interview eines jungen Rundfunkredakteurs in Wien, der mich mitten in einer Livesendung über mein Buch zu den problematischen Dreharbeiten für eine TV-Dokumentation auf den Salomon-Inseln mit der Frage überrascht hatte: Warum war ihr Vater ein Nazi?

Was sollte ich darauf antworten? Nie zuvor war ich auf die Idee gekommen, der liberal gesinnte, weltoffene Vater könnte mit diesem Verbrecherregime etwas zu tun gehabt haben. Und nun hatte dieser junge Mann nicht etwa »ob« gefragt, sondern »warum«! Und an das eigentliche Thema der Sendung, nämlich *mein* neues Buch, war natürlich nicht mehr zu denken ...

Grämen Sie sich nicht, tröstete mich Erika Bourguignon, der junge Mann hat es sicher nicht persönlich gemeint, er will eben Karriere machen.

Da musste ich lachen. Sie war tatsächlich eine ungewöhnliche Frau. 1924 in Wien als Erika Eichhorn geboren, war sie gerade vierzehn Jahre alt, als die Nachbarn ihres Wohnhauses auf den Flur traten, um die Familie Eichhorn im April 1938 grußlos und in stummer Neugierde beim Kofferschleppen über drei Stockwerke bis hinunter auf die Liechtensteinstraße zu begaffen. Zunächst ging es nach Zürich, was ihr durch behördliche Schikanen und wegen der zunehmenden finanziellen Probleme besonders unangenehm in Erinnerung war, und von dort ein Jahr später in die USA, wo sie schließlich zusammen mit ihrer Freundin Hortense Powdermaker bei Melville Herskovits studierte und nach langjährigen Forschungsaufenthalten auf Haiti, in Mesoamerika und in der Bronx schließlich zur international renommierten Spezialistin für Trance und Besessenheit geworden war. Das von ihr herausgegebene Werk *Religion, altered states of consciousness and social changes* (1973) wurde zum Standardwerk und widmet sich magischen und anderen psychoaktiven Praktiken, die sich keineswegs nur auf »primitive« oder krisengeschüttelte Gesellschaften einer afrikanischen Diaspora beschränken, sondern in allen, auch in westlichen Kulturen zu finden sind.

Wien geht mich nichts mehr an, erklärte sie dezidiert, sodass sich jeder Widerspruch erübrigt hätte. Aber ich begann ihr und mir einzureden, dass Menschen und Zeiten sich doch geändert hätten, ich zum Beispiel käme doch aus einer gänzlich anderen Welt als jener, die sie hatte verlassen müssen, sie solle sich doch unbedingt selbst davon überzeugen. Woher kam mein glühender Wunsch, sie zu einem Besuch in der Stadt ihrer Geburt zu bewegen? Dabei hatte ich doch selbst mein Leben lang alles unternommen, um die Stadt zu verlassen. Liebte ich diese Stadt? Jedenfalls schämte ich mich ihrer bisweilen, wie man sich eines geliebten Menschen schämen mochte, der nicht hatte fliehen müssen und sich irgendwie arrangieren konnte mit einer Macht, von der ich mir damals noch trotz eines einschlägigen Studiums und zunehmender öffentlicher Diskussion reichlich naive Vorstellungen machte. Vielleicht war es auch ein vermessenes Gefühl, irgendetwas »wiedergutmachen« zu wollen, was mich bewog, sie nach Wien einzuladen. Doch sie lächelte immer nur und schüttelte leicht den Kopf.

Ihr Vater, ein Geschäftsmann, zog zu Beginn des 20. Jahrhunderts aus Krakau nach Wien und ihre Mutter, eine Ärztin, hatte, bevor sie nach Wien kam, schon einmal fliehen müssen, und zwar aus dem habsburgischen Galizien im Westen der heutigen Ukraine. Der neuerliche Aufbruch sei für sie daher besonders traumatisch gewesen, meinte Erika Bourguignon. Vor 1938 verschwendeten ihre der Sozialdemokratie nahestehenden Eltern kaum einen Gedanken an ihr Jüdischsein, ungeachtet des latenten Antisemitismus in Wien, der nie als reale Bedrohung empfunden wurde, wie dies rückblickend im Schatten des Holocaust den Eindruck erwecken mag. Beinahe ein Viertel der Wiener Bevölkerung waren doch Juden, viel zu viele, als dass ihnen etwas geschehen könnte; zudem waren viele in der einheimischen Bevölkerung aufgegangen, sodass sie sich selbst gar nicht mehr als Juden empfanden. Es habe ja immer Konflikte zwischen einzelnen Volksgruppen gegeben, zwischen Deutschen und Ungarn und Kroaten, Slowaken, Slawonen, Ruthenen, jeder schimpfte auf jeden, und eben auch auf Juden. Zwar waren die Eltern 1933 beunruhigt von den Geschehnissen im »Reich«, doch das Elend und die »soziale Frage« in Österreich schienen ihnen dringlicher als die »Judenfrage«, zumindest bis zum »Anschluss« 1938.

Als kleines Mädchen hatte ihre Kinderfrau, eine Katholikin, ihr unbedingt den Katechismus beibringen wollen; nun nahm die seit Langem in Ruhestand lebende Frau heimlich Kontakt mit den Eltern auf, um sie zu warnen. Bitte, gehen Sie weg, erklärte sie, verlassen Sie Österreich, solange es möglich ist. Glücklicherweise kümmerte sich ein Großonkel in den USA um das für eine Einwanderung notwendige Affidavit, weshalb die Familie ungeachtet aller Probleme nie in unmittelbarer Lebensgefahr gewesen war. Und sie selbst war jung genug, um sich der Fremde anzupassen und eine eigene Karriere aufzubauen. Es waren ihre Eltern, die unter dem Exil litten, wie sehr, hatte Erika Bourguignon erst als Erwachsene begriffen. Ihre Eltern mussten Freunde und Verwandte zurücklassen, die es nicht mehr schaffen würden, der Vater in Polen, die Mutter in der Ukraine; und ihre Tanten waren dann unter derart grauenvollen Umständen ums Leben gekommen, dass ihre Eltern ihr niemals davon zu erzählen wagten und sie erst spät durch eigene Nachforschungen davon erfuhr.

Plötzlich ertappte ich mich dabei, meine Heimatstadt Wien in den höchsten Tönen zu preisen; ich erzählte von den Diskussionen, den Ehrungen, dem öffentlichen Bedauern. Seit der Waldheim-Affäre habe sich einiges geändert, erklärte ich und glaubte selbst daran.

Erika Bourguignon machte eine kleine, wegwerfende Handbewegung. Ach, dieser ganze Waldheim-Zirkus! Die CIA habe doch mit Sicherheit

Bescheid gewusst über einen Mann, der mitten im Kalten Krieg zum UNO-Generalsekretär gewählt wurde. Mit Waldheim hatten die USA einen gefügigen Mann an der Spitze der UNO. Im Übrigen hätten sich die USA noch nie an der Nazivergangenheit einer ihnen opportunen Persönlichkeit gestoßen, man denke an die ehemaligen Naziwissenschaftler und all die Naziverbrecher, die nach 1945 als Berater von US-unterstützten, lateinamerikanischen Folterdiktatoren tätig waren.

Ihre kühle, aus heutiger Sicht nahezu ketzerische Distanz war überraschend, denn gleichzeitig konnte an Erikas bedingungsloser Loyalität zu dem Land, dem sie so viel zu verdanken hatte, kein Zweifel bestehen. Meinen Versuchen, sie zu einem Besuch in Wien zu überreden, konnte sie wenig abgewinnen; durch die geografische Distanz zu mehr Selbstbewusstsein verführt stellte ich ihr eine Festvorlesung an der Universität in Aussicht, eine Diskussionsveranstaltung über ein Thema ihrer Wahl im Auditorium Maximum, auch die Medien würden sich für diese »Rückkehr einer Vertriebenen« interessieren und ich wäre glücklich und stolz, sie auf den Wegen ihrer Erinnerung begleiten zu dürfen. Ich glaubte wirklich daran.

Und Erika? Sie lächelte still und schüttelte immer nur den Kopf.

Bis sie schließlich nachgab.

*

Eines Nachmittags im Mai 1991 standen wir dann vor dem Eckhaus ihrer Kindheit am Alsergrund. Die Fassade war kürzlich renoviert worden, nur die Fenster ihrer ehemaligen Wohnung im dritten Stock, die sie als Teenager unter der gierigen Teilnahmslosigkeit der Nachbarn hatte verlassen müssen, waren nicht frisch gestrichen, sondern abgedeckt und blind. Die Wohnung war offenbar nicht bewohnt. Erika wollte keine weiteren Nachforschungen anstellen. Die Erinnerung an eine zurückliegende, unangenehme Reaktion der Gemeinde auf ein Ansuchen ihrer Eltern schreckte sie ab.

Aber heute ist doch alles anders!

Sie schwieg. Wollte nicht einmal aus dem Wagen steigen, von dem aus wir stumm auf die ehemals dunkelgraue, jetzt altrosa Fassade des Gebäudes gegenüber dem Liechtensteinpark blickten. Was ging ihr wirklich durch den Kopf? Ich dachte plötzlich an meinen Vater, der wie Erikas Vater im Ersten Weltkrieg am Isonzo für den verkalkten Kaiser gekämpft hatte; und ein Jahrzehnt später, als die Eichhorns bereits in Zürich waren, sich um eine Mitgliedschaft in der Nazipartei bemüht hatte.

Heute, nach all den Höhen selbstgerechter Empörung und Tiefen der Vergeblichkeit, kann ich nur darüber staunen, dass ich mir damals allen Ernstes wünschte, der Vater hätte *keine* schützende »Beziehung« gesucht, hätte sich *nicht* gegen Denunziation und Verleumdung gewehrt, hätte nicht mehr im »neuen Deutschland« arbeiten und publizieren wollen oder können; dass er doch lieber, ohne verfolgt zu sein, weggegangen wäre, in irgendein Ausland, von dem immer wieder in seinen Briefen die Rede war. Ohne mit der Wimper zu zucken hätte ich damals vorgezogen, mein Vater hätte seine Familie (also auch mich) und das *Haus* ihrem Schicksal überlassen und »Widerstand« geleistet, um erschossen oder deportiert zu werden. So wie mich in meiner Jugend mein Vater beschämte, beschämen mich heute mein damaliges Unverständnis der Realität im Nazireich und meine damalige Selbstgerechtigkeit.

Wie kann man unter einer Glocke allgemeiner Verlogenheit seine fünf Sinne bewahren?

Erika lächelte freudlos. Wenn ihre Familie nicht in existenzieller Gefahr gewesen wäre, wer weiß, was sie alles unternommen hätte, um in Wien bleiben zu können.

Ihre Eltern hingen sehr an Wien und auch für Erika war, als sie unter den kalten Blicken der Nachbarn ihren Koffer nach unten schleppte, nicht abzusehen, dass sie einmal in einem wesentlich schöneren Haus am grünen Stadtrand leben würde, dass freisinnige Menschen ohne Furcht und Hass ihre Lehrer, Kollegen und Freunde sein würden.

Das Wien der 1930er Jahre war ja eigentlich wenig angenehm, gestand sie, Mangel und Elend waren allgegenwärtig, aber für sie, die ein jüdisches Gymnasium besuchte und viele Freunde hatte, kam die Katastrophe überraschend. Sie hatte eigentlich nur durch den plötzlichen Zustrom jüdischer Schüler aus anderen Gymnasien oder durch die dringlichen elterlichen Ermahnungen, niemals alleine auf die Straße zu gehen und jeder sich nähernden Person auszuweichen, etwas von den Entwicklungen mitgekriegt. Gründe für diese Vorsichtsmaßnahmen wurden freilich nie erwähnt, auch dann nicht, als sie öffentliche Parkanlagen nicht mehr besuchen durfte. Sie traf sich dann eben mit ihren Freundinnen im gegenüberliegenden Liechtensteinpark, ein geschütztes, weil privates Terrain mit traumhaftem Baumbestand vergangener Jahrhunderte, das erschien ihr nicht besonders tragisch. Hin und wieder machten ihre Eltern diskrete, beinahe verschämte Bemerkungen über die vielen, die den Freitod gewählt hatten, darunter auch Bekannte, aber niemals wurde von den Gründen gesprochen. Damals sprachen die Eltern nicht mit den Kindern über solche Sachen – ja, das kannte ich auch noch.

Erika brachte erst nach ihrer Verehelichung mit Paul-Henry Bourguignon, einem belgischen Künstler und Psychoanalytiker, den Mut auf, sich mit den Gefahren, in denen sich ihre Familie damals befand, näher zu befassen. Ihren Mann hatte sie während ihres ersten Forschungsaufenthalts in Haiti kennengelernt, und auch Herr Bourguignon hatte seine Geschichte.

Heute sei schwer nachvollziehbar, was die Menschen damals bewog, so und nicht anders zu handeln, meinte Erika. Wenn sie heute etwa manche Texte zur afroamerikanischen Gesellschaft ihrer Freundin, der engagierten Feministin und Anthropologin Hortense Powdermaker wieder lese, sei sie betroffen von dem ziemlich offensichtlichen Rassismus in ihren Theorien, doch in den frühen Sechzigerjahren sei ihr gar nichts aufgefallen. 1964 wurde zwar der Civil Rights Act erlassen, aber im Süden scherten sich weder Gouverneure noch weiße Bürger darum und beharrten weiterhin auf der Rassentrennung, und der von den Schwarzen organisierte Protestmarsch von Selma nach Montgomery in Alabama wurde von Landespolizisten blutig niedergeknüppelt. In dieser

Zeit des extremen politischen Rassismus wurden die Arbeiten von Hortense Powdermaker durchaus als antirassistisch und gewagt empfunden.

Wie selbstverständlich verwies Erika Bourguignon auf die Gefahr, gegenwärtige Befindlichkeiten auf historische Verhältnisse zu projizieren; denn ohne diese einfache epistemologische Erkenntnis muss jedwedes »Lernen aus der Vergangenheit« obsoletes Wunschdenken bleiben.

Auf dem Wiener Zentralfriedhof hoffte Erika auf vertraute Namen zu treffen. Doch der Jüdische Friedhof war »wegen Restaurierungsarbeiten gesperrt«, ein Zutritt nur nach vorheriger Anmeldung möglich. Und als sie Tage später in Begleitung einer Freundin aus Columbus auf den Zentralfriedhof zurückkehrte, erschrak sie beim Anblick der vandalisierten Gräber zutiefst. Dergleichen habe sie niemals erwartet, gestand sie mir.

Unterdessen hatten die beiden Professoren am Institut für Ethnologie der Universität Wien eine Veranstaltung zu Ehren von Erika Bourguignon abgelehnt. Der Name war ihnen kein Begriff und der »rote« Professor meinte, eine Emigrantin zu sein sei noch keine Qualifikation für eine Festvorlesung. Der »schwarze« Professor zeigte ebenfalls kein Interesse und verwies mich an seinen mir bis dahin unbekannten Assistenten. Dieser sei Afrikaspezialist und befasse sich »mit Voodoo und solchen Sachen«, vielleicht interessiere ihn die Dame, meinte er – als ob es darum ginge. Dieser Assistent arrangierte schließlich im Rahmen seiner eigenen Lehrveranstaltung eine formlose Begrüßung für Erika, die dann von ihren Forschungen erzählen und auf Fragen von Studenten antworten konnte – während ich, gepeinigt von der meiner Meinung nach unangemessen bescheidenen Veranstaltung mich fragte, wieso ich überhaupt auf die Idee gekommen war, Erika mit dem Klima der akademischen Ethnologie in Wien zu konfrontieren, das ich doch allzu gut kannte. Auch die von mir kontaktierte Qualitätszeitung berichtete nicht über den Gast, was in Anbetracht ihres üblichen Engagements ungewöhnlich war.

*

Einer Zeitungsmeldung ist zu entnehmen, dass der erwähnte damalige Assistent, seit vielen Jahren »ordentlicher Professor«, 2013 verstorben war. Doch statt des üblichen, kollegial wohlwollenden Nachrufs folgte eine bittere Anklage gegen den Toten. Als Universitätsprofessor einer wissenschaftlichen Arbeitsmethode und Ethik verpflichtet, habe er aktiv an Besessenheitskulten teilgenommen und die Aussagen eines Schamanen in Trance als wissenschaftliche Quelle verwendet, schreibt die Autorin voll Empörung, dergleichen Esoterik habe keinen Platz an der Universität und sei eine Gefahr für das Ansehen der Wissenschaft.

Mir sind weder die Umstände noch die Arbeiten des Mannes bekannt, daher kann ich mir keine Meinung darüber bilden. Doch zwei Fragen drängen sich auf: Wofür und in welchem Kontext mochte der Mann die Aussagen eines Besessenen wohl als »Quelle« verwendet haben? Und warum in einem Nachruf dieser heilige Zorn?

Erika Bourguignon hatte jedenfalls keine esoterischen Neigungen, dennoch nahm sie an zahllosen Besessenheitskulten teil. Trickster, jene Geister, die oft zu Unrecht als »Narren« oder »Täuscher« verharmlost werden, spielen in ihrem Werk eine beträchtliche Rolle, selbst in den beiden von ihrem Wienbesuch inspirierten Essays, auf die näher einzugehen sich lohnt.

In *Vienna and Memory: Anthropology and Experience* (1996) erzählt Erika von Wien, die sie als eine Stadt voller Trickster beschreibt, Phänomene, die nie das sind, was sie zu sein scheinen. Gespenstisch empfindet sie die Abwesenheit der ihr aus der Kindheit vertrauten, jüdischen Bevölkerung in Wien, immerhin eine Viertelmillion Menschen; noch gespenstischer die immer noch über den Portalen ehemals »arisierter« Geschäfte prangenden jüdischen Namen der enteigneten und/oder umgebrachten Besitzer; gespenstisch empfindet sie auch die Art, wie die Abwesenheit der Juden nun durch eine Verherrlichung »jüdischer Geschichte« und eine darauf abzielende Tourismusindustrie kompensiert wird, eine »Jüdische Geschichte« als Geschäftsmodell und Ware (*commodity*), mit Bustouren durch das »Judenviertel« im Zweiten Bezirk,

301

mit Plakaten zu einer Ausstellung mit dem vielsagenden Titel *Heritage and Mission: Jewish Vienna*.

Gespenstisch kommt ihr auch der nunmehr glanzvoll herausgeputzte Rathausplatz vor, auf dem sie einst als Kind inmitten roter Fahnen an der Hand ihrer Mutter den Ansprachen der Arbeiterführer und dem Absingen sozialistischer Hymnen lauschte – als plötzlich Polizeitruppen hoch zu Ross die friedlich feiernde Menge auseinandersprengten. Fest im Sattel sitzend prügelten die Ordnungshüter auf die unter ihnen panisch auseinanderwogende Menge ein, und niemand, nicht einmal ihr Vater, wusste, worum es dabei ging, bis die Eltern schließlich sich und ihr Kind in einer stillen Seitengasse bei der Mölkerbastei außer Gefahr bringen konnten. Diese Kindheitserinnerung verschmilzt mit einer Diskussion in Ohio um die Einführung einer berittenen Polizei, und Erika notiert, Pferde mögen ja wunderbare Tiere sein, aber eine berittene Polizei vertritt immer einen gegen die eigenen Bürger gewaltbereiten Staat.

Auch die mit einem Judenstern und einem rosa Dreieck verzierte Gedenktafel am Morzinplatz findet Erika irritierend. Sie soll an das ehemalige Hotel Metropol erinnern, in dem sich das Hauptquartier der Gestapo befand. Nicht nur die an den Austrofaschismus erinnernde konservative Ästhetik, sondern vor allem folgende Inschrift findet Erika Bourguignons äußerst fragwürdig:

> »Niemals vergessen. Hier stand das Haus der Gestapo. Es war für die Bekenner Österreichs die Hölle. Es war für viele von ihnen der Vorhof des Todes. Es ist in Trümmer gesunken wie das Tausendjährige Reich. Österreich aber ist wiederauferstanden und mit ihm unsere Toten, die unsterblichen Opfer. «

Erika Bourguignon ist schockiert von dieser verschwommenen Aussage voll pseudoreligiöser, nationalistischer Metaphorik; »Bekenner Österreichs« – was soll das heißen? Sind damit nur ehemalige Austrofaschisten und Monarchisten gemeint? Als ob das Gestapo-Hauptquartier für weniger patriotische Häftlinge keine »Hölle« gewesen wäre! Der

Satz »Österreich ist wieder auferstanden« suggeriere zudem eine völlig unangebracht göttliche Apotheose. »Unsere Toten« waren zudem nicht nur Juden und Homosexuelle, wie die Symbole evozieren, sondern auch andere, vor allem politisch Verfolgte; wobei das »unser« suggeriere, alle Nazimörder seien Fremde gewesen, während Österreicher immer nur Opfer waren. Diejenigen, die Erikas Familie damals schikanierten, sprachen jedenfalls allesamt Wiener Dialekt, schreibt sie und zitiert Egon Schwarz, der 1992 über die österreichische »Opferlegende« notierte, sie sei zwar politisch nützlich, aber für die Intelligenz und die Psyche der Österreicher verheerend gewesen.

Ihr zweiter Essay, *Memory in an Amnestic World: Holocaust, Exile, and the Return of the Suppressed* (2006), eine akademische Arbeit der komparativen Kulturanthropologie, stellt die programmatische Frage nach Erinnern und Vergessen in ihrem Bezug zur Öffentlichkeit. Es geht um den Wandlungsprozess von millionenfach unterschiedlichen, individuellen Erinnerungsfragmenten zu einem »kollektiven Gedächtnis« und um die Rolle der Medien und der öffentlichen Gedächtnisrituale dabei. Ihre These: Individuelle Erinnerungen unterliegen auf dem Weg zum kollektiven Gedächtnis einer Transformation durch Auslese, Manipulation, unbewusste Unterdrückung und bewusste Verleugnung sowie durch kulturspezifische Mythenbildungen. Je traumatischer die Erinnerung, umso folgenreicher ist dieser Wandlungsprozess. In ihrer eigenen beruflichen Spezialisierung auf irrationale Phänomene wie Trance und Besessenheit erkennt sie eine Form von Bewältigung eines ihr von außen auferlegten, mehrfach gebrochenen, kulturellen Wandels. Und nach dem Studium zahlreicher Biografien sieht sie die Gründe für die Schwierigkeiten so vieler Opfer, die drohende Gefahr der Nazis rechtzeitig zu erkennen, im jeweiligen ideologischen Fundament und kulturellen Kontext, wodurch Erinnerungen selektiert und entsprechend verfremdet werden. Welten liegen zwischen einem städtischen, säkularen Mittelstand und streng orthodoxen Juden (*haredim*) im Schtetl Osteuropas, die aufgrund ihres ideologischen Fundaments gar nicht anders können, als die Shoah als Strafe Gottes für die Sünden der Juden zu begreifen – und sich daraus ihre Gegenwart in Israel zu konstruieren. Entsprechend unterschiedlich sind die Erinnerungen und die Verarbeitung des Erlebten. Mythenbildungen über den Holocaust seien in Anbetracht seiner traumatisierenden Wirkung unvermeidlich, nicht nur bei Holocaustleugnern oder -verharmlosern, die immerhin durch die Gesetzeslage der meisten Staaten in Schranken gehalten werden. Auch das Geschichtsverständnis des offiziellen Israel gründe sich auf mythische Vorstellungen, und Erika Bourguignon verweist auf den israelischen Historiker Idith Zertal, der in seinen Werken (1998, 2005) die Erinnerung an den Holocaust und die maßgebliche Rolle von Institutionen wie Mossad und Yad Vashem als Grundlagen für die Staatsgründung der Knesset 1953 beschreibt. Das Fundament des neuen Staates sei daher eine messianische Version des zionistischen Narrativs: Das Leben in der Diaspora (*galut*) führt zur Erlösung (*geula*), und die Katastrophe der Shoah bewirkt die Wiederauferstehung (*tekuma*) des Tausendjährigen Reiches der Juden.

Dieses mythische Geschichtsbild mochte in den 1950er Jahren wohl ein Gebot der Stunde gewesen sein, meint Erika Bourguignon, um der höchst diversifizierten und fragilen Gesellschaft des neuen Staates die Konstruktion eines nationalstaatlichen Kollektivs zu ermöglichen. Doch für die politischen Entwicklungen in den Jahrzehnten danach birgt es ein bis in die Gegenwart ungelöstes Konfliktpotenzial. Am Beispiel zweier großer Schriftsteller, Elie Wiesel (1928-2016) und Primo Levi (1919-1987), beide Holocaustüberlebende, zeigt sie die konträren Wege der Verarbeitung von Erinnerung als eine ideologische Zerreißprobe des Staates Israel: Für den im Königreich Rumänien geborenen, von chassidischen Vorfahren geprägten und in New York lebenden Elie Wiesel wird der Holocaust zum Auslöser für grundlegende Sinnfragen im Rahmen eines göttlichen Plans, jenseits aller menschlichen Geschichte. Entsprechend seine bedingungslose Unterstützung jeder noch so extremen Politik Israels. Hingegen sucht der ehemalige italienische Widerstandskämpfer und Chemiker Primo Levi aus Turin das Grauen der

Lager literarisch zu verarbeiten und hat nur Verachtung übrig für alle, die »der Meinung sind, Gott habe etwas mit Auschwitz zu tun.«

Diese Transformation von Erinnerung durch kulturspezifische Mythologeme entspricht dem menschlichen Bedürfnis nach Kohärenz und Orientierung und prägt das nationale Narrativ zahlreicher, auch europäischer Nationen. Sie findet sich auch in sämtlichen Religionen. In Haiti, Erikas bevorzugtem Forschungsfeld, wird eine mythische Geschichte über rituelle Praktiken evoziert, über die haitianische Voodoo-Religion. Doch während im Allgemeinen die Voodoo-Religion als Heilsreligion im praktischen Sinn interpretiert wird, um Slumbewohner vor dem vielfältig drohenden Unheil zu bewahren (Streck 2013), erschließt sich für Erika Bourguignon noch eine weitere Dimension: Voodoo hat dabei etwa die gleiche Funktion wie die akademische Legitimation historischer Narrative in westlichen Gesellschaften. An die vierhundert Geister und Götter können in die Gestalt eingeweihter Adepten schlüpfen, die, von ihnen besessen, in Haiti meistens auch Blutopfer zur Abwendung des Übels darbringen können, Federvieh, Ziegen und Schweine. Alles dreht sich dabei um *Iwa*, den mächtigsten, vielgestaltigen Geist des Voodoo, eine Transformation von *Shango* und *Ogun* der afrikanischen Yoruba. Zwar wurden die Sklavenbesitzer von der französischen Administration bereits 1664 zur Taufe ihrer Sklaven verpflichtet, doch die afrikanischen Trancetänze und Schlangenkulte lebten weiter, und allmählich entwickelte sich das, was gerne als »Synkretismus« bezeichnet wird, tatsächlich aber eine *Maskierung* altafrikanischer Götter in europäischen Gewändern darstellt, also eine Form von Mimesis.

Alle haitianischen Herrscher verwandeln sich irgendwann in *Iwa*, angefangen bei Jean-Jacques Dessalines, dem ersten Herrscher des 1804 in einem blutigen Befreiungskrieg unabhängig gewordenen Haiti, bis hin zur US-amerikanischen Besatzung 1915, die dem »Aberglauben« ein Ende setzten wollte und die grausame Herrschaft der Familie Duvalier zur Folge hatte. Wird jemand von *Iwa* besessen, nimmt er die Gestalt eines Pferdes an, dies in »Erinnerung« an die Kavallerie der europäischen Invasionen in Westafrika. Und da sich der haitianische Parnass an der Befindlichkeit der von wiederholter Hungersnot heimgesuchten Haitianer orientiert, ist *Iwa* immer »hungrig« nach Menschenopfern. Wenn er tötet, sei es durch Krankheit, Hunger oder durch politischen Mord, heißt es, er habe die Opfer »gegessen«; und die Lebenden glauben, ihn durch eine besondere »Fütterung« gefügig machen zu können. Eine Politik zur maximalen Bereicherung der jeweils herrschenden Führer und Fraktionen wird in Haiti als *politique du ventre* bezeichnet und politische Profiteure als *des grands mangeurs*.

Legba, ein weiterer *Trickster*, fungiert in seiner ursprünglichen, afrikanischen Form als Sprecher der Götter und wird mit einem hölzernen Phallus tanzend repräsentiert, oft in Gestalt einer Frau. In Haiti wird *Legba* zum »Toröffner« und hält wie Petrus einen Schlüssel zum Himmel in der Hand, er wird ein alter Mann, und der Holzpenis wird zur Krücke. In altafrikanischen Religionen (und nicht nur dort) herrschte die Überzeugung, die Seele eines nicht ordentlich bestatteten Toten weile als *Zombie* unter den Lebenden und stifte Unheil. In Haiti werden die Sklaven in aufwendig inszenierten Trancetänzen zu *Zombies*. Entsprechend der kolonialen Rassenhierarchie wird der soziale Status des Besessenen durch die entsprechende Farbe der Haut und der Haare angezeigt, wodurch die geschichtsmächtige Ordnung aus der Kolonialzeit über religiös-mythische Glaubensinhalte weiterhin in der gesellschaftlichen Basis verankert bleibt.

Doch bei weitem nicht nur heidnische Gesellschaften, sondern auch die Welt der Vernunft und des Fortschritts des gegenwärtig wieder gerne beschworenen »christlich-jüdischen Abendlandes« ist geprägt von mythischer Geschichtsbildung. Erika Bourguignon verweist unter anderem auf den Mystizismus der Kabbala sowie auf die messianische Bewegung des »Sabbatianismus« nach 1492, entstanden als Reaktion auf das Trauma der Vertreibung der Juden und Mauren aus Kastilien und Aragon und den Terror der katholischen Inquisition; sie verweist auf das Neue Testament als mythisch transformierte Geschichte einer messianischen Bewegung als Reaktion auf das Trauma der römischen Christenverfolgung. Und im modernen Israel werden die historisch belegbaren biblischen Schlachten in *har magedon* im Norden des Landes zu *Armageddon*, dem apokalyptischen Endkampf zwischen den Weltmächten, aus dem die Wiederkehr des Tausendjährigen Reiches der Juden hervorgehen werde – mit dem Neuen Jerusalem als Hauptstadt.

Dieser Mythos ist es, der radikal orthodoxe Israelis mit evangelikalen Sekten in den USA kompatibel werden lässt. Dabei handele es sich keineswegs um eine kleine Minderheit. Zu Beginn des neuen Jahrtausends folgten den Botschaften des 2008 verstorbenen evangelikalen und explizit rassistischen Fernsehpredigers Jerry Falwell an die siebzig Millionen Zuschauer. Sie lauten so:

› Die Bürgerrechtsbewegung sei eine Gefahr für die weiße Rasse und die gottgewollte weiße Vorherrschaft.
› Schwarze und Muslime verkörperten das Böse in der Welt.
› Homosexualität und Frauenrechte bedeuten Sodom und Gomorra.
› Das Attentat vom 11. September 2001 sei dafür die Strafe Gottes.
› Jerusalem sei die Hauptstadt der kommenden Erlösung, weshalb Israel in seiner Annexionspolitik bedingungslos zu unterstützen sei. Doch Juden entgingen der Hölle letztlich nur durch ein Bekenntnis zu Jesus Christus.

Falwells ehemalige Anhängerschaft bildet gegenwärtig die Basis der Wählerschaft von Donald Trump. 2006, als der Essay von Erika Bourguignon erschien, war noch nicht abzusehen, dass der »erste weiße Präsident« der USA (Ta-Nehisi Coates) die US-Botschaft tatsächlich nach Jerusalem verlegen würde.

15

Heidnisches in den 1960er Jahren:
in Aspang bei Wien
auf der Salomon-Insel Owa Raha

In der Mitte der Welt

Der Kulturanthropologe Bernhard Streck unternahm den kühnen und beeindruckenden Versuch einer »Rekonstruktion der ersten Weltreligion« unter dem Titel *Sterbendes Heidentum* (2013). Darin erfährt man von *Hierophanien*, jenen Elementen, die vor der Entstehung der abrahamitischen Offenbarungsreligionen wegen ihrer überwältigenden Unkontrollierbarkeit und Allgegenwart religiöse Verehrung genossen: Feuer. Wasser. Erde. Himmel. Sexualität. Zauberei. Besessenheit.

Alle Bemühungen in sämtlichen, höchst unterschiedlichen Glaubenswelten waren darauf gerichtet, vermittels Geister und Götter mit diesen allgegenwärtigen Mächten eine Beziehung einzugehen, um sie in Schach zu halten. Diese heidnischen Geister und Götter unterschieden sich von christlichen Heiligen grundlegend durch die Abwesenheit eines Erlösungsversprechens als Belohnung für entsprechendes Wohlverhalten und Glaubenstreue sowie durch ihre notorische Doppelgestalt von Gut *und* Böse. Heiden haben bescheidenere Vorstellung von ihrer Stellung in der Welt, notiert Streck, ihnen müsste der Befehl des Einzigen Gottes, sich die Erde untertan zu machen, als purer Frevel erscheinen. Durch die unduldsame Überzeugung des globalen Westens von der eigenen Überlegenheit sei das Heidentum zum Tode verurteilt, aber es stirbt langsam; vielleicht sogar endlos. Denn unter der Decke der abrahamitischen Staatsreligionen glimmt das Heidentum weiter, gleich der unlöschbaren, bisweilen stellenweise aufflackernden Glut einer Moorlandschaft.

Ich selbst stand dem Lieblingsthema der klassischen Ethnologie, nämlich den Phänomenen heidnischer Glaubensvorstellungen, ursprünglich eher skeptisch gegenüber. Ich fand, Indigene würden dadurch zu Unrecht als abergläubische Anhänger der Unvernunft und der Irrationalität abgestempelt. Unerwarteterweise wurde jedoch auch ich vom Thema eingeholt, als mich im Frühjahr 1982 eine Seminararbeit zu einem allemal prosaischen Thema, nämlich der regionalen Wirtschaftsentwicklung nach dem Zweiten Weltkrieg, nach Aspang bei Wien führte, eine Gemeinde inmitten eines bewaldeten Hügellandes etwa sechzig

Kilometer südlich von Wien, an der heute die Autobahn vorbeiführt. Dort wollte ich die damals brandneue Methode der Oral History erproben, weil die Köchin meiner älteren Schwester dort lebte und sich bereit erklärt hatte, mir ihre Lebensgeschichte zu erzählen.

Frau Wieser (ihr Name wurde geändert) war etwa fünfzig Jahre alt, doch machte sie auf mich nicht zuletzt wegen ihrer Körperfülle einen älteren Eindruck. Im Verlauf der sich über vier Wochen hinziehenden Sitzungen erzählte sie meinem laufenden Tonbandgerät von einer Kindheit und Jugend als nicht erbberechtigte Tochter auf einem bäuerlichen Erbhof, vom Elend in einem fensterlosen, unbeheizbaren Verschlag im Kuhstall, ohne Aussicht, dieser Knechtschaft jemals zu entrinnen, sodass ich mich schließlich wunderte, wie gut sie das alles überstanden hatte und wie jung sie sich eigentlich gehalten hatte.

Erst als die Firma Nestlé eine Milchabfüllanlage im Aspangtal errichtete, erlebte Frau Wieser als Akkordarbeiterin eine nie zuvor gekannte Freiheit. Erstmals habe man zu ihr wie zu einem Menschen gesprochen, erzählte sie, man habe ihr bares Geld in die Hand gelegt, mit dem sie nach Gutdünken habe verfahren können; sogar ihre Rechte habe man ihr erklärt, als Staatsbürgerin, als Arbeiterin, als Mensch. Sie war bereits über dreißig Jahre alt, viel Zeit sei ihr also nicht geblieben für ein neues Leben. Umgehend zog sie beim Bruder, der den Hof geerbt hatte, aus und lebte von nun an in nie zuvor gekannter Freiheit in einer angemieteten Kammer, bis sie einen mittlerweile verstorbenen Handwerker ehelichte, ein Alkoholiker, dessen kleines Einfamilienhaus ihr nach seinem Tod zugefallen war und uns nun als Arbeitsstätte diente. Frau Wiesers Erzählungen heilten einen von jedweder Bauernwelt-Nostalgie, wie sie einer städtischen Konsumentin von Agrarprodukten eigen sein mag; und wenn einem zuvor die industrialisierte Arbeitswelt eher als eine Zumutung erschienen war, sah man sie nun mit anderen Augen.

Frau Wieser erzählte auch von der Sprachlosigkeit ihrer Kindheit auf dem väterlichen Bauernhof, wo niemals ein über einen Befehl hinausgehendes Wort gefallen sei und für Kinder jede Frage oder Klage undenkbar war. Sie erzählte von einem Alltag ohne Elektrizität, als die Beleuchtung selbst im schneereichen, dunklen Winter auf Sturmlampen beschränkt war, vom Wasser, das nur an einem Brunnen zwischen Stall und Haus verfügbar war, wo auch die Wäsche gewaschen wurde und die Kinder die Kübel füllten und zu Tieren und Menschen schleppten, selbst im Winter, wenn der Hof eisig verschneit war oder man im Morast watete, sodass man beim Kübelschleppen höllisch aufpassen musste, um nicht auszurutschen; sie erzählte von einer Kindheit, in der alle Bemühungen nur mit Schlägen, Kälte und Finsternis belohnt wurden und niemals mit einem guten Wort.

Lange hatte der Vater sich der gesetzlichen Schulpflicht widersetzt, um die Kinder als Arbeitskräfte auf dem Hof zu behalten. Und als er sie schließlich doch zur Schule anmelden musste, ließ er seinen Unmut darüber an ihnen aus und wohl auch seine Überforderung, denn nun blieb noch viel mehr Arbeit an ihm hängen und für die Kinder wurde zu Hause alles noch schlimmer. Dazu kam der tägliche Weg von zweieinhalb Stunden über steile Wiesen und durch finstere Wälder bis hinunter zur Schule im Zentrum der Gemeinde.

Irgendwann fragte ich Frau Wieser, wovor sie sich als Kind eigentlich am meisten gefürchtet habe, vor dem bösen Wolf, dem Schwarzen Mann, dem Krampus oder etwa, so wie ich in meiner Montafoner Kindheit, vor einer Hexe. Sie reagierte wie eine, die nie ein Märchen gekannt hat.

Angst? Ach woher, meinte sie, Wölfe und Schwarze habe es hier ja nicht gegeben, und das einzige männliche Wesen, vor dem sie sich gefürchtet habe, sei der eigene Vater gewesen.

Und Hexen?

Die waren doch nicht zum Fürchten! Wir hatten zwei oben im Wald und wir kamen jeden Tag auf dem Schulweg an ihrem Haus vorbei ...

??

Ein kleines Blockhaus war das, es hatte früher einem Köhler gehört. Dort wohnten die beiden Schwestern, von denen man wusste, dass sie Hexen waren. Aber die beiden waren immer freundlich zu uns und haben uns nie was getan.

Wieso waren es »Hexen«?

Im Dorf wurde viel über sie geflüstert und geflucht, manchmal auch gelacht, mit diesem gewissen, nach ein paar Gläsern knallenden Wirtshauslachen; doch wenn die Kinder vorbeikamen, steckten die beiden Frauen ihnen meistens ein paar Birnen oder saure Äpfel oder sogar ein Stück Brot zu, denn sie wussten ja, dass die Kinder nicht einmal ein Frühstück bekamen, bevor sie sich um sechs Uhr oder noch früher auf den Weg machen mussten. Und die Kinder wussten zwar von den Machenschaften der beiden Frauen, denn jeder sprach darüber, doch »diese Sachen waren für uns ganz normal!«

Was für »Sachen«?

Nun, diese Zauberei, oder, wie man bei uns eben sagte, Hexerei.

Es war offenbar nicht leicht, die richtigen Worte für diese Tätigkeit zu finden, aber schließlich erzählte Frau Wieser doch, was ihr in Erinnerung geblieben war: Die Frauen verschafften sich unter irgendeinem Vorwand, etwa um Milch zu holen oder Pilze zu verkaufen, Zutritt zu den Bauernhöfen und zu den Ställen, brachten dann irgendetwas an sich, ein Büschel Kuhhaare, einen alten Riemen, eine Stück Stoff oder ein Seil, mit dem die Kühe festgebunden wurden, und einige Zeit danach erkrankte das Vieh. Warum genau wusste niemand. Aber man war sich einig, es musste an den beiden Frauen liegen, die irgendetwas mit den Dingen anstellten, die sie mitgehen ließen. Den Bauern blieb nichts anderes übrig, als die Frauen um Hilfe zu rufen, denn sie waren die Einzigen, die das Vieh wieder gesund machen konnten – gegen Geld versteht sich. Denn davon lebten ja die beiden Hexen.

Bis eines Tages ein junger Veterinär in Aspang seine Praxis aufmachte und die beiden Frauen »anzeigte«. Im Dorf machte das Gerücht von »gewerbsmäßiger Hexerei« die Runde und eines Tages kamen einige Patres aus Sankt Gabriel, dem nahe Mödling beheimateten Missionsorden, nach Aspang. Sie gingen hinauf in den Wald, heimlich gefolgt von einigen Kindern, die beobachteten, wie die Patres mit erhobenem Kreuz in das Blockhaus der beiden Schwestern eindrangen und unter lauten, bis vor dem Haus vernehmbaren Gebeten und Beschwörungen sämtliche Bücher, Kräuter und Tinkturen verbrannten und danach alles mit Weihwasser besprengten. Den Frauen wurde unter Androhung der Exkommunikation jede weitere Hexerei verboten, und von nun an versorgte der amtliche Tierarzt das Vieh in der Region. Das hat sich Anfang der 1960er Jahre ereignet, sechzig Kilometer südlich von Wien.

*

Als frisch promovierte Historikerin (1986) durfte ich zunächst an einer Großausstellung über »100 Jahre Sozialdemokratie« mitarbeiten, als eines Tages das Telefon klingelte. Der Kulturchef des ORF am anderen Ende der Leitung bot mir an, einen Film über meinen Vater zu machen, was ich nicht ablehnen konnte, obwohl mir bewusst war, dass ich damals eigentlich kaum mehr über ihn wusste, als seinen eigenen Publikationen zu entnehmen war – und zum großen Teil nicht einmal das. Da der Sudan, Westafrika, Burma/Myanmar, Vietnam und auch Marokko mittlerweile von kriegerischen Konflikten oder Massentourismus heimgesucht wurden, entwickelte ich ein Drehbuch, das mich in eine mir gänzlich unbekannte Region führte, und selbst der regional zuständige Ethnologe an der Universität wusste nicht viel mehr darüber, als dass dort angeblich noch »die Kopfjagd« betrieben werde: die Salomon-Inseln, ein sich im Südpazifik über tausendfünfhundert Kilometer erstreckender Archipel. Der Vater hatte sich 1932/33 mehrere Monate in der südöstlichen Region Makira und auf der nördlicheren Insel Lauru/Choiseul aufgehalten und darüber zwei Bücher und mehrere Aufsätze publiziert, doch vor allem seine Fotos von den Menschen motivierten mich zu dieser Wahl. Einige Kinder könnten noch am Leben sein und mit uns arbeiten wollen, dachte ich und sollte mich nicht irren.

Tatsächlich erhielten wir vor Ort die Dreherlaubnis der erst seit 1977 unabhängigen Regierung letztlich nur aufgrund dieser alten Fotos, es war das erste Mal seit der Unabhängigkeit, dass eine derartige Erlaubnis erteilt wurde; und dies nur, weil der Premiermister in der Hauptstadt Honiara die Fotos als wertvolle Dokumente des kulturellen Erbes erkannt hatte. Die Dreharbeiten vor Ort waren freilich ein menschliches Fiasko, was nicht zuletzt dem ungeheuren Stress durch die branchenüblichen Produktionsbedingungen zu verdanken war. Der Zwang, in kürzester Zeit möglichst viel »im Kasten zu haben«, noch dazu in einem beschwerlichen Klima und unter gänzlich ungewohnten Verhältnissen, ließ wenig Spielraum für Achtsamkeit gegenüber den eigenen Kollegen wie gegenüber den Dorfbewohnern, und das machte mir ziemlich zu schaffen. Als bescheidene Wiedergutmachung für die Belästigung organisierte ich später auf Wunsch der Inselbewohner den durch österreichische Spenden finanzierten Bau einer Schule. Zudem überließ ich ihnen Kopien des historischen Fotomaterials meines Vaters, auf denen sie sich selbst oder ihre Verwandten wiedererkannt hatten und sich entgegen meiner eurozentrischen Befürchtungen dessen auch nicht schämten, wenn sie unbekleidet abgebildet waren. Zur Zeit des Vaters waren nämlich allesamt Heiden, ihre lokale Tracht bestand aus einem Blätterrock, einem Rindenschurz und ein paar Ketten, wobei unverheiratete Jungen und Mädchen überhaupt nur eine Schnur um die Mitte trugen. Wohingegen sie bei meinem Besuch in den 1980er Jahren allesamt westlich gekleidete Christen waren. Meine Bedenken, die Blößen ihrer Vorfahren könnten die Inselbewohner schockieren wie in den 1930er Jahren die Patres des Missionsordens Sankt Gabriel und Begründer der Völkerkunde in Wien – (und gegenwärtig wieder gewisse, sich emanzipatorisch verstehende »Aktivisten«, welche sich für dergleichen historische Aufnahmen »fremdschämen« und behaupten, sie seien entwürdigend für die Abgebildeten) –, stellten sich als gänzlich unbegründet heraus.

*

Die Insel Owa Raha/Santa Ana war so klein, dass selbst die todbringende Anopheles-Mücke sie übersah, die auf der als »Festland« bezeichneten, großen Nachbarinsel Makira/San Cristobal die Malaria in der schlimmsten, innerhalb dreier Tage tödlichen, zerebralen Form allgegenwärtig machte. Auch die wandelnden schwarzen Säulen der Zyklone am Meereshorizont trafen verhältnismäßig selten auf das kleine Eiland. Betagte Bewohner schrieben das den besonderen Fähigkeiten eines in den 1950er Jahren verstorbenen Schamanen namens Pirinisau zu. Er war zuständig für die Sicherheit auf hoher See und für die Initiation der Knaben und bewirkte wegen seiner exzessiven und häufigen Anfälle von Besessenheit bei der ganzen Bevölkerung Furcht und Respekt. Sein Sohn und dessen Frau Helen, die in ihrer Jugend den »außer sich« geratenen, mächtigen Mann zu versorgen hatten, erzählten mir ausführlich, wie schwierig der Umgang damit war. Die anglikanisch getaufte Schwiegertochter Helen behauptete als Einzige, die vorchristliche Welt sei keineswegs idyllisch gewesen, sondern erforderte ständige Achtsamkeit vor der allgegenwärtigen Macht der Geister und Ahnengötter, die man sehr genau kennen musste, um zu wissen, wie sie zu nehmen waren.

Besessenheitsrituale gehörten zur Zeit meines Vaters noch zum Alltag der Menschen. Jeder Mann, der etwas auf sich hielt, hatte seinen speziellen *ataro* – eigentlich Geist, von Missionaren als *devel* übersetzt –, mit dem er einen rituellen Bund einging und in schwierigen Lebenssituationen aus einer sakralen Schale eine geweihte Mahlzeit teilte. Doch nur Pirinisau verkehrte praktisch mit sämtlichen relevanten Geistern und Ahnen. Er war imstande, sich in sie zu verwandeln, und wusste daher, wie mit ihnen umzugehen war. Fotografieren ließ sich Pirinisau nicht, daher existieren nur eine Aufnahme von seinem Rücken und eine andere, die ihn in großer Distanz kaum erkennbar am Bug eines Hochseekanus sitzend vor dem Ablegen zeigt. Dafür zeichnete Pirinisau für Hugo Bernatzik den gesamten Parnass der lokalen Geister und Götter; und dies auf so beeindruckende Weise, dass diese Blätter den Anstoß für Bernatziks spätere Sammlung von vielen hundert Zeichnungen aus entlegenen Regionen Südostasiens, Europas und Nordafrikas bildeten.

Bei meinem Aufenthalt ein halbes Jahrhundert später erfuhr ich, Pirinisau sei nicht nur Schamane und Geistheiler gewesen, sondern auch Repräsentant der Insel für die britische Verwaltung in der Provinz Makira. Er war also auch politisch einflussreich, sprach Pidgin fast perfekt und konnte angeblich sogar ein wenig schreiben, was seinen übersinnlichen Fähigkeiten jedoch keinen Abbruch tat. Selbst die Briten hätten ihn respektiert.

Ungeachtet der westlichen Kleidung und des nun dominierenden Christentums machte ich bald die Erfahrung, dass diese Gesellschaft im Unterschied etwa zu Jamaika keineswegs »Peripherie« war, sondern wirklich eine andere Welt. Und diese Welt wurde nun fünf Jahre lang mein intellektueller und sozialer Lebensmittelpunkt, mit Unterbrechungen in Wien, Jamaika und Honolulu, bis dieser Spagat zwischen den Kontinenten mich schließlich zu zerreißen drohte.

*

Zur Zeit meines Aufenthalts war die Insel Santa Ana mit ihren drei Dörfern und etwa tausendfünfhundert Menschen vergleichsweise dicht besiedelt, wobei viele jüngere Leute nicht immer anwesend waren, sondern in der Hauptstadt oder auf großen Inseln arbeiteten. So klein Santa Ana war, blieb auch sie vom Missionseifer eines evangelikalen Predigers aus Australien nicht verschont, wie gegenwärtig so viele prekäre Regionen Asiens und Afrikas. Dabei waren die Bewohner von Santa Ana ohnehin seit Jahrzehnten dem Christengott ergeben; ein ehemaliger Geistheiler aus dem Dorf Natagera erklärte auch, wie es zu dieser Konvertierung kommen konnte, zu der er sich als einer der Letzten hatte überwinden können, in den 1960er Jahren – als auch in Aspang bei Wien der Hexerei ein Ende bereitet wurde ...

Für diesen alten Mann mit den wunderschönen Händen und dem wie eine rohe Holzskulptur zerfurchten Gesicht bedeutete die Taufe das Ende seiner angesehenen therapeutischen Macht, die er seinem intimen Umgang mit Geistern zu verdanken hatte. Doch Missionare verboten alle den Geistern und Ahnen gewidmeten Bräuche, und die dafür geschaffenen Kunstwerke wurden als Teufelszeug vernichtet, verschenkt und später auch verkauft. Dabei sei es früher gar nicht ungewöhnlich gewesen, dass man einen ortsfremden Ahnengott oder Geist, der sich als wirkungsmächtig erwiesen habe, gleichsam adoptierte und ihn durch Opfergaben wohlwollend stimmte, erklärte der hagere Mann, es wäre daher durchaus möglich gewesen, auch mit dem Christengott einen Bund zu schließen. Dass dieser Gott absolut der Einzige in nur drei Gestalten sein wollte und alle anderen Geister nichts mehr gelten ließ, sei etwas gänzlich Neues gewesen und für ihn, den Geistheiler, verhängnisvoll. Als die Clanchefs seines Dorfes sich diesem neuen Gott, dessen Adepten immerhin erstaunliches in Bezug auf die Heilkunst leisteten, unterwarfen, mussten ihnen die Clanmitglieder folgen und er sah sich plötzlich als gesellschaftlicher Außenseiter, dessen Heilkunst nicht mehr gefragt war und dem nichts anderes übrigblieb, als zu konvertieren.

Zwar hatten weiße Missionare bereits Anfang des 20. Jahrhunderts ihr Glück versucht, doch waren sie verjagt worden, und selbst der Einfluss des seit 1910 auf der Insel lebenden deutschen Siedlers Henry Kuper blieb auf ein einziges Dorf beschränkt. Erst in den 1960er Jahren, als einheimische Priester aus Bougainville oder anderen nördlichen Inseln den als »rückständig« geltenden Leuten auf der Insel das Heil bringen wollten, hatten sie Erfolg. Doch ihre Methoden waren ungleich radikaler. Zur Zeit meiner Anwesenheit standen sich auf der Insel Anhänger zweier misstrauisch rivalisierender Kongregationen gegenüber: die der anglikanischen Hochkirche und die der fundamentalistischen South Sea Evangelists.

Was wollte dieser Australier also noch? Das wollte ich mir anschauen; und so begab auch ich mich in die eigens für seine Auftritte errichtete Halle aus Beton und Blech etwas außerhalb des Dorfes, den »Tempel«. Und ich staunte nur über die Macht, die dieser schmächtige, sommersprossige Mann auf seinem improvisierten Podium mittels einer batteriebetriebenen Tonanlage ausüben konnte. Mit aufgeregtem Gebrüll über den furchtbar strafenden, aber auch erlösenden allmächtigen Gott brachte er die versammelten Mitglieder der South Sea Evangelist Church – die Anglikaner machten bei dem Theater nicht mit – dazu, aufzuschreien, sich schluchzend das Gesicht zu bedecken, von den Sitzen aufzuspringen, einander zu umarmen, sich singend und wiegend an den Händen zu halten, die Sprüche und Gesten des Predigers immer ausgelassener nachzuahmen und den Heiland so lange zu beschwören, bis dieser offenbar von einigen Menschen Besitz ergriff und sie zuckend zu Boden warf. Das also war das Geheimnis seines Erfolgs! Distanziert beobachtete ich aus einer der hinteren Reihen diese Scharaden. Er ermöglichte den Leuten die Simulation von etwas, was in beiden christlichen Kongregationen verpönt, aber dennoch einem urzeitlichen Bedürfnis entsprach: außer sich zu geraten, das Bewusstsein von Zeit und Raum zu verlieren, sich mit übermächtigen Kräften zu verbünden. Und zum Schluss kratzten die Leute dafür ihre wenigen Münzen als »Opfergaben« zusammen.

*

Dieses Bedürfnis hatte hier zweifellos etwas mit dem Gefühl der Ohnmacht angesichts der überwältigenden Kräfte der Natur zu tun. Tropenstürme, Erdbeben, gefährliche Haie, ein vulkanisch felsiger Boden inmitten eines gefährlichen und unermesslichen Ozeans machten die Beschaffung ausreichender Nahrung zu einer Herausforderung; nachdem seit der Mitte des 20. Jahrhunderts ein kleiner rostiger Dampfer in unregelmäßigen Abständen in der Bucht ankerte und die Bewohner mit Reis, Salz, Zucker, Kerosin und Dosenfleisch versorgte, war zwar die existenzielle Gefährdung gelindert, aber keineswegs verschwunden. In vorchristlicher Zeit diente der gesamte religiöse Kosmos zur Regulierung von Produktion und Distribution der Nahrungsmittel. Alle paar Jahre organisierte ein dazu ermächtigter Clanchef aufwendige, viele Tage andauernde Feste zu Ehren eines Ahnengottes oder eine vom Schamanen angeführte Besuchsfahrt auf die Insel Ulawa, wo dann Güter und Nachrichten in Form von Geschenken und Gegengeschenken ausgetauscht und Gegenbesuche vereinbart wurden. Das Jahr war nicht nach einem Kalender unterteilt, sondern nach dem Rhythmus des Nahrungsangebots. Es gab die Zeit der Bonitoschwärme, die Zeit der Ernte von Jams und Taro, die Zeit der Papayas und Bananen, der wilden Mandeln, der

Brotfrucht; es gab die Zeit plötzlich massenhaft auftauchender Königskrabben und zu Tausenden an den Küsten laichenden Schildkröten, die gerne gegessen wurden, es gab die Zeit der fliegenden Fische, für die eine eigene akrobatisch anmutende Fangtechnik entwickelt worden war, und es gab die Zeit der plötzlich im Küstenwasser schlingernden »Meereswürmer«, proteinhaltige Laichschnüre, die bei Ebbe als begehrte Delikatesse kübelweise aus dem seichten Wasser geholt wurden. Die Erntezeit der sakralen Knollenfrüchte Jams und Taro wurde mit tagelangen orgiastischen Festlichkeiten begangen, bei denen sämtliche, sonst so strenge Regeln des Anstands und der Verwandtschaftsverhältnisse über den Haufen geworfen wurden.

All diese festlichen Ereignisse erforderten jahrelange Vorbereitung: Ein oder zwei Hochseekanus für an die vierzehn Ruderer mussten aus einem mächtigen Einbaum geschnitten werden, Schweine gezüchtet, Nahrungsmittel gehortet und sakrale Schalen und Skulpturen geschnitzt werden; eine Festhalle musste errichtet und darin die mächtige Holzschale für alle Speisen in Form eines Fisches oder Fregattvogels aufgestellt werden; Schmuck und Zahlungsmittel aus Perlmutt, aus Kaurischnecken oder aus den Plättchen einer großen Tiefseeschnecke mussten von weither beschafft werden. Und dann genügten wenige Festtage, um all diese jahrelang produzierten Güter und Nahrungsmittel zu verprassen, einzutauschen, zu verschenken – bis der nächste Clanchef sich zur Vorbereitung eines weiteren Festes berufen fühlte. Die gesamte Ökonomie beruhte auf wechselnden Allianzen mit dem gemeinsamen Ziel, grenzüberschreitende, überbordende Festlichkeiten auszurichten. Auf diese Weise wurde zwar kein Überfluss produziert, doch immerhin das Überleben über zwanzigtausend Jahre auf einem in jeder Hinsicht beschränkten Raum ermöglicht – so alt wird die Besiedlung der Insel geschätzt.

Entgegen des Aberglaubens vieler westlicher Ökonomen ist nämlich Konkurrenz keineswegs ein universelles und unvermeidliches Prinzip. Die Bewohner von Santa Ana wussten genau, dass unter den Bedingungen der Knappheit das Konkurrenzprinzip zum Kollaps führen würde.

Rivalitäten galten daher als unanständig und wurden über religiöse Institutionen und die Erziehung im Keim erstickt und durch komplizierte Gruppenloyalitäten ersetzt. Das Christentum hatte zwar sämtlichen Festen und Ritualen ein Ende bereitet, doch marktwirtschaftliche Gesetze hatten sich zur Zeit meines Aufenthalts immer noch nicht durchgesetzt. Für mich machte sich das bald dadurch bemerkbar, dass die Beschaffung von Nahrungsmitteln zu einer unerwarteten Herausforderung wurde, weil auf der Insel produzierte Knollenfrüchte, Fische und Hühner für Geld einfach nicht für Geld zu kaufen waren. Sie waren in Besitz des jeweiligen Clans, der das Kanu besaß oder das Nutzungsrecht des Bodens innehatte. Für mich war dergleichen nur über persönliche Beziehungen und Gegenleistungen zu erwerben, käuflich waren für mich nur importierte Waren wie Kerosin, Streichhölzer, Zucker, gelegentlich, falls vorrätig, auch eine Dose Corned Beef.

Vor der Ankunft der ersten Weißen zu Beginn des 20. Jahrhunderts war Bargeld als allgemeines Äquivalent unbekannt. Und jene, die als Plantagenarbeiter teils verschleppt, teils mit falschen Versprechungen angeworben wurden, lernten westliches Geld dadurch kennen, dass sie darum betrogen wurden. In Ozeanien gab es keine Sklaverei, sondern nur »freiwillige« Plantagenarbeiter, deren Sold jedoch so bemessen war, dass eine Verschuldung im betriebseigenen Kaufladen früher oder später unumgänglich war. Gearbeitet wurde im Akkord nach der Anzahl der mit Kopra prall gefüllten Säcke; und auch hier war die Peitsche allgegenwärtig. Erkrankte einer, war er verloren, musste er doch die verlorene Arbeitszeit ebenso wie etwaige Schulden abarbeiten, was eine Verlängerung seiner Dienstjahre zur Folge hatte; manche kehrten auf diese Weise nie wieder nach Hause zurück. Wem das Glück eine Rückkehr gewährte, der erzählte den Daheimgebliebenen dann Wundermärchen vom feinen Leben in der Ferne. Niemand hätte zugegeben, betrogen worden zu sein, sodass sich die Jugendlichen bei nächster Gelegenheit wieder darum rissen, den falschen Versprechungen eines Rekrutierers zu folgen.

Gebräuchlich wurde westliches Geld auf den Salomon-Inseln erst nach 1942, nachdem sich über den Köpfen der Insulaner der Bombenhagel und die Hölle der Seeschlachten zwischen Japanern und den Alliierten entfesselt hatten. Fische verendeten, lebenswichtige Küstenformationen wurden zerstört, wovon immer noch Ortsnamen wie *Ironbottom Sound* oder *Bloody Ridge* zeugen, bisweilen stolperte ich mitten im Dschungel auch über malerisch verrostetes, von Lianen durchwachsenes Kriegsgerät. Die Insulaner wurden von den Briten wegen der angeblichen »Minderwertigkeit ihrer Rasse« zwar nicht für würdig befunden, mit Waffen zu dienen, doch blieben sie nicht davon verschont, als Hilfskräfte, Träger, Boten und Führer eingezogen zu werden, was wesentlich schlechter besoldet und mit keiner bei den Leuten so beliebten Auszeichnung verbunden war. Aber auch sie konnten bei ihren Einsätzen im Bombenhagel – oder noch schlimmer – in japanischer Gefangenschaft krepieren.

Die Insel Santa Ana lag zwar abseits vom wilden Kriegsgeschehen, doch auch für sie eröffnete sich eine neue Welt. Manche erkannten nun im Bombengeschwader und Kanonendonner das von den Missionaren verheißene Jüngste Gericht, man lernte weit entfernte Inseln kennen und erlebte einen zuvor unvorstellbaren Überfluss: feste Häuser, in denen man trocken blieb, Bettgestelle, die vor Ungeziefer schützten; vor Nässe, Sonne, Schlangen und Tausendfüßlern schützende Kleidung und feste Schuhe und sogar eine gleichsam magische Kommunikation über Funk, das alles erschien den Leuten wie Vorboten des von den Missionaren für Glaubenseifer verheißenen Paradieses, umso mehr, als die Amerikaner den Inselbewohnern für ihre Loyalität tatsächlich das Blaue vom Himmel versprachen, nämlich Wohlstand und Unabhängigkeit nach Ende des Krieges. Und als es dann so weit war, warteten die Leute eben darauf, auch in Santa Ana. Nach Ende des Krieges hielt ein Teil der Bevölkerung Tag und Nacht Wache an den Küsten der Insel, um die Wiederkehr der fremden, Überfluss bringenden Schiffe rechtzeitig ankündigen zu können, während der andere Teil die Festlichkeiten für deren Empfang vorbereitete: *Cargo-Kult*. Die Weißen schüttelten den Kopf über derartige Tollerei, sie wussten, die Schiffe würden nie kommen. In den Erzählungen der Bewohner von Santa Ana hörten sich ihre Hoffnungen freilich ziemlich logisch an.

*

Statt der mit Schätzen beladenen Schiffe kamen nun melanesische Missionare aus dem Norden, die, wie die meisten Konvertiten, vor Gewalt an den Lebenden nicht zurückschreckten, um ihre Seelen zu retten. Unter anderem nahmen sie den Eltern ihre kleinen Kinder weg und verbrachten sie in Missionsschulen, wo sie über das verdammungswürdige Heidentum ihrer Eltern und über ihre eigene, kulturunfähige »Rasse« belehrt wurden und über die durch Gottes Wille und die Wissenschaft garantierte Überlegenheit der weißen »Rasse«.

Dadurch sollte der Glaube an den blonden Erlöser und an die britische Schutzmacht gefestigt werden, erklärte mir Dixon Agosi, ein aus Santa Ana stammender anglikanischer Priester, der das selbst erlebt, aber erst Jahrzehnte später durchschaut hatte. Als kleines Kind war er seinen Eltern entwendet worden und nach jahrzehntelanger Abwesenheit erst kürzlich wieder in sein Heimatdorf Natagara zurückgekehrt, und nun erkannte er auf einem der mitgebrachten Fotos seinen Vater, den ehemaligen Geistheiler in Natagara. Doch erst nach langem Zögern erklärte sich dazu bereit, mir bei der Arbeit mit seinem alten Vater als Dolmetscher und Berater zur Verfügung zu stehen.

Dixon Agosi war in einer anglikanischen Internatsschule auf Lauru/Choiseul erzogen worden, später in einem Priesterseminar in Neuseeland, und hatte danach auf verschiedenen Salomon-Inseln sein Priesteramt ausgeübt. Die Rückkehr in das als rückständig geltende Dorf seiner Geburt hatte Dixon lange Zeit aus Furcht vor seinem »heidnischen« Vater gemieden; und als er sich vor eineinhalb Jahren zur Rückkehr entschlossen hatte, kam er als Priester, wie er betonte, und nicht als Sohn.

Doch Dixon war nicht nur ein gläubiger Christ, sondern auch ein Intellektueller. Und er machte sich Gedanken über seine gesellschaftliche Rolle in diesem Dorf. Im Jahr zuvor, bei unseren Dreharbeiten 1985, standen dort noch zwei sakrale Häuser mit Wänden und Dächern aus geflochtenen Blättern der Elfenbeinnusspalme, das eine war das Bootshaus für die sakralen Bonitokanus, das Haus gegenüber mit dem ausladenden Blätterdach über den geschnitzten Pfeilern diente immer noch zur Sekundärbestattung bedeutender Männer, sowie als Unterkunft und Schule für die zur Initiation bestimmten Knaben, wenngleich diese selten geworden war. Für Frauen war der Zutritt bei Lebensgefahr verboten, und selbst am offenen Eingangsbereich vorbeizugehen konnte angeblich eine schwere Erkrankung zur Folge haben; nur ich, die fremde Frau, durfte es ohne Schaden betreten. Von den Dachbalken hingen noch schwarze Holzurnen in Gestalt eines Haifisches und geflochtene, reusenartige Urnen, gefüllt mit Knochen von Verstorbenen, die Männer des Dorfes hatten darunter noch ihre sakralen Opferschalen gelagert. Doch bei meiner Rückkehr im Jahr darauf waren alle verräterischen Objekte aus heidnischer Zeit verschwunden. Nur im Bootshaus standen noch die beiden verzierten Bonitokanus und an der offenen Frontseite wachte die Skulptur eines die Fischer beschützenden Meeresgottes.

Das Haus sei jetzt ein »Museum«, erklärt Dixon Agosi. Alles andere war entfernt worden, angeblich weil man bei etwaigen Besuchern nicht mehr als »rückständig« gelten wollte. Die Sekundärbestattung, von den Briten aus »hygienischen Gründen«, danach von den Missionaren aus religiösen Gründen verboten – man musste den Leichnam für die Auferstehung bereithalten –, aber im Geheimen weiter ausgeübt, werde nun endgültig nicht mehr praktiziert, versicherte er. Dafür gab es nun eine Kirche im Dorf, die genauso gebaut war wie die alten heidnischen Kultstätten.

Irgendwann entschloss sich Dixon, auch von seinen eigenen Befindlichkeiten zu erzählen, von seinen anfänglichen Schwierigkeiten im Dorf, das für ihn ja eine völlig fremde Welt gewesen sei, bis er gelernt habe, die Welt seines alten Vaters zu verstehen und sogar zu achten. Es habe einige Demut erfordert, meinte Dixon, um zu erkennen, dass unter den prekären Lebensumständen ein Überleben in Würde ohne den uralten Wissensschatz der Einheimischen eigentlich unmöglich war. Heimkehrer, die glaubten, einfach in gewohnter Weise weitermachen zu können, mit Eisschrank, fließend Wasser und Elektrizität, landeten unweigerlich im Elend; man musste sich die Lebensweise der Dorfbewohner aneignen, musste die Techniken des Gartenbaus, des Hausbaus, der Schweinezucht und nicht zuletzt der allerdings rudimentären Hygiene erlernen – Dixon betonte immer wieder, wie verlegen es ihn machte, dass man hier mangels Seife, Strom, Wasser und Maschinen eben nicht so sauber sein konnten, wie Europäer es gewohnt waren. Es waren jedenfalls viel Geduld und Taktgefühl erforderlich, um die Lebensweise der Dorfbewohner wieder zu seiner eigenen zu machen.

Dixon Agosi vermittelte eine klare Sichtweise der Verhältnisse: Die westliche Welt sei durch Warenökonomie, Konsum und Individualismus bestimmt, während auf der Insel jeder und jedem Einzelnen ein fester Platz im Rahmen der Verwandtschaftsverhältnisse zugewiesen wird, von dem sämtliche Rechte und Verpflichtungen abhängen. Ohne Wissen von seinen Verwandtschaftsbeziehungen habe man keine Ahnung, wer man überhaupt ist. Man könne sich dann kaum zurechtfinden und würde letztlich *wie ein in den Fluten treibendes Blatt untergehen.*

Warum untergehen?

Weil man weder Schutz noch Hilfe erwarten könne, keine Möglichkeit habe, Grund und Boden zu nutzen, sein Haus darauf zu bauen, zu arbeiten, zu heiraten, Kinder zu kriegen. Man versinke im Elend und sei auf Almosen angewiesen. Dixon kannte einige, denen es so ergangen war und die die Insel letztendlich wieder verlassen mussten.

Doch wie erkannte man diese »Stellung«, wenn man seit seinem zweiten Lebensjahr in der Ferne erzogen wurde? Das sei tatsächlich ein großes Problem, räumte der Priester ein. Die Leute redeten ja nicht gerne darüber, die Verwandtschaftsbeziehungen sind so etwas wie ein Geheimcode zur Identifikation. Man lerne sie nur durch das Verhalten der anderen und durch diskrete Fragen, die viel Aufmerksamkeit, Geduld und vor allem Respekt erfordern.

Diese Erfahrung hatte auch ich bei meiner Arbeit an den genealogischen Aufzeichnungen gemacht. Dabei muss man wissen, dass die Gesellschaft der Insel früher streng in zwei, jeweils dem Meer und der Erde zugeordnete Hälften geteilt war und überdies in acht exogame Clans, was die Heiratsregeln extrem kompliziert gestaltete. Erst durch langwierige Überredungskünste erhielt ich von ein paar Leuten die entsprechenden Informationen zu ihrer Stellung in der Gesellschaft, und auch nur gegen das Versprechen, sie nicht zu veröffentlichen. Die meisten konnten ihre Verwandtschaftsverhältnisse über drei oder mehr Generationen aus dem Gedächtnis aufzeichnen – nur einige junge Männer fanden das Clansystem altmodisch, wenn nicht sogar heidnisch, und wollten sich gar nicht in ein Gespräch darüber einlassen.

Es stimmt schon, erklärte Dixon Agosi, westliche Demokratien sind den alten Stammesgesellschaften überlegen, aber nicht wegen ihrer Waffen, ihrer Industrie, ihrer Konsumgüter, sondern weil sie Selbstkritik zulassen könnten. Dadurch wird eine etwaig notwendig gewordene Veränderung der Gesellschaft möglich. Eine auf Abstammung und Verwandtschaft beruhende Gesellschaft ist ein geschlossenes System, sie kann keine Kritik zulassen, denn selbst kleine Veränderungen drohen das gesamte Gefüge zu erschüttern. Ohne Gewalt und Blut ist in solchen Gesellschaften eine Veränderung kaum möglich.

*

Während meines dritten Aufenthalts kreuzten gelegentlich Luxusjachten vor der Insel, die Route zwischen Tonga, Fidschi und Port Moresby war inzwischen bei betuchten Skippern angesagt. Manche Jacht ging dann in der Bucht von Gupuna vor Anker, um Wasser zu tanken oder frische Lebensmittel zu erwerben. Bei ihrem Landgang war die Crew dann meistens enttäuscht, eine blonde Frau vorzufinden, mochten sie sich doch als erste Entdecker dieses verlorenen Eilands empfunden haben; während ich nach einem Jahr Aufenthalt unter wenig komfortablen Umständen nichts gegen eine Einladung auf einen eisgekühlten Drink an Bord eines schmucken Schiffes einzuwenden gehabt hätte, grüßten mich diese Weißen nicht einmal und hielten mich wohl für eine verrückte Aussteigerin.

Eines Tages erschien wieder einmal der Dorfchef bei mir, wie immer sehr korrekt in geblümtem Hemd und knielangen Shorts gekleidet. Er rauchte gerne und viel, weshalb ich als Nichtraucherin immer einen kleinen Vorrat an Zigaretten bereithielt. Ich tat alles, um in seiner Gunst zu bleiben, denn von seinem Wohlwollen hing letztlich meine Aufenthaltserlaubnis ab. Dies war einer der Unterschiede zum Aufenthalt meines Vaters zur Zeit des Protektorats: Damals genügte die Bewilligung des britischen Gouverneurs auf der weit entfernten Insel Tulagi, um irgendwo in diesem endlosen Archipel von Bord eines rostigen Frachters zu gehen und an der Küste sein Zelt aufzustellen.

Der Grund für den Besuch des Chefs schien ein Foto meines Vaters zu sein, auf dem er sich als fünfjähriger Knabe im Festornat anlässlich einer Bonitoinitiation erkannt hatte. Das Bild zeigte den Knaben behängt mit Ketten aus Flughundzähnen und einem Halbmond aus Perlmutt um den Hals, mit Muschelgeld-Schnüren um die Mitte und einem Diadem aus leuchtend weißen Kaurimuscheln im dunklen Wuschelkopf. Der Dorfchef war davon begeistert und ich überließ ihm das Foto gern. Doch danach stand er weiterhin unschlüssig herum.

Es war ihm sichtlich peinlich auszusprechen, worum es wirklich ging, nämlich um diese weiße Jacht mit den *white people* an Bord, die nun bereits die dritte Woche in der Bucht vor Anker lag. Viel zu lange, wie er meinte. Die Dorfbewohner hätten sich schon mehrmals über das Verhalten der Weißen auf diesem Schiff beschwert, doch niemand wagte, ihnen etwas zu sagen.

Was taten sie denn, diese *white people*?

Er begann herumzustottern und verstummte dann wieder. Irgendetwas Nachteiliges über jemanden zu erzählen war unüblich und höchst unschicklich. Doch wie hätte ich ihm helfen können, wenn ich nicht wusste, warum es ging? Schließlich überwand er sich und erklärte es: Diese Weißen streunten nach Belieben durchs Dorf, sogar nachts, sie drangen ungefragt in Häuser ein, wollten kaufen, was unter keinen

Umständen zu verkaufen war, klaubten ohne zu fragen Kokosnüsse vom Boden, sammelten Schalentiere vom Riff – davon lebten doch die Dorfbewohner! Jeder Quadratmeter des schmalen Riffgürtels vor der Bucht war in Zonen für die verschiedenen Clans eingeteilt, auf Santa Ana gab es keinen Zentimeter »wilde Natur«, wie die Touristen glaubten. Zwar gab es keine Zäune, doch jeder kannte die Grenzen.

Dergleichen Probleme waren bekannt, und ich drückte mein lebhaftes Verständnis für die Empörung des Dorfchefs aus. Schließlich kam er zum Kern der Sache: Es war das unschickliche Benehmen der Weißen, die nackt an Deck herumlungerten, einander küssten und umarmten, splitternackt, und dies am helllichten Tag vor den Augen der rund um die Jacht herumpaddelnden Kinder, vor den Augen der am Riff nach Muscheln suchenden Frauen und der zum Fischen ausfahrenden jungen Männer! Hatten diese Leute denn gar keine Scham? Besonders die alten Clanchefs, noch an den strengen Umgangsformen der alten Zeit orientiert, erregten sich über den mangelnden Respekt dieser Weißen. Auf der Insel war der Austausch von Zärtlichkeiten vor aller Augen verpönt, bei Tageslicht völlig undenkbar! In alter Zeit war bereits ein Blick auf die eigene Kusine oder das Steigen über ihre ausgestreckten Beine ein Verbrechen. Nun fanden selbst junge Männer, welche die matrilinearen Clangesetze als altmodisch oder heidnisch verachteten, das Benehmen der Jachtleute unverschämt.

Er habe ja schon versucht, den Weißen ihr unmögliches Verhalten klarzumachen, meinte der Dorfchef, doch die hätten ihn nur ausgelacht und erklärt, was regt ihr euch auf, ihr seid doch vor Kurzem noch selber nackt herumgelaufen ...

Das war wirklich unerhört. Denn selbst wenn die Insulaner noch zur Zeit meines Vaters nicht oder kaum bekleidet waren, herrschte gleichzeitig eine große Schamhaftigkeit. Jeder Blick, jede Bewegung, jedes Wort war kontrolliert. Die exogamen Heiratsvorschriften, die herrschende Segregation der Geschlechter sind für Außenstehende zwar kaum erkennbar, scheinbar lebten ja alle zusammen, doch wurde diese Trennung über den Verhaltenskodex zwischen Männern und

Frauen geregelt, über die Blicke, das Wegschauen, das Platzmachen, das Vermeiden einer Begegnung etwa auf einem Weg in die Gärten und natürlich über eine strikte Arbeitsteilung. Bronisław Malinowski, dessen 1928 erschienenes Buch über *Das Geschlechtsleben der Wilden* die erotischen Fantasien im Westen beflügelte, bezog sich auf eines jener überbordenden »Besuchsfeste« auf den Trobriand-Inseln, dessen Zeuge er offenbar zufällig geworden war. Mit dem Alltag der Menschen hatte das nichts zu tun. Das alles war bekannt. Aber nicht den weißen Touristen.

Doch was erwartete der Dorfchef von mir?

Ich solle etwas unternehmen, meinte er endlich, denn auf eine Weiße würden diese Weißen eher hören als auf ihn, den Schwarzen, davon war er überzeugt.

Ich erschrak und wehrte ab. Nicht nur weil ich mich im Bewusstsein der damit verbundenen Probleme unter keinen Umständen in die Angelegenheiten der Dorfbewohner einmischen wollte; sondern ich versuchte auch ihm zu erklären, dass die Hautfarbe kaum etwas über die gesellschaftliche Stellung und nichts über den Charakter eines Menschen aussagte; dass ich mit einigen dunkelhäutigen Inselbewohnern vertrauter war als mit diesen unbekannten, reichen, schlecht erzogenen Weißen, die ihrerseits auf mich, ungeachtet meiner weißen Haut, nicht hören würden, weil ich für sie nur eine störende Randfigur war. Misch' dich gefälligst nicht ein, würden sie sagen. Als Fremde, die hier arbeiten und leben will, musste ich zudem immer auf der Hut sein, um nicht zwischen die Fronten unterschwellig rivalisierender Gruppen zu geraten. Von einer Familie unterstützt, riskierte ich von einer anderen angefeindet oder behindert zu werden. Ich konnte ja nicht wissen, ob einige Dorfbewohner nicht vielleicht gute Geschäfte mit den Jachtbesitzern machten, die ihnen andere neideten.

Ich lehnte also ab mich einzumischen und erklärte ihm, du bist hier der Chef, nur du kannst und musst tun, was nötig ist. Verbünde dich mit den alten Clanchefs, ihr seid hier zu Hause, nur ihr habt das Recht, diese Leute zu vertreiben.

Doch ich spürte, dass er meine Weigerung als mangelnde Hilfsbereitschaft empfand; und es war nicht der erste Konflikt mit diesem Mann, der andererseits auch freundlich und hilfsbereit sein konnte. Es gab freilich noch einen weiteren Grund für meine Haltung. Der Dorfchef war zur Zeit des britischen Mandats ein fix besoldeter Zollbeamter gewesen und sehnte sich manchmal nach dieser Zeit zurück. Die Briten hätten für Ordnung gesorgt, erzählte er mir einmal im Vertrauen, heute kümmerten sich die Minister im fernen Honiara nur um jene Regionen, aus denen sie selbst stammten. Die Briten hätten etwaige Konflikte zwischen den einzelnen Gruppen im Handumdrehen mit Haft und Prügelstrafe geregelt, »die Leute hier brauchten das«, war er überzeugt. Und schließlich meinte er, die Weißen seien eben eine höhere Rasse und zum Herrschen besser geeignet als die Schwarzen.

Ich war mir zwar nicht sicher, ob er das vermutlich auf einer britischen Schule Erlernte wirklich glaubte oder mir als Weißer damit nur schmeicheln wollte. Sicher aber war ich, so leicht durfte er sich das nicht machen. Ich lehnte weiterhin eine Einmischung ab.

Sagt dem Skipper doch, was ihr von den Leuten haltet!

Ein paar Tage später konnte ich von meiner Terrasse aus die Vertreibung der Jacht durch eine ganze Armada auslaufender Kanus mit kreischenden Kindern und Fäuste ballenden Alten verfolgen. Und als das Schiff im offenen Meer Fahrt aufnahm, brach im Dorf der Jubel aus.

Später kam der Dorfchef noch einmal vorbei. Er verfügte als Einziger über ein Radio und empfing auch BBC. Hast du schon gehört, fragte er, bei dir zu Hause ist ein Stammeskrieg ausgebrochen.

Ich wusste nicht, wovon er sprach. Erst allmählich begriff ich: Dort, auf der anderen Seite der Welt, in Mitteleuropa massakrierten sich seit Generationen friedlich miteinander oder nebeneinander lebende Gruppen, weil plötzlich jede für sich eine eigene »Nation« haben wollte. Bald würden eineinhalb Millionen Flüchtlinge aus dem zerfallenden Jugoslawien unterwegs sein – und in Österreich erste antimuslimisch-rassistische Plakate hängen. Ein angeblicher »Einzeltäter« aus einem südsteirischen Nest würde Briefbomben an einige Prominente verschicken, die sich für Flüchtlinge einsetzten, an den Wiener Bürgermeister Helmut Zilk, der dabei die halbe Hand verlor, an Pfarrer August Janisch sowie an die Fernsehmoderatorinnen Silvana Meixner wegen ihrer kroatischen Abstammung und an die Österreicherin Arabella Kiesbauer wegen ihrer Hautfarbe. Eine von der »Bajuwarischen Befreiungsarmee« gelegte Rohrbombe würde das Lager der Roma in Oberwart treffen, vier Tote und eine ratlose oder nachlässige Exekutive hinterlassen.

*

Was machst du nur so lange auf diesen Salmonellen oder wie sie halt heißen, spotteten Freunde in Wien; dort gibt es doch nichts außer grünen Busch und blaues Meer!

Dann versuchte ich, mit Erzählungen über die große Seeschlacht vor Guadalcanal zu punkten oder über die abenteuerliche Überfahrt nach Makira in einem der leichten Fiberglaskanus mit einem immer wieder streikenden Yamaha-Außenborder, als die beiden Bootsführer beim Anblick des auf charakteristische Weise schäumenden Wassers nicht widerstehen konnten, mit einer Nylonschnur einen Bonito aus dem großen Fischschwarm neben uns ins Kanu zu ziehen. *Pagewa!* Ein Hai, rief da plötzlich der eine Mann, und fast hätte ich eine der Rückenflossen des den Schwarm ebenfalls jagenden Hai mit der Hand berühren können, der unser Boot umkreiste und es fast zum Kentern gebracht hätte. Ich erzählte vielleicht, wie ich nach einer parasitären Hauterkrankung beinahe an einer Sepsis gestorben wäre; oder von den Tropennächten im Licht der Kerosinlampe, wenn ich meine tagsüber geführten Gespräche notierte und verwundert feststelle, dass meine chaotische Handschrift plötzlich ausgeglichen und lesbar geworden war. Dann erntete ich allenfalls gutmütige Witze. Selbst mit der Veröffentlichung eines über fünfhundert Seiten langen Buches (*Die Große Insel*, 1996) konnte ich kaum nahebringen, was mich an diesem Inselleben so fasziniert hatte.

Es ist nicht leicht, das Unspektakuläre zu vermitteln, wenn jedes Händewaschen, jeder Gang zum fünfzig Meter weiter im Busch versteckten Klo zu einem zeitraubenden, Energie fordernden Unternehmen wird; wenn die schwer durchschaubaren sozialen Gesetze einen nötigen, sich selbst immer wieder neu zu erfinden und jenen Schwebezustand zu erreichen, den ein Leben als existenzielle Außenseiterin erfordert. Man musste jedem jederzeit zur Verfügung stehen. Es gab kein Entkommen. Und manchmal überkam mich die übermächtige Sehnsucht, endlich einmal allein zu sein.

Dann flüchtete ich mich auf eine Lichtung in der Mitte der Insel, angeblich ein verwunschener Ort, wohin einen niemand begleiten wollte. Die Leute erzählten von einer vierten und ältesten Siedlung, die sich an dieser Stelle befunden haben soll, die Siedlung der allerersten Gruppe auf der Insel, des ältesten Clans namens *pagewa*, Hai, der durch später angekommene Gruppen praktisch ausgerottet worden sei. Das Dorf sei verschwunden und die wenigen Überlebenden hätten sich auf die drei neuen Dörfer verteilt, die heute noch existieren.

Der Weg zu dieser Lichtung führte zunächst entlang der bei Ebbe begehbaren Küste, zwischen flimmernden Kreidefelsen mit schattigen Höhlen zur rechten und einem milchigen Ozean unter bizarren Wolkenschlössern zur linken Seite. Begleitet von kreischenden Möwen und herumtollenden Fregattvögeln wanderte man etwa eine Dreiviertelstunde bis zu einem kaum erkennbaren, ins Innere der Insel abbiegenden Pfad. Das erste Mal hatte mich der Sohn von Pirinisau begleitet und war an dieser Stelle umgekehrt, weil ein Weitergehen für ihn zu gefährlich sei. Ich als Fremde könne es ja versuchen. Folgte man dem Pfad, traf man nach weiteren zehn oder fünfzehn Minuten auf jene Lichtung, die australischen Archäologen zufolge eine prähistorische Grabstätte barg. Man habe einige modrige Menschenzähne und Steinwerkzeuge gefunden. Angekommen auf der von dickblättrigen Bodendeckern überwucherten Lichtung erinnerte freilich nichts an eine ehemalige Siedlung oder an eine Grabstätte. An zwei Stellen steckte ein mit Kreide bemalter Holzpflock in der Mitte eines mit hellen Steinen markierten Kreises und daneben lagen verstreut einige Kokosstückchen oder Reste einer vielleicht von einer Ratte angenagten Jamsknolle. Opfergaben? Für wen, mit welchen Hoffnungen? Man müsste nachfragen.

Betäubt von der gleißenden Nachmittagshitze setzte ich mich dann immer auf einen modrigen, grün bewachsenen Strunk, lauschte reglos dem dumpfen Dröhnen der unsichtbaren Brecher; fühlte das sanfte Vibrieren des Bodens unter der Wucht der heranrollenden Dünung, fühlte mich leicht wie Asche, berauscht von Hitze und der Illusion, der einzige Mensch auf der Welt und eins mit ihr zu sein. Kein Zweifel: Dies war der Mittelpunkt der Erde.

Allmählich wurde das dumpfe Dröhnen des Ozeans mächtiger, das Krachen der Brecher näherte sich, der Ozean ließ die Erde erbeben.

Ich musste zurück, solange es noch möglich war.

Zweiter Teil

16

Wie alles anfängt:
Von »Hofmohren« und »Kanaken«

Petrus Camper
und der Apollo von Belvedere

Ein kleiner Mohr ist immer ein passendes Geschenk für hohe Herrschaften; sein unterwürfiges oder gar freches Lächeln unter krausem Haar, die rollenden Augen, die wulstigen Lippen finden sich auf Meisterwerken des 17. und 18. Jahrhunderts neben schwindsüchtigen Windhunden und stieläugigen Rattlern, zwischen kleinwüchsigen Hofnarren und in schmale Mieder und seidenglänzende Puffärmel gepressten Kindern. Auf den globalen Handelsrouten blüht der transsaharische, später auch transatlantische Sklavenhandel, und die großen »Entdecker« und Forscher der Aufklärung verbringen nicht nur rätselhafte Pflanzen und Tiere, sondern auch menschliche Exemplare aus fremden Kontinenten an die aufgeklärten Höfe Europas, um die Mächtigen davon zu überzeugen, dass es sich um wirkliche Menschen handle, mit Gefühlen und Intelligenz, mit denen man sogar Schach spielen, sich amüsieren und sie problemlos vögeln kann.

Manche fahren freiwillig mit, begierig, der Enge ihrer Inselwelt zu entkommen, wie der berühmte Aoturu (1740–1771), kein »Mohr« aus Afrika, sondern ein »Kanake« aus Raiatea, heute eine der zur Europäischen Union gehörenden Inseln Französisch-Polynesiens. Frankreichs großer humanistischer Seefahrer Louis Antoine de Bougainville (1729–1811) führt Aoturu dem französischen Hof und den Enzyklopädisten vor; Denis Diderot war von Aoturu so beeindruckt, dass er sich 1772 von ihm zu der ätzenden, heute immer noch aktuellen Schrift *Supplément au Voyage de Bougainville* inspirieren lässt, die freilich erst zwölf Jahre nach Diderots Tod, in der Endphase der Großen Revolution 1796, der Öffentlichkeit vorgelegt werden kann.

Bereits auf der langen Fahrt nach Frankreich wäre Aoturu beinahe einer Dysenterie erlegen, und Bougainville, der ihn zu seiner Enttäuschung nicht wie einen ebenbürtigen Freund, sondern als Gönner behandelt, untersagt ihm bei einem Aufenthalt in Indonesien aus Sorge um sein Wohlergehen einen Landgang, was Aoturu sehr gekränkt haben soll. Jahrzehntelang in Frankreich unter Adeligen und Wissenschaftlern herumgereicht, wird er schließlich depressiv. Es zieht ihn nach Hause, in die sonnige Südsee zurück, was ihm Bougainville auch gerne ermöglichen möchte, doch auf der Rückpassage erliegt der unglückliche Insulaner, der Frankreich entdeckte, in Madagaskar einer Pockeninfektion.

Andere, vor allem aus Afrika importierte Menschen werden, sofern sie die Strapazen der Seereise und die unhygienischen Verhältnisse an den fürstlichen Höfen überleben, für Gott und den Eigenbedarf erzogen und zivilisiert; sie werden zur Schau gestellt und für die neue, nur den positiv gesicherten Zahlen vertrauende Wissenschaft vom Menschen vermessen. Manch einer kann es in der Unterhaltungsbranche sogar zu etwas bringen oder gar als fürstlicher Mitarbeiter, Prinzenerzieher und Berater eine beachtliche, wenngleich ephemere Karriere hinlegen, bevor er nach seinem Ableben als »Wilder« ausgestopft und ausgestellt, wie ein Hirsch oder ein Windhund der Nachwelt erhalten bleiben soll. Dies ist das Schicksal von Mmadi Make (um 1721–1796), der höchstwahrscheinlich aus dem Emirat Kanem-Bornu nach Sizilien verschleppt wird und als Angelo Soliman bei den Fürsten Lobkowitz und Liechtenstein, später auch bei Kaiser Joseph II. in Wien in Diensten steht, ganze fünfundzwanzig Jahre lang (Blum/Kos 2012).

Bei alldem darf nicht vergessen werden: Auch der Umgang mit der eigenen Art von niedrigem Stand ist zu dieser Zeit nicht gerade zimperlich, und die Haltung zum Tod ist eine andere als heute. Die Universalgelehrten der Aufklärung sind keine Rassisten oder Rassenideologen im modernen Sinn; selbst die vorindustriellen Sklavenhaltergesellschaften in der Karibik, in Afrika und Asien kommen noch ohne *Rassenwissenschaften* (im dekonstrutiven Sinne von Michel Foucault) und ohne Herrenmenschentümelei aus. Die Behauptung, Rassismus hänge unmittelbar und exklusiv mit der Sklaverei zusammen, ist daher empirisch nur bedingt belegbar. Auch die Sklavenhaltergesellschaften der antiken Welt scheren sich nicht um Hautfarbe oder Herkunft ihrer Sklaven und hatten keinen Zweifel daran, dass es sich dabei um Menschen handelt.

Es muss noch einiges dazukommen, bis in den Zentren Europas wieder darüber gestritten wird, ob Afrikaner vollwertige Menschen seien oder nicht - ungeachtet der päpstlichen Bulle *Sublimis Deii* (1537) und des von Jean-Jacques Rousseau (1712–1778) postulierten Naturrechts auf Freiheit und Gleichheit. Erst vor dem Hintergrund der Akkumulation des Kapitals, des atlantischen Dreieckshandels und der Industrialisierung entstehen *Rassenwissenschaften* und der ewige Disput, ob weiße »Herrenvölker« das Recht haben, »minderwertige« Völker auszurotten, oder die Pflicht, sie zu »zivilisieren«, zu »assimilieren«.

Den großen Revolutionen jenseits und diesseits des Atlantiks verdanken wir die Idee von den Menschenrechten, die Idee von einem möglichen Ende der beinahe dreihundert Jahre lang geübten transatlantischen Sklavenwirtschaft, die Idee von republikanischen Parlamenten und die Wissenschaften vom Menschen; sowie 1789 die segensreiche Erfindung des Arztes Joseph-Ignace Guillotin, die das massenweise Kopfabschlagen für den Scharfrichter weniger anstrengend und für die Betroffenen wohl auch angenehmer macht als die häufig nötigen mehrmaligen Versuche mit dem Beil.

*

Es fängt alles ganz harmlos an. Am Anfang stehen das Benennen und das systematisierende Ordnen, die Versuche des Carl von Linné (1707–1778), nicht nur Pflanzen und Tiere, sondern auch die immer häufiger in den europäischen Horizont tretenden, augenscheinlich unterschiedlichen Menschen aus aller Welt in eine binäre Nomenklatura einzuordnen, in absteigender Reihe von Klasse, Ordnung, Gattung, Art und Varietät.

Das haben wir bereits in der Schule gelernt. Doch was danach kommt, nicht mehr. Linné stößt nämlich bald an seine Grenzen, lässt sich aber nicht entmutigen, sondern sieht sich immer weiter herausgefordert, sein System oder die Zuordnungen zu verändern. Menschen werden nun der Klasse Säugetiere zugeteilt und der Ordnung der Primaten, zu deutsch *Herrentiere*. Doch das Problem des Menschen ist immer noch nicht gelöst. Seine Befähigung, ein Bewusstsein von sich selbst, eine Vorstellung von künftigem Leiden oder gar von seinem eigenen Tod zu entwickeln, veranlasst Linné schließlich, für den Menschen eine spezielle

Gattung zu erfinden, den *homo*, darunter die Art *homo sapiens*, der *verständige* Mensch heutiger Zeit.

Damit versöhnt er sich auch mit seinem Schöpfergott. Denn Carl von Linné ist in einem Dorf in Südschweden als Sohn eines Geistlichen geboren und soll ebenfalls einer werden, bevor er sich anders entscheidet. Er bereist Europa, studiert die Wissenschaften seiner Zeit und bewundert die Natur. Seine hervorragende Intelligenz leidet darunter, dass es ihm einfach nicht gelingen will, eindeutige und endgültige Kriterien für eine Abgrenzung zwischen Mensch und Tier zu finden. Schließlich teilt er den *homo sapiens* in vier *Varietäten* entsprechend eher ephemeren Kriterien wie Hautfarbe und geografisch-ökologischem Lebensraum ein, und ein Jahrzehnt später fügt er diesen Kriterien noch andere hinzu, die er der medizinisch-psychologischen »Temperamentenlehre« seiner Zeit entlehnt. Demnach ist der *Europäer* weiß, mutig und muskulös,

der *Amerikaner* rötlich, cholerisch und aufrecht (stolz?).
der *Asiate* blassgelb, melancholisch und steif
der *Afrikaner* schwarz, phlegmatisch und schlaff.

Diese nur durch Wiederholung begründete Anrufung einer Verbindung von morphologischen, sozialen und ästhetischen Eigenschaften steht am Anfang jener Zeit von Universalgelehrten, die als Aufklärung bezeichnet wird (Scheppe 2016), auf Französisch schlicht *la lumière*, das Licht.

Doch dieser neuen, helleren Zeit wohnt weiterhin Dunkelheit inne. Der Ambivalenz von Freiheitsidee und Terror, von Humanismus und Rassismus scheint schlichtweg nicht beizukommen zu sein, ungeachtet aller naturrechtlichen Fortschrittsideen und aller Dialektik. Eine »gute« und eine »böse« Aufklärung, die einander bedingen, um höhere Sphären zu erreichen, gibt es einfach nicht; es gibt keine »Gegenaufklärung« und auch keine »unvollendete Aufklärung«, lauter Konzepte zur bemühten Aufrechterhaltung der schönen Idee von einer vom Menschen oder der Natur gesteuerten »Höherentwicklung«. Es gibt nur alles zusammen, immer und zu jeder Zeit, jeweils unterschiedlich gewichtet und gelebt.

*

Ab wann gesellt sich die Moral zu unserem Menschenbild? Dem deutschen Kunst- und Kulturphilosophen Wolfgang Scheppe ist 2016 eine *logische* Kritik des Rassismus gelungen, und er meint die Gegenwart, wenn er notiert: »Der Ausdruck Rassismus ist nichts als ein moralischer Vorwurf, er leistet keinerlei Kritik an der ihm zugrundeliegenden Ideologie, die Personen ausgrenzt, weil an ihnen vermeintliche Andersartigkeit sichtbar wird.« Er schließt daraus: »Der Mangel an öffentlicher Debatte zu Rassismus ist in dessen moralischer Natur begründet, sich in Abscheu zu erschöpfen. Es scheint, als wolle man zu gar keiner diskursiven Kritik dieses Phänomens gelangen.«

Wo beginnt der Bruch zwischen dem beobachtbaren Phänomen und der Logik?

Es beginnt wie ein Spiel mit *Mimesis* (Taussig 2014), jenem ersten kommunikativen Lehrvorgang, dem ersten Versuch, sich verständlich zu machen. Man ahmt einander nach, man vergleicht mit bereits Bekanntem, man ordnet zu und ein. Da ist der Niederländer Petrus Camper (1722–1789), Bildhauer, vergleichender Anatom, Wundarzt und Botaniker, der auf der Suche nach dem Schlüssel zur »erhabenen Schönheit« die »Camper'sche Ebene« entwickelt, ein gleichsam magisches Dreieck. Es ergibt sich aus der horizontalen Linie zwischen Gehörgang und Nasenscheidewand in ihrem Schnittpunkt zur vertikalen, von der Stirnwölbung bis zum Kinn geführten Linie. An diesem Dreieck ermisst sich der Maßstab für Schönheit, der Prognathismus der Kieferknochen. Je größer der Winkel, desto weniger schön. Die Camper'sche Ebene dient zunächst zum Vergleich von Affenköpfen, Menschenköpfen, Götterstatuen. Bald gilt als *niedrigstes* Profil jenes des Gorillas, als höchstes das einer im 15. Jahrhundert wiederentdeckten griechischen Skulptur aus Marmor, der Apollo von Belvedere. Dass Skulpturen keine lebenden Menschen sind, fällt nicht ins Gewicht. Und obwohl Camper mit seinem Dreieck nur einen ästhetischen Maßstab entwerfen und keine Wertung damit verbinden will, wird bald genau das daraus: Die sogenannte Camper'sche Ebene schafft den komparativen Standard nicht nur von angeblicher Schönheit, sondern auch von Intelligenz und Charakter, Anstand oder Kriminalität. Eine Generation später wird aus der Camper'schen Ebene durch das Wirken des italienischen Gerichts-mediziners und Nervenarztes Cesare Lombroso (1835-1909) die »posi-tivistische Schule der Kriminologie«.

Ab dem letzten Jahrzehnt des 18. Jahrhunderts wird der Begriff *Rasse* noch dreißig Jahre lang entsprechend dem noch heute verwendeten eng-lischen und französischen *race* unterschiedlich verwendet; *Rasse* kann die Art, die Familie, die Nation bezeichnen und zunehmend auch die bio-logisch verstandene »Rasse«, aber in einem vormodernen, diffus natu-ralistischen Sinn. Führende Universalgelehrte wie Alexis de Tocqueville, Immanuel Kant, G. W. F. Hegel oder Johann Wolfgang Goethe glauben einen Beitrag zur »Rassenfrage« liefern zu müssen, besessen von der Frage, welche Gruppe von Menschen auf welcher Stufe der Entwicklung anzusiedeln sei, wobei dem *Neger* wegen seiner von Petrus Camper vorge-zeichneten, angeblich dem *Thiere* ähnlichen Gesichtswinkel immer die niedrigste Stufe zugewiesen wird. Ausgenommen Hegel (1770-1831), der den geschichtlich ohnehin »zum Untergang bestimmten«, »schlaffen Indianer« dorthin verweist und dem »muskulösen und leidenschaftli-chen Neger« immerhin genügend Lernfähigkeit attestiert, um die zivili-satorischen Wohltaten der Kolonisation anzunehmen, die selbst über die Sklaverei vermittelt würden – seit damals eine bis in unsere Tage gerne benutzte, allen historischen Erkenntnissen zuwiderlaufende Rechtfer-tigung von Kolonialismus und Sklaverei. Doch auch Hegel ist, wie alle anderen, beileibe kein »Negerfreund«. Er beschreibt Afrikaner in seinen Vorlesungen »als Statuen ohne Sprache und Bewusstsein von sich selbst, als menschliche Wesen unfähig, sich von der Tiergestalt zu befreien, mit der sie vermengt waren, weshalb die Natur des Negers etwas in sich birgt, das bereits tot ist«; *Neger* sind für Hegel »vereinzelte, ungesellige Völkergeister, die in ihrem Hass sich selbst bis auf den Tod bekämpfen, eine noch schwankende Art, Menschwerden und Tierwerden miteinander vermengend«. Folglich imaginiert Hegel »Afrika« als negative Gegenwelt zu Europa, ein von Härte, Gewalt und Verwüstung heimgesuchter Kontinent, Sinnbild einer dunklen, blinden Kraft, gefangen in einer präethischen und präpolitischen Zeit. Dass Hegel keine *Neger* und schon gar nicht »Afrika« aus eigener Anschauung kennt, ändert nichts daran, dass dergleichen Vorstellungen bis in die Gegenwart weiterleben, und keinesfalls nur bei irgendwelchen benachteiligten Hinterwäldlern, sondern bei führenden Politikern und ihren Wählern, wie ausgerechnet die Rede des französischen Präsidenten in Dakar im Juli 2007 belegt.

Die Camper'sche Ebene hat keineswegs ausgedient. Sie wird in Verbindung mit der Darwin'schen Entwicklungstheorie im 19. Jahrhundert zur Bestimmung der Stellung des Menschen in der Evolution herangezogen, wobei die »nordischen Rassen« mit ihrem dem Kunstgott Apollo von Belvedere ähnlichen Gesichtswinkel natürlich auf der höchsten Entwicklungsstufe verortet werden. Gegen Ende des 19. Jahrhunderts und der Aufteilung der Welt unter einer Handvoll europäischer Nationen mutiert der Apollo zum Inbegriff des indogermanischen, arischen Mannes; und es wundert nicht, dass auch Adolf Hitler von der Camper'schen Ebene als Maß aller Menschen und von der griechischen Marmorskulptur als »Rassenideal« beeindruckt ist. Bald findet sich ein hellenistisches Götterbild als Maßstab für die »arische Rasse« in zahlreichen Publikationen der 1930er Jahre, darunter, besonders aufschlussreich, das Bild der hellenistischen Venus von Medici auf dem Vorsatzblatt des reich illustrierten Prachtbandes *Die arische Frau im Wandel der Jahrtausende* des Antisemiten »Professor Dr. Theodor Pugel«, erschienen in Wien unter dem klerikalfaschistischen System im Jahre 1936. Eindrucksvoller könnten die »griechisch-römischen Wurzeln der abendländischen Kultur« kaum dargelegt werden.

*

345

Doch weder Petrus Camper noch irgendeiner seiner Zeitgenossen, ja nicht einmal die Scheusale des politischen Rassismus und der darauf basierenden Züchtungsutopien sind als »Vorläufer« oder »Wegbereiter« des Nationalsozialismus zu bezeichnen. Sie repräsentieren keineswegs einen Punkt auf einer imaginierten historischen Linie, die nur zu einem Ziel führt, nämlich zum Holocaust. Sie wirken in unterschiedlichen historischen Bedingungen und repräsentieren weit mehr, nämlich die beharrliche Wirkungsmacht eines Denkfehlers, die unsere angeblich vernunftorientierte Gesellschaft jederzeit verrückt machen kann, immer wieder und nahezu überall.

Hegel oder Kant entrüstet als Rassisten vorzuführen und dabei irgendwelche kompromittierenden »Stellen« zu zitieren, ergibt freilich wenig Sinn, nicht nur wegen der unzulässigen Projektion gegenwärtiger Verhältnisse in eine andere Epoche. Weitaus problematischer ist die Selbstverständlichkeit, mit der auch die großen Philosophen sich über den logischen Denkfehler der Camper'schen Ebene hinwegsetzen können, und dies ganz ohne böse Absicht. Wie ist es möglich, dass die großen humanistischen Denker der Zeit sich auf eine frei und gleich geborene Menschheit berufen und gleichzeitig den merkwürdigsten Fantasien nachgehen können, sobald es um den *Neger* geht?

Petrus Campers Freunde und Weggefährten wie der Philosoph Johann Friedrich Blumenbach (1752–1840) oder der Universalgelehrte Samuel Thomas von Sœmmerring (1755–1830) übernehmen umstandslos Campers »Ebene« und die daraus abgeleitete ästhetisch-moralische Klassifizierung, um damit die Unterschiede zwischen den Menschengruppen zu erklären, ob diese nun Rassen, Nationen oder Kulturen genannt werden. Und alle, alle sind sich einig, dass der »Mohrenschädel« größere Ähnlichkeit mit dem Affen aufweise als mit dem weißen, der Götterstatue Apollo ähnlichen Manne; dass »rohe Völker weniger schöne Knochen« hätten als »zivilisierte« und dass man vom Schädelvolumen auf die Geisteskraft schließen könne. Und alle, alle sind Gegner der Sklaverei, auch wenn sie selbst Sklaven besitzen.

Um das Spektrum der Zeit zu vervollständigen, dürfen auch jene schauerlichen Epigonen von Petrus Camper nicht unerwähnt bleiben, die wie der schottische Anatom und Militärarzt Robert Knox (1791–1862) ihre Beobachtungsgabe einem politisch begründeten Rassenhass unterwerfen. Jahrelang als Regimentsarzt in den Schlachten am Kap der Guten Hoffnung tätig, publiziert Knox seine Erkenntnisse später in dem einflussreichen Buch *The Races of Man*. Die Camper'sche Ebene wird darin in grotesken, willkürlich nachgemachten Zeichnungen zum »Beweis« dafür, dass dunkelhäutige »Rassen« sich kaum von Affenhorden unterscheiden, weshalb diese »unnützen« Lebewesen entweder auszurotten oder zumindest in eine ihnen angemessene geografische Region zu deportieren wären, nämlich nach *Negroland*.

Eine Generation später vergleicht der aus den amerikanischen Südstaaten stammende Rassentheoretiker Josiah C. Nott (1804–1873) auf der Grundlage seiner selbstgefertigten Zeichnungen der Camper'schen Ebene die antike Skulptur mit einem »Kaukasier« und einen »Neger« mit einem »Gorilla« und schließt daraus auf eine Analogie zwischen den »niedrigsten Menschentypen« und dem »höchsten Affen«. Nott bezweifelt, dass es sich beim *Neger* um einen vollwertigen Menschen handelt. Wie sonst könnte der Sklave dergleichen Lebensbedingungen überleben? Immer läuft es nach demselben Prinzip: Man fertigt willkürlich eine Reihe von Zeichnungen an und schließt daraus »ganz objektiv« auf das Wesen der Menschen.

Knox und Nott sind Haudegen, Chirurgen, politische Ideologen. Interessanter sind diejenigen, die zu ihrer Zeit als seriöse Wissenschaftler gelten, wie etwa Samuel Morton (1799–1851), ein führender amerikanischer Ägyptologe, der, inspiriert vom deutsch-französischen Phrenologen Franz Joseph Gall, den Hohlraum von mehr als tausend menschlichen Schädeln ausmisst – woher er diese wohl hat? –, daraus auf das Gehirnvolumen schließt und davon wiederum auf die biologische Überlegenheit der »weißen Rasse«.

Hegel durchschaut den Denkfehler bei Morton, kritisiert dessen methodologisches und epistemologisches Vorgehen, ist aber selbst

nicht gefeit vor reichlich bizarrem Spekulieren über »Menschenrassen«.

(Wikipedia ist zu entnehmen, dass Samuel Mortons Studien zum
Gehirnvolumen im Jahr 1978 (!) von dem Evolutionsbiologen Steven
J. Gould öffentlich infrage gestellt wurden, weil dieser sich angeblich
vermessen habe. Dies wiederum wird 2011 (!) von einem »Forscher-
team« der Stanford University dementiert, nachdem ein großer Teil
der tausend Menschenschädel nachgemessen und festgestellt wurde,
Morton habe seine Messungen korrekt durchgeführt ... *And so what?*)

Dennoch ist nicht zu übersehen, dass es Unterschiede zwischen »uns«
weißen Europäern und anderen Menschen wirklich gibt: Sie sehen
unterschiedlich aus, leben unterschiedlich, denken unterschiedlich. Es
gibt sie wirklich, die schwarzen Sklaven, diese *negros*, und all die anderen mit ihrer andersfarbigen Haut, ihren anders geformten Lidfalten
und ihrem schwarzen Kraus- oder Wollhaar; es gibt sie wirklich, die
verelendeten Gestalten mit der dunklen Haut über den Knochen und
den aufgeblähten Hungerbäuchen; es gibt sie wirklich, die Illegalisierten
und Bootsflüchtlinge, die angeblich nichts als ihr Elend zu »uns« bringen, die rechtlosen Erntehelfer unter Plastikplanen, die dehydrierten
und gefolterten Insassen der »Auffanglager«, die rechtlosen Akkordar-
beiterinnen, die in bisweilen einstürzenden Hallen anonymer Eigentümer unsere Kleidung herstellen – und es gibt sie in großer Zahl.

An den europäischen Höfen des 18. und 19. Jahrhunderts sind sie selten, und wenn, dann unter vergleichsweise privilegierten Lebensumständen anzutreffen. Dennoch sind die exzessiven Grausamkeiten der
transatlantischen Sklavenwirtschaft auch für die Eliten kein Geheimnis; man empört sich darüber, man sucht nach einem Ausweg aus dem
Unbehagen, man ist doch kein Unmensch und weiß, dass *eigentlich* alle
Menschen »gleich und frei geboren sind«.

Und plötzlich ist sie da, diese Frage aller Fragen, was denn die Menschen *eigentlich* so verschieden macht, dass wir sie so behandeln dürfen.

17

Das große Dilemma:
Immanuel Kant versus Georg Forster

Nur wenige Größen der europäischen Aufklärung erteilen der verhängnisvollen Frage nach der wertenden Differenz von vornherein eine Absage. Und wenn es einer versucht, bekommt es ihm nicht gut. Georg Forster, 1734 nahe Danzig geboren und 1794 viel zu jung im Paris der Revolution gestorben, ist so einer. Der lernbegeisterte, geniale Beobachter nimmt an Kapitän Cooks zweiter Weltumsegelung 1772 bis 1775 teil, als Übersetzer, Schriftsteller, Illustrator, vor allem aber als Gehilfe seines ehrgeizigen Vaters Johann Reinhold Forster, eines anerkannten Geografen, der im öffentlichen Auftrag auf dem Forschungsschiff anheuert.

Sohn Georg ist knapp siebzehn Jahre alt, als er ungefragt von seinem Vater an Bord der *Resolution* verpflichtet wird. Der Jugendliche hat keinen Karriereplan und fühlt sich im Unterschied zu Kapitän James Cook und seinem Vater keinem Auftraggeber verpflichtet. Seine Berichte über Menschen, Tiere, Natur und Klima aus vier Kontinenten sind unbelastet von Rücksichtnahme und Selbstzensur, aber keineswegs frei von Selbstzweifel, jener unerlässlichen Triebkraft aller, die sich ernsthaft auf Neuland einlassen, sei es geografisch oder intellektuell. Georg Forsters Unbefangenheit und die Präzision der Weltbetrachtung sind wohl auch seiner Jugend und seiner unklaren Position zuzuschreiben, wie sonst hätte er es wagen können, in seinem 1777 erscheinenden Bericht *Reise um die Welt* auch von den gewalttätigen Konflikten bei nahezu jeder Begegnung mit der indigenen Bevölkerung zu berichten, wo doch die offiziellen Berichte eine rein wissenschaftliche, friedliche Entdeckungsreise dokumentieren wollen. Der junge Georg Forster aber ist betroffen von dem sich wiederholenden Bild: Wo immer das dreimastige, vierunddreißig Meter lange und elf Meter breite Segelschiff HMS Resolution ankert, fließt nach kurzer Zeit des friedlichen Austauschs mit der lokalen Bevölkerung Blut.

Nur ein Nebenaspekt seines kurzen, aufwühlenden Lebens soll uns hier beschäftigen, nämlich sein Briefwechsel mit Immanuel Kant, lange nach dem Erscheinen seines überaus erfolgreichen Berichts *Reise um die Welt*. Diese Korrespondenz wurde bereits wiederholt rezipiert und interpretiert, doch wurden dabei vorwiegend die Ideologien der Rezipienten offenbar. Denn es geht in diesen Briefen um die Grundfragen der Zeit, nämlich inwieweit kulturelle und physiologische Unterschiede zwischen Völkern zeitlos definiert und bewertet werden könnten; es geht um Möglichkeiten und Grenzen einer »physischen Kulturanthropologie«, eine Problemstellung, die aus gutem Grund bis heute nicht gelöst ist, selbst nach schier unüberschaubaren Strömen von akademischer Tinte, forschungsförderndem Kapital, Schweiß und wohl auch Tränen.

Diese Frage kann nicht gelöst werden, weil es eine falsche Frage ist.

Beachtlich, dass der große Immanuel Kant (1724–1804), einer der wenigen seiner Generation, der den Kurzschluss aus dem Camper'schen Dreieck als »unzulässige Konfusion von Geist und Materie« erkennt, zudem ein erklärter Gegner der Sklaverei, ebenfalls sehr abfällige Urteile über verschiedene nichteuropäische Völker, insbesondere *Neger* fällt. Auch Kant findet in den frei erfundenen Zeichnungen nach dem Camper'schen Dreieck die »Ähnlichkeit zwischen Mohr und Affen offensichtlich«, doch ebenso wie für andere aufgeklärte Kollegen bleibt für Kant der Mohr immer noch »ein Mensch, der sich vom vierfüßigen Tier wesentlich unterscheidet«. Also ein Mensch zweiter, dritter oder vierter Klasse? Wo doch alle Menschen frei und gleich geboren sind? »Das moralische Meinen garantiert nicht die Folgerichtigkeit des damit verbundenen Gedankens«, bemerkt Wolfgang Scheppe (2016) – und dies gilt offenbar auch für Immanuel Kant.

*

Ungeachtet der segensreichen Erfindung von Sauerkraut und Pökelfleisch bleiben für die Seefahrer dieser Zeit mangelhafte Hygiene und Ernährung die größten Feinde auf der »Reise um die Welt«. Kabinen sind dem Kapitän und seinen Offizieren vorbehalten, auch Georg Forster trägt bleibende gesundheitliche Schäden davon. Der große Erfolg seines Buches *Reise um die Welt* verschafft ihm zwar einige Reputation, aber kein sicheres Einkommen; zwar reißen sich Fürsten und Gelehrte um seine Gesellschaft, Johann Wolfgang von Goethe schwärmt von seinem Werk und der junge Alexander von Humboldt unternimmt zusammen mit ihm eine ausgedehnte Reise quer durch Westeuropa, die in dem ab 1791 erscheinenden, dreibändigen Werk *Ansichten vom Niederrhein, Brabant, Flandern, Holland, England und Frankreich* zu einer geografischen *und* politischen Bestandsaufnahme wird; doch niemand bietet ihm einen existenzsichernden Job, und das kaum über eine flüchtige Neugierde an Exotischem hinausgehende illustre Interesse verflüchtigt sich bald.

Auch Kaiser Joseph II. bittet Georg Forster zur Audienz in die Hofburg in Wien. Dieser ist begeistert von der Stadt und dem herzlichen Empfang durch seine Logenbrüder: Auch Forster ist, ebenso wie Wolfgang Amadeus Mozart (und im Übrigen auch Angelo Soliman), Mitglied der Freimaurer. Zuvor hatte ihn ein Ruf nach Vilnius erreicht, doch der aufgeklärte Kaiser Joseph II. rät ihm dringend davon ab, die angebotene Professur in dieser mutmaßlich öden, damals polnischen Kleinstadt anzunehmen, stellt ihm vage einen Lehrstuhl in Wien in Aussicht, freilich ohne konkrete Folgen. Und er zeigt ebenfalls kein Interesse am Kauf von Georg Forsters Illustrationen, über fünfhundert mühsam erarbeitete »naturgetreue Zeichnungen und Aquarelle« einer bislang in Europa unbekannten botanischen und zoologischen Welt, angefertigt mit Begabung und Geschick unter klimatisch, räumlich und menschlich schwierigsten Bedingungen an Bord der HMS *Resolution*; dies zusätzlich zu seiner Arbeit am Expeditionstagebuch mit zuvor undenkbaren Überlegungen zum Verhältnis von Fremdem und Vertrautem, von Umwelt und Kultur. Es ist erschütternd zu erfahren, dass letztlich keiner der deutschen Fürsten gewillt ist, diese Arbeiten zu einem angemessenen Preis zu erwerben, und sie daher für die nächsten zweihundert Jahre in dunklen Archiven verschwinden.

Georg Forsters Versuche, sich nach dem Erscheinen der *Reise um die Welt* akademisch zu etablieren, haben nur eine wenig interessante und zudem befristete Gastprofessur in Kassel zur Folge. Und um den drückenden Existenzsorgen zu entgehen, macht er das, wovon ihm der

Kaiser ausdrücklich abgeraten hat: Er akzeptiert die Lehrberufung für Biologie an der Universität von Vilnius, einer von der intellektuellen Welt seiner Zeit abgeschnittenen Kleinstadt, die er in seinen verzweifelten Briefen als »barbarisch« beschreibt und wo er sich wie »lebendig begraben« fühlt.

*

Wer einsam ist, verliert leicht die Distanz zur Welt. Alles erscheint unmittelbar nahe und unerreichbar zugleich. Forsters Isolation in Vilnius trägt wohl dazu bei, dass er, der keine nennenswerte akademische oder gesellschaftliche Position innehat, es wagt, den europaweit renommierten, wesentlich älteren Ordinarius für Metaphysik und Logik und zudem Rektor der Universität von Königsberg sowie Mitglied der Berliner Akademie der Wissenschaften direkt zu kritisieren. Der große Kant hatte sich mit zwei paradigmatischen Aufsätzen unmittelbar in Forsters ureigenstes Erfahrungsgebiet eingemischt, 1775 mit dem Essay »Von den verschiedenen Racen der Menschen« und, zehn Jahre später, 1785, mit dem Essay »Bestimmung des Begriffs einer Menschenrace«. Beide Texte fordern Georg Forsters vehementen Widerspruch heraus.

Zur seltsamen Erregtheit dieser Auseinandersetzung trägt, abgesehen von der sensiblen Thematik, sicher auch die unterschiedliche soziale Herkunft der Kontrahenten bei. Georgs Vater, Johann Reinhold Forster, entstammte einer schottischen Adelsfamilie, die nach Enteignung ihrer Güter im Zuge der Umbrüche des 17. Jahrhunderts in der Umgebung des damals aufstrebenden Danzig auf eine bessere Zukunft gehofft hatte, freilich vergeblich. Der naturwissenschaftlich gelehrte Vater habe den sozialen Abstieg wohl nie verwinden können, vermuten spätere Biografen als Grund für die angebliche Selbstüberschätzung des Vaters und dessen bedenkenlose Ausbeutung des Sohnes als »Gehilfen«.

Genau umgekehrt liegen die Verhältnisse bei Immanuel Kant. Dem Sohn einer kinderreichen pietistischen Handwerkerfamilie in Königsberg wurde vom gesamten Familienverband die akademische Karriere als Motor des sozialen Aufstiegs gefördert, Immanuel war der ganze Stolz seines Vaters.

Jürgen Goldstein (2018) sieht in seiner kenntnisreichen Forster-Biografie den Briefwechsel zwischen dem großen Philosophen und dem philosophisch kaum geschulten Weltreisenden als eine Art Anmaßung von Georg Forster. Meine ehemalige, von mir durchaus geschätzte Universitätsprofessorin für Philosophie 1982/83 bemerkte in ihrer Vorlesung auf meine schüchtern geäußerten Zweifel, dass die zwei Essays von Immanuel Kant »eigentlich nicht relevant« seien für das moralphilosophische und erkenntnistheoretische Werk des großen Philosophen.

Nicht »relevant«? Nicht relevant sollen diese anthropologischen Ausführungen sein für einen Philosophen, der niemals irgendeinem fremden Menschen außerhalb seines akademischen Zirkels rund um Königsberg begegnet ist? Dem fremde *Racen* allenfalls als theoretisches Konzept ein Begriff waren und der dennoch ohne Zögern die gesamte Menschheit in einem Netz willkürlicher Klassifizierung bewertend zu vereinnahmen suchte, was ihm ungeachtet der offensichtlichen Ungereimtheiten seiner Ausführungen dank seiner akademischen und gesellschaftlichen Position offenbar auch abgenommen wurde?

Immanuel Kant lässt in diesen zwei Texten die Menschheit aus einem einzigen Stamm entstehen und teilt sie, ganz ohne Konjunktiv, in »vier Racen ein, die Race der Weißen, die Negerrace, die hunnische (mungalische oder kalmuckische) Race, die hinduische oder hindistanische Race«. Für die Entstehung der verschiedenen *Racen* macht Kant von Klimazonen beeinflusste Keime verantwortlich, wenig später ist es das »Blut« und nach ihm werden es die »Gene« sein.

Getreu seiner Herkunft geht Immanuel Kant davon aus, dass der Mensch sich nach einem sittlich-vernünftigen (Gottes-)Plan aus der Natur heraus entwickelt und sich kraft seiner Vernunft im Sinne dieses Planes vervollkommnet; gleichzeitig entwirft er eine atemberaubend moralistische und von keiner Empirie getrübte Klassifizierung dieser *Menschenrassen*, mittlerweile bekannt und vielfach zitiert: Der

»Neger« sei faul, weichlich und tändelnd, zudem fällt Kant höchst abfällige Urteile über seine physische Beschaffenheit. Den Weißen hingegen
räumt er »auf der Stufe der Entwicklung einen Vorrang gegenüber dem
Neger« ein, »insofern diese dem ursprünglichen Menschenstamm am
nächsten geblieben sind«.

Diese Rangfolge entspricht der biblischen Genesis, wo Adam und
Eva, Kain und Abel weiß imaginiert werden und erst die Hautfarbe ihrer
Nachfahren allenfalls eingeschwärzt wird, nämlich durch die Sünde, die
zur »Erbsünde« wird, eine Ansicht, die für gläubige Christen bis zum
Zweiten Vatikanischen Konzil Mitte der 1960er Jahre Gültigkeit behält.
Aber dass einem epochalen Moralphilosophen und Erkenntnistheore-
tiker der Aufklärung nichts dabei auffällt, soll »nicht relevant« sein?

Georg Forsters Verärgerung über die Anmaßung des Philosophen
finde ich durchaus verständlich. Ohne jede Erfahrungsgrundlage teilt
Kant urteilend die Menschheit in Kategorien ein, was im Schutze seiner akademischen Position auch durchgeht. Außer einem kurzen Aufenthalt im Raum der heutigen Schweiz hat Kant die Stadt seiner Geburt
niemals verlassen, er hat in Königsberg studiert und dort seine gesamte
Karriere absolviert. Und nun korrespondiert er mit einem Georg Forster, der bereits mit acht Jahren seinen Vater auf einer von Katharina
der Großen in Auftrag gegebenen Expedition bis an die Wolga begleitet hat, wobei ihm sämtliche damals von Russland kolonisierten Völker
bis zum Ural begegnet sind; mit einem Georg Forster, der an Bord der
HMS Resolution drei Jahre lang, nach Umschiffung der lebensgefährli-
chen Gewässer des Kap Hoorn, die unterschiedlichsten Menschengruppen von Neuseeland über Neukaledonien bis nach Neuguinea und über
die Osterinseln bis nach Hawaii aus eigener Anschauung kennt. Größer könnte der Unterschied im Blickwinkel der beiden Männer kaum
sein, als sich Georg Forster 1785 durch »Kants ermüdenden Wortkram«
herausgefordert fühlt.

Georg Forster ist verärgert über all den »Plunder der logischen Distinktionen«, die mit der »beobachtbaren Realität doch wahrlich nichts
zu tun haben«, wie er seiner Frau schreibt. Er, Georg Forster, weiß: »Die

Ordnung der Natur folgt unseren Einteilungen einfach nicht, und sobald man ihr dieselbe aufdrängen will, verfällt man in Ungereimtheiten.«

Forster schreibt sogar von der »schönen Unordnung« der Natur, die jeden Versuch, sie durch systematische Distinktionen »modeln« zu wollen, zum Scheitern bringt. Er wirft Kant Überheblichkeit vor, weil dieser zu einem Thema Urteile fällt, von dem er einfach nichts versteht, nämlich zur Vielfalt der Menschen im Rahmen der Einheit des Menschengeschlechts. Insbesondere über die Südseeinsulaner habe Kant sehr viel Unrichtiges behauptet, weiß Forster, ihn selbst brachte diese Vielfalt der pazifischen Inselwelt immer von Neuem zum Staunen, nicht nur bezüglich ihrer physischen Erscheinung, sondern auch wegen ihrer höchst unterschiedlichen Lebensweisen.

Georg Forster ist der Erste, und dies nicht nur in Europa, der einen Zusammenhang zwischen den ökologischen Bedingungen, den Agrartechniken, den Siedlungsformen, der sozialen Organisation und den verschiedenen Glaubensvorstellungen erkennt; dieser *Zusammenhang* multipler Faktoren scheint ihm wesentlich bedeutender für die Entwicklung der einzelnen Gruppen als deren unterschiedliche äußere Erscheinung. Spätere Generationen erkennen in ihm den großen Vorläufer der modernen Ethnologie jener Richtung, die dem essenzialistischen Determinismus der Klima- und Rassentheoretiker im Gefolge des deutschen Geografen und Zoologen Friedrich Ratzel (1844–1904) eine Absage erteilt.

*

Immanuel Kant gegenüber beharrt Georg Forster vor allem auf dem Vorrang der »unmittelbaren Anschauung« vor dem »Methodenzwang«, er wirft ihm Scheinrationalität vor. Gleichzeitig ist er sich jedoch bewusst, dass ein systematisches Sammeln von Daten, Objekten und Fakten ohne präformative Hypothese nicht möglich ist, womit er den meisten Naturwissenschaftlern und Anthropologen nicht nur seiner Zeit voraus ist. Doch Forster will gar nicht sammeln, sondern Wahrnehmungen vermitteln, von denen er weiß, dass sie unvollständig sind, die aber zu Problemstellungen anregen und Fragen aufwerfen. Und er hält es für ausgeschlossen, den Ursprung derart verschiedener Menschengruppen wie auf Neukaledonien, in Sibirien oder auf den Gesellschafts-Inseln (Tahiti) nach einem einheitlichen System zu bestimmen und daraus auf eine Monogenese oder, falls dies eben nicht gelingt, auf eine Polygenese der Menschheit zu schließen.

Indirekt wirft Forster dem Erkenntnistheoretiker Kant vor, den Ursprung der Menschheit auf einen einzigen »Stamm« zu reduzieren, um mit der biblischen Schöpfungsgeschichte nicht in Widerspruch zu geraten, was für seine akademische Position nachteilig sein könnte. Doch die Schöpfungsgeschichte sei nicht dem Reich der Wissenschaft, sondern dem der Mythologie zuzurechnen, nichts daran lasse sich empirisch verifizieren. Und zuspitzend fügt Forster hinzu, nach seinen eigenen Erfahrungen von der ungeheuren Vielfalt der Menschheit könne man genauso gut von mehreren Stämmen, also einer Polygenese, ausgehen.

Dies ist also Georg Forsters später immer wieder kritisierter, angeblicher Polygenismus. Dabei handelt es sich um nichts anderes als um ein provokatives Gedankenspiel zur Verdeutlichung der Unhaltbarkeit der vorgeblich wissenschaftlichen Ursprungsthese.

Der Streit zwischen Forster und Kant ist auch religiös motiviert – aufgeklärter Freigeist *versus* preußischen Pietismus; Forster bestreitet, dass ein wie immer gearteter Ursprung der Menschheit, sei er nun monogenetisch oder auch polygenetisch, für unsere gegenwärtigen Gesellschaften relevant sein könnte. Er kenne die Menschen in der Südsee und auf anderen Kontinenten aus eigener Anschauung und wisse, dass sie ungeachtet aller Unterschiede in ihrer Lebensweise so verschieden gar nicht seien, um in unterschiedliche »Rassen« eingeteilt werden zu können. Georg Forster stellt niemals die Frage nach der Vielfalt, diese ist für ihn aus eigener Anschauung evident. Er kehrt die Problematik um und stellt die Frage nach der *Einheit* in der Vielfalt – und das unterscheidet ihn von allen Denkern seiner Zeit.

Doch auch er kann letzten Endes nicht völlig am herrschenden Diskurs seiner Zeit vorbei Wissenschaft betreiben, wie offenbar sein Plan zu einem Entwurf einer »physischen Kulturanthropologie im Einklang mit den Gesetzen einer allgemeinen Naturgeschichte« zeigt.

Er gibt dieses Projekt schließlich auf, doch nicht etwa, weil er ihm »nicht gewachsen« gewesen wäre, wie Jürgen Goldstein zu wissen meint und damit eine prinzipiell mögliche Vollendung impliziert; sondern weil Forster die logischen Ungereimtheiten und politischen Fallstricke eines solchen Unternehmens ahnt. Eine »physische Kulturanthropologie« wäre in Anbetracht der Lern- und Wandlungsfähigkeit menschlicher Gruppen nahezu ein Oxymoron.

Ermüdet von dem asymmetrischen Wortgefecht mit Immanuel Kant weist Georg Forster schließlich darauf hin, dass die Frage nach Polygenese oder Monogenese nichts am eigentlichen Skandal ändere: Die Versklavung einer »Menschenrasse« tötet das »Menschengefühl bis in seine Wurzeln«. Damit ist nicht nur das Gefühl der Versklavten gemeint, sondern auch das der Sklavenhalter, das der Fabrikbesitzer, der Reedereien und Händler und der gesamten herrschenden Klasse, die von der Sklaverei profitiert und unter ihren lockigen Perücken und schimmernden Seidenkleidern vor Wonne erschauert, wenn ihr im Mund ein durch Sklavenarbeit gewonnenes weißes Zuckerwerk zerschmilzt.

Nicht nur der Beherrschte, sondern auch der Herrscher wird durch diese Produktionsweise zum Wilden herabgewürdigt, erkennt Georg Forster. Und er betont, noch nie habe die Annahme einer Monogenese die erhobene Peitsche eines Sklaventreibers sinken lassen, und fügt gleichsam provozierend hinzu, die Annahme einer »zweiten Menschengattung« sei genauso logisch (oder unlogisch, A. d. V.) und könnte »vielleicht sogar eines vernunftbegabten Wesens würdigere Gefühle« fördern.

Wie ist das gemeint? Forster lässt die Frage offen, doch ohne Zweifel denkt er dabei an den Anatomen, Paläontologen und Erfinder des elektromagnetischen Telegrafen, Samuel Thomas von Sœmmerring

(1755–1830), ein Schüler und Adept von Petrus Camper, ein intimer und bewunderter Freund Georg Forsters.

Sœmmering kommt nämlich nach dem Sezieren einiger Leichen von weißen Europäern, versklavten Afrikanern sowie von einem Menschenaffen, angeblichen einem Orang-Utan oder einem Gorilla, zu dem Schluss, dass »im Durchschnitt die afrikanischen Mohren doch etwas näher ans Affengeschlecht grenzen als die Europäer« und daher auf einer unteren Stufe der Entwicklung anzusiedeln seien. Es ist nicht anzunehmen, dass Georg Forster mit der niederen Positionierung des »Mohren« einverstanden ist, daher bietet seine Erwägung einer zweiten, »ebenbürtig vernunftbegabten«, vielleicht sogar »schwarzen Menschengattung« eine Lösung des für ihn schwer erträglichen Konflikts zwischen seiner Hochachtung für Sœmmerring und seinem Zweifel an dessen Hypothesen. Jedenfalls erkennt der philosophisch kaum geschulte Georg Forster, was dem großen Kant offenbar entgeht: Der von Petrus Camper gezogene Vergleich zwischen Affen, *Negern*, Europäern und dem hellenistischen Götterbild ist unlogisch, kann aber wunderbar zur Rechtfertigung des abendländischen Herrschaftsanspruchs dienen.

Nach einem Zwischenspiel als Bibliothekar in Mainz, wo er sich für die kurzlebige Republik engagiert hat, beendet Georg Forster in großer Armut und Einsamkeit sein kaum vierzigjähriges Leben im erzwungenen Exil in Paris, getrennt von seiner geliebten, in die Schweiz geflohenen Familie, zwischen den fleckigen Wänden einer elenden Dachkammer. Seine berühmten Freunde und Gönner, Samuel Thomas von Sœmmerring, Alexander von Humboldt, Johann Wolfgang von Goethe und Johann Friedrich Blumenbach, sie alle haben es sich am anderen Ufer des Rheins in akademischen Positionen bequem eingerichtet und betrachten das »bedauernswerte frühe Ende« ihres geschätzten Kollegen als Folge der seit der Weltumsegelung angeschlagenen Gesundheit – sowie seiner anstößigen Leidenschaft für die Französische Revolution und die Mainzer Republik.

Für Georg Forster ist nach eigenem Bekenntnis die republikanische Revolution eine Station auf dem steinigen Weg der Menschheit in das Reich der Vernunft, doch ihre blutigen und chaotischen Begleitumstände sind für ihn extrem verstörend. Letztlich sind es wohl sein allzu scharfer Verstand und seine Empfindsamkeit gegenüber dem Unrecht, die ihn die rassenideologischen Zahlenspielereien der Gelehrtenzunft als kabbalistische Machtfantasie erkennen lassen. Und dies ist es wohl, was ihn tötet.

Georg Forster ist der beeindruckende Beweis dafür, dass es immer Menschen gibt, die einem »Zeitgeist« trotzen und seine Maskeraden durchschauen können. Nach Erscheinen der *Reise um die Welt* 1777 (zunächst auf Englisch, 1788/80 dann auf Deutsch) ist Georg Forster enttäuscht vom Desinteresse der Leser an dem, was ihm selbst daran wichtig erscheint. Er klagt, alle seien nur am Abenteuer interessiert und an einem erhofften wirtschaftlichen Nutzen der neu entdeckten Inselwelten; aber kein Fürst und kein Gelehrter, ausgenommen der junge, damals noch unbedeutende Alexander von Humboldt, ist darum bemüht, das eigene Wissen über Mensch und Natur außerhalb des eigenen Horizonts zu erweitern.

18

Alexis de Tocqueville, ein visionärer
Analytiker der bürgerlichen Demokratie

Arthur de Gobineau, ein Bahnbrecher

Der unterschätzte
Houston Stewart Chamberlain

Anmerkung zum Evolutionismus

Wahrscheinlich ohne von Georg Forster gelesen zu haben, erkennt auch der in Kamerun geborene, in Paris promovierte und in den USA und Johannisburg lehrende politische Philosoph Achille Mbembe, dass ein *Wille zum Nichtwissen* das Herrschaftsverhältnis des Westens zum »Rest der Welt« bestimmt. Und dass der nach Michel Foucault alle Lebensbereiche durchdringende »Wille zum Wissen« - als Voraussetzung für alle »Dispositive der Macht« - nur auf die eigene, nationalstaatlich organisierte Gruppe bezogen ist, nicht aber auf fremde, unterworfene, versklavte. Dabei bezieht Mbembe sich auf Alexis de Tocqueville (1805-1859), den vielleicht scharfsinnigsten Denker der bürgerlichen Demokratie.

Der hoch gebildete, dunkelhaarige Aristokrat mit sehr weißer Haut und beinahe androgynen Gesichtszügen ist Untersuchungsrichter und Abgeordneter der gemäßigten Opposition unter dem »Bürgerkönig« Louis-Philippe I. Berühmt wird er als Autor bedeutender Essays über das Verhältnis von Freiheit und Staat sowie über die inneren Widersprüche der Demokratie.

Als überzeugter Gegner der Sklaverei erkennt er anlässlich seiner Studienreise in die von ihm bewunderten Vereinigten Staaten von Amerika deren größte Gefahr in ihrer Abhängigkeit von Sklavenarbeit für die Produktion von Nahrungsmitteln und Rohstoffen. Solange Sklaven die wirtschaftliche Basis besorgen, könne von Demokratie keine Rede sein, doch auch eine Befreiung der Sklaven werde das Problem nicht lösen. Zum einen, weil dann die ökonomische Voraussetzung für die freiheitliche, demokratische Verfassung verloren ginge, zum anderen, weil die Schwarzen nach ihrer Befreiung keineswegs frei und gleich, sondern mit Missachtung und Ausschluss durch die weiße Gesellschaft konfrontiert wären. Mehr noch, die Schwarzen wären danach schlechtergestellt als zuvor, da sie ohne das Interesse ihrer Besitzer an ihrer Arbeitskraft der »rohen Gewalt des Stärkeren« ausgesetzt wären.

Die gesetzliche Abschaffung der Sklaverei würde daher keineswegs zur bürgerlichen Gleichstellung, sondern nur zu einer vernichtenden Feindschaft der *Weißen* gegenüber den *Negern* führen. Aus Angst vor der

Rache ihrer ehemaligen Sklaven und vor ihrem eigenen ökonomischen und sozialen Abstieg – (eine »berechtigte Angst«?) – würden die weißen Bürger jede Untat gegen Schwarze als Gegenwehr legitimieren und dadurch die demokratische Verfassung und ihre Maxime einer »offenen Gesellschaft« unterlaufen. Zudem seien die Weißen von der Angst besessen, die Schwarzen wollten nicht nur »gleich«, sondern womöglich »besser« sein als die Weißen. Die weiße Bevölkerung wäre daher eher bereit, die Demokratie aufzugeben als den »Neger« als Bürger mit gleichen Rechten anzuerkennen.

Alexis de Tocqueville erkennt demnach die Achillesferse der bürgerlichen Demokratie: Es ist ihre Abhängigkeit von der Sklavenwirtschaft und deren Folgen – die Verachtung der Schwarzen und die Furcht vor deren Rache, die auch nach ihrer Befreiung eine Gleichstellung verhindern wird.

Daraus folgert Alexis de Tocqueville, Freiheit und Demokratie der Weißen könnten nur durch Absonderung der »Neger« garantiert werden, am besten durch ihre gänzliche Verbannung aus der Neuen Welt. Die durch den Wegfall der Sklavenarbeit entstehenden ökonomischen Probleme könnten durch die fortschreitende Verdrängung und Aneignung von Ressourcen der amerikanischen Indigenen wettgemacht werden. Also gewaltsame Expansion und Aneignung fremder Ressourcen als Rezept gegen die durch Ausfall der Sklavenarbeit verursachte schrumpfende Ökonomie. Dies sollte letztlich Wirklichkeit werden.

Als Lösung für Frankreich, das ebenfalls die Verwirklichung der republikanischen Ideale von Freiheit und Gleichheit anstrebt, das den neuen Vereinigten Staaten voller Bewunderung sogar die »Freiheitstatue« schenkt und dessen wichtigste, nämlich die Zucker verarbeitende Industrie gleichfalls von Sklavenarbeit abhängig ist, sieht Tocqueville ebenfalls eine Expansion, nämlich die der kolonialen Eroberung. Zwar verabscheut er die militärischen Abenteuer des egozentrischen Emporkömmlings Napoleon Bonaparte auf dem europäischen Kontinent, doch dem »Bürgerkönig« Louis-Philippe empfiehlt er nach dem Fall von Algier 1830 die Eroberung ganz Algeriens und die totale Unterwerfung der Bewohner, einschließlich der Vernichtung sämtlicher ihrer materiellen und kulturellen Grundlagen, sowie *jedwede Erinnerungen daran*, andernfalls wären die Algerier, damals ein wohlhabendes Handels- und Seefahrervolk unter der Herrschaft eines Sultanats, niemals zu befrieden. Dazu müsse ebenfalls in den französischen Eroberern und Siedlern jedwede Wissbegier bezüglich Kultur und Geschichte der von ihnen beherrschten Völker abgetötet werden, empfiehlt Tocqueville, denn nur wenn die Unterworfenen zu stumpfen, wertlosen Barbaren geworden sind, werden Franzosen als *citoyens* in einem freien, demokratischen Französisch-Algerien leben können. Die Algerier können ihren Platz darin nur als Arbeiter und Diener finden.

Tocqueville trifft mit seinem grausam hellsichtigen Befund über das Dilemma der weißen Demokratie ins Schwarze. Tatsächlich entsteht gleichzeitig mit der Französischen Republik das französische Kolonialreich mit einer Rechtsordnung als Garant der Ungleichheit zwischen herrschenden Weißen und beherrschten Nichtweißen.

Alexis de Tocqueville, der Aristokrat, bleibt bei alldem ein engagierter Republikaner, der die Privilegien seines eigenen Standes aufs Heftigste kritisiert. Er ordnet die Unterworfenen keineswegs einer von Natur aus minderwertigeren »Rasse« zu, er vertritt Humanismus und Menschenrechte, freilich nur in Bezug auf die eigene Nation und nicht für die Unterworfenen, die Benachteiligten, die von den bürgerlichen Rechten Ausgeschlossenen; für die sieht er ethnische oder gar physische Eliminierung als eine ökonomische Notwendigkeit vor und spricht dies auch unumwunden aus – weshalb ein Jahrhundert später Frantz Fanon (1925–1961) den europäischen Kolonialismus als *Nekropolitik* bezeichnet und damit eine Politik meint, welcher der potenzielle Genozid immanent ist.

Alexis de Tocqueville pflegt zudem eine eigentümliche Neigung zu einem jungen Emporkömmling, der genau das Gegenteil von ihm, dem hochintellektuellen Mann verkörpert und der einen folgenschweren Einfluss auf die europäischen Eliten der Moderne haben wird.

*

Arthur ist ein zartes, sensibles Kind aus Bordeaux, dessen Vater einem im napoleonischen Kaiserreich in Ungnade gefallenen Amtsadel angehört – und seine Mutter ist *ein Bastard*. Sie ist eine Kreolin aus Santo Domingo, Tochter des letzten Steuerpächters des Ancien Régime, die ihrerseits Tochter eines Sklaven haltenden Zuckerbarons ist.

Arthur de Gobineau (1816–1882) ist also die Frucht doppelbödiger Machtverhältnisse: Im »Mutterland« werden Wirtschaftsliberalismus und die Abschaffung alter, aristokratischer Privilegien angestrebt, in den »Überseegebieten« setzt man verstärkt auf Sklavenwirtschaft, Zentralismus und Militarismus. Arthur besucht eine Schule in der Schweiz, wohin die Mutter angeblich wegen irgendwelcher Betrügereien (welcher?) geflohen war, bevor sie sich endgültig nach Polen absetzt (warum?). Genaueres ist ohne aufwendige Recherchen nicht zu erfahren. Jedenfalls wird Arthur von nun an dem Vater überlassen, der wegen seiner leidenschaftlichen Kritik am »liberalen Bürgerkönig« Louis-Philippe seine privilegierte Stellung in der königlichen Marine verliert und sich nun zusammen mit seinem Sohn ein bescheidenes Haus in einem kleinen Dorf in Les Landes teilt, eine von endlosen Pinienwäldern gesäumte, einsame Dünenlandschaft an der atlantischen Küste südlich von Bordeaux.

Diese Isolation von der realen Welt scheint eine ideale Voraussetzung für die Herausbildung eines elitären Anspruchs zu sein. Der fantasiebegabte Arthur verleiht sich später ohne jede rechtliche Grundlage den Adelstitel »Comte« und erfindet für sich, angeregt von den neuen akademischen *Rassenwissenschaften*, eine neue elitäre Abstammung.

Die Gelehrten seiner Zeit ordnen die Menschheit entsprechend der Farbe von Augen, Haut und Haar, der Masse des Schädels, der Nase, dem Jochbein, dem Kiefer, der Oberschenkelknochen und zahlreicher anderer, im Laufe der Zeit sich rasant vermehrender Daten und ihrer Relationen zueinander in hierarchisch gegliederte, angeblich biologisch determinierte »Rassen«, denen freilich *immer* auch bestimmte kulturelle, intellektuelle und moralische Fähigkeiten zugeschrieben werden. Das System ist einfach: Je heller Haut und Haare, je gestreckter die Knochen, je größer das Schädelvolumen, desto edler der Charakter, desto brillanter der Geist.

Im 20. Jahrhundert wird die Systematik derart ausdifferenziert, dass nun auch helle europäische »Rassen« gegeneinander ausgespielt werden – denn darin besteht der Universalismus der *Rassenwissenschaften*, dass er nicht nur fremde, sondern irgendwann immer auch die eigene Gesellschaft fragmentiert. Die immer komplexer werdenden Formeln und Zahlen, mit denen das Wesen des Menschen erfasst werden soll, wirken auf gewöhnliche Bürger, die sich nach der unmittelbaren Erfahrung ausrichten, dermaßen einschüchternd, dass kaum jemand zur kritischen Wahrnehmung dieses wissenschaftlichen Irr-Sinns fähig ist.

Dabei geht es zunächst nur um die Hautfarbe und ein paar einfache »Merkmale«. Für den blässlichen, langschädeligen Arthur de Gobineau ist seine Zugehörigkeit zur hellsten und daher edelsten Menschenrasse, den aus dem Kaukasus stammenden *Ariern*, offensichtlich. Und da er der Überzeugung ist, die französische Aristokratie habe sich durch ihre seit Jahrhunderten gepflegte endogame Heiratspolitik die »Reinheit des Blutes« der »arischen Rasse« seit Adam und Eva am besten bewahrt, ist von nun an die privilegierte Stellung der Hocharistokratie nicht nur durch Gottes Willen, sondern auch durch die »Farbe des Blutes« legitimiert – und diese Ansicht hat sich offensichtlich bei manchen Nachkommen entmachteter Adelsgeschlechter bis in die Gegenwart erhalten.

Ungeachtet dieser Erkenntnis vermählt sich Arthur de Gobineau gleich seinem Vater mit einer wohlhabenden Kreolin aus einer Zuckerdynastie in Martinique – man muss ja von etwas leben. In »reiner Liebe« freilich ist er Madame de La Tour zugetan, einer legitimistischen, französischen Aristokratin mit schneeweißer Haut und ausufernder Perücke. Während der Zweiten Republik in den 1870er Jahren gelingt ihm eine diplomatische Karriere, dies nicht zuletzt durch die erstaunliche Förderung des um zehn Jahre älteren, oben erwähnten Alexis de Tocqueville, der die Sklavenwirtschaft als unmenschlich und vor allem als wirtschaftliches Dauerrisiko erkennt. Denn die zum Funktionieren von Sklavenwirtschaft notwendige Gewalt und Abschottung müsse, wie er meint, zu einem wirtschaftlichen Protektionismus führen, der langfristig nur Nachteile für Frankreich bringen könne.

Arthur de Gobineau blickt hingegen mit Verachtung auf die verkommene Welt des mit dem Kolonialismus entstehenden Industriebürgertums. Und dies nicht ohne Grund, wird doch während der kolonialen Eroberungskriege Europa und insbesondere Frankreich von Korruption, Börsenbetrug, Usurpation und Revolutionen erschüttert, sodass Paris die Vorgänge in Afrika, vorwiegend von einigen ehrgeizigen Offizieren und Unternehmern vorangetrieben, eine Zeit lang aus den Augen verliert.

Gobineaus Schlussfolgerungen aus alldem sind im Gegensatz zu Alexis de Tocqueville rückwärtsgewandt. Er sieht im Kolonialismus eine Bedrohung, doch nicht aus moralischen Gründen, etwa wegen der offensichtlich damit verbundenen Verbrechen, sondern wegen der dadurch drohenden »Rassenmischung«, die er für den Verlust der guten alten Werte Ehre, Treue, Freiheit verantwortlich macht.

Die »Ehre«, die Gobineau meint, ist durch die »Treue« gegenüber dem vom absolutistischen König entmachteten Feudalherren bedingt; und die »Freiheit«, die er meint, ist die Freiheit des Feudalherren, weshalb Gobineau die angeblich göttliche Ständeordnung des Feudalismus durch die vorgeblich naturgegebene Hierarchie der »Rassen« ersetzt. Bereits ab 1850 arbeitet er an seinem folgenschweren *Essay über die Ungleichheit der menschlichen Rassen*.

Darin vertritt er die erwähnte These, die Hocharistokratie Europas sei durch ihre strenge Endogamie »rein von fremden Bluteinschlägen« und stamme daher in direkter Linie von Adam ab, weshalb sie von Gott zur Herrschaft auserkoren sei. Sie ist also eine von Gott erkorene Stammesgesellschaft. Gobineau, ein fundamentalistischer Christ, negiert die Zugehörigkeit nichtweißer »Rassen« zum Stamme Adams. Daher will er die Werte des christlichen Europas »züchtungspolitisch«, nämlich durch eine »Entmischung der Rassen«, retten, wenn nötig auch mit Gewalt.

Diese Idee wird in der nächsten Generation in Frankreich etwa von dem ethnonationalistischen Politiker und Essayisten Maurice Barrès (1862-1923) aufgegriffen, Abgeordneter der rechtsextremen Boulangisten, der bereits Antisemitismus propagiert, ebenfalls jede »Blutmischung« als Gefahr für die Kulturnation sieht und daher eine wenn nötig auch gewaltsame »Entmischung« befürwortet. Um den Einfluss von Gobineau zu illustrieren, zitiert Hannah Arendt (1986) Élie Faure (1873-1937), einen französischen Kunsthistoriker jüdischer Herkunft, der seit der Lektüre des *Essays* plötzlich bei jedwedem Konflikt, mit dem er sich konfrontiert sieht, »den widerstreitenden, unerbittlichen Kampf des Schwarzen, des Gelben, des Semiten und des Ariers« lebendig in sich zu fühlen meint.

*

Auf dem Höhepunkt des Imperialismus wird der *Essay* auch in Deutschland rezipiert. Dabei spielt die freundschaftliche Verbindung von Arthur de Gobineau mit Cosima Wagner eine nicht unbedeutende Rolle. Im Hause Wagner trifft Gobineau auf illustre Gäste aus ganz Europa, darunter auch auf Cosimas intriganten Schwiegersohn Houston Stewart Chamberlain (1855-1927). Der aus England stammende, im deutschsprachigen Raum aufgewachsene, skrupellose Erbschleicher und Epigone greift Gobineaus Ideen auf und publiziert erstmals 1896 seinen Essay über *Die Grundlagen des 19. Jahrhunderts* (1915) Auf über tausend Seiten wird in gewundenen Periodensätzen weitschweifig über die angeblich »rassisch« bedingten Glanzleistungen der alten Griechen und Römer referiert, die letztlich allesamt an der »Rassenmischung« zugrunde gegangen seien. »Germanentum« wird überall dort am Werk gesehen, wo kulturelle Werte entstehen, weshalb für Chamberlain die Germanen die einzige »kulturschaffende Nation« und daher als Einzige dazu berufen sind, das »Abendland« vor dem Sodom und Gomorrha der »Rassenmischung« zu erretten.

Das unterscheidet ihn von Gobineau, der diese Mission bekanntlich für den »arischen«, französischen Adel vorgesehen hat und nicht unbedingt für die Germanen.

Zudem ergänzt Houston Stewart Chamberlain sein französisches Vorbild um einen leidenschaftlichen Antisemitismus, er kann geradezu als Erfinder des politischen Rassenantisemitismus bezeichnet werden. Was nicht übersehen werden darf: Antisemitismus richtet sich im späten 19. und frühen 20. Jahrhunderts nicht nur gegen Juden, sondern auch gegen Araber und Phönizier und andere Völker Nordafrikas und des Vorderen Orients, deren Sprachgruppe als »semitisch« klassifiziert und nun zur biologischen »Rasse« wird. Nordafrika und der Vordere Orient sind Zankapfel der europäischen Kolonialmächte England, Frankreich, Italien, Spanien sowie des Osmanischen Reiches als Gegenspieler, die dort lebenden Völker werden im Rahmen der Rassenideologie nun zu »minderwertigen Rassen«.

Wie viele erfolgreiche Dilettanten beginnt Houston Stewart Chamberlain seinen Essay mit Adam und Eva und sieht in einer spektakulären, bis in die Gegenwart reichenden Vermengung von Historiografie und Mythologie einen globalen »Rassenkampf« am Werk. Keine wirklich neue Idee, doch erst mit dem Ersten Weltkrieg wird sie richtig populär – (und hundertfünfzig Jahre später noch einmal durch den US-Amerikaner Samuel Huntington plagiatsverdächtig als »Kampf der Kulturen« neu aufbereitet). Zentraler Gedanke ist ein Recht auf Freiheit, das erst aus der Befähigung zu ihr entsteht und eine nur den Germanen vorbehaltene physische und geistige Kraft voraussetzt. »Sehen wir nicht den *homo syracus* sich ebenso gut und glücklich entwickeln als Knecht wie als Herr? Bieten uns nicht die Chinesen ein großartiges Beispiel derselben Gesinnung? Erzählen uns nicht alle Historiker, dass Semiten und Halbsemiten trotz ihrer großen Intelligenz niemals einen dauernden Staat zu bilden vermochten?« etc. etc. »Der Neger und der Hund hingegen dient jedem Herrn, wer er auch sei: Das ist die Moral der Schwachen, oder, wie Aristoteles sagt, des von Natur zum

Sklaven Geborenen; der Germane hingegen wählt sich seinen Herrn, und seine Treue ist daher Treue gegen sich selbst: Das ist die Moral des Freigeborenen.«

Es ist dieses Amalgam von Polemik und »klassischer Bildung«, das Gezeter gegen Juden und »Neger« mit Bezügen zu Goethe, Kant und Aristoteles, welches diesem Essay die Bewunderung nicht nur des britischen »Appeasement«-Politikers gleichen Namens (der nicht mit ihm verwandt ist) einträgt, sondern auch die des jungen Adolf Hitler sowie des Herausgebers des *Völkischen Beobachters* Alfred Rosenberg. Diesem dient das Opus wiederum zur Grundlage für sein eigenes, 1930 erschienenes Werk: *Der Mythus des 20. Jahrhunderts*. Angereichert mit noch schärferen Polemiken gegen »Neger« und mit Theorien zur »jüdisch-bolschewistischen Weltverschwörung« wird dieses Werk zur ideologischen Grundlage für Hitlers Rassenpolitik.

Im Vergleich zu Hitlers plumper und wenig gelesener Hetzschrift *Mein Kampf* ist Chamberlains Werk freilich ein Glanzstück, das ganz ohne staatliche Verordnung zum zigtausendfach aufgelegten Bestseller wird. 1915, zu Beginn des Ersten Weltkriegs, erscheint beim Verlag Bruckmann in München die elfte Auflage in einer zweibändigen Jubiläumsausgabe auf feinstem Dünndruckpapier, gebunden in rotes Saffianleder mit Goldschnitt, die ersten fünfhundert Exemplare nummeriert, als ideologische Aufrüstung des Bildungsbürgertums für einen Krieg, der letztlich bis 1945 dauern wird.

Dennoch: Selbst Houston Stewart Chamberlain ist kein »Vordenker« oder »Wegbereiter Hitlers« (Bermbach 2015); ähnliche Ideen sind damals in ganz Europa verbreitet und führen weder in England noch in Frankreich oder anderswo zu einem »Hitler«. Zur Entstehung eines Monsters sind viele verschiedene Kräfte erforderlich, und Geschichte verläuft nun einmal nicht so linear und eindimensional, wie manche sich dies wünschen.

*

Dieser kleine Abriss der Entstehung von Rassenideologien wäre ohne Erwähnung des Gegenentwurfs, des Evolutionismus, unvollständig. Zur selben Zeit wie Houston Stewart Chamberlain betritt in Frankreich nämlich auch sein Antipode die intellektuelle Bühne: George Vacher de Lapouge (1854–1936), ein sozial engagierter Jurist, Anthropologe und Mitbegründer der ersten Arbeiterpartei Frankreichs. Seine Herkunft aus einer alten Hugenottenfamilie im südwestfranzösischen Aquitanien macht ihn frühzeitig mit den Evolutionstheorien Darwins vertraut – freilich in der durch Herbert Spencer und Alfred Russell Wallace auf den sozialdarwinistischen »Kampf ums Dasein« reduzierten Form.

Dass Vacher de Lapouge 1889 seine Professur in Montpellier verliert, ist seinem offenen Bekenntnis zum Atheismus und seinen sozialpolitischen Aktivitäten zu verdanken. Auch er geht von einer fortschreitenden »Rassenmischung« aus, sieht aber darin keineswegs den »Untergang des Abendlandes«, sondern folgert, dass der daraus entstehende »Rassenkampf« sogar die rettende Voraussetzung für eine »positive Selektion« sein könnte, von der »höher stehende Rassen« profitieren. Damit meint auch er die *Arier*, was er naturwissenschaftlich zu begründen sucht, indem er in deren angeblich edler, weil *dolichocephalen* Schädelform und in ihrem umfangreicheren Schädelvolumen einen Vorteil im »Kampf ums Dasein« gegenüber den *brachycephalen* Schädeln »minderwertiger Rassen« sieht. Im Unterschied zu Houston Stewart Chamberlain, dem halbgebildeten, ehrgeizigen Parvenü, ist Vacher de Lapouge jedoch ein nobler, ungemein belesener Dickschädel, ein vielseitig interessierter Meister zahlreicher Sprachen, darunter so exotischen wie Akkadisch, Ägyptisch, Hebräisch, Japanisch und Han-Chinesisch. Er steht in Verbindung mit führenden Evolutionisten seiner Zeit, unter anderen mit dem deutschen Biologen Ernst Haeckel (1834–1919), dessen *Natürliche Schöpfungsgeschichte* (1868) er ins Französische übersetzt.

Ernst Haeckel, ein geachteter, anerkannter Naturwissenschaftler, sucht damals ebenso wie Friedrich Engels und Karl Marx in Zürich Zuflucht vor der Preußischen Polizei. Sein »polygenetischer

Evolutionismus« gilt allen von Gottes Gnaden Herrschenden als gotteslästerliche politische Gefahr.

Für die frühen Sozialisten ist Haeckel indes eine Quelle der Inspiration. Und er macht es sich wahrlich nicht leicht. Er ist Naturwissenschaftler und gehört nicht zu jenen, die den Menschen einfach vom Affen abstammen lassen, sondern entwirft in seiner 1868 erstmals erschienenen *Natürlichen Schöpfungsgeschichte* (1870) zweiundzwanzig Stufen in der tierischen »Ahnenreihe des Menschen«, angefangen bei den Moeren, Amoeben, Synamoeben, Flimmerschwärmern, Infusionsthieren, Strudelwürmern, Weichwürmern, Sackwürmern über niedrige Wirbeltiere wie Lurchfische, Schwanzlurche, Uramnioten bis hin zu Stammsäugern, Beuteltieren, Halbaffen, Schwanzaffen, Menschenaffen, aus denen sich schließlich diverse »Menschenrassen« entwickelt hätten; dies alles verdeutlicht ein in zahlreichen Linien komplex verzweigter Stammbaum vom jeweiligen »Urmenschen« bis hinauf zu zwölf verschiedenen *Species*, aus denen in weiteren Verästelungen schließlich sechsunddreißig »Rassen« hervorgehen.

Zu den vier »höchsten Rassen« zählt Haeckel die Kaukasier, die Basken, die Semiten und die Indogermanen, Letztere führt er auf den Mandrill zurück. Zur niedrigsten *Species* des Menschen, unterteilt in dreizehn verschiedene »Rassen«, zählt Haeckel die »Kaffer«, »Hottentotten«, »Neger« und »Papua«, die er vom »älteren Orang Utang« abstammen lässt. Kunstvolle, fantastische Stiche sollen eine durch *Ähnlichkeit* und genealogische Tafeln dokumentierte Abstammung veranschaulichen – den Camper'schen Gesichtswinkel immer noch als Maß nehmend: Je ausgeprägter der Prognathismus, desto primitiver. Die Befürworter eines »monogenetischen« Evolutionismus hingegen lassen den Menschen schlicht vom Schimpansen oder vom Gorilla abstammen und begründen die Unterschiede der einzelnen »Menschenrassen« durch ungleiche Entwicklungsstufen. Die »am höchsten entwickelten Rassen« sind hier die »Nordischen«, vorzugsweise die Indogermanen, die verpflichtet sind, den auf niedrigeren Entwicklungsstufen Stehengebliebenen bei ihrer »Höherentwicklung« zu »helfen«, sei es durch Erziehung oder durch Gewalt.

Bei aller Differenz haben sämtliche evolutionistischen Ideologeme des ausgehenden 19. Jahrhunderts eines gemein: Sie stehen in leidenschaftlicher Opposition zu jenen Staatskirchen, welche aus den biblischen Texten und ihrer Ikonografie einen *weißen*, das erste *weiße* Menschenpaar schaffenden Gott ableiten und dunkelhäutige Menschen als später entstandene *Derivate* oder *Degenerative* begreifen.

*

Man muss es anerkennen: Karl Marx (1818–1883) ist der Einzige seiner Zeit, der einen grundsätzlich anderen Weg der Entwicklung entwirft und weder einem biologistischen noch einem theologischen Determinismus folgt, sondern bekanntlich einer Analyse der politischen Ökonomie. Ein Genozid als politische Maßnahme zur Unterwerfung unter dem Vorwand der für eine Höherentwicklung notwendigen Auslese ist für ihn selbst ebenso wie für alle späteren Marxisten undenkbar. Was nicht heißt, dass nicht manche ihrer politischen Führer anderen Mördergruben huldigen werden. Marx sieht die Höherentwicklung der Menschheit von den dialektischen Gesetzmäßigkeiten einer aus kapitalistischen Produktionsverhältnissen entstehenden Klassengesellschaft vorangetrieben, bis die große Weltrevolution allen menschenverachtenden Praktiken ein Ende bereiten und sie durch Gerechtigkeit ersetzen wird. Alle Rassenutopien seiner Zeit weist er zurück, was zweifellos ein Grund für die große Attraktivität des Marxismus in den in den 1960er und 70er Jahren entstandenen neuen Nationen ist. Doch auch Marx hat für Heiden nur Verachtung übrig, wenn er in Aufständen in den Kolonien – insbesondere im Indischen Aufstand 1858 – nur müßige Revolten einer Affen und Kühe anbetenden, primitiven Gesellschaft sieht; ihm zufolge können geschichtsmächtige Revolutionen nur im Gefolge einer kapitalistischen Produktionsweise und einer voll ausgebildeten Klassengesellschaft entstehen, weshalb er im Kolonialismus, bei all seinen durchaus abzulehnenden Ungerechtigkeiten, immer auch eine Art Geburtshelfer zur Weltrevolution sieht.

Wie immer dann die Realpolitik aussehen mag, marxistische Utopien muten neben den politischen Horrorvisionen von Rassenkämpfern und Menschenzüchtern wie eine Erlösung an; daher kommt seit dem Beginn des 20. Jahrhunderts kaum ein Denker ohne Inspiration durch den Marxismus aus. Einer davon ist Eric E. Hobsbawm (1917–2012), der vielleicht letzte große Universalhistoriker, der so scharfsinnig wie kaum ein anderer den sogenannten Imperialismus beschrieben hat. Hobsbawm ist ein Weltbürger im besten Sinn, wie ihn nur das europäische Kolonialimperium jenseits seines rassenideologischen Fundaments hervorbringen kann, auch das muss einmal gesagt werden. Hobsbawm ist immun gegen das diffuse Amalgam von Wurzeln, Rassen, Kulturen. Er ähnelt Georg Forster, in anderer Zeit und anderem Kontext, der sich dem Zeitgeist nicht beugt – und dies ungeachtet seiner fulminanten akademischen Karriere. Nur Dummköpfe oder Wikipedia-Autoren können Hobsbawm vorwerfen, sich »zu spät und zu wenig vom Stalinismus distanziert« zu haben – als hätte er jemals etwas damit zu tun gehabt! Und sein Konzept von der »Erfindung von Tradition« meint keineswegs eine »erfundene Tradition«, wie dies in einem stümperhaften Artikel zu lesen ist, sondern die Entstehung des Begriffs *Tradition* als *politische Strategie*.

Wie viele kreative Intellektuelle und Künstler seiner Zeit kommt Hobsbawm in Alexandria zur Welt, in einem bürgerlichen, jüdisch-liberalen Milieu, die Mutter eine Wienerin, der Vater ein britischer Kolonialbeamter. Dass seine Familie Alexandria Anfang der 1920er Jahre verlassen musste, sieht er nicht als Unrecht, sondern als logische Folge der Entwicklungen nach der Balfour-Erklärung 1917 und den daraus nach Ende des Krieges erwachsenden Konflikten zwischen der britischen Kolonialmacht und Ägypten. Im Unterschied zu anderen Autoren ist Hobsbawm sich der kolonialen Bedingungen seiner privilegierten Kindheit in Alexandria sehr bewusst – ohne sich deshalb in moralistischen Selbstbezichtungen zu verlieren. Er sieht die Gründe für die kurze, aber ungeheuer geschichtsmächtige Zeitspanne der Periode des Imperialismus von gerade einmal einem Menschenleben, etwa jenem von Winston Churchill – dessen Karriere ebenfalls in den Kolonien beginnt, in Südafrika und im Sudan an der Seite von General Gordon, und der ebenfalls ein überzeugter Rassist war –, einerseits in der Beziehung zwischen der großen Depression in den 1880er Jahren und den darauffolgenden gigantischen Auswanderungswellen aus Europa, und andererseits im Druck des Kapitals zur Erschließung von neuen, gewinnträchtigen Investitionen und Märkten (Hobsbwam 1987, deutsche Ausgabe 1989).

In der Zeit zwischen 1876 und 1915 entstehen in Europa der Nationalstaat und die Idee von einem Fürsorgestaat, während gleichzeitig ein Viertel der Erdoberfläche unter gerade einmal einem halben Dutzend dieser Nationalstaaten als Kolonien aufgeteilt wird. Wenn John Stuart Mill (1806–1873) Despotismus gegenüber »Barbaren« gerechtfertigt sieht, sofern sein Ziel deren Förderung sei, ist eine Generation später der britische Imperialist Cecil Rhodes (1853–1902) davon überzeugt, ein Bürgerkrieg sei nur vermeidbar, wenn der Unmut des Volkes durch territoriale Expansionen gezügelt werden kann. Hobsbawm dagegen ist der Ansicht, Kolonien hätten weniger wirtschaftliche als vielmehr soziale Bedeutung. Denn ungeachtet der Tatsache, dass einige Kapitalgruppen enorm davon profitieren – so zahlt etwa die *Companie Française de l'Afrique Occidentale* 1913 über 25 Prozent Dividenden an ihre Anleger aus –, bleiben viele Kolonien in ihrem volkswirtschaftlichen Erfolg enttäuschend. Andere freilich, etwa Indien oder Südafrika, werden zum Eldorado. Die Entstehung von politischem Rassismus erklärt der große Historiker folgendermaßen: Das »Unvermögen oder die Weigerung der meisten Erdenbewohner, dem Beispiel des westlichen Bürgertums zu folgen, war vielleicht noch verblüffender als der Erfolg jener, die ihm nachzueifern versuchten. (...) Vielleicht lag es daher nahe, dass die Bewohner der Ersten Welt in ihrem Eroberungsdrang zu dem Schluss gelangten, ein großer Teil der Menschheit sei biologisch unfähig, das zu erreichen, was eine Minderheit angeblich weißer Hautfarbe, genauer, nordeuropäischer Herkunft an vielversprechenden Leistungen vorgeführt hat. Und die Menschen waren in ›Rassen‹ geschieden, was die Ideologie jener Zeit fast ebenso durchdrang wie die des ›Fortschritts‹ (Hobsbawm 2008).

Dass alles erklärt freilich noch nicht den mörderischen Charakter des Rassismus des kolonialen Systems. Der umgangssprachliche Ton gegenüber »Eingeborenen« in den meisten damals noch von Hand kalligrafierten Protokollen und Berichten der Kolonialbeamten lässt einem heute das Blut in den Adern gefrieren. Und selbst bei unterschiedlichen Verwaltungsmethoden in den Kolonien war doch jeder noch so gut gesinnte Weiße überzeugt, einer zum Herrschen bestimmten, »höheren Rasse« anzugehören.

19

Edmund Morel und Roger Casement –
zwei frühe Whistleblower

Ein Kriegsherr unter »Blendlingen«
und »Dschandalen«

Das Malefizium und die Unvernunft
des Rassismus

An der Wende zum 20. Jahrhundert wird in Europa um das allgemeine Wahlrecht und um gesetzliche Regelungen von Arbeitszeit gerungen; doch in Europas Kolonien dürfen enterbte Adelige über Leben und Tod »minderwertiger Völker« bestimmen und Arbeitslose zu Herrenmenschen werden. Und in den Begegnungsräumen zwischen Missionaren, Kolonialbeamten, Armeen, Unternehmern, Siedlern und den einheimischen Völkern entstehen die »Zonen des Todes«, meint Michael Taussig (2014). Und auch er weist darauf hin: Dass es einer relativ geringen Zahl weißer Christen gelingen kann, in ungefähr dreißig Jahren zwischen 1875 und 1910 den zumeist unwilligen, in jedem Fall *undankbaren* und *unvernünftigen Wilden* ihr Wirtschaftssystem und ihre Gedankenwelt aufzuzwingen, gilt häufig als Beweis für die Überlegenheit der »weißen Rasse« und/oder der »abendländischen Kultur«. Doch er fügt hinzu, dass dieser erstaunliche Prozess der Aneignung vielerlei Ursachen haben mag, aber die Rolle des blanken Terrors sollte dabei nicht unterschätzt werden. In seinem Buch *Mimesis und Alterität* (2014) verweist er auf die grundsätzliche Irrationalität von Folter als Machtinstrument; jedes Argument, sie diene der Abschreckung oder der Beschaffung notwendiger Informationen, müsse ins Leere gehen, weil sämtliche Geheimdienste und Richter der Welt wissen, dass unter Folter erpresste Geständnisse unzuverlässig sind. Selbst die Spanische Inquisition weiß das, weshalb sie vorsorglich bereits vor dem Einsatz der Tortur an Mauren, Juden und Frauen den Scheiterhaufen errichten lässt.

Folter folgt anderen Bedürfnissen als der Wahrheitsfindung, auch wenn heutzutage eigens dafür ausgebildete Mediziner diese Arbeit besorgen. Die grundsätzliche Beziehung zwischen dem Folterer und seinem Opfer hat sich seit dem Mittelalter kaum verändert; sie hat nichts mit Zweckrationalität, doch viel mit dem mystischen Bereich dunkelster Leidenschaften zu tun, mit dem Verlangen nach totaler, gleichsam verschmelzender Nähe zum Opfer zwecks totaler Machtkontrolle.

Worauf beruht die Macht des totalitären Terrors?

Taussig zitiert einen Briefwechsel von Bertolt Brecht aus seinem Exil in den USA 1937 mit einem in Nazideutschland verbliebenen Freund.

Wer denn nun bei all den Fraktionskämpfen unter den Nazis die eigentliche Macht in Deutschland habe, will Brecht wissen, und die Antwort lautet: die Angst. Die Angst der Bürger vor dem Regime, die Angst des Regimes vor den Bürgern. Aber wie ist diese Angst des Regimes angesichts seiner gewaltigen Macht, seiner wohlgenährten und bestens bewaffneten Polizisten, seiner allgegenwärtigen Geheimpolizei, seiner Konzentrationslager, seiner Folterkeller möglich, fragt Brecht, warum fürchtet das Regime das offene Wort? Das »offene Wort« – das gibt es nicht, ist die Antwort.

Die Wirkungsmacht des auf Folter beruhenden Staatsterrors basiert auf dem Schweigen der Täter und der Einsamkeit des Opfers. Nicht nur jene, welche die menschengemachte Hölle tatsächlich durchleben, finden kein Gehör; es genügt, von Folter und Terror bedroht zu sein, damit selbst beste Freunde und Verwandte nichts mehr mit einem zu tun haben wollen. Niemand wagt mehr, den Betroffenen Schutz zu gewähren, und das Opfer versinkt in Scham vor dem eigenen gesellschaftlichen Ausschluss, vor der ultimativen Schmach durch gezielte Auslöschung der eigenen Persönlichkeit durch die Folter. Selbst wenn jemand mit seinem Zeugnis aus der Hölle die Öffentlichkeit erreicht, verfehlen seine Worte das Ziel, das darin besteht, Mitgefühl, Emphatie und Solidarität zu wecken. Niemand kann dergleichen *mitfühlen* wollen, und die, die es vorgeben, nerven. Die Hilfe- und Schmerzensschreie zwingen denjenigen, der sie hört, unweigerlich in eine Art Komplizenschaft; selbst im Kino wird eine Folterszene zur emotionalen Herausforderung, weil sie einen zur *Anteilnahme* zwingt, auf welcher Seite auch immer.

Terrorsysteme sind erfolgreich, meint Taussig, weil das Grauen der Folterzentren nicht vermittelbar ist. Jeder Versuch ruft Ungläubigkeit, Faszination oder Abscheu hervor. Um die Eigentümlichkeit der kolonialen Hegemonie zu begreifen, müsse man sie daher »durch den Terror denken«, Terror also nicht nur physiologisch, psychologisch, allenfalls politisch begreifen, sondern vor allem als soziales Phänomen. Folter und Staatsterror sind geheimnisvoll und nachhaltig, vergleichbar mit einem altafrikanischen Fluch, der über Länder und Meere hinweg sein Opfer gerade dann, wenn es am wenigsten damit rechnet, erreichen kann.

*

Im Zusammenhang mit kolonialem Grauen wird gerne Joseph Conrad zitiert und sein bis zum Wahnsinn erfolgreicher Mister Kurtz. Europas Limes besteht aus einem ganzen Wall aus solchen »Herzen der Finsternis«; der Dichter bleibt hinter seinen Büchern verschanzt und im Leben davon unberührt, anderenfalls könnte er nicht davon schreiben. Anders zwei politische *Aktivisten*, die aus gutem Grund weniger bekannt sind. Sie erfahren diese »Finsternis« durch ihre Arbeit *und* ihr Leben. Die Rede ist von Edmund D. Morel (1873-1924) und Roger D. Casement (1864-1916), zwei Whistleblower in der Zeit des europäischen Imperialismus, die durch das Aufdecken des Grauens in der »Peripherie« kurzfristig Ruhm und Ehre erfahren, um letztendlich vom Grauen im »Zentrum« eingeholt zu werden – jeder auf seine Weise. Und ihre Geschichte ist für die Gegenwart nicht ohne Relevanz.

Edmund Morel kommt im Paris der Dritten Republik als Sohn eines in »Übersee« früh verstorbenen Franzosen und einer Engländerin zur Welt. Als Knabe zieht er mit der verwitweten Mutter nach London und versucht als junger Mann, wie so viele seiner Zeit, sein Glück in den Kolonien. Er denkt sich nichts dabei. Sein mächtiger Schnurrbart und seine buschigen Augenbrauen über dunklen Augenhöhlen auf überlieferten Fotografien verleihen ihm eine beinahe philosophische Aura, doch Edmund Morel ist Journalist. Er schreibt in London für verschiedene Zeitungen über den boomenden Handel mit Afrika, bevor er, um seinen Lebensunterhalt zu sichern, bei Elder Dempster anheuert, einer der renommiertesten britischen Reedereien ihrer Zeit.

Den Erfolg hat diese Gesellschaft dem Handelsmonopol im Freistaat Kongo des belgischen Königs Leopold II. zu verdanken. Und als Edmund Morel bei Recherchen für einen bestellten PR-Artikel eher beiläufig

Einsicht in die Frachtpapiere im Londoner Geschäftsbüro nimmt, fällt ihm die regelhafte Asymmetrie dieses Handels auf: Die aus Europa in den Kongo abgehenden Ladungen bestehen aus Waffen und Alkohol, die Frachten zurück aus Elfenbein, Kautschuk und Gold. Der Journalist schöpft einen Verdacht, der ihn geradewegs ins Zentrum der später sogenannten Kongogräuel führt, die innerhalb eines knappen Jahrzehnts an die zehn Millionen Kongolesen das Leben kosten und an denen in den dreißig Jahren zwischen 1880 und 1910 etwa die Hälfte der kongolesischen Bevölkerung zugrunde geht.

Die betroffene Region ist etwa so groß wie Deutschland und Polen zusammen, jedoch vergleichsweise spärlich besiedelt. Und wie in den meisten Kolonien klagen auch dort die Behörden unausgesetzt über den Mangel an Arbeitskräften.

Warum also dieses mörderische Vorgehen gegen die Menschen?

Die Torturen, welche die Bevölkerung entlang des Kongostromes – und keineswegs nur dort – erleidet, lassen sich nicht wirtschaftlich begründen, etwa als notwendiges Druckmittel zur Erhöhung der Arbeitsleistung der »von Natur aus« faulen, dummen, störrischen »Neger«, wie dies häufig in den Protokollen der Kolonialverwaltung angeführt wird. Edmund Morel erkennt das Unsinnige und Irrationale in der Grausamkeit und ist überwältigt. Vor Ort stößt er auf den britischen Diplomaten Roger D. Casement, der, von ähnlichen Gefühlen aufgewühlt, ebenfalls der Angelegenheit auf den Grund gehen und etwas unternehmen will. Sie werden Partner in ihrem »Kampf gegen den Terror«, der ein Staatsterror ist.

Der Kongo-Freistaat ist freilich keineswegs nur Angelegenheit eines bösen Königs. Alle Quellen zeugen vom fantastischen Sog, der von der »Erschließung« dieses neuen Wirtschaftsraumes ausgeht. Neue Arbeitsplätze, ungeahnte Freiheiten und Aussicht auf schrankenlose Bereicherung lassen die unterschiedlichsten Akteure aus ganz Europa an den Kongo strömen – unter ihnen eben auch Roger Casement, ein gut erzogener junger Mann am Schreibtisch eines Repräsentanten der Internationalen Afrika-Gesellschaft von König Leopold II., bis ihn das British Colonial Office nach Britisch-Nigeria versetzt. Einige Zeit später kehrt Casement als Diplomat in den Freistaat Kongo zurück mit dem Auftrag, für das British Colonial Office einen Bericht über die Arbeitsbedingungen im Kongo-Freistaat zu verfassen.

Denn bereits auf dem Höhepunkt des Imperialismus entsteht das, was man gegenwärtig als kompetitive Moralpolitik bezeichnen könnte: Die konkurrierenden Kolonialmächte bezichtigen einander der Ausbeutung und Menschenschinderei, um sich Vorteile bei der internationalen Konferenz in Berlin zur Aufteilung der Beute zu verschaffen. Schon damals berief man sich gerne auf Menschenrechte in diesem Spiel, die Nationen sollen sich nun vor ihren Parlamenten in den Metropolen als würdig erweisen, Kolonien zu erwerben oder zu erhalten. Jede Nation behauptet von sich, besser als alle anderen zur »zivilisatorischen Mission« berufen zu sein, und König Leopold II. aus dem Hause Sachsen-Coburg und Gotha bildet da keine Ausnahme. Er und seine willigen Berichterstatter, unter ihnen der berühmte Schreiberling Henry Morton Stanley, werden nicht müde, der europäischen Öffentlichkeit von den Wohltaten für die »Eingeborenen« zu berichten, von den neuen Schulen, der medizinischen Versorgung und – nicht zuletzt– den Bemühungen christlicher Missionare aus ganz Europa, den »kannibalischen Eingeborenen« das Seelenheil zu bringen. Und alle, alle glauben es. Investoren, Börsen, Unternehmer, Arbeitsuchende, Gescheiterte, Spekulanten, Verbrecher, Dichter und Denker – sogar der König selbst, der nie einen Fuß in seinen Freistaat setzt, und auch der junge Roger Casement glaubt es, zunächst. Doch dann kursieren in London dunkle Gerüchte über die »Lage am Kongo«, und das Colonial Office sieht darin womöglich eine Chance. Roger Casement nimmt die Fährte auf. Doch was er im Laufe seiner Ermittlungen in Erfahrung bringt, übertrifft alle Gerüchte und alles Vorstellbare, und sein »Casement-Report« von 1904 über den Kongo-Freistaat empört ganz Europa.

Roger Casement und Edmund Morel jedoch ist Empörung zu wenig. Und da dem Diplomaten Casement politischer Aktivismus untersagt ist, veranlasst er den Journalisten Morel zur Gründung der Congo Reform Association, eine Art NGO, welche die internationale Öffentlichkeit so lange mobilisiert, bis König Leopold II. gezwungen ist, seinen privaten Kongo-Freistaat dem belgischen Staat zu verkaufen, für sehr, sehr viel Geld, versteht sich.

1913 werden die Aktivitäten der Congo Reform Association eingestellt, doch Edmund Morel ist finanziell ruiniert. Immerhin verfügt er über beste gesellschaftliche Kontakte, die ihm schließlich eine politische Karriere im Rahmen der Liberal Party ermöglichen.

Doch mit Ausbruch des »Großen Krieges« verschieben sich die Todeszonen der Peripherie in die Zentren. In diesem Krieg wird keineswegs nur um europäische Grenzen gestritten, sondern vor allem um die Gebiete des zerfallenden Osmanischen Reiches und um eine Neuaufteilung der Welt unter den europäischen Kriegsherren. Und sie kämpfen erstmals mit allem, was der Fortschritt zu bieten hat, Raketen, Granaten, Bombergeschwader, U-Boote, Giftgas und erstmals auch mit psychologischer Kriegsführung und mit wissenschaftlicher Folter in Form von Elektroschocks, selbst an den eigenen Leuten, den »Schüttelneurotikern«, den durch ein Trauma schwer nervenkranken Soldaten, die als Simulanten und Drückeberger gelten und mittels Elektroschocks wieder »einrückend gemacht« werden sollen.

1914 sehen wir Edmund Morel als überzeugten Kriegsgegner, der den Kriegseintritt Englands mit der Begründung ablehnt, der Bündnisvertrag mit Frankreich beinhalte keineswegs einen »totalen Kriegseinsatz«. Er erntet wenig Zustimmung und nach der Gründung einer eigenen, pazifistischen Partei verliert er endgültig die Zuneigung der Briten, ohne etwas anderes dafür zu gewinnen als eine Haftstrafe in den Jahren 1917 und 1918, darunter sechs Monate Zwangsarbeit unter Bedingungen, die seine Gesundheit dauerhaft ruinieren.

Doch Edmund Morel macht weiter und weiter – bis er irgendwann die Orientierung verliert. Nach Kriegsende kritisiert er vehement die Verträge von Versailles und Saint Germain und erklärt, deren demütigende und schlichtweg unerfüllbare Forderungen an Deutschland und Österreich-Ungarn bereiteten den Boden für die nächste Barbarei. Das könnte noch als politische Weitsicht durchgehen, doch die Besetzung des Rheinlandes 1919 durch französische Truppen, darunter auch solche aus den Kolonien, bringt ihn zur Raserei. 1920 prangert er in der rassistischen Hetzschrift *Der Schrecken am Rhein* die »Vernegerung« des heiligen, deutsch-französischen Bodens als Kulturschande an, als Prostitution des Rheinlandes an schwarze, syphilitische Triebhaftigkeit, die, im Unterschied zum weißen Sexualtrieb, von keinem Gesetz gezähmt werde. Als Folge seien massenhafte Vergewaltigungen zu erwarten, die »aus wohl bekannten, physischen Gründen zu schweren Verletzungen und sogar zum Tod führen können« ...

Bereits während des Krieges erregt der Einsatz französischer Kolonialtruppen die »deutsche Volksseele«. Die meist zwangsrekrutierten Männer aus den Kolonien werden zur »Schwarzen Schmach«. Kommen sie aus Französisch-Algerien oder Marokko, werden sie *Turko* genannt, obwohl eine Herrschaft des Osmanischen Reiches in Marokko nie existiert hat; kommen sie aus Westafrika, nennt man sie *Tirailleurs Senegalais*, selbst wenn sie gar nicht aus dem Senegal stammen, sondern aus Französisch-Sudan, aus Kamerun oder von der Elfenbeinküste. Schlecht ausgebildet und ausgerüstet, mit falschen Versprechen von Freiheit und Gleichheit oder durch Zwangsrekrutierung aus ihren Dörfern in Französisch-Algerien oder aus Französisch-Westafrika zum Fronteinsatz in den eisigen Dardanellen oder an die schlammigen Ufer der Somme und der Marne abkommandiert, werden diejenigen, die überleben oder gar Auszeichnungen erhalten, von öffentlichen Siegerehrungen ferngehalten und später aus den Geschichtsbüchern verbannt. Sie werden in der Berliner Satirezeitschrift *Kladderadatsch*, im *Simplicissimus* und als schaurige Karikaturen auch in einschlägigen französischen Publikationen verewigt, als grotesk tanzende, schokoladenfarbene Ungeheuer mit bis zu den Ohren aufgerissenen, blutroten Wulstlippen und bleckenden Zähnen, mit preußischer Stahlpickelhaube oder rotem Fez oder beide übereinander; da schwingt ein affenartiges Monster in schmucker blau-rot-weißer Uniform seinen schwarzen Riesenpenis vor der blonden Maid, in der Faust den blutigen Krummdolch, das berüchtigte *coup-coup*, immer bereit, ein edles weißes Haupt von seinem Rumpf zu trennen; oder ein halb entblößtes, blondbezopftes Mädchen lehnt flehenden Blicks gefesselt an einen Baumstrunk in Gestalt eines dunklen Riesenpenis und dergleichen mehr. Die Begriffe *Turko* und *Tirailleur Senegalais* werden gegenwärtig von deren Nachkommen immer noch als Schmähung empfunden, von anderen jedoch immer noch gerne verwendet, selbst von Journalisten in öffentlichen Medien, die es eigentlich besser wissen müssten. Sowohl in Preußen als auch in Frankreich werden diese »Karikaturen« als »kriegskritisch« verstanden, nicht nur in eindeutig nationalistisch gegen den Feind gerichteten, sondern sogar in linksliberalen, sich gegenüber Kriegstreibern kritisch gebärdenden Publikationen.

Edmund Morel geht freilich nicht so weit wie die preußische Propaganda, die im Einsatz von französischen Kolonialtruppen eine jüdische Verschwörung zur perfiden Vernichtung des »deutschen Volkes« sieht. Dennoch ist sein Wandel beachtlich: Nur sechs Jahre zuvor gründet er die Union of Democratic Control, einen Verein mit dem Ziel einer verantwortungsvollen Außenpolitik, die der unsäglichen Geheimdiplomatie ein Ende setzen und die Wahrung der Bürgerrechte im Falle eines Krieges garantieren soll; noch 1924 hat Morels Union of Democratic Control immerhin über eine halbe Million Mitglieder und bringt damit die Liberal Party, Morels politische Heimat, mit der er sogar die Wahlen als Abgeordneter im Unterhaus gegen den konservativen Winston Churchill gewinnt, in Bedrängnis. Und dann dieses Pamphlet »Der Schrecken am Rhein«! Wobei im selben Jahr, 1920, auch sein Buch *The Black Man's Burden* erscheint, eine durchaus kritische Geschichte der »Präsenz des Weißen Mannes in Afrika vom 15. Jahrhundert bis zum Ersten Weltkrieg«, wie es im Untertitel heißt. Der Titel bezieht sich auf das berühmte, 1899 geprägte Diktum *The White Man's Burden* des englischen Dichters Rudyard Kipling, das zum geflügelten Wort britischer Gouverneure in den Kolonien wird – wieder einmal eine Täter-Opfer-Umkehr.

Aber Morel! Er weiß doch, worum es dabei geht. Er hat doch selbst den Abgrund dieser Anmaßung im Kongo erblickt. Was geht in diesem Menschen vor, um 1920 ein eindeutig rassistisches Pamphlet zu verfassen? Stammt es überhaupt von ihm?

Wegen seiner kriegsgegnerischen Politik wird er schließlich von der Liberal Party ausgeschlossen und von Konservativen als Krypto-Kommunist denunziert. Er wechselt in die New Labour Party – auch diese gibt es bereits damals –, wo er durch sein wortgewaltiges Auftreten für Rechtsstaat und Demokratie dazu beiträgt, dass diese Partei erstmals eine Regierung stellt.

Und danach? Obwohl ihm das Amt des Außenministers zugesichert worden war, wird er nicht Teil der neuen Regierung. 1924 fällt er bei seiner Nominierung zum Friedensnobelpreis durch, und vierzehn Tage später erliegt er einem Herzinfarkt. Mit knapp einundfünfzig Jahren.

*

Der Bruch im Leben seines Kampfgefährten Roger D. Casement verläuft anders, doch nicht minder tief. Und auch er lässt das brodelnde Magma unter der so fruchtbar zivilisierten Welt aufblitzen. Mit seiner sehr hellen Haut, seinen zarten Schläfen, seinem offenen Blick und seinem sensiblen Mund über dem dezenten Kinnbart ist der Diplomat eine einnehmende Erscheinung. Er ist schlank und immer gepflegt gekleidet, sein Auftreten ist gewandt und diskret. Seine irisch-katholische Mutter hat dem protestantischen Vater zuliebe die Kongregation gewechselt, mit zehn Jahren wird er als Vollwaise der Obhut eines wohlhabenden, aber ungeliebten Onkels überlassen.

Auch er versucht sein Glück »in den Kolonien«; auch er ist überzeugt von den in allen Zeitungen gepriesenen zivilisatorischen Wohltaten der königlichen Kongo-Gesellschaft, die nicht nur ein begehrter Arbeitgeber, sondern auch Treffpunkt zahlreicher renommierter Persönlichkeiten aus aller Welt ist – der Welt der Weißen.

Roger Casement trifft, abgesehen von Morel, auch auf den umtriebigen britischen Journalisten Henry Morton Stanley, berühmt durch seine Sensationsgeschichte über den im Quellgebiet des Nils verschollen geglaubten schottischen Missionar und Arzt David Livingston. Nun, über ein Jahrzehnt später, ist Stanley häufiger Gast im Brüsseler Königspalast und verfasst, geblendet vom goldenen Stuck, purpurnen Satin, feinen Porzellan und all den eleganten Leuten Propagandaartikel für Leopold II. und sein vorgeblich philanthropisches Projekt der »Erschließung« des Kongogebiets. Bald ist er selbst äußerst aktiv daran beteiligt. Dem eher stillen, diskreten Roger Casement ist der polternde Henry Morton Stanley wenig sympathisch; im Unterschied zum wortkargen Joseph Conrad, Kapitän eines kleinen Handelsschiffes, ebenfalls im Dienste der königlichen Kongo-Gesellschaft, mit dem er sich anfreundet.

Bei seinem ersten Aufenthalt im Freistaat Kongo fällt Casement nichts Ungewöhnliches auf; dass »Eingeborene« ziemlich elend leben, gilt als normal und wird ihrer Rückständigkeit oder ihrer »rassischen Minderwertigkeit« zugeschrieben. Doch nach seiner Rückkehr aus British Nigeria kommt er im Zuge seiner Recherchen zu den »Arbeitsbedingungen der Eingeborenen« erstmals mit Menschen außerhalb des kolonialgesellschaftlichen Zirkels von Leopoldville in Kontakt und sein Horizont erweitert sich auf ungeahnte Weise.

Roger Casement scheut bei seinen Nachforschungen, anders als vielleicht andere Diplomaten in seiner Lage, keine Strapazen. Er reist in entlegene Gebiete weitab von jedem Komfort, führt riskante Gespräche mit Verwaltungsbeamten, Justizbeamten, Richtern, Polizisten, Milizangehörigen und Missionaren, mit Söldnern der königlichen Privatarmee bis hin zum einfachen Aufseher über lokale Hilfskräfte und Kautschukarbeiter. Und mithilfe vorsichtiger Vertrauensmänner gelingt es ihm schließlich sogar, das panische Schweigen der Kongolesen, das *Schweigen des Terrors* zu brechen.

Casement notiert sämtliche Aussagen gewissenhaft: Von Dorfchefs, die sich weigern, die Häuser, die Vorräte, die Bewohner und das ganze Land der Kautschukgesellschaft zu überlassen, und deren Dörfer daraufhin abgefackelt, deren Familien vergewaltigt, versklavt, in Stücke gehackt werden; selbst die für dergleichen Aufgaben angeheuerten kongolesischen Milizionäre der Kautschukgesellschaft und die gequälten Arbeiter bringt er zum Reden. Zunächst machen die aus ganz Europa stammenden, weißen Aufseher nur die kongolesischen Mitarbeiter für die Untaten verantwortlich: Folter und Verstümmelung der eigenen Landsleute, wer sonst außer wilde Kannibalen könnte solcher Verbrechen fähig sein; man habe ohnehin alles versucht, dergleichen Exzesse zu verhindern, sagen die Aufseher.

Doch Casement fragt beharrlich weiter. Der einheimische Milizionär begründet seinen Dienst in der Schreckenseinheit damit, dass sein Dorf niedergebrannt und seine Familie ermordet wurde und er, um dem Hungertod zu entgehen, der Rekrutierung durch die Kautschukgesellschaft folgen musste. Das Abhacken von Gliedmaßen und das Abschneiden von Ohren seiner Landsleute sei notwendig geworden, um Munition zu erhalten; weil der versprochene Lohn – ohnehin nur Gutscheine für das betriebseigene Warenlager – nicht ausbezahlt wurde und die Milizionäre um sich zu ernähren genötigt sind, »Buschfleisch« zu erjagen. »Das Gesetz« aber verbietet afrikanischen Bediensteten die Jagd. Und der Gebrauch von Schusswaffen ist ihnen nur im Falle von Rebellion und Arbeitsverweigerung gestattet. Die schwarzen Milizionäre müssen daher jeden abgegebenen Schuss mit einem Beweis für eine menschliche Leiche rechtfertigen, was nicht so leicht ist, denn unter der drohenden Peitsche sind Rebellionen selten und den kongolesischen Milizionären widerstrebt es, eigene Landsleute ohne Grund zu töten. Doch sie benötigen Munition für die Jagd zum eigenen Überleben und erfinden daher irgendwelche Geschichten über Aufruhr und Ungehorsam der im Urwald schuftenden Kautschukarbeiter. Als Beweis dienen ihnen Ohren, Hände oder Füße von angeblich Erschossenen, die von lebenden Menschen stammen.

Anderen Erzählungen zufolge kommt es auch als »Strafaktionen« für nicht ausreichend erbrachte Leistungen beim Kautschukzapfen oder für Befehlsverweigerung auf direkten Befehl der weißen Aufseher zu Verstümmelung und Brandschatzung.

Roger Casement konfrontiert den weißen Aufseher mit den Aussagen seiner kongolesischen Untergebenen. Der begründet diese Maßnahmen sowie seine eigenen, mörderischen Exzesse mit der Nilpferdpeitsche – denn Nilpferdhaut gilt in allen Kolonien wegen ihrer besonderen Geschmeidigkeit und Zähigkeit als vorzüglich geeignet für die übliche Folter des Auspeitschens – mit der Notwendigkeit, die » von Natur aus« faulen Arbeiter zu disziplinieren. Dass er den kongolesischen Milizionären den Lohn nicht ausbezahlen kann, bedauert der Aufseher und macht dafür seinen Vorgesetzten bei der Kautschukgesellschaft verantwortlich; der wiederum auf die Verfügungen des Bezirksvorstandes verweist und dieser die vom Generalgouverneur erlassenen Sparmaßnahmen anführt, der seinerseits ausrichten lässt – denn zu einer Audienz ist er nicht bereit –, er müsse sich bei der Budgetierung der Kolonie selbstverständlich an die Vorgaben der königlichen Behörden in Brüssel halten. Je höher die Hierarchie der Beamten, desto unwissender über die Zustände im Landesinneren geben sie sich. Und als sich Roger Casement an den Obersten Richter der Kolonie wendet, gibt dieser ihm den wohlmeinenden Rat, seine diplomatische Immunität durch die Verbreitung derartig verleumderischer Geschichten irgendwelcher » Wilden« doch nicht aufs Spiel zu setzen.

Allmählich fügt sich ein Glied ins andere zu einer Kette, die ausgehend vom Königspalast in Brüssel alle Ränge der Kolonialverwaltung, vom Generalgouverneur bis zur kongolesischen Miliz, zusammenschließt, einer Kette aus Gier, Grausamkeit, Lügen, Furcht, Not und panischem Schweigen. Es ist ein geschlossenes System. Und anders als der Schriftsteller Joseph Conrad findet der Diplomat Roger Casement an ihrem Ende keinen Irrsinnigen im Machtrausch, sondern ganz gewöhnliche Menschen.

Als Roger Casement und Edmund Morel die Zustände im Kongo der europäischen Öffentlichkeit zur Kenntnis bringen, ist die Empörung zwar groß, doch zugleich werden Anschuldigungen der Lüge oder zumindest der Übertreibung laut, und es wird der Verdacht geäußert, das Ganze

sei vielleicht nichts anderes als ein Manöver der britischen Kolonial-
konkurrenz. Schließlich muss der belgische König jedoch seinen »Freistaat« in eine Aktiengesellschaft umwandeln und dem belgischen Staat
verkaufen. Angeblich geht es den »Eingeborenen« nun besser, und die
Angelegenheit gerät für die nächsten hundert Jahre in Vergessenheit.

*

Wer erinnert sich heute noch an Roger D. Casement? Dagegen kennt
jeder diese Phrase: *Mister Livingston, I presume?* Henry Morton Stanley, ein Kolportage-Reporter, wurde durch diesen einen Satz von 1871
unsterblich.

Stanley ist von Anfang an im Kongo mit dabei. Er, der verlassene
Sohn eines Trunkenbolds, wird, wie in einem Roman von Charles
Dickens, mit fünfzehn Jahren aus einem Waisenhaus auf die Straße
entlassen. Er macht Karriere als Sensationsjournalist und umschmei-
chelt den belgischen König, bis er 1878 einen Vertrag als »Agent« in der
Tasche hat. Und während der König in Brüssel die Finanzierung seines
Projekts einer »philanthropischen Privatkolonie« organisiert und dafür
mächtige Missionsorden gewinnen kann, lässt Stanley bereits Trassen
durch den Dschungel schlagen. Er »kauft« Land, sehr viel Land, so viel,
dass er selbst die Grenzen seiner neuen Ländereien nicht mehr kennt.
Schwarzen Königen, die sich anders als über Schriftzeichen zu verständigen gewohnt sind, hält er ein Stück Papier zum Unterschreiben vor
die Nase und lässt übersetzen: Land für ein paar Perlen, Arbeitskräfte
für einen Ballen Stoff. Sie machen ihre Kreuze und wenn sie sich weigern, werden sie liquidiert. Stanley ist ein Bluffer, der weder etwas vom
Kongo noch von Kommerz versteht. Er transformiert durch Zwangs-
umsiedlungen ein »Negerdorf« in eine Handelsstation, die später zur
Stadt Leopoldville (heute Kinshasa) wird.

Das waren eben noch Karrieren. Polemisieren gegen einen aus »einfachen Verhältnissen« stammenden, heldenhaften Eroberer wie Stanley
verbietet sich in einer Zeit der Usurpatoren, die vorgeben, die »einfachen

Menschen« zu vertreten. Man mache sich sonst der elitären Überheblichkeit verdächtig, war unlängst in irgendeiner Zeitung zu lesen. Na wenn schon. In diesem Fall – und vielen anderen Fällen – geht es ja nicht um die »einfache Herkunft«, sondern um das, was daraus wird.

Auch die Karriere von Charles Lemaire lässt sich sehen, ein Leutnant, der mit siebenundzwanzig Jahren Oberbefehlshaber des *Äquatorialdistrikts* wird und dort mithilfe von nur zehn bewaffneten Weißen, fünfhundert Schwarzen und ein paar Bilanzbüchern ein Terrorregime errichten kann. Er bevorzugt »Strafexpeditionen«. Jedes Dorf auf seinen durch den Dschungel geschlagenen, Tausende Kilometer langen Pfaden geht in Flammen auf. Ab 1893 gilt der Kongo als »befriedet«, und Charles Lemaire führt von nun an ein respektables Leben als Professor an der belgischen Kolonialschule.

Die Autoindustrie braucht Gummi, möglichst viel in möglichst kurzer Zeit. Ein gewisser Léon Fiévez etabliert auf den Spuren von Stanley und Lemaire die Handelskontoren für den Kautschuk. Doch selbst in einem »Freistaat« müssen Beamte und Soldaten bezahlt werden, der Freistaat am Kongo ist immerhin achtmal so groß wie ganz Belgien und sämtliche Gewinne aus dem Landraub, aus der Vergabe von Lizenzen und aus den Rohstoffexporten gehen an private, mit königlichen Lizenzen ausgestattete Unternehmen. Daher die nicht enden wollende Klage des Nachfolgestaates, dass diese Kolonie nie rentabel ist, dass sie »kostenneutral« wirtschaften und daher sparen muss. Leon Fiévez hat die Aufgabe, diese Sparprogramme durchzuziehen, angeblich ist er es, der sich die Sache mit dem Handabschneiden ausdenkt, um Munition zu sparen und um die Produktion zu steigern, wie er sagt. Bringt einer nicht genug Kautschuk ein, wird er vom weißen Aufseher ergriffen, ausgepeitscht und in den Wald geführt. Das ist »Gesetz«. Und bald wird das Verstümmeln zur Methode.

Auch hier kein »Wahnsinn«. Nur ein Beamter, der, um die Bilanzen im Lot zu halten, Menschen töten, ihnen Hände und Füße abhacken lässt, die amputierten Gliedmaßen entgegennimmt und als Belege in seine Bücher einträgt. Es gibt Fotos davon, schwer erträgliche und daher vielfach angezweifelte Zeugnisse. Einmal habe man an einem einzigen Tag 1308 amputierte Hände in geflochtenen Tragkörben in Fiévez' Residenz abgeliefert, erzählen Untergebene. Kann das wahr sein? Hände als Buchhaltungsbelege? Hände in einem Korb am Schreibtisch des Generalgouverneurs Baron Théophil Wahis, ein über und über mit Orden und Auszeichnungen geschmückter, stark beleibter General, ein Redneck mit blondem Borstenschnitt? Er garantiert Ruhe und Kontinuität. Nach dem Verkauf des Kongo-Freistaates an den belgischen Staat regiert er die Kolonie noch bis 1921.

*

Berichten zufolge hat es Henry Morton Stanley dank seiner Kongo-Karriere ins bürgerliche Leben geschafft und trinkt nach dem Verkauf des »Freistaates« sein Bier lieber in einem britischen Pub, als im Dschungel in Schweiß und Blut zu waten. Zu Hause warten nun eine weiße Frau und weiße Kinder auf ihn, statt immer nur *Negerweiber*.

Léon Fiévez, der Bauernsohn aus Mons – heute ein militärisches Hauptquartier der NATO – wird nach seiner Rückkehr in Belgien 1910 zum Major der 9. Division der Belgischen Armee ernannt und mit den höchsten Orden des Königs ausgezeichnet. Doch das reicht ihm nicht. Dem Suff und dem Selbstmitleid erlegen prahlt er weiterhin mit seiner Position als *le patron du district de L'Équateur*, auch wenn es schon niemand mehr hören kann, bis er, immerhin über neunzig Jahre alt, an einer ekelerregenden Stoffwechselerkrankung verreckt. Ein Artikel des Institut Royal Colonial Belge aus dem Jahre 1951 – (ich war gerade neun Jahre alt, das Ganze ist also nicht so lange her) – rühmt die Beharrlichkeit und Kühnheit von Léon Fiévez bei der Befriedung »kriegerischer, wilder Negervölker«. Und weiter ist zu lesen, die umfangreichen »Landnahmen« für den philanthropisch gesinnten König Leopold II. seien weniger seinem Waffeneinsatz als seiner harten Arbeit, seinem Pflichtbewusstsein und seiner totalen Aufopferung zu verdanken. Sogar von seiner außerordentlichen Güte ist zu lesen und von Kongolesen, die ihn deshalb *tata* (Vater) nannten ...

Nicht nur Leute »einfacher Herkunft«, sondern auch noble Leute trifft man im Kongo-Freistaat, Leute von Adel und Geschmack. Manche von ihnen scheinen das Marcel Proust zugeschriebene, zeitkritische Diktum »Hinter jedem großen Vermögen steht ein Verbrechen« zu belegen. Die Gebrüder Goffinet erben von ihrem mit dem König befreundeten Vater die durch wertvolle Rohstoffe besonders einträgliche Katanga-Gesellschaft und die kongolesische Eisenbahngesellschaft. Das auf diese Weise entstandene Vermögen investieren sie in Brüsseler Luxusimmobilien und in eine Gesellschaft, die sich über komplizierte Eigentums-konstruktionen bis in unsere Tage als lukratives Unternehmen erhalten hat. Die noblen Familien der Beauford, Arschot-Schoonhoven, Crayan-cour – und wie sie alle heißen – verfügen über Beteiligungen und Ren-diten an Unternehmen, die allesamt noch aus der Zeit des »Freistaates« stammen. Dem Grafen Brouchoven de Bergeyck »schenkt« der belgi-sche König mit einem Federstrich vier Millionen Hektar Land im Kongo als solide Basis für Vermögen und Hochmut der Nachkommen bis in unsere Gegenwart (Vuillard 2012).

Erst 2015 ringt sich das belgische Königshaus zum Eingeständnis des bereits Bekannten durch: Ja, der belgische Geheimdienst und westli-che »Diplomaten« waren an der Folterung und Ermordung von Patrice Lumumba im Jahr 1961 beteiligt; und ja, der König war persönlich davon im Bilde. Aber keine öffentliche Anerkennung der kolonialen Schuld an den Kongolesen, weder durch das Königshaus noch durch die Europäi-sche Union. Im Gegenteil, bei jeder sich bietenden Gelegenheit werden die »kolonialen Errungenschaften« gepriesen, nicht nur in jenen Krei-sen, die für Rassismus die zeitgemäße Formel von *Weißer Vorherrschaft* erfunden haben, sondern auch von offiziellen Stellen und liberalen Bür-gern. Selbst das Problem mit dem »Buschfleisch« gibt es heute immer noch. Es sind nicht mehr Kautschukzapfer, sondern Minenarbeiter – Gold, Kobalt, Diamanten, Seltene Erden, Titan –, die nun, weil sie nicht genug Lohn zum Überleben in ihren abgelegenen Siedlungen erhalten, im Dschungel Affen und anderes Wildtier erjagen müssen. Wenn es stimmt, was weiße Wissenschaftler behaupten, und das Immunsystem zerstörende HI-Virus tatsächlich über den Verzehr von »Buschfleisch« vom Tier auf den Menschen übertragen wurde, könnte diese Seuche eine Rache der schwarzen Natur an der weißen Zivilisation gewesen sein – unter der freilich in letzter Konsequenz der afrikanische Kontinent wieder am meisten zu leiden hat, denn die geopolitischen Machtverhältnisse, in die auch die Pharmaindustrie eingebettet ist, erweisen sich als beachtlich resistent.

*

Auch in anderen Tropenwäldern wird die hellgraue Baumrinde geschlitzt, die zähe Milch gezapft, gegoren, gehärtet, verpackt und verschifft; in den Jahren vor dem Ersten Weltkrieg schnellen die Kautschukpreise noch einmal in die Höhe, die Unternehmen dringen immer tiefer in die Regenwälder ein, nicht nur am Kongo, sondern auch am oberen Rio Putumayo zwischen Peru und Kolumbien, ebenso in den deutschen Kolonien Kamerun und Togo, im französisch besetzten Indochina und anderen tropischen Gebieten. Und überall hinterlassen sie ausgeblutete, weiße Baumleichen und dunkle Menschenkadaver.

Auf Roger D. Casement, den Diplomaten und Aufdecker, wartet nach einigen eher langweiligen Dienstjahren als Generalkonsul der britischen Krone in Rio de Janeiro eine weitere Mission. Wer wäre besser geeignet, den dunklen Gerüchten aus dem Dschungelgebiet am oberen Rio Putumayo nachzugehen, welche in London die Aktionäre einer britisch-peruanischen Kautschukgesellschaft beunruhigen. Ein Reisender sei in diesem Gebiet unter geheimnisvollen Umständen ermordet worden und ein deutscher Journalist sei nach Erscheinen seines Artikels mit drastischen, von Taussig (2013) zitierten Schilderungen über das im Dschungel Erlebte spurlos verschwunden:

»Sie zwingen die pazifischen Indios am Putumayo dazu, Tag und Nacht an der Kautschukextraktion zu arbeiten, ohne die geringste Entlohnung; sie geben ihnen nichts zu essen; sie halten sie in völliger Nacktheit; sie rauben ihnen ihre Ernten, ihre Frauen und ihre Kinder, um ihre Gier, Lüsternheit und Habsucht – die eigenen und die ihrer Angestellten – zu stillen; sie leben von der Nahrung der Indios, halten sich Harems und Konkubinen und verkaufen diese Leute *en gros* und *en détail* am Markt in Iquitos. (...) Sie peitschen sie unmenschlich aus, bis die Knochen zu sehen sind; sie verweigern ihnen jede medizinische Behandlung und lassen sie sterben, von den Maden auffressen, oder sie werfen die Leichen den Hunden der Verwalter zum Fraß vor; sie kastrieren sie, schneiden ihnen Ohren, Finger, Arme, Beine ab. Sie foltern die Indios mit Feuer und Wasser und kreuzigen sie mit dem Kopf nach unten. Angestellte der Britisch-Peruanischen Kautschukgesellschaft schneiden die Indios mit Macheten in Stücke oder lassen das Hirn von Kleinkindern herausspritzen, indem sie sie gegen Bäume und Mauern schleudern. Die Älteren werden getötet, wenn sie nicht mehr arbeiten können, und um sich daran zu belustigen, benutzen die Angestellten der Gesellschaft die Indios bei Schießübungen als Zielscheiben. An besonderen Feiertagen schießen sie ganze Gruppen nieder oder übergießen sie mit Kerosin, zünden sie an und weiden sich an ihrem Todeskampf (...).«

Dergleichen Berichte aus einer iberoamerikanischen »Halbkolonie« stammen nicht etwa aus der Frühen Neuzeit, sondern aus den Jahren vor dem Ersten Weltkrieg. Und auch sie klingen so abstoßend und grotesk, dass ihnen weder der britische Vizekonsul in Iquitos (Peru) noch die Aktionäre und Aufsichtsräte in London, lauter einflussreiche, geadelte Persönlichkeiten, Glauben schenken, sondern sie für fantastische Übertreibungen eines geltungssüchtigen Abenteurers halten. Wieder einmal soll Roger Casement Klarheit schaffen. Und wieder übertrifft die Realität im Regenwald alles, was hinter angstvoll vorgehaltener Hand an Gerüchten kursiert.

Casement trifft in den Kautschukstationen auf Arbeitsbedingungen vergleichbar mit jenen in einem Todeslager, und wo die systematisch angewandte Folter an Einfallsreichtum jene im Kongo noch übertrifft. Gewaltsam ihrer Lebensgrundlage beraubt werden die Indios in eine Art Sklaverei gezwungen, die, weil Sklaverei ja verboten ist, euphemistisch *poenage* genannt wird, ein Begriff, der Strafe und Schuld assoziiert und mit »Schuldknechtschaft« übersetzt wird; ein Begriff, der aber den Kern der Sache, nämlich den Terror, verbirgt.

Auch der Regenwald am Putumayo ist schwach besiedelt und auch hier sind die Kautschukgesellschaften besorgt wegen mangelnder Arbeitskräfte. Als die gequälten Indios am Putumayo auf peruanischer Seite Zuflucht bei einem Konkurrenzunternehmen im benachbarten Kolumbien suchen, löst dies den sogenannten Kautschukkrieg aus, der zum Muster für alle nachfolgenden Rohstoffkriege bis in unsere Tage wird: Kriege um Zinn und Zucker, um Gold und Kopra, um Bauxit und Palmöl, um Kautschuk und Kokain.

Die Kautschukgesellschaft am Putumayo im ersten Jahrzehnt des 20. Jahrhunderts ist ein peruanisch-britisches *Joint-Venture*-Unternehmen in Form einer Aktiengesellschaft. In der Provinzhauptstadt Iquitos wird das Unternehmen von zwei Peruanern gemanagt, den Brüdern Arañas, während die Aktionäre und Vorstandsmitglieder in London sitzen, britische Lords, die vom britischen Vizekonsul in Lima vertreten werden. Das Terrorimperium der Brüder Arañas am Putumayo schafft jedoch nicht nur Opfer, sondern über Zwischenhändler, Transportunternehmen und über Nebengeschäfte wie Prostitution, Menschen- und Drogenhandel auch einen gewissen Wohlstand in der gesamten Region zwischen Lima und der dreitausend Kilometer entfernten Regionalhauptstadt Iquitos.

Wenig verwunderlich löst die britische Untersuchungskommission in Iquitos keine Begeisterung aus, weder beim britischen Vizekonsul in Lima noch bei der lokalen Polizei und schon gar nicht bei der einfachen Bevölkerung, die ja in irgendeiner Weise von der Kautschukgesellschaft abhängig ist.

Kaum angekommen erhält Roger Casement vom katholischen Oberhaupt und vom Bürgermeister hinter vorgehaltener Hand den Rat, sich vor den Schergen der Brüder Arañas in Acht zu nehmen. Die Angst ist allgegenwärtig, und ungeachtet seiner langjährigen Erfahrung im Kongo ist Roger Casement keineswegs abgebrüht. Im Verlauf der folgenden, langwierigen und beschwerlichen Untersuchungen quer durch teils unerschlossene Urwaldgebiete leidet er zunehmend unter Depressionen. Auch körperliche Beschwerden machen ihm zu schaffen, von denen die immer heftiger wiederkehrenden Fieberanfälle einer verschleppten Malaria noch am wenigsten beschämend sind.

Aber er gibt nicht auf. Was treibt ihn an? Warum verhält er sich nicht wie andere in seiner Lage, redet sich die Lage schön, lässt sich bestechen oder flüchtet in die Ausrede einer »mangelnden Sicherheitslage«? Roger Casement arbeitet auch hier mit vollem Einsatz von Leib und Leben. Er dringt mit seinem Team in Stützpunkte der Kautschukgesellschaft vor, die nicht einmal durch eine Wasserstraße mit der Außenwelt verbunden sind. Seine Mitarbeiter ziehen sich einer nach dem anderen zurück, erschöpft von der bleiernen Hitze, dem Wassermangel, dem Ungeziefer, angeekelt vom unerträglichen Gestank nach Blut und ranzigem Rohgummi, entmutigt von offenen Drohungen und panischem Schweigen.

Roger Casement macht weiter, sammelt unermüdlich Beweise für seinen erschütternden Abschlussbericht für die britische Krone. Von freundlichen, sanften und verständigen Indios ist zu lesen, die kein Konkurrenzdenken kennen und die zweifellos freiwillig und ganz ohne Zwang und Folter zum Kautschukzapfen bereit wären, böte man ihnen faire Arbeitsbedingungen an.

Im Unterschied zum Kongo kommt es sogar zu einer Anklage und zu einem Prozess gegen die britisch-peruanische Gesellschaft. Die geschäftsführenden Direktoren, die Brüder Arañas, sind ja keine Briten, sondern nur Peruaner, werden daher den Lords in London vorgeführt. Sie blicken tief gekränkt, die Hand auf dem Herzen, zum Richter empor und beteuern, der Bericht des Diplomaten sei verlogen, voreingenommen und durch ein kolumbianisches Konkurrenzunternehmen beeinflusst. Casements Bericht zeuge zudem von der völligen Unkenntnis der Verhältnisse im Dschungel, der ortsfremde Diplomat sei ein Stadtmensch und habe keine Ahnung von den störrischen, verlogenen, abergläubischen und »ungeheuer starken« Indios. Die Lebensbedingungen im Regenwald seien hart, auch für das Personal der Gesellschaft, da könne schon einmal eine Übertreibung vorkommen bei der Durchsetzung der erforderlichen Disziplin. Selbstverständlich werde man allen Vorwürfen nachgehen und allfällige Entgleisungen entsprechend ahnden. Doch erlaube man sich den Hinweis, dass man bei der schwierigen Produktion von Kautschuk, wolle man sie rentabel gestalten, leider nicht immer nach den Maßstäben in Europa handeln könne, sondern manchmal eben vom »hohen Ross der Moral« herabsteigen müsse ...

Irgendwie klingt das alles vertraut. Michael Taussig (2013) hat die Prozessprotokolle in London eingesehen und ist der Ansicht, beide Standpunkte, der »vernünftige« von Roger Casement ebenso wie der verlogene der schlauen Menschenschlächter Arañas verfehlten das eigentliche Thema. Denn der Kern der Sache ist der Terror, den man Arbeitsbedingungen nennt. *Wenn man arbeitet, nützt es nichts, am Leben zu sein,* schreibt André Breton etwa zur gleichen Zeit in Europa.

Immerhin führt der *Putumayo-Report* von Roger Casement dazu, dass die Aktienkurse der britisch-peruanischen Kautschukgesellschaft in den Keller rasseln und den Verantwortlichen in Peru ein Prozess wegen Folter und Mordes gemacht wird. Verurteilt wird niemand. Die meisten Angeklagten können ohnehin rechtzeitig untertauchen und finden leicht neue Arbeit bei ähnlichen Unternehmen in anderen Kolonien und »Halbkolonien«, wo es keine Untersuchungskommission gibt. Grund für den Konkurs der britisch-peruanischen Kautschukgesellschaft ist letztlich die Konkurrenz durch die billigere und umfangreichere Kautschukproduktion in den damals noch grenzenlosen Regenwäldern Südostasiens.

*

Roger Casement wird in London für seine Verdienste um die Menschenrechte zum Lord geadelt; die britische Bevölkerung verehrt ihn, das Foreign Office ist von seiner Reputation beeindruckt, jede noch so begehrte Position stünde ihm frei. Doch was tut der Mann? Er entdeckt seine Heimat, das von England beherrschte Irland, wieder und vergleicht die Arbeitsbedingungen für Iren mit denen für die »Neger« in den Kolonien. Er wechselt die Fronten. Er demissioniert im Außenamt und versucht zunächst mit wenig Erfolg, einflussreiche irische Nachkommen in den USA zur finanziellen Unterstützung des irischen Freiheitskampfes zu bewegen.

Nach Ausbruch des Krieges schifft er sich heimlich nach Preußen ein, erhofft dort Waffen für den im April 1916 geplanten Aufstand der Iren zu erhalten. Zur selben Zeit ist der deutsche Angriff auf Großbritannien geplant. Bereits in den ersten Kriegsmonaten waren über zweitausend irische Soldaten in deutsche Kriegsgefangenschaft geraten, die Casement für den irischen Freiheitskampf zu gewinnen hofft. Doch die lachen ihn aus, nur ein paar Männer sind bereit, ihm zu folgen. Und der deutsche Generalstab bewilligt diesem verdächtigen Humanisten und Landesverräter aus Höflichkeit nur ein paar veraltete Gewehre. Auf seiner Rückfahrt nach Dublin wird Robert Casement von einem »falschen Freund« verraten und noch an Bord des Schiffes verhaftet.

Angeklagt wegen Hochverrats, Sabotage und Spionage gegen die britische Krone beharrt er auf seiner Unschuld und führt zu seiner Verteidigung an, er habe doch nur seiner geknechteten Heimat Irland helfen wollen. Wiederholt betont er, dass erst die Erfahrungen im Kongo ihm die Augen für die Unterdrückung seiner irischen Landsleute geöffnet hätten und er dadurch den Zusammenhang von Staatsterror in Europa und in den Kolonien erkannt habe.

Während der Untersuchungshaft versucht er mehrmals, sich das Leben zu nehmen. Außerhalb der Gefängnismauern verfassen unterdessen zahlreiche Persönlichkeiten aus Wissenschaft und Kultur eine Petition für seine Haftentlassung und, als diese nicht fruchtet, ein Gnadengesuch an König George V. Sein Anwalt ist überzeugt von der baldigen Freilassung seines Mandanten. Es ist schlichtweg unvorstellbar, den international renommierten Diplomaten und Kämpfer für die Menschenrechte wegen einer reichlich dilettantischen und zudem folgenlosen Aktion am Strang baumeln zu sehen.

Doch genau das geschieht.

Die Petition der Prominenten an den Obersten Richter wird abgelehnt, ebenso das Gnadengesuch an König Georg V. Der steht mitten im Krieg und ist wegen seiner deutschen Herkunft aus dem Hause Sachsen-Coburg – auch er! – unter Druck. In Haus Windsor umbenannt ist der Herrscher über das »Vereinigte Königreich« und den »Kaiser von Indien« verantwortlich für ausnehmend brutale Maßnahmen gegen Aufständische in Indien und in der »Kap-Kolonie«. Es ist anzunehmen, dass er nicht viel übrighat für einen Mann, der sich um das Wohlergehen irgendwelcher »minderwertigen Rassen« in den Kolonien sorgt. Ohnehin ist er nur an der Jagd und an seiner Briefmarkensammlung interessiert.

Es kommt noch schlimmer: Die bereits damals berüchtigte Londoner Boulevardpresse publiziert einige angeblich von Roger Casement stammende Tagebuchseiten mit schlüpfrigen Details zu dessen homosexuellen Praktiken. Es beginnt eine Hexenjagd gegen ihn, selbst seine treuesten Anhänger stehen unter Schock, und alle, der katholische Klerus ebenso wie seine presbyterianischen Freunde, entziehen ihm jede weitere Unterstützung. Seine ehemaligen Weggefährten im Kongo, Joseph Conrad und Edmund Morel, mittlerweile prominent und angesehen, antworten nicht einmal auf seine Hilferufe aus dem Kerker.

Noch im August 1916, nur vier Monate nach seiner Festnahme, wird Roger D. Casement gehängt. Sein Name wird künftig, wenn überhaupt, nur mehr mit seiner Homosexualität und seinem irischen Abenteuer in Verbindung gebracht, der Held bleibt Henry Morton Stanley, Handlanger und Profiteur von König Leopold II.

Die Frage nach der sinnlosen Grausamkeit gegenüber jenen, die als Untermenschen gelten und die man eigentlich braucht, bleibt unbeantwortet.

*

Seriöse Denker, Naturwissenschaftler und Ethnologen von Georg Forster über Franz Boas (1858-1942) bis hin zu Claude Levi-Strauss (1908-2009) betonen seit jeher, menschliche »Rassen« könne es gar nicht geben; doch seit jeher werden sie nicht gehört. Erst nach der sozialen Katastrophe des Holocaust und dem Ende des europäischen Kolonialimperiums beginnt man in Europa öffentlich darüber nachzudenken, was es mit »Rassen« *eigentlich* auf sich habe; und seit den 1980er Jahren kommt man selbst in Wien kaum mehr hinterher mit dem Lesen all der klugen Analysen über »Rasse« und Rassismus und dem Angebot an neuen Theorien und »Denkwerkzeugen«. Pierre Bourdieu (1930-2002), der im krisengeschüttelten Algerien der Fünfzigerjahre seine Erkenntnisse über die »Soziologie des Soziologen« gewinnt und damit unter anderem eine radikale Kritik der Sozialanthropologie liefert; Stuart Hall (1932 in Kingston-2014 in London), der britische Analytiker postkolonialer Befindlichkeiten, der den Begriff »multiple Identitäten« prägt; Benedict Anderson (1936-2015), der in China geborene und in Indonesien gestorbene irische Soziologe, der die Nation als eine *imagined community* definiert; und George Mosse (1918 in Berlin-1999 in Wisconsin) mit seiner brillanten Analyse des Nationalstaates, dem Rassismus immanent ist und der, insbesondere wenn er sich als »Sprach- und Zuchtgemeinschaft« versteht, zu genozidären Gewaltregimen neigt. Schließlich der 1942 geborene Étienne Balibar, der große Denker des Postmarxismus, der darauf verweist, dass Gruppenbildung eine anthropologische Notwendigkeit und keineswegs ein Übel ist, da die damit verbundene Einschließung und Ausschließung das Fundament jeder Politik darstellt. Rassismus habe damit jedoch nichts zu tun. Rassismus sei die »Konstruktion einer naturhaft begründeten, inferioren Andersartigkeit, die in der kollektiven Erinnerung an Sklaverei und Kolonialismus wurzelt (Balibar 1998). Es ist wohl die treffendste Definition – aber ist sie auch umfassend genug?

Schließlich Michel Foucault (1926-1984), der Exzentriker mit seiner damals noch unüblichen phallischen Glatze, der vor allem durch seinen Band *Sexualität und Wahrheit 1: Der Wille zum Wissen* (1976) einen Weg aus der Sackgasse des ewigen »Grundwiderspruchs im Kapitalismus« und der angeblich alle gesellschaftlichen Probleme lösenden »Weltrevolution« aufzeigt. Er behauptet rundheraus, eine Unterdrückung der Sexualität gebe es gar nicht, der Begriff »Sexualität« sei das Resultat eines jahrhundertelangen Gestehens und Verschweigens, des Erforschens, Regulierens oder Forcierens aller den Sex betreffenden Gedanken, Gefühle, Vorgänge; kurzum »Sexualität« sei das Resultat einer unerschöpflichen *Produktion des Wissens über Sex*. Foucault ist meines Wissens der Erste, der den Zusammenhang von Sexualwissenschaften, Frauenfeindlichkeit und Rassenwissenschaften formuliert und Rassismus keineswegs als Laster des »bildungsfernen«, »benachteiligten«, »zurückgelassenen« Mobs erkennt, sondern zunächst von Gelehrten als Wissenschaft erfunden wurde, um über politische Entscheidungsträger bis hinunter zu den einfachen Leuten seine Machtwirksamkeit zu entfalten. Rassenwissenschaften und Züchtungspolitiken seien demnach Teil einer Biopolitik, die über die Fragmentierung der Menschheit ihre mörderische Wirksamkeit entfaltet.

Doch das alles erklärt nicht die düstere Beharrlichkeit des Phänomens, das dem Rassenwahn immanente »Grauen«. Selbst die scharfsinnigste Definition lässt Ausnahmen zu, und hinter jeder noch so schlüssigen Logik des Gedankens lauert weiterhin Wahnsinn.

*

Der reich dekorierte britische Kriegsherr und »Held« Lord Herbert Kitchener (1850–1916), der eine überraschende, wenngleich periphere Verbindung zu Österreich aufweist, legt eine Spur zur Irrationalität dieses »Grauens«. Als Befehlshaber in Südafrika und im Sudan prägt er erstmals den Begriff »Konzentrationslager«. Anhaltenden Ruhm erlangt er durch seinen totalen Sieg 1898 über die Truppen des bereits zwölf Jahre zuvor im Kampf gefallenen und als *Mahdi* verehrten Muhammad Ahmad, der ab 1881 die wachsende britische Präsenz im Sudan bekämpft und die Stadt Omdurman gegründet hat.

Diese »Schlacht bei Omdurman« geht als vielfach in Öl verewigtes Heldenepos in die europäische Geschichte ein, und gegenwärtig werden die damaligen Anhänger des *Mahdi* gerne als »Dschihadisten« bezeichnet, was natürlich eine irreführende Reduktion auf den religiösen Aspekt ist – Muslime gegen Christen – und den politischen Widerstand gegen die britische Besatzungsmacht ausblendet. Eigentlich ist die berühmte Schlacht bei Omdurman ein Vernichtungskrieg: Unter dem Befehl des britischen Generals Herbert Kitchener kämpfen etwa 13 000 barfüßige ägyptische Söldner und 8200 mit neuesten Maxim-Maschinengewehren ausgerüstete britische Kavalleristen, unterstützt von Kanonenbooten auf dem Nil, gegen etwa 40 000 mit Schwertern und Lanzen, einigen altmodischen Vorderladern und sechs erbeuteten Krupp-Kanonen ausgerüsteten *Mahdisten*. In kurzer Zeit verwandelt sich das sandige Terrain rund um Omdurman in einen schwarzen Sumpf aus Blut und Fleisch. Die Briten machen keine Gefangenen, lassen Verwundete ohne Versorgung zurück, schleifen die Stadt Omdurman bis in Grund und Boden, selbst das Grabmal des *Mahdi* Muhamad Ahmed, dessen verwesender Leichnam geköpft, kastriert und in den Nil geworfen und dessen Kopf mehrere Tage zur Schau gestellt wird.

Dies alles gilt als »Strafexpedition«, weil acht Jahre zuvor der angeblich humanistische und hoch gebildete britische Gouverneur der Provinz Sudan, General Charles Gordon, von den Truppen des Mahdi – natürlich »wilde Horden« – getötet und sein Kopf ebenfalls zur Schau gestellt worden war. Das Haupt des Feindes ist in vorindustriellen Kriegen immer eine begehrte Trophäe und das Köpfen von Schwarzen ist in sämtlichen afrikanischen Kolonialkriegen und auch danach üblich – könnten gegenwärtige »Dschihadisten« vielleicht davon inspiriert sein?

Zur Belohnung wird Kitchener 1899 erster Generalgouverneur des »anglo-ägyptischen Kondominiums«; er wird König von Ägypten und dem Anglo-Ägyptischen Sudan mit dem üppigen Titel *Earl of Khartoum and of Broome in the County of Kent*. 1914 wird er Kriegsminister in Großbritannien. Zwei Jahre später erliegt er einem Torpedo-Angriff der Deutschen im Schwarzen Meer.

Doch es gibt noch eine eher unbekannte, aber bemerkenswerte Facette im Leben dieses imperialen »Helden«. Herbert Kitchener nimmt 1908, nach seiner Rückkehr nach Europa, offenbar Kontakte zu einem exzentrischen Österreicher auf, einem abtrünnigen Klosterbruder aus dem Stift Heiligenkreuz im Süden von Wien. Adolf Josef Lanz, alias Jörg Lanz von Liebenfels (1874–1954), gründet 1905 die Zeitschrift *Ostara: Bücherei der Blonden und Mannesrechtler*. Nicht nur Lord Kitchener, auch namhafte Literaten wie Franz Wedekind, August Strindberg und sogar Karl Kraus lesen, aus welchen Gründen auch immer, dieses Blatt zur Verbreitung einer »christlich-rassenwissenschaftlichen« Weltbetrachtung: Demnach ist »Rassenmischung« die schwerste aller Todsünden, nämlich eine »Sünde wider den Heiligen Geist«; das Weib ist die Ursache allen Übels, was ja bereits in der Genesis nachzulesen ist; doch von Lanz begründet dies zusätzlich »sexualpsychologisch«, nämlich durch den »von Natur aus hinterhältigen, zur Treue, Ehrbarkeit und Ehrlichkeit unfähigen Charakter des Weibes«. Der Zwiespalt der Frau zwischen (edler) »Zuchtmutter« und (übler) »Hetäre« treibe sie, »mag sie selbst auch dem edlen Geschlecht des blonden, arischen, kaukasischen Germanentums angehören« zu Männern »minderwertiger Rassen«, daher trage die Frau die Hauptschuld an dem verderblichen Sumpf von »Mischrassen« der modernen Zeit, dem Babel, aus dessen Trümmern »Dunkelrassige«, Juden und »Mischlinge« hervorkriechen, sogenannte *Dschandalen* und *Blendlinge*, welche die abendländischen Werte der »blonden Mannesrechtler« zerstören und die Weltherrschaft antreten wollen. Einziger Ausweg aus dieser Gefahr sei die Gründung einer *ariosophischen* und *ariochristlichen Internationale* mit dem Ziel der »Ausrottung aller Dunkelrassigen und Mischvölker«. Als Vorkämpfer dieses wahrlich großen Vorhabens nennt Lanz unter anderen den als Held verehrten Lord Kitchener, der mit ihm korrespondiere und sich von der *ariochristlichen Internationale* eine Verbindung des »Rassengedankens mit der christlichen Weltanschauung« erhoffe.

Ex-Bruder Lanz gehört zu jenen, die im Einsatz von Kolonialtruppen an den europäischen Fronten des Ersten Weltkrieges eine List »des internationalen Judentums« sehen mit dem Ziel, das »Abendland« durch »Bastardisierung« zu vernichten. Nach dem Ersten Weltkrieg erkennt Lanz im spanischen Faschismus, in der österreichischen »Heimwehr-Bewegung«, im »erwachenden Ungarn«, im US-amerikanischen Ku-Klux-Klan sowie in der »Hakenkreuz-Bewegung« die Entstehung der von ihm angestrebten *ariochristlichen Internationalen*. Man glaubt sich in ein fernes Jahrhundert entrückt, doch gegenwärtig unterstellt der ungarische Staatschef einem jüdischen Investor und Philanthropen, die Fluchtbewegungen dunkler *Dschandalen* nach Europa zu organisieren, um die christlich-abendländische Kultur der Lederhosen tragenden Männerbündler und blonden Dirndlträgerinnen zu vernichten - nein, die Begriffe von Bruder Lanz verwendet der ungarische Staatschef nicht, aber seine Ideen ...

Zwar ist Lanz natürlich nicht derjenige, »der Hitler die Ideen gab«, wie der Autor Wilfried Daim im Titel seines 1985 erschienenen Buches über Lanz Liebenfels meint. Doch das Buch ist immer noch lesenswert, weil die Texte des abtrünnigen Klosterbruders teilweise umwerfend komisch sind in ihrer schamlosen Enthüllung der tödlichen Schmuddelgeschichten unter unserer humanistisch-liberalen Decke.

Wer könnte glauben, dergleichen, alle Sinne erregende Fabeln durch langweilige Aufklärung zum Verstummen zu bringen? Gegenmythen müssten erfunden werden, meint Michael Taussig. Aber was meint er damit genau? Vielleicht weiß es Jordan Peele mit seinem wunderbar intelligenten Psycho-Horror-Mystery-Film *Get Out* (2017).

Bereits die Verkörperung des neuzeitlichen Maleficium in Europa, der Teufel war schwarz, behaart und meist mit einem Riesenpenis ausgestattet. Alleinstehende Frauen paarten sich mit ihm, um das Böse in die Welt zu bringen. Um das Maleficium auszutreiben, wurde die Frau dem Terror der Inquisition unterworfen, der Tortur, dem Scheiterhaufen, manchmal auch *nur* gesellschaftlicher Ächtung. Der schwarze Riesenpenis findet sich weiterhin überall: in der Ikonografie des Ersten Weltkrieges, in der Pornografie der kolonialistischen Satire, bei Malern des Kubismus und Surrealismus, bei diesen nach »primitiver Unvernunft« gierenden Visionären kommender Katastrophe. Sie alle sind inspiriert von geheimnisvollen, oft mit wunderlichen Geschlechtsmerkmalen ausgestatteten *Dingen*, diesen »Fetischen«, die ritualisierend verbergen, was immer und überall ein Riesenpenis bezeichnet: Macht.

Das Theater rassistischer Grausamkeiten der Kolonialgesellschaft bedarf der verführerischen Furcht vor schwarzem Fleisch auf der Bühne der Zivilisation, notiert Michael Taussig (2003) in blumiger Präzision. Wer anfängt Rassismus *verstehen* zu wollen, läuft immer Gefahr, sich im Treibsand einer sich trostlos wiederholenden Geschichte zu verlieren. Denn Rassismus ist niemals vernünftig und ihm ist daher auch nicht mit vernünftigen Argumenten beizukommen. Sämtliche Rassenideologien verweisen letztlich auf mythologische, gar biblische Quellen: Die verfluchten Kinder des Brudermörders Kain, die Nachkommen von Ham und Kanaan werden für die folgenden Jahrtausende schwarz, damit sie dereinst den weißen Sklavenhaltern, den Sekten, den Geheimbünden, den Staatsterroristen, Neutemplern, Rosenkreuzern und modernen Mormonen, den »Vaterlandsverteidigern« bis hin zum Ku-Klux-Klan zur Rechtfertigung für ihr Denken und Tun dienen können. Und wieder einmal entsteht diese sexualisierte Angst vor schwarzen Menschen aus dem »dunklen« Kontinent, die vor Not und Krieg fliehen, und all den anderen recht- und heimatlos gewordenen, die man heute Migranten oder Flüchtlinge nennt – oder Geflüchtete, was an der Sache nichts ändert.

»Lauter junge Männer!«, mahnt entsetzt der populäre, um die Reinheit unserer blonden Frauen besorgte Philosoph.

20

Der Bauernsohn Gregor Mendel

Das Forschungsprojekt
des Friedrich Alfred Krupp

Die Karriere des Eugen Fischer

Bastardforschung und Zwillingsforschung

Die Suche nach dem Missing Link

Österreich-Ungarn, das letzte absolutistische Imperium Europas, ist ein idealer Raum für einen originellen Synkretismus von Mythos und Wissenschaft. Katholizismus ist Staatsreligion und noch Jahrzehnte nach dem Ende der Habsburger Monarchie gilt der Gedanke einer natürlichen Evolution des Menschen als Sakrileg. Das Schicksal von Gregor Mendel (1822–1884) ist bezeichnend für diese Ungleichzeitigkeit. Zu der Zeit, als Karl Marx an seiner *Kritik der politischen Ökonomie*, Charles Darwin *On the Origin of Species by Means of Natural Selection* und Ernst Haeckel an seiner *Natürlichen Schöpfungsgeschichte* arbeiten, schult der Bauernsohn aus Österreichisch-Schlesien (heute ein Teil von Tschechien) seine offenbar überragende Intelligenz und Engelsgeduld an den eher bescheidenen Möglichkeiten auf dem elterlichen Bauernhof: Er studiert die Kreuzung von Erbsen, jahrzehntelang. Die wirtschaftliche Notlage der Familie zwingt ihn zum Eintritt in ein Kloster der Augustiner, dessen Abt ihm seine Experimente an Erbsen, Habichtskräutern und Honigbienen im Klostergarten gestattet und ihn später sogar Naturwissenschaften und Philosophie in Brünn und Wien studieren lässt.

Bereits 1866 publiziert er seine folgenreiche Studie über die Vererbungsregeln gewisser Merkmale bei Hülsenfrüchten. Sein bäuerlicher Stand und der provinzielle Verlag verhindern jedoch die akademische Beachtung seiner Arbeit. An der Wiener Universität besteht Mendel nicht einmal die Lehramtsprüfung in Biologie, die ihm die ersehnte finanzielle Unabhängigkeit ermöglichen hätte sollen, weil sein Prüfer, ein gewisser Professor Eduard Fenzl, die Idee, durch Verschmelzung männlicher und weiblicher Zellen einer Pflanze könnte neues Leben entstehen, als Gotteslästerung sieht und die Prüfung abbricht. Gregor Mendel geht zurück zu den Augustinern in der schlesischen Provinz, wird schließlich Abt und lebt bis zu seinem Tod 1884 in klösterlicher Abgeschiedenheit. Seine Arbeit gerät mehr oder weniger in Vergessenheit, bis sie im Jahr 1900, sechzehn Jahre nach seinem Tod, bei einem niederländischen, einem deutschen und 1906 auch bei einem österreichischen Botaniker Beachtung findet. Die Arbeit Mendels an Hülsenfrüchten gilt nun als eine Art Grundlagenforschung für das biopolitische

Programm der Eugenik, die ab 1895 in Deutschland unter dem Namen »Rassenhygiene« Verbreitung findet. Von nun an wird praktisch jede Form von Sozial- und Bevölkerungspolitik als »Züchtung des Volkskörpers« begriffen und mit althergebrachten Rassenideologien des 19. Jahrhunderts verbunden. Es sind Mediziner und Naturwissenschaftler, die sich als Erste an den neuen Entwürfen zur Menschenzucht berauschen – und die ersten Probanden sind »Eingeborene« in den Kolonien.

*

In Deutschland zeigt sich der naturwissenschaftlich interessierte Stahlmagnat Friedrich Alfred Krupp (1854–1902) beeindruckt von der Darwin'schen Entwicklungstheorie in Zusammenhang mit den wiederentdeckten Mendel'schen Vererbungsregeln bei Hülsenfrüchten. Der Industrielle hat durch die kolonialen Eroberungskriege ab den 1880er Jahren einen explodierenden Produktionszuwachs von Panzern und Kanonen verbuchen können, lässt in seinem Werk in Hessen reformorientierte Arbeitersiedlungen mit gemeinschaftlichen Waschküchen und Kindergärten erbauen und ist ein hochgeachteter Mann, bevor er 1902 nach einem skandalösen Medienmobbing über angebliche Schwulenorgien auf seinem Anwesen auf Capri einen »ungeklärten Tod« erleidet.

In der ekelhaften Gerüchteküche rund um sein Ableben geht eine seiner bedeutenden Initiativen unter. Friedrich Alfred Krupp ist zwei Jahre zuvor Initiator und Sponsor eines folgenschweren »Forschungswettbewerbs« mit dem Ziel einer naturwissenschaftlich begründeten Politik. Der paradigmatische Titel: »Was lernen wir aus den Prinzipien der Descendenztheorie in Beziehung auf die innerpolitische Entwickelung und die Gesetzgebung der Staaten?« Es werden 60 Antworten eingereicht, darunter auch je zwei Abhandlungen aus Russland und den Vereinigten Staaten.

Der erste Preis geht an den Pazifisten und Arzt Wilhelm Schallmayer (1857–1919) für die Arbeit *Vererbung und Auslese im Lebenslauf der Völker*. Sie gilt als bahnbrechend, weil darin die Nation als »Volkskörper«

begriffen wird und Staatsbürger als »Varianten einer Zuchtgemein-schaft«, die zum Wohle des »generativen Ganzen« einigen neuen Gesetzen unterworfen werden sollten: Zwangssterilisation und Zwangs-kastration von Erbkranken, ein Heiratsverbot für »ungünstige Vari-anten«, Internierung von Behinderten und Alkoholikern in Heimen, um deren Fortpflanzung zu verhindern, und einiges mehr. Schallmay-ers Preisschrift erscheint 1903 als Monografie und wird in Deutschland rasch zum Standardwerk für Rassenhygiene.

Bereits 1895 hat der Mediziner Alfred Ploetz (1860–1940) ganz Ähn-liches geschrieben und dabei den Begriff »Rassenhygiene« in Umlauf gebracht. Er ist Vertreter einer aktiven Euthanasie und Sterilisation »minderwertiger Varianten«; doch zusätzlich wünscht Ploetz sich eine »positive Selektion« durch Hebung der Geburtenrate »wertvoller Vari-anten« und zahlreiche sozialpolitische Maßnahmen, etwa die Aufhe-bung der ständischen und kirchlichen Heiratsbeschränkungen und die Abschaffung jeder Form von Sozialhilfe. Selbst eine »übertriebene Krankenpflege« gilt als Hindernis für eine »natürlichen Auslese«, die freilich, weil zu grausam, durch eine von Eugenikern kontrollierte und deswegen angeblich humane Selektion des menschlichen Erbguts ersetzt werden soll.

Um 1900 hegen Alfred Ploetz und Wilhelm Schallmayer noch interna-tionalistische, sozialreformerische Ideen und Ploetz plant sogar zusam-men mit gleichgesinnten Freunden aus Wissenschaft und Kunst, unter ihnen die Gebrüder Gerhart und Carl Hauptmann, seine züchtungspo-litischen Gesellschaftsutopien in einer Kolonie zu realisieren. Doch als nach Ende des Ersten Weltkrieges selbst klassizistische Prunkstraßen von Kriegsversehrten und Obdachlosen verunstaltet werden und sich Epidemien und Elend ausbreiten, gilt die Errettung des »deutschen Volkskörpers« als vordringlich – und bald schließt sich Alfred Ploetz der neuen »nationalsozialistischen Bewegung« an.

Bereits vor dem Ersten Weltkrieg gründet Alfred Ploetz mehrere Geheimbünde zur »Rettung der nordischen Rasse« und vor allem die

Zeitschrift *Archiv für Rassen- und Gesellschaftsbiologie einschließlich Rassen- und Gesellschaftshygiene*, die ab 1913 vom Mediziner und Eugeniker Fritz Lenz (1887–1976) geleitet wird. Führende Wissenschaftler aus ganz Europa und den USA publizieren in dieser Zeitschrift ihre züchtungspolitischen Hypothesen, vieles davon wird bereits ganz ohne Wissenschaft und Gesetz verwirklicht: Die Schweiz, Musterland der direkten Demokratie und beliebtes Fluchtziel für Intellektuelle aus Preußen und Österreich-Ungarn, praktiziert bereits ab den 1880er Jahren die Zwangssterilisierung von sogenannten Geisteskranken ohne gesetzliche Grundlage; »selektive Gesetze« gelten in britischen Kolonien, allen voran in Südafrika, Rhodesien und Australien; in den USA ist im Staat Indiana ab 1899 die chirurgische Unfruchtbarmachung »asozialer Personen« Gesetz; und ab 1907 die Sterilisierung von »Gewohnheitsverbrechern, Idioten, Schwachsinnigen und Notzüchtlern«. Weitere US-Staaten folgen mit ähnlichen Gesetzen. Diese Maßnahmen werden vorwiegend an Afroamerikanerinnen vollzogen und gelten ebenso wie die Todesstrafe und die gesetzlich nicht gedeckte, aber gesellschaftlich akzeptierte Lynchjustiz an Schwarzen allesamt als »erbgenetische« Maßnahmen zur »negativen Selektion«.

*

In Deutschland wird Fritz Lenz 1923 auf den ersten Lehrstuhl für »Rassenhygiene« berufen. Acht Jahre später fordert er, das »untüchtigste Drittel der Bevölkerung« zu sterilisieren, und gehört 1933 zu den ersten elf Universitätsprofessoren, die eine Loyalitätserklärung zu Adolf Hitler abgeben. Er wird als unabhängiger »Experte« Sonderberater des NS-Innenministers Wilhelm Frick, tritt erst 1937 der Partei bei – und wird 1949 als »unbelastet« eingestuft. Seit 1946 außerordentlicher Professor, erhält er 1952 eine Professur für »Menschliche Erblehre« in Göttingen, seine Wissenschaft lebt also weiter.

Fritz Lenz war der bevorzugte Schüler des um zehn Jahre älteren und angesehenen Professors für Humangenetik und Anthropologie Eugen

Fischer (1874–1967), der Fritz Lenz bereits 1921 zum Mitherausgeber des einflussreichen Standardwerks *Grundriss der menschlichen Erblichkeitslehre und Rassenhygiene* macht. Gereinigt von allen Bemerkungen zu »Juden und Negern« und zur »Mischlingsfrage« findet das Werk als sogenannter *Baur-Fischer-Lenz* bis in die 1960er Jahre unter Ärzten und Studenten Verwendung – sogar als Aufklärungswerk an dem von mir besuchten Mädchenrealgymnasium in Wien.

Die Laufbahn Eugen Fischers ist aufschlussreich für die Entstehung von *Rasse und Kultur* zu einer politisch konstruierten Einheit. Fischer wird in eine Zeit hineingeboren, als Otto von Bismarck die Liberalen fördert und selbst in der Kaiserstadt Wien ein liberaler Bürgermeister namens Cajetan Felder regiert, der auf dem militärischen Exerzierplatzes Glacis die Wiener Ringstraße mit klassizistischen Prachtbauten und Parkanlagen erbauen lässt. Cajetan Felder ist die große Hoffnung des liberalen Bürgertums, eine Hoffnung, die freilich bald vom großen Bankenkrach, der »völkischen Bewegung« und dem neuen, offen antisemitischen Bürgermeister Karl Lueger zunichtegemacht wird.

Eugen Fischer wird nach einem Studium der Anatomie und Naturwissenschaften in Freiburg und München Professor für Anthropologie in Berlin und gründet 1927 zusammen mit Kollegen das Kaiser-Wilhelm-Instituts für Anthropologie, menschliche Erblehre und Eugenik, das er bis 1942 leiten wird. Im Jahr, als Hitler an die Macht kommt, wird er Direktor des Instituts. Fischer ist als Mitglied einer »Kommission unabhängiger Fachgutachter« an der Ausarbeitung der sogenannten Nürnberger Gesetze beteiligt, einer Reihe bekanntlich folgenschwerer Verordnungen zur massiven Einschränkung oder gar Aufhebung sämtlicher bürgerlicher Rechte für »Minderwertige« und »Fremdstämmige«, insbesondere für Juden. Kritikern der neuen Verordnungen – denn auch diese gab es – antwortet er 1934 in der Badischen Zeitschrift *Mein Heimatland* mit folgendem Statement:

»Es geht um die Rettung der Rasse, die das Deutschtum geschaffen, und ihre Reinigung von fremdem, rassenmäßig Anderem, das ihre geistige Entwicklung in andere Bahnen zu bringen droht und teilweise gebracht hat. Viele, persönlich hochachtbare Menschen werden hart und grausam getroffen. Ist das Opfer zu groß, wenn es gilt, ein ganzes Volk zu retten?«

Ersetzt man den heute verpönten Begriff »Rasse« durch den angesagten Begriff »Kultur«, ist dies die Logik eines rechtskonservativen Politikers der Gegenwart. Doch Fischer bezieht sich nicht auf Flüchtlinge und Migranten aus fernen dunklen Kontinenten, sondern auf Juden, die in Wien, Berlin und Dresden oft seit Generationen derart »assimiliert« sind, dass weder sie selbst noch ihre Nächsten von ihrem Judentum Kenntnis haben, bevor sie durch ein Gutachten Eugen Fischers oder eines seiner Kollegen zu »Juden« gemacht werden.

Im Februar 1934 hält Eugen Fischer in Freiburg einen paradigmatischen Vortrag unter dem Titel »Rasse und Kultur«, der ganz unpolemisch aufzeigt, wohin dieser Gedanke, man müsse eben »Opfer« in Bezug auf persönlich achtenswerte Menschen bringen, um *Kultur und Rasse* eines Volkes zu retten, logischerweise führt:

»Wie soll man sich zu einer Vermischung mit der jüdischen Rasse stellen? Es ist selbstverständlich, dass die jüdische Rasse nicht minderwertiger als viele andere Rassen ist. Das eine aber steht fest, dass sie anderswertig ist, und in dieser Anderswertigkeit liegt begründet, dass sie für eine Kulturkreuzung mit dem deutschen Volk völlig ungeeignet ist.«

Die Gleichsetzung von *Rasse und Kultur* ist damit »wissenschaftlich« vollzogen. Denn Eugen Fischer gehört keineswegs zu den von den Nazis zum Wissenschaftler erkorenen Scharlatanen, wie später etwa Hans F. K. Günther, der mit seinen zahlreichen pittoresken »Rassentafeln« des deutschen Volkes und anderer Völker als »Rassengünther« berühmt wird, sondern ist einer der renommiertesten Wissenschaftler der ersten Hälfte des 20. Jahrhunderts. Wiederholt wehrt er sich gegen die

Vereinnahmung *seiner* Wissenschaft durch die Nationalsozialisten und betont durchaus zu Recht, dass die Nazis nichts, gar nichts erfunden, sondern alles den wesentlich älteren Rassenwissenschaften und der »Eugenischen Bewegung« zu verdanken haben. Er sitzt in sämtlichen maßgeblichen akademischen Gremien in führender Funktion, angefangen von der Preußischen Akademie der Wissenschaften bis hin zur Berliner Gesellschaft für Anthropologie, ihn zu zitieren ist für jeden angehenden Anthropologen unumgänglich. Fischers Gutachten entscheiden über die Vergabe von Forschungsgeldern und über die akademische Legitimierung einer Arbeit auch jenseits der Grenzen des Deutschen Reichs. Und er ficht auch einige Kontroversen mit dem Naziregime aus, etwa wenn der Leiter der »Oberprüfstelle für Schund- und Schmutzschriften« in Josef Goebbels' »Reichsministerium für Volksaufklärung und Propaganda« Fischers Vortrag »Rasse und Kultur« als wissenschaftlich getarnten »Dolchstoß gegen die rassenhygienischen Absichten des Führers und ganz allgemein des deutschen Volkes« bezeichnet und Eugen Fischer daraufhin von der Rednerliste für die große Ausstellung »Deutsches Volk – Deutsche Arbeit« gestrichen wird, was ihn sehr gekränkt haben soll.

Erst 1940 tritt Eugen Fischer der Partei bei, wohl zur persönlichen Absicherung, weil er nicht zögert, die um sich greifende Scharlatanerie nationalsozialistischer »Rassenlehren« im Stil eines Hans F. K. Günther öffentlich zu kritisieren – was ihn nicht hindert, für dessen diverse »Rassenkunden« positive Rezensionen zu schreiben und Günthers Aufstieg zum Professor in Dresden zu fördern. Staatsraison verpflichtet. Dass Eugen Fischer nach dem Krieg unbehelligt bleibt und er 1967 beinahe neunzigjährig friedlich in Freiburg verstirbt, wundert wenig, wenn man weiß, dass etwa in Wien der für den systematischen Mord in geschlossenen Anstalten verantwortliche Psychiater Heinrich Gross noch bis in die 1980er Jahre als vielbeschäftigter psychiatrischer Gerichtsgutachter tätig war.

Ob es uns gefällt oder nicht: Eugen Fischers Aktivität als anthropologischer Gutachter für das Naziregime und seine Kenntnis von den verbrecherischen Praktiken der »Ärzte« in Auschwitz sind weit mehr als nur eine »Grenzüberschreitung« (Schmuhl 2005). Denn Fischers Theorien sind bereits in den 1940er Jahren wissenschaftlich widerlegt und werden offenbar auch von ihm selbst, freilich nur in privatem Kreis, infrage gestellt. Dennoch macht er damit weiter. Er genießt Anerkennung noch Jahrzehnte nach dem Ende des Naziregimes, und wenn ab den 1980er Jahren Kritik laut wird, beschränkt sie sich zunächst nur auf sein Wirken während der Nazizeit. Die eindeutig rassenideologischen und rassistischen Voraussetzungen seiner Forschungen, die eine ganze Disziplin jahrzehntelang bestimmen, werden dabei nicht thematisiert.

Denn seine Thesen gewinnt Eugen Fischer durch das »empirische Material« der 1908 von ihm durchgeführten Messungen in Deutsch-Südwestafrika. In der Ortschaft Rehobot siedeln zahlreiche Nachkommen aus Verbindungen zwischen Buren und »Negern«, weshalb Eugen Fischer an dreihundert dieser sogenannten Rehoboter-Bastarde seine Messinstrumente ansetzt und daraus universelle Schlussfolgerungen auf die Qualität verschiedener »Rassen« ableitet. Sein Forschungsaufenthalt 1908 erfolgt unmittelbar nach dem Ende des vier Jahre lang tobenden Unterwerfungskriegs gegen die Herero und Nama, der unter dem deutschen Oberbefehl von Lothar von Trotha (1848–1920) bekanntlich mit einem gezielten Völkermord endet. Lothar von Trotha erhält dafür den Orden Pour la Mérite. Er stirbt 1920, gilt jedoch für die revanchistische »deutsche Kolonialbewegung« weiterhin als heldenhaftes Vorbild.

Eugen Fischer findet 1908 in der eben »befriedeten« Kolonie Deutsch-Südwestafrika ein sicheres Terrain für seine Forschungen vor. Die Einheimischen müssen sich so ziemlich alles gefallen lassen. Und die an den »Rehoboter-Bastarden« mit Winkelmaß und Zirkel und mithilfe komplizierter Formeln gewonnenen Daten zu Schädelformen, Gehirnvolumen, Brustumfang, Länge und Stärke der Gliedmaßen etc. orientieren sich an den im 18. und 19. Jahrhundert entwickelten »Rassenklassifikationen«, werden mit Angaben zur mutmaßlichen Lebensweise der vermessenen »Bastarde« versehen, mit »reinrassigen« Deutschen

und »Negern« verglichen und zu den wiederentdeckten Mendel'-
schen Vererbungsregeln für Hülsenfrüchte in Bezug gesetzt. Aus alldem schließt Eugen Fischer auf eine gesetzmäßige Vererbung *kultureller
Rassenmerkmale*:

»Weiße Rassen« sind demnach kulturschöpfend, ethisch hochste-
hend und von Natur aus zur Weltherrschaft berufen, während »Neger-
rassen« allenfalls kulturtragend sind und durch ihre mangelnde
Intelligenz, naturhafte Wildheit und Gewalttätigkeit unfähig zur Staa-
tenbildung, ja, nicht einmal fähig sind, ihre elenden Lebensbedingungen ohne Unterstützung der »weißen Rassen« zu verbessern. Doch
Fischer erkennt auch »positive Merkmale der Neger«: ihre besonders
große Fruchtbarkeit, ihre Muskelstärke, ihre Ehrlichkeit und ihren Mut
sowie ihre künstlerische, vor allem musikalische Begabung und nicht
zuletzt einen »natürlichen Hang zur Dienstbarkeit«. Dies alles wird
jedoch laut Fischer durch die überbordende »Triebhaftigkeit der Neger«
wieder infrage gestellt. Er kommt zu dem Schluss, dass eine Mischung
von »schwarzem und weißem Blut« eine ernsthafte Bedrohung für
»weiße Rassen«, insbesondere für das »deutsche Volk« darstelle, und
empfiehlt der deutschen Kolonialpolitik, eine »Bastardisierung« unter
allen Umständen zu verhindern.

Neunundzwanzig Jahre später, im Jahr 1937, organisiert Eugen
Fischer zusammen mit einigen Kollegen, unter ihnen Fritz Lenz, die
erste in Europa durchgeführte Zwangssterilisation an über vierhundert
als »Rheinlandbastarde« bezeichneten Bürgern, die aus Verbindungen
zwischen deutschen Frauen und den 1919 im Saarland stationierten Soldaten der französischen Kolonialtruppen hervorgegangen sind. Durch
die »Nürnberger Gesetze« ist eine derartige Maßnahme keineswegs
gedeckt, doch sie entspricht einem bestehenden Konsens über angebliche »Probleme der Rassenmischung«, wird in England sowie in den USA
seit Langem öffentlich diskutiert und in den Südstaaten der USA sowie
in einigen Kolonien ohne gesetzliche Grundlage bereits durchgeführt.

*

Bereits nach seinen Forschungen in Deutsch-Südwest wendet sich Eugen Fischer jedoch von der reinen »Schädelmesserei«, wie er sie nennt, ab. Vergleichbare Studien des deutschen, in die USA ausgewanderten Ethnologen Franz Boas an Nachkommen ostjüdischer und südeuropäischer Einwanderer in den USA haben gezeigt, dass aus Knochenmaßen eigentlich nichts Essenzielles über den lebenden Menschen zu erkennen ist; selbst der härteste Knochen ist vor Veränderungen durch Umweltbedingungen nicht gefeit, aus *Brachycephalie* kann eine *Dolichocephalie* entstehen und umgekehrt. Franz Boas lehnt den Begriff »Rasse« für menschliche Varietäten ab, Eugen Fischer hingegen will nun erst recht dem Geheimnis der »Rasse« auf die Spur kommen und erfindet den Begriff *Phänogenetik*, um Umwelt *und* Erbmasse berechenbar und kontrollierbar zu machen. Die »Gesellschaft für Rassenhygiene« strebt dergleichen bereits seit ihrem Bestehen in den Anfängen des Jahrhunderts an. Eine menschliche »Rasse« ist laut Fischer eine Menschengruppe gleicher Gensätze, was zwar falsch ist, weil »Gensätze« zweier Individuen derselben Gruppe unterschiedlicher sind als »Gensätze« zweier verschiedener Gruppen, aber es klingt simpel und daher einleuchtend. Daher hat sich diese Vorstellung bis in unsere Gegenwart erhalten, freilich in Form des in Chromosomen enthaltenen Biomoleküls und seiner Bestandteile, die heute als Träger der Erbmasse gelten.

An Fischers Institut wird in einer Fülle von Forschungsprojekten über den Zusammenhang von »Rasse« und Umwelt gearbeitet. 1934 untersucht Johannes Schaeuble (1904–1968) in Südchile – (Patagonien?) – tausendvierhundert »Indianer und Indianer-Europäer-Mischlinge«. 1935 und 1936 werden mit Mitteln des Kaiser-Wilhelm-Instituts und der Deutschen Notgemeinschaft die »Rassenkreuzungen« von »Zigeunern« in Rumänien und, zwei Jahre später, in Schottland erforscht. Ungeachtet Eugen Fischers angeblicher Skepsis gegenüber der »Schädelmesserei« widmet er sich weiterhin in zahlreichen Forschungsprojekten den Fragen zur Vermischung und Verbreitung von langen, runden oder eierförmigen Schädeln in ganz Europa, Asien, Afrika und Ozeanien.

Untersuchungen an embryonalen Schweineschädeln sollen genetische »Rassenunterschiede« mit Zahlen untermauern – doch leider bestätigen Studien zwischen 1932 und 1934 an über neunhundert ostjüdischen Einwanderern und deren Kindern wieder einmal, dass Schädelformen sich durch Umwelteinflüsse verändern können und daher ungeeignet zur Bestimmung einer »Rasse« sind. Vergleichende Analysen der Haare von »Ostgrönländern« mit »westgrönländischen Eskimo- und Dänen-Mischlingen« sollen Rassen- und Umwelteinfluss klären; selbst die Rockefeller Foundation spart nicht an Mitteln, wenn es um »Zwillingsforschung« geht, und fördert die Vermessung der Falten und Furchen im Gesicht, der Ohrmuscheln und Oberlider, der Haarwirbel und des Scheitelansatzes von neunhundertfünfzig Zwillingspaaren (sic). An dreißig Zwillingspaaren, manche davon erst fünfzehn Jahre alt, werden grausame und gefährliche Experimente zur Vererbung des vegetativen Systems durchgeführt. Diese Untersuchungen werden diesmal nicht an »minderwertigen Rassen« vorgenommen, sondern, gegen eine geringe Entschädigung, an Kindern aus ökonomisch benachteiligten Familien des eigenen »Volkes« oder an Waisenkindern in Heimen, die gegenüber den experimentellen Zumutungen wehrlos sind.

Von der »Bastardforschung« und der »Zwillingsforschung« werden Antworten auf Fragen zur Vererbung, angefangen von der Pigmentierung der Iris, der Haut und der Haare bis hin zu moralischen Eigenschaften, von Genialität und Verbrechertum erhofft. Durch erbgenetische Untersuchungen an menschlichen »Bastarden« erhofft man die Vererbungsregeln des »Genotyps« zu entschlüsseln, wie Gregor Mendel in der Mitte des 19. Jahrhunderts durch seine Forschungen an Erbsen. Massenuntersuchungen an Ratten, Kaninchen und Meerschweinchen sollen die Gesetzmäßigkeit umweltbedingter Veränderungen klären, ebenso die Untersuchungen an Zähnen und Kieferknochen unzähliger Schädel von »Kanaken«, »Buschmännern«, »Hottentotten«, »Negern« und wie alle diese Völker genannt werden, deren Totenschädel von Soldaten, Siedlern, Forschern, Abenteurern und Missionaren aus aller Welt herangeschleppt werden. Ende der 1920er Jahre erhofft man sich am Kaiser-Wilhelm-Institut für Anthropologie, menschliche Erblehre und Eugenik von der »Bastardforschung« in Verbindung mit Paläontologie und Blutgruppenforschung sogar Antworten auf die letzten Fragen der Menschwerdung, den Missing Link. Und dafür müssen wieder »Neger« in den Kolonien herhalten.

*

Bereits 1910 glaubt Eugen Fischer eine *lebende Cro-Magnon-Rasse* erkannt zu haben, nachdem er einige prähistorische Knochen mit ein paar lebenden Bewohnern der Kanarischen Inseln verglichen hat. Achtzehn Jahre später entdeckt Hans Weinert, Kustos der umfangreichen Schädelsammlung am Kaiser-Wilhelm-Institut für Erblehre, dass die Blutgruppen A und B und AB bei Menschenaffen und Menschen gleich verteilt sind, während Blutuntersuchungen an anderen Affenarten gänzlich unterschiedliche Befunde ergeben. Daraus zieht er den kühnen Schluss, eine Kreuzung zwischen der »höchsten Affenart« und der »niedrigsten Menschenrasse« könnte das gesuchte Missing Link zwischen Tier und Mensch ergeben. Allen Ernstes plant er die künstliche Befruchtung eines Schimpansenweibchens mit den Spermien eines »Afrikanegers, am besten eines Urwald-Pygmäen«.

Hans Weinert ist nicht der Einzige mit dergleichen »grandios gescheiterten« Ideen. Bereits Anfang des 20. Jahrhunderts wollte man in Deutsch-Südwestafrika Frauen der *Khoikhoi*, damals »Hottentotten« genannt, mit Samen von Menschenaffen befruchten, galten doch »Hottentotten« als eine »dem höchsten Thiere nahe verwandte Menschenrasse«. Und der sowjetische Biologe und Spezialist für künstliche Insemination in der Tierzucht Ilja I. Iwanow (1870–1932) schreitet zur Verwirklichung derartiger Ideen und begibt sich 1926/27 im Rahmen eines von der sowjetischen Regierung finanzierten Projekts nach Conakry, der Hauptstadt von Französisch-Guinea. Tatsächlich gelingt es ihm mit Zustimmung des französischen Gouverneurs und der Unterstützung des Chefarztes einer Klinik, Spermien eines »Negers« in drei frisch eingefangene Schimpansenweibchen einzuführen. Die Operation ist klammheimlich, denn hätten die »barbarischen Neger« gewusst, worum es geht, hätten sie mit dem »fortschrittlichen« Forscher nicht kooperiert. Als dieses Experiment folgenlos bleibt, angeblich waren zwei der Schimpansenweibchen noch nicht geschlechtsreif und beim dritten klappte es einfach nicht, versucht es Iwanow noch einmal in Französisch-Zentralafrika. Unter dem Vorwand einer dringenden medizinischen Untersuchung wird eine »Negerin« in das örtliche Krankenhaus gelockt, um ihr ohne ihr Wissen die Spermien eines Schimpansen einzusetzen. Doch auch dieses Unternehmen scheitert in letzter Minute, als der französische Gouverneur seine ursprünglich erteilte Erlaubnis zurücknimmt.

Hybridformen von Mensch und Tier sind eigentlich uralte, im Grunde naheliegende Phantasmagorien. Sie beleben die Mythologie der alten Griechen und Römer ebenso wie zahlreiche frühere Kulturen in Afrika, Asien und auch in Europa. Die Trennung zwischen Mensch und Tier war nie so gnadenlos strikt wie seit der aufgeklärten Moderne. Doch man muss kein Kreationist sein, um zu erkennen, dass mit dem evolutionsbiologischen Fortschrittsdenken einiges im Argen liegt, wenn uralte Mythologien mithilfe angeblich naturwissenschaftlicher Methoden Realität werden sollen.

21

Die Lex Zwickau

Das Kleingedruckte im »Ahnenpass«

Irrfahrten in die Zeit des Vaters

In den Korrespondenzen des Vaters findet sich ein Briefwechsel aus dem Jahr 1938 mit einer gewissen Rita Hauschild aus dem »Kaiser-Wilhelm-Institut für Anatomie, Anthropologie, menschliche Erblehre und Rassenkunde«, die dem Vater in anthropologischen Fragen behilflich war. Meine Recherchen über diese Frau ergeben, dass sie angeblich eine Lieblingsschülerin von Eugen Fischer war und 1937 eine Dissertation über *Rassenunterschiede zwischen negriden und europiden Primordialcranien des 3. Fetalmonats* publiziert hat mit dem Ziel, bereits im Genotyp aufscheinende Rassenunterschiede nachzuweisen. Die gesamte »Studie« stützt sich auf fünf präparierte Embryonen »ungeklärter Herkunft« aus dem Laboratorium der Carnegie Institution of Science in Washington, D. C. Sie gilt gegenwärtig als »methodisch fragwürdig«, aber nicht etwa wegen ihrer Fragestellung oder ihrer Schlussfolgerungen, sondern wegen des Mangels »an ausreichendem Material« (Schmuhl 2005). Wie viele Embryonen hätte die Dame gebraucht, damit ihre Studie heute valide wäre?

In den 1930er Jahren findet Eugen Fischer diese Arbeit jedenfalls so bedeutend, dass er umgehend bei der Deutschen Forschungsgemeinschaft gigantische Fördermittel zur Durchführung »serologischer Rassentests« beantragt und auch erhält. Rita Hauschild darf 1936 und 1937 vom Institut finanzierte »Bastardstudien« in der Karibik, in Mittelamerika und in Lateinamerika durchführen, in Venezuela an »Chinesen-Indianer- und Indianer-Neger-Kreuzungen«, auf Trinidad, der Heimat meiner ehemaligen Schwiegermutter) an »Chinesen-Neger-Kreuzungen«. Nach ihrer Rückkehr aus der Karibik lektoriert Rita Hauschild die anthropologischen Texte für *Die Große Völkerkunde*, ein lexikalisches Werk über Völker und Kulturen der Welt unter Mitarbeit zahlreicher Professoren, an dem der Vater als Herausgeber seit 1935 arbeitet und das 1939 erstmals erscheint. Auch die anthropologischen Ausführungen im 1938 bei Bertelsmann erschienenen Werk über seine Südostasien-Expedition 1936/37, *Die Geister der Gelben Blätter*, werden von Rita Hauschild korrigiert. Von diesem Buch erhoffte sich der Vater einen wissenschaftlichen Durchbruch, denn es enthält neben Reisebeschreibungen und reichem Fotomaterial die erste, wenn auch schmale Monografie über eine von ihm im Grenzgebiet zwischen Thailand und Laos erstmals aufgefundene, nomadisierende Gruppe, die Yumbri/Mlabri, die er irrtümlich für eine »Urbevölkerung« hält, die jedoch nach den Forschungsergebnissen in den 1960er Jahren »erst« seit etwa sechshundert Jahren besagten Raum bevölkert.

Der Briefwechsel zwischen Hugo Bernatzik und Rita Hauschild zeugt von einer freundschaftlichen Beziehung, man duzt sich, man trifft sich offenbar mehrmals persönlich, in Berlin, in Hamburg und sogar auf Sylt. Rita hänselt Hugo wegen seiner angeblich voreiligen anthropologischen Zuordnungen und schreibt am 13. August 1938, vier Monate nach dem »Anschluss« Österreichs, nachdem der Vater sich gerade mit allen Mitteln um die Mitgliedschaft in der Partei bemüht hat, folgende Zeilen:

»Ich freu' mich, mit Dir über vieles zu sprechen, was auch Du in Deinen heutigen Zeilen andeutest. Heute nur dies: Wenn Du wirklich schreiben solltest, die ganze Anthropologie ist Kohl ... etc., so würdest Du damit einer Absicht Fischers voraus greifen, der mir vor kurzem sagte, dass er am liebsten etwas Derartiges publizieren würde. Aber ich verstehe, dass Du Dich als Ethnologe nicht kompetent für derartige Schärfe fühlst. Wer weiß, ob es Eugen wagen wird – es würde ein großartiges Krachen geben ... «

»Eugen« wird es nicht wagen. Ab 1941 lässt er von seinen Mitarbeitern Messungen an Kriegsgefangenen in nordfranzösischen Lagern vornehmen, bescheinigt 1942 in einem Vortrag in Paris über »Rasse und deutsche Gesetzgebung« den »bolschewistischen Juden eine monströse Mentalität« und erörtert mit Pariser Fachkollegen »offenherzig die Negerfrage«. Zur Zeit der anfänglichen Erfolge General Rommels in der Cyrenaika gründete Eugen Fischer zusammen mit dem Afrikanisten Diedrich Westermann eine von der Preußischen Akademie der Wissenschaften finanzierte »interdisziplinäre Forschungskommission Weißafrika«.

Dieser Begriff »Weißafrika« stammt von dem Wiener Museumsethnologen Dominik Wölfel, ein Austrofaschist und Bewunderer des Franco-Regimes in Spanien, der unter dem Begriff »Weißafrika« in den 1930er Jahren ein bis an den Rand der Sahara reichendes deutsches Großreich nachweisen will.

Eugen Fischer leistet durch »anthropologische Gutachten«, die eher antisemitischen Polemiken gleichen, seinen nicht unbeträchtlichen Beitrag zur »Endlösung der Judenfrage«, organisierte für Mitarbeiter des Instituts »Feldforschungen« im besetzten Polen, unter anderem in den Vernichtungslagern Łódź und Auschwitz, und regte durch seine Gutachten auch zu manchen der berüchtigten ärztlichen Experimente in Konzentrationslagern an. 1944 veröffentlichte er gemeinsam mit dem Theologen Gerhard Kittel ein Buch über das *Antike Weltjudentum*, wofür er Fresken aus etruskischen Grabstätten und Masken aus Mykene anthropologisch vermessen und bewertet. Damit kehrt er gewissermaßen zur Logik der »rassenkundlichen« Anfänge im 18. Jahrhundert zurück, zu Petrus Camper und der von ihm als Maßstab für den nordischen Menschen herangezogenen hellenistischen Skulptur des Apollo von Belvedere.

Rita Hauschild übersiedelt 1939 von Berlin nach Münster und arbeitet nun am politisch weniger exponierten und wohl auch weniger prestigeträchtigen anatomischen Institut. Hat sie die Gunst ihres Mentors verloren? Erahnte sie die tödliche Sackgasse, in die seine Wissenschaft führt? Der Briefwechsel gestattet keine Antwort. Auch arbeiten die Zensurbehörden zu dieser Zeit sehr genau. Hugo und Rita sind jedenfalls wieder per Sie.

*

Nicht nur im Berlin wird damals »Bastardforschung« betrieben und in die politische Praxis umgesetzt, in britischen Kolonien gibt es bereits seit Jahrzehnten einschlägige Verordnungen; und die USA wollen seit Mitte des 19. Jahrhunderts die »Bastardisierung« mit den bereits erwähnten Jim-Crow-Gesetzen verhindern. Doch im Unterschied zu diesen Rassengesetzen zielen jene im Nazireich vorrangig – aber nicht nur – auf Mitglieder der eigenen, weißen europäischen Gesellschaft ab, auf Juden und deren Nachkommen. Und ist es schon schwierig genug, einen »Neger« eindeutig zu definieren, weshalb ja die *One Drop Rule* erfunden wurde, ist dies bei europäischen, zumal seit Generationen »assimilierten« Juden, das heißt bei solchen, die gar keine Juden mehr sein wollen, schlichtweg unmöglich. Daher müssen sie erst produziert werden. Und es ist beeindruckend zu sehen, wie eine ganze Heerschar akademisch anerkannter Fachleute, die zuvor keineswegs als Antisemiten auffällig waren, sofort bereit ist, für die Naziregierung zu bestimmen, wer, warum und ab wann als »fremdrassig« eingestuft werden soll oder nicht. Forschungsprojekte werden entwickelt, Essays publiziert, Vorträge gehalten, und an all dem verdient die akademische Zunft nicht schlecht.

Dass Hitler als erste einschneidende Maßnahme die »Nürnberger Gesetze« praktisch widerstandslos durchbrachte, verdankte er dem bezüglich Rassenhygiene und Menschenzucht ideologisch seit Jahrzehnten gut aufbereiteten Boden. Beispiel dafür ist die idyllische, vergleichsweise wohlhabende Kleinstadt Zwickau in Sachsen, wo eine Gruppe von Ärzten bereits 1925 einen Gesetzesentwurf zur »Rettung des Volkskörpers« initiierte. Die sogenannte *Lex Zwickau* sieht unter anderem die chirurgische Unfruchtbarmachung von Grundschülern vor, die wegen »angeborener Blindheit, Taubheit, Epilepsie oder Blödheit« dem Unterricht nicht folgen können; ebenso die Sterilisierung von »Geistesschwachen und moralisch Haltlosen in öffentlichen oder privaten Anstalten«. Frauen und Mädchen, die wiederholt ohne Nachweis einer Vaterschaft schwanger werden, sollen in geschlossenen Anstalten oder durch entsprechende Eingriffe an einer weiteren Fortpflanzung gehindert werden – und einiges mehr. Dieser Gesetzentwurf sieht noch keine »rassische« Selektion vor. Und vom Reichstag wurde er abgelehnt (Byer 1988).

Doch zehn Jahre später war die Zeit reif. Im September 1935 verfügte der seit einem Jahr vereidigte Reichskanzler Adolf Hitler das »Gesetz zur Verhütung erbkranken Nachwuchses«, das weitgehend den Vorschlägen der Lex Zwickau aus dem Jahr 1925 entspricht. Darüber hinaus wurde es mit dem »Reichsbürgergesetz zur Wiederherstellung des Berufsbeamtentums« verbunden, das die Eliminierung »fremdrassiger« Elemente aus öffentlichen Positionen vorsieht. Es folgt das »Gesetz zum Schutze des deutschen Volkes und der deutschen Ehre«, das bevölkerungspolitisch als »negative Selektion« gilt und »rassische Mischehen« sowie »außerehelichen Geschlechtsverkehr mit Fremdrassigen« unter Strafe stellt. Zuwiderhandeln wird als »Rassenschande« bezeichnet, die im Wiederholungsfall die Sterilisation beider Partner zur Folge haben kann. Als Maßnahmen einer »positiven Selektion« werden ständische oder konfessionelle Ehehindernisse abgeschafft und ein Schwangerschaftsabbruch von weißen Partnern mit drakonischen Strafen geahndet.

Der berühmte »Ahnenpass«, eine Art Pedigree für Menschen, war ab April 1938 auch in Österreich für alle sogenannten staatstragenden Berufsgruppen vorgeschrieben. Rechtsanwälte, Richter, Publizisten, Lehrer, Universitätsprofessoren, Ärzte und Apotheker, Redakteure und Schriftsteller, Wissenschaftler, Architekten, Industrielle, Schauspieler und Künstler mussten diesen »Ahnenpass« vorlegen, vom ihm hing die weitere Berufsausübung und sogar die Staatsbürgerschaft ab, ungeachtet dessen, wie lange jemand bereits im Lande lebte, was für Verdienste jemand als Nobelpreisträger oder als Offizier im Ersten Weltkrieg, als Verfassungsjurist, als Publizist oder als Verleger, Schauspieler und Musiker erworben haben mochte. Jeder in der Öffentlichkeit tätige Bürger benötigte dieses notariell beglaubigte Dokument zum Nachweis der eigenen Abstammung bis in die dritte Generation, das nur mithilfe selbst bezahlter und gut daran verdienender, akademisch ausgebildeter Anthropologen, Familienforscher, Psychologen, Genealogen erstellt werden konnte. Und niemandem fiel dabei etwas auf, bisweilen nicht einmal jenen, die von den Anthropologen als »fremdrassig« eingestuft wurden und deren Leben dadurch in die Brüche ging.

1982 publizierten dazu die Wiener Anthropologen Horst Seidler und Andreas Rett eine bestürzende Dokumentation aus Quellen des Anthropologischen Instituts in Wien: Alle Probanden waren ohne Weiteres bereit, sich der Prozedur einer Prüfung ihrer »Reinrassigkeit« zu unterziehen, als wären sie Hunde; und wenn das Ergebnis negativ ausfiel, waren sie nicht nur wegen der politischen Konsequenzen erschüttert, sondern auch weil sie sich selbst nicht mehr als »vollwertig« sehen wollten.

Die Zweifler an diesen neuen Verordnungen lasen vielleicht auch das Kleingedruckte in diesem *vulgo* als »Ahnenpass« bezeichneten Dokument. Und sie könnten beruhigt gewesen sein, denn es findet sich darin kaum etwas, was nicht ohnehin der allgemeinen Meinung entsprach. Vorangestellt ist ein Auszug aus dem »Rassengrundgesetz der Nationalsozialisten«, wobei betont wird, dass dieses auf den »wissenschaftlichen Erkenntnissen der Erblehre und der Rassenforschung« beruhe:

> »Oberste Pflicht eines Volkes, nicht nur des deutschen, sondern *jeden* Volkes ist es, seine Rasse, sein Blut von fremden Einflüssen rein zu halten und die in den Volkskörper eingedrungenen, fremden Bluteinschläge wieder auszumerzen.
>
> Dem Denken des Nationalsozialismus entsprechend, jedem Volke volle Gerechtigkeit widerfahren zu lassen, ist dabei niemals von höheren oder minderwertigeren, sondern stets nur von *fremden* Rasseneinschlägen die Rede (...).«

Die Rassenideologie beansprucht Universalität. Der Passus über die »Gerechtigkeit allen Völkern gegenüber« klingt gegenwärtig direkt vertraut, wenn man sich die Programme rechtsradikaler Politiker anschaut, etwa der Identitären Bewegung in Europa oder der Tea Party in den USA, die alle von sich ebenfalls behaupten, keineswegs »rassistisch« zu sein und kein »Volk« als »minderwertig« anzusehen, vielmehr alle

»Völker und Kulturen« gleichwertig zu betrachten – solange sie ihren »angestammten Ort« nicht verlassen. Dies ist auch der Kern des »völkischen« Gedankens.

Wer aber soll bestimmen, ab wann und warum jemand als »angestammt« gilt? Zumal nach dem Ersten Weltkrieg, unter den Bedingungen einer nie zuvor dagewesenen Fluchtbewegung und angesichts von Grenzverschiebungen gigantischen Ausmaßes. Und heute? Heute wird von kritischen Geistern gerne gefragt, was »fremd« überhaupt heißt, und man räsoniert gar über ein »Fremdsein in sich selbst«, um dem Thema den schmerzenden nationalistischen Zahn zu ziehen. Eindeutig und endgültig kann freilich niemand bestimmen, wer »fremd« oder »angestammt« ist. Und das ist gut so. Denn nur NS-Gesetzgeber wissen das ganz genau:

> »Als *fremd* gilt hier vor allem das *Blut* der im europäischen Siedlungsraum lebenden Juden und Zigeuner, das der asiatischen und afrikanischen Rassen und der Ureinwohner Australiens und Amerikas (Indianer), während z. B. ein Engländer oder Schwede, ein Franzose oder Tscheche, ein Pole oder Italiener, wenn er selbst frei von solchen, auch ihm *fremden Bluteinschlägen* ist, als verwandt, also als *arisch* gelten muss, mag er nun in seiner Heimat oder in Ostasien wohnen, oder mag er Bürger der USA oder eines südamerikanischen Freistaates sein.«

Was zählte, war das »Blut« und nicht die Staatsbürgerschaft; es zählte die »Rasse« und nicht das Recht. Und wie reagierten damals die Betroffenen, die sogenannten staatstragenden Berufsgruppen auf die Verordnung zum »Ahnenpass«? Viele jammerten: über die bürokratischen Zumutungen und die praktische Unmöglichkeit, die geforderte »Blutreinheit« bis in die dritte Aszendenz eindeutig nachzuweisen; und nicht zuletzt über die enormen Kosten, die entstehen, weil Historiker und Genealogen, oftmals in verschiedenen Staaten und Gemeinden, damit beauftragt werden mussten. Öffentliche Proteste gegen dieses Dokument blieben meines Wissens aus. Es war ja nur ein Stück Papier und man wollte seine berufliche Laufbahn nicht gefährden.

*

Auch die Eltern jammerten. Der kleine Rest des ursprünglich multiethnischen Habsburgerreiches wurde ab März 1933 von Engelbert Dollfuß diktatorisch regiert, die Souveränität dieses Staates war jedoch durch einen das Budget kontrollierenden Hochkommissar des Völkerbundes eingeschränkt. Ideologisch war die Einheitspartei »Vaterländische Front« explizit »völkisch« – das heißt durchaus rassistisch – und klerikal ausgerichtet und für öffentlich Bedienstete verpflichtend. Der österreichische Staat forderte zwar keine »Rassenreinheit« seiner Bürger, sondern *nur* eine »weltanschauliche Gleichschaltung«; doch im benachbarten Deutschen Reich lagen die Dinge anders.

Nach Hugo Bernatziks Rückkehr aus Portugiesisch-Guinea im Sommer 1931 verhinderten die Folgen des Bankenkrachs und der Weltwirtschaftskrise den Verkauf der auf der Reise erworbenen ethnografischen Objekte, deren Erlös jedoch für die Rückzahlung seiner für die Reise aufgenommenen Kredite notwendig gewesen wäre. 1933 scheiterte die angestrebte Zollunion mit dem »Reich«, von der sich viele eine wirtschaftliche Erholung Österreichs erhofft hatten, am Einspruch Frankreichs, und kurz darauf führte Hitler eine Devisenbeschränkung in Form der sogenannten 1000-Mark-Sperre ein. Da der Vater mangels publizistischer Möglichkeiten in Österreich vorwiegend mit deutschen Zeitschriften und Buchverlagen arbeitete, bedeutete dies für ihn ein beachtliches Problem. Der vom Wiener Verlag Seidl & Sohn 1933 herausgebrachte zweibändige Bildband *Äthiopien des Westens* über die Reise nach Portugiesisch-Guinea war teuer und verkaufte sich kaum. Dem Verlag brachte das waghalsige verlegerische Unternehmen den Konkurs ein, dem Autor die ersten Anfeindungen durch neidische Kollegen. Vereinzelte Bildreportagen in den wenigen, einschlägig interessierten Zeitschriften in Österreich, darunter die sozialistische Illustrierte *Der Kuckuck*, brachten ebenfalls kein nennenswertes Einkommen. Geschäftsbeziehungen zwischen Österreich und dem Deutschen Reich mussten nun über ein kompliziertes Clearing-System abgewickelt werden, zudem hatte der Vater bereits nach seiner Rückkehr aus der Südsee im Sommer 1933 entsetzt festgestellt, dass viele der mit ihm arbeitenden Redakteure in Deutschland ihren Posten verloren hatten, weil sie Juden waren. Insbesondere liberale Verleger, die um ihre Existenz fürchteten, wagten nicht mehr, einen Autor ohne Mitgliedschaft bei der »Reichsschrifttumskammer« zu verlegen. Für die Mitgliedschaft war jedoch ein »Ahnenpass« vonnöten.

Zwar fand der Vater dieses mit zeitraubenden Umständen und hohen Kosten verbundene Dokument »völlig unsinnig«, doch in Anbetracht seiner Lage beauftragte er 1935 einen Familienhistoriker in Leipzig mit der Erstellung dieses unsäglichen Dokuments, klammheimlich natürlich, denn in Österreich war die NSDAP wie auch alle anderen Parteien verboten und Bernatzik hatte ohnehin mit Schikanen zu kämpfen, weil er sich als Dozent in Graz weigerte, der »Vaterländischen Front« beizutreten; nicht etwa, weil er »ein illegaler Nazi war«, wie manche heute zu wissen glauben, sondern weil er »die Klerikalen« verabscheute. Er sei noch nie Mitglied einer Partei gewesen und wolle es dabei belassen, ließ er den Dekan in Graz wissen.

Dass der »Ahnenpass« für Professoren und Museumsdirektoren im Nachbarland erforderlich war, bot jedoch in Österreich bereits vor dem »Anschluss« die Möglichkeit, einen unliebsamen Kollegen als »jüdisch versippt« zu denunzieren, um ihn als Konkurrenten um akademische Positionen im deutschen Sprachraum auszuschalten. Auch Hugo Bernatzik setzte dies zu. Bereits vorher war er, offenbar in Unkenntnis des Todes seiner ersten Frau Margarete Ast 1924 der Bigamie verdächtigt worden, weil er als angeblich geschiedener Mann noch einmal geheiratet hatte. Das Gerücht, er sei »jüdisch versippt« war in Anbetracht seiner noch nicht abgeschlossenen Bemühungen um die Mitgliedschaft bei der Reichsschrifttumskammer keinesfalls angenehm. Der zunächst von Bernatzik verdächtigte Museumsethnologe Dominik Wölfel versicherte jedoch glaubhaft, ihm sei die Sippschaft von wem auch immer völlig egal, zudem sei er selbst mit einer »Halbjüdin« verheiratet, doch habe er dergleichen Gerüchte von Walter Hirschberg im Gespräch aufgeschnappt. Bernatzik wiederum hatte von den Gerüchten durch einen Bekannten erfahren, der zur Gestapo gute Beziehungen unterhielt. Letztlich nahm er von einer Klage Abstand, und Wölfel widerrief offiziell alle einschlägigen Gerüchte.

Mit Sicherheit war der Vater kein Antisemit, in seinen Kreisen ohnehin eine Seltenheit. Weder seine öffentlichen Texte noch seine privaten Äußerungen lassen auf Judenfeindlichkeit schließen. Von der Reise in die Südsee 1932/33 berichtet er von einem »sehr sympathischen und gebildeten« Juden, den er auf dem Schiff kennengelernt habe; 1935 verzichtet er darauf, gegen einen ihm Geld schuldenden jüdischen Redakteur im »Reich« zu klagen, um ihm »keine Schwierigkeiten« zu machen; Dokumente belegen Bemühungen, in Bedrängnis geratene Juden oder »Halbjuden« zu unterstützen; Gestapospitzel berichteten 1938, als er sich um die Parteimitgliedschaft bemühte, er »kauft bei Juden ein«. Mit seinen Fotos, die er zwischen 1927 und 1933 von afrikanischen oder ozeanischen »Eingeborenen« nach Hause brachte, wandte er sich explizit gegen rassistische Vorurteile seiner Zeit. Man sieht darauf keine Zwangsarbeiter und Dienstboten, keine obszönen Motive, keine uniformierten Missionsschülerinnen, sondern individuelle Menschen; seine Porträts, selbst wenn manche Bücher einige »anthropologische Aufnahmen« enthalten, entsprechen kaum den von dieser Wissenschaft – (ohne Anführungszeichen, denn es war nun einmal eine akademisch anerkannte und etablierte Disziplin) – geforderten Achsen und Winkeln, die er unnatürlich findet. Seine Bilder repräsentierten das selbstbestimmte Leben in Dörfern weitab von den kolonialen Verwaltungszentren und vermittelten, dass diese angeblich minderwertigen, degenerierten oder zurückgebliebenen »Eingeborenen« intelligent und kunstsinnig oder einfach nur *schön* sind und auch *Schönes* produzieren können; dass man ihre Lebensweise möglichst respektieren sollte und sie es wert sei, erhalten zu werden, dafür wurde Hugo Bernatzik über die Grenzen Österreichs hinaus bekannt.

Aber ein Antikolonialist war er sicher nicht.

Das »Haus Bernatzik« war zwischen den Kriegen immer noch eine Art Treffpunkt lebensreformerisch eingestellter und vergleichsweise liberaler Persönlichkeiten, unter ihnen auch »assimilierte« Juden. Zahlreiche Briefe thematisieren die Notwendigkeit vieler Bekannter, in den 1930er Jahren das Land zu verlassen und in der Ferne eine neue Existenz aufzubauen, sei es aus wirtschaftlichen oder aus politischen Gründen. Brasilien, Afrika, Südostasien, China, der Balkan oder gar die Russische Sowjetrepublik wurden als mögliche Ziele erwogen, und für alle war die »koloniale Weltordnung« damals noch eine für alle Zeiten gesicherte Selbstverständlichkeit.

Das Kleingedruckte im »Ahnenpass« sollte etwaige Zweifler vor dem bereits damals gängigen *moralischen* Vorwurf des Rassismus schützen. Gleichzeitig sahen im »neuen« Deutschland viele Ethnologen und Anthropologen, darunter auch bedeutende, sich keinesfalls als Rassisten begreifende Professoren wie Richard Thurnwald und Wilhelm Emil Mühlmann kein Problem darin, in einer kollektiven Note 1934 dem »Reichskanzler« Adolf Hitler ihre Ergebenheit zu versichern. Ethnologen erhofften sich von Hitler vorwiegend die Rückgewinnung deutscher Kolonien, in denen man nach Gutdünken feldforschen konnte, ohne die ewige Bittstellerei bei den großen Kolonialmächten.

Die im Kleingedruckten so beruhigend klingende, »jedem Volke« verheißene »Gerechtigkeit« verschleiert die angeblich »wissenschaftlich« bewiesene Ungleichwertigkeit von »Rassen und Kulturen«, die die ungleich machenden Gesetze gerecht und angemessen erscheinen lässt: für ein zum Dienen veranlagtes Volk ist Dienen »gerecht«, für ein kulturschaffendes Herrenvolk eben das Herrschen.

In keinem der Briefe in Bernatziks umfangreichen Korrespondenzen der Zeit wird die Zumutung thematisiert, die eigene »Rassenreinheit« behördlich nachweisen zu müssen. Und doch stellte bereits dieser »Ahnenpass« sämtliche seit 1848 mühsam errungenen allgemeinen Bürgerrechte infrage: das Recht auf Privatsphäre, auf freie Berufsausübung und Partnerwahl, ja selbst das Recht auf Privateigentum – in diesen Kreisen doch sonst eine heilige Kuh. Bereits mit der Akzeptanz des »Ahnenpasses« sägte das liberale Bürgertum den Ast ab, auf dem es saß, und schaffte sich damit selbst ab.

*

Für meinen Vater, einen durchaus kritischen Beobachter der kolonialen Gesellschaft, war es selbstverständlich, dass Menschen verschiedener »Rassen und Kulturen« miteinander Sex haben und auch Kinder in die Welt setzen. In seinen Reisebüchern sind diese Kinder kein Thema. Doch auch der Vater kam am »Mischlingsproblem« nicht vorbei. Nachdem kriegsbedingt und auch aus politischen Gründen sämtliche Pläne für eine Forschungsreise nach Tonkin endgültig gescheitert waren, arbeitete er im Auftrag des Kolonialpolitischen Amtes (KPA) der NSDAP an einem »Handbuch für Afrika« unter Mitarbeit von Afrikanisten und Ethnologen aus verschiedenen Ländern Europas. Leiter des KPA war der Jurist und Anthropologe Dr. Dr. Rudolf Asmis, ein sehr gebildeter Mann, der vor dem Ersten Weltkrieg als gestrenger Kolonialbeamter in Deutsch-Kamerun und danach als Berufsdiplomat der Weimarer Republik tätig war. Den Briefen zufolge war die Beziehung zwischen Bernatzik und Asmis zumindest bis Mitte 1940 von Respekt und Wohlwollen getragen, ein Grund, warum das »Afrika-Handbuch« immer wieder als »kriegswichtig« eingestuft worden war, auch noch nach 1942, als Hitler längst kein Interesse mehr an afrikanischen Kolonien hatte. Für sämtliche Mitarbeiter dieses Projekts bedeutete dies nicht nur ein lebenswichtiges Einkommen während des Krieges, sondern auch die Freistellung vom Fronteinsatz und eine oft rettende Mobilität; sogar die Schließung des Frobenius-Instituts in Frankfurt am Main konnte dadurch verhindert werden (Byer 1999).

Ursprünglich als »eine Art Baedecker« für Siedler und Kolonialbeamte geplant, wurden die Beiträge der zahlreichen Mitarbeiter immer umfangreicher und akademischer, und als die beiden Bände endlich 1947 unter dem Titel *Afrika. Handbuch der angewandten Völkerkunde* herauskamen, war Hugo Bernatzik vom bleibenden Nutzen dieses Werkes überzeugt.

Er selbst verfasste darin einen Beitrag zur angewandten Völkerkunde, in dem er seiner Ansicht nach mit einer Kolonialverwaltung kompatible Maßnahmen zum Schutze der »Eingeborenen« vorschlug. Erst auf die nachdrückliche Anweisung des KPA hin sah er sich gezwungen, einen Abschnitt dem so brisanten »Mischlingsproblem« zu widmen, und orientierte sich dabei an dem 1940 erschienenen, pragmatischen Aufsatz von Eugen Fischer zu »Rasse und Kultur«. Wie Eugen Fischer sieht nun auch Bernatzik als »wissenschaftlich erwiesen« an, dass »Mischlinge« nicht über das geistige und kulturelle Niveau der »höheren Rasse« verfügen, jedoch gegenüber der »niedrigeren Rasse« eine überlegene Intelligenz aufweisen können, freilich keine kreative Intelligenz, sondern eher eine ausgeprägte Schlauheit als Kompensation für ihre angeblich angeborene Willensschwäche. Diese sei auch eine Ursache für die den »Mischlingen« inhärente Falschheit im Allgemeinen. Von Natur aus wurzellos seien sie unfähig, ein Interesse am Gemeinwohl einer Nation zu entwickeln, und daher nur auf persönlichen Vorteil bedacht. Immerhin schließt Bernatzik die Ansicht einiger »Bastardforscher« aus, wonach »Mischlinge« über eine eingeschränkte Reproduktionsfähigkeit verfügten, und im Gegensatz zu den NS-Behörden spricht er sich auch gegen ein gesetzliches Verbot von Verbindungen zwischen »fremden und deutschstämmigen Rassen« aus, weil dies ohnehin nicht durchsetzbar wäre.

Aus alldem zieht er folgenden Schluss:

»Da Mischlinge nun einmal da sind«, solle man sie nicht bekämpfen, sondern einfach in der Familie der »jeweils niedrigeren Rasse belassen«; diese sei in den allermeisten Fällen die der Mutter und aufgrund ihres »weißen Bluteinschlags« hätten sie dort ohnehin mehr Chancen als in einer weißen Gesellschaft.

Als ich diese Zeilen erstmals Anfang der 1990er Jahre las, verstand ich endlich die Bemerkung meiner großen Schwester anlässlich meiner Hochzeit vor über einem Vierteljahrhundert: *Wenn das der Papa wüsste* ... Beinahe belustigt über die doch offensichtliche logische Blindheit eines sonst so scharfsichtigen Beobachters dachte ich, wie sollten denn »Mischlinge« ein Interesse an einer »Gemeinschaft« entwickeln können, die ihnen mit einer derart herabsetzenden Haltung begegnet! Was bliebe ihnen unter diesen Umständen denn anderes übrig, als »nur auf ihren eigenen Vorteil« bedacht zu sein ...

Anlässlich eines geselligen Zusammenseins mit Bekannten und Verwandten kam ich auf die eben entdeckten Ausführungen des Vaters über »Mischlinge« zu sprechen, eher beiläufig, um einen für mich offensichtlichen ideologischen Wandel seit jener Zeit zu illustrieren – oder vielleicht auch, um meine Bestürzung über diese Entdeckung mit vermutlich Gleichgesinnten zu teilen. Die Reaktion war überraschend.

Na und? Wo liegt das Problem? So denkt doch heute jeder!

Ob diese Bemerkung kritisch oder affirmativ gemeint war, weiß ich bis heute nicht genau; aber ich weiß, *falls* diese Bemerkung zustimmend gemeint war, hätten nicht nur meine Tochter und ich ein Problem. Zur Zeit des Vaters wurde dieser Unsinn vor dem Hintergrund des weltweit herrschenden europäischen Kolonialsystems gedacht, das von einer naturgesetzlichen Überlegenheit der Weißen und dem darauf beruhenden Recht weißer Vorherrschaft ausging, während dergleichen Aussagen *heute*, nach all den Erfahrungen des Holocausts und des Zweiten Weltkriegs, *nach* der 1948 neuerlichen Festschreibung der Menschenrechte und des Völkerrechts, *nach* dem Ende der Apartheitssysteme und dem offiziellen Ende des administrativen Kolonialismus nichts anderes als blanken Rassismus repräsentieren und ziemlich alles infrage stellen, was Europa ausmachen sollte.

Ich selbst las das »Handbuch für Afrika« erst im Zuge meiner Arbeit an einer politischen Biografie Bernatziks (1999). Und bis 1972 war offenbar niemandem etwas daran aufgefallen. Doch dann geschah es:

Ich erinnere mich an die Fassungslosigkeit der alten Mutter, die an einem kühlen Herbsttag in diesem Jahr eingewickelt in einer Decke am Schreibtisch saß. Sie hatte in einer deutschen Zeitschrift einen kleinen

Artikel entdeckt, in dem schwarz auf weiß von ihrem nunmehr seit zwanzig Jahren toten Ehemann behauptet wurde, er sei ein rassistischer Nazi gewesen, der die Ausrottung der Afrikaner als »minderwertige Rasse« befürwortet oder gar zum Ziel gehabt hätte. Und als Beleg dafür wurde sein Beitrag zum »Mischlingsproblem« im Afrika-Handbuch angeführt.

Die Mutter hatte mich aus dem Nebenzimmer gerufen, ich war gerade zu Besuch, um ihr im Fotoarchiv zur Hand zu gehen; da saß sie nun, schüttelte den Kopf, legte ihre Stirn in Falten und deutete auf den Artikel, wobei sie mit beunruhigend leiser Stimme immer wiederholte: Das ist doch nicht möglich ... wie kommt jemand auf so eine Idee! Wo Hugo doch sein ganzes Leben nur um Verständnis für die Eingeborenen bemüht war, wo er sich immer für die Verbesserung ihrer Lebensbedingungen eingesetzt hat! Warum schreibt jemand nur so etwas! Was steckt da wieder dahinter ...

Verwirrt und hilflos stand ich daneben, peinlich berührt, wie immer, wenn meine Mutter über irgendetwas klagte, wovon ich keine Ahnung hatte. Ich war damals überzeugt, dass der Vater mit seiner Leidenschaft für fremde Kulturen, mit seiner Kritik an der kolonialen Praxis, mit seinen wunderbaren Fotos und seinem ganzen Lebensstil weder ein Rassist gewesen sein konnte noch irgendetwas mit dem Mörderregime der Nazis zu tun hatte. Und je umfangreicher mein Wissen über den Nationalsozialismus wurde, desto sicherer meine Gewissheit, dass der Vater nichts, wirklich gar nichts mit den bücherverbrennenden Nazibanden und all den Folterknechten und Massenmördern zu tun hatte.

Heute weiß ich, dass ich damals keine Ahnung hatte von der Struktur und der Wirkungsweise dieses Regimes auf die Menschen.

*

Im Juni 1993 saß ich im Zug nach Dresden, einer ab dem Habsburgerreich bis zum Zweiten Weltkrieg eng mit dem Wiener Bürgertum verbundenen, kurfürstlichen Stadt, die nun, erstmals seit fast einem halben Jahrhundert, ohne Überwindung von Stacheldraht und Wehrtürmen zu erreichen war. Am Bahnsteig des überraschend glanzvollen Dresdner Hauptbahnhofs erwartete mich ein freundlicher kleiner Mann mit starkem sächsischen Akzent, der sich als der von mir zuvor kontaktierte Afrika-Kurator des Museums für Natur- und Völkerkunde vorstellte. Gleich morgen könne ich im Depot des Museums mit der Arbeit beginnen, doch sei ich vor der Unordnung gewarnt, seit dem Umbruch habe noch niemand Zeit gefunden, sich mit dem alten Papierkram zu befassen.

Das konnte mir nur recht sein, und ich freute mich auf die Arbeit. Der Kurator hatte mir ein Zimmer in einem studentischen Hotel reserviert, und auf dem Weg dorthin bemerkte er:

Falls Sie am Abend noch ausgehen wollen, seien Sie vorsichtig! Seit der Öffnung treibt sich alles mögliche Gesindel in der Stadt herum, sogar Neger! In Afrika mögen sie ja recht nett sein, aber in Sachsen brauchen wir sie wirklich nicht. Finden Sie nicht auch?

Ich fand diese Bemerkung einigermaßen überraschend für einen Afrikanisten in postkolonialer Zeit, aber ich hatte mir fest vorgenommen, meine Arbeit nicht von persönlichen Empfindlichkeiten irritieren zu lassen. Im Archiv des Museums beabsichtigte ich die Korrespondenzen des Dresdner Afrikanisten Bernhard Struck (1888–1971) einzusehen, seinerzeit Direktor des Museums für Tier- und Völkerkunde und wissenschaftlicher Leiter der gemeinsam mit Hugo Bernatzik unternommenen Expedition nach Portugiesisch-Guinea 1930/31. Der Name Struck war mir seit meiner Kindheit als Gesprächsthema zwischen Vater und Mutter vertraut, und nun hatte ich im väterlichen Nachlass die umfangreiche, bei allen Meinungsverschiedenheiten immer freundlich und respektvoll gehaltene Korrespondenz zwischen den beiden Männern in den Jahren zwischen 1929 bis 1940 durchgearbeitet. Zwei Fragen waren offengeblieben: Warum war der Kontakt zwischen den beiden Männern 1940, nachdem Struck Professor in Jena geworden war, abgebrochen? In welcher Weise spielte die »Causa Gerlach« dabei eine Rolle und was wusste Struck über die Angelegenheit?

Das Museum ist damals noch im Japanischen Palais untergebracht, ein enormer rußgeschwärzter klassizistischer Prunkbau am rechten Ufer der Elbe; und als ich mich am nächsten Morgen endlich bis zum Depot durchgefragt hatte, war ich ein wenig erstaunt darüber, dass die umfangreiche ethnografische Sammlung aus Portugiesisch-Guinea mit »Expedition B. Struck 1930/31« beschrieben war, ohne den geringsten Hinweis auf Bernatzik, der immerhin die ganze Reise initiiert, organisiert, dokumentiert und die Objekte von den Einheimischen auch erworben hatte.

In den folgenden Tagen wurden mir zunächst großzügig, später zunehmend unwilliger die Schränke mit den verstaubten Ordnern der gleichen Machart wie jener auf dem Dachboden des Wiener Elternhauses geöffnet. Doch es fanden sich keine Unterlagen zur Reise nach Portugiesisch-Guinea, weder Abrechnungen noch irgendwelche Korrespondenzen, obwohl Bernhard Struck seine Reisekosten und auch den Ankauf der ethnografischen Objekte für das Museum aus öffentlichen Forschungsmitteln finanziert bekam und daher eine Kostenberechnung oder zumindest ein Abschlussbericht mit Rechnungslegung zu erwarten gewesen wäre. In meinen Unterlagen waren nur die Ausgaben des Vaters aufgelistet, damals noch Student, aber immerhin afrikaerfahren, der im Unterschied zu Struck seinen Anteil der Reise und der ethnografischen Sammlung über Vorschüsse von Verlagen und Krediten hatte vorfinanzieren müssen, was später einer der vielen Gründe für die latenten Spannungen zwischen den ungleichen Partnern werden sollte: der eine ein wissenschaftlich ambitionierter Abenteurer, der sich nur im Umgang mit »unzivilisierten Eingeborenen« wohlfühlte, der andere ein Wissenschaftsbeamter, der den Kontakt mit kolonialen Verwaltungsbeamten und Plantagenbesitzern bevorzugte und sich auf anthropometrische Aufnahmen beschränkte.

Dennoch war der Tonfall der mir vorliegenden Korrespondenzen von Bernatziks Seite immer vertrauensvoll, von Strucks Seite auch wohlwollend oder gar schmeichlerisch gegenüber dem immerhin zehn Jahre jüngeren Vater. Auch über die »Causa Gerlach« war im Dresdner Museum rein gar nichts zu finden.

Doch dann stieß ich auf Briefe, die mir den Atem stocken ließen.

447

Strucks Zusammenarbeit mit dem Vater war allgemein bekannt; und wann immer Hugo Bernatzik sich um eine Stellung in einem Museum oder an einer Universität bewarb, wurde der bestens im akademischen Betrieb integrierte Struck um ein Gutachten oder eine informelle Auskunft über Bernatzik ersucht. In seinen Briefen an den Vater gab Struck immer vor, ihn bestmöglich zu unterstützen, doch nun stellte sich heraus, dass er sich Dritten gegenüber in vernichtender Weise über ihn äußerte: desinteressiert und unfähig zu wissenschaftlicher Arbeit – womit Struck vor allem seine eigenen anthropometrischen Berechnungen und die ihnen zugrunde liegenden Hypothesen meinte; übermäßig ehrgeizig, sensationslüstern und geldgierig –, dies weil Bernatzik auf seinen Fotorechten beharrte und in illustrierten Zeitschriften und Magazinen publizierte. Dem Direktor des »Berliner Museums für Völkerkunde«, der 1934 Interesse an einem Ankauf von Bernatziks Sammlungen aus Portugiesisch-Guinea gezeigt hatte, empfahl Struck die fraglichen Objekte von vorzüglicher Qualität unbedingt zu erwerben, aber den Preis zu drücken, weil Bernatzik sich in einer finanziellen Notlage befinde und auf jedes Angebot eingehen müsse.

Als 1940 Dr. Dr. Rudolf Asmis, Leiter der Sektion »Afrika« im Kolonialpolitischen Amt in Berlin Hugo Bernatzik für eine Stellung als »Beauftragter für Eingeborenenfragen« vorsah und dazu die Meinung von Bernhard Struck, eben zum Professor in Jena avanciert, einholte, antwortete der ansonsten so schreibgehemmte Mann schließlich mit einem beinahe vierzigseitigen, vernichtenden Elaborat über Bernatziks wissenschaftliche Unfähigkeit und charakterliche Schwächen. Er warf Bernatzik unbotmäßige Einmischung in die Kolonialpolitik des Gastlandes zugunsten der »Eingeborenen« vor, wodurch künftige »deutsche Forschung« schwer behindert worden sei, was Bernatzik gänzlich ungeeignet für die vorgeschlagene Position mache. Damit nahm Struck Bezug auf Bernatziks Intervention 1931 bei den portugiesischen Behörden in Bolama zum Schutze der Bidjogo vor den Repressalien der Steuereintreiber. Und schließlich gab er an, selbst seit einiger

Zeit kolonialpolitische Interessen zu verfolgen und für entsprechende Aufgaben gerne zur Verfügung zu stehen.

Asmis nahm daraufhin von seinem Angebot an Bernatzik Abstand – aus heutiger Sicht wohl ein Glücksfall, doch damals bedeutete die Absage für den Vater ein großes finanzielles Problem und eine herbe Enttäuschung. Nicht nur er selbst, sondern auch Kollegen wie der unglückliche Martin Schnitger hatten gehofft, Bernatzik könnte durch diese Position im KPA das »Schlimmste für die Eingeborenen« vielleicht verhindern.

Bernatzik wusste zwar um ein Gutachten von Struck, Asmis hatte ja seine Absage damit begründet; doch er wusste nichts über dessen Inhalt, denn das Gutachten war »geheim«. So geheim, dass ich das diesbezügliche umfängliche Schreiben noch ein halbes Jahrhundert später in Dresden nicht einsehen durfte und es erst nach weiteren siebzehn Jahren durch einen am Dresdner Museum arbeitenden Kollegen zugespielt bekam.

Struck war zwar niemals bei der Partei, unterhielt jedoch beste Beziehungen zu den maßgeblichen Persönlichkeiten der Nazibürokratie. Er unterstützte eminente Nazischarlatane wie seinen Assistenten Michael Hesch (1893–1979), den er zu seinem Nachfolger in Dresden erkoren hatte, und selbst für den »Rassengünther« Hans F. K. Günther verfasste er positive Gutachten für dessen Bewerbung 1935 um eine Professur in Berlin (Scheppe 2016).

Direkt kurios mutet heute an, wenn Struck 1939 den Wiener Museumsethnologen Walter Hirschberg, Mitarbeiter des Vaters bei der Herausgabe der *Großen Völkerkunde*, über Bernatzik ausfragte und dabei konspirativ meinte, er selbst arbeite ja nur mit Bernatzik zusammen, *um ihn im Auge zu behalten.* Gleichzeitig warnte er Bernatzik brieflich vor einer Zusammenarbeit mit Walter Hirschberg, denn dieser habe sich als unzuverlässig und vor allem »als Rassist« erwiesen ...

Das schrieb einer, dessen Lebensaufgabe in einer *rassisch-kulturellen* Bestandsaufnahme afrikanischer »Eingeborener« bestand und der trotz all seiner Tabellen zu Augenfarben, Haarformen und Ohrläppchenformen, ungeachtet aller seiner Messungen von Knochen, Muskeltonus und Stimmlagen natürlich niemals auf ein endgültiges Ergebnis kommen konnte und daher immer wieder »Ausnahmen« der von ihm aufgestellten Gesetzmäßigkeiten einkalkulieren musste. Und er schrieb es in einer Zeit des Rassismus als ultimatives politisches System. Dies zeigt, dass man sich selbst in der Zeit des rassistischen Terrors nicht dem Vorwurf von »Rassismus« ausgesetzt sehen wollte. Bereits damals war der Begriff auf eine moralische Dimension reduziert und damit inhaltsleer.

*

Auf mich hatte die Entdeckung des Struck'schen Doppelspiels eine überraschende Wirkung: Meine Bestürzung über die Entdeckung der Parteimitgliedschaft des Vaters ab April 1938 und über seine Korrespondenz mit einigen Nazifunktionären wurde von meinem Schrecken darüber überlagert, dass der Vater von vertrauten Kollegen schlichtweg hintergangen worden war. Ich war nahe daran, das ganze Unternehmen aufzugeben, weil mir dadurch auch das Ausmaß meiner »Befangenheit« klar wurde. Befasse ich mich mit dem Unrecht an meinem Vater, gerät der verbrecherische NS-Staat aus dem Fokus; die Befassung mit den Untaten des Regimes lässt wiederum das meinem Vater angetane Unrecht zu einer Marginalie verblassen, was für mich als Tochter *und* Historikerin ebenfalls nicht hinnehmbar war.

Und mit niemandem, wirklich niemandem konnte man über dieses erbärmliche Dilemma sprechen.

Was also tun in Dresden nach Dienstschluss des Museums? Ich wanderte zwischen Souvenirshops und einigen wenigen herausgeputzten Hotels auf nahezu menschenleeren Plätzen rund um das schwarz in den Himmel ragende Skelett der ehemaligen Frauenkirche umher; setzte mich auf einen der sorgfältig rund um die Ruine geordneten und nummerierten schwarzen Steine; betrachtete die an einem Stand erworbene Postkarte, auf der die Kirchentrümmer noch inmitten von dunklem Geröll, grauen Wiesen und weidenden Schafen zu sehen sind, inmitten eines Niemandslandes, das kurz zuvor noch ein pulsierendes

Stadtzentrum gewesen war. In der Abendsonne warf die düstere Ruine ihre scharfen Schatten, und plötzlich wurde klar: Dieses schwarze Kirchenskelett war ein einzigartiges Denkmal für das Grauen und die Vernichtung als ultimative politische Folge einer die gesamte Menschheit verratenden Rassenideologie. Das einzig richtige Mahnmal – hoffentlich wird es so belassen, dachte ich.

*

Schließlich befreite mich Bernhard Streck, Professor für Sozial- und Kulturanthropologie in Leipzig, der mir zuvor nur durch seine bedeutenden Arbeiten über Gesellschaften im Sudan und über Religionsethnologie bekannt gewesen war, aus meiner trüben Stimmung. Ihm unterstand die Leitung des Universitätsinstituts für Ethnologie in Leipzig, wo ich ebenfalls arbeiten wollte, und ich war angenehm überrascht, als er mich mit dem Auto abholte, weil er wegen einer bemerkenswerten Ausstellung über heidnische Heilkunst einen Umweg über Zwickau plante.

Bereits auf der Fahrt vertraute ich diesem wortkargen Mann mit mächtiger Statur und feinem Humor alles an: Meine alles überdeckende Erschütterung bei der Entdeckung des Doppelspiels von Bernhard Struck – ist das nicht seltsam, nur ein einziger Buchstabe unterscheidet Ihren Namen! Meine bestürzende Feststellung, dass im Österreichischen Staatsarchiv sämtliche Gau-Akte, Verfahrensakten, Personalakten ehemaliger Professoren und Mitarbeiter des Vaters, die sich immer noch in Amt und Würde befanden, »nicht auffindbar« waren, während ganze Berge von Faszikeln zu dem seit 1953 toten Hugo Adolf Bernatzik für jeden einsehbar waren. Notizen zu ministerieller Bespitzelung während der »Systemzeit«, »Gau-Akte«, geheime »Informationen« und Verfahrensakten zur Zeit der »Entnazifizierungskommission« 1947, alles wurde mir gerne und zuvorkommend gereicht. Ich erzählte Bernhard Streck von meinem Besuch beim emeritierten Professor Walter Hirschberg in einer Villa in Pötzleinsdorf, der freundlich lächelnd gelogen hatte, *nichts, wirklich gar nichts zu wissen*, weder über meinen Vater noch über irgendjemand anderen in der fraglichen Zeit – und dies, obwohl ganze Berge seiner Korrespondenzen in meinem Besitz das Gegenteil bewiesen. Ich erzählte ihm von meinen Erfahrungen am Institut für Ethnologie in Wien, wo der »linke« Professor mir auf meinen Vorschlag eines gemeinsamen Forschungsprojekts zur Wiener Völkerkunde in der Zeit des Nationalsozialismus erklärt hatte, »das interessiere doch niemanden mehr«, und bezüglich meines Vaters sei »die Suppe zu dünn«, er habe sich die Angelegenheit bereits angeschaut. Falls ich das Projekt dennoch machen wolle, sollte ich die Mitgliedschaft bei einer Partei erwägen, denn bei einem derart heiklen Thema sei man in Österreich ohne *Schutzmitgliedschaft* bei einer Partei jeder Intrige wehrlos ausgeliefert. Und sein »linker« Assistent habe auf meine Bitte, mir bei all den mir damals unbekannten Namen auf die Sprünge zu helfen und ein gemeinsames Projekt zu entwerfen, gemeint, das könne er nicht riskieren, »die leben ja noch alle«, der »alte Hirschberg« komme noch jeden Tag ins Institut! Der »rechte« Professor habe ohnehin nichts von meinem Vorhaben wissen wollen. Und auch später bekam ich keinen Zugang zu den damals am Institut noch nicht archivierten Dokumenten aus jener Zeit. Auch vom plötzlich abweisenden Verhalten des Afrika-Kurators im Dresdener Museum erzählte ich und von meinem abenteuerlichen Besuch im Museum in Berlin, wo ich zunächst gar keinen und erst nach einer Intervention des Rektorats der Wiener Universität Zutritt in das angeblich wegen Renovierung dauerhaft geschlossene Archiv erhalten hatte.

Warum benehmen sich Professoren und Kuratoren in staatlichen Einrichtungen heute so, als ob sie etwas zu verbergen hätten? Abgesehen von Hirschberg waren sie damals doch noch gar nicht auf der Welt ... diese Institutionen sind doch öffentlich und werden mit öffentlichen Geldern erhalten, da müssten sie einem doch für Forschungsprojekte zur Verfügung stehen, oder etwa nicht?

Bernhard Streck hatte geduldig geschwiegen.

Nun, meinte er trocken, ihr Vater galt unter deutschen Professoren eben als »ganz großer Nazi« ...

Aber warum nur?

War er das denn nicht?

Eine *Schutzmitgliedschaft*, das war es! Und einige »Beziehungen« hatte er, die ihm halfen, über die Runden zu kommen. Nichts in seinem Werk oder seinem Leben deutet auf eine nationalsozialistische Gesinnung hin. Das ist im Vergleich zu den Verstrickungen all jener bestens etablierten Professoren mit ihrer Solidaritätserklärung für Hitler, ihrem abstrusen Wissenschaftsverständnis und ihrer Kriegsbegeisterung doch kaum der Rede wert ...

Bernhard Streck antwortete darauf erst nach einer Pause und wählte seine Worte bedächtig. Offenbar sei die Loyalität der Beamten zu den Institutionen sehr groß, vielleicht sogar stärker als jene aufgrund einer Verwandtschaft, für die man ja nicht verantwortlich ist. Und es gäbe ja immer einen gewissen Konkurrenzneid, denn jeder möchte etwaige Quellen zu diesem heiklen Thema für die eigene Forschung behalten. Bernatzik sei zwar öffentlich bekannt und geschätzt gewesen, aber unter Ethnologen und Anthropologen wohl eher unbeliebt. Warum, könne er nur vermuten, jedenfalls sei er als Dozent am Grazer Institut für Geografie wohl keine akademische Autorität gewesen und zudem früh verstorben. Gut etablierte Professoren würden einander durch etwaige »Enthüllungen« niemals in Verlegenheit bringen, weil sie sich ja gegenseitig bräuchten. Bernatzik sei nach dem Krieg wohl ein ideales Objekt gewesen, von der eigenen Vergangenheit abzulenken.

Das klang zwar einleuchtend, bot aber dennoch keine ausreichende Erklärung für die verschlagene Erbitterung gegenüber meinem Vater. Doch die Gespräche bewirkten, dass ich mich wieder fasste und mir bewusst wurde, dass meine Arbeit ja nicht in einer polizeilichen Ermittlung, sondern in einer historischen Recherche bestand; und bereits während meines Studiums hatte ich gelernt, dass eine Annäherung an Objektivität nur durch das Bewusstsein über die eigene Befangenheit gewährleistet werden könne. Und ich machte weiter.

In Leipzig hatte mich Bernhard Streck in dem eleganten Gästehaus der Universität untergebracht, einer weißen Villa der Jahrhundertwende mit bauchigen Balkonen vor hohen Bogenfenstern, in einem Zimmer im letzten Stock mit Aussicht auf den Himmel über Baumkronen. Am Institut für Ethnologie wurden mir umstandslos die Archivbestände aus der fraglichen Zeit zur Verfügung gestellt und auch sonst war man mir mit Hinweisen und Kontakten behilflich. Bernhard Streck war erst kürzlich von Mainz nach Leipzig gewechselt, seine Haltung gegenüber dem Institut offenbar unbefangen und sein Interesse am Thema sehr professionell. Dabei hatte auch er ein schwieriges Erbe übernommen. Denn von 1927 bis 1945 hatte der aus Ostpreußen (Oberschlesien, heute in Polen) stammende Anthropologe und Ethnologe Otto Reche (1979-1966) das Institut geleitet, neben Eugen Fischer der führende rassenanthropologische Gutachter der Nazizeit.

Wissenschaftliche Anerkennung hatte Reche, der bereits 1904 »über Form und Funktion der Halswirbelsäule der Wale« promovierte, zwischen 1924 und 1927 in Wien als Leiter des Instituts für Anthropologie und Ethnografie durch seine Blutgruppenforschung und die Entwicklung der Fluoreszenzdiagnose erworben. Bereits damals, also lange vor Hitler, bekundete er sein bevölkerungspolitisches Interesse durch die Gründung der »Wiener Gesellschaft für Rassenpflege« und einer gleichnamigen Zeitschrift. Reche zog als Erster zur Bestimmung der Vaterschaft nicht nur die Analyse der Blutgruppen heran, sondern auch eine »rassenkundliche Erbanalyse«. In späteren Jahren galt sein besonderes Interesse der Eliminierung von »Rheinlandbastarden« und der Minderheit der Sorben als »slawische Elemente« sowie der rassenbiologischen Begutachtung von Polen auf ihre Möglichkeit oder Unmöglichkeit zur »Eindeutschung« hin - heute würde man es wohl Integration nennen. Er unterzeichnete am 11. November 1933 zusammen mit zahlreichen Kollegen das »Bekenntnis der Professoren an den deutschen Universitäten und Hochschulen zu Adolf Hitler und dem Nationalsozialistischen Staat«. Doch Parteimitglied wurde er erst vier Jahre später.

Nach 1945 konnte er nach kurzer Inhaftierung durch die US-Army in der Region von Hamburg seine Gutachtertätigkeit als gerichtlicher Sachverständiger in Vaterschaftsprozessen fortsetzen, ebenso wie Fischer,

Hesch und andere konnte er seine Ansichten unbehelligt und als akademische Autorität an nachfolgende Generationen weitergeben.

Für meine Arbeit war Otto Reche interessant, weil 1929 ein kurzer anthropologischer Beitrag von ihm in Bernatziks Erstausgabe des Fotobandes *Zwischen weißem Nil und Belgisch-Kongo* erschienen war. Wie war der Vater, damals noch nicht einmal Student der »Völkerkunde«, auf diesen beinahe zwanzig Jahre älteren Professor gekommen? Und in welcher Beziehung stand er zu ihm? In meinen Unterlagen war dazu nichts zu erfahren, aber auch in Leipzig wurde ich nicht fündig. Erst später erfuhr ich von einer älteren Cousine, dass der Kontakt zwischen Otto Reche und Hugo Bernatzik von einem Verwandten mütterlicherseits, einem Professor für Geografie in Tübingen vermittelt worden war. Reche habe sich bereit erklärt, einen Beitrag zu verfassen, und dabei blieb es. Dafür fand ich in Leipzig die beklemmende Korrespondenz zwischen Otto Reche und der Wiener Dissertantin Marianne Schmidl, einer Jüdin, die durch Reches wiederholt negative Gutachten ihrer Arbeiten ihre Studienbewilligung und das schützende Arbeitsverhältnis in der Österreichischen Nationalbibliothek verlor und schließlich deportiert worden war (Geisenhainer 2005).

*

Leipzig war damals noch nicht nach westlicher Manier zurechtgemacht, und am Abend zog ich mein helles Zimmer im vierten Stock der Villa den verrauchten Kneipen mit Butzenscheiben vor. Mit einem Sandwich zog ich mich in meine Kammer zurück, studierte die kopierten Unterlagen aus dem Institut und dem Stadtarchiv, ließ die Wolken vor der offenen Balkontür über die Baumkronen ziehen, bis sie in der Dunkelheit verschwanden, und schlief tief und traumlos ein.

Doch mitten in der Nacht wachte ich auf; seltsame Stimmen, ein brummender Singsang und ein Gemurmel dazwischen drangen durch die halb offene Balkontür. Neugierig trat ich ins Freie, um die Herkunft der Stimmen zu erkunden, die Luft war klar, der Himmel voller Sterne, offenbar kamen die Stimmen aus einem Keller oder Tiefparterre in unmittelbarer Nachbarschaft. Es war weit nach Mitternacht und nun hörte ich es deutlich: ein Männerchor, der deutsches Liedgut probte. Plötzlich war kein Zweifel möglich: *Die Fahne hoch, die Reihen dicht geschlossen ...*

Erschrocken wich ich ins Zimmer zurück und setzte mich auf den Rand des Bettes. Träumte ich? War ich von der Befassung mit bedrückenden Texten aus unsäglicher Zeit einer Sinnestäuschung erlegen?

... SA marschiert in ruhigem festem Schritt ...

Und das im Juni 1993. Ich beugte mich abermals über das Geländer des schmalen Balkons und lauschte in die Nacht. Nein, es war keine Halluzination. Der Gesang kam wirklich aus dem Erdgeschoss des Nachbarhauses.

Verstört schloss ich die Balkontür, nahm eine leichte Schlaftablette mit mäßiger Wirkung. Am Tag darauf meinte Bernhard Streck, ich müsse mich verhört haben. Nach meinem heftigen Dementi belehrte er mich, dieses Lied, in dem ich das Horst-Wessel-Lied erkannt zu haben meinte, sei eigentlich ein altes deutsches Volkslied und sogar zur Zeit der DDR gesungen worden, freilich mit einem anderen Text. Und dann fügte er hinzu, was ein Jahrzehnt später immer öfter zu hören sein würde: dass man die Menschen im »Osten« nicht immer gleich als Rassisten und Rechtsradikale verurteilen dürfe, sondern lieber an die vielen Arbeitslosen nach der Wende und all die Verluste der Menschen durch die Wiedervereinigung denken solle – sei es ein Wunder, wenn sie sich vor ihrer eigenen Trostlosigkeit kompensatorisch in haarsträubendes Gedankengut flüchteten?

Dreizehn Jahre vergingen wie im Flug. Und 2016 besuchte ich Dresden erneut aus beruflichen Gründen. Die Stadt war kaum wiederzuerkennen. Die schwarzen Ruinen der Frauenkirche waren verschwunden, an ihrer Stelle glänzte ein mächtiger barocker Zentralbau; in beispielloser Anstrengung war die Frauenkirche stilgetreu nachgebaut worden und stand nun nagelneu zwischen Touristenströmen, Hotel-Restaurants und Aufmärschen der AfD, als sei nie etwas geschehen.

22

Ein Kongress in San Francisco

Paul Gilroy in Wien

Ab nach Marokko

Im Frühjahr 1996 absolvierte ich meine Habilitation für Historische Anthropologie, eine brandneue Disziplin, die extra für mich erfunden worden zu sein schien. Dadurch wurde es für eine Historikerin in Österreich erstmals akademisch legitim, auch in nichtwestlichen, außereuropäischen Gesellschaften – bis dahin exklusive Domäne der Ethnologen – Forschung mit Methoden der Sozialgeschichte zu betreiben. Weil aber Geschichtswissenschaft und Ethnologie verschiedenen Fakultäten angehörten, waren zuvor einige verfahrensrechtliche Hindernisse zu überwinden, was Professor Michael Mitterauer als Vorstand des Instituts für Sozial- und Wirtschaftsgeschichte auf sich nahm. Zehn Jahre zuvor hatte er meine Dissertation betreut und nun stellte er eine Prüfungskommission mit zwei Historikerinnen aus Österreich – (Edith Saurer und Michael Mitterauer) – und zwei Ethnologen aus Deutschland – (Karl-Heinz Kohl und Thomas Hauschild) – zusammen. Noch heute bin ich allen Professoren dankbar für ihre Geduld bei der Anhörung meiner manchmal vielleicht nicht ganz leicht nachvollziehbaren Ausführungen über den methodologischen und konzeptuellen Synkretismus meiner Arbeiten, der für mich essenziell war und den ich zu verteidigen hatte.

Postkoloniale Theorien in ihrer Vielfalt waren damals weit entfernt vom gegenwärtig zunehmend dogmatischen Moralismus. Es war ein experimentierfreudiges Denken, das grundsätzlich neue Fragen aufwarf und mit neuen Begriffen und Methoden arbeitete, deren Tragfähigkeit erst auszuloten war. Manches würde sich bewähren, anderes weniger. *Kultur als Text* brachte zwar neue Impulse des Denkens, doch gerieten dabei reale Lebensbedingungen und epistemologische Herausforderungen leicht aus dem Fokus, was ich unbedingt vermeiden wollte.

Als die Anhörung vorbei und meine Aufregung einer großen Erleichterung gewichen war, setzte ich mich inmitten des blühenden Rosenmeeres im Volksgarten auf eine Bank und erinnerte mich an die Anfänge meines späten Studiums und die Vorwürfe, die ich mir wegen dieses angeblich unverantwortlichen Leichtsinns hatte anhören müssen; aber auch an das Glücksgefühl erinnerte ich mich, als ich mich erstmals in meinem Leben auf Fragestellungen und Bücher konzentrieren durfte, die mich wirklich interessierten, ganz ohne die bange Frage, ob ich überhaupt die Berechtigung hätte, Zeit und Energie in ein brotloses Unterfangen zu investieren. Ich freute mich auf meine Zukunft in Gesellschaft inspirierender Kollegen und neugieriger, intelligenter Studenten, freute mich darauf, in meinen Lehrveranstaltungen zu vermitteln, was mir wirklich wichtig schien, etwa die neueste Entwicklung in einer matrilinearen Gesellschaft oder eine Geschichte der Rassenideologien und des Rassismus als Basis und Voraussetzung westlicher Nationalitäten. Aber es kam, wie es immer kommt, nämlich anders als erwartet.

Während der Recherchen zur politischen Biografie meines Vaters war immer deutlicher geworden, dass die übliche Klassifikation in Opfer, Täter, Mitläufer zwar für die Nachkriegszeit nützlich gewesen sein mochte, als es galt, möglichst rasch ein Verfahren zur demokratischen Erneuerung der Bevölkerung zu entwickeln, dass diese Herangehensweise aber für eine historische Auseinandersetzung eher hinderlich war. Gerade in akademischen Kreisen, in denen vor und nach dem »Anschluss« skrupellos um Posten und Einfluss gestritten wurde, unterschied sich das Spannungsfeld zwischen politischen Institutionen und persönlichen Interessen kaum von anderen Zeiten – sieht man von einem nicht unwesentlichen Detail ab: der Eliminierung von Juden aus akademischen Positionen und der Allgegenwart von Spitzeln der Gestapo in Museen, an Universitätsinstituten, in Redaktionen von Fachzeitschriften und Verlagen. In mancher Hinsicht glich der Nazistaat mit seiner Herrschaft durch Verführung und Erpressung, durch die Forderung nach bedingungsloser Loyalität bei gleichzeitig permanenter Drohung mit Gewalt und Mord, mit all seinen miteinander rivalisierenden, einander manchmal bis aufs Blut bekämpfenden Seilschaften einer Mafiaorganisation. Ließ man sich einmal mit ihm ein, konnte man sich ihm ohne Gewalt und (Selbst-)Zerstörung kaum wieder entziehen.

Was bedeutet das für eine Disziplin wie die Ethnologie im deutschen Sprachraum, einer im Zuge des Kolonialismus entstandenen, akademischen Disziplin, die durch das Reich Hitlers auf einen neuerlichen Aufschwung hoffte, auf Forschungsgelder, auf Karrieremöglichkeiten, auf leichteren Zugang zu Feldforschungen bei »Eingeborenen«?

Als Teil der Deutschen Delegation durfte ich 1996 am internationalen Kongress der American Anthropological Association in San Francisco ein Impulsreferat halten. Das Thema der Tagung »Geschichte und Zukunft der Ethnologie und der Kulturanthropologie« bot Gelegenheit, die Dringlichkeit einer Befassung mit Ethnologie und Nationalsozialismus zu betonen und dabei auch auf ein paar methodologische Gefahren hinzuweisen. In interessanten und anstrengenden Seminaren lernte ich hochkarätige Forscher aus aller Welt kennen und in den Pausen unternahm ich Ausflüge auf dem Highway One. Die Autobahnstationen waren mit hierzulande noch nicht verbreiteten Fitnessstudios ausgestattet, wodurch die Menschen vom Auto direkt auf die Trainingsmaschinen umsteigen konnten und nicht nur bei ihrer beruflichen Mobilität, sondern auch zu ihrer Erholung Teil einer Maschine wurden. Ich war beeindruckt von der umwerfenden Küstenlandschaft von Big Sur und der in ein Showgeschäft verwandelten ehemaligen Gefängnisinsel Alcatraz; enttäuscht war ich darüber, dass sich die legendären Jazzclubs von San Francisco mittlerweile zu Bordellen und Swingerclub gewandelt hatten, in denen nach Angaben des Taxifahrers auch *snuff movies* kursierten, weshalb er mir vom Besuch des Viertels abriet. Noch nie hatte ich von der Existenz derartiger Praktiken gehört. Und beinahe ebenso beeindruckt stellte ich fest, dass im Museum der California Academy of Science menschliche Knochen und Schädel noch immer unberührt von jedweder postkolonialen Kritik und wesentlich umfangreicher ausgestellt waren als im Wiener Naturhistorischen Museums zehn Jahre zuvor. Ich genoss die Gartencafés und freute mich über die altmodische, bergab und bergauf ratternde Straßenbahn, die allem widersprach, was man als »amerikanisch« imaginieren mochte, staunte über monströse, im Verkehrschaos feststeckende Stretchlimousinen und wanderte den einsamen Baker Beach mit Blick auf die Golden Gate Bridge entlang; so viele Widersprüche und dazu

461

das fantastische Klima! Schließlich beschloss ich im Anschluss an den Kongress die Wintermonate in Kalifornien zu verbringen und besann mich einer seit Langem stehenden Einladung von Freunden aus Jamaika, die im feinen Sausalito eine zweite Heimat gefunden hatten. Vielleicht könnten diese Leute mir mit Tipps für eine dauerhafte Unterkunft weiterhelfen, dachte ich und kündigte telefonisch einen Besuch an, was mit überschwänglicher Herzlichkeit aufgenommen wurde. Vier Tage später fand ich bei meiner Ankunft in der Villa am Rande einer duftenden, subtropischen Parkanlage eine Familie unter schwerem Schock. Tags zuvor hatte das Familienoberhaupt in Chile einen schweren Autounfall erlitten, es war offensichtlich ein ungünstiger Zeitpunkt für einen Besuch und so nahm ich die nächste Maschine zurück nach Wien.

*

Dort dominierten das ethnisch-nationalistische Gemetzel am Balkan sowie der Bombenangriff der NATO auf Belgrad die mediale Berichterstattung. Die Jugend trug abgerissene Ghetto-Kleidung als teure Markenartikel, die durch unfreie Arbeit auf der anderen Seite des Planeten massentauglich für den europäischen Markt produziert wurden; Ché-Guevara-Porträts hingen an Wänden bürgerlicher Teenagerstuben, und neoliberale Ideologen entdeckten *Identität* und *Mentalität* für die Erzählung einer Metageschichte. Eine Innenministerin echauffierte sich über die »unschuldigen Rehaugen« einer aus Bosnien geflüchteten und in Wien untergetauchten Jugendlichen, deren Abschiebung diverse Bürgerinitiativen zu verhindern trachteten. Und ein junger Oppositionspolitiker aus dem Milieu eines faschistischen »Wehrsportvereins« wetterte mit einem Kreuz in der Hand gegen Muslime im Allgemeinen und den geplanten Bau einer Moschee im Besonderen und prangerte vor gierigen Fernsehkameras gleich einem postmodernen Savonarola den Verfall christlich-abendländischer Werte an. Er würde jedoch nicht exkommuniziert und gehängt werden, sondern eineinhalb Jahrzehnte später Vizekanzler der Republik.

Noch hielt ich unverdrossen meine Lehrveranstaltungen, arbeitete an diversen Essays und weiterhin an der politischen Biografie meines Vaters. Doch je mehr ich mit den erbärmlichen Verhältnissen der damaligen akademischen Institutionen vertraut wurde, desto größer wurde mein Unbehagen beim Gedanken an eine weitere akademische Karriere. Niemals wäre ich fähig, beim Spiel um rivalisierende Seilschaften, Verleumdungen und Intrigen mitzumischen, das in Zeiten eines gesellschaftlichen Umbruchs offenbar unvermeidlich war, wenn es um einen Lehrstuhl ging.

Im Dezember 1997 fand dann im vollbesetzten, mit rotem Plüsch und Goldstuck verzierten Festsaal der Alten Universität in Wien am Dominikanerplatz eine Tagung über »Identität und Erinnerung, Transkulturalität, Hermeneutik und Holocaust« statt. Veranstalter war das renommierte IWK, das Institut für Wissenschaft und Kunst, damals ein Zentrum gesellschaftspolitischer und intellektueller Auseinandersetzungen. Alles, was Rang und Namen hatte, war versammelt, unter anderen Aleida Assmann, Lawrence Grossberg, Dan Diner, David Frisby, Rolf Lindner, Chantal Mouffe, Wolfgang Welsch – und Paul Gilroy.

Wegen ihm war ich gekommen. Sein Buch *Black Atlantic. Modernity and Double Consciousness* (1993) war für mich ein Licht am akademischen Horizont gewesen. Mit »Schwarzer Atlantik« war der Ozean als ein Freiraum gemeint, der in Äquidistanz zum kontinentalen Absolutismus und seinen Kolonien, zur transatlantischen Sklavenwirtschaft und zu der Hoffnung auf Freiheit einen Raum für unterschiedliche Migrationen bietet, insbesondere für eine afrikanische Diaspora; der Atlantik als Raum, in dem eine neue Energie, eine *kulturelle Hybridität* entsteht, welche die westliche Welt bis in die Gegenwart prägt.

Paul Gilroy war wahrlich kein Unbekannter in akademischen Kreisen. 1956 wurde der Sohn einfacher, aus Britisch-Guayana stammender Eltern in London in eine Zeit des Übergangs hineingeboren, für Briten auch eine Art kulturelle Revolution, denn die stolzen Herrscher über die halbe Welt fanden sich plötzlich auf ihrem ureigenen, demokratisch und *weiß* regierten Stammesgebiet mit einem »vielfarbigen« Pöbel konfrontiert, den sie in den Kolonien mit höchst antidemokratischen »Rassengesetzen« beherrscht hatten. Irgendwie mussten sie damit zurechtkommen, denn diese schillernde Zuwanderung garantierte letztlich auch den dringend benötigten wirtschaftlichen Aufschwung. Paul Gilroy schaffte es bis zum Professor für Soziologie an der London School of Economics and Social Science, und nach zweieinhalb Jahrhunderten europäischen Nachdenkens über die Frage nach *Reinheit* – Reinheit des Blutes, der »Rasse«, des Geschlechts, der Kultur, und so fort – stellte er nun die große Frage nach der *Hybridität*, von der immerhin die übergroße Mehrheit der Weltbevölkerung betroffen war.

Selbst an der Wiener Universität wurden gelegentlich seine Thesen diskutiert, wobei sein Begriff *Hybridität* meist verhaltenes Gekicher auslöste, nicht nur unter Studierenden. *Hybridität* klinge eben komisch in einem positiven Kontext, gestand mir eine befreundete, durchaus emanzipatorisch eingestellte Professorin am Institut für Geschichte. Doch Paul Gilroy gehörte zu jenen Denkern, die im Bewusstsein der Unzulänglichkeit althergebrachter Modelle in einer globalisierten Welt um eine neue Übersetzung von *Kultur* bemüht waren. Er war einer der Ersten, die darauf verwiesen, dass transatlantische Sklavenwirtschaft und Kolonialismus nur die andere Seite der glänzenden Medaille von Aufklärung und Demokratie waren; wenig verwunderlich sah er sich wie andere große Autoren seiner Generation, etwa Stuart Hall und Edward Said, auch heftigen Anfeindungen ausgesetzt durch jene, die um ihre althergebrachte, rein weiße Ordnung bangten. Wie heftig diese Kontroversen waren, wurde mir freilich erst bewusst, als er nun ans Mikrofon trat.

Er trug keine Krawatte, dafür einen schlampigen Bart und kurze, nach allen Seiten strebende Dreadlocks; und sicher war auch seine Hautfarbe ungewöhnlich in diesem Saal voller zweifellos antirassistisch gesinnter Intellektueller, ebenso wie seine verschmitzt blitzenden Augen hinter der dunkel gerahmten Brille. Ein Raunen ging durch die Reihen des vollbesetzten Prunksaals, als er das Podium betrat. Doch dieses Raunen galt nicht seinem Ruf als einem der innovativsten Denker der postkolonialen Welt – das Raunen galt seiner Erscheinung, das spürte ich gleich. Sein Referat mit dem Titel »On the Necessity and the Impossibility of Being a Black European« trug er in gehobenem Oxford-Englisch und in einem Tempo vor, dass man sich ziemlich konzentrieren musste, um nicht den Faden seiner, ähnlich einer Matroschka ineinandergeschachtelten Erzählungen zu verlieren. Gleich eingangs versuchte er etwas Unerhörtes, nämlich einen Spagat zwischen einer postkolonialen und einer postnazistischen »Identität«, und dafür zitierte er ausgerechnet einen Österreicher, den »großen misanthropischen Humanisten« Jean Améry (1912–1978).

*

Der Widerstandskämpfer, Essayist und Schriftsteller Améry wurde in der Zeit des Kalten Krieges vielleicht als zu wenig patriotisch und heroisch empfunden – mit Gedanken wie diesen: *In der Tortur wird die Verfleischlichung des Menschen vollständig. Und wer einmal der Folter erlag, kann nicht mehr heimisch werden in der Welt* (Améry 1966). Seine jüdischen Eltern stammten aus Hohenems in Vorarlberg und waren zu Beginn des 20. Jahrhunderts in das vermeintlich weltoffenere Wien gezogen, wo Jean Améry 1912 als Hans Mayer mitten in die habsburgische Welt der Vorkriegsjahre hineingeboren wurde. Anfang der 1920er Jahre zog es seine nun verwitwete Mutter zurück in die Provinz; ausgerechnet im katholischen Milieu des Salzkammerguts pachtete sie ein Gasthaus und steckte Sohn Hans in ein Internat in Gmunden, aus dem er 1925 mit zwölf Jahren »ohne Benotung entlassen« wurde, wie es heißt.

Rückblickend könnte diese »Entlassung« als Voraussetzung für seine spätere Laufbahn als engagierter Sozialist gesehen werden. Doch zunächst kehrte er mit seiner Mutter nach Wien zurück, verdiente seinen Lebensunterhalt im Buchhandel und besuchte nebenbei als Gasthörer diverse literarische und philosophische Vorlesungen. 1943 von der SS verhaftet und gefoltert, überlebt er die Todeslager von Bergen-Belsen

465

und Auschwitz nur knapp. Ab 1945, als »alles vorbei war«, stürzt sich Jean Améry in ein intensives Leben als Schriftsteller, Essayist und Liebhaber, dem er 1978 in einem Salzburger Hotel ein Ende bereitet.

Bereits Jahre zuvor hatte er notiert, der Hang zum Freitod sei keine Krankheit, von der man geheilt werden könne wie von den Masern, vielmehr sei der Freitod ein *Privileg des Humanen*, das niemals auf das rein Biologische reduzierbar, sondern nur als soziales Beziehungsgeflecht begreifbar sei.

Paul Gilroy zitierte nun Jean Améry mit dessen Aussage von der *Unmöglichkeit und gleichzeitigen Notwendigkeit, ein Jude in Österreich zu sein*. Und er verwies darauf, dass dieses »doppelte Bewusstsein« bereits am Beginn des 20. Jahrhunderts von dem Afroamerikaner W. E. B. Du Bois (1868–1963) formuliert worden war, um das Denken und Fühlen der Schwarzen in den USA zu beschreiben. Aufgrund der herrschenden »Rassendogmen« sei dies freilich von der »akademischen Tradition des spekulativen Denkens« nicht wahrgenommen worden, obwohl W. E. B. Du Bois ein von Friedrich Hegel und Martin Heidegger beeinflusster und von seinem Lehrer in Berlin, Max Weber, geförderter Soziologe, Journalist und Autor gewesen war. Doch zur Zeit der *One Drop Rule* fand dieser Mann mit ein oder zwei »Tropfen schwarzem Blut« in seiner Heimat keine Beachtung, selbst wenn seine Haut hell und seine Nase schmal waren, er mit seinem gepflegten Spitzbart, seinem Anzug mit Weste und goldener Uhrkette der geforderten Respektabilität perfekt entsprochen habe und er überdies seiner Heimat verpflichtet war. Daher führte Du Bois ein konfliktreiches, beinahe hundertjähriges Leben quer durch verschiedene Kontinente, er erlebte zwei Weltkriege und den Kalten Krieg bis zu seinem Tod 1963 im damals hoffnungsträchtigen Ghana unter dem ersten frei gewählten Präsidenten Kwame Nkrumah.

In seinem 1903 erschienenen Buch *The Souls of Black Folk* formuliert Du Bois die »Notwendigkeit und gleichzeitige Unmöglichkeit, ein Schwarzer in den USA zu sein«, und prägte dabei den Begriff *double consciousness*, der hundert Jahre später in der deutschen Ausgabe von 2003 fälschlich als »gebrochene Identität« übersetzt wurde. Ich hatte den Autor in den 1980er Jahren entdeckt und war sogleich fasziniert von dieser Mischung aus Poesie, Erzählung und Essay, die sämtliche hierzulande üblichen Kategorien durchbrach und eine emotionale Vermittlung abstrakten Denkens ermöglichte.

So etwas möchte ich auch können, hatte ich damals gedacht.

Im Barocksaal der Alten Universität betonte Paul Gilroy nun die große Anteilnahme, mit welcher afroamerikanische Intellektuelle wie Du Bois und andere in den 1930er Jahren den Terror gegen Juden in Europa verfolgt hatten. Die Unterschiede zwischen den Geschehnissen diesseits und jenseits des Atlantiks waren natürlich evident, doch sie erkannten gewisse Ähnlichkeiten mit dem, was ihnen als Bürger ohne Bürgerrechte im weißen Amerika widerfuhr. Paul Gilroy war weder so naiv noch so dumm, die Differenz zwischen Rassismus und Antisemitismus nicht zu erkennen, die bereits von W. E. B. Du Bois 1903 beschrieben und 1951 von Hannah Arendt vielleicht am klarsten formuliert worden war. Gilroy machte auf Schnittstellen aufmerksam – und auf die kam es ihm an.

Im Weiteren bezog er sich auf Frantz Fanon, diesen auf der französischen Zuckerinsel Martinique 1925 geborenen Widerstandskämpfer gegen das Vichy-Regime, ein Soldat in der von Charles de Gaulle in den Kolonien rekrutierten Forces Françaises Libres, der nach dem Krieg als klinischer Psychiater in einem vom kolonialen Befreiungskrieg erschütterten Algier den Wahnsinn des kolonisierten und kolonisierenden Subjekts kennenlernt.

Bereits in den Sechzigerjahren war ich der Kraft seiner Texte erlegen. Ein normaler Mensch kann nicht, ohne krank zu werden, einfach zusehen, was seinesgleichen angetan wird, schreibt Frantz Fanon 1961, und er weiß, wovon er schreibt. In Algier behandelte er Patienten aller Hautfarben und politischen Lager. Die Krankengeschichten von ihm behandelter algerischer Folteropfer, deren Glieder gebrochen, deren Hoden unter Elektroden verbrannt und für immer versehrt und die dadurch auch in ihrer eigenen Gesellschaft für immer geächtet waren, offenbaren das Wesen kolonialer, durch Rassenideologien untermauerter Gewalt. Alle werden krank, nicht nur die Gefolterten. Der folternde Polizist kann die Schreie seiner Opfer nicht mehr hören und hört sie dennoch Tag und Nacht. Er hat keinen Appetit mehr, leidet an Schlaflosigkeit und Panikattacken, er verliert jede soziale Orientierung. Er ist nicht mehr imstande Grenzen zu ziehen zwischen Folterzelle, Straße und Heim, zwischen seiner Amtsstube und seinem privaten Haus. Einen zufällig ihm im Wege stehenden Passanten schlägt er wegen eines falschen Wortes zu Boden; das eigene Kind, einen Säugling, drischt er halb tot, als es schreit; und als seine danebenstehende Frau aufschreit, *ma parole, tu deviens fou!* – ich schwör's, du wirst verrückt!, schlägt er sie zusammen und vergewaltigt sie.

Zwar möchte der Polizist die Folter als etwas Notwendiges, Rationales begreifen, als Arbeit, als Pflicht: Man benötige Informationen und das Foltern sei ein Beruf, der Kenntnis und Können erfordert und auch anstrengend sei. Wenn ich es nicht mache, macht es jemand anderer und vielleicht schlechter. Doch das alles kann nicht verhindern, dass dieser Mann allmählich aus jedem sozialen Zusammenhang herausfällt und dem Gefolterten dadurch immer ähnlicher wird. Beide, der folternde Polizist und der gefolterte Algerier, suchen Hilfe in der gleichen Klinik, beim selben Arzt Frantz Fanon. Und nachdem sie einander durch Zufall im Korridor begegnen, versucht das Folteropfer sich anzuzünden, um seine inneren Qualen durch selbst zugefügte, äußerliche zum Verstummen zu bringen.

Auch *colons* sind Patienten von Frantz Fanon, »algerische Franzosen«, die in ihrem Französisch-Algerien »ein Leben lang hart und ehrlich gearbeitet« haben und »das alles nicht mehr verstehen«. Plötzlich fürchten sie sich vor »dunkel dreinblickenden Arabern«, die ihnen zwar seit jeher, ohne sie in Furcht zu versetzen, tagtäglich über den Weg gelaufen sind, mit denen sie jedoch niemals am selben Tisch sitzen, einen Kaffee trinken oder ihnen auch nur die Hand geben würden. Von denen sie nichts wissen und auch nichts wissen wollen. Dem Arzt gestehen sie ihre Ängste: Diese »Araber« werden immer renitenter, sie bestehlen uns, sie werden uns noch die Kehle durchschneiden und unsere Töchter vergewaltigen - alles, was den »rassisch minderwertigen« Algeriern wie selbstverständlich angetan wurde. Auch die *colons* zweifeln nun am Zustand ihrer Kolonie, die doch gar keine ist, sondern ein Département Frankreichs. Und wenn die Schreie der Gefolterten nicht mehr zu überhören sind, sagen sie: Was kann man schon machen! Man muss sich eben aus allem raushalten, so gut es geht - vielleicht am Ende sogar weggehen ...

1956 reicht Frantz Fanon seine Demission ein. Er habe sich seit vielen Jahren gänzlich in den Dienst Französisch-Algeriens und seiner Bewohner gestellt. Doch die herrschende Hartherzigkeit, die Sterilität des Geistes, der Hass auf die Autochthonen - *l'indigence du cœur, la stérilité de l'ésprit, la haine des autochtones* - machten alle seine Bemühungen vergeblich.

Frantz Fanon ist eine Art Prototyp für Paul Gilroys fruchtbare »Hybridität«. Er hatte Kolonialismus *und* Faschismus am eigenen Leib erfahren und dennoch beruht sein verzweifelt radikales Werk auf seiner tiefen Verbundenheit mit den Idealen der Aufklärung und Demokratie, die ihm mehr als den meisten »reinen« Europäern bedeutet, weil er und seine intellektuellen Mitstreiter immer von Neuem darum kämpfen müssen. Frantz Fanon überblickt mehrere Horizonte und betont in seinem großen Essay *Les Damnés de la Terre* (1961) die Notwendigkeit, sich der großen Ideen Europas zu erinnern und gleichzeitig Europas Verbrechen anzuerkennen, wobei das folgenreichste *die bleibende Fragmentierung der Menschheit durch rassiologische und kulturalistische Dogmen* sei. Ohne Bruch mit dieser »katastrophischen, kolonialen Moderne« könne es keine Glaubwürdigkeit für den universalistischen Anspruch der Menschenrechte geben, weiß Frantz Fanon und nimmt damit die Kolonialismuskritik der 1970er und späterer Jahre vorweg. Er prangerte die »fratzenhafte und obszöne Nachahmung« des Westens durch ehemals Kolonisierte an und hofft auf eine aus beiden Welten entstehende, bessere Welt.

Diese Hoffnung starb zwanzig Jahre später in den 1980er Jahren unter der zuschnappenden Schuldenfalle. Doch manche glauben heute immer noch, von diesen Hoffnungen motivierte Menschen in blumigem Zynismus als *tiermondiste gauchiotte* – sinngemäß: scheißlinke Dritte-Welt-Gutmenschen – verteufeln zu müssen.

*

Damit nicht genug, kam Gilroy noch auf den Autor William Gardner Smith (1927–1974) zu sprechen, ein im Süden von Pennsylvania geborener Journalist und Schriftsteller, der 1951 unter McCarthy nach Frankreich expatriiert wurde und ähnlich wie Richard Wright und James Baldwin von Paris aus, der Stadt der Freiheit und Bürgerrechte, über die blutigen Repressionen der Schwarzen in den USA berichtete. Da Smith mehrere Sprachen beherrschte, war er 1946 als Sekretär im US-Hauptquartier in Berlin tätig, in den 1960er Jahren arbeitete er bei der internationalen Nachrichtenagentur Agence France-Presse in Ghana unter Kwame Nkrumah, bevor er in einem Pariser Vorort einer Krebserkrankung erlag.

Unter dem Eindruck des Erblühens der amerikanischen und europäischen Volkswirtschaften durch den Marshall-Plan – von dem im Übrigen die immer noch unter der Rassentrennung lebenden Afroamerikaner ausgeschlossen waren – verfasste William Gardner Smith mit einundzwanzig Jahren den autobiografisch gefärbten Roman *The Last of the Conquerors* (1948, frz. 1952). Darin wird die Geschichte einer wegen der Ablehnung der Vorgesetzten und der gewaltbereiten weißen Kameraden scheiternden Liebe zwischen einer weißen Berlinerin und einem schwarzen Besatzungssoldaten namens Hayes Dawkins erzählt. Ein Thema, das unabhängig von Smith übrigens auch Wolfgang Koeppen in seinem 1951 erschienenen Roman *Tauben im Gras* umtreibt, der damit die vielleicht treffendste Schilderung der deutschen Nachkriegszeit liefert. 1986 bezeichnet Koeppen diese Periode zu Recht als »Grundlage unserer Gegenwart«.

William Gardner Smith schildert in seinem Roman *The Last of the Conquerors* abgesehen von der unmöglichen Liebe auch die seltsame Freundschaft zwischen dem schwarzen US-Soldaten Hayes Dawkins und einem aus US-Gefangenschaft in Camp Lee, Virginia, zurückgekehrten Veteranen der Deutschen Wehrmacht namens Kurt Schneider. Schneider erzählt seinem schwarzen Kumpel vom Leben als Kriegsgefangener in Camp Lee, wo deutsche Häftlinge von schwarzen Soldaten bewacht und zur Verpflegung meist in eine nahe gelegene Imbisstube geführt werden. Dort dürften jedoch nur die weißen Gefangenen eintreten und etwas zu essen bestellen, während ihre schwarzen Bewacher, immerhin Soldaten der siegreichen US-Army, auf der Straße warten müssen, bis die gefangenen ehemaligen Wehrmachtsoldaten fertig sind, weil das Personal sich weigert, die *nigger* zu bedienen.

Diese Situation sei von den deutschen Gefangenen immer als äußerst erheiternd empfunden worden, erzählt Kurt Schneider seinem schwarzen Freund und fügt hinzu:

Weißt du, was ihr Schwarzen in Amerika nötig hättet? Einen Hitler! Ihr braucht einen Hitler, jemanden, der stark genug ist, durchzusetzen, dass alle gleich behandelt werden.

Du meinst »gleich«, so wie Hitler die Juden behandelt hat?, erwidert ungläubig Hayes Dawkin, der Schwarze.

Aber nein, entgegnet Schneider, so etwas hätte er mit Negern niemals gemacht!

Worauf Hayes Dawkins die Gegenfrage stellt, ob Schneider *Mein Kampf* gelesen habe, und als dieser verneint, ihm den Rat gibt, es zu tun, dann würde er wissen, was Hitler von Negern hielt und was er mit ihnen vorhatte.

Paul Gilroy machte eine Pause. Im purpurnen Auditorium der Alten Universität war nicht das leiseste Räuspern zu hören. Er habe diese Geschichte zur Illustration eines unbequemen, aber bedeutenden Themas erzählt, erläuterte er dann, ein Thema, das zu absurden Verirrungen führen könne. Die Geschichte zeige nämlich, dass in den USA der weißen Haut und der Phantasmagorie von »rassischer Überlegenheit« mehr Gewicht beigemessen werde als dem »Dienst am Vaterland« der kriegführenden USA; dass die Kluft zwischen Schwarzen und Weißen größer sei als zwischen Siegern und Besiegten, womit sämtliche rechtsstaatliche Normen seit der bürgerlichen Aufklärung durchkreuzt werden. Das eigentliche Problem liege jedoch in der beharrlichen Fragestellung nach einer als »rein« und ahistorisch imaginierten *Wesenheit*, man nenne sie Rasse, Kultur oder, seit Kurzem, Identität. Eine erneuerte Kulturwissenschaft müsste mehr leisten als nur eine andere Erzählung über eine als *rein* imaginierte Kultur in Transformation. Das *Hybride* müsste zu einem zentralen Thema werden und zum Ausgangspunkt einer neuen Anthropologie.

Mit atemloser Spannung hatte ich den Ausführungen Paul Gilroys gelauscht, es war ein Glücksgefühl, wie dieser Mann so präzise und öffentlich formulierte, was ich nur im Geheimen zu wissen glaubte. Und ich erinnere mich an mein Erschrecken über den matten, allenfalls höflichen Applaus, der seinen Ausführungen folgte.

Hatten die Leute nichts begriffen? War seine Sprechweise zu rasant, seine Kleidung nicht korrekt genug? Seine Haut zu dunkel? Sicher, einiges gäbe es noch nachzufragen, aber dazu bot ja die nun folgende Diskussion Gelegenheit ...

Und schon trat ein in Österreich wirkender deutscher Kulturwissenschaftler an das Rednerpult und äußerte mit der gefälligen Flüssigkeit des sicher mit dem Strom schwimmenden Publizisten sein Unbehagen über diese Ausführungen. Paul Gilroy habe in seinem Referat das Unvergleichliche vergleichen wollen, nämlich die sattsam bekannte Leidensgeschichte der Schwarzen mit den Gräueltaten der Nazis an den Juden; damit habe er nur einer wohlbekannten, kompetitiven Viktimisierung das Wort geredet, was insbesondere in Wien völlig unangebracht sei. Da könne und wolle er nicht mitgehen. Punkt.

Tosender Applaus.

Ich war wie vor den Kopf gestoßen. Der Boden wankte unter meinen Füßen, als ich benommen dem Ausgang zustrebte. Es war doch keineswegs

Paul Gilroy gewesen, der kompetitiv verglichen hatte, sondern diejenigen, die ihm dies vorwerfen! Sie kommen einfach von diesem Denkmuster nicht los, sie sind besessen davon! Sie sind es doch, die über die verhängnisvollen Rassenideologien des 19. Jahrhunderts nicht hinauszudenken vermögen, sich daran affirmativ oder kritisch klammern wie an ein morsches Stück Holz in den alles mit sich reißenden Fluten einer sich wandelnden Zeit. Paul Gilroy hatte von einer dem kolonialistischen, nationalistischen und nationalsozialistischen Menschenbild innewohnenden Konvergenz gesprochen, die mit dem simplen Verweis auf Moral und Menschenrechte nicht zum Verschwinden gebracht wird. Man müsste sich der diesem Menschenbild zugrunde liegenden Rassenlogik einmal kognitiv stellen, denn erst dann wäre es möglich, darüber hinaus zu denken.

Quer durch die nächtliche Stadt mit ihren schönen Plätzen und lauschigen Gassen marschierte ich über den Ring bis nach Hause; und es wurde klar, dass diese allemal geliebte Stadt für mich wahrscheinlich kein dauerhafter Ort des Denkens und Arbeitens sein kann. Es ist ja weniger das demagogische Getöse gewisser Politiker und Boulevardzeitungen, das verstört, als vielmehr die eitle Borniertheit vermeintlich nahestehender Menschen und Medien. Schreien hätte ich mögen, schreien, wie eine dieser pathologischen, rotköpfig brüllenden und fluchend durch die Straßen rasenden Gestalten, die gegen sich und die Welt tobend einen gelegentlich aufschrecken. Aber ich war ja ganz normal. Und so blieb ich eben stumm.

*

Endlich war mein Buch zur politischen Biografie meines Vaters erschienen. Auf über fünfhundert Seiten wurden darin sämtliche, von Journalisten und Kollegen mir immer wieder gestellten Fragen beantwortet und darüber hinaus weitere Fragen für eine künftige Forschung aufgeworfen; ich würde nun nicht mehr nur aufgrund meines verwandten »Blutes« damit behelligt werden, wenn ich zu gänzlich anderen Themen publiziere. So stellte ich mir das vor.

473

Doch nun keine Reaktion, nichts, gar nichts. Keine einzige Rezension in den österreichischen Medien, in den Bibliotheken der Universität, und an der Österreichischen Nationalbibliothek war das Buch bereits wenige Tage nach seinem Erscheinen »dauerhaft verliehen«, in den Buchhandlungen nicht zu finden und nur auf Bestellung erhältlich. In Deutschland waren immerhin zwei Besprechungen erschienen, eine oberflächliche in der *FAZ*, eine andere, ausführlich und kenntnisreich von Bernhard Streck in der Fachzeitschrift *Paideuma*, doch das war in Anbetracht der Umstände, dass es immerhin um einen bekannten österreichischen Ethnologen und vorwiegend um österreichische Verhältnisse der 1930er und 1940er Jahre ging, kaum ein Trost. Zwar ist es immer ein wenig enttäuschend, wenn ein nach jahrelanger konfliktreicher Arbeit entstandenes, schwieriges Werk endlich der Öffentlichkeit vorliegt, ob dieses nun wahrgenommen wird oder nicht; aber diesmal war es anders. Diesmal waren auch beträchtliche familiäre Hürden zu überwinden gewesen, die nicht ohne Folgen geblieben waren. Viel hatte ich zwar nicht erwartet, doch kaum eingestanden hatte ich wohl auf eine akademische Reaktion gehofft, auf ein kleines Zeichen der Anerkennung meiner Bemühungen und des Unrechts an meinem Vater; auf ein Zeichen der Bestürzung über diese Zeit und ihre Auswirkungen auf die anthropologischen Wissenschaften und das akademische Personal. Aber nichts.

Dass das Buch dennoch gelesen wurde, bewiesen zahlreiche private Reaktionen. Ein Schweizer Ethnologe gratulierte mir dazu, diese »wahrhaft fürchterliche Zeit« bewusst gemacht zu haben; manche bezichtigten mich des Vatermordes und anderen ging es nicht weit genug, wieder andere hielten mich als Tochter für nicht kompetent; einige Kollegen in Deutschland, ohne deren großzügige Unterstützung und Hilfe das Buch kaum zustande gekommen wäre, machten mir einen Vorwurf daraus, dass der Vater entgegen ihrer und meiner Annahme Parteimitglied gewesen war und mit einigen Vertretern des Naziregimes zusammengearbeitet hatte. Aber war ein wissenschaftliches Projekt nicht dazu gedacht, neue Erkenntnisse zu bringen? Ein zufällig auf der Straße mir über den Weg laufender Professor für Soziologie, dem ich wichtige Anregungen zum Thema »Macht« verdanke, raunte mir hinter vorgehaltener Hand etwas von seiner Hochachtung für diese Arbeit zu und meinte, leider käme das Buch wohl zwanzig Jahre zu früh ...

Zu früh? Wir schrieben das Jahr 1999, Hugo A. Bernatzik war seit sechsundvierzig Jahren tot und die meisten im Buch zitierten Kollegen lebten seit zwanzig Jahren nicht mehr!

Heute bin ich sicher, dass kein Buch von einiger Relevanz »zu früh« oder »zu spät« erscheinen kann. Und dass sein öffentliches Ignoriertwerden gänzlich andere Gründe hatte.

Eine Bewerbung um einen Lehrstuhl kam für mich nicht mehr infrage. Aus dem Schicksal meines Vaters hatte ich die Hybris akademischer Institutionen in Krisenzeiten erkannt; die Nazizeit hatte sich ja nicht in vergangenen Jahrtausenden ereignet. Aus alldem zog ich den Schluss, dass man, um wirklich frei denken und arbeiten zu können, keinen beruflichen Ehrgeiz haben dürfe und, ohne auf Anerkennung zu hoffen, nur außerhalb der akademischen Institution arbeiten müsse.

Das war natürlich ein Fehler, denn ohne institutionelle Verankerung wird man von akademisch etablierten Kollegen kaum oder gar nicht zitiert und hat kaum Chancen, von den wenigen maßgeblichen Medien wahrgenommen zu werden. Doch das war mir damals nicht bewusst, als ich, abgesehen von meinem weiterhin bestehenden Lehrauftrag an der Universität, ohne Rücksicht auf institutionelle Überlegungen ein gänzlich neues Projekt in Angriff nahm. Es war mein letztes öffentlich gefördertes Projekt, das mir noch einmal die Möglichkeit bieten sollte, weit weg von meiner Heimat zu leben und zu arbeiten.

Thema war die inhaltliche Inventarisierung und wissenschaftliche Bearbeitung von über dreitausend in Marokko 1949/50 entstandenen Fotos von außerordentlicher Qualität aus dem Nachlass meines Vaters, die wegen seines frühen Todes nie veröffentlicht worden waren.

Das auf drei Jahre veranschlagte Projekt wurde von der Kulturabteilung des Bundeskanzleramtes positiv aufgenommen und auch finanziert, und geradezu enthusiastisch reagierte der Botschafter von Marokko in Wien, nachdem ich ihm in seiner Residenz im Heinrichshof gegenüber der Oper die fraglichen Alben unterbreitet hatte. Ihm verdankte ich wichtige Empfehlungen und die Vermittlung einer offiziellen Arbeitserlaubnis für ganz Marokko. Gleichzeitig verfolgte ich jedoch eine weitere spannende Frage: Woher und warum kamen die erstaunlich zahlreichen Einwanderer aus dem reichen Westen in dieses wunderschöne, aber allemal arme Land? Was erwarteten sie, wenn sie sich in einer zwar faszinierenden Stadt wie Essaouira niederließen, dabei aber ihre Existenz doch einer reichlich korrupten Bürokratie und einer unübersichtlichen und extrem ungleichen Gesellschaft auslieferten? Vor allem ging es um die Frage nach dem Verhältnis zwischen Einwanderern aus dem »reichen«, christlichen Westen und den »armen« muslimischen Marokkanern, um ihre wechselseitigen Fantasien, Erwartungen und Erfahrungen.

*

Also lebte ich in den Jahren 1998 bis 2001 halbjährlich in Essaouira, der ehemaligen imperialen Hafenstadt Mogador am Atlantik, von wo aus ich kreuz und quer die lichten Landschaften dieses atemberaubend schönen und manchmal auch beklemmenden Landes bereiste. Damals war Essaouira noch nicht vom organisierten Massentourismus vereinnahmt, sondern Sehnsuchtsort einer erstaunlichen Vielfalt westlicher Einwanderer aus verschiedenen Nationen, mit unterschiedlichen Interessen. Nach intensiver Zusammenarbeit mit etlichen Einwanderern und ihrem marokkanischen Umfeld, immer mein Konzept für das publizistische Vorhaben penibel offenlegend und die Zusammenarbeit manchmal sogar entlohnend, entstand ein Buch, in dem das Verhältnis zwischen Einwanderern und Einheimischen als eine eher labile, auf gegenseitigen, sich jedoch wechselweise ergänzenden Missverständnissen beruhende, manchmal nahezu symbiotische Beziehung dargestellt wird (Byer 2004). Jene, die in ihrer westlichen

Heimat soziale Anerkennung, Liebe, Sex und Wohlstand vermissen, glauben, dies in Marokko zu finden, während umgekehrt Marokkaner sich von den westlichen Einwanderern gewisse Freiheiten und ein sicheres Auskommen erhoffen, die ihnen in der eigenen Gesellschaft versagt bleiben.

Auch das Thema Rassismus war, wenngleich keineswegs explizit, allgegenwärtig. Der Chef des Polizeipräsidiums in Essaouira, ein freundlicher, in Frankreich ausgebildeter Mann um die vierzig Jahre mit hellem Haar und blauen Augen, der noch immer von seiner aufregenden Dienstzeit in der Schmuggel- und Drogenstadt Tanger schwärmte und sich offensichtlich ein wenig zu schade war für den schmuddeligen Kleinkram in Essaouira, verblüffte mich mit einer unumwundenen Feststellung, als wir in unseren Gesprächen auf die bei vielen Fremden ausgeprägte Härte beim Feilschen zu sprechen kamen:

Wissen Sie, sagte er, die Franzosen sind derart rassistisch, dass sie sogar ein für sie überaus vorteilhaftes Geschäft ablehnen, wenn es von einem »Araber« angeboten wird.

Er bezog sich dabei auf seine Erfahrungen in Frankreich, doch auch hierzulande waren viele Fremde überzeugt, von Marokkanern grundsätzlich übervorteilt zu werden. Wie oft hatte ich voll Abscheu beobachtet, wenn auf lokalen Wochenmärkten, wo Bauern und Handwerker ihre Waren für westliche Deviseninhaber ohnehin beinahe geschenkt anbieten, die Fremden dennoch stets an üble Tricks des Verkäufers denken und den Preis immer noch weiter drücken – was in vielen Reiseführern für Touristen sogar empfohlen wird! Misstrauen, Gier und die ewige Furcht, nicht ausreichend, nicht rechtzeitig, nicht sicher genug alles zu bekommen und zu erleben, sind ständige Reisebegleiter vieler westlicher Touristen; für die Einheimischen ist diese Haltung nichts anderes als eine Fortsetzung der alten Allüren jener, die glauben, dass sie noch immer zum Herrschen und die Marokkaner zum Dienen geborenen sind – und die Angst bekommen, wenn sie merken, dass sie es mit Bürgern zu tun haben, die gleich viel gelten und wer weiß was für

Ansprüche stellen könnten – und sei es auch nur, dass sie die Kenntnis von wenigstens ein paar Brocken Arabisch erwarten von denen, die bereits seit zwanzig Jahren im Land leben ...

Marokkaner der gehobenen Mittelschicht betrachteten Frankreich zur Zeit meines Aufenthalts als ihre zweite Heimat, wo man Urlaub macht, die Kinder zur Ausbildung hinschickt, Verwandte und Freunde besucht und sogar in angemessenen Positionen arbeiten kann. Eines Tages erlebte ich dann die Erbitterung eines Marokkaners aus Marrakesch, der mir auf einigen Reisen bei der Identifizierung der Fotos behilflich war. Der Mann, Biologe und Botaniker und selbst Fotograf, hatte einen Lehrauftrag an der Universität in Nizza und arbeitete in Kooperation mit einer französischen Forschungseinrichtung an der Rettung des Palmengürtels von Marrakesch, der durch die neuen Hotelanlagen und Residenzen mit Swimmingpools und *Sanus-per-aquam*-Angeboten und den dadurch dramatisch gestiegenen Rückgang des Grundwasserspiegels gefährdet war. Befreundet mit dem damaligen Kulturminister Jacques Lang, rekonstruierte er im Auftrag von Pierre Berger und Yves Saint-Laurent mit Hingabe und Sachkenntnis den berühmten Jardin Majorelle. Für diesen Mann war ein Urlaub mit Frau und Kindern in Frankreich eine Selbstverständlichkeit.

Eines Tages machte er einen sehr übel gelaunten Eindruck, als wir auf der Fahrt von Toundout in das abgelegene Bergdorf Imi-n-Ouloune am Rande einer steinigen Piste in der Morgensonne Baguette und Bananen für ein Frühstück auspackten.

Was war heute mit ihm los?

Auf meine zweifellos unpassende Frage – niemals sollte man einen schlecht gelaunten Mann auf seine schlechte Laune ansprechen! – folgte bitteres Schweigen. Mürrisch folgte nach einer Weile dann doch die Erklärung: Am Vortag war ihm auf dem Französischen Konsulat in Marrakesch das Touristenvisum für sich und seine Familie verwehrt worden, völlig unerwartet und ohne Angabe von Gründen, dazu in einem derart herablassenden Tonfall, dass er beinahe explodiert wäre. *Was bilden die sich ein?!*

478

Der Mann war ganz blass geworden vor Wut. Und gleich danach: Aber warum erzähl ich dir das alles? Warum fragst du überhaupt? Was geht dich das an? *Letztendlich läuft es doch immer auf das Gleiche hinaus.*

Das »Gleiche«?

Wie sich herausstellte, hatte die Geschichte mit den Visa gar nichts mit ihm persönlich zu tun. Es handelte sich um eine Art Vergeltung Frankreichs gegenüber Marokko, das zuvor die Auslieferung irgendeines Kriminellen an die französischen Behörden verweigert hatte. Am Quai d'Orsay war daraufhin kurzerhand die Einstellung sämtlicher Besuchervisa für Marokkaner beschlossen worden, ohne auf die Folgen für die Bevölkerung, die darunter zu leiden hatte und sich darauf ihren eigenen Reim machen würde, Rücksicht zu nehmen. Für diesen Mann, der seinen Weg aus einem Dorf am Oberlauf des Tensift bis ins einflussreiche marokkanisch-französische Netzwerk in Marrakesch gemacht und an eine Gleichstellung zwischen Marokkanern und Europäern tatsächlich geglaubt hatte, bedeutete diese willkürliche Beschränkung seiner Reisefreiheit eine Demütigung, die sogleich Erinnerungen an die Kolonialzeit wachrief, als die Einschränkung der Mobilität der Einheimischen immer zu den ersten Maßnahmen gehört hatte – immer mit unmittelbaren dramatischen wirtschaftlichen und sozialen Auswirkungen für die Einheimischen.

Das war also »das Gleiche«: die immer wiederkehrende Erfahrung der Willkür und der Geringschätzung durch Europäer.

23

9/11 im Hérault

Marseille – ein Lehrstück

Nach Ende meines marokkanischen Projekts wollte ich nicht mehr nach Wien zurück, sondern irgendwo im mediterranen Süden Frankreichs, wo das Leben noch finanzierbar wäre, das letzte Drittel meines Lebens zubringen. Eine erste Suche im Hinterland der Côte d'Azur war ergebnislos geblieben, weshalb ich Ende September 2001 vorübergehend in einem allein stehenden, finster romantischen Steinhaus im Département Hérault Quartier nahm. Es lag nur wenige Kilometer entfernt von einem jener märchenhaft wilden Wasserläufe, an denen Frankreich so reich ist, und eben wollte ich ins Auto steigen, um meinen bevorzugten Badeplatz an einer sandigen Bucht aufzusuchen, als das Telefon klingelte. Die Tochter aus Paris.

Mutter – glaubst du, es wird Krieg geben?

Ich schaltete den Fernseher ein und verfolgte gebannt, wie auf dem Bildschirm die beiden berühmten Bürotürme auf der anderen Seite des Atlantiks von einem, nein, zwei Flugzeugen hintereinander durchbohrt wurden, einem flammenden Stilett gleich, immer und immer wieder; Konfetti schien entlang der schwankenden Fassaden in die Häuserschlucht zu schweben, immer wieder, gefallen aus Zeit und Raum. Doch der Moderator sprach von aus Fenstern im zwanzigsten, dreißigsten, vierzigsten Stockwerk springenden Menschen, und die beiden flammenden Türme, Wahrzeichen des weltweiten Finanzmonopols, implodierten in Staub und Rauch, immer wieder von Neuem, von einer ernsten, völlig unaufgeregten Stimme moderiert, danach von vielen Stimmen in vielen Sprachen kommentiert mit Spekulationen über mögliche Täter, Motive, Vorgeschichten, Hintergründe: Saudi-Arabien, Irak, Afghanistan, Palästina, Mogadischu und so weiter.

Ich trat wieder ins Freie, ins gleißende Sonnenlicht mit seinem betäubenden Zikadengetöse, trat in gelb getrocknetes Gras unter Olivenbäumen und in den Schatten der Zypressen, ich atmete eine Weile tief, bevor ich wieder in die kühle Dunkelheit unter die alten Holzbalken zurückkehrte, wo immer noch und immer wieder die beiden Türme brannten, Punkte und Striche aus den Fenstern flogen, die Türme in Staub und Asche zusammenfielen, je öfter, desto unwirklicher.

Der Besitzer des von mir angemieteten Hauses in drei Kilometern Entfernung, Oberhaupt einer vielköpfigen Familie blasser Vegetarier auf einem Gehöft, meinte stoisch: Nun ja, es ist halt das erste Mal, dass auch *sie* getroffen werden.

Was sollte ich meiner Tochter in Paris antworten?

Wird es Krieg geben?

Ja.

Bereits vier Wochen später flogen »sie« erste Bombenangriffe auf Afghanistan. Jeder wusste, dass dabei alles, nur kein Terrorismus vernichtet würde; doch wusste man noch nicht, dass dieser Krieg nach zehn Jahren immer noch nicht zu Ende sein würde und er nur der Auftakt sein würde für einen weltweit einsetzenden »Krieg gegen den Terrorismus«, einen nie erklärten und nie beendeten Krieg, mit exterritorialen Foltergefängnissen, Patriot Act, Guantanamo, der Zerstörung des Irak und der Entstehung des »Islamischen Staates« mit Terrorangriffen und Selbstmordattentaten selbst in europäischen Metropolen. Und in manchen Staaten nahm dieser »Kampf gegen den Terrorismus« allmählich die Ziele des »Islamischen Staates« vorweg: eine tiefe Erschütterung der offenen Gesellschaft und ein wachsendes Misstrauen gegenüber der Demokratie.

Am besten man bleibt unter Wildschweinen, dachte ich damals.

Doch schließlich wurde Marseille mein neuer Lebensmittelpunkt. In einer schmalen Gasse hinter der Place des Ouiles mietete ich ein Studio unterm Dach am Ende einer in perfektem Oval sich hinaufschwingenden Wendeltreppe aus Holz, wegen der dafür erforderlichen sportlichen Qualitäten zu einem sehr günstigen Preis. Von dort aus wollte ich mir in dieser auf etwas schräge Weise faszinierenden Stadt eine dauerhafte Bleibe suchen.

Damals ging man in Frankreich davon aus, dass rassistische Ressentiments und die Kluft zwischen Arm und Reich durch räumliche Nähe von selbst verschwinden würden. *Mixté sociale* hieß das Zauberwort, von dem, wie sich herausstellte, die bösen Geister freilich wenig beeindruckt waren.

Das zwölf Jahre später am Alten Hafen erbaute MUCEM – Musée des Civilisations de l'Europe et de la Mediterranée – verstellte damals noch nicht die Sicht auf das offene Meer. Dieser durchaus beeindruckende, in einem Netz aus Beton eingefangene Museumskomplex würde von dem 1952 in Algier geborenen französischen Architekten Rudy Ricciotti erbaut werden und in seinen unermesslichen Hallen die kulturellen Migrationsströme rund um das Mittelmeer von prähistorischer Zeit bis zum Beginn des 20. Jahrhunderts thematisieren, nicht aber die Immigration seit dem Ende des Zweiten Weltkriegs. Dafür hätte man ja auch die in den 1970er Jahren hochgezogenen Quartiers Nord einbeziehen müssen, etwa Castellane, die Heimat von Zinédine Zidane, oder Belsunce gleich neben der Cannabière, der Haussmann'schen Prachtstraße aus der Blütezeit des Kolonialismus. In Marseille sind die sogenannten *Cités*, diese Satellitenstätte des sozialen Wohnungsbaus keine Vorstädte, sondern weithin sichtbare, aus Wohnungsnot, Misswirtschaft und Rassismus entstandene Planeten inmitten bürgerlicher Respektabilität.

Am 15. Oktober 1983 hatten sich in diesen Cités ein paar Jugendliche versammelt und einen Marsch auf Paris »für Gleichheit vor dem Gesetz und gegen Rassismus« gestartet. Es war eine Demonstration der Verzweiflung und der großen Hoffnungen dieser bereits damals verrufenen *jeunes du banlieu*. Bei ihrer Ankunft in Paris am 4. Dezember waren es mehrere hunderttausend. Einige durften dann François Mitterrand im Élysée-Palast von ihren Träumen erzählen: vom Ende der Diskriminierung, von Rechtsstaatlichkeit in den Cités, von einer nicht nur auf dem geduldigen Papier, sondern auch in der Praxis verwirklichten Anerkennung aller Hautfarben – *black-blanc-beur* – Letzteres ein Jungendcode für *Arabisch*. François Mitterand, erster sozialistischer Präsident der Fünften Republik, hatte zwei Jahre zuvor immerhin die Todesstrafe abgeschafft und verkörperte für viele die große Hoffnung auf einen endgültigen Abbau der aus der Vierten Republik überkommenen politischen Altlasten.

2003 bedeckte noch das heroische Porträt von Zinédine Zidane eine weithin leuchtende Brandmauer an der Küstenstraße vor dem Jardin du Pharo. Und wenn ich am Ende des Tages vorbei am Porträt dieses Mannes mit dunkel strahlendem Blick in Richtung Calanques fuhr, der weißen Felsenlandschaft mit ihren glitzernden, von duftenden Pinien und Tamarinden umstandenen kleinen Buchten, war ich zuversichtlich, endlich angekommen zu sein. In diesem unvergleichlichen Licht könnte man frohen Mutes altern, niemals von Depressionen heimgesucht, und bis zum letzten Atemzug über die schmalen Kletterpfade zwischen Himmel und Meer balancieren. Und die in Paris lebende Tochter mit ihrer Familie würde die alte Mutter gerne und oft besuchen.

Bald darauf wurde der Schwiegersohn, ein Diplomat, samt Familie nach Singapur versetzt. Und ich entdeckte die zwischen den weißen Felsen versteckten Rohre, die giftigen Schlamm aus der Aluminiumfabrik von Gardanne direkt in das trügerisch transparente Meer nahe Cassis entsorgten; geduldet von den bestochenen Behörden und einer der ewigen Skandale überdrüssigen Bevölkerung. Auf der Autobahn Richtung Norden rasten die oberen Stockwerke der Wohntürme nur eine Armeslänge entfernt an mir vorbei, die Parabolantennen und die mit Matratzen, Teppichen, alten Waschmaschinen und vertrockneten Pflanzen vollgestopften Loggien in greifbarer Nähe. Und jedes Mal fragte ich mich, ob das wirklich Menschen waren, die hinter diesen blinden Fenstern, in diesem Höllenlärm, in dieser höllischen Hitze existieren konnten.

*

Beim Schwimmen in einer wilden Bucht an der weniger verseuchten Côte Bleu westlich von Marseille kam ich mit allen möglichen Leuten ins Gespräch. In Marseille sprach man miteinander, sogar mit mir, der Fremden, der Blonden. Und nach einem kleinen Tratsch gestand mir auch der eine oder die andere, in so einer Cité zu wohnen, an dieser Adresse, die als beschämend empfunden wurde, weil sie üblicherweise

Abscheu und Furcht erregte und vor allem bei der Jobsuche hinderlich war. Doch hinter diesen Parabolantennen trieben keine Monster aus einer anderen Galaxie ihr Unwesen; dort lebten Menschen mit ganz gewöhnlichen Hoffnungen, Ängsten und sogar Glücksgefühlen. Eine nicht mehr ganz junge Lehrerin mit fuchsfarbenem Wuschelkopf schilderte freimütig ihre tägliche Kletterpartie durch ein urinverpestetes, stockdunkles Treppenhaus zwischen Dealern und Kleinkriminellen bis hinauf in ihre Wohnung im sechsten Stock. Seit Kurzem funktionierten weder Müllabfuhr noch Lift. Die Lehrerin erzählte ohne zu klagen wie selbstverständlich von ihrem täglichen Abenteuer, etwa von ihrem alten Peugeot, der so oft von »Unbekannten« aus der unmittelbaren Nachbarschaft »ausgeborgt« worden war, bis sie es aufgab, ein Auto zu besitzen. Kein leichter Entschluss, denn sie war eine der Wenigen in dieser Siedlung, die täglich zur Arbeit fuhren, weil sie noch eine hatte. Öffentliche Busse fuhren nach einem wechselhaften, unergründlichen Zeitplan und am Abend wegen wiederholter Angriffe auf den mutigen Fahrer oft gar nicht. Die Wohnungstür abzusperren sei sinnlos, erzählte sie, zu oft habe sie schon das Schloss gewechselt. Schließlich habe sie ein Schild an der Tür angebracht: Bitte nicht aufbrechen, die Tür ist offen!

Sie lachte. Doch als man ihr während eines Urlaubs die Badewanne gestohlen hatte, einfach abmontiert und weggetragen, war sie doch einigermaßen erschüttert gewesen. Man stelle sich vor, da kommen sie in deine Wohnung und montieren dir einfach die Badewanne ab! Zwei Wochen später entdeckte sie den weißen Emailetrog durch Zufall im Vorgarten eines der *pavillon* genannten kleinen Einfamilienhäuser am Berghang hinter der Cité. Ein Jugendlicher aus der Nachbarschaft hatte seiner Großmutter eine Freude machen wollen, und nach einigen Verhandlungen bekam sie ihre Badewanne auch wieder zurück. Nachbarn halfen ihr dann bei der Montage, überhaupt seien die Nachbarn in Ordnung, stets hilfsbereit und freundlich, ganz unabhängig von Hautfarbe und Herkunft.

Und die Polizei?

Die gab es schon lange nicht mehr in den Cités. Der sozialistische Präsident Lionel Jospin hatte zwar die *police de proximitée* eingeführt, Beamte aus dem Viertel, die mit den Leuten vertraut waren und auch deren Vertrauen genossen, aber das kostete Geld, welches die Stadtverwaltung in Marseille nicht mehr ausgeben wollte. Und nach der nächsten Wahl schaffte dieser »nervöse Ungar«, ein »echter Rassist« und »Verächter aller Arbeitslosen«, dieses durchaus erfolgreiche Modell wieder ab. So lebte man nun in einem mehr oder weniger rechtsfreien Raum von einem Tag auf den anderen und war auf sich selbst gestellt. Politiker gleich welcher Partei lassen sich nur mehr kurz vor Wahlen blicken und man glaubt ihnen ohnehin kein Wort mehr.

Warum zog sie nicht weg?

Welche Frage! Wohin denn? Ihr monatliches Gehalt lag knapp über dem Mindestlohn, seit der Fertigstellung des TGV Paris–Marseille explodierten die Mietpreise – und vor allem: Diese Cité war ihr Zuhause, hier war sie geboren, aufgewachsen, hier kannte sie jeden und hatte ihre Freunde. Es sei ja eigentlich eine schöne Gegend mit Blick übers offene Meer, meinte die Lehrerin; und nicht weit vom Stadtzentrum entfernt – rein geografisch natürlich ...

Die Lehrerin war eine der letzten noch in der Cité lebenden Nachkommen der algerischen Franzosen. Eigentlich waren diese Wohntürme für die vor dem algerischen Bürgerkrieg fliehenden Weißen hochgezogen worden, für diese *pieds noir*, sogenannte »Schwarzfüße«, weil sie im eroberten Algerien angeblich mit bloßen, erdigen Füßen das Land urbar gemacht und sich hochgearbeitet hatten; und das alles nur, um zwei Generationen später wieder außer Landes und zurück ins Mutterland gejagt zu werden. Diese Wohntürme seien keineswegs immer so verwahrlost gewesen, erklärte die Lehrerin; selbst als die Bewohner im Laufe der Jahrzehnte immer bunter wurden, war das Leben dort noch eine Zeit lang recht angenehm gewesen. Die Neuzuwanderer aus Algerien, aus Marokko, aus dem Sudan oder aus Vietnam bemühten sich irgendwie heimisch zu werden und waren meist viel freundlicher als die alteingesessenen Franzosen.

Eines Tages sei dann den Bewohnern mitgeteilt worden, sie hätten nun die einmalige Chance, Wohneigentum zu erwerben. Man habe ihnen sehr günstige Kredite angeboten und viele nahmen die Wendung »geschenktes Geld« wörtlich. Doch Mitte der 1980er Jahre brach die Konjunktur ein, bald zogen die wenigen Industriebetriebe weg und die meisten Bewohner verloren ihre Arbeit. Viele konnten all die Rechnungen, die da plötzlich ins Haus kamen, nicht einmal lesen, geschweige denn bezahlen: Raten für den Immobilienkredit, Abschläge für Strom, Gas und Wasser, Betriebskosten, Müllabfuhr und was an Reparaturen für das Gebäude anfiel, das alles war viel, viel mehr als zuvor die Miete.

Die Leute verstanden nichts mehr und es kam, wie es kommen musste: Als Erstes wurde die städtische Müllabfuhr eingestellt oder von der Mafia übernommen, die war weder verlässlich noch umsonst. Dann wurde das Treppenhaus nicht mehr gereinigt, der Strom gesperrt und zeitweise auch das Wasser; aus Wut und Rache oder aus purer Langeweile wurden daraufhin Briefkästen, Hausschlösser, Gegensprechanlagen, Telefonzellen zerstört, und im Rhythmus der Aktienkurven von Kupfer, Zink und Stahl wurden Rohre, Kabel, Zäune und Armaturen geklaut. Die arbeitslosen Jugendlichen handelten mit Drogen, anfangs nur mit Hasch oder Crack – wovon sonst hätten sie sich und ihre Familien ernähren sollen; doch bald übernahmen gewalttätige, übernationale Drogenbanden das Geschäft, und schließlich waren nicht einmal mehr die Banken an den Wohnungen interessiert.

Die Lehrerin lachte wieder: So ist das eben mit dem freien Wettbewerb.

Ob sie denn keine Angst habe?

Natürlich habe sie Angst. Aber das ändere ja nichts. Man müsse damit leben. Doch eines kann ich Ihnen sagen: Irgendwann wird alles in die Luft fliegen, wenn das so weitergeht.

Und so geschah es. 2005 versuchten in der Pariser Vorstadt Clichy-sous-Bois zwei offenbar ziemlich grundlos von der Polizei als Verdächtige verfolgte Jugendliche von fünfzehn und siebzehn Jahren sich im Gehäuse eines elektrischen Transformators zu verstecken und kamen dabei durch Stromschläge um. Was folgte, war eine bisher nicht gekannte Orgie blinder Zerstörungswut jugendlicher Bewohner der Cités quer durch ganz Frankreich.

*

Mir, der vergleichsweise verwöhnten Wienerin, genügten harmlosere Erlebnisse, um mich zu fürchten. Ich war eben dabei, das Ticket zu einem Parkplatz am Alten Hafen in den Schlitz zu stecken, als die Köpfe zweier Kinder auf einem Moped am rechten Autofenster auftauchten, maximal zwölf oder dreizehn Jahre alt, beide mit verkehrt herum sitzenden Schirmkappen auf dem Kopf. Der eine klopfte mit reizendem Kinderlächeln an die Scheibe, die ich daraufhin öffnete und arglos fragte: *Qu'est ce qu'il y a?* Was gibt's? – und schon schnellte ein dünner Arm durch das Fenster, seine Hand griff nach meinem auf dem Beifahrersitz liegenden Rucksack mit allem, was mein Leben überhaupt erst ermöglichte darin, und versuchte, ihn durch das halb geöffnete Fenster zu zerren; was ihm auch geglückt wäre, hätte ich ihm nicht in einer vielleicht aus der Steinzeit stammenden Blitzreaktion in die Hand gebissen.

Aiiii, t'es folle! Bist du wahnsinnig?! Die Hand öffnete sich, der Rucksack fiel zurück auf den Sitz, ich schloss die Scheibe, während sich der Arm durch den verbliebenen Spalt nicht ohne Mühe zurückzog und die beiden Buben schließlich unter schrillem Aufheulen des an seine Grenzen gebrachten Scooters wieder im Verkehrschaos verschwanden.

Zitternd vor Schreck stieg ich aus dem Auto – es waren doch Kinder!

Ces canailles, Madame! Dieser Abschaum! Ein älterer Mann kam auf mich zu, sagte, Madame, es tut mir ja so leid, Sie kennen sowas sicher nicht! Sie sind ja aus der Schweiz ...

Der Parkwächter hatte mich, wie dies öfters und überall geschah, wegen des Wiener Wappens mit weißem Kreuz auf rotem Grund auf dem Kennzeichenschild für eine Schweizerin gehalten, aber nur einen Augenblick lang, bis ich ihn korrigierte.

Oh, Pardon, Sie sind aus Wien, nun, da kann ich's Ihnen ja sagen: Wir bräuchten in Marseille einen neuer Hitler! Einer, der diese ganze schwarze und braune Pest endgültig erledigt!

Nein, ich gab dem Mann kein Trinkgeld, sondern betrat immer noch etwas unsicher auf den Beinen die nächste Bar. Der dicke Mann hinter dem Tresen schob mir die Anislimonade ohne das geringste Lächeln hin und grummelte in seinen schwarzen Dreitagebart, freilich sei sowas ärgerlich, aber bitte, Madame, nur keine Polizei! Die macht nur noch mehr Probleme.

Daran hätte ich ohnehin nie gedacht, entgegnete ich gekränkt, es waren doch noch Kinder! Ich sei nur so erschrocken gewesen, weil neu in der Stadt – und es waren doch noch Kinder!

Ach was, »Kinder«, brummte der Barmann nun mit einem Anflug von Freundlichkeit, wo die herkommen, gibt's sowas nicht. Diese »Kinder« kommen aus den Vierteln im Norden nur wegen der Touristen bis herein zum Alten Hafen, und sie kommen auch nur, wenn's zu Hause wirklich nichts mehr zu essen gibt oder wenn sie für die Schule neue Schuhe brauchen oder Ähnliches. Zu Hause bekommen sie dann zu hören, schau gefälligst, dass du was verdienst, ich in deinem Alter habe schon dies und das gemacht und so weiter. Und so etwas zu versuchen ist immer noch weniger gefährlich, als ein paar Drogen zu verkaufen; sie wagen es ohnehin nur bei Ausländern, bei einem Auto mit französischer Nummer trauen sie sich nicht aus Angst vor den Prügeln ... ist es nicht eine Schande, Madame, dass Kinder so aufwachsen müssen, mitten in Europa, in einem reichen Land wie Frankreich?

Wenig später führte der rechtskonservative Präsident Nicolas Sarkozy, ein ehemaliger Immigrant aus Ungarn, die *double peine* ein, eine doppelte Strafe, die vorsah, einen aus einer ehemaligen Kolonie stammenden Delinquenten selbst bei geringfügigen Eigentumsdelikten nicht nur nach dem herrschenden Strafrecht zu verurteilen, sondern zusätzlich mit einer Ausweisung in das zumeist unbekannte Land der Herkunft seiner Eltern zu bestrafen. Die öffentliche Diskussion darüber wurde hitzig und polarisierend geführt, mit Argumenten, die so alt waren wie die Rassenideologien selbst. Vergessen wurde dabei, dass Millionen Schwarze und Araber seit vielen Jahrzehnten in Frankreich und anderswo in Europa allen möglichen Berufen nachgingen und die französische Sprache oft besser beherrschten als viele *Français de souche*, zumal ohnehin niemand recht wusste, wer zu diesen »angestammten Franzosen« gehören sollte. Derselbe Präsident schürte die zunehmende Angst vor Flüchtlingen aus Afrika mit fragwürdigen, jede private Hilfeleistung für Geflüchtete kriminalisierenden Gesetzesblüten wie dem *delit de solidarité*, dem »Solidaritätsdelikt«, und in Paris und Marseille demonstrierten Hunderttausende Franzosen unter der Parole *Nous sommes tous des immigrés!* Wir sind alle Immigranten!

*

Die Phönizier, dieses »semitische« Seefahrervolk von der Südküste des Mittelmeeres, entdeckten vor über zwei Jahrtausenden in einer Bucht zwischen weißen Felsformationen am Nordufer des Mittelmeeres einen idealen Stützpunkt für ihre bis zu dreißig Meter langen und zehn Meter breiten, kunstvoll verzierten Handelsschiffe aus Zedernholz. Sie bauten den Handelsstützpunkt zu einer Siedlung aus und im Laufe der Jahrtausende entstand durch verschiedene, sich wie tektonische Verwerfungen ineinander und übereinander schiebende, miteinander verschmelzende oder sich gegenseitig abstoßende Einwanderungswellen eine Stadt. Mit einem skrupellosen Gemisch von Baustilen, Sprachen und Lebensweisen verweigert sich Marseille gnadenlos jeder Idylle von Reinheit und Ursprung.

Es entsteht eine freie und freisinnige Stadt, niemals einer Grafschaft unterworfen wie die anderen Städte der Provence. Alles hat Marseille überlebt: das allmähliche Näherrücken des zunächst weit im Norden gelegenen Königreichs Frankreich, die gewaltsame Aneignung unter Ludwig XIV., dessen ehrgeiziger Finanzminister Jean-Baptiste Colbert

(1619–1683) sein eigenes Faible für Luxusgüter aus den Kolonien zur heimischen Industrie auszubauen versteht. Marseille gewährt er zwar einen Freihafen, stellt jedoch den boomenden Handel mit dem Osmanischen Reich und dem Indischen Orient sowie mit den Besitzungen in »Westindien« und Mittelamerika unter das Monopol zweier königlicher Handelsgesellschaften. Im Unterschied zu Bordeaux und Nantes profitiert Marseille kaum direkt vom atlantischen Sklavenhandel, dafür aber von den Folgegeschäften mit Produkten aus Zuckerrohr, aus Kaffeebohnen, aus der Kakaobohne und der Erdnuss, es profitiert vom Handel mit wertvollem Tuch aus aller Welt und Rauschmitteln aller Art und nicht zuletzt vom Handel mit Geld.

In dieser Zeit zerfällt die Stadtbevölkerung in zwei Teile, auf der einen Seite die internationale Handelsbourgeoisie, auf der anderen Seite die stark benachteiligten Dienstleister und Lohnarbeiter rund um den Alten Hafen. Letztere treffen die Schwankungen des Marktes mit voller Wucht, sie sind es auch, welche die hauptsächliche Steuerlast tragen. Daher auch ihr maßgeblicher Beitrag zur Französischen Revolution. Nicht nur durch die berühmte, etwas blutrünstig klingende Hymne, sondern insgesamt wird Marseille eine treibende Kraft der Revolution in seiner Hoffnung auf Steuergerechtigkeit und einen Handel ohne Einschränkungen durch königliche Privilegien.

Auch Anfang und Ende von Napoleons Abenteuer in Ägypten, die Kolonisation im fernen Amerika, Afrika, Asien, schließlich deren Ende und die Abwanderung der großen Reedereidynastien an die Atlantikküste, alles überlebt die Stadt. Im 20. Jahrhundert überlebt sie die Ströme von »Wirtschaftsflüchtlingen« aus Italien, von »politischen Flüchtlingen« aus dem zerstörten Armenien und Kurdistan, aus dem Griechenland der Generäle, dem Spanien Francos, dem zaristischen Russland *und* aus der Sowjetunion, aus Palästina ebenso wie aus Alexandria, aus dem Deutschen Reich, aus Polen, aus Österreich und schließlich aus den von der Wehrmacht besetzten Teilen Frankreichs.

Marseille hat auch seine glanzvollen Momente: Die Kolonialausstellungen in der Zeit nach dem Ersten Weltkrieg sind nicht vergleichbar mit den schmuddeligen, marktschreierischen »Völkerschauen« in Deutschland und Österreich zu jener Zeit. Es handelte sich um »Weltausstellungen«, die über Chancen und Schätze in den Kolonien informierten, Investoren, Unternehmer, Siedler bezirzen sollten. Durch verstärkte Ausbeutung der Kolonien hofft damals nicht nur Paris die Verluste des Ersten Weltkrieges in den Griff zu bekommen und zudem ein Heer von Arbeitslosen loszuwerden.

Schwerpunkt der Ausstellung 1922 ist Französisch-Indochina. Die Massen können Nachbauten alter Klöster und goldener Pagoden bestaunen, selbst das Modell der im Dschungel Kambodschas wiederentdeckten Tempelstadt Angkor Vat, die alte Residenz der Khmer, die der junge André Malraux, später Kultusminister unter Charles de Gaulle, teils plündern, teils restaurieren ließ, ist als Modell zu bestaunen. In französischen Kolonialausstellungen wurde seit jeher mit kulturellen Leistungen jener geworben, die als stolzer Teil der »Französischen Kulturnation« gelten sollten. Jasminweiße Gummiglieder balinesischer Tänzerinnen mit ihren spitz zulaufenden, fein ziselierten Goldkronenhauben, Arbeitselefanten der *Mnong* in glitzernden Paillettenmänteln, Theatergruppen der Annamiten mit prachtvollen, aus Pergament geschnittenen Figuren ihres Schattenspiels werden den staunenden Franzosen vorgeführt. 1927 paradiert am Kai des Alten Hafens eine Kavallerie auf weißen Araberpferden in farbenprächtiger Montur: Blutroter Burnus über azurblauen Pumphosen, ein roter Fez mit überbordendem Busch weißer Straußenfedern schmückt das schwarze oder braune Antlitz der *Spahi*, Nachkommen der 1830 vernichtend geschlagenen algerischen Elitetruppen, später in die französische Armee integriert, ab den 1860er Jahren bei westafrikanischen Eroberungsfeldzügen eingesetzt. 1927 fungieren sie als koloniale Folklore und Eskorte eines präsidialen Ehrenkonvois.

Denn in der Zwischenkriegszeit geht im Alten Rathaus von Marseille die exotische Weltprominenz aus und ein; Könige und islamische Würdenträger aus Afrika, Prinzen aus Siam, der schmächtige Kaiser Haile Selassie, der wohlgenährte Bey von Tunis und der Sultan von Marokko

494

sogar zweimal: 1933 mit seiner Familie, als er, von Frankreich wegen seiner Weigerung, jedwede Verordnungen widerspruchslos zu unterschreiben, nach Korsika verbannt, in Marseille Zwischenstation macht, und ein zweites Mal 1957, als er sich am Alten Hafen einschifft, um als König Mohammed V. im Triumph nach Rabat zurückzukehren.

In ihrem Wesen bleibt Marseille jedoch immer eine arme, proletarische Stadt, in der einige, sehr wohlhabende Familien es verstehen, von den durch die Wechselfälle der Geschichte in ihre Stadt gespülten billigen Arbeitskräften zu profitieren. Das Stadtbild bereichern sie mit etlichen Patrizierhäusern und dem malerisch sich bis hinauf zur Notre Dame de Garde emporwindenden Villenviertel Endoume. Im Alten Hafen darunter werden zwischen den Weltkriegen immer noch Frachtgut, Tiere und Menschen aus aller Welt verladen. Schwarzmarkt und Prostitution erhalten große Teile der bunten Bevölkerung am keineswegs immer freudlosen Leben: Alte Fotos zeigen in dem meisterhaft gestalteten Prachtband *La France Noir. Trois siècles de présences des Afriques, des Caraïbes, de l'Océan indien & d'Océanie* (Paris 2011) Dockarbeiter aus dem Sudan, wie sie am Quai des Belges anlässlich einer »Arbeiter-Schönheitskonkurrenz« vor einer jubelnden Menge ihre alles überragenden Prachtkörper entblößen und schließlich der »schönste Mann von Marseille« als bejubelter Sieger über die Menge gehoben wird.

Dann brechen die »Schwarzen Jahre« (Temime 1999) über die Stadt herein. Die 1942 von der Deutschen Wehrmacht besetzte Stadt ist mit politischen Flüchtlingen aus ganz Europa zum Bersten voll, und den »reinrassigen« Invasoren graut vor dem unübersichtlichen Miteinander verschiedener Religionen, Sprachen, »Rassen«. Joseph Goebbels bezeichnet Marseille als »Krebsgeschwür Europas«, und Heinrich Himmler befiehlt 1943 nach zwei tödlichen Anschlägen auf die deutschen Besatzer – auch dies galt als »Terrorismus« –, mit diesem *menschlichen Abfall, diesem Abschaum, diesem Sumpf* endgültig aufzuräumen. Unterhalb des Armenviertels Panier müssen Tausende mittellose Bewohner binnen zwei Stunden ihre alten Häuser verlassen, stehen nun mit ihren in Bündeln und Körben verpackten Habseligkeiten auf der Straße und schauen fassungslos zu, wie vor ihren Augen ganze Häuserzeilen gesprengt werden.

Danach beginnt die Menschenhatz in ganz Marseille. Juden, politisch Verdächtige und sozial »Minderwertige« werden aus ihren Häusern getrieben, konzentriert, selektiert und in nordfranzösische, deutsche und polnische Lager deportiert. Durchgeführt wird diese »Säuberung« freilich nicht von den Deutschen, sondern von fünfzehntausend französischen Polizisten und Gendarmen unter dem Befehl des Marseiller Polizeipräsidenten; und wie immer in solchen Fällen feiert auch hier die Denunziation fröhliche Urständ, während gleichzeitig mehr als irgendwo anders die Verfolgten auch Schutz bei den Nachbarn, den Kollegen, in Klöstern und Kellern finden.

In den letzten Ausläufern des Krieges, die Deutschen waren bereits abgezogen, bombardieren zu allem Überfluss die Briten den Norden von Marseille. Und als schließlich wirklich alles vorbei ist, lässt der Bürgermeister von Marseille stolz verlauten, seine Stadt sei keineswegs das Ende Frankreichs, sondern der Anfang eines größeren, weltumspannenden Frankreichs; trotz der verlorenen Schlacht um Diên Biên Phú 1954 ist auch die Handelskammer immer noch von der Ewigkeit des französischen Kolonialimperiums überzeugt. Und zwei Jahre später, 1956, versucht Frankreich zusammen mit England und Israel noch einmal die Geschichte aufzuhalten und den Suezkanal zurückzuerobern. Erst nach dem bitteren Ende des blutigen Algerienkrieges, als innerhalb von acht Monaten über zweihunderttausend Flüchtlinge in die damals rund siebenhunderttausend Einwohner zählende Stadt strömen, scheint die Politik zu begreifen, dass es nun vorbei ist mit Weltmachtfantasien aller Art.

Von nun an branden Einwanderungswellen aus allen französischen Kolonien an die weißen Gestade rund um Marseille, Boat-People aus Vietnam, Arbeitssuchende aus Nord- und Westafrika, Flüchtlinge aus dem Kongo, aus Ägypten, aus Palästina, aus dem Libanon. Marseille ruft Paris und die ganze Welt um Hilfe – vergeblich.

Doch die hygienischen Zustände in den *bidonvilles*, den rund um die Stadt wildwuchernden Wellblechghettos, werden bald zur Gefahr für die ganze Stadt. Um sie schleifen zu können, werden nun in fantastisch kurzer Zeit und mit fantastisch wenig Mitteln die ersten Wohntürme der Cités in die Höhe gezogen.

*

In Marseille musste man sich für eine Erfahrung von Welt nicht vom Fleck bewegen. Der Alte Hafen war zur Zeit meines Aufenthalts zwar bereits eine Touristenmeile, aber immer noch glitzerte das Wasser zwischen privaten Jachten und den behördlich geschützten uralten Fischerbooten, immer noch boten am Quai des Belges eine Handvoll Fischverkäuferinnen auf improvisierten Tischen ihre schillernden, von Hand gefangenen Schätze des Meeres feil.

Die Stadt von gerade einmal achthunderttausend Einwohnern bot außerdem ein bemerkenswertes, von allen Regionen der Welt inspiriertes Kulturleben, nicht nur auf großen Bühnen wie der Oper oder dem Nationaltheater La Criée, sondern auch zahlreiche private Bühnen, Kellerlokale und Bars wurden von innovativen Theatermachern, von Jazzgrößen und Stars des Hip-Hop, des westafrikanischen Blues, des Flamenco aus Spanien, Argentinien und der arabischen Welt bespielt. Erstmals lernte ich das unvergleichliche Feuer des Flamenco Arabo kennen, oder die ergreifende Gitarre der mexikanisch-US-amerikanischen Liedermacherin Lhasa de Sela, erstmals begeisterten mich der meditative Drive des tunesischen Oud-Virtuosen Anouar Brahem oder die hinreißende, dunkle Stimme des syrischen Komponisten Abded Azrié, dazu das unvergessliche Erlebnis der tunesischen Brüder Joubran in der antiken Arena von Arles bei Vollmond. Und an jedem Wochenende versuchten am Quai des Belges Angehörige irgendeines unterdrückten Volkes mit Transparenten und Megafon auf das ihnen angetane Unrecht aufmerksam zu machen, ohne dass sich irgendwer darum gekümmert oder gar darüber erregt hätte: Kurden, Armenier, Iraner, Komoraner,

Flüchtlinge aus Osttimor und Arbeitssuchende aus Mayotte – in Marseille hatte man längst die Tatsache akzeptiert, dass mit den Menschen eben auch ihre Probleme in die Stadt kommen.

Nur Afrikaner sah ich niemals demonstrieren; etliche schwarze Diktatoren hielten sich mit Frankreichs Unterstützung an der Macht oder sie hatten vor ihren aufgebrachten Bürgern samt der gestohlenen Staatskasse Zuflucht in Frankreich gefunden. Desgleichen Marokkaner, die aus Angst vor der Geheimpolizei ihres Königs Mohammed VI., *Notre ami le Roi* (Perrault 1990), nicht wagten öffentlich zu demonstrieren. Afrikaner lebten lieber diskret in ihren kollektiv finanzierten Wohnheimen und Schneiderwerkstätten, mischten sich unauffällig in den täglichen Kampf jeder gegen jeden um Arbeit, um einen Platz an einer Hochschule, um Allianzen oder um eine Lizenz für einen Kiosk – *la galère*, die Tretmühle. Sie mieden die Öffentlichkeit, von der ohnehin kaum jemand wusste, was darunter eigentlich zu verstehen war. Die Zeitungen der beiden regierenden, von der Mafia unterwanderten Parteien oder der von einem Sportartikel-Monopolisten beherrschte Fußballklub? Die hundertvierundachtzig (!) privaten Vereine, welche in den hundertzehn Stadtvierteln um die Interessen der Bürger bemüht waren? Auf den Straßen, den Plätzen und in Parkanlagen konnte jeder mit einer etwas dunkleren Hautfarbe jederzeit von Polizeibeamten kontrolliert und festgenommen werden. Sie wollen dich einfach zusammenbrechen sehen, meinte die aus dem Senegal stammende, überaus aktive und attraktive Gründerin eines Vereins zum Schutze afrikanischer Frauen und Mutter zweier halbwüchsiger Kinder. Sie hatte eine Nacht auf dem Polizeirevier verbracht, um die Gründe und den Ort der Inhaftierung ihres sechzehnjährigen Sohnes herauszufinden, der mit einigen Freunden zufällig in der Nähe stand, als jemandem das Mobiltelefon gestohlen worden war.

Die dreifach überbelegte Haftanstalt Les Baumettes war in großer Mehrheit von Nachkommen der seit den 1960er Jahren eingebürgerten Afrikaner und Araber besetzt und wegen der Verwahrlosung von Menschen und Mauern berüchtigt. Immer wieder wurden die Bedingungen

in Les Baumettes und in den total überfüllten Sammel- und Abschiebe-
lagern von Arenc und La Cimade als menschenrechtswidrig gerügt. Und
bereits zur Zeit meines Aufenthalts Anfang des neuen Jahrtausends war
hinreichend bekannt, dass diese Anstalten Brutstätten einer »islamistischen Radikalisierung« waren. Doch das schien keinen Politiker zu
kümmern, solange bei den nächsten Wahlen wieder mit Polemik gegen
Muslime und Schwarze gepunktet werden konnte. Den vergleichsweise
wenigen Buddhisten in Marseille standen drei mit goldenen Pagoden
und Buddhastatuen geschmückte Tempel zur Verfügung, die fünfund-
siebzigtausend Juden der Stadt beteten in über vierundvierzig Synago-
gen, doch Muslime, die beinahe die Hälfte der Bevölkerung ausmachten,
verfügten über keine einzige repräsentative Moschee, nachdem die letzte
Planung während des algerischen Befreiungskriegs zu Fall gebracht worden war. Daher stieß man überall auf provisorisch in einem Souterrain
oder ebenerdig untergebrachte Gebetsräume oder auf Gläubige, die zu
den gegebenen Stunden auf Straßen und Plätzen ihr kleines Gebetstex-
til im Staub ausbreiteten und sich inmitten achtlos vorbeieilender Passanten darauf zusammenfalten mussten; ein willkommener Anlass
für immer neu entfachte Empörung der Front National, die wie alle
rassistischen Parteien die Errichtung einer Moschee mit allen Mitteln
zu verhindern suchte.

Bereits im Frühjahr 2004 wurden auf einem prominent besetzten
internationalen Kongress die Probleme der transmediterranen Fluchtbewegungen verhandelt; nicht als exklusive Veranstaltung unter gleichgesinnten Akademikern, sondern als Volksereignis, an dem ganz Marseille
Anteil zu nehmen schien. Staunend erlebte ich über mehrere Tage, wie
die Massen zu den verschiedenen Veranstaltungszentren strömten, um
unter anderem von den Zuständen in Libyen unter Muammar al-Gaddafi unterrichtet zu werden, dem einzigen Land in Nordafrika, das
weder die Menschenrechtsdeklaration von 1949 noch die Flüchtlings-
konvention von 1951 unterzeichnet hatte und das offenbar deshalb von
der Europäischen Union auserkoren worden war, um die transsaha-
rischen Flüchtlinge von Europa fernzuhalten. Bereits damals flossen

Hunderte Millionen öffentlicher Gelder aus Europa in dieses ohnehin wohlhabende Land. Doch bereits damals konnte alles Geld der Welt die Fluchtbewegungen nicht stoppen, sondern nur unzählige Existenzen vernichten und korrupte Politiker bereichern. Auf diesem Kongress wurde bereits 2004 über die katastrophale Lage Zigtausender in Griechenland gestrandeter Flüchtlinge berichtet, Menschen auf der Straße ohne Chance auf ein Asylverfahren, ohne Rechtsschutz, ohne Grundversorgung, der Gewalt rechtsextremer Gruppen ausgesetzt; von Kindern und Jugendlichen ohne Chance auf einen Schulbesuch, aber unter ständiger Bedrohung von Missbrauch aller Art, und von schutzlos der Gewalt und Willkür ausgelieferten Frauen; aber auch von der privaten Hilfsbereitschaft zahlreicher Menschen, von Teilen der griechischen Bevölkerung, die versuchten, die Gestrandeten so gut wie möglich zu versorgen, von Liebesbeziehungen, die entstehen, von Kindern, die geboren werden, um ebenso wie ihre Eltern als recht- und staatenlose Gespenster zu leben.

Kann sich eine demokratische Staatengemeinschaft wie die Europäische Union erlauben, auf ihrem Territorium ganze Generationen ohne Ausbildung und Arbeit, ohne bürgerliche Rechte heranwachsen zu sehen?, fragte Ali Bensaâd, ein französischer Soziologe, der mit Absicht den Namen seiner algerischen Großeltern wieder angenommen hatte. Seit mehreren Jahren beobachtete er die beunruhigende Auslagerung der europäischen Grenzen nach Afrika. Natürlich könne Europa sich dergleichen Zustände nicht leisten, war sein Schluss, die Folgen würden unabsehbar und verheerend sein.

*

Die Gegend rund um die Porte d'Aix, dem für den Einzug Napoleons errichteten Triumphbogen an der Ausfahrt Richtung Norden, glich einem marokkanischen Souk, freilich ohne Maultiere und Esel, ohne kunstvoll von Hand geflochtene Körbe und Taschen und verzierte Tonwaren, ohne handgeschmiedete Messer, Scheren, Hufeisen, Nägel und

Scharniere, sondern voll begehrenswertem Plunder aus buntem Plastik und, wie auf allen »arabischen« Märkten, mit einer überwältigenden Vielfalt an Früchten, Gemüse, Gewürzen und Gerüchen. Die Männer – es gab *nur* Männer –, sowohl Standbetreiber als auch Kunden, trugen allesamt die lange, dunkle oder gestreifte Djellaba mit spitzer Kapuze, und blitzartig wurde mir klar: Dies war eine richtige kleine Kolonie, Menschen, die, wie sie nun einmal sind, als eine Art migratorische Schubumkehr dem Kapital nachwanderten. Das konnten und wollten freilich die Nachkommen ehemaliger, wenn auch aus anderen Gründen ebenfalls aus Nordafrika geflohenen *colons* nicht verstehen: Warum kommen jetzt alle zu *uns*, wo sie uns doch so sehr hassen?

Man sollte ihnen antworten: Menschen sind nun einmal so. Seit jeher fliehen sie in die Städte, nachdem die Eigentümer von Kapital ihre angestammte Erde eingezäunt, leergeschürft, erschöpft haben und nun ihre Arbeitskraft ausbeuten; sie fliehen aus vergifteten Kriegswüsten in die blühenden Gärten der Sieger, fliehen vor Umweltkatastrophen und aus glühenden Ozonlöchern in die gemäßigten Klimazonen jener, welche die Katastrophe verursachen, sie fliehen seit jeher vor politischer Verfolgung, Versklavung und Folter, und es ist ihnen gleich wohin, sie wollen nur irgendwohin, wo sie in Würde überleben zu können glauben.

Der gleiche Prozess trieb die verschiedenen Auswanderungswellen aus Europa auf den amerikanischen Kontinent voran, denn ein verfassungsmäßig garantiertes Recht auf *pursuit of happiness* erlaubte ihnen dort erstmals eine freie Wahl des Ortes, wo man leben, arbeiten und sterben möchte. 1945, als ganz Europa von Flüchtenden aus allen denkbaren Richtungen und Motiven durchzogen war und es kaum ein Haus gab, in dem nicht behördlich einquartierte Flüchtlinge lebten, wurde auch in Europa das »Recht auf Freizügigkeit« zu einem bürgerlichen Grundrecht. Offenbar hatte man dabei nicht bedacht, dass Mobilität nicht nur in Europa als wertvolles Gut gilt, und zwar bereits seit der Abschaffung der Leibeigenschaft, sondern dass sie in allen Teilen der Welt von existenzieller Bedeutung ist. Eric Hobsbawm notiert dazu in seiner 2003 erschienenen Autobiografie:

»Nichts ist für jemanden in meinem Alter eindrucksvoller als die seit 1970 einsetzende außergewöhnliche Entdeckung der Ersten Welt durch die Völker der Dritten Welt (...), die Entdeckung der Möglichkeit, dass arme Menschen ihr Leben zum Besseren wenden können, indem sie in reiche Länder abwandern. Natürlich haben wir (mit seltenen Ausnahmen) kein Interesse daran, dass sie kommen, selbst wenn wir sie brauchen. Eine Welt, die sich der freien, globalen Bewegung aller gewinnverheißenden Produktionsfaktoren verschrieben hat, ist zugleich eine Welt, die entschlossen ist, die einzige Form der Globalisierung zu unterbinden, die zweifellos von den Armen angestrebt wird, nämlich die Suche nach einer besser bezahlten Arbeit in den reichen Ländern.

Wir haben uns so sehr an die Unmenschlichkeit des Jahrhunderts gewöhnt, dass wir keinen Unterschied mehr machen zwischen den Flüchtenden und jenen, die von Schleuserbanden in schwimmenden Särgen herumtransportiert werden, ähnlich den italienischen und russischen Juden der achtziger Jahre des 19. Jahrhunderts, die gerade entdeckt hatten, dass sie nicht dazu verurteilt waren, bis an ihr Lebensende in den *paesi* und den *Schtetln* ihrer Geburt zu schmachten.«

*

Warum berührte mich Marseille? Nichts, weder Sprache noch Aussehen noch Lebensstil und Umgangsformen, weder Erinnerungen noch Referenzen, nichts hatte ich mit den Bewohnern dieser Stadt gemein. Dennoch fühlte ich mich vom ersten Augenblick an mit dieser Stadt verbunden, die das menschliche Bedürfnis, ja, die existenzielle Notwendigkeit einer globalen Mobilität repräsentiert, mit allen immer wieder daraus entstehenden Problemen. Und ich möchte gar nicht daran denken, was aus mir geworden wäre ohne dieses Privileg.

Im Jardin du Pharo, einer Parkanlage auf einem Felsen hoch oben vor der Einfahrt zum Alten Hafen, trafen in den Abendstunden alle aufeinander: gestresste Büroangestellte, Pensionisten, Liebespaare, Obdachlose, Arbeitslose, Großmütter mit Enkelkindern und Touristen suchten dort in den letzten Sonnenstrahlen über dem indigofarbenen Meer Erholung von der Hitze des Tages. An der höchsten Stelle der Gartenanlage hatte Napoleon Bonaparte für seine zweite Gemahlin Marie-Louise von Österreich einen eher monströsen Palast errichten lassen. Die Habsburgerin sollte sich darin wahrscheinlich erhaben und sicher fühlen vor der allzu grellen, gefährlichen Stadt und dem spektakulären Panorama des Hafens. Gleichzeitig konnte sie in der Gartenanlage auf dem Felsen in gebührender Distanz zum weniger erbaulichen Leben der einfachen Leute die Illusion einer gewissen Nähe zu Menschen pflegen, einen Überblick über die ganze Stadt und vielleicht auch über ihr eigenes Leben gewinnen.

Von hier oben aus lassen sich die ein- und auslaufenden Fischerboote und Jachten beobachten, und auf der anderen Seite des Alten Hafens, hinter dem Panier und der grauweiß gestreiften Kathedrale, ragen die dinosaurischen Vogelhälse der Ladekräne aus der neuen geschäftigen Hafenanlage. Wenn von dort aus bei Sonnenuntergang die Algier, das weiße Fährschiff begleitet von vier winzigen Lotsenschiffen ausläuft, lässt ein gellend trillerndes *youyou* zwischen den Passagieren an Deck und den am Kai zurückgebliebenen Menschen die Luft vibrieren, Signal einer alles überwindenden Verbundenheit und mystischen Orientierung, gleich dem Flirren von Vogelschwärmen. Im Jardin de Pharo gibt es auf den Vorsprüngen der zum Meer steil abfallenden Felsen noch etwas, was in meiner Jugend als »G'stätten« bezeichnet wurde, jene von menschlicher Geschäftigkeit unberührten »Zwischenräume« zwischen Natur und dem Universum des Wohlstands. Kinder lieben G'stätten. Sie sind voller Überraschungen, voller Möglichkeiten des spielerischen Experimentierens, wie sie auf keinem mit Korkbelag und Rindenschnitzeln hygienisch und pädagogisch gestylten Kinderspielplatz jemals vorzufinden sind. Hier sind die G'stätten mit lila blühenden Rosmarinstauden, mit bunten Plastikflaschen und wildem Mohn, mit

Ameisen, Feuerwanzen, Kornblumen, Schutt, Scherben und getrocknetem Vogelkot bedeckt; weil sie sich unmittelbar neben der zum Meer abfallenden und durch nichts gesicherten Felsenwand befinden, sind sie vielleicht doch kein idealer Ort für ganz kleine Kinder.

Aber für den Mann, der sich nun dem Felsvorsprung näherte, sein T-Shirt auszog und sich mit kupferfarbenem Oberköper auf so einer G'stätten wie auf einem Wohnzimmersofa niederließ, war der Ort wie geschaffen. Von der Ferne war zu beobachten, wie er bedächtig einen länglichen, schwarzen Koffer, der eine Staffelei oder ein Maschinengewehr enthalten könnte, öffnete und langsam irgendwelche goldschimmernden Teile daraus entnahm und zusammensetzte, bis ein in der Abendsonne blendendes Blasinstrument entstanden war, wahrscheinlich eine Trompete. Der Mann drehte und wendete das Instrument in seinen Händen, setzte es pustend und spuckend an seine Lippen; und dann, unerwartet, schwebten plötzlich diese ergreifend reinen Töne über die in der sinkenden Sonne blutroten Mauern der Festung Saint-Jean und eine schwermütig jubilierende Melodie strömte über das saphirblaue Meer bis hin zu den verblassenden Umrissen des Chateau d'If, in dem einst die Opfer der berüchtigten *lettres de cachets*, der geheimen königlichen Haftbefehle von Ludwig XIV. in feuchter Finsternis vermoderten.

Das Spiel des Unbekannten auf der G'stätten über dem Meer überwand alle Mauern und Grenzen, verzauberte alle; alte Frauen, spielende Kinder, Arbeiter, Hausfrauen, Liebespaare, Instagram-Touristinnen, Studierende mit ihren Tablets und Notebooks, selbst einige Geschäftsleute oder Tagungsteilnehmer in dunklen Anzügen und Krawatten, alle hielten den Atem an, richteten ihren Blick in die Weite, legten das Buch, die Zeitung, das Strickzeug, den elektronischen Tand beiseite – und ich fühlte plötzlich Tränen über meine Wangen rinnen vor Glück, einfach da zu sein.

24

Endlich angekommen

Der Betrug

Marseille war auf Dauer doch etwas fordernd für eine nicht mehr junge, allein lebende, fremde Frau. Und schließlich fand ich im Norden von Aix-en-Provence ein kleines Haus mit drei Zimmern, roten Fensterläden und einem mächtigen Lindenbaum davor, und darunter ein schmaler Terrassengarten mit drei Pinien und zwei spektakulären Granatapfelbäumen. Es schien eine ideale Bleibe für mich, sieht man von ein paar Jugendlichen in den sozialen Wohntürmen unmittelbar dahinter ab, die hin und wieder Steine auf die Dächer der unter ihnen liegenden Häuser schleuderten und manchmal auch Kleinigkeiten wie einen Fernsehapparat oder einen neuen Staubsauger mitnahmen, wenn die Bewohner gerade nicht zu Hause waren. »Ungezogenheiten«, gegen die kein Polizist einschreiten würde und vor denen die Nachbarn längst resigniert hatten – *les jeunes, que voulez vous, c'est comme ça*, so sind sie eben, die Jugendlichen. Doch wenn einige Steine während meiner stillen Nachmittage auch meinen Tisch im Schatten der drei Pinien trafen oder des Nachts eine Fensterscheibe des Schlafzimmers, erschrak ich; und da von der Polizei nichts zu erhoffen war, fasste ich den Plan, selbst mit den Jugendlichen zu reden – in der Hoffnung, sie durch den persönlichen Kontakt vielleicht zur Vernunft bringen zu können. Doch davon wurde mir von einem Kenner der Lage dringend abgeraten. Ich mache mir keine Vorstellung, was in deren Köpfen vorgehe, durch meinen Besuch würde die Situation nur eskalieren.

Dafür erfreute ich mich auf den schönsten Plätzen der Welt in Aix-en-Provence im Schatten jahrhundertealter Platanen an den Märkten mit frischem Gemüse und feinsten Delikatessen, mit wertvollen alten Büchern, Textilien und Antiquitäten, mit lokalem Kunsthandwerk und einem Meer leuchtender Blumen. Im Cinéma Cézanne hinter der Rue Mazarine wurden Autorenfilme aus aller Welt gezeigt und in der Cité du Livre hinter dem Busbahnhof bot der Verein Écritures croisées eine wunderbare Bibliothek und seit zwanzig Jahren Veranstaltungen mit internationalen Größen, darunter Philipp Roth, Primo Levi, Octavio Paz, Toni Morrison, James Baldwin. Zufällig fand ich mich zu einer

Veranstaltung für den mir zuvor unbekannten Dichter Mahmud Darwisch ein und staunte über den zum Brechen vollen Saal und über ein ernstes Publikum des, wie mir schien, gehobenen Mittelstands irgendeiner nahöstlichen Region. Familien mit halbwüchsigen Kindern waren ebenso präsent wie ältere und jüngere Männer und kleine Gruppen von Frauen. Nach Ende der Veranstaltung sprach man miteinander, auch unbekannterweise, wie meistens in Aix-en-Provence, und bald stellte sich heraus, dass es sich um Palästinenser handelte und der ebenfalls palästinensische Dichter eine Berühmtheit war. Ich erfuhr, dass viele bereits seit 1948 in der Region angesiedelt waren, andere seit 1967 und später. Und meine eigene Überraschung berührte mich eher peinlich, war meine Vorstellung von »Palästinensern« doch von den Fernsehbildern geprägt: Fäuste ballende, Tod und Rache skandierende, Flaggen verbrennende Horden oder Demonstranten, gegen die jedes Mittel recht war und notwendig für die Rettung Israels. Das diskrete und literarisch interessierte Publikum passte keineswegs in dieses Bild und wieder einmal beschäftigten mich neue Fragen. Einmal im Jahr fand das Festival international d'art lyrique statt, dem selbst eine für Opern im Allgemeinen weniger begeisterte Person wie ich einiges abgewinnen konnte, verdankte ich dem Festival doch fantastische Nächte mit hervorragenden Aufführungen auf romantischen Spielstätten wie etwa der Schlossruine Saint-Jean zwischen Weingärten und Pinienwäldern, in guter Gesellschaft anregender Menschen.

Ansonsten verbrachte ich die Zeit zwischen den Schluchten, den Wasserläufen und den nach Thymian duftenden Bergrücken des Mont Sainte-Victoire, zwischen den Lavendelfeldern und Weingärten in der Umgebung, und das Meer war ebenfalls nur eine halbe Stunde entfernt. Ich war überzeugt: Hier erwartete mich ein Leben wie Gott in Frankreich.

Arbeit hatte ich genug. Spontan begeisterte sich die Forschungsdirektorin am Maison méditerranée des sciences de l'homme in Aix-en-Provence für das fotografische Werk meines Vaters aus Marokko von 1949/50, das ich ihr mittels Fotokopien der Alben mit über dreitausend Kontaktkopien präsentierte. Sie leitete das IREMAM – (Institut des recherches et d'études sur le monde arabe et muselman) – war spezialisiert auf berbersprachige Gruppen, insbesondere die Tuareg, und erklärte, ein derart umfassendes, historisch und auch ästhetisch wertvolles Bildmaterial sei ihr noch nie untergekommen. Sie war sofort bereit für ein gemeinsames Projekt. Mit ihrem über den Rücken fließenden dunklen Haar, ihrem Selbstbewusstsein hinter zerbrechlich anmutender Zartheit und nicht zuletzt durch ihre jahrelange Felderfahrung in Agadez verkörperte sie für mich den Inbegriff einer außergewöhnlichen Frau.

Ich nenne sie hier Françoise. Kennengelernt hatte ich sie bei der Präsentation eines von ihr ins Französische übertragenen Gedichtbandes, als sie die wütenden Klagegesänge über die atomare Verpestung der angestammten Tuareg-Gebiete mit ihrem bezaubernden Gitarrespiel begleitet hatte. Später, beim gemeinsamen Imbiss mit Fans und Freunden, stellte sich heraus, der Dichter war ihr Ehemann; ein stolzer Targi, stolz auf seine erhabene Körpergröße, seinen weißen Burnus und seine gesellschaftliche Stellung; stolz auf sein Außenseitertum in Aix und seine Position als Chef eines über Niger, Mali, Libyen und halb Europa verstreuten, mächtigen Familienverbandes der Tuareg, stolz darauf, dass er nun die mit dieser Stellung verbundenen, umfangreichen Verpflichtungen nicht mehr von Agadez, sondern von Aix-en-Provence aus erfüllte.

*

Françoise und ich planten groß. Wir entwarfen ein Forschungsprojekt zur wissenschaftlichen Bearbeitung und eine entsprechende Publikation des historischen Fotomaterials über Marokko, planten ein Forschungsseminar an der Universität Aix-Marseille sowie eine Ausstellung, die nach Aix und Paris auch nach Berlin und Wien gehen sollte; selbst der neue Direktor des Museums für Völkerkunde in Wien hatte Interesse signalisiert, jedenfalls war damit der Absatz der Publikation gesichert. Françoise wollte noch einen Professor für Anthropologie von der Universität Marseille einbeziehen, einen angeblich prominenten und fortschrittlichen Wissenschaftler, der zudem über regionalpolitische, für die Finanzierung des Projekts bedeutende Kontakte verfügte, wie sie erklärte. Der Professor aus Marseille, den ich Ludovic nennen will, kam angereist, ein freundlicher, farbloser Mann, mit kurzen Beinen und Bauchansatz, war von dem Projekt sofort überzeugt und versprach jede, auch finanzielle Unterstützung.

Gleich bei unserem ersten Treffen ging es um Politisches. Françoise klagte über Probleme bei der Arbeit wegen des von offiziellen Stellen und den Medien ständig beschworenen »islamistischen Terrorismus«, wodurch man als Anthropologin kaum mehr in muslimischen Gesellschaften arbeiten könne, ohne verdächtigt zu werden; geschweige denn in radikalisierten Kreisen in Paris oder in Niamey oder wie einer ihrer Kollegen gar in Les Baumettes, dem berüchtigten Marseiller Gefängnis, ohne als eine Art Kollaborateur zu gelten. Dabei könnte die Sozialanthropologie wesentlich zum Verständnis dieser komplexen, keineswegs auf Religion beschränkten und durchaus gefährlichen Entwicklungen beitragen und sogar Lösungsvorschläge anbieten, meinte sie. Die Nähe, oder besser, die Vereinnahmung der Anthropologie durch die Politik sei ein großes Verhängnis, ein Hindernis für jede ernsthafte Feldarbeit, die immerhin mit öffentlichen Mitteln nicht zuletzt auch zum Nutzen der Allgemeinheit gefördert wurde. Das sei ja nichts Neues und bereits seit der Aufklärung das größte Problem der anthropologischen Wissenschaften, pflichtete Ludovic seiner Kollegin bei. Ich war sogleich in meinem Element und legte mein Buch *Der Fall Hugo A. Bernatzik* auf den Tisch, in dem es ja um nichts anderes ging als um politischen Einfluss auf die Ethnologie und das akademische Milieu im Allgemeinen, noch dazu in einem totalitären Staat wie dem der Nazis.

Auch mein Vater habe sich dem nicht entziehen können, erklärte ich: Mitgliedschaft bei der Partei ab April 1938 und während des Krieges die Arbeiten im Auftrag des Kolonialpolitischen Amtes der NSDAP – glaubt ihr, das könnte zu einem Problem für unser Projekt werden, fragte ich und verwies auf den in (schlechtem) Englisch verfassten Abstract am

Ende des Buches und auf das detaillierte Inhaltsverzeichnis, aus denen auch für jemanden ohne Deutschkenntnisse das Wesentliche des Inhalts hervorging.

Doch Françoise und Ludovic versicherten mir, dies sei überhaupt kein Problem. Es sei spätestens seit Bourdieu kein Geheimnis, dass Ethnologen und Sozialanthropologen ihre Forschungen niemals in einem politisch neutralen Raum betreiben können und meistens sogar in einem politisch verminten Feld arbeiten mussten. Damit müsse man rechnen, das zu erkennen und in den Forschungen zu berücksichtigen, dazu habe man ja ein epistemologisches Rüstzeug zur Verfügung. Und Ludovic ergänzte, die allermeisten Ethnologen der ehemaligen Kolonialmächte hätten im Rahmen kolonialpolitischer Institutionen gearbeitet, zwar nicht unbedingt im Rahmen eines mörderischen Terrorsystems in den eigenen Metropolen, aber für die betroffenen »Eingeborenen« habe die Sache vielleicht anders ausgesehen ... Dass Bernatzik während des Krieges im Auftrag des Kolonialpolitischen Amtes der NSDAP an einem Handbuch für Afrika und einer Monografie über die »Akha und Meao« im damaligen Indochina gearbeitet habe und in Marokko 1950 zur Zeit des von Frankreich aufgenötigten »Interregnums«, könnte sogar einen interessanten Aspekt für eine noch ausstehende komparative Studie zur kolonialen Politik ergeben und, wer weiß, vielleicht sogar über gewisse Konvergenzen von Kolonialismus und Nationalsozialismus; nein, kein »Vergleich« oder gar eine Gleichsetzung, sondern mögliche Wechselwirkungen und Formen der Zusammenarbeit, die für Europa bedeutend seien. Die ideologischen Grenzen dieser unvollständigen Union verliefen ja nach wie vor entlang einer imaginierten Demarkationslinie zwischen Kolonialismus und Nationalsozialismus ... Im Übrigen sei jedes Projekt über nachgelassene und historische Quellen von gegenwärtigen Erkenntnisinteressen geleitet, wusste Ludovic, und die stimmten glücklicherweise kaum jemals mit den Interessen bei der Entstehung der Primärquellen überein; könnten gar nicht übereinstimmen, sonst wäre ja eine kritische Kulturwissenschaft gar nicht möglich! Er jedenfalls würde nicht zögern, etwa auch den Nachlass eines Arthur de Gobineau oder Cesare Lombroso zu bearbeiten, obwohl oder gerade weil ihn nichts mit diesen Herren verbinde.

Endlich hatte jemand begriffen, worum es geht! Und nach einigen Ausflügen in das bürokratische Labyrinth der akademischen Institutionen zwischen Aix und Marseille hielt ich einen Vertrag über drei Jahre in Händen, unterzeichnet von zwei Universitätsdirektoren sowie dem Direktor des CNRS, dem Centre National de la Recherche Scientifique.

Den Rest des Tages feierte ich am Strand von Cassis.

*

Wie üblich war es meine Aufgabe als Historikerin, einen Essay zum Entstehungskontext der Fotos zu verfassen. Dass dieser nicht immer unproblematisch war, war mir bei meiner Arbeit in Marokko zwischen 1998 und 2001 bewusst geworden, als sich nahe Tissergat im Drâa-Tal einige ältere Männer beim Anblick der alten Aufnahmen eines festlichen Schwerttanzes vor dem Hintergrund einer am Horizont schließlich verblassenden Gebirgskette ungewöhnlich schweigsam gezeigt hatten. Ohne etwas über ihre Entstehung zu wissen, hatten die Männer sofort erkannt, woran weiß ich nicht, dass Bernatziks Fotos während der interimistischen Herrschaft des von der Kolonialmacht eingesetzten Kalifen Mulay Arafa entstanden waren. Mulay Arafa war zwar ein durchaus ehrwürdiger, religiöser Würdenträger aus Fez, jedoch keineswegs zum König legitimiert und wurde daher von den Marokkanern niemals anerkannt. Allerdings zögerte er im Unterschied zum verbannten Sultan, dem späteren König Mohammed V. nicht, unter jedes von den Franzosen vorgelegte Dekret seine Unterschrift zu setzen. Die Männer aus Tissergat führten mich im Jahr 2001 zwar bereitwillig zu der Stelle, an der Bernatzik die Fotos aufgenommen hatte, doch sie wollten niemanden auf den Bildern erkannt haben und sich auch sonst nicht über die Fotos äußern, ob aus Loyalität zum Herrscherhaus oder aus Furcht vor dessen polizeistaatlichen Methoden war nicht klar. Vielleicht war ihnen um drei Uhr nachmittags auch einfach nur zu heiß.

Da waren die Bewohner von Anslem wesentlich redseliger gewesen. Das ärmliche Dorf in zweitausend Metern Höhe im südlichen Atlasgebirge war 1950 nur auf Eselsrücken erreichbar, und im Jahr 2000 schraubten wir uns mit meinem alten Suzuki entlang einer lebensgefährlich schmalen und gewundenen Piste hinauf bis ins Dorf, immer wieder unterbrochen von Felsbrocken auf der Fahrbahn und geschockt von den unter dem rechten Hinterreifen wegrutschenden Erdmassen. Doch was für eine Freude schienen die Dorfbewohner mit unserem Besuch zu haben! Sie umzingelten uns lachend und schwatzend, konnten nicht genug bekommen von den alten Fotos, auf denen sie ihr Dorf und ihre Verwandten erkannten. Beim Betrachten der Fotos von einem Hauasch, dem volkstümlichen Gruppentanz der Berber, kam der Dorfchef ins Reden. Hier oben habe es keinen Unterschied gemacht, wer in Rabat das Sagen hatte, ob ein Sultan, ein König, ein Usurpator oder die Franzosen, das war ziemlich egal. Niemand habe sich jemals um dieses kleine Dorf im Hochgebirge gekümmert, das bis heute ohne Strom und Wasser, außer dem in Regentonnen gesammelten, auskommen musste und wo bei meinem Besuch im September bereits eisige Kälte herrschte. Hin und wieder sei ein französischer Beamter oder ein Caid der Goundafa – neben den Glaoua im Nordatlas das bedeutendste Geschlecht der Imaziren – zum Eintreiben der Steuern oder zur Jagd heraufgekommen, aber Hilfe gab es keine, jedes Ersuchen um Steuererleichterung oder eine medizinische Versorgung hatte nur Schläge oder gar Kerker zur Folge. Immerhin verstanden die Franzosen die Sprache nicht, und das war schon ein Vorteil, scherzte der Dorfchef. Denn wenn sie wie üblich befahlen, für die Gäste einen Hauasch auszurichten, nutzten das die Leute, um ihrem Unmut in improvisierten Liedtexten Luft zu machen; die Lieder verspotteten und beschimpften die Besucher, die sich im Glauben wiegten, es handle sich um überlieferte Huldigungen. Die heimliche Schadenfreude über diese Irreführung der Besucher sei eine der wenigen Freuden der leidgeprüften Dorfbewohner gewesen und dadurch wurde auch für sie ein von den Behörden bestellter Hauasch zu einem Fest.

Mein Vater hatte 1950 Marokko mit einem Geleitschreiben von Thami El Glaoui (1879–1956) bereist, damals der allmächtige Pascha von Marrakesch und Verbündeter der Franzosen. Sein Geleitbrief sicherte der aus dem Montafon aufgebrochenen kleinen Truppe in allen Kasbahs seiner Lehnsherren im Hohen Atlas, in der Siroua, in den Tälern des Dadès und des Drâa zuvorkommende Gastfreundschaft. Die herrschaftlichen Residenzen der Imaziren waren damals noch bewohnt und bewirtschaftet und vergleichbar mit Burgen europäischer Grafschaften. Zur Jahrtausendwende, als ich das Land bereiste, waren die beeindruckenden Kasbahs und Speicherdörfer bereits Touristenattraktionen, Filmkulissen oder Ruinen; und ob in Telouet, Toundoute oder Ouarzazate, überall erzählten mir die Bauern von ihrem Elend unter der Herrschaft der Glaoua, als sie völlig rechtlos und bis an die Grenzen ihrer Existenz den vom Sultan in Marrakesch abhängigen Caids tributpflichtig waren.

Im Gebiet des Rif-Gebirges im Nordosten Marokkos lagen die Verhältnisse anders. Zwar war niemand bereit gewesen, mich dorthin zu begleiten, weshalb mir diese Region als Einzige nicht aus eigener Anschauung bekannt wurde, doch der Leiter der Abteilung Denkmalschutz im Kulturministerium in Rabat, ein Kunsthistoriker, wäre beinahe in Tränen ausgebrochen beim Anblick von Bernatziks Fotos aus dem Rif. Er stamme aus dieser Region, bekannte er leise. All das, diese weiß gekalkten Höfe mit Giebeldächern inmitten blühender Wiesen, die fruchtbaren Felder und Herden von Schafen und Kühen, die zum Tanz festlich gekleideten Frauen, das alles gibt es nicht mehr, flüsterte er – denn die Wände hatten Ohren. Erst später in einem Café gestand er mir, dass seine gesamte Familie umgekommen war, damals Anfang der 1960er Jahre bei den »Strafmaßnahmen« des damaligen Kronprinzen und baldigen Königs Hassan II. Und er versprach mir jede Unterstützung – ausgenommen Geld, das seiner Abteilung fehlte.

Grund für das grausame Vorgehen des ehrgeizigen Kronprinzen im Auftrag der *Makhzen* – der königlichen Zentralgewalt – war der ungebrochene Freiheitswille der Rif-Kabylen gewesen. Wieder einmal hatten sie kurz davor gestanden, unter der Leitung eines modern gesinnten, aufständischen Caid ein autonomes, demokratisches Staatswesen zu gründen, bevor das Massaker begann. Bereits 1926 waren ihre separatistischen Bestrebungen durch einen französisch-spanischen Militäreinsatz mit Splitterbomben und Senfgas vereitelt worden, damals wurde der Angriff von Maréchal Philippe Pétain angeführt, dem »Helden von Verdun«, der, fünfzehn Jahre später, als greiser Präsident in Vichy die deutschen Besatzer willkommen heißen würde. Der Einsatz der spanischen Truppen wurde damals von dem jungen Francisco Franco geleitet, der zehn Jahre später als *Generalissimo* die spanische Demokratie wegputschen würde. Dies ist nur eines der zahlreichen Beispiele dafür, wie eine antidemokratische und durchaus rassistische Herrschaftspraxis an Europas »Peripherie« durch Personalunion allmählich auch das Zentrum ergriff. Beide Militäraktionen, die kolonialistische 1926 und die marokkanische gegen die eigenen Untertanen 1958, verhinderten eine unabhängige Demokratie der Rif-Kabylen um den Preis der Vernichtung ihrer gebildeten Eliten sowie der nachhaltigen Verwüstung der gesamten Region.

Zur Zeit meines Aufenthalts war sie ein Brennpunkt des internationalen Rauschgifthandels und der Emigration nach Europa – eine übliche Entwicklung in Zonen der Verelendung auf dem afrikanischen Kontinent.

*

Bernatziks damalige Frage nach dem »Ursprung der Berber« war unter Ethnologen nach dem Krieg sehr aktuell; und natürlich auch rassenideologisch befrachtet. Diese Menschen mit ihrer vergleichsweise hellen Haut, ihren europäischen Gesichtszügen, ihrer beeindruckenden Architektur, mit einer eigenen Schrift wie dem *Tifinagh* der Tuareg, diese Menschen konnten einfach nicht dem »dunklen Kontinent« entstammen, das war allgemeine Überzeugung. Daher wurde ihnen ein Ursprung unter Berufung auf den griechischen Schwadroneur Herodot und auf germanische Mythologie auch im nördlichen Mittelmeerraum zugeordnet, oder, mit einem Schuss Esoterik, gar auf der versunkenen Insel Atlantis oder einem anderen Stern – UFOs waren in den 1950er Jahren Mode.

Der Wiener Museumsethnologe und Franco-Fan Dominik Wölfel verortete damals die »Berber« in einem ursprünglich hochstehenden, später degenerierten »Weißafrika«, dessen Kulturelemente über »Diffusion« verbreitet von Kleinasien über Nordafrika bis in die lateinamerikanischen Anden nachzuweisen seien. Die französische Kolonialmacht wiederum sah in den hellhäutigen Berbern die »natürlichen« Verbündeten im Kampf gegen die »semitischen« Araber. Und sie spaltete die Bevölkerung in kooperationsbereite, »edle Berber« und aufrührerische, barbarische »Araber«. Dank des technologischen Fortschritts in der Archäologie in den 1980er Jahren wurde endlich bewiesen, dass die heutigen Imaziren aus vorchristlichen und vorislamischen Reichen in Nordafrika selbst hervorgegangen waren. Und die Kooperationsbereitschaft der berberischen Fürsten mit den Franzosen erwies sich als weder »rassisch« noch »ethnisch« motiviert, sondern politisch, denn das feudalistische Herrschaftsmodell der Berber war vom Makhzen, der königliche Zentralmacht, bedroht, und die Berberfürsten erhofften sich von einem Bündnis mit den französischen Besatzern eine Stärkung ihrer Position, was eine Zeit lang auch klappte.

Während meiner Reisen in den Jahren 1998 bis 2001 quer durch das kulturell und landschaftlich vielfältige und immer wieder überraschende Land hatten die historischen Fotos des Vaters an Leben gewonnen – und ihre Unschuld verloren. Der malerische Schwerttanz im Drâa-Tal hatte die Einheimischen an die beklemmende Zeit des Interregnums erinnert, und auf den jungen Gesichtern der mit Silber und Bernstein herausgeputzten Mädchen beim Hauasch in Anslem bemerkte ich nach dem Gespräch mit dem Dorfchef erstmals den Ausdruck von Trotz; das

Lächeln der musizierenden Männer hatte wenig Festliches, sondern eher etwas Spöttisches an sich. Die Befassung mit der Repräsentation fremder Kulturen darf niemals eine Einbahnstraße sein, denn selbst beim Betrachten von Fotos unterliegen wir unweigerlich unseren eigenen Projektionen (vgl. Byer 1989); was nicht verhindert, dass ich die Fotokunst des damals bereits schwerkranken Vaters umso höher schätzen lernte, je mehr ich selbst mit den Problemen durch dieses messerscharfe, staubtrockene Licht und der für eine Annäherung an die Einheimischen nötigen Anstrengung konfrontiert war.

*

Ludovic bestand darauf, die Fotos zu digitalisieren, wogegen ich mich freilich wehrte. Ich misstraute einer Technologie, die einen Missbrauch der Urheberrechte noch leichter machte als bisher, und führte die horrenden Kosten einer Digitalisierung der über dreitausend Bilder an. Aber Ludovic bestand darauf, dass eine Digitalisierung für eine problemlose Teamarbeit unbedingt nötig sei, und versicherte, er könne das für mich kostenfrei an seinem Institut erledigen lassen. Wollte ich nicht gleich zu Beginn einen Konflikt provozieren, blieb mir keine Wahl, als die Archivschachteln mit den glücklicherweise noch erhaltenen dreitausend originalen Negativen in meinem Auto quer durch Europa bis zur Universität von Marseille zu transportieren, wo am Institut für Anthropologie bereits ein »studentischer Vertragsbediensteter« darauf wartete. Geduldig suchte der dem studentischen Alter längst entwachsene Mann meine Bedenken über den staubigen, schlecht klimatisierten Raum zu zerstreuen; ignorierte aber meine Aufforderung, Baumwollhandschuhe bei der Manipulation der alten Negative zu tragen, wie dies doch üblich war. Offensichtlich indigniert über die Reinlichkeitsmarotte dieser fremden Frau erklärte er, ich solle mir keine Sorgen machen, er werde schon aufpassen, ohnehin rechne er nur mit zwei bis drei Monaten Arbeitszeit. So überließ ich ihm eben meine Schätze in der Hoffnung, dass er sich zumindest die Hände waschen würde.

Während wir auf die Fertigstellung der Digitalisierung warteten, nahm Françoise bereits zu einigen ihr bekannten Verlegern Kontakt auf, unter ihnen Hubert Nyssen, Gründer und damaliger Leiter des Verlagshauses Actes Sud in Arles, der umgehend brieflich sein Interesse bekundete. Selbst der Termin für die Ausstellung in Wien stand bereits fest. Nur die Finanzierung der Recherchen, die zu organisieren Ludovic versprochen hatte, fehlte noch.

Unterdessen arbeitete ich an den Vorbereitungen zu einem anderen Projekt, das die Geschichte afroeuropäischer Familien zum Thema hatte. Ein junger Franzose, dessen Eltern aus Mali stammten, sowie zwei Frauen, eine mit algerischen, die andere mit gambisch-senegalesischen Eltern, sollten mir dabei helfen. Den jungen Mann aus Dijon hatte ich zufällig im Süden Marokkos nahe Guelmin kennengelernt, wo er auf abenteuerlichen Wegen per Bus und zu Fuß versucht hatte, Mali, das Land seiner Vorfahren, zu erreichen und mir schließlich auf der langen Heimfahrt mit dem Auto nach Europa ein angenehmer Begleiter geworden war. Die beiden Frauen hatte ich in Marseille getroffen, als ich mich bei einer Veranstaltung ihres Vereins zur Unterstützung afrikanischer Einwanderer in den überfüllten großen Saal des Kulturinstituts geschlichen hatte und beeindruckt war von der leidenschaftlichen und konstruktiven Anteilnahme des höchst diversen Publikums an den Diskussionen über Strategien zur Bewältigung des Alltags. Mit souveränem Humor und Sachkenntnis hatten die beiden Frauen die Moderation geführt und nach Ende der Veranstaltung hatte ich mich ihnen vorgestellt und ihnen von meinem Projekt erzählt, das sie »interessant, aber schwierig« fanden. Es sei nicht leicht, einer Fremden, eine Europäerin einen intimen Einblick in die Geschichte ihrer Familien zu gewähren, die wie überall auf der Welt auch ihre Bruchstellen, Unklarheiten, Geheimnisse aufwiesen. Dafür hatte ich volles Verständnis, doch nach mehreren Treffen konnte ich sie von der Sinnhaftigkeit des Unternehmens so weit überzeugen, dass sie zur Mitarbeit bereit waren – und mir dadurch eine neue, durchaus überraschende Welt eröffneten.

Die eine der beiden Frauen war 1970 in Frankreich von algerischen Eltern geboren und stand kurz vor ihrem durch zahlreiche Nebenjobs immer wieder verzögerten Diplomabschluss in Soziologie. In ihrer Familie fanden sich sämtliche Positionen im Konflikt um Algerien, die des *colon* ebenso wie die eines engagierten Befreiungskämpfers und Bombenlegers bis hin zu der eines *harki*, jener Algerier, die auf französischer Seite gekämpft und dafür herzlich wenig Dank erhalten hatten. Thérèse, die andere Frau, war in den 1960er Jahren mit drei Jahren zusammen mit ihrem aus der Casamence stammenden Vater, einem Offizier der französischen Armee, nach Marseille gekommen. Sie hatte einen Verein gegründet und lebte mit ihren zwei Teenagern und ihrem Lebensgefährten, einem ebenfalls im Verein engagierten, weißen Franzosen auf etwa vierzig Quadratmetern im siebten Stock eines Wohnturms neben dem Bahnhof Saint Charles. Die Wohnung bot eine überwältigende Aussicht über das Panorama von Marseille zwischen den Bergen der Chênes de l'Étoile und dem Alten Hafen, aber noch beeindruckender war für mich der erfinderische Ordnungssinn, mit dem jeder Quadratzentimeter organisiert war, um einem Familienleben, den Schulaufgaben der Kinder sowie der Ausübung ihrer eigenen diversen Jobs als Übersetzerin und Managerin den nötigen Platz zu ermöglichen. Während meiner Besuche standen die Telefone nie still. Immer musste noch rasch etwas auf einem der Computer erledigt werden, immer geschah irgendwo etwas, das einen besonders dringenden Einsatz erforderte, und ich fragte mich, wie eine Person diesem permanenten Stress durch das enge Beisammensein und die zahlreichen gleichzeitigen Anforderungen gewachsen sein konnte.

Doch Thérèse schaffte es. Zumindest ließ diese attraktive, schmalhüftige Frau, die ungeachtet ihrer am Rande der Prekarität taumelnden Existenz immer gepflegt und modisch dezent gekleidet war, niemals ein Zeichen der Erschöpfung oder der Frustration erkennen; niemals kam eine Klage über ihre Lippen. Erst als wir vertraut waren, erzählte sie von ihrem Vater, einem Offizier in Ruhestand der Französischen Armee. Bereits ein ergrauter Herr im Ruhestand, war er vor einigen Jahren in

Toulon von ein paar rassistischen Rowdys zusammengeschlagen worden und hatte beim Aufprall auf dem Asphalt einen tödlichen Schädelbruch erlitten. Als Thérèse dann Einzelheiten des folgenden Prozesses erzählte und davon, dass die Schläger mit »vierzehn Tagen auf Bewährung« davongekommen waren – weniger als für jeden Ladendiebstahl! –, war klar, dass dieses niemals anerkannte Unrecht die treibende Kraft ihres intensiven und arbeitsreichen Lebens war, in dem es keine Minute Ruhe und Entspannung geben durfte, um nicht vom Abgrund der Bitternis verschlungen zu werden. Thérèse hatte das Glück, diese mörderische Enttäuschung in eine positive Energie umwandeln zu können, ein Kunststück, das nicht jedem von einem rassistischen Trauma Betroffenen gelingen kann.

Nach mehreren Treffen aller Beteiligten war die inhaltliche und logistische Planung des Projekts einigermaßen festgelegt und auch der Finanzierung so weit ausgearbeitet, dass das Konzept den österreichischen Institutionen zur Forschungsförderung vorgelegt werden konnte. Und im Laufe der Zeit hatte sich zwischen uns, die kaum verschiedener hätten sein können, durch den in vielen Diskussionen entstandenen wechselseitigen Lernprozess eine freundschaftliche Verbundenheit entwickelt, die alle Probleme zu überwinden in der Lage sein würde – dessen war ich sicher.

*

Ein Jahr verging, dann noch eines. Die Digitalisierung der Negative war immer noch nicht fertig, was mir, eher beiläufig, einmal als Panne des Scanners, ein anderes Mal mit persönlichen Problemen des »Vertragsbediensteten« erklärt und eine baldige Fertigstellung in Aussicht gestellt wurde.

Im Frühjahr des dritten Jahres schickte mir ein Bekannter zwei Ausschnitte aus *Le Monde*; in der Anlage nur drei Worte: Kennst du das?

In dem einen Artikel ereifert sich ein mir unbekannter französischer Ethnologe über die mediale Aufmerksamkeit für den Verleger

Jean Malaurie, der eben seinen achtzigsten Geburtstag und zudem das fünfzigjährige Jubiläum seiner im Verlag Plon herausgegebenen Reihe Terre humaine feierte. Jean Malaurie war ein ehemaliger Polarforscher und Geograf, der mit der Gründung seiner Reihe Terre humaine 1954 ein breites Publikum für ethnologische und geografische Forschungen erreichen wollte. Noch im Gründungsjahr hatte er die französische Übersetzung von Bernatziks Buch über die Südostasienexpedition von 1936/37 herausgebracht, *Les Esprits des feuilles jaunes*, als zweiten Band gleich nach *Tristes Tropiques* des jungen Claude Lévi-Strauss.

Nun, im März 2003, löste dieser Umstand offenbar Empörung aus. Malaurie habe durch das Verlegen des Buches *Les Esprit des feuilles jaunes* des Wiener Ethnologen Hugo A. Bernatzik, »ein bekannter Nazi«, eine zweifelhafte Gesinnung bewiesen, die er noch dazu habe vertuschen wollen, indem er das Werk aus der Publikationsliste von Terre humaine entfernt habe. In dem anderen Artikel verteidigte sich Jean Malaurie gegen diese Vorwürfe: 1955 sei nicht das Geringste über die »Nazivergangenheit« des Autors bekannt gewesen und später, als er davon erfahren habe, habe er den Titel ohnehin aus der Reihe gestrichen.

Mein Erschrecken war beträchtlich, war ich doch der Meinung gewesen, über den seit einem halben Jahrhundert toten Vater sei ohnehin alles gesagt und geschrieben worden, und nun musste ich ihm, noch dazu als angeblich klammheimliches Corpus Delicti eines betagten, französischen Verlegers wieder begegnen. Das im Frühjahr 1938 auf Deutsch erstmals erschienene Buch *Die Geister der Gelben Blätter* enthielt im Übrigen nicht den geringsten Hinweis auf eine mögliche Nähe des Autors zur Ideologie oder Politik der Nazis. Dafür hatten einige kritische Bemerkungen zur französischen Unterwerfung der letzten noch nicht »befriedeten« Bergvölker in Vietnam den Verlag seinerzeit bewogen, eine »kritische Einführung« des bekannten französischen Vietnamspezialisten George Condominas voranzustellen.

Unheil ahnend legte ich meinen beiden Partnern die Zeitungsmeldungen vor. Doch beide Kollegen zeigten sich nicht im Mindesten beeindruckt und erklärten mir, der Schlagabtausch in *Le Monde* habe eigentlich gar nichts mit Bernatzik zu tun, sondern mit der bekannten Rivalität zwischen dem Verfasser des Artikels und Jean Malaurie, den jener gerne als Herausgeber beerben würde.

Bernatzik ist ja nur die Keule, um Jean Malaurie zu erschlagen, erklärte Ludovic.

Nur?

Leider sei es im akademischen Betrieb üblich geworden, unliebsame Konkurrenten der älteren Generation durch Anschuldigung von »Kollaboration« oder »Kolonialismus« aus dem Feld zu räumen. Unser Projekt sei jedoch in keiner Weise von diesem medialen Geplänkel betroffen. Die geplante Bearbeitung von Bernatziks Fotomaterial erfolge im Rahmen definierter Fragestellungen, denen wahrlich nichts zu unterstellen sei.

*

Mittlerweile hatte Hubert Nyssen die Leitung seines Verlags Actes Sud an seine Tochter übertragen. Und wenige Tage nach unserer letzten Unterredung über den »Fall Malaurie« lag auf dem Schreibtisch meiner Projektpartnerin Françoise in Aix ein Brief von drei Zeilen, mit welchen die neue Verlagsleiterin ohne Angabe von Gründen das Interesse des Verlags an einer Publikation der Marokko-Fotos annullierte. Françoise weigerte sich, darin einen Zusammenhang mit dem »Fall Malaurie« zu sehen. Die Tochter habe eben andere Pläne mit dem Verlag als ihr Vater, meinte sie und wollte keineswegs nachfragen warum. Ohnehin habe auch ein Pariser Verlag sein Interesse bekundet.

Mir aber war die Sache nicht geheuer.

In Wien war unterdessen mein Projekt zur afroeuropäischen Familiengeschichte abgelehnt worden. Die drei Gutachten waren wie üblich anonym, doch Stil und Argumentation ließen auf die Herkunft der Autoren schließen und darauf, dass einer aus Österreich, einer aus Deutschland und einer aus Frankreich stammte. Insbesondere meine Referenz auf postkoloniale Theorien und auf Paul Gilroy störte sie.

Und das war nicht unwesentlich, denn ich hatte dessen Konzept des *Black Atlantic* auf ein *Black Mediterranean* übertragen und zur Grundlage meines Projektentwurfs gemacht. Ein Gutachten bemängelte zudem die angeblich überhöhten Kosten des Projekts, weil ich Mitarbeiter ohne entsprechende akademische Qualifikation auf die Gehaltsliste gesetzt hatte. Doch das war mir wichtig. Warum sollten ausgerechnet diejenigen, die das Projekt erst möglich machten, für ihre aufwendige und zeitraubende Mitarbeit nicht entsprechend entlohnt werden? Mich hatte immer gestört, dass Ethnologen voraussetzten, sogenannte Informanten stellten aus purer Liebe zu ihnen ihr Wissen und ihre Zeit zu Verfügung. Es schien mir ein fragwürdiges Relikt aus der Kolonialzeit, als »Eingeborene« eben tun zu müssen gewohnt waren, was Weiße von ihnen verlangten. Jedenfalls konnte ich diese kritisierten Punkte nicht einfach überarbeiten und das Ganze in veränderter Form noch einmal einreichen, wie mir empfohlen wurde.

Ich beschloss daher, das Projekt auf den Familienhintergrund zwischen Mali und Frankreich zu reduzieren und das Unternehmen durch den Verkauf einiger der von meinem Vater überkommenen ethnografischen Objekte zu finanzieren – als eine durchaus angemessene Umschichtung von »kulturellem Kapital«.

*

Im Mai 2005 war die Digitalisierung der Bernatzik-Fotos immer noch nicht abgeschlossen. Und meine beiden Kollegen waren plötzlich verschwunden. Wiederholte E-Mails und Anrufe blieben ohne Antwort, telefonisch ließen die jeweiligen Institutssekretärinnen verlauten, Françoise sei wegen einer wichtigen Tagung in Paris und Ludovic wegen einer Forschungsreise in Nordafrika (!) nicht erreichbar. Bei meinem Überraschungsbesuch im Anthropologischen Institut in Marseille war der mit der Digitalisierung beauftragte Vertragsbedienstete »erkrankt« und niemand konnte oder wollte mir in Abwesenheit des Institutsleiters das Zimmer aufsperren, in dem meine Negative lagerten. Bei dieser

Gelegenheit bemerkte ich erstmals und zu meinem Entsetzen, dass ich für die Übergabe der immerhin 3200 Negative nicht einmal eine Bestätigung erhalten hatte, ein Versäumnis des Instituts und ein unverzeihlicher Leichtsinn meinerseits, da ich in meinem blinden Vertrauen auf kollegiale Loyalität gar nicht darauf geachtet hatte.

Nach weiteren schlaflosen Nächten und Versuchen, meine beiden Kollegen zu erreichen, entschloss ich mich schweren Herzens zu einem Brief an die drei Unterzeichner des Forschungsprojekts, immerhin zwei Universitätsdirektoren und ein Direktor des CNRS. Höflich teilte ich mit, dass nach Ablauf der veranschlagten drei Jahre ohne jedes Resultat das Projekt als gescheitert betrachtet werden müsse. Der Schaden für mich sei beträchtlich und daher weitere Maßnahmen überlegenswert. Noch beunruhigender sei jedoch der Umstand, dass ich keinen Zugang mehr zu meinen Negativen habe, und da meine beiden Kollegen seit Wochen nicht erreichbar seien, ersuchte ich nun auf diesem Weg um umgehende Rückgabe des Fotomaterials.

Nach zwei Wochen lag die Antwort in meinem Briefkasten. Sie bestand aus zwei Zeilen mit der Bitte um Kenntnisnahme der beiliegenden »Stellungnahme«. Gemeint war damit das Schreiben des Anthropologie-Professor Ludovic H., in dem tatsächlich zu lesen stand, Doris Byer, Tochter und Erbin von Hugo A. Bernatzik, habe bei Projektabschluss die »Nazivergangenheit ihres Vaters« verschwiegen. Nach Kenntnis dieses Umstandes sehe er selbst ebenso wie seine Kollegin Françoise E. sich nicht mehr in der Lage, die Arbeit mit mir fortzusetzen. Die Negative würden an mich zurückgehen, die teilweise erfolgte Digitalisierung würde mir in Rechnung gestellt.

*

Der Professor für Geschichte an der Universität Aix-en-Provence, ein Deutscher, von dem ich in meiner Verzweiflung einen Rat erhofft hatte, schob verlegen mein Buch *Der Fall Hugo A. Bernatzik* über den Tisch zu mir zurück:

Sie haben natürlich recht, es ist kaum vorstellbar, Sie hätten irgendetwas verschwiegen – aber ich sehe nicht, wie ich Ihnen helfen könnte.

Eigentlich hatte ich nur eine Unterstützung in sprachlichen Dingen erhofft, denn für eine mögliche umfangreiche Korrespondenz über komplexe legalistische Probleme waren meine Französischkenntnisse nicht ausreichend und eine professionelle Übersetzung überforderte mein ohnehin strapaziertes Budget. Schließlich empfahl mir der Professor einen Anwalt in Marseille, den ich beschloss aufzusuchen, nachdem mir versichert worden war, ein erstes Orientierungsgespräch sei kostenfrei.

Der *Maître*, ein hagerer, dunkelhaariger Brillenträger hinter dem Schreibtisch einer dunkel getäfelten Kanzlei in der Rue de la République runzelte die Stirn. Auch er beherrschte natürlich kein Deutsch, doch er war umgehend im Bilde und bemerkte, ein angebliches Verschweigen meinerseits sei angesichts meiner vorgelegten Publikation nicht gerade glaubwürdig.

Dann schwieg er. Und nach einer Weile:

Aber um welches Delikt geht es eigentlich? Um Verleumdung? Um Betrug? Um den Versuch einer unrechtmäßigen Aneignung von Urheberrechten? Welche Beweise liegen vor? Und was käme als Schadensumme in Betracht?

Ich war erstaunt. Immerhin gebe es einen nicht eingehaltenen Vertrag über drei Jahre, mit einem Leistungsplan, mit Terminen, mit einer Kostenaufstellung. Doch nichts war geschehen, nicht einmal die geforderte, für mich angeblich kostenfreie Digitalisierung wurde fertiggestellt! Und jetzt sollte ich auch noch dafür zahlen! Verlorene Jahre, aufgelöste Folgeverträge in Wien, eine rufschädigende Verleumdung, das alles sei doch Schaden genug!

Um eine allfällige Summe zu nennen, sind Sie, verehrter *Maître*, wohl besser qualifiziert als ich. Doch es geht mir ja weniger um Geld als um öffentliche Anerkennung des Fehlverhaltens meiner Partner. Und darum, dass das gesamte Fotomaterial, digitalisiert oder nicht, nicht missbräuchlich verwendet, sondern unversehrt und ohne Verrechnung von Spesen an mich zurückgegeben wird.

Wieder schwieg der Anwalt; brummte dann, nun, dieses Schreiben von Professor Ludovic H. ist zweifellos als Schutzbehauptung gegenüber seinen Vorgesetzten zu bewerten; doch es gibt da ein Problem in Ihrem Vertrag – der *Maître* blickte auf und nahm seine Brille ab: Gerichtsstand ist Marseille. Und dass Sie in Marseille als Tochter eines österreichischen Nazis in jedem Fall einen schlechten Stand haben, wissen Sie wohl selbst.

Langsam wurde ich ungeduldig. Was soll das überhaupt heißen, eine »Nazivergangenheit« oder »Tochter eines Nazis« – das sind doch völlig nebulose Begriffe! Sie können alles und nichts bedeuten! Zudem will ich ja überhaupt nicht klagen, möchte doch nur eine sprachlich korrekte und rechtlich begründete Entgegnung auf die verlogene Behauptung des vertragsbrüchigen Professors H.! Immerhin geht es um meine Glaubwürdigkeit als Akademikerin, als Publizistin, als Mensch. Und ich möchte für die unvollständige, gegen meinen Wunsch durchgeführte Digitalisierung nicht auch noch zur Kasse gebeten werden!

Bildete ich mir ein, ein Schmunzeln in den ansonsten unbeweglichen Zügen des Anwalts zu erkennen? Schon blickte er wieder schweigend auf seine Hände, bevor er mich schließlich überzeugte, dass ein derartiges Schreiben, für welches er sich ja erst in die Materie einarbeiten und Gutachter, Dolmetscher, Zeugen anfordern müsse, eine in keinem Verhältnis zum allfälligen Nutzen stehende, hohe Summe kosten würde. Und mir viel Glück wünschte.

Unten auf der Straße tobte der Nachmittagsverkehr im gleißenden Licht. Blind flüchtete ich mich ins Café Samaritaine und bestellte einen doppelten Pastis. Je mehr ich darüber nachdachte, desto bedrückender wurde die Geschichte. Jedem war klar, was da lief, doch nichts, gar nichts konnte ich dagegen unternehmen! Mir kam eine Begegnung vor etwa einem Jahr wieder in den Sinn, als ich mit Abdoulaye, dem Partner für mein geplantes Mali-Projekt, in einer Bar auf der Place de la Mairie unsere nächste Reise besprach. Zufällig kamen Françoise und Ludovic des Weges, wir begrüßten einander freudig und ich machte die beiden Kollegen mit Abdoulaye bekannt, den sie umgehend in ein freundliches, doch unverhohlen neugieriges Fragespiel involvierten. Nachdem wir uns wieder getrennt hatten, sagte Abdoulaye, »dieser Typ gefällt mir gar nicht«, und er meinte Ludovic. Der habe etwas Verschlagenes an sich, vor dem solle ich mich hüten, er könne das spüren. »Pass auf, wenn du mit ihm arbeitest.«

Mich hüten? Wie sollte das gehen! Energisch wies ich seine Unterstellung zurück, obwohl mir Abdoulayes feines und immer treffendes Gespür für Menschen schon öfters aufgefallen war.

Hätte ich ihm nur geglaubt, dachte ich nun und fragte mich, ab wann ich etwas übersehen haben mochte. Warum das plötzliche Verschwinden? Warum hatte Françoise, immerhin eine Freundin, wie ich meinte, niemals irgendwelche Probleme erwähnt? Sie war es, die sich ernsthaft um das Projekt bemüht hatte, die den Entwurf verfasst, mit Verlagen gesprochen hatte. Doch auch sie war nun verschwunden.

Die ganze Geschichte warf auch grundsätzlichere Fragen auf. Denn die Instrumentalisierung des Nazithemas zur eigenen Profilierung, zur Diffamierung unliebsamer Kollegen oder schlicht als Geschäftsmodell wurde nicht nur mir zum Verhängnis, sondern könnte jede seriöse Arbeit an der Vergangenheit gefährden. Der missbräuchlichen Anschuldigung, ein Nazi zu sein, von einem Nazi abzustammen, eine Nazivergangenheit zu vertuschen oder dergleichen war nichts, rein gar nichts entgegenzuhalten, jedes Dementi würde nur umso vehementere Anschuldigungen nach sich ziehen. Sie macht jede Differenzierung, jedes Urteilsvermögen unmöglich, schwächt die Wahrnehmung tatsächlicher Gefahren und schafft dadurch einen idealen Raum für das Aufleben und Ausleben neuer rassistischer, antisemitischer und sozialdarwinistischer Ideologien.

Dergleichen bittere Gedanken ließen die unbefangen plaudernden, trinkenden, lachenden Menschen um mich herum in eine unwirkliche, unerreichbare Ferne rücken. Ich saß da, wie in einem Albtraum gefangen. Irgendwann verfasste ich schließlich selbst ein Dementi an die Universitätsdirektoren, eher zur Entlastung meiner Frustration als mir davon etwas zu versprechen. Danach versuchte ich das Ganze zu vergessen und konzentrierte mich auf kommende Aufgaben.

Dritter Teil

25

Immer wieder Wien

Der kalte Engel mit dem trennenden Schwert

Besuch bei alten Freunden

»Gemeinsame Schnittmenge«

Ich bin froh, wieder zu Hause zu sein, in dieser unvergleichlich bequemen Stadt. Und dazu noch so schön! Besonders froh bin ich über die immer noch beste Gesundheitsversorgung der Welt. Selten war mein Begriff von Heimat so ungetrübt. Nach einem teuflischen Bandscheibenvorfall im Februar 2007, der darauffolgenden Notoperation in Marseille und vier Monaten schmerzzerrütteter Unbeweglichkeit in Aix-en-Provence findet mein bisher gewohntes Leben in einem Wiener Krankenhaus und einem weiteren Jahr beträchtlicher Einschränkungen und Schmerzen ein Ende.

Auch danach finde ich mich nur schwer zurecht. Zwar kann ich wieder sitzen und arbeiten, doch in den Medien wird von nichts anderem als von der wieder einmal von den USA ausgehenden, spekulativen Bankenpleite berichtet; jeder hebt Geld, sofern er welches hat, von seinem Konto ab. Wir schreiben nicht 1930, sondern 2008.

Abgesehen davon sind folgende Sätze zu hören:

Wozu hungernde Kinder in Afrika retten, dort kriegen sie ohnehin zu viele Kinder.

Sollen sie doch im Mittelmeer ersaufen, in Europa hätten sie ohnehin keine Chance.

Die Afrikaner – *Neger darf man ja nicht mehr sagen* – sind selbst schuld an ihrer Misere, nichts bringen sie auf die Reihe und alle sind korrupt.

Der Islam ist am Terrorismus schuld. Die Terroristen selbst berufen sich doch auf den Islam!

Dazu fällt einem nichts mehr ein. Denn es ist ein merkwürdiges Gefühl, dergleichen zu hören, wenn man jahrelang mit Menschen muslimischen Glaubens gearbeitet und mehr Hilfsbereitschaft, Anteilnahme, Rücksichtnahme erfahren hat als jemals zu Hause. Wenn man muslimische Freunde gewonnen und unter Muslimen gelernt hat, dass ein gesellschaftliches Leben ohne Alkohol möglich und keineswegs unangenehm ist; niemand pöbelt einen betrunken an, niemand erbricht sich des Nachts vor deiner Haustür. Aber jetzt: Sogar von meinen eigenen Gästen muss ich hören, Muslime seien kulturlos, intolerant und natürlich »nicht willig oder nicht fähig zur Integration«. Außerdem sei der Terrorismus eigentlich den Toleranzpredigten linker Gutmenschen zu verdanken.

Sollte man sich auf Retourkutschen einlassen, etwa das Christentum für den Ku-Klux-Klan verantwortlich machen? Ein Verbrechen kann niemals durch den Hinweis auf ein anderes gerechtfertigt werden – wo käme man da hin? Jahrhundertelang war in Österreich ein weitgehend problemloses Zusammenleben zwischen Muslimen und Christen möglich, warum gerade jetzt nicht mehr? Nein, ich bin keineswegs blind gegenüber den Widersprüchen und Problemen in islamischen Gesellschaften; doch sind christliche oder laizistische Gesellschaften etwa frei davon? Jede Form des Aufrechnens ist hirnlos. Und eines weiß ich mit Sicherheit: Politische Konflikte auf Religion zu reduzieren ist ein Avatar vergangener Jahrhunderte.

*

Niemand will vorher etwas bemerkt haben, und plötzlich waren sie da. »Wie aus dem Nichts« tauchen im Sommer 2015 viele tausend Flüchtlinge an der ungarischen Grenze auf, am Hauptbahnhof in Budapest, danach am Westbahnhof in Wien. Tatsächlich kommen sie keineswegs aus dem Nichts, sondern aus unschönen Kriegs- und Krisengebieten, die man lieber nicht wahrnimmt im Glauben, sie würden von selbst wieder verschwinden.

Doch sie verschwinden einfach nicht – welch Überraschung.

Mich verblüfft zunächst die sich überschlagende Hilfsbereitschaft in Österreich, diese durchaus ansteckende Euphorie angesichts des eindringenden fremden Elends. Wie kommt das? Sind die Österreicher etwa glücklich, aus ihrer inzestuösen Selbstgenügsamkeit befreit zu werden? Oder einfach froh über neue Gesichter? Oder über eine dringend nötige Auffrischung des Genpools? Vielleicht geben sie sich einer adrenalintrunkenen Angstlust hin – dergleichen Gedanken streifen mich angesichts des Phänomens, dass es plötzlich niemanden mehr zu geben scheint, der Flüchtlinge *nicht* retten und aufnehmen will. Ich erkenne mein Land kaum wieder, möchte mir selbst ein Bild machen, fahre an die ungarische Grenze, fahre nach Traiskirchen, schenke Tee am Westbahnhof aus, kaufe ganze Koffer voller Toilettenartikel für das Erstaufnahmezentrum in meinem Bezirk. Helfe bei der Verteilung, bemühe mich um Aufklärung, wenn andere Helfer sich grämen über die »Undankbarkeit der Menschen«, die ihnen nach dem Empfang von Kleinstpackungen an Shampoo, Zahnpasta und einigen Handtüchern nicht in die Augen blicken und kein Wort des Dankes über die Lippen bringen. Was die wohl im Schilde führen?

Nichts. In ihren Herkunftsländern ist es eine Frage des Respekts, die Augen abzuwenden. Das Auge ist Eingang in deine Seele, Sitz des Bösen und der Erleuchtung ...

Nun, aber eigentlich sind das alles doch schreckliche Typen ...

Warum helfen Sie ihnen dann?

Aber es sind doch *auch* Menschen ... Und außerdem ist's hier geheizt und manchmal gibt's eine Packung Kekse. Ich habe meine Arbeit verloren und komme kaum über die Runden.

Die Motive für Wohltätigkeit sind so vielfältig wie die Menschen selbst. Mein Motiv ist wahrscheinlich auch Neugierde. Man hat kaum jemals Gelegenheit, so viele verschiedene Menschen aus völlig unterschiedlichen Kulturen und verschiedenen Bevölkerungsschichten in einer solchen Notlage auf einem Fleck zu finden. Und außerdem sind da die Kinder ... ach, diese Kinder. Sie zerreißen mir einfach das Herz.

Ich bemühe mich, eine außer Kontrolle geratene Kindergruppe wieder einzufangen, doch danach kollabiere ich beinahe vor Erschöpfung. Ich bin zu alt, mein Rückgrat ist zu schwach, meine Haut zu dünn, mein Herz zu weich, meine Knochen sind zu morsch. Auf dem Gelände des Westbahnhofs kommen mir angesichts der juchzend durch die hellen Hallen der Konsumgesellschaft tobenden Kinder die Tränen – so winzig, so ahnungslos glücklich. Die Erwachsenen kauern in langen Reihen auf den Fliesen, die Augen erschöpft geschlossen oder mit Mobiltelefonen befasst. Alles ist bestens organisiert, Helferinnen aus allen Segmenten der Bevölkerung verteilen Mahlzeiten, Schlafsäcke, Reisetaschen, Rucksäcke, es gibt sogar ausreichend Mobilklos. Die Leute wollen ohnehin nicht bei uns bleiben, sondern möglichst schnell von hier weg. Vielleicht deshalb all die Freundlichkeit. Kann das gutgehen?

Bald folgen die ersten Zeichen. Die unfreundliche Verkäuferin in der Drogeriekette will mir plötzlich keine kleinen, ohnehin überteuerten Packungen mehr verkaufen. Auf meine empörte Bemerkung, warum sie sich aufrege, sie profitiere doch nur von den Flüchtlingen, antwortet sie: Aber es geht doch ums Prinzip!

Das Prinzip. Das wird uns noch lange verfolgen.

In Spielfeld, an der Grenze zu Slowenien, versucht eine junge »Helferin« ihre Heimat gegen den Ansturm der »Fremden« zu verteidigen und teilt Fußtritte aus; ihr Landeshauptmann begegnet dem Ansturm einer Hundertschaft die Grenze überrennender Menschen auf die nächste Imbissstube mit dem durch Rundfunk und Fernsehen übertragenen Schrei: Ich weiß doch nicht mehr, was ich tun soll!

Das beunruhigt mich. Wenn es nicht einmal der Provinzkaiser weiß, wie sollen es dann die Bürger wissen?

Man weiß auch nicht, wie und warum, als bald darauf ein jugendlicher, von jeder Sachkenntnis und Lebenserfahrung unbehelligter Studienabbrecher zum Staatssekretär für Integrationsfragen ernannt wird. Er gibt Umfragen in Auftrag, akademisch fragwürdige Studien und schafft es damit binnen kürzester Zeit, friedlich nebeneinander lebende Glaubensgemeinschaften gegeneinander aufzubringen. Vielleicht gerade deshalb wird er bald darauf Außenminister, obwohl er kaum jemals für irgendetwas außerhalb seines Planquadrats Interesse gezeigt, geschweige denn Erfahrungen gesammelt hat oder gar über ein Carnet mit den notwendigen internationalen Kontakten verfügt. Das Amt des Außenministers gilt in konservativen Kreisen ohnehin als überflüssig, allenfalls ein »Sprungbrett«, heißt es – Sprung wohin?

Bald wird der junge Mann durch ein offenbar von langer Hand gekonnt vorbereitetes Intrigenspiel eine gut arbeitende Koalitionsregierung stürzen; und, einem Wunder gleich, mit kaum dreißig Jahren zum österreichischen Bundeskanzler gekürt.

Manche rätseln über die besondere Qualifikation dieses Wundermannes: Er ist groß, doch von farblosem Äußeren, trägt korrekte Anzüge und die Haare straff zurückgekämmt. Auf mich wirkt er eher langweilig, doch er ist zweifellos begabt als Rhetoriker gezinkter Bescheidenheit, hinter der sich das Machtstreben eines verwöhnten Fünfjährigen verbirgt. Und er kann vor laufender Kamera ganze Sätze grammatikalisch richtig und so langsam sprechen, dass selbst kritische Redakteure ihm seine Lügen ermattet durchgehen lassen.

Die rechtsextreme Partei der »Freiheitlichen« wird sein quasi natürlicher Koalitionspartner.

Nun ist er angekommen. Gleich einem kalten Engel referiert er in Rundfunk und Fernsehen von dunklen Gestalten, die zu Abermillionen, wie wilde Büffelherden, unseren Futtertrögen zustreben, welche ihnen unter allen Umständen entzogen werden müssen, um das Nachrücken weiterer Millionen zu verhindern, zunächst durch eine ersatzlose Schließung der »Balkanroute« und danach, warum nicht gleich, durch die Sperrung sämtlicher Mittelmeerküsten.

Ein Scharlatan? Ein Träumer?

Nein. Der junge Mann macht »keinen politischen Fehler«, heißt es, weder gegenüber dem autokratischen, nationalistischen Regierungschef von Mazedonien noch gegenüber dem *illiberalen* Regierungschef in Ungarn; er schafft es, die »Balkanroute« auf so geschickte Weise über Nacht zu schließen, dass Tausende Hilfesuchende im Niemandsland gefangen sind, weder vor noch zurück können und es niemanden interessiert, was aus ihnen wird.

Akzentfrei doziert der junge Mann von der geplanten Umleitung der fremden Horden in geplante oder bereits errichtete Pferche, vorzugsweise in Nordafrika – die sogenannten *Hotspots*. Am besten in jenen Ländern, welche die Menschenrechtskonvention – *können wir uns die überhaupt noch leisten?* – nie unterschrieben haben oder wo einfach nicht darauf geachtet wird. Und weiterhin erklärt uns der junge Mann, dass diejenigen, die es dennoch irgendwie durch Wüsten und Meere, über Zäune und Mauern bis in unsere lieblichen Landschaften schaffen, so schlecht behandelt werden müssen, dass allen anderen die Lust vergeht zu kommen; was logischerweise hieße, dass es ihnen bei uns noch schlechter gehen müsste als zwischen den Fronten in Afghanistan oder Syrien, schlechter als in den durch Hitze oder Bombengeschwader verursachten Hungerregionen, schlechter als unter dem Schlächter Ramsan Kadyrow in Tschetschenien oder in den Folterlagern Libyens. Denn unser junger Bundeskanzler und seine Gesinnungsgenossen haben eine Überzeugung: Nur wenn die Reise nach Europa zu einem aussichtslosen Todesmarsch wird, zu einer hoffnungslosen Todesfahrt in den Hades, werden die von Natur aus zurückgebliebenen, gewalttätigen, hemmungslosen, sexhungrigen Afrikaner – *die man ja nicht mehr Neger nennen darf* – und all die zwangsläufig terroristischen und frauenverachtenden Muslime aus wer weiß woher begreifen, dass an den Futtertrögen Europas kein Platz für sie ist.

Wir werden uns an hässliche Bilder gewöhnen müssen, prophezeit der jugendliche Kanzler.

Müssen wir wirklich?

*

Nein, so hässlich spricht er nicht, der junge Mann. Er meint es nur so. Er kommt gepflegt daher und er verliert niemals ein Wort über die grauenhaften Gründe der Fluchtbewegung – dieser *Invasion*, gegen die sogar ein Panzer in Stellung gebracht wird, in Innsbruck, der Hauptstadt des Heiligen Landes Tirol, damit auch die Bergvölker die drohende Gefahr begreifen. Seine Außenministerin sagt irgendetwas von wachsendem Bevölkerungsdruck in Afrika und dadurch schwindenden »Nahrungsmittelspielraum«. Mir kommt der alte, hundertmal widerlegte Thomas Malthus in den Sinn, aber wer kennt den noch heutzutage? Und wenn jemand die Ränke der WTO oder die Darlehenspolitik der World Bank anspricht, das neue Landgrabbing oder den von EU und USA staatlich geförderten Export von industriell produzierten Nahrungsmitteln in Länder, in denen Kleinbauern mit klapprigen Maultieren und mageren Rindern die Erde mit einem Holzpflug bearbeiten und ihre Produkte auf den Märkten nicht mehr verkaufen können, weil die subventionierten Zwiebeln aus Holland oder die subventionierten Milchprodukte aus deutschen Massentierfabriken eben viel billiger sind, dann kann das nur ein *linkslinkes* Monster sein, wenn nicht gar eine Vaterlandsverräterin. Im Zeitalter der Globalisierung muss es eben auch Verlierer geben, das weiß man doch. Das Dumme ist nur, dass diese Verlierer nicht einfach ohne viel Aufsehens bei sich zu Hause verrecken wollen, sondern sich als »Wirtschaftsflüchtlinge« auf den Weg zu uns machen.

Die Österreicher schwärmen für diesen wohlerzogenen jungen Mann. Angeblich kann er so gut zuhören. Wem?, frage ich mich. Man rügt mich, ich solle ihm doch eine Chance geben, er sei doch noch so jung, es könne ja noch etwas aus ihm werden. Aber er ist doch schon Bundeskanzler! Was braucht der noch »eine Chance«? Wo er selber doch nicht einmal in bittere Not geratenen Kindern an unseren Grenzen eine Chance gibt. Warum soll ich dem Bundeskanzler von Gnaden einer rechtsradikalen Freiheitspartei eine Chance geben, damit die ganze Truppe ungestört zum Sprung auf die wirklichen Futtertröge der Republik ansetzen darf.

Der junge Mann darf den guten Cop spielen und muss dafür die gesamte bewaffnete Staatsgewalt dem bösen Cop überlassen, Polizei und Bundesheer sind nun in den Händen des weniger dezenten, aus rechtsradikalen Wehrsportvereinen stammenden Vizekanzlers, der zusammen mit seinem Gefolge durch permanente »Einzelfälle« punktet. Sein Innenminister fordert vehement, was wir seit den 1930er und 40er Jahren so sehr vermisst haben: eine »Sicherungshaft« für alle üblichen Verdächtigen; und der »Generalsekretär« im Innenministerium darf die in Österreich lebenden Flüchtlinge *Parasiten und Schädlinge* nennen und seine rassistischen Ausfälle heraushängen lassen wie ein Flitzer seinen Schwengel.

Der böse Cop hat nun die endgültige Lösung für das »Flüchtlings-
problem« gefunden: Private, zuvor heftig umworbene Unterkünfte, die
recht gut funktionieren, müssen schließen und werden durch staatliche
Massenunterkünfte ersetzt. Und weil die Österreicher, die abgesehen
von ihrer angeborenen oder ererbten Animosität gegenüber dunkel-
haarigen, dunkelhäutigen Fremden immer noch zu einer gewissen
Hilfsbereitschaft neigen, wird allen Vertretern von Hilfsorganisationen, Anwälten und Journalisten der Zutritt zu diesen Unterkünften
versagt; auch gewöhnlichen Bürgern ist nun jeder Kontakt zu den Hil-
fesuchenden untersagt – auch zu Jugendlichen. Aus Sicherheitsgrün-
den, versteht sich.

Doch jeder Bürgermeister, jeder tüchtige Geschäftsmann weiß,
Flüchtlinge sind eine Ressource für öffentliche Subventionen. Und damit
das Ganze wirtschaftlich wird, werden diese neuen, staatlichen Flücht-
lingslager von privaten Unternehmen organisiert, nein, keine privaten
Hilfsorganisationen, die etwas von Menschenführung verstehen könnten, sondern von Unternehmern, die sich aufs Geschäft verstehen und
natürlich den fremdenhassenden »Freiheitlichen« angehören müssen.

Der gute Cop hält sich bedeckt. Wenn etwas passiert, ist nicht er
der Schuldige. Und jeder weiß, dass immer etwas passieren kann in
geschlossenen Einrichtungen ohne Kontrolle durch Dritte. Raufereien
und Vergewaltigungen sind ohnehin Alltag, gelegentlich kommt Men-
schenhandel vor, Subunternehmer vermitteln Flüchtlinge, die sich ein
paar Groschen verdienen wollen oder unbedingt müssen, irgendwohin, Hauptsache unterbezahlt und rechtlos. Einige Geflüchtete werden flüchtig und irgendwann auch straffällig, was den »Freiheitlichen«
nur noch mehr Wählerstimmen bringt und ein willkommener Anlass
für die Forderung immer neuer, immer »strengerer« Gesetze und Verordnungen wird. Burkaverbot, Kopftuchverbot, Vermummungsverbot,
Moscheensperre, Vereinsverbote, Kindergartenverbote, Unterstützungs-
verbote werden so leidenschaftlich diskutiert, als ginge es um den Fort-
bestand der Nation.

Vielleicht geht es ja darum. Vielleicht ist der Zweck der ganzen Debatten nur, die repräsentative Demokratie und den sozialen Wohlfahrtsstaat infrage zu stellen, vielleicht wird das rassistisch aufgeladene Thema über »Fremde« und »Flüchtlinge« und »Geflüchtete« und »Migranten« – welcher Begriff ist gleich, er ist in kürzester Zeit so negativ besetzt, dass er wieder ausgetauscht oder verkleidet werden muss, um den Hass zu vertuschen, immer wieder vergeblich –, vielleicht wird dieses Thema am Kochen gehalten, damit niemand merkt, dass die Zutaten im Kochtopf unsere gesamte Gesellschaft vergiften. Kaum jemand bemerkt, dass alles ignoriert wird, was seit Jahrzehnten über die Probleme durch neue Migrationsbewegungen und ihre Bewältigung bekannt ist. Die Haltung der Regierenden stellt die Grundlage unserer Kultur infrage, das seit einem halben Jahrhundert geltende internationale Recht, Völkerrecht, Asylrecht, Seerecht, Menschenrecht. Selbst der Hippokratische Eid ist obsolet. Glaubt jemand allen Ernstes, diese Haltung werde sich auf Fremde und Flüchtlinge und Islamisten beschränken? Glaubt jemand, diese Haltung werde sich nicht gegen Notleidende oder nur Benachteiligte der eigenen Bevölkerung richten, wenn es so weit ist? Jedes sozialpolitische Desaster der jüngeren Vergangenheit hat mit Diskussionen über Indiskutables begonnen, es beginnt stets an der Peripherie, bevor es ins Zentrum vorrückt.

*

Seit meiner Ehe mit Trevor Byer hatte ich diese Frau aus den Augen verloren, nun treffe ich sie unserem Alter gemäß bei der Totenfeier für einen gemeinsamen Bekannten wieder. Zusammen mit ihrem Ehemann war sie früher einige Male unser Gast und immer noch strahlt sie die gleiche Herzlichkeit aus, die ich gerne persönlich nehmen will. Sie lädt mich zu einem formlosen Mittagessen unter Freunden ein, und selbst wenn mir das Milieu mittlerweile fremd geworden ist, freue ich mich auf den Austausch gemeinsamer Jugenderinnerungen, auf eine harmlose Plauderei über das Wiener Kulturangebot, das Essen, den Wein.

In dem eher bescheidenen Haus in vornehmer Gegend finden sich reizende alte Leute zusammen, ihre wohlerzogene, absichtslose Freundlichkeit ist wohltuend. Die schweißtreibende Schwüle des Frühsommertages vertreibt die kleine Gesellschaft bald von der Gartenveranda ins Innere um die runde, weiß gedeckte Tafel, die Speisen sind einfach, die Konversation ist gepflegt und ebenso der Wein. Man tauscht mittelständische Sorgen um schwindende Ressourcen und orientierungslose Kinder aus, das übliche Dauerthema »Flüchtlinge« scheint hier niemanden zu bewegen. Über Politik wird nicht gesprochen. Man ist konservativ, das ist ohnehin klar, doch allemal der »christlichen Soziallehre« verpflichtet. Die Gastgeberin spendet regelmäßig für das Erstaufnahmezentrum in ihrem Bezirk, von einer Person am Tisch ist bekannt, dass sie Flüchtlinge unterrichtet. Und dass deren Schicksal ihr am Herzen liegt.

Nach einigen Gläsern Wein kommt ein mir zuvor nicht bekannter ergrauter Herr im dezent blauen Sakko irgendwie auf Kronprinz Rudolf (1858–1889) zu sprechen wie auf einen alten Bekannten. Um keinen Preis habe sich der weichliche Kronprinz zur Treibjagd bewegen lassen oder auch nur dazu, ein Gewehr in die Hand zu nehmen, da konnte der alte Kaiser noch so wüten.

Schon will ich leutselig einwerfen, wie sympathisch, als mir einfällt, der Erzähler könnte anderer Meinung sein; und ich möchte keineswegs provozieren. Tatsächlich stellt sich bald heraus, der Herr ist von altem Adel, Forstbesitzer, Jäger. Vom Wein sichtlich beschwingt, führt er den vom kaiserlichen Vater bekanntlich verachteten Kronprinzen in einer Weise vor, die mein Zögern rechtfertigt. Als wäre er dabei gewesen, schildert er in allen Details die lustigen Tricks des Hofstaates, um den laschen Prinzen doch noch dazu zu bringen, auf die extra für ihn ins enge Gehege getriebene Gams einen wackeligen Schuss abzugeben. Höflich lachen die Gäste.

Das Mahl ist beendet, eine satte Müdigkeit breitet sich aus und mir fällt die garstige Ironie der Geschichte ein, dass der arme Kronprinz mit seiner angeblichen Jagdphobie sich ausgerechnet in einem Jagdschloss und mit einer Schusswaffe zusammen mit seiner überspannten Freundin das Leben hatte nehmen müssen. Der ergraute Herr belehrt nun die matte Tafelrunde über das höfische Jagdzeremoniell im Allgemeinen: Einmal im Jahr sei im Rahmen eines rauschenden Festes dem erfolgreichsten Jäger eine öffentliche Auszeichnung verliehen worden; und die allerhöchste Auszeichnung sei für das Erlegen einer weißen Gams vergeben worden.

Weiße Gams, weißer Hirsch, edles, mythenumranktes Getier, Projektionsfläche für die Ambivalenz von Lieben und Töten. Meine Gedanken schweifen ab, driften von weißen Gämsen und weißen Hirschen ab zu »weißen Indianern«, von denen ich unlängst bei Michael Taussig (2014) lesen konnte, dass ein gewisser Mister Marsh auf ihrer Spur gewesen war. Im Grenzgebiet zwischen Panama und Kolumbien durchforstete dieser Mister Marsh den jungfräulichen Dschungel auf der Suche nach Erdöl, Gold und eben »weißen Indianern«; nicht irgendwann im 19. Jahrhundert, sondern in den 1920er Jahren – etwa zur gleichen Zeit, als mein Vater seine Reise in den Anglo-Ägyptischen Sudan plante. Dieser Mister Marsh war angeblich ein Diplomat der Vereinigten Staaten von Amerika mit Interesse an Anthropologie sowie Agent einer Bergbaugesellschaft und offenbar besessen von diesen »weißen Indianern«, die angeblich an den Ufern des Darién-Flusses gesichtet worden waren und für den Amerikaner ein Sinnbild des Edlen und Ursprünglichen bedeuteten, Reste einer im Dschungel überlebenden Thule-Kolonie ... Thule? Anfang des 20. Jahrhunderts war die Thule-Gesellschaft ein Geheimbund, der an eine moderne Version des nordischen Mythos von einer längst versunkenen, von weißen Göttern bewohnten Insel namens Thule glaubte. Einige Götter dieser Insel hätten überlebt und ein allen Menschen überlegenes, *weißes* Geschlecht geschaffen, davon waren die Thule-Anhänger überzeugt, unter ihnen so herausragende Persönlichkeiten wie Guido von List, Lanz von Liebenfels, Alfred Rosenberg, Adolf Hitler. Die Thule-Gesellschaft war ein Sammelbecken esoterisch-rassistischer Erlösungsfantasten, wobei eine Schar fantasiebegabter Geografen, Linguisten,

Ethnologen, Industrieller und Ärzte ihr die notwendigen akademischen Weihen verliehen. Bis in die jüngste Zeit entstanden rund um den Thule-Mythos neue, sektenartige Organisationen; Elemente dieses Glaubens finden sich in zahlreichen Sekten europäischer Kolonisten in Übersee. Zusammen mit den Kreationisten, die im blonden, blauäugigen Jesus Christus den Nachfahren eines Thule-Giganten erkennen wollen, bilden Anhänger des »modernen« Thule-Mythos den Bodensatz für völkische Reinheitsideologien, für die Gedankenwelt des Ku-Klux-Klans und die Kernwählerschaft von Donald Trump; sowie für die *Neue Rechte* in Deutschland und Österreich oder die *Identitären* in Frankreich.

Mister Marsh sieht in den am Darién-Fluss vermuteten »weißen Indianern« die Antipoden zu den im selben Gebiet lebenden »Negern«, die er als »rassisch minderwertig«, »entwurzelt« und »degeneriert« beschreibt. Mit von der Partie ist ein gewisser Mister Bear, ein Anthropologe der ehrwürdigen Smithsonian Institution in Washington, die das ganze Unternehmen mit Forschungsmitteln unterstützt und ihm dadurch wissenschaftliche Legitimation verleiht. Mithilfe einiger »brauner, aber wohlgeformter und hochwertiger Cuña-Indianer« und einiger »verdorbener, fauler Negermischlinge« kämpfen sich Mister Marsh und Mister Bear wochenlang durch den moskito- und schlangenverseuchten Dschungel, bis sie irgendwann zwischen Müllbergen, räudigen Hunden, Schlamm und verrotteten Bambushütten statt der erhofften edlen Wilden die Wildheit der weißen Zivilisation finden. Denn die Leute, die dort im Schutze des Dschungels zu überleben suchen, sind »schwarze, degenerierte, durch Sklaverei verrohte, entflohene Verbrecher und weiße entflohene Söldner«.

Zu guter Letzt glaubt Mister Marsh doch noch drei »weiße Indianerinnen« zu sichten. Ins Morgenlicht getaucht erscheinen ihm die drei spärlich bekleideten, elfenbeinfarbenen Mädchen aus einiger Entfernung als »Göttinnen der Anmut, gleich drei griechischen Grazien« ...

Habe ich geträumt?

... während uns hier die Schwarzen überschwemmen, höre ich jemanden sagen und werde abrupt an die Tafelrunde zurückgeholt, wo die Konversation über imperiale Jagdsitten offenbar die entscheidende Wendung vollzogen hat. Der graumelierte Herr dominiert immer noch die Gesellschaft und erklärt tatsächlich, diese Afrikaner – *Neger darf man ja nicht mehr sagen* – seien doch allesamt Gauner, wie sonst könnten diese Habenichtse das Geld für die teure Reise nach Europa auftreiben. Mit eigenen Augen habe er sie gesehen, eine ganze Busladung voller rabenschwarzer Gambier oder Nigerianer habe sich über das schöne Salzburger Thalgau entleert – vor den Augen der entsetzten Bauern!

Der Herr muss selbst lachen bei seinen Worten, er ist ja kein schlechter Mensch, und fügt daher hinzu: Natürlich werden diese Leute abgelehnt, ganz schwarz unter lauter Weißen, das sind doch eigentlich arme Schweine ...

Den anderen Gästen ist seine Rede offenbar nicht geheuer, niemand hier am Tisch ist *rassistisch*, und der Herr ist ein »uralter Freund«, mit dem man aufregende Urlaubsreisen nach Marokko unternommen habe. Die Gastgeberin wirkt betreten. Man habe auch wirklich nichts gegen Flüchtlinge, sogar alte Kleider und Nahrungsmittel habe man für sie in die nahe gelegene Notunterkunft gebracht. *Flüchtlinge sind doch auch Menschen.* Das räumt auch der Herr ein. Und es folgt eine etwas bizarre Debatte darüber, wie das mit den »Gaunern« und »armen Schweinen« gemeint sein könnte und ob der Herr tatsächlich »kohlrabenschwarz« oder nur »kohlschwarz« oder überhaupt nur »ganz schwarz« gesagt habe. Man mache sich eben Sorgen um Österreich mit all diesen Afrikanern mitten in einem Salzburger Dorf, verteidigt sich der Herr, und Hand aufs Herz:

Wer würde schon gerne in unmittelbarer Nachbarschaft zu Schwarzen leben wollen?!

Die Bemerkung fällt beiläufig, in jener bei Freunden vorausgesetzten Komplizenschaft – *man wird doch wohl noch sagen dürfen, was ohnehin jeder denkt.* Niemandem fällt auf, dass diese wie selbstverständlich gefallene Bemerkung die Grundlage für rassistische Segregation bildet und für die damit verbundenen Verbrechen: Zwangsumsiedlung in ehemalige Kolonien, in euphemistisch als *homeland* bezeichnete Ghettos

Südafrikas; all die schmutzigen Tricks der Immobilienhaie in den USA, um die Ansiedlung von Schwarzen in weißen Stadtvierteln zu verhindern; selbst die »objektive« Entwertung von Immobilien in unmittelbarer Nachbarschaft zu Schwarzen beruht darauf, dass Weiße nicht in »unmittelbarer Nachbarschaft zu Schwarzen leben« möchten. Und sie ist ganz allgemein der Grund für systematische rassistische Benachteiligung von Schwarzen bei der Wohnungssuche. Demgegenüber ist doch der Streit darüber, ob der Herr »kohlrabenschwarz« oder »nur schwarz« gesagt habe, völlig irrelevant!

Doch schläfrig vom Wein und in sicherer Entfernung durch das sich ständig erweiternde Niemandsland zwischen mir und den anderen denke ich gar nicht daran, mich in eine Diskussion einzumischen, der ich sogar eine gewisse Komik abzugewinnen vermag.

Eben ist mein Buch über die Geschichte einer afroeuropäischen Familie mehrerer Generationen erschienen. Die jahrelange, durch meine Erkrankung verzögerte Arbeit daran hatte mich näher als mir lieb war an das Problem afrikanischer Migration herangeführt. Dabei war ich nicht einmal mit jenen grausamen Fluchtgeschichten konfrontiert, die seitdem alltäglich geworden zu sein scheinen. Noch am Vortag meiner ersten Buchpräsentation waren alle Leute erschüttert von der Meldung, achtzig Afrikaner seien auf einem sinkenden Schlauchboot im Mittelmeer ertrunken – ein geradezu läppisches Ereignis im Vergleich zu den seitdem beinahe alltäglichen Todesmeldungen (und der noch viel größeren Dunkelziffer). Bereits während meiner Reisen in Mali und im Senegal 2005 und 2006 war es für sämtliche Leute, die ich traf, gar keine Frage, dass Europas Migrationspolitik rassistisch war. Warum sonst sollten diese wohlhabenden Länder mit ihren fetten Kühen auf grünen Weiden, ihren das ganze Jahr über plätschernden Flüssen und niemals stillstehenden Fließbändern und Robotern all diese gesunden jungen, relativ gebildeten, tugendhaft erzogenen Männer und Frauen, die in Europa doch nur Arbeit und Sicherheit suchten, zurückweisen? Gegen wen außer gegen Tiere und Afrikaner werden derartig mörderische, elektrisch geladene Grenzbarrieren wie jene bei Ceuta und Melilla errichtet? Was außer irrationalem Rassismus könnte der Grund dafür sein, dass die sich immerfort mit ihrer Freiheit und ihren Menschenrechten brüstenden Europäer tatenlos zusehen, wie Menschen auf der Flucht nach Europa ersaufen oder in einem rechtlosen Niemandsland mitten in Europa verrecken?

*

Der Raum wird enger, die Zeit reif. Ich sitze am selben Tisch, habe von den gleichen Speisen gegessen, vom gleichen Wein getrunken, ich kann nicht länger so tun, als ginge mich das alles nichts an. Ich muss mich äußern, sonst könnte der selbstsichere Herr in meinem Schweigen eine Bestätigung der von ihm vorausgesetzten Komplizenschaft erkennen.

Wieso der Herr eigentlich glaubt urteilen zu können über etwas, von dem er offensichtlich keine Ahnung hat, nämlich über afrikanische Flüchtlinge, frage ich; und woher er die Sicherheit nehme, diese Menschen pauschal als Betrüger und Gauner zu bezeichnen.

Ich spreche leise, ich lächle, ich will jeden Ärger vermeiden, will niemanden aufschrecken, vor allem die liebenswürdige Gastgeberin nicht in Verlegenheit bringen. Dass der Herr keine Ahnung hat, ist ja kein Zufall, woher sollte er denn wissen, warum Menschen fliehen, wenn jene Politiker und Journalisten, die es wissen müssen, weil dazu seit Jahrzehnten qualifizierte Untersuchungen vorliegen, darüber niemals berichten, sondern stattdessen irgendwelche *websites* oder *facebook messages* zitieren, die eine »feindliche Übernahme« des »christlichen Abendlandes« durch Muslime heraufbeschwören.

Der Herr lässt sich auch gar nicht auf meine Bemerkungen ein, er hat ohnehin bereits sein soziales Gewissen entdeckt. Er persönlich habe ja nichts gegen Afrikaner – *Neger sage ich längst nicht mehr, seit ich weiß, dass sie das nicht mögen.* Er habe doch nur auf die Chancenlosigkeit dieser Immigranten hinweisen wollen, die man in Österreich verständlicherweise nicht mag. Es ist ja leicht, tolerant zu sein, sagt er, wenn man

wie alle hier am Tisch nur von den Vorteilen des Immigrationswahn-
sinns profitiert, vom Opernstar aus Moldawien, von der billigen Pfle-
gerin und Putzfrau aus wer weiß was für Ländern. Leidtragende sind
doch die Bewohner der Arbeiterbezirke und die Landbevölkerung, die
plötzlich neben Kopftuchträgerinnen und Schwarzen leben und dabei
zusehen müssen, wie diese Leute mit staatlichen Versorgungsleistun-
gen verwöhnt werden, die sie selbst niemals bekommen. Kein Wunder,
wenn diese Leute dann mit ihrer berechtigten Sorge eine rechtsextreme Partei wählen, die doch eigentlich gar niemand will. Wenn nach
der nächsten Wahl diese Partei an die Macht kommt, sind nur diese
Flüchtlinge daran schuld. Niemand, nicht einmal diejenigen, die fort-
während allen Österreichern Fremdenfeindlichkeit und Rassismus vorwerfen und sich selbst dabei erhaben fühlen, wollen neben Schwarzen
oder Muslimen in der Nachbarschaft leben ...

Das ist nun das dritte Mal. Und gestern war in einer liberalen Qualitätszeitung Ähnliches zu lesen und sogar in einer als »links« geltenden Stadtzeitung! Und das Titelblatt eines liberalen Wochenmagazins
zierte ein finster dreinblickendes, schwarz behaartes Männerporträt
mit der suggestiven Headline: Würden Sie diesen Herrn in Ihrer Wohnung aufnehmen?

Niemanden würde ich gerne in meiner Wohnung aufnehmen, dachte
ich grimmig; am allerwenigsten den dafür verantwortlichen Redakteur.

Eigentlich könnte man dem Herrn am Tisch beinahe dankbar dafür
sein, den Sinn der neuerdings so beliebten Rede von der »gemeinsamen
Schnittmenge« dargelegt zu haben. Tatsächlich scheint der einzige Konsens zwischen »Eliten« und »Proleten« die rassistisch und völkisch
genährte Feindschaft gegenüber dunkelhäutigen Flüchtlingen islamischen Glaubens zu sein.

Es ist immer das Gleiche: Wenn Regierende und deren Wähler bestimmte
Gruppen als gefährlich und/oder verächtlich ansehen und Akademiker
dies durch »Gutachten« und Zahlenspiele »beweisen«, will bald jeder
Bürger die Meinung der Mächtigen teilen, in der Hoffnung auf Anteil an

der Macht. Rassismus und Kulturalismus werden dann mit den *berechtigten Ängsten* der gesellschaftlich oder politisch Benachteiligten entschuldigt, obwohl der maßgebliche und treibende Anteil der Eliten an dieser Haltung evident ist. Entgegen ihrer Behauptung müssen Mehrheitsüberzeugungen noch lange nicht richtig sein. Auch mutterseelenallein, ganz ohne Fähnchen schwingende, Daumen reckende *follower* kann man recht haben. In der Demokratie geht es ja nicht um ein Rechthaben oder um ein Bessersein, sondern darum, verschiedenen Interessensgruppen mittels reichlich komplizierter, aber präzise formulierter Spielregeln einer »Verfassung« ein gewaltfreies Zusammenleben zu ermöglichen. An dieser Tafelrunde sitzt zumindest eine Person, von der ich weiß, dass sie bei den Worten des Jagdfreundes nicht nur Unbehagen empfindet, sondern auch dessen Grund zu formulieren wüsste und über die nötige Position verfügt, um ihren Argumenten Gewicht zu verleihen. Doch auch sie begnügt sich, der Mehrheitsposition verpflichtet, mit einem ungeschickten Versuch, das Ganze ins Lächerliche zu ziehen. Doch niemand lacht.

Also hole ich tief Luft, entschuldige mich artig und doziere:

Erstens ist es schlichtweg falsch und nur rechtsextreme Propaganda, dass Flüchtlinge mehr Unterstützung vom Staat erhalten als Österreicher; zweitens sind keineswegs die Flüchtenden schuld am politischen Rassismus und am Aufstieg rechtsradikaler Parteien, sondern ausschließlich die Wähler, welche diesen Parteien ihre Stimme geben. Die Flüchtlinge sind genauso wenig schuld am Rassismus, wie die seit den 1880er Jahren in die Hauptstadt des Habsburger Reiches strömenden Juden schuld am Antisemitismus waren, der um die Jahrhundertwende einem mächtigen Bürgermeister ins Amt geholfen hat; ebenso wenig waren 1933 die aus dem »Reich« nach Österreich geflohenen Juden und andere Verfolgte schuld am kometenhaften Aufstieg einer gewissen »nationalen und sozialen Bewegung«. Und, drittens, sehe ich wirklich keine Tragödie darin, wenn im 21. Jahrhundert eine Landbevölkerung in Salzburg oder anderswo die Erfahrung macht, dass es Menschen anderer Hautfarben, anderer Sprachen, anderen Glaubens gibt. Ich selbst hatte niemals Probleme mit Schwarzen in meiner Nachbarschaft. Ich bin oft in meinem Leben umgezogen und kann Ihnen versichern, es gibt angenehme oder unangenehme Nachbarschaft mit allen Hautfarben. Und es gibt kaum etwas, an das man sich schneller gewöhnt als an eine andere Hautfarbe. Ich weiß, wovon ich spreche, denn ich war mit so jemandem verheiratet. Mein Ex-Ehemann stammte zwar nicht aus Afrika, sondern aus der Karibik, und seine Haut war kaum eine Nuance dunkler als meine, auch hatte er nicht fliehen müssen, sondern war ein gut verdienender Kernphysiker – dennoch war er hierzulande ein *Neger*.

Ich habe mich *geoutet*. Wie zu erwarten, folgt betretenes Schweigen und danach die unterwürfige Entschuldigung des wohlerzogenen Kronprinz-Rudolf-Kenners. Er habe mich, *gnädige Frau*, keineswegs verletzten wollen, er sei *sicher kein Rassist*, das müsse ich ihm glauben, er lehne auch keineswegs die Nähe zu Schwarzen grundsätzlich ab, habe sogar selbst eine Liebesbeziehung mit einer Afrikanerin unterhalten ...

Schon gerät er ins Schwärmen über die schönen Augen, die fantastische Figur, die Sanftheit der Haut, als hätte er es darauf abgesehen, das gesamte, zwischen Verachtung und Gier schwankende Repertoire rassistischer Sexualklischees zu bedienen.

Fasziniert und abgestoßen warte ich ab.

Doch alles Diskutieren hat einmal ein Ende, ohnehin ist der Nachmittag weit fortgeschritten, und so erhebe ich mich schließlich langsam, suche meine Handtasche und meinen Schal, verabschiede mich mit einer freundlichen Entschuldigung und einer die gesamte Tischgesellschaft einschließenden Geste des Grußes. Nur keine Unfreundlichkeiten. Da er nicht nur in seinen Ansichten, sondern auch in seinem Benehmen ein Herr alter Schule ist, schiebt der leicht ergraute Herr in seinem dunkelblauen Sakko nun ebenfalls seinen Stuhl zurück, steht auf, folgt mir zur Tür und will mir unbedingt die Hand küssen, aber ich bitte Sie, gnädige Frau, bleiben Sie doch noch, ich wollte wirklich nicht ... ich bin sicher nicht ...

Es klingt wie ein Hilferuf.

*

Hinter dem Friedhof mit der Asche meiner Eltern sitze ich im Garten meines Lieblingsheurigen am Fuße des Weinbergs und überlasse meine steifen Schultern den wärmenden Strahlen der späten Sonne. Nach jeder Rückkehr denke ich, so etwas gibt es nirgendwo auf der Welt: Alleine einfach nur dasitzen können, noch dazu als Frau, ein Glas Wein trinken, ein Buch lesen, ein Schmalzbrot essen, sich wohlfühlen.

Doch diesmal erinnern mich das kreischende Auflachen der anderen anwesenden Frauen und die Ungeniertheit der Männer daran, dass die Leute *damals* sicher genauso auf den grauen Bänken zwischen Weinreben und Buschrosen vor ihrem goldenen Gläschen saßen, sich die Sonne ins Gesicht scheinen ließen und die Jacken auszogen. Hemdsärmelig fühlt man sich freier nach dem dritten Glas. Man kann dann ungeniert über Banken, Bonzen und Juden oder über Banken, Bobos und Asylanten schimpfen. Die Frauen damals wohl in Bluse und Rock, heute in Hose und Pulli, die Männer damals vielleicht in grauer Weste mit Uhrkette, heute in Jeans oder »Funktionskleidung« – wahrlich ein Epochenbruch in Stil und Sinnlichkeit.

Doch damals wie heute wollen die Menschen vor ihrem Gläschen und befreit vom schwülen Dunst der Stadt einfach vergessen. Bankenkrach, Geldentwertung, Kriege und die eigene Gefährdung durch eine nichtkonforme Haltung, Herkunft, *Rasse*. Man will einfach sein, wer oder was man eben ist.

Und man will vergessen: die »Klimakrise« und die zur Abwanderung gezwungenen Bauern, die horrenden Summen für die Privatschatulle von Regierungschefs und Hafenbehörden, um giftigen Industriemüll aus Europa in Meere und Flüsse kippen zu dürfen; man will die steueroptimierenden Konzerne in Luxemburg, in Kanada, auf den Kanalinseln, in der Londoner »City« oder in den USA vergessen, die in Afrika durch Landgrabbing erworbene Ernte einfahren und zusammen mit Diamanten, Gold, Kupfer, Koltan und anderen Seltenen Erden »an die Börsen bringen«; man will die ganz alltägliche Geschäftspraxis vergessen, durch Bestechung und Erpressung von afrikanischen Regierungschefs Land und Lizenzen zu erhalten, um lokales Grundwasser in Plastikflaschen füllen und teuer verkaufen zu dürfen; man will vergessen, dass Benzin nach Afrika mit einem zigfach höheren Schwerölgehalt als in Europa erlaubt exportiert werden darf, wo es dann Umwelt und Klima verpestet, der Verkehr auf den Straßen unsäglich stinkt, die am Straßenrand arbeitenden Menschen nicht selten zusammenbrechen, gar sterben – und dass sich die westlichen Raffinerien auf dem anderen Kontinent durch diese Form der »Entsorgung« von Schweröl beträchtliche Kosten sparen; die korrupten Afrikaner sind daran schuld, wissen »Experten«, sie könnten ja ebenfalls strengere Grenzwerte einführen und sich um ihre Umwelt kümmern. Doch einem schwarzen, aufrecht gehenden Staatschef im dunklen Anzug fällt eben nicht viel ein, wenn ein hemdsärmeliger Agent von Monsanto, Nestlé, Unilever oder wie sie alle heißen ihm erklärt, entweder du unterschreibst und bekommst ein saftiges Handgeld und ein paar Investitionen in die Infrastruktur – oder du unterschreibst nicht und bekommst gar nichts.

Wenigstens beim Heurigen will man nichts mehr davon hören. Auch nicht vom »Kampf gegen den Terrorismus«, von illegalen Siedlungen im Westjordanland, von Drohnen über Jemen, Bomben über Afghanistan und dem Irak, vom »Bürgerkrieg« in Libyen und in Syrien – einst Wiege der abendländischen Zivilisation, nun ein Trümmerfeld. Man will nichts mehr hören von exterritorialen Folterzentren der USA, vom unauflösbaren »Guantanamo« und allem, was auch *uns* am Ende der Sackgasse des internationalen Unrechts erwarten könnte. Man möchte die neuen Routen des Elends vergessen, die Drogenrouten von Mittelamerika über Westafrika bis nach Europa, von weißen Bossen organisiert, von nichtweißen Jugendlichen, den sogenannten Hunden, unterhalten; beim Heurigen braucht man kein Hasch und kein Koks, hier knallen statt MGs die Gelächtersalven, da wird der grantige Wiener leutselig und kann sich über »die nigerianischen Drogenhändler am Gürtel« empören.

... nicht einmal im Wienerwald ist man mehr vor ihnen sicher, diesen Asylanten oder Flüchtlingen oder wie das ganze islamistische Gesindel heißt ... finden Sie nicht auch, *gnä' Frau?*

Das ältere Ehepaar sitzt bereits seit einiger Zeit unauffällig am anderen Ende des langen Tischs. Aber erst jetzt will der Mann mich an seinen Sorgen – seinen »berechtigten Sorgen« – teilhaben lassen. Ich blicke von meiner Buchseite auf, ohnehin mehr Vorwand als Bereicherung, und sage klar und deutlich:

Nein, ich finde das nicht.

Der Herr ist irritiert und ich muss mich einige Minuten lang in ein Gespräch über die Gefährlichkeit dunkler Ausländer involvieren lassen und über die Gefahren der »falsch verstandenen Toleranz«.

Ich bin nie gleichgesinnt. Bin störrisch und lästig. Dennoch bin ich keine »Aktivistin«, ich schätze wahrscheinlich Menschen im Allgemeinen nicht hoch genug ein. Außerdem bin ich schüchtern, auch wenn ich das gut zu verbergen gelernt habe. In den 1990er Jahren teilte ich die Gesinnung einer dunkelblond gelockten Beamtin auf dem Passamt ebenfalls nicht, die sich nach gefühlt endloser Wartezeit in einem überfüllten, dunklen, nach Ölbeize riechenden Gang bei meinem Eintreten freundlich für die lange Wartezeit entschuldigte und meinte, *Ihnen kann ich es ja sagen*, daran sind all diese Türken und Muslime draußen im Wartezimmer schuld, das sind doch alles nur Gauner, die kommen nur wegen der Kinderbeihilfe zu uns; kaum sind sie da, kriegen sie einen Balg nach dem anderen ...

Sie sagte mir das, weil sie mich als blonde Wienerin und folglich als Gleichgesinnte betrachtete. Da glauben alle, sich alles herausnehmen zu dürfen. Wie muss es erst den Schwarzen ergehen, denke ich – wissend, dass es sich bei diesem komplizenhaft gegen einen unterlegenen Dritten gerichteten Verhalten mir gegenüber keinesfalls um Rassismus handelt, sondern um ganz gewöhnliche Infamie.

Bereits damals, lange vor dem »islamistischen Terrorismus« und der »Flüchtlingskrise« trafen Werbeplakate der »Freiheitspartei« mit drohenden, wie Raketen spitz ausgerichteten Minaretten mitten in das Wiener Herz: *Lieber Heimatliebe als Marokkanerdiebe. Lieba daham als Islam.* Solche Verse merkt man sich selbst im Vollrausch. Der Beamtin drohte ich damals mit einer Anzeige, weil sie für die Durchführung der gesetzlichen Bestimmungen zu sorgen habe und nicht für die Verbreitung ihrer politischen Meinung, in ihrem Fall möglicherweise sogar Verhetzung. Damals ging das noch. Die Frau machte große Augen und schwieg erschrocken, als sie mir den verlängerten Pass über den Tisch zuschob. Auch mit Straßenbahnführern, Polizisten, Verkäuferinnen war ich nie »gleichgesinnt«, wenn sie einem Schwarzen entweder gar nicht antworteten oder ihn duzten und mit ihm wie mit einem zurückgebliebenen Kinde redeten, während ich danebenstehend als *gnä' Frau* komplizenhaft angelächelt wurde. Bereits Ende der 1980er Jahre widersprach ich dem freundlichen Bankdirektor, der mir auf einem gesellschaftlichen Empfang im Schutze einer Gartenlaube anvertraute: *Ihnen kann ich es ja sagen*, ich bin sicher kein Antisemit, aber XY ist ein typischer Saujud, der bescheißt jeden, wenn man ihn lässt. Er meinte eine mir gut bekannte Persönlichkeit, mit der ich damals beruflich zu tun hatte. Als ich nach Ende des Festes den mir durchaus nahestehenden Gastgebern – *sicher keine Antisemiten und Rassisten* – von der Aussage des mit ihnen befreundeten Bankdirektors erzählte in der Hoffnung, durch solidarische Empörung meine eigene Beklemmung zu lindern, verwahrten sie sich nur gegen meine infame Äußerung über einen ehrenwerten Gast des Hauses.

Dergleichen Erinnerungen lauern zuhauf auf dem Grund meiner Seele, jederzeit bereit, sich ins Tagesgeschehen zu mengen. Ich fühle mich in einer Endlosschleife gefangen. Ist es mein Alter? Wie kann man auf Dauer unbeschadet in einer Gesellschaft leben, die von einem ein Einverständnis für gänzlich Unvertretbares voraussetzt?

Niemand soll vorgeführt werden. Niemand verurteilt. Nur die viel zitierte *gemeinsame Schnittmenge* unterschiedlicher Parteien soll deutlich gemacht werden; denn die neu koalierenden Parteien haben, abgesehen von Pfründen und Posten, nur *ein* gemeinsames Programm: Glaubensgemeinschaften gegeneinander aufzubringen und Flüchtlinge so schlecht wie irgend möglich zu behandeln, angeblich um einen »Pull-Effekt« zu verhindern. Das ewige Mantra. Rechtfertigung für die Missachtung jedweder Menschenrechte, Kinderrechte, Asylrechte. Über ein halbes Jahrhundert lebten wir in Frieden, Freiheit und Sicherheit. Und nun, da wir erstmals gefordert sind, die Menschenrechtskonvention von 1948 anzuwenden, ausgerechnet jetzt können wir sie uns »nicht mehr leisten«? Wer so denkt, ist längst vom »islamistischen Terrorismus« besiegt.

Die neuen »Maßnahmen« der Regierung, die »Verschärfung«, die Razzien, die Kleidervorschriften, der Stacheldraht, die Trennung der Geflüchteten von den Einheimischen, das Verbot von Arbeit und allem, was ihnen Hoffnung und eine Lebensperspektive geben könnte, werden die anstehenden Probleme keineswegs lösen, sondern Verelendung, Enttäuschung, Bitternis bewirken; sie werden der Nährboden für die sogenannte Radikalisierung sein, für den »politischen Islam«, für »Übergriffe«, gar für Terrorismus. Diese Politik kann die gesellschaftlichen Konflikte zwischen den neu Ankommenden und den Einheimischen nur verstärken und kommt dadurch den »Ausländer raus«-Parteien zugute. Vielleicht ist das ja der Sinn der neuen »Integrationspolitik«: Je mehr Probleme mit Fremden geschaffen werden, desto mehr profitieren rechtsnationale, antidemokratische Parteien, desto mehr wird die Demokratie infrage gestellt.

Pläne für eine Lösung der Probleme durch die neuen Migrationsbewegungen liegen längst in Brüsseler Schubladen, und die nationalen Bosse wissen das auch ganz genau: gerechte Verteilung von Flüchtlingen innerhalb der Europäischen Union, die Errichtung legaler und dadurch besser kontrollierbarer Fluchtwege, Wiedereinführung der konsularischen Visapflicht, eine weniger asymmetrische, weniger ausbeuterische transkontinentale Zusammenarbeit. Doch in der *Zeit der Kannibalen* – was für ein Film (2014)! – darf das gemeine Wahlvolk davon nichts wissen, kein Politiker, kein Journalist erklärt ihm, was die Verantwortlichen in Brüssel sich ausgedacht haben, sonst würde das dumme Volk ja nicht verstehen, warum stattdessen korrupte Folterdiktatoren mit dreistelligen Milliardenbeträgen aus Steuergeldern dazu bewogen werden sollen, noch mehr Konzentrationslager zu errichten, noch mehr Elektrozäune, elektronische Überwachungstechniken und Rüstungsgüter von Europa zu kaufen, um Flüchtende von Europa fernzuhalten. Dass es nicht an mangelnden finanziellen Mitteln liegt, wenn die zweitgrößte Wirtschaftsmacht der Welt ein paar hunderttausend notleidende Menschen nicht ertragen, nicht eingliedern zu können meint, weiß inzwischen jeder. Woran liegt es dann? Es liegt an der bizarren Überzeugung, jedwedes wirtschaftliche und soziale Desaster, selbst der Zerfall der Europäischen Union sei den »artfremden« Neuankömmlingen vorzuziehen.

*

Ich werde immer empfindlicher. Alles nehme ich persönlich. Warum erinnern mich die grottenschlechten Mohammed-Karikaturen oder ein in Deutschland gefeiertes vulgäres Spottlied über den türkischen Präsidenten plötzlich an die Machwerke eines gewissen Julius Streicher? Warum empfinde ich als politische Pornografie, was die Medien allerorts als Triumph westlicher Meinungsfreiheit feiern? Qualitätsmedien nennen es *rollback*, weil auf Amerikanisch alles besser klingt, besser als der gute alte Begriff *reaktionär*. Es heißt, die »Linken« hätten es zu weit getrieben mit ihrer Toleranz gegenüber Muslimen und *Negern, die man nicht mehr so nennen darf*; und der »weiße Suprematismus« des neuen Präsidenten in den USA sei nur ein überfälliger Ausgleich dieser Schieflage. Der gewählte (inzwischen allzu knapp wieder abgewählte), mächtige Mann in Washington mag zwar verlogen, ungebildet und rassistisch sein, aber »er nennt die Dinge immerhin beim Namen«.

Welche »Dinge«? Ich ahne es mit Schaudern. In Europa wurde Rassismus durch das Entsetzen über die mörderische Nazizeit eine Zeit lang von der politischen Oberfläche auf die Ebene des Halbbewussten verdrängt; diese jahrhundertealte, destruktive Gesinnung schlummerte seitdem zwischen den Fugen des Gewissens, bis die aufmunternde Rede der neuen politischen Führung den ganzen Sumpf von Hass und Überheblichkeit wieder einmal alle Lebensbereiche fluten lässt. Das muss aufhören! Ich muss aufhören, mich durch dieses Geschwätz der

Mächtigen persönlich gekränkt zu fühlen. Aufhören, mir schlaflos zu überlegen, was tun, um unsere Seele und unsere Haut zu retten. Ich übertreibe! Werde paranoid! Muss abschalten ... auf andere Gedanken kommen ...

Um den Kopf frei zu bekommen, wandere ich entlang der duftenden Weiden in der Wildgrube, über die Weinberge bis hinauf zur »Eisernen Hand« und zum Nussberg vor dem immer wieder berauschenden Panorama der Stadt und wieder hinunter bis zu dem bereits Ende Februar einsam blühenden Mandelbaum; und zum Abschluss ein Gläschen im Garten des seit Kindheit vertrauten Weinbauern.

Doch diesmal trägt der neue Kellner knielange, mit Edelweiß bestickte Lederhosen, verkitschte Bauerntracht aus Alpentälern, unüblich in Heiligenstadt, solange ich denken kann. Neuerdings wird auch Bier ausgeschenkt und alle weiblichen Gäste sind hellblond in schillernden Dirndln verkleidet. Am Tisch schräg hinter mir fällt eine mittelständische Familie durch dunkle Haare, mandelförmige Augen sowie durch dezente Kleidung und eine fremde Sprache auf, vielleicht Arabisch, vielleicht Farsi, aus der Distanz ist es nicht zu erkennen. Drei Erwachsene und zwei Jugendliche, eine der Frauen trägt einen Schal um den Kopf, keinen Hidschab, sondern einen gewöhnlichen Schal, der ihren Haaransatz frei lässt. Touristen oder Botschaftsangehörige aus einer der umliegenden Villen auf einem Spaziergang. Der Mann, der immer wieder auf die Uhr blickt, spricht Deutsch, er ruft bereits zum wiederholten Mal den Kellner, der schwitzend die Gläser zwischen dem Ausschank unten und den Tischen oben hin und her schleppt; ein stämmiger Mann mit fahlem Haar und roten Wangen, auch mir bringt er rasch und freundlich mein Glas und nimmt nach kurzem Wink das Geld entgegen. Aber auf die wiederholten Rufe »Bitte zahlen« des bereits etwas verzweifelt winkenden Mannes am Nachbartisch reagiert er nicht. Peinlich vermeidet er es, in dessen Richtung zuschauen, selbst wenn er nahe am Tisch vorbeikommen muss. Plötzlich, nach dem dritten und oder vierten Mal »Bitte zahlen« bleibt er vor dem Tisch stehen und brüllt: *Wansas eilig ham gengans zum MacDo, Leit wi eich ham bei uns e nix valuan, schleicht's eich ... oba dalli dalli ...*

Der Angesprochene erstarrt, schweigt, zahlt. Sich erhebend wünscht er »den Chef« zu sprechen. *Do unten sitzt a eh, gengans nur hin ...* antwortet der Kellner und deutet auf den mir seit Jugendjahren bekannten Weinbauern, der mit einigen Freunden sicher nicht beim ersten Glas sitzt. Mit der Familie im Schlepptau bewegt sich der fremde Gast nun auf den bezeichneten Tisch zu, ich erhebe mich leicht von meinem Sitz und beuge mich vor, um zu sehen, was folgt:

Der »Chef« bleibt angesichts des fremden Mannes und dessen Familie sitzen; und kaum macht der Fremde seinen Mund auf, verweist er ihn kurzerhand von »seinem Grundstück«: *Se woin se beschwean? Leit wie eich brauch ma eh net, schleich'ns eana, oba schnö, salamaleikum, salamaleikum ...*

Die anderen Gäste an seinem Tischen grinsen.

Mir hingegen ist die Lust an meinem Getränk vergangen. Ich bin versucht, mich einzumischen, mit jener zur Schau getragenen, damenhaften Arroganz, die früher manchmal erfolgreich war. Was haben denn diese Leute angestellt, könnte ich fragen, die wollten doch nur zahlen! Vielleicht haben sie Theaterkarten oder müssen einen Bus erreichen. Seit wann wird man bei euch rausgeschmissen, wenn man Muslim oder Araber ist?

Früher hätte ich nicht gezögert. Aber als alte Frau ohne Begleitung sollte man sich lieber nicht vor einem Weinbauern und seinen Trachten tragenden Gästen aufspielen. Man könnte ausgelacht oder gar angepöbelt werden. Und wie darauf reagieren? Noch lauter, noch pöbelhafter? Diesen Wettbewerb verliere ich mit Sicherheit in Anbetracht meiner guten Erziehung. Und außerdem bin ich müde, wollte doch nur auf andere Gedanken kommen und keinesfalls in anstrengende Feindseligkeiten verwickelt werden.

So verlasse ich schließlich bitter den paradiesischen Garten, und der Gedanke, nun auch dieses Terrain meiden zu müssen, macht mich traurig. Es ist doch das Planquadrat meiner Kindheit! Dieses Gemenge von

Heurigenseligkeit, Mordlust und Selbstmitleid ist eben mein Zuhause, was soll ich tun.

Später fragte ich einen Freund: Wie hättest du reagiert?

Ach, solche Szenen erlebt man derzeit beinahe täglich, ist die Antwort. Und weiter:

Natürlich muss man sich einmischen! Aber man hat eben nicht immer die Zeit; und manchmal ist man in Begleitung, auf die Rücksicht zu nehmen ist ...

Eine Freundin antwortet auf dieselbe Frage:

Natürlich sind solche Szenen schlimm, aber sich einzumischen hilft gar nichts, wirklich gar nichts. Was soll das bringen? Die Leute hören und lesen täglich, Muslime gehören nicht hierher, Araber sind gefährlich und verlogen und Afrikaner sexbesessene Drogenhändler. Die Leute kennen nichts anderes. Und du glaubst, ausgerechnet auf dich werden sie hören?

Nein, das glaube ich nicht. Aber man könnte ihnen wenigstens ihre Gemütlichkeit madig machen, denke ich traurig und antworte nicht.

Zurück in meinem Wohnbezirk schießt mir die Hitze in den Kopf, als ich einen Aufkleber auf dem Glasfenster eines seit den 1980er Jahren in Besitz einer Deutschen und eines Ägypters befindlichen Cafés bemerke: Neben dem treuherzig lächelnden Konterfei Nobert Hofers, immerhin Dritter Nationalratspräsident und als »gemäßigt« geltender Parteiobmann der »Freiheitlichen«, ist unter rot-weiß-roter Flagge und dem Logo seiner »Sozialen Heimatpartei« die assoziative Aufforderung zu lesen:

Flagge zeigen!
Kauft nicht beim Araberschuft, schützt die Heimat!

Und darunter kleingedruckt:

So wahr mir Gott helfe!

So schnell kann es gehen. Im Jahr 2000, nachdem die konservative »christlich-soziale Volkspartei« ungeachtet ihrer Wahlniederlage unbedingt regieren wollte und dafür erstmals eine Koalition mit den »Freiheitlichen« plante, versammelten sich Hunderttausende Protestierende zwischen Stephansplatz und Ring, darunter sogar ich, heldenhaft meine Phobien vor Menschenmassen verdrängend. Angesichts dieses gewaltigen Proteststurms aus allen gesellschaftlichen Schichten und Generationen konnten kaum Zweifel bestehen, dass diese Koalition zu verhindern wäre. Aber sie kam zustande, auch wenn sich die Koalitionäre mit ihren Vasallen auf dem Weg zu ihrer Angelobung in die Präsidentschaftskanzlei durch unterirdische Geheimgänge schleusen lassen mussten, um den Demonstranten am Ballhausplatz zu entgehen. Es war ein Epochenbruch. Und eineinhalb Jahrzehnte später, nachdem neuerlich eine Koalition zwischen »Freiheitlichen« und einer vorgeblich ganz »Neuen Volkspartei« zustande gekommen war, musste sie sich auf ihrem Weg zur Angelobung nicht mehr verstecken, weil diesmal der gesamte Erste Bezirk vom Stephansplatz bis zum Ring zum polizeilichen Sperrgebiet für die Bewohner der Stadt erklärt worden war.

Und jetzt dieser Aufkleber.

Und niemand scheint etwas zu bemerken, außer den Besitzern des Cafés, die bald darauf ihr Lokal zusperren würden.

26

Wege des Erinnerns

Schachspielen mit einer Taube

Meine Tochter kommt nach Wien! Sie hatte sich nach dem Abitur entschieden, in Paris und Avignon Kunst und Restauration zu studieren, und lebt nun mit ihrer Familie im Südwesten Frankreichs. Vor Kurzem kam sie aus Bogota zurück, der letzten diplomatischen Station ihres Ehemannes, hatte mithilfe ihres Vaters ein altes Steinhaus inmitten von Weinbergen am Rande einer idyllisch scheinenden Kleinstadt erworben und ein schönes Atelier eingerichtet. Ihr besonderes Talent: sämtliche durch unsachgemäße Handhabung oder den Zahn der Zeit entstandene Schäden zum Verschwinden und alte Kunstwerke wieder zum Leuchten zu bringen. Je erfolgreicher, desto weniger erkennbar ist ihre Arbeit. Jeder Auftrag ist eine neue Herausforderung an Präzision, Geduld und Hingabe. Das schätzen die Kunden an ihr.

Ich liebe meinen Beruf, er ist genau richtig für mich, lacht sie.

Wir sitzen in der Frühlingssonne, aber ihr Blick unter der Botticelli-Stirn ist kalt, als sie unversehens auf Wien in ihrer Kindheit zu sprechen kommt; auf diese seit frühester Kindheit auf sie gerichteten Blicke. Heute hält sie ihnen stand, aber damals ...

Die Blicke sogen sich an ihr fest, entzogen ihr die Substanz, bis nur mehr die Hülle übrig war und sie jedes noch so fremde Bild von sich selbst akzeptierte, nur um nicht zu implodieren.

Vertrauen zu fassen war unmöglich, auch zu ihrer Mutter.

Erinnerst du dich, Mutter, an den Test für die Grundschule am Lycée Français in Wien?

Natürlich. Es war in der Liechtensteinstraße, ich staunte damals über diese gläserne, weiträumige Anlage inmitten des ausgedehnten Parks, an dessen oberem Ende das Palais Clam-Gallas stand, einst Wohnsitz eines polnisch-österreichischen Adelsgeschlechts, seit 1953 das Französische Kulturinstitut und nun ein vernachlässigtes Anlageobjekt des Emirats Katar. An der Informationswand in der gläsernen Eingangshalle studierte ich damals die verführerischen Angebote: Sprachaufenthalte, Austauschfamilien, Ferienbetreuung in Frankreich, in Spanien, in der Schweiz, Projektarbeit, Sport-, Kunst- und Schauspielunterricht, lauter in österreichischen Schulen damals undenkbare Möglichkeiten;

dazu ein in der schuleigenen Küche gekochtes Mittagessen und Unterricht bis sechzehn oder siebzehn Uhr, was mir einen einigermaßen ungestörten Arbeitstag ermöglichen würde – und meiner Tochter würde die Welt zu Füßen liegen!

Das Mädchen hüpfte unterdessen gänzlich unbeeindruckt auf den Steinfliesen herum.

Dann stand diese schmallippige Person vor mir, ihre künftige Grundschullehrerin, und erklärte mit schwerwiegendem Ernst, die Testergebnisse meiner fünfjährigen Tochter hätten ein etwas unsicheres »Raumempfinden« ergeben.

Na und? Dafür hat sie ein frühreifes Sprachempfinden, entgegnete ich in völliger Fehleinschätzung der Lage, das Raumempfinden würde eben etwas später ... Kinder entwickeln sich nicht alle gleich schnell.

Doch darum ging es nicht. Etwas anderes lag im Blick der Lehrerin, als sie fragte:

Sind Sie sicher, Madame, dass das Lycée Français die richtige Schule für die Kleine ist?

Unter den gegebenen Umständen, ja, sehr sicher, antwortete ich, meine Tochter hat bisher den Kindergarten für Mitarbeiter der Atomenergieagentur besucht und ist ein lernbegieriges, unkompliziertes Kind. Sie werden schon sehen, Madame!

Stand die kleine Beatrice neben uns? Hörte sie alles? Ich erinnere mich nicht.

Aber sie erinnert sich. Sie habe getan, als spiele sie mit ihrem *doudou*, aber gespürt, dass offenbar etwas mit ihr »nicht stimmt«.

Eigentlich war immer irgendetwas mit mir »nicht in Ordnung«, sagt sie nun. Die Schule war eine einzige Demütigung bis zu meiner Versetzung an das Akademische Gymnasium. Das hat mich gerettet.

Sie sagt das beiläufig, als erwähne sie einen vor langer Zeit verlorenen Regenschirm.

In Wien hatte ich eigentlich nie eine richtige Freundin; nur Tratsch, Vorwürfe, Ressentiments. Erst in Frankreich lernte ich, was Freundschaft sein kann.

Und die, mit der zusammen du Anti-Waldheim-Zettel am Graben verteilt hast?

Sie zuckt mit den Schultern und schweigt.

Schließlich erzählt sie, wie sie einmal deren Telefonnummer herausgesucht habe und überrascht war über die immer noch vertraute Stimme am anderen Ende der Leitung, die einen fremden Namen nannte. Im Café Korb hätten sie sich dann getroffen.

Und?

Ach, nur Konversation über Ehe, Kinder, berufliche Pläne. Sonst nichts. Sie machte einen sehr selbstsicheren Eindruck.

Immer noch vorwurfsvoll?

Ich weiß nicht, ich habe keine Lust, darüber nachzudenken. Damals verstand ich ja ihre Reaktion irgendwie und ich verstehe sie auch heute; aber warum hat sie mich nicht verstanden? Niemals eine Frage nach meinen Beweggründen, die Schule zu wechseln; keine einzige Frage nach meinem Leben in Frankreich.

Zwar mache sie sich heute keine Gedanken mehr darüber, aber immer noch empfinde sie ein leichtes Unbehagen bei einem Besuch in Wien. Und sie erzählt, wie ihr einmal auf der Straße zufällig eine ehemalige Klassenkollegin aus der Döblinger Schule entgegengekommen sei, durch die Jahrzehnte verändert, aber sogleich erkennbar an ihrem erkennenden Blick.

Dann ging sie an mir vorbei, als hätte sie mich nicht gesehen.

Vielleicht war sie doch nicht diejenige ...

Beatrice verzieht die Lippen und schweigt.

Zu viel bleibt ungesagt. Ich fühle meine Kehle eng werden, stehe auf, Bilder einer gemeinsamen Urlaubsfahrt quer durch die italienische Maremma tauchen in mir auf, vor langer Zeit, lange vor ihrer Heirat, noch während ihres Studiums. Wie glücklich hatte es mich gemacht, mit ihr durch diese lichte, wilde Landschaft zu kurven, jeder Hügel von einem Palazzo gekrönt, eine Kirche daneben und rundherum die Steinhäuser so harmonisch ineinander verschachtelt, dass sie aus der Ferne eine trügerisch beruhigende Geborgenheit vermitteln. Auch die Tochter war entspannt und fröhlich, trällerte vor sich hin, beiläufig, dann verdichtet zu einer Melodie, zu einem Lied, irgendetwas von Maria Bethânia, glaube ich, damals schwärmte sie gerade für Brasilien. Ihr Gesang wurde heller, ihre Stimme überraschend stark und schwebend in einem leichten Timbre, als hätte sie ihr Leben lang gesungen. Ich aber hörte diese Stimme zum ersten Mal.

Du kannst ja singen!

Sie lachte. Als Kind hätte sie gerne Gesangsunterricht genommen, erzählte sie leichthin, sie habe davon geträumt, Sängerin zu werden, wie andere Mädchen Prinzessin oder Schauspielerin. Aber die Gitarre, die ich ihr zum zwölften Geburtstag geschenkt hatte, schenkte sie gleich an eine Klassenkollegin weiter. Warum? Vielleicht aus Protest. Gegen alles, auch gegen die Mutter, die sie für alles verantwortlich machte, für die Qualen in der Schule, für ihr eigenes, mangelndes Selbstvertrauen, was weiß ich.

Jedenfalls war ich damals enttäuscht. Und böse, denn die Gitarre hatte viel Geld gekostet, das ich zu dieser Zeit eigentlich nicht hatte.

Niemals hätte sie gewagt, mir von ihrem Wunsch, singen zu lernen, zu erzählen, meinte sie dann; und schon gar nicht, jemandem vorzusingen! Selbst im Musikunterricht habe sie meist eine Verkühlung vorgetäuscht aus Angst vor einer möglichen Rüge wegen eines falschen Tons.

Wie war ich schüchtern!

Ich saß neben ihr am Steuer des Wagens, stumm und fassungslos darüber, nichts von ihrer Jubelstimme geahnt und an meiner Tochter vorbei gelebt zu haben.

Doch als ich ihr jetzt davon erzählen will, kann sie sich nicht mehr an diese gemeinsame Fahrt erinnern; sie lächelt abwesend, als gingen sie die Marotten der alten Mutter nichts an.

*

Ich will wissen, was aus diesem aristokratischen Skinhead geworden ist, der vor über dreißig Jahren meine Tochter vor versammelter Schulklasse zu einem »Mischling« mit einer minderwertigen, nicht zu Österreich gehörenden »Rasse« gemacht hat. Ist er von der Schule verwiesen worden? In die Politik gegangen? Verwaltet er nun Human Resources? Vor allem möchte ich die offizielle Bewertung dieses für meine Tochter und mich traumatischen Erlebnisses durch das öffentliche Schulwesen, immerhin ein Grundpfeiler unserer Republik, erfahren.

Nicht ohne Mühe bringe ich die Kontaktadresse des damaligen Präsidenten des Stadtschulrats in Erfahrung, den ich wegen seiner verständnisvollen Haltung als Retter meiner Tochter in Erinnerung habe. Es kostet mich einige Überwindung, ihn per Mail um ein Treffen zu ersuchen, vielleicht aus Respekt vor seinem vorzüglichen Ruf, vielleicht auch aus Furcht, Vergangenes wieder aufleben zu lassen. Wie ich erfahre, ist er seit Langem im Ruhestand, doch immer noch mit wichtigen öffentlichen Aufgaben im Rahmen einer sogenannten Opferkommission für missbrauchte Jugendliche betraut.

Ohne Umstände erklärt er sich bereit, mich im Café Eiles zu treffen, eines der letzten seit meiner Jugend unveränderten Kaffeehäuser. Immer noch dieselben, abgewetzten Bezüge der Polstermöbel, immer noch dieselbe Luft, nur nicht mehr verraucht, immer noch die gleichen Menschen, nur älter.

Er ist bereits da, sitzt ganz hinten im vollen Saal an einem Ecktisch. Gleich zu Beginn versichere ich ihm, wie dankbar ich immer noch für sein damaliges Verständnis bin, was ihn ein wenig erstaunt. Er erinnert sich nicht. In seiner Zeit als Stadtschulrat sei er mit einer Vielzahl höchst unangenehmer Interventionen konfrontiert gewesen, da habe er wohl meinem vergleichsweise harmlosen Anliegen keine besondere Aufmerksamkeit geschenkt; ein Schulwechsel mitten unterm Jahr, was ist schon dabei. Ich widerspreche, rekapituliere kurz die Hintergründe meines »harmlosen Anliegens« aus meiner Perspektive – und seine Reaktion bringt mich in Verlegenheit:

Ob ich Rache üben oder Schadenersatz beanspruchen wolle?

Was für eine Idee! Wer bin ich, dass ich Rache üben könnte oder wollte! Und wie könnten rassistische Zumutungen jemals mit Geld abgegolten werden, wo doch die einzig mögliche Reaktion eine Anerkennung des Unrechts und eine öffentliche Entschuldigung dieses Typen oder der Institution gewesen wäre. Es gelingt mir, die Befürchtungen meines Gegenübers zu zerstreuen. Und auch für sein Nichterinnern nach über dreißig Jahren habe ich natürlich volles Verständnis, unsere Begegnung damals dauerte ja kaum zwanzig Minuten.

Eigentlich möchte ich nur wissen, was mit diesem Burschen damals geschah und was später aus ihm geworden ist, erkläre ich, unmittelbar nach mir haben Sie doch damals auch seine Eltern empfangen. Bei meinem Abgang bin ich ihnen ja im Vorzimmer begegnet ... Ich nenne den bekannten Namen dieser aristokratischen Familie. Wurde damals ein Disziplinarverfahren eingeleitet? Wurden irgendwelche anderen Maßnahmen ergriffen?

Mein Gegenüber weiß es nicht. Er erinnert sich an nichts. Und weil er ein ehrlicher und freundlicher Mensch ist, gesteht er, dass er »wegen so etwas wohl kaum ein Disziplinarverfahren angestrengt« haben wird; nicht etwa, weil er das Vorgefallene billige, sondern weil dies für ihn wesentlich mehr Aufwand bedeutet hätte. Bei schulischen Konflikten habe er eher dazu tendiert, »keinen Wirbel« zu machen.

Das sei vielleicht löblich, antworte ich, doch aus heutiger Sicht müsse man sich doch auch die Frage stellen, ob es angemessen sei, dem jungen Mann nicht einmal die Möglichkeit geboten zu haben, sein verhängnisvolles Verhalten überhaupt als solches zu erkennen! Diese kleine Geschichte zeige doch exemplarisch, wie unbemerkt und beiläufig aus einer friedlichen, kleinen (Klassen-)Gemeinschaft ein rassistischer Mob entstehen könne; es brauche dazu kein Terrorregime, keine Gewalt, kein Blut. Nur einen (Rädels-)Führer, der mit der nötigen Selbstsicherheit verhängnisvollen Unsinn derart überzeugend verbreitet, dass eine unwissende, vielleicht durch Erziehung noch mit einschlägigen Inhalten vertraute Masse sich davon gerne manipulieren lässt – und dazu demokratische Institutionen, die schweigen.

Gegenwärtig passiert Ähnliches doch fast jeden Tag! Ist es nicht so, dass immer wenn man gegen dergleichen auftritt, man zwangsläufig einen »Wirbel« verursacht? Könnte diese besonders hierzulande verbreitete Haltung, »nur keinen Wirbel zu machen«, vielleicht zu vielem, was heute wieder möglich ist, beigetragen haben? Ich zum Beispiel stehe schon seit Langem vom gemeinsamen Tisch jener auf, die »sicher keine Rassisten sind, aber ... «. Und die Folge meines Abgangs ist immer ein Wirbel, wenngleich nur ein klitzekleiner, denn ich bin ja auch keine wichtige Persönlichkeit ...

Ein Auflachen ist seine Antwort:

Na, da werden Ihnen jetzt nicht viele Freunde übrigbleiben ...

Das stimmt.

Ich will in seiner Bemerkung eine Art Anerkennung sehen, denn mein Gegenüber kann sich zwar an nichts erinnern, aber er hört mir geduldig zu und kann meine Überlegungen durchaus nachvollziehen, zumindest behauptet er das. Und er stimmt mir zu, dass eine umfassende Bildung im Unterricht bezüglich Entstehung und Entwicklung von Rassenideologien bis hin zur dadurch inspirierten, alle Lebensbereiche durchdringenden Stigmatisierung einer verqueren Identitätspolitik durchaus wünschenswert und wichtig wäre.

Man müsste eben entsprechendes Unterrichtsmaterial erarbeiten, dokumentarisch, logisch, frei von Moralismus, der alles so unerträglich macht. Auch eindeutige, exekutierbare Gesetze und Verordnungen müssten geschaffen werden sowie eine einfache Möglichkeit für Betroffene, diese zur Anwendung zu bringen; und das alles dürfte sich nicht auf eine Sprachkosmetik beschränken, denn so wichtig die Verbannung des *Negers* aus der Umgangssprache gewesen sein mag, so verhängnisvoll könnte nun die ständige Erregung über gänzlich marginale Begriffe und Gewohnheiten sein. Sicher kann die Sprache das Bewusstsein verändern, aber das ist keine Einbahnstraße, das Bewusstsein verändert auch die Sprache und es ist in der Lage, noch so spitzfindige Neologismen in Windeseile wieder zu kontaminieren. So viel Zeit bleibt nicht, um die offene Gesellschaft zu erhalten. Die Geschichte hat gezeigt, wie schnell sich alles ändern kann. Und wer meint, durch Gesetze und Verordnungen könne man nichts erzwingen, dem ist zu antworten: Natürlich kann man! Man muss sogar! Gesetze sind in einer Demokratie sogar die einzige Chance, die Menschen vor ihrer eigenen, von Tocqueville ausgemachten »Sehnsucht nach Despotie« zu schützen ...

Ich habe mich in Fahrt geredet. Dabei wollte ich kühl bleiben, überlegen, abgeklärt. Doch das will mir bei dem Thema einfach nicht gelingen. Dennoch: Mein Gegenüber hört mir immer noch zu, erwägt gar, »beim nächsten Mal ebenfalls einfach aufzustehen«. Er verspricht zu versuchen, den Ausgang der damaligen Ereignisse und das Schicksal des jungen Mannes in Erfahrung zu bringen und sich dann bei mir zu melden. Er ist ausdrücklich einverstanden, in meinem geplanten Buch namentlich erwähnt zu werden, selbst als er, nachdem er das Thema erfährt, meint: Na, damit werden Sie sich kaum beliebt machen.

Gemeldet hat er sich bei mir nicht mehr. Meinen eigenen Nachforschungen zufolge hatte das Verhalten des noblen Skinheads am Gymnasium keinerlei Konsequenzen. Und später scheint er in London Karriere als Neurologe gemacht zu haben.

*

Das Telefon klingelt. Bekannte sind irritiert. »Hochverrat« hat er begangen? Ein »Illegaler« war er? Der SS »nahestehend«? Ein »passiver Spion«? Vorgesehen für »höchste Positionen im NS-Staat«?

Gemeint ist mein seit März 1953 toter Vater, über den ich bereits vor fünfzehn Jahren alles Relevante publiziert zu haben meinte. Damals ohne nennenswerte Reaktion. Und nun das: Man weicht mir aus; verspricht einen Rückruf und meldet sich nie wieder. Verwandte und Bekannte, die mich seinerzeit als eine Art Vatermörderin kritisiert hatten, sind nun peinlich berührt, andere meinen, ich müsse unbedingt »etwas unternehmen«. Eine vermeintliche Freundin sagt klipp und klar: Wenn ich *das* gewusst hätte!

Was gewusst? Ich hab dir doch damals das Buch geschenkt!

Ich frage mich, zum wie vielten Mal im Leben ich mich mit den immer gleichen Geschichten befassen muss, die bereits 1947 Gegenstand einer nach zehn Tagen eingestellten Ermittlung waren, mit Verdächtigungen, die auf ministerielle Spitzelvermerke aus der »Systemzeit« vor 1938 und auf Denunziationen unmittelbar nach Kriegsende beruhten, aber nicht genug für eine Anklage hergaben. Dieselben Verdächtigungen, die ungeachtet der Einstellung der Ermittlungen vom österreichischen Innenministerium weitergeleitet wurden, als handle es sich um gerichtliche Erkenntnisse, etwa 1951 an die französischen Behörden in Marokko, die Bernatzik deshalb keine Verlängerung der Visa bewilligt hatten. Ich frage mich, wozu ich mehrere Jahre meines Lebens mit Nachforschungen zu diesem Thema vergeudet habe; und worum es jetzt wieder einmal geht.

Ein Link schafft Klarheit. Der Kulturstadtrat der Gemeinde Wien hatte ein Projekt zur politischen Revision der Wiener Straßennahmen in Auftrag gegeben. Als Ergebnis erscheint im Internet eine lange Liste höchst unterschiedlicher Persönlichkeiten aus verschiedenen Epochen, deren Namen nunmehr als fragwürdig oder nicht mehr zumutbar für den öffentlichen Raum gelten. Empfohlen wird eine Änderung dieser Straßennamen, wie in Zeiten politischer Umwälzungen üblich. Ich kenne das aus postkolonialen Staaten. Aber warum hierzulande? Warum ausgerechnet jetzt? Im zweiten Jahrzehnt des zweiten Jahrtausends?

Die Liste differenziert in dringliche und weniger dringliche Fälle sowie in eine »Grauzone«, in der auch der Name meines Vaters auftaucht: Hugo Adolf Bernatzik. Für die Öffentlichkeit im Internet macht das keinen Unterschied. Grauzone oder nicht, der Name meiner Familie und des Großvaters meiner nach Frankreich exilierten Tochter findet sich nun verewigt auf diesem elektronischen Index, weil eine etwa hundertfünfzig Meter lange Gasse quer durch eine 1953–1955 in unmittelbarer Nachbarschaft der Familienvilla errichtete Wohnanlage der Gemeinde nach ihm benannt worden war.

Niemand hatte seinerzeit darum gebeten. Die verwitwete Mutter war erst nachträglich darüber informiert worden. An die Diskussionen am Mittagstisch erinnere ich mich noch gut. Die Mutter hatte diese Namensgebung einerseits als Ehre empfunden, war aber auch ein wenig verärgert gewesen, weil der Vorname fehlte und dadurch nicht ersichtlich war, ob der Verfassungsjurist Edmund Bernatzik oder sein Sohn, der Ethnologe Hugo, geehrt werden sollte. Wir Kinder fanden ihre Bedenken übertrieben, aber ihre Verwunderung war nachvollziehbar: Es musste ja bekannt gewesen sein, wie sehr der Vater zu seinen Lebzeiten gegen die geplante Vernichtung des uralten Baumbestandes im benachbarten Collalto-Park gekämpft hatte, bei der Gemeinde Wien hatte er sich dadurch sicher nicht beliebt gemacht. Wieso jetzt diese Ehre?

Es mag ja durchaus verständlich sein, dass eine junge »Expertin für Straßennamen« sich für das bisschen Geld nicht mit eigenen Recherchen aufhalten kann – oder gar dem Lesen eines ganzen Buches. Aber dass sie meinen Familiennamen auf ein paar geheimdienstliche Stichworte und Faszikelzahlen reduzierend verunglimpft, ist nicht unbedingt erwartbar. Nach wie vor verwendet sie Begriffe wie »Mitläufer, Täter, Opfer«, die für die Verfahren in der Nachkriegszeit gute Dienste leisteten, inzwischen aber wissenschaftlich längst obsolet sind. Die Reizworte unter dem Namen meines Vaters – *Spion, Zuträger, Illegaler* – sind weder für sein Leben und Wirken noch für eine seriöse Forschung relevant. Für mich aber sind sie sehr wohl von Bedeutung. Eben hatte ich unter großem Aufwand und der Mitarbeit renommierter Kulturwissenschaftler aus Österreich, Deutschland und Frankreich Hugo Bernatziks Sammlung von Zeichnungen aus aller Welt herausgebracht, ein schönes Werk, das zumindest im Ausland einige Beachtung findet, sogar eine Anfrage der Biennale aus Venedig liegt vor.

Nun fragen Kollegen aus dem Ausland an, kaum vertraut mit den Verhältnissen der österreichischen Zwischenkriegszeit, was unter »Hochverrat« oder »illegal« zu verstehen sei: Hatte er Staatsgeheimnisse an den Feind verraten? War er im Untergrund tätig gewesen? Oder ohne gültige Ausweispapiere unterwegs? Nein, es geht dabei um eine angebliche Mitgliedschaft in der NSDAP in den Jahren zwischen 1934 und 1938, als diese Partei ebenso wie die anderen oppositionellen Parteien von der klerikalen Diktatur verboten war.

Und war er denn Mitglied? Keineswegs, er wurde erst im April 1938 nach dem Einmarsch der Wehrmacht Mitglied der Partei, es ist alles publiziert ...

Solche Details sind noch relativ schnell geklärt. Anderes ist komplizierter, und manche wollen »der Tochter« einfach nicht glauben. Wie soll man in der Kürze eines Telefonats oder per Mail all das erklären, wofür ich Jahre an Recherchen und ein ganzes Buch benötigt hatte? Jedes Mal von Neuem erklären, dass der Vater sich seine Mitgliedschaft im April 1938, zu einer Zeit, da die Partei wegen des überbordenden Zulaufs einen Aufnahmestopp verfügt hatte, durch ein gefälschtes Zeugnis, er sei »Verbindungsmann seit 1935« gewesen und habe sich auch sonst für die Partei verdient gemacht, erschwindelt hatte; dass er sich wegen Denunziationen und Verleumdungen einiger Kollegen in existenzieller Gefahr befunden hatte; dass ihm ein aus seiner Zeit als Sportflieger in den 1920er Jahren Bekannter, der nun offenbar über beste Verbindungen zur Gestapo verfügte, die Mitgliedschaft dringend angeraten hatte, weil »gefährliche Gerüchte« über ihn im Umlauf seien: jüdisch versippt, kauft bei Juden, hat mit Klerikalen zusammengearbeitet, publiziert bei unpatriotischen Verlagen, hat Forschungsergebnisse gefälscht und so weiter. Wie sollte man geschichtsfremden Personen erklären, dass sein schlimmstes Vergehen war, vom Kolonialpolitischen Amt in Berlin den Posten als »Beauftragter für Eingeborenenfragen« angeboten bekommen zu haben; und dass dieser Posten, den er am Ende gar nicht erhalten hatte, ihm für den Fall einer neuerlichen deutschen Kolonisation ermöglicht hätte, das »Schlimmste für die Eingeborenen zu verhindern«, wie dies sein unglücklicher, schließlich in Mauthausen umgekommener Freund und Schützling Martin Schnitger in einem seiner waghalsigen Briefe formulierte.

Jede nur oberflächlich über Leben und Wirken des Vaters informierte Person müsste wissen, dass er in den Jahren zwischen 1931 und 1937 auf fernen Kontinenten oder in abgelegenen Regionen Europas unterwegs und mit seinen zahlreichen Buchpublikationen befasst war; dass ihm in jenen Jahren die unterschiedlichsten, dem Naziregime wahrlich nicht wohlgesinnten Persönlichkeiten nahestanden oder ihn mit öffentlicher Wertschätzung bedachten, unter anderen Karl und Charlotte Bühler, Leo Frobenius, der Anatom Herwig Hamperl, der Dramatiker Hans Henny Jahnn, der Essayist Felix Salten oder Martin Hürlimann, Herausgeber der damals renommierten Zeitschrift *Atlantis*; dass Bernatzik jedenfalls Tag und Nacht arbeitete, immer um seine wirtschaftliche Existenz besorgt, und an vielem interessiert war, aber sicher nicht an einem heimlichen Engagement in der damals in Österreich verbotenen NSDAP.

Richtige Nazis und deren Sympathisanten konnte er ohnehin nie täuschen. Bernhard Struck etwa, sein falscher Vertrauter aus dem Dresdner Museum für Tier- und Völkerkunde, war höchst erstaunt gewesen, als ihm der Vater »mit triumphierendem Grinsen eine Bescheinigung über seine angeblichen Verdienste als Verbindungsmann« beim »Nationalsozialistischen Kraftfahrkorps« (NSKK) vor Augen gehalten hatte. In einem Schreiben an den NS-Rassenanthropologen Martin Heydrich vom 17. Oktober 1938 nimmt Struck Bezug auf die Quelle, die seit den 1990 Jahren bis in die Gegenwart immer wieder als Beweis für Bernatziks angebliche »illegale Mitgliedschaft« herangezogen wird:

»Auch ich habe nun die NSKK-Bescheinigung gesehen, dass er (Bernatzik) seit 1935 als Verbindungsmann beste Dienste geleistet habe, schön in Photokopie handgerecht aus der Aktentasche. Also Vorsicht, umso mehr als er einen schweren Bittern gegen Sie hat und ihn anscheinend auch durch die Lande trägt.«

Worauf Martin Heydrich antwortete, es sei ihm bekannt, dass Bernatzik »eine ziemliche Gefahr« darstelle, Struck möge dringend Hans Kummerlöwe, seit dem »Anschluss« deutscher Kommissar der Österreichischen Bundesmuseen, darüber aufklären.

Damit waren Bernatziks Ambitionen auf die Leitung des Museums für Völkerkunde in Wien - unter klerikalfaschistischer Herrschaft ohnehin gänzlich unrealistisch - nun auch unter der Naziherrschaft gescheitert.

Doch was, bitte, ist ein »passiver Spion«? Und was ist unter »SS-nahestehend« zu verstehen, könnten Kollegen aus dem Ausland nun fragen, sofern sie noch Interesse an dem Thema hätten. Und ich könnte, wenn ich Geduld und Zeit hätte, antworten: Das sind Begriffe einer politischen Polizei, die seriöse Historiker niemals ungefragt übernehmen, schon gar nicht kommentarlos ins Netz stellen dürften. Damit kann jedweder Kontakt zur SS gemeint sein, gleichgültig mit welchem Ziel und unter welchen Umständen. Auch Gefährdete und Verfolgte konnten vielerlei Gründe haben, mit der SS in Kontakt zu treten; zudem hatten zahlreiche SS-Mitglieder abgesehen von ihrer bekannten Tätigkeit hinter den Fronten und in den Vernichtungslagern auch noch einen akademischen Zivilberuf und hielten Positionen an den Schnittstellen zwischen Staatsgewalt, Kultur und Wissenschaft. Als unabhängiger Publizist über politisch aufgeladene Themen wie fremde »Völker und Kulturen« kam man kaum an ihnen vorbei, sei es, um an Forschungsmittel heranzukommen, sei es zum Schutz vor der allgegenwärtigen Zensur oder um einem Berufsverbot oder gar dem Zugriff der Gestapo zu entgehen.

Die meisten Ordinarien oder Museumsbeamten der Nazizeit bezogen bis zu ihrem Tod irgendwann in den 1970er oder 80er Jahren eine satte Pension von der Zweiten Republik, die sich sonst immer darauf berief, kein Rechtsnachfolger des Nazireiches zu sein. Der bereits 1953 verstorbene Hugo Bernatzik hingegen wird immer wieder von Neuem geächtet, obwohl er kein Parteifunktionär, kein »Gutachter«, kein »Arisierer«, kein Denunziant und nicht einmal Antisemit war.

Ja, was *war* er dann eigentlich, könnte mein Gegenüber dann fragen. Und ich würde antworten, fragen Sie doch lieber, wie Clifford Geertz und Pierre Bourdieu in solchen Fällen raten, danach, was er *getan* hat. Dann könnte ich antworten, er versuchte mit allen ihm seinerzeit zur Verfügung stehenden Möglichkeiten, in Publikationen und Vorträgen, mit Fotos und nicht zuletzt mit seinen ethnografischen Sammlungen Verständnis und Wertschätzung für kolonisierte Gesellschaften und deren eigene Lebensweisen zu vermitteln und dies zu einem Beruf zu machen. Und ich würde hinzufügen, dass ich angesichts der gegenwärtigen Einwicklungen meine eigene sehr kritische Haltung gegenüber dem Vater in den 1980er und 1990 Jahren inzwischen beinahe bedaure, weil sie, wie ich heute weiß, eher meiner persönlichen Enttäuschung entsprach als einer validen Einschätzung der erst viel später im vollen Umfang begriffenen Gegebenheiten seiner Zeit.

*

Schließlich schreibe ich dem Leiter des Straßennamen-Projekts einen freundlichen Brief, in welchem ich um Korrektur oder um Löschung der Angaben über meinen Vater auf der Website ersuche. Der Mann ist mir noch aus meiner Zeit an der Universität in Erinnerung, als er, ein junger Jurist, zur allgemeinen Überraschung eine vielbegehrte Anstellung am Institut für Zeitgeschichte erhielt. Seine Antwort, er werde sich »die Sache anschauen«, ist freundlich und korrekt, bleibt aber ohne Folgen. Dafür erscheinen etwa zur gleichen Zeit auf einer anderen Website der Gemeinde Wien, jener der »Wienbibliothek im Rathaus«, plötzlich einzelne kompromittierende Briefe meines Vaters aus der Nazizeit. Aus jedem Kontext gerissen und mit teils hämischen, teils empörten Kommentaren eines namentlich nicht genannten Autors versehen, sollen sie offensichtlich nur der Diffamierung dienen. Ich kenne diese Briefe. Ich selbst habe sie vor einigen Jahren der Wienbibliothek verkauft, zusammen mit dem gesamten schriftlichen und grafischen Nachlass des Vaters, mit Tausenden weiterer Korrespondenzen und Dokumenten, mit illustrierten Reisetagebüchern, Buchgrafiken und Landkarten. Die Wienbibliothek im Rathaus war eine von mir geschätzte Institution, die mich bereits vor Jahren um Überlassung meiner Plakatentwürfe aus den 1960er und 70er Jahren ersucht hatte, und ich vertraute ihr den Nachlass in der Überzeugung an, dort würde sorgfältig und mit der erforderlichen Kompetenz damit umgegangen werden. Das Material war Grundlage meiner 1999 erschienenen politischen Biografie des Vaters gewesen, nun wollte ich es der Öffentlichkeit für weitere seriöse Forschungen zugänglich machen und war erfreut, als die Direktorin der

Wienbibliothek sich nach Durchsicht der Materialien in meiner Wohnung sehr positiv über die von mir entworfene Inventarisierung nach Fachbereichen äußerte und mir eine Ausstellung mit einer öffentlichen Diskussion zu Leben und Wirken des Vaters in Aussicht stellte.

Der Kaufpreis wurde in drei Jahresraten pünktlich beglichen, doch zur Abholung der Bestände aus meiner Wohnung erschien ein mir unbekannter, offenbar aus Deutschland stammender junger Kurator, der mit seinem befremdlich herablassenden Gehabe einiges Unbehagen auslöste. Unter anderem meinte er reichlich unverschämt, ich »als Tochter« hätte »belastendes Material« ohnehin bereits vernichtet, weshalb er sich besonders auf die einzigen beiden unbearbeiteten Aktenordner freue. Ich hatte sie im Originalzustand belassen, damit auch nachfolgende Generationen die Echtheit des Nachlasses nachvollziehen können. Die von mir zu seiner Orientierung angebotene Bernatzik-Biografie wies der junge Mann mit den Worten zurück, *das ist für uns ohne Interesse.*

Wieso »ohne Interesse«? Wie sollte er sich sonst zurechtfinden in dieser überaus komplexen Materie? Ich hatte bereits die Telefonnummer der Direktorin gewählt, doch legte ich den Hörer wieder auf bei dem Gedanken, dass es mir unmöglich wäre, die bereits erhaltene Summe zurückzuzahlen. So schlimm wird es schon nicht werden, dachte ich – doch bekanntlich wird es meistens noch viel schlimmer, als man denkt.

Die nun im Internet auftauchenden, aus jedem Zusammenhang gerissenen Briefe sollten offensichtlich den Vater wieder einmal auf einen ganz bösen Nazi reduzieren. Ein Beispiel dafür sind drei Briefe aus einem Briefwechsel mit SS-General Gottlob Berger, ein »persönlicher Adjutant von Reichsführer-SS Heinrich Himmler«, »Leiter des SS-Hauptamtes im Oberkommando der Wehrmacht« 1943, der nach Kriegsende wegen Massenmordes an der Ostfront verurteilt und hingerichtet worden war. *Da haben wir's ja*, wird sich der ehrgeizige Kurator befriedigt gedacht haben; die Frage, was und warum jemand wie Hugo Bernatzik mit diesem Mann zu tun hatte, kommt ihm offenbar gar nicht in den Sinn. Aber ich, die »befangene« Tochter, hatte diese Frage fünfzehn Jahre zuvor sehr wohl gestellt, als ich, gebührend schockiert über

577

den Fund, jedoch als Historikerin mein Handwerk ernst nehmend, die Antwort darauf durch Recherchen über synchrone Quellen zu beantworten suchte. Ich durchforstete zeitgleiche Korrespondenzen und Dokumente, wodurch sich folgende Geschichte rekonstruieren ließ:

1939 hatte sich der Vater mit den Einnahmen aus der bereits 1935 geplanten dreibändigen *Großen Völkerkunde* einen Lebenstraum verwirklicht. Wissend um die Kriegsgefahr und ohnehin in steter Sorge um die Stabilität der Währung, erwarb er ein Jagdrevier in der Wochein, heute im slowenischen Bohinj, eine von Hochwald bedeckte Bergregion mit einem kristallklaren Gletschersee etwas über 80 Kilometer südlich von Klagenfurt, die in des Vaters Jugendzeit noch zu Österreich gehört hatte. Im Herbst desselben Jahres überfiel Hitler Polen und drei Jahre später wütete in dieser Region die nazideutsche Soldateska im » Abwehrkampf« gegen kommunistische Partisanen.

Im Nachlass erhalten ist ein schmales Typoskript auf altersmürbem Makulationspapier, der Entwurf einer Reportage mit dem Titel »Begegnung mit Partisanen«, die Unterschlupf suchend sich in Bernatziks Jagdhütte versteckt hatten und durch seine Ankunft überrascht worden waren. Der Vater gibt den Leuten zu essen, lässt sie die Nacht in der Hütte verbringen und am nächsten Morgen weiterziehen. In dem offenbar niemals publizierten Text beschreibt er die Männer als einfache, doch aufrichtige Bauern, die mit beachtlichem Mut lediglich ihre Heimat verteidigten, sogar ein »besseres Menschenmaterial« darstellten als manche Soldaten der Wehrmacht; und er schloss daraus, dass man diese Leute nicht bestrafen, sondern über den Kommunismus »aufklären« solle.

Mittlerweile ist sattsam bekannt, was damals mit jemandem geschah, der Partisanen Unterschlupf gewährte. Dies allein wäre Grund genug gewesen, einen Mann in der Position von Gottlob Berger gnädig stimmen zu wollen. Aber es gab noch weitere Gründe. Die Bemühungen, sich wegen der als »kriegswichtig« eingestuften Arbeit am Afrika-Handbuch »UK« (unabkömmlich) einstufen zu lassen, wurden immer riskanter, mittlerweile fielen an den Fronten auch Alte und Jugendliche, und sogar Bernatziks Nachbar und »Beschützer«, jener »NSKK-Gruppenführer« Kurt von Barisani, der ihm im April 1938 zur Parteimitgliedschaft verholfen hatte, entzog ihm nun seine Unterstützung und drohte ihm mit einer Anzeige. Vor allem war Bernatzik besessen von der sogenannten Causa Gerlach, dem gegen ihn laufenden »Ehrengerichtsverfahren« wegen Fälschungsvorwürfen bei den Ergebnissen seiner Südostasienexpedition 1936/37. Er hatte zwar einen starken Verdacht, aber immer noch hatte er keinen Beweis für die Urheberschaft dieser Verleumdung. Um Akteneinsicht zu erhalten, beschloss er, sich in die Höhle des Löwen zu begeben und sich an Heinrich Himmler persönlich zu wenden. Doch in Berlin wurde er nicht einmal vorgelassen, stattdessen wurde ihm empfohlen, sich an Himmlers Stellvertreter Gottlob Berger zu wenden, einen ehemaligen Safarijäger »mit Interesse an Afrika«. Eines Tages tauchte dieser dann in Abwesenheit des Vaters und in Begleitung einiger schwarz uniformierter Adjutanten in der Villa in Wien auf und ließ sich von der erschrockenen und ahnungslosen Ehefrau Emmy – Wer sind denn diese Leute? Liegt etwas vor, schrieb sie dem abwesenden Vater – herumführen, offenbar um sich zu informieren.

Bernatziks Briefe an Berger haben zunächst einen schmeichlerischen Glückwunsch für die rasche »Widerherstellung der Ordnung in Marburg« zum Inhalt, dann seine Sicht der Lage in der Wochein – »alles ruhig« – und später folgte sogar eine Einladung zur Hirschbrunft, die Berger wegen der »Unsicherheit der Lage« jedoch nicht anzunehmen wagte. Der letzte Versuch zur Kontaktaufnahme 1944 blieb unbeantwortet.

Allerdings verschaffte Helmut Berger dem Vater tatsächlich die »vertraulichen Beweisstücke« für etwas, was dieser ohnehin bereits wusste: Der ehemalige Arzt und Leiter der NS-Auslandsorganisation in Bangkok namens Helmut Gerlach hatte Ende 1937 in Zusammenarbeit mit dem Afrikanisten Hermann Baumann dieses verleumderische Schreiben in Umlauf gebracht. Baumann, ein kleiner Parteifunktionär, war damals Afrika-Kustos am Museum für Völkerkunde in Berlin mit Ambitionen auf eine Professur in Wien. Er ließ das hasserfüllte, an das Museum für

Völkerkunde gerichtete Schreiben von Gerlach aus Bangkok in eine akademische Form bringen und in Fachzeitschriften publizieren. Nach dem »Anschluss« erhielt er dank der Unterstützung des ehemals austrofaschistischen, nunmehr nationalsozialistischen Dekans Viktor Christian, Mitglied der Akadamie der Wissenschaften, den Lehrstuhl in Wien.

Dem Vater nutzten die »vertraulichen Beweisstücke« freilich wenig. Zwar wies das »Ehrengericht« die Vorwürfe der Fälschung als unbegründet zurück, was Bernatzik zu einem bösen Brief veranlasste, das wisse er ohnehin, dazu hätte er keinen Richter gebraucht. Er verlange eine öffentliche Widerrufung durch Helmut Gerlach und eine Entschuldigung der an dem verleumderischen Pamphlet Mitwirkenden. Doch das lehnte Gerlach ab und zu allem Überfluss verlangte der Vorsitzende von Bernatzik nun die Nennung seines Informanten, was natürlich nicht möglich war. Selbst im NS-Staat musste der Schein einer unabhängigen Gerichtsbarkeit gewahrt bleiben, und es war undenkbar, einen »SS-General«, auf dessen Schutz man angewiesen war, der Intervention in einem laufenden Verfahren zu überführen. Um Bernatzik dazu zu zwingen, wurde gegen ihn sogar ein weiteres Verfahren angestrengt, das freilich wegen der Kriegslage nicht mehr zum Abschluss kam. Auch Bernatzik ließ nicht locker. Er strengte eine weitere Klage auf öffentlichen Widerruf und Schadenersatz gegen die Urheber der Verleumdung an, doch diese wurde vom Richter bis nach dem Ende des Krieges vertagt, weil Helmut Gerlach derzeit an der Front sei ...

*

Dass die Wienbibliothek, die den schriftlichen Nachlass angekauft hatte, nun einzelne Briefe kontextlos und ohne entspreche Nachforschungen einfach ins Internet stellen würde, damit hatte ich nicht gerechnet. Das widerspricht allen Regeln und Gepflogenheiten öffentlicher Archive und der wissenschaftlichen Ethik. Zudem entdeckte ich auf der Informationsseite zum »Nachlass Bernatzik« teils schwerwiegende Fehler, die nicht nur von mangelnder Sorgfalt, sondern auch von einer beachtlichen Geringschätzung zeugen, was die Frage aufwirft, warum der Nachlass überhaupt erworben wurde. Als ich dann von einem Kollegen erfahre, dass die von mir nach Sachgebieten entworfene Inventarisierung aufgelöst und die Tausenden Briefe und Dokumente in eine rein alphabetische (Un-)Ordnung gebracht wurden, sodass niemand mehr irgendetwas finden kann, ohne vorher genau zu wissen, wonach er sucht, und dass all diese Veränderungen ohne Hinweis auf die in meinem Buch vorgenommenen Quellennachweise erfolgt sind, ist dies ein echter Schock. Meine jahrelange, immerhin mit öffentlichen Geldern unterstützte Arbeit ist dadurch weitgehend hinfällig.

Zur Zeit meines Studiums wurden die Grundregeln für den Umgang mit Quellen bereits in der historischen Einführungsvorlesung vermittelt, darunter, dass bei Übernahme eines Archivs die ursprüngliche Inventarisierung beizubehalten oder nachvollziehbar zu erhalten sei, um die Authentizität der Bestände nachweisbar zu machen und die Möglichkeit einer Quellenkritik zu erhalten. Wo befinden sich nun jene Dokumente, die alphabetisch *nicht* einzuordnen waren? Etwa Kopien aus anderen Archiven, die sich nur im Zusammenhang mit Dokumenten im Nachlass entschlüsseln lassen, die Prozessakten und die damit in Verbindung stehenden Korrespondenzen, allen voran das über dreißig Seiten lange, mit zahlreichen Kontaktfotos illustrierte Typoskript der »Entgegnung« Bernatziks auf die gegen ihn erhobenen Fälschungsvorwürfe nach seiner Südostasienexpedition 1936/37? Als ich schließlich auf der Website der Wienbibliothek einen schmalen Auszug daraus entdecke, mit der abwegigen Beschriftung »Typoskript zu einem Afrikabuch« – wahrscheinlich wegen einiger im Text eingeklebter Fotos dunkelhäutiger Gesichter – ist meine Geduld am Ende.

Und wo mag nun die wichtige, jedoch unscheinbare handschriftliche Notiz von Museumsdirektor Fritz Röck über Martin Schnitger zu finden sein, den holländisch-niederländischen Indonesien-Fachmann, der damals im Museum arbeitete? In Bernatziks Nachlass ist eine umfangreiche Korrespondenz mit Martin Schnitger erhalten, der für

Bernatziks *Große Völkerkunde* das Kapitel zu Indonesien verfasst hatte. Im Nachlass ist auch eine dubiose Postkarte aus Holland erhalten, auf der Schnitgers Tod angekündigt ist, sowie ein Zeitungsartikel, dem zu entnehmen ist, Schnitger selbst habe diese Karte verfasst. Kurz danach kam Schnitger nach Wien und wollte sich unbedingt zur Wehrmacht melden, wovon ihn Hugo Bernatzik abhalten konnte und ihm schließlich den Posten im Museum vermittelte. Plötzlich wurde Schnitger von Direktor Fritz Röck wegen angeblicher Unregelmäßigkeiten bei der Rückgabe von Büchern angeklagt – und anschließend von der Gestapo verhaftet. Warum von der Gestapo? Der Vater, der Schnitger gelegentlich auch finanziell unterstützt hatte, bemühte sich, mit ihm Kontakt aufzunehmen, doch vergeblich. Und während meiner Zeit als Kuratorin am Museum für Völkerkunde 1988/89, dem heutigen Weltmuseum, versuchte ich ebenso vergeblich, Dokumente aus der fraglichen Zeit zu erhalten. Ebenso wie am Institut für Ethnologie blieb der »Bernatzik-Tochter« auch im Museum jeder Zugang zu historischen Quellen verwehrt. Jahrzehnte später übermittelte mir ein liebenswerter Kollege diese Notiz von Direktor Fritz Röck:

»Martin Schnitger war in den Niederlanden an einer Verschwörung gegen Reichskommissar Arthur Seyss-Inquart beteiligt.«

Fritz Röck, damals schon ein Greis, wurde ungeachtet seiner bekannten monarchistischen und klerikalfaschistischen Sympathien niemals von den Nazis behelligt. Martin Schnitger kam in Mauthausen um. Und Röcks verhängnisvolle Notiz ist in der Wienbibliothek nicht mehr auffindbar.

*

Ich will einfach nicht glauben, dass die freundliche Direktorin der Wienbibliothek, Sylvia Mattl-Wurm, eine Historikerin, die den Nachlass seinerzeit vor seinem Ankauf begutachtet hatte, über diese Manipulationen und Fehlleistungen im Bilde ist. Wie ich erst nach der Transaktion erfuhr, ist sie zudem die Ehefrau von Siegfried Mattl, ein von mir hochgeschätzter Zeithistoriker, mit dem ich vor vielen Jahren zusammenarbeiten durfte und dessen fachkundige Ratschläge mir in den 1990er Jahren bei den Recherchen über meinen Vater unentbehrlich waren. Ich beschließe daher, nach Jahrzehnten ohne Nachricht voneinander, Siegfried Mattl zu kontaktieren, um seine Meinung über die Angelegenheit zu erfahren.

Wir treffen uns im Café Bräunerhof und wundern uns, wie nahezu unverändert wir uns nach so vielen Jahren wieder begegnen können. Alles ist wie damals, auch die Unfreundlichkeit des freilich nicht mehr aus Wien, sondern aus dem Ausland stammenden Personals. Siegfried Mattl überfliegt die Listen der in Verdacht geratenen oder bereits verurteilten Straßennamen, erzählt ein paar Insideranekdoten über dieses innerhalb der Historikerzunft wegen diverser Mängel vielfach verspottete Projekt; und über die Eintragungen zum »Bernatzik-Archiv« auf der Website der Wienbibliothek schüttelt er nur den Kopf:

Natürlich musst du etwas unternehmen! Du bist ja nicht einmal als ursprüngliche Eigentümerin des Nachlasses vermerkt! Niemand kann nachvollziehen, ob diese Briefe überhaupt echt und wie sie in den Besitz der Wienbibliothek gelangt sind! Rede doch mit Sylvia, oder besser, schreib ihr einen Brief.

Und da er ahnt, mein Schreiben könnte pathetisch oder jedenfalls zu lang ausfallen – »kein Beamter liest mehr als maximal eineinhalb Seiten am Stück« –, schlägt er mir dankenswerterweise vor, das Schreiben zu überarbeiten. Schließlich gehe ich mit einem freundlichen und sachlichen Brief an die Direktorin der Wienbibliothek im Rathaus zur Post, lasse ihn vorsorglich einschreiben, und als er ohne Antwort bleibt, folgt noch einer; und danach noch einer, der wieder nicht beantwortet wird, nicht einmal in Form einer knappen Empfangsbestätigung. Als hätte es weder Briefe noch Verfasserin jemals gegeben.

Einige Zeit später erfahre ich, Siegfried Mattl sei seiner seit Langem wütenden, schweren Krankheit erlegen. Ich bin erschüttert. Bei unserem letzten Treffen war nicht die geringste Beeinträchtigung zu bemerken, im Gegenteil, ich fand, er sah besonders gut aus. Seine Beisetzung findet in der zum Brechen vollen Großen Feuerhalle auf dem Zentralfriedhof statt, begleitet von bewegenden Ansprachen renommierter Kollegen. Und ich habe das Gefühl, dieser Abschied gilt nicht nur einem Freund und Historiker, sondern auch der Zeitgeschichte als innovativer Wissenschaft in Österreich.

*

Neuerdings fordern zumeist jugendliche Stimmen am Telefon Rede und Antwort zu allen möglichen, meist abwegigen Vermutungen. Es ist die Zeit der »Restitutionsforschung«, zweifellos ein wichtiges, wenngleich etwas verspätetes Projekt, das zwar keine Gerechtigkeit erwarten lässt, doch immerhin einiges für die Nachkommen der Beraubten – und überdies zahlreichen Historikerinnen Arbeit und Brot bietet. Erbgeschichten sind jedoch meist ziemlich kompliziert, und Generationen nach der Vertreibung, Beraubung und Ermordung von Juden sind sie es in besonderem Ausmaß. Während man in dieser komplizierten Vergangenheit forscht, muss gleichzeitig wegen allzu vieler rassistischer und antisemitischer »Einzelfälle« der »Freiheitlichen« Partei deren ohnehin sattsam bekannte und relativ einfache Geschichte »aufgearbeitet« werden, sodass man allmählich den Eindruck gewinnen könnte, Geschichtswissenschaft sei zu einer Hilfswissenschaft der Politik und des Zivilrechts geworden.

Ich bin mir bewusst, die jungen Leute wollen nur Licht in ungeklärte Fragen bringen; doch ihre Fragen an mich gleichen Verhören. Eine Studentin will Auskunft darüber, ob die Expedition Bernatzik/Struck nach Portugiesisch-Guinea 1930/31 vom damals noch gar nicht existierenden Oberkommando der Deutschen Wehrmacht finanziert worden sei; eine »Projektleiterin« fordert Auskunft über Herkunft und Verbleib der leider längst nicht mehr im Familienbesitz befindlichen Gemälde von Klimt und Schiele; wobei sie von der abwegigen Mutmaßung ausgeht, das SS-»Ahnenerbe« habe etwas damit zu tun gehabt. Ich sehe mich gezwungen zu belegen, dass beide Gemälde bereits in den 1920er Jahren in Familienbesitz gelangt waren, was ich wegen der mitschwingenden Verdächtigungen irgendwie als Zumutung empfinde. Wäre es von einer »Projektleiterin« zu viel verlangt, zuerst die entsprechenden Nachforschungen anzustellen, bevor sie mich mit ihren Frage konfrontiert?

Ich tue ja mein Bestes, um Irrtümer zu klären und Hinweise zu geben; aber ich werde das Gefühl nicht los, mich ständig wegen irgendetwas rechtfertigen zu müssen.

Daraufhin beschließe ich eine Reise in meine Kindheit und fahre nach Graz. Ich weiß, das Gemälde von Egon Schiele befindet sich nun im Joanneum, einem aufwendig gestalteten neuen Museumskomplex, der nun auch die Neue Galerie beinhaltet, welcher die Mutter 1955 das Gemälde »Stadt am Fluss« für ca. 40 000 Schilling verkaufen musste. Und nach einigen Verhandlungen gestattet mir die freundliche Abteilungsleiterin trotz des gerade im Umbau befindlichen und daher geschlossenen Ausstellungstraktes eine Besichtigung.

Da hängt es nun, ganz allein in einem leeren, düster in Kunstlicht getauchten, kühlen Raum. Es trägt jetzt den Namen »Stadtende« und ist als »wertvollstes Objekt der Galerie« (Museumsfolder) hinter Panzerglas geschützt. Auf mich macht das Bild einen unerwartet harmlosen Eindruck, es hat nichts mehr mit meinen aufwühlenden Kindheitsfantasien zu tun. Ist es mein Erwachsenwerden? Oder die zweifellos gekonnte, farbenfrohe Restaurierung, die dem Gemälde die geheimnisvolle Düsternis genommen hat? Das Bild vermittelt jene schmerzliche Fremdheit beim Anblick eines ehemals geliebten Menschen, dessen Wiedersehen man herbeigesehnt hatte und den man schließlich als berühmte und gefeierte Person, mit fremden Posen und Botschaften vom Parkett aus auf einer Bühne erblickt.

Im Katalog des Museums entdecke ich einen kleinen, aber nicht unrelevanten Fehler. Ein 1929 im »Roten Zimmer« der Bernatzik-Villa aufgenommener Ausschnitt des Gemäldes wird als Aufnahme aus der Wohnung eines 1930 bankrottgegangenen jüdischen Textilkaufmanns bezeichnet. Dieser wird auch als »Vorbesitzer« genannt, der Name Bernatzik scheint nur im Zusammenhang mit dem Erwerb der Neuen Galerie 1955 auf. Absicht oder Versehen? Dem Anhang zufolge stammt die Aufnahme des Bildes im Katalog aus der online viel genutzten »Österreichischen Bildgalerie«. Mittels historischer Fotos aus dem »Roten Zimmer« des Elternhauses kann ich zwar den Irrtum beweisen, aber die irreführenden Angaben tauchen längst in allen relevanten Schiele-Publikationen auf. Da die verantwortliche Abteilungsleiterin des Museums sich dafür nicht zuständig fühlt, liegt es an mir, den Verleger der Österreichischen Bildgalerie zu kontaktieren, der sich von meinem Ersuchen, die Unterschrift des Bildes zu korrigieren, irritiert zeigt; er findet meine Kritik kleinlich – »Bei Zigtausenden Fotos kann sowas schon mal passieren«. Er hat offenbar keine Ahnung von den Konsequenzen dieses kleinen Irrtums.

*

Ich bemühe mich ja, geduldig zu sein; doch wenn man zum gefühlt hundertsten Mal über Vaters angebliche »Illegalität«, seinen angeblichen »Hochverrat«, seine angebliche »Nähe zur SS« Auskunft geben soll, kann es vielleicht einmal vorkommen, dass man, von allen guten Geistern verlassen, antwortet: Was nehmen Sie sich eigentlich heraus? Wer sind Sie, dass Sie jede Sorgfalt und Rücksicht gegenüber einer »Tochter« vermeiden zu können glauben; dass Sie glauben, nicht akzeptieren zu müssen, was längst erforscht und publiziert ist. Glauben Sie, ich habe es mir leicht gemacht? Glauben Sie, es war ein Vergnügen, in den 1990er Jahren die mir ohnehin wenig wohlgesonnenen Verwandten und Bekannten mit all diesen Fragen zu konfrontieren, Tausende Seiten bedrückender, bestenfalls langweiliger Korrespondenzen zu lesen, Aktenberge im Österreichischen Nationalarchiv und in anderen in- und ausländischen Archiven und Institutionen zu durchforsten und sämtliche damals verfügbare Fachliteratur zu lesen? Glauben Sie, ich habe mich aus Leichtsinn mit akademischen Nachfolgeinstitutionen und selbst mit meiner Familie angelegt, um Einsicht in den ganzen giftigen Papierkram zu erhalten? Und Sie machen sich nicht einmal die Mühe mein Buch zu lesen, bevor Sie meine Zeit mit den immer gleichen Fragen verschwenden! Und wenn ich zitiert werde, dann höchstens als »Tochter« und ohne jemals auf die Ergebnisse meiner Forschungen einzugehen oder sie wenigstens zu erwähnen! Würden Sie es für richtig halten, ihr gesamtes Leben und Wirken auf ein paar Aktennotizen aus dem *gegenwärtigen*, allemal demokratisch legitimierten Innenministerium zusammengeschrumpft zu sehen? Und glauben Sie etwa ernsthaft, irgendjemand sagte gegenüber den Behörden eines existenzbedrohenden, totalitären Regimes die Wahrheit und dass Briefe in Zeiten pedantischer Zensur immer nur wörtlich zu nehmen sind? Oder glauben Sie, Beamte, Funktionäre und Professoren des Naziregimes waren weniger bestechlich als zu anderen Zeiten? Seien Sie versichert, mir ist es völlig egal, ob mein Vater ein »Illegaler« war oder nicht, ob er durch eine etwaige NS-Parteimitgliedschaft »Hochverrat« gegenüber der klerikalen Diktatur begangen hat oder nicht – warum sollte ich Ihnen das verheimlichen? Und was hat diese Frage überhaupt noch für eine Bedeutung außer für jene, die immer noch das Foto von »Dr. Engelbert Dollfuß« vor ihrem Gesichtsfeld hängen haben! Schreiben Sie doch, was Sie wollen.

Natürlich würde ich so etwas niemals sagen. Mich beschäftigt mittlerweile eine ganz andere Frage: Woher dieser Furor gegen den Vater, damals und immer wieder und gerade jetzt? In Anbetracht der »gemeinsamen Schnittmenge« der Politiker und der sich anpassenden Prominenz sowie der gesamten Medienlandschaft klingt es direkt abwegig, dass unter einem totalitären Mörderregime wie dem der Nazis *jeder eine Wahlmöglichkeit* gehabt haben sollte – während gegenwärtig niemand eine andere Wahl zu haben meint als »Mauerbau« und »Routenschließung«, als systematische Verweigerung von Hilfeleistung für an unseren Grenzen in Not geratene Menschen dunklerer Hautfarbe und einer anderen Religion.

Warum also der staatliche Furor ausgerechnet gegen meinen Vater? Das liegt doch auf der Hand, meint eine alte Freundin, jemand wie Bernatzik wird heute so gering geschätzt wie die fremden »Völker und Kulturen«, mit denen er gearbeitet hat.

*

Vielleicht hat der Freund recht, der meint, ich solle auf andere Gedanken kommen. Er lädt mich nach Venedig ein, wo er und seine Frau seit zwanzig Jahren leben und arbeiten. Zu grausam früher Morgenstunde besteige ich die uralte, zum Brechen volle alte Propellermaschine, welche die lukrative Strecke zwischen Wien und Venedig versorgen darf, wundere mich, als die Maschine, klar zum Start, dröhnend und vibrierend auf der Piste verharrt, ohne abzuheben. Niemand weiß oder verliert ein Wort, warum. Dabei stehen wir bereits seit über einer halben Stunde. Schlaftrunken ergeben sich die Passagiere ihrem Schicksal, nur aus einer den hintersten Reihen dringt aufgeregtes Gemurmel und Gezwitscher. Dort sitzt ein älterer Mann in blumigem T-Shirt, der offenbar mehr weiß als die anderen und das seiner kastanienrot gefärbten Frau neben ihm auch mitzuteilen scheint.

Mit einer Stunde Verspätung landen wir schließlich auf dem Flughafen Marco Polo. Nun wird auch der Grund für die Verzögerung offenbar: Ein schmächtiger Afrikaner in blauen Jeans und hellem T-Shirt verlässt das Flugzeug ohne Jacke und Gepäck in Richtung Flughafengebäude, flankiert von zwei ihn überragenden Uniformierten. Eingepfercht im stehenden Bus verfolgen die müden Passagiere stumm, wie der kleine, zwischen den beiden Uniformierten Gefangene hinter der Glastür des Flughafengebäudes verschwindet. Ich stehe neben dem Herrn mit dem blumigen T-Shirt, nun mit einem Strohhut auf dem Kopf, ich stehe so nah, dass sein Atem meinen Nacken streift, als er der Rothaarigen neben sich triumphierend und lautstark erklärt: Ich hab's dir doch gesagt, schau dir das an, da kommt er ja schon, dieser Neger! Hab ich's dir nicht gesagt, dass es ein Neger ist? Recht g'schieht's ihnen, diesen Schmarotzern, die direkt von ihren Bäumen zu uns kommen und sich durchfüttern lassen wollen! Hat er sich's gedacht, der Neger! Aber nix da, ab mit ihm! Recht g'schieht's ihm ...

Der Mann kriegt sich vor Schadenfreude kaum mehr ein; seine Stimme überschlägt sich förmlich inmitten der gleichgültig aneinandergepressten Passagiere.

Erst wenige Tage zuvor war in einer Zeitungsnotiz zu lesen und auf einem millionenfach angeklickten Amateurvideo auf YouTube zu sehen, wie ein junger verzweifelter Afrikaner sich vor ihn höhnisch anfeuernden Touristen im Canal Grande ertränkt. Es ist immer noch früher Morgen, meine Nerven liegen blank. Ohne zu überlegen drehe ich mich um und schon zischt es aus mir heraus wie aus einem undichten Kesselventil: Halten Sie endlich den Mund! Verschonen Sie uns gefälligst mit ihrem bösartigen Geschwätz, wenigstens am frühen Morgen möchte man Ruhe haben vor dergleichen Gemeinheiten ...

Erschrocken über mich selbst blicke ich wieder in eine andere Richtung. Höflichkeit gegenüber Fremden gehörte doch zu meiner Erziehung, ist dermaßen tief in mir eingeschrieben, dass es mich manchmal wehrlos macht gegenüber Anpöbeleien aller Art. Doch grobes Umfeld macht grob. Und weitere, noch drastischere Beschimpfungen fallen mir ein, von denen ich jetzt, da ich dies niederschreibe, nicht mehr sicher bin, ob ich sie tatsächlich ausgesprochen habe.

Bangen Herzens erwarte ich die Folgen: über mich hereinbrechende Schimpftiraden des Mannes, begleitet vom Gezeter seiner Frau, die Parteinahme aller Umstehenden gegen mich, ein Gerangel im Bus zwischen Befürwortern und Gegnern, immerhin geht es um die Rettung unserer »abendländischen, jüdisch-christlichen Identität«, vielleicht muss gar ein Ordnungsdienst einschreiten ...

Doch was geschieht? Nichts. Der Mann blickt mich erschrocken an und schweigt. Seine Frau neben ihm verzieht keine Miene, wagt nicht einmal, mich anzublicken. Und keiner der die Szene dicht gedrängt umstehenden Passagiere gibt zu erkennen, irgendetwas gehört oder gesehen zu haben, alle starren weiter auf ihre surrenden, klickenden, klingelnden Mobiltelefone, bis diese tosende Stille endlich durch das Seufzen der sich vor dem Eingang des Flughafengebäudes öffnenden Bustüren ein Ende nimmt.

So leicht könnte es sein, denke ich im vibrierenden Bauch eines Vaporetto der *Alilaguna*. Wer glaubt, inmitten einer imaginierten Solidargemeinschaft zu jeder Niedertracht berechtigt zu sein, kann durch einen einzigen rüpelhaften Zwischenruf aus dem Konzept gebracht werden.

Doch kein Triumphgefühl stellt sich ein und der Tag in Venedig bleibt grau. Ein düsterer Nebel hängt über den Palästen, verdichtet die eisige Kälte in den engen Kanälen. Seit meinem letzten Besuch ist die Stadt von den »fliegenden Händlern« gefälschter Markentaschen »gesäubert« worden, dafür kauern nun obdachlose Schwarze auf den feuchten Stufen am Rande der trüben Wasserstraßen, darunter wohl auch etliche aus Österreich »Rückgeführte«. Und die Frage nach dem Schicksal dieses schmächtigen, unfreiwilligen Passagiers ohne Koffer, ohne Jacke lässt mich nicht mehr los. Lohnen dergleichen Abschiebungen nach Italien den dadurch entstandenen Zwist mit unserem schönen Nachbarland? Und erst das dafür verwendete Steuergeld! Ein winziger Teil dessen würde genügen, um dem Mann zu einem würdigen Leben zu verhelfen. Man müsse das große Ganze im Auge behalten, betont zur selben Zeit unser jugendlicher Bundeskanzler bei jeder Gelegenheit. Welches »Ganze«? Etwa einen ethnisch reinen »Volkskörper«?

Ich schlendere am Kai entlang und träume. So viel habe ich durch die Befassung mit der Epoche meines Vaters gelernt: zur Dynamik einer legalen, aber illegitimen Machtergreifung; über die Wirkungsweise einer Sprachmanipulation, die Lügen so lange wiederholt, bis sie zur Wahrheit werden; über die allmähliche Gewöhnung an Untragbares; über die triste Ausweglosigkeit in Situationen, in denen man sich für besonders schlau hält. Und ich frage mich, ob nicht irgendetwas grundlegend schiefgelaufen ist mit all dem Niemalsvergessen und

Niemehrwieder. Wenn Wissenschaftler keine Fragen mehr stellen, sondern nur mehr Urteile fällen, wenn ein Mörderregime der jüngsten Vergangenheit zu einer schier unerschöpflichen Ressource der Unterhaltungsindustrie und der persönlichen sowie politischen Profilierung werden kann, wenn das Grauen vor der Vergangenheit blind macht für die Gefahren der Gegenwart; wenn neue Sprachregime über die wachsende ökonomische und soziale Asymmetrie hinwegtäuschen sollen, wenn nur Schwarze über Schwarze schreiben dürfen, nur Rote über Rote, nur Weiße über Weiße, nur Frauen über Frauen, nur Männer über Männer und so weiter, sodass die ureigenste anthropologische Fähigkeit der Verständigung und des voneinander Lernens unterschiedlicher Gruppen wieder negiert und eine Fragmentierung der Menschheit wieder als Fortschritt zelebriert wir, dann ist die Wahrscheinlichkeit groß, dass nicht erkannt werden wird, wenn es wieder so weit ist.

In Venedig wartet eine echte Überraschung auf mich: Mein Gastgeber zeigt mir eine Art fürstliche »Wunderkammer« als Teil des Naturhistorischen Museums Giancarlo Ligabure, ehemals Museo Civico e Raccolto Carrer, das im Palazzo Ca'Correr untergebracht ist. Die in drei abseits gelegene Räume verbannte Sammlung besteht aus den Resten einer ursprünglich gigantischen Sammlung an naturgeschichtlichen Präparaten, Naturalien, Manuskripten, Gemälden, die der Mitte des 18. Jahrhunderts geborene venezianische Patrizier Correr der Stadt nach seinem Tod 1830 zum Nutzen der Öffentlichkeit vermacht hatte. Wundersamerweise bisher von einer »Modernisierung« verschont geblieben, ist sie vermutlich die einzige noch erhaltene Sammlung dieser Art in Europa und eine wertvolle Quelle für den Wissensdurst vergangener Jahrhunderte.

In den drei dämmrigen Räumen kann man Eingelegtes und Getrocknetes, Rohes und Gekochtes, Ganzes und Verstümmeltes bestaunen; in Spiritus schwimmende Lurche und Frösche, Missbildungen menschlicher oder tierischer Föten, mumifizierte Kinderleichen, Schrumpfköpfe von Affen und wohl auch von Menschen – durch das staubige

Vitrinenglas ist der Unterschied nicht erkennbar, zumal alle Objekte beinahe schwarz sind. Dazu haufenweise Zebrafelle und riesige Rhinozeros-
hörner, bündelweise Elefantenstoßzähne, zahlreiche Löwenköpfe mit
und ohne Mähne, aber immer mit aufgerissenem Maul voller falscher
Zähne, gigantisches, schraubenzieherähnliches Geweih einer längst
von Safarijägern mehrerer Jahrhunderte zum Aussterben gebrachten
Antilopenart und vieles mehr, was im 19. Jahrhundert der ursprünglichen Sammlung beigefügt wurde.

Die muffige Staubluft zwischen den mit Speeren, Schwertern, Keulen,
Masken und Trachten bedeckten Wänden zwingt zu einem vorsichtigen
Atemholen. Und angesichts der Zeugnisse früher Sammlerleidenschaft,
die den Lebenswissenschaften und den anthropologischen Wissenschaf-
ten vorausging, wird allzu deutlich, dass letztlich immer nur das zu Tode
Gebrachte, das durch den Tod Verewigte erkennbar wird.

Seltsamerweise fallen mir dazu die alten Dichterworte von Aimé
Césaire (1913–2008) aus seinem *Discours sur le Colonialisme* (1955) ein,
die sich auf die Eroberung von Algier durch französische Truppen 1830,
also im Todesjahr des venezianischen Patriziers Correr, beziehen:

»Pour ma part, si j'ai rappelé quelques détails de ces hidieuses
boucheries, ce n'est point par délectation morose, c'est parce que
je pense que ses têtes d'hommes, ces récoltes d'oreilles, ces mai-
sons brulées, ces invasions gothiques, ce sang qui fume, ces villes
qui s'évaporent au tranchant du glaive, on ne s'en débarassera
pas à si bon compte. Ils prouvent, que la colonisation (...) déshu-
manise l'homme même le plus civilisé; que l'entreprise coloniale,
la conquête coloniale, fondé sur le mépris de l'home indigène et
justifiée par ce mépris, tend inévitablement à modifier celui qui
l'entreprend. (...) C'est cette action, ce choc en retour de la colonisation qu'il importait de signaler.«

»Was mich betrifft, wenn ich einige Details dieser abscheulichen
Schlächterei in Erinnerung gerufen habe, so kaum zur düsteren

Erbauung, sondern weil ich denke, dass man sich dieser Menschenköpfe, dieser Ohrenernten, dieser verbrannten Häuser, dieser gotischen Invasionen, dieses dampfenden Blutes, dieser unter dem Schneiden der Schwerter sich auflösenden Städte nicht so billig entledigen wird. Sie zeigen, dass die Kolonisation (...) selbst den kultiviertesten Menschen entmenschlicht; dass das koloniale Unternehmen, die koloniale Eroberung, gegründet auf der Verachtung des einheimischen Menschen und gerechtfertigt durch diese Verachtung, unvermeidlich dazu tendiert, den Unternehmer selbst zu verändern. (...) Es ist diese Bewegung, dieser Umkehrschock der Kolonisation, die aufzuzeigen wichtig war.« (Eigene Übersetzung)

Der in Französisch-Martinique geborene, in Paris als Absolvent der exklusiven École Normale Supérieur ausgebildete schwarze Dichter und Freund von Leopold Senghor bezieht sich mit diesen Worten auf stolze Originalberichte französischer Offiziere der Zeit. Und er richtet den Europäern 1955 auch jene berühmten Worte aus, die heute immer noch von jenen als schockierend empfunden werden, die sich jedem historischen Lernprozess verweigern:

»*Oui, il vaudrais de la peine d'étudier, cliniquement, dans les détails les démarches d'Hitler et de l'hitlerisme et de révéler au très distingué, très humaniste, très chrétien bourgeois du XXième siècle qu'il porte en lui Hitler, qui s'ignore, qu'Hitler l'habite, qu'Hitler est son démon, que si le vitupère, c'est par manque de logique, et qu'au fond, ce qu'il ne pardonne pas à Hitler, ce n'est pas le crime en soi, c'est le crime contre l'homme blanc, et d'avoir appliqué à l'Europe des procédées colonialistes dont ne relevaient jusqu'ici que les Arabes d'Algérie, les coolies de l'Inde et les nègres d'Afrique.*«

»Ja, es ist der Mühe wert, Hitlers Vorgehen klinisch, im Detail zu studieren und dem sehr vornehmen, sehr humanistischen, sehr christlichen Bürger des 20. Jahrhunderts zu eröffnen, dass er

Hitler ohne sein Wissen in sich trägt, dass er von Hitler besessen ist, dass Hitler sein Dämon ist und dass, wenn er ihn beschimpft, dies einen Mangel an Logik verrät und im Grunde das, was der weiße Bürger Hitler nicht verzeiht, nicht das Verbrechen am Menschen an sich ist, sondern das Verbrechen am weißen Menschen, die Erniedrigung des weißen Menschen und die Anwendung kolonialistischer Praktiken in Europa selbst, denen bisher nur die Araber Algeriens, die Kulis in Indien und die Neger Afrikas ausgesetzt waren.« (Eigene Übersetzung)

Es heißt, vieles habe sich doch seit damals verändert. Wir Europäer bauen keine Konzentrationslager und Folterzentren mehr, sondern bezahlen lieber Staaten außerhalb Europas dafür, dass Menschen auf dem nackten Boden wie Sardinen geschichtet, eingesperrt, gefoltert, vergewaltigt, an die Mafia und ihre Schlepperbanden verkauft, in Schlamm und Eis vergessen und von Ratten angenagt werden. In seiner Zeit als Außenminister mahnte unser junger Bundeskanzler sinngemäß, man werde sich, für des Wohl der Nation, an grausame Bilder gewöhnen müssen. Seine Mahnung war überflüssig, denn diese Bilder gibt es gar nicht, und dies, obwohl es heute dank Smartphone leichter denn je ist, Fotos und Videos anzufertigen und ins Netz zu stellen. Zur Zeit des Vietnamkrieges konnten dergleichen Bilder noch helfen, einen grauenvollen Krieg zu beenden. Aber heutzutage ist man sensibel und erträgt solche Bilder nicht. Mittlerweile gibt es einen Presserat, um derart abstoßende Zeugnisse der Realität zu verbieten, weil der Bürger Schaden nehmen könnte beim Anblick von gespaltenen Köpfen und zerhackten Schultern lebender Menschen wie auf dem Cover einer Straßenzeitung mit dem etwas kühnen, aber vielsagenden Titel *The Global Player*. Der Verkäufer stammt aus der nigerianischen Provinz Benin, ein 1897 im Zuge britischer »Strafexpeditionen« vernichtetes und geplündertes Königreich, dessen Kunstschätze heute zu den wertvollsten Beständen westlicher Museen zählen. Er ist eine stattliche Erscheinung in der zweiten Hälfte seines Lebens, lebt seit zwanzig

594

Jahren in Österreich und findet keine andere Arbeit, als in meiner Nachbarschaft diese Straßenzeitung zu verkaufen. Ich bin eine treue Kundin, doch diesmal schockieren die Fotos auf dem Cover auch mich. Sie stammen aus dem Nordosten des Kongo, wo ein von westlichen Investoren und korrupten Regierungsmarionetten befeuertes Schlachten um Seltene Erden stattfindet, von allen Medien ignoriert, mit Ausnahme dieser Straßenzeitung. Das Wahlvolk kann daher auch kaum wissen, warum Kongolesen »zu uns« fliehen. Aber man ist sensibel geworden. Und ein sensibler Passant erstattet Anzeige gegen die ohnehin mit Schikanen aller Art eingedeckte Redaktion. Die vom Presserat veranlassten hohen Strafzahlungen gefährden die Existenz der Zeitung und werden damit begründet, derart schockierende Bilder verletzten die Würde der darauf identifizierbaren Menschen ...

Ich erinnere mich an das berühmte Foto des nach einem Napalm-Angriff in Vietnam nackt und als lebende Fackel um Hilfe schreienden Mädchens, als sei es gestern gewesen. Es war schockierend und ging damals um die westliche Welt, womit es wesentlich zu deren Besinnung beitrug. Der Gedanke erscheint mir direkt obszön, in diesem Foto eine Menschenrechtsverletzung zu sehen, *weil das Kind auf dem Foto identifizierbar war!*

Es gibt keine Fotos von den massenweise im Meer ertrinkenden Schwarzen oder von jenen Weißen der Europäischen Küstenwache, die infolge höchster Weisung, *nicht* einzugreifen, *nicht* zu retten, sich mitschuldig machen. Der freiheitliche Innenminister träumt öffentlich sogar von einem Militäreinsatz in Afrika, um die »schwarze Flut« aufzuhalten, zudem besteht er darauf, zahlreiche weitere »Auffanglager« gleich jenen in Libyen entlang der gesamten Mittelmeerküste einzurichten.

Am liebsten würde ich mich jener armselig kleinen Gruppen von Afrikanern am Wiener Gürtel anschließen, die, unbeachtet von den Medien, gegen diese von der EU finanzierten Lager in Nordafrika demonstrieren. Sie protestieren auch dagegen, dass Regierungen in Osteuropa und die in Österreich den Plan der Europäischen Union für eine gerechte Verteilung von Flüchtlingen endgültig zu Fall gebracht haben. Nun wird die Europäische Union, von der ich bei ihrer Gründung eine Überwindung rassistischer und völkischer Altlasten erhofft hatte, weitere Milliarden Euro den der Mafia nahestehenden Milizen des Bürgerkriegs zukommen lassen, die sich »Libysche Küstenwache« nennt. Acht Jahre zuvor hatte Silvio Berlusconi die zur »Flüchtlingsbekämpfung« gedachten Bestechungsgelder an Muammar al-Gaddafi noch verschämt als »Kompensation für koloniale Schuld« bezeichnet. Wusste irgendjemand, wovon da die Rede war? Dass Italien zwischen 1923 und 1933 ein Drittel der lokalen Bevölkerung von Tripolitanien und der Cyrenaika durch Giftgas und Brandbomben getötet, Überlebende in *explizit* zur Reduzierung der einheimischen Bevölkerung geplante »Arbeitslager« gesperrt, enteignet, vertrieben, vergewaltigt, ausgepeitscht, hingerichtet hatte? Wie und womit könnte dies jemals »kompensiert« werden?

Jetzt schämt sich niemand, wenn immer mehr Milliarden Steuergelder europäischer Bürger dafür fließen, dass menschen- und drogenhandelnde Milizen ganz offiziell auf offenem Meer, und nicht nur dort, Geflüchtete aufgreifen und zurück in die Hölle bringen lassen.

Die Demonstranten am Wiener Gürtel wissen davon. Zumindest wissen sie Bescheid über die Zustände in den libyschen Lagern und wissen, im Meer zu ertrinken ist die bessere Alternative. Sie wissen auch, Gleichgültigkeit und Verharmlosung fördern den strukturellen Rassismus, dem letztlich auch derartige Folterlager zu verdanken sind.

Und ich weiß es auch. Doch schlösse ich mich ihnen an, würde ich mich als bürgerliche weiße Frau nur lächerlich machen, meint die Freundin; sogar von den Demonstranten würde ich bespöttelt werden, so wie die Mitglieder der 1788 gegründeten Societé des Amis des Noirs oder gegen Ende des 19. Jahrhunderts die britischen *Abolitionists* dem Spott sowohl Schwarzer als auch Weißer ausgesetzt waren.

Wäre ich denn so verschieden? Diese liberalen, bürgerlichen Vereine strebten ein Verbot der Sklaverei und eine Erziehung der Schwarzen zu »zivilisierten«, christlichen Untertanen an. Nicht zuletzt erhofften sie

sich dadurch auch die Rettung ihrer durch Sklavenunruhen krisenge-
beutelten Zuckerkolonien in der Karibik.

Ich strebe höchstens die Rettung der Europäischen Union an, die am
Rassismus ihrer Mitgliedstaaten zu zerbrechen droht, wie das Beispiel
Großbritanniens zeigt, das, von der europäischen »Personenfreizügig-
keit« und der Einwanderung »polnischer Klempner« abgestoßen, den
ersten Bruch vollzogen hat. Die Engländer nehmen lieber jeden ökonomischen Nachteil in Kauf, als weiterhin eine Zuwanderung von Menschen zu dulden, die nicht von ihrem »Stamm« sind.

*

Du übertreibst, sagt eine Bekannte. Schwarze können heutzutage doch
alles werden, wenn sie nur wollen. Die Flüchtlingskrise zeige zudem,
wie anpassungsfähig, aufgeschlossen und hilfsbereit die Österreicher im
Grunde sind. Es gibt ja nicht nur rabiate Politiker, sondern auch Zigtausende Menschen, die sich erstmals mit anderen Hautfarben, anderen
Religionen, anderen Sprachen und Lebensgewohnheiten auseinandersetzen und das durchaus bereichernd finden. Hilfsorganisationen und
Onlinepetitionen entstehen in ungeahnten Mengen, niemals zuvor
waren berufliche Chancen für Absolventen akademischer »Elfenbein-
turmfächer« wie Sozialanthropologie oder orientalische Sprachen so
groß wie im Rahmen einer willkürlich wuchernden, sich stetig verän-
dernden Asylgerichtsbarkeit.

Mir fällt vor allem auf, dass es wieder einmal um Auslese und Anpas-
sung geht, um Hautfarben und Religion, und, nein, natürlich nicht
um »Rasse«, sondern um Kultur und um die Frage der Integrations-
fähigkeit; die Kritik an einer angeblichen Political Correctness wird
zum Totschlaginstrument gegen jeden Versuch, staatsbürgerliche Vernunft anzumahnen – denn um nichts anderes handelt es sich bei der
Forderung, bestimmte Bevölkerungsgruppen *nicht* auszugrenzen und
ihnen irgendeine Lebensperspektive zu ermöglichen. In der Öffentlichkeit wird eine Schuldumkehr inszeniert: Diejenigen, denen trotz aller

diskriminierender Hürden eine berufliche Karriere gelungen ist, werden im Fernsehen als Beispiele für unsere vermeintlich tolerante und »offene Gesellschaft« vorgeführt: der Afrikaner, der es vom Kindersoldaten zum Chefarzt in einem deutschen Krankenhaus gebracht hat, weil er sich »taub stellen« kann gegenüber den alltäglichen Beleidigungen, die erfolgreiche TV-Moderatorin mit Kraushaaren, die über Morddrohungen »nur lachen« kann; der schwarze Starfußballer, der über »über alles hinwegsieht«, solange er Fußball spielen und Geld verdienen darf; und all die anderen Talente mit »sichtbarem Migrationshintergrund«, die beteuern, niemals rassistischen Anwürfen ausgesetzt zu sein, um nicht als wehleidig zu gelten.

Diese Storys vom geglückten Leben will jeder hören. Sie machen Rassismus zu einer »Entgleisung«, worüber sich souveräne Menschen hinwegzusetzen haben – und die das nicht können, sind selbst schuld. Folgerichtig wird eine aus den USA angereiste afroamerikanische Promi-Journalistin, die sich darüber beschwert, in Wien von einem Taxifahrer abgewiesen und in einige Lokale nicht eingelassen worden zu sein, von einigen »fortschrittlichen« Journalisten kritisiert, ebenso wie die schwarze Justizministerin in Paris, welche gegen sie gerichtete »Affenzeichen« nicht mehr hinnehmen will: Diese Leute seien ohnehin privilegiert und daher keineswegs berechtigt, sich wegen des bisschen Rassismus als Opfer zu gerieren, schreiben ein eminenter Redakteur und eine Redakteurin einer bis dahin auch von mir gerne gelesenen »kritischen« Wochenzeitschrift.

Wissen diese Journalisten, wovon sie schreiben? Haben sie Augen im Kopf? Die übergroße Mehrheit, die wegen ihrer Hautfarbe, ihrer Herkunft oder ihrer Religion keine Wohnung und keine Arbeit findet und beinahe täglich Anwürfen ausgesetzt ist, wird erst gar nicht gefragt. Und wenn doch jemand für eine kleine TV-Dokumentation über »Schwarzsein in Österreich« keine Stars, sondern durchschnittliche junge, hier geborene und aufgewachsene Leute befragt, wird der Streifen zunächst gar nicht und erst nach langen Auseinandersetzungen zu einer denkbar schlechten Zeit in einer für *Minderheiten* gedachten Schiene gesendet.

Noch gefährlicher sind freilich jene, die vorgeben, das ganze Jammern über Rassismus sei übertrieben. Die Ministerin, die im Fernsehen öffentlich die Meinung vertritt, rassistische Beschimpfungen müsse man eben aushalten, denn *jeder von uns ist irgendwann Diskriminierungen ausgesetzt, sei es als Frau oder wegen eines unerwünschten Hundes in der Straßenbahn.* Oder die Dame, die einem schwarzen Franzosen, der sich beschwert, in einem Wiener Café nicht bedient worden zu sein, erklärt, er solle sich nichts daraus machen, die Österreicher mögen nun einmal keine Ausländer, sogar sie werde wegen ihres Akzents schief angesehen ...

Als hätte Rassismus etwas mit Ausländerhass zu tun. Durch solche Leute fühlen sich Betroffene gänzlich entmutigt. Und sie schweigen. Oder geben sich cool, humor- und verständnisvoll, damit sie bei jenen Wohlwollen finden, die über jeden Verdacht erhaben sind und daher in diversen Kabarett- und Kleinkunstauftritten Political Correctness kritisieren. Man wird nicht müde, darauf hinzuweisen, dass in einer Demokratie andere Meinungen Gehör finden müssten und dass über sie zu diskutieren Bürgerpflicht sei – als wäre Rassismus eine Meinung.

Sie wollen nicht verstehen, dass echte Rassisten keinen Argumenten zugänglich sind, sondern unersättlich und durch keinen Kompromiss zu befriedigen. Rassisten sind paranoide Träumer, weiß Michael Taussig. Sie träumen von der Rettung ihres »Blutes«, ihrer »Kultur«, ihrer »Identität«, indem sie andere Gruppen ausschließen, verfolgen, vernichten. Wo immer sie an der Macht sind, schüren sie Hass und spalten die Gesellschaft in »wertvolle« und »minderwertige« Mitglieder, in ein Innen und ein Außen. Und wenn es dann wieder so weit ist, hilft kein Verweis auf große Denker und Dichter, auf den Glanz goldener Gabeln und Seltener Erden, auf die Prachtbauten kolonialer Vergangenheit; da fliegen die Fetzen der Gefühle, da tobt die Gewalt und die Angst, da fließt Blut. Und keine »Diskussionskultur« wird helfen.

Di-Tutu Bukasa, der Herausgeber der erwähnten Straßenzeitung *The Global Player* bringt es in seiner blumigen Metaphorik auf den Punkt, wenn er schreibt, mit einem überzeugten Rassisten zu diskutieren ist wie Schachspielen mit einer Taube. Während man sich die nächsten

Züge für ein elegantes Schachmatt überlegt, stolziert die Taube kalten Blicks quer über die schwarzen und weißen Felder, wirft die Figuren um, scheißt auf das Brett und gebärdet sich schließlich als Sieger.

27

Einfache Gedanken
am Ende eines komplizierten Lebens

Europäer, die sich rühmen, die Freiheit und die Moderne erfunden zu haben, und allen anderen demokratiepolitische Vorschriften machen, sollten sich an einige Ereignisse ihrer jüngsten Vergangenheit erinnern, um den »Hass auf den Westen« jener zu begreifen, die seit jeher von besagter Freiheit und Moderne ausgeschlossen sind; für die »Fortschritt« immer nur das Gegenteil der Freiheit von Not und Furcht mit sich brachte. Pankaj Mishra, ein aus Nordindien, dem späteren Pakistan stammender, in den USA lebender renommierter Essayist, analysiert in seinem Buch *Zeitalter des Zorns* (2017) das ideologische Fundament der Vorherrschaft von nur zwölf Prozent Weißen über den »Rest der Welt«. Diese Herrschaft beruhe auf zwei Pfeilern, meint der Autor: zum einen auf den historischen Rassenideologien und ihren zeitgemäßen Derivaten und zum anderen auf dem Versprechen von individueller Freiheit, ewig wachsendem Wohlstand und grenzenlosem Konsum. Dies begreifen gegenwärtig jene Abermillionen seit den Anfängen der Industrialisierung davon Ausgeschlossenen zunehmend als eine Art betrügerischen Trick der globalen Finanzmärkte. Entsprechend seinem doppelten Bewusstsein als Amerikaner indischer Abstammung wirft Pankaj Mishra einen umfassenden Blick auf die Weltgeschichte. Hysterisches, rassenideologisch legitimiertes Massenmorden und blutige Umverteilungsprozesse sieht er keineswegs auf das 20. Jahrhundert und die Geschichte von Stalinismus, Nationalsozialismus und anderen Terrorregimen beschränkt; die beiden Weltkriege im 20. Jahrhundert keineswegs als eine Art monströser Verirrung im Rahmen einer ansonsten guten Zivilisation. Er findet, die mit religiöser Inbrunst wiederholte Erzählung von einer weltweit fortschreitenden Verbreitung der angloamerikanischen Institutionen des Nationalstaates und der Westminster-Demokratie mag den Europäern zwar gefallen, aber sie verstellt die Sicht auf die Komplexität einer im Wandel befindlichen Welt.

In einer ziemlich brillanten *tour de force* durch die jüngste Weltgeschichte bezieht sich der Autor, recht ungewöhnlich für einen postkolonialen Denker, unter anderem auch auf russische Schriftsteller wie Bakunin und Tolstoi, auf Letzteren wegen seiner wenig bekannten

Novelle »Hadji Murad«, welche die barbarischen Unterwerfungskriege des Zaren im muslimischen Kaukasus thematisiert. Diese zaristischen Kolonialkriege liefern die Voraussetzung für die unfassbar grausamen Tschetschenienkriege Vladimir Putins hundert Jahre später. Doch nach weiteren zwanzig Jahren sind auch diese wieder vergessen – was unter dem Eindruck der zahlreichen Tschetschenen, die, damals noch Kinder, heute als bisweilen unbequeme Flüchtlinge oder gar potenzielle Terroristen Schlagzeilen machen, eigentlich erstaunlich ist.

Pankaj Mishra erinnert an das im Westen weitgehend unbekannte Ausmaß der politischen Pogrome an Muslimen in Indien unmittelbar nach den von den USA unter dem Eindruck von 9/11 erlassenen »Antiterrorgesetzen«. Innerhalb weniger Wochen werden Hunderttausende muslimische Inder verhaftet, gefoltert, ermordet, ihre Familien und Freunde in Geiselhaft genommen, ihre Geschäfte zerstört. Auch in Indien ist die treibende Kraft dieser Vernichtungsorgien eine aus Europa importierte Rassenideologie: Der neue »Hindu-Nationalismus« bezieht sich explizit auf D'Annunzio und Mussolini; und der seit 2014 regierende hindu-nationalistische Premierminister Narendra Modi darf öffentlich Adolf Hitler seine Hochachtung zollen und die indischen Muslime als »Juden Indiens« bezeichnen, die es zu vertreiben und zu vernichten gälte, ohne dass ihm dies von einer westlichen Staatsmacht übelgenommen wird. Indien ist zu diesem Zeitpunkt ein vielgelobtes »Schwellenland«, einer der wunderbaren BRIC-Staaten – übrigens ein Begriff eines Volkswirts von Goldman Sachs namens Jim O'Neill – und mit seinen Milliarden Einwohnern bietet der Subkontinent fantastische Möglichkeiten für westliche Investitionen und Exportmärkte, insbesondere für alle denkbaren Waffensysteme. Narendra Modi weiß das und verspricht trotz des peinlichen Bankrotts 2008 den prowestlichen Kurs zu halten und zu stabilisieren.

Auch bezüglich des im Westen feuilletonistisch wahrlich gut bedienten »islamistischen Terrorismus« bleiben einige Details bislang unbeachtet: Dass aus den Trümmern des durch USA und NATO mutwillig zerstörten Irak der sogenannte Islamische Staat entsteht, ist zwar bekannt, weniger freilich, dass dieser »Staat« sein allererstes *snuff-movie* (Pankaj Mishra) explizit aus Rache für den Folterskandal im Zentralgefängnis von Abu Ghuraib ins Netz gestellt hat, ausdrücklich *zur Wiederherstellung der muslimischen Ehre*. Diesem Phantomstaat mit dem Akronym IS, ISIS oder DMG/Daesch gelingt es immerhin in kürzester Zeit, gleichzeitig mit gewaltigsten Zerstörungsspuren quer durch den Nahen Osten eine beachtliche Bürokratie aufzubauen und enorme Landflächen unter seine Kontrolle zu bringen; er macht zahlreichen Jugendlichen aus dem demokratischen, freien Westen Hoffnungen auf ein »besseres Leben« und auf die Erfüllung ihrer Gewaltfantasien – und dies, obwohl von Anfang an klar ist, dass er von den gegen ihn in die Arena steigenden mächtigsten Armeen der Welt militärisch besiegt werden wird.

Dennoch stellt niemand in diesem »freien Westen« ernsthaft eine soziale Realität infrage, die Zigtausende junge Leute *ohne Not* einem derartigen Irrsinn zutreibt. Stattdessen wird schlicht behauptet, der Islam sei schuld, was bestenfalls naiv ist, in jedem Fall aber die faule Frucht der alten Fragmentierung zwischen einem dunklen Orient und einem aufgeklärten Okzident.

Pankaj Mishra findet die Fraglosigkeit des ansonsten so wissbegierigen Westens erstaunlich. Erzogen in beiden Glaubenswelten und überzeugter Laizist, sieht er im traurigen Phänomen des »islamistischen Terrorismus« keine islamische, sondern eine anarchistische Tradition europäischen Ursprungs am Werk. Gerade in den reichsten Volkswirtschaften Europas nimmt tribalistischer Hass auf Minderheiten und Sündenböcke (wieder) ein erschreckendes Ausmaß an und beflügelt eine Ökonomie der Angst, welche Waffenproduktion und Sicherheitstechnologie zur unerschöpflichen Quelle des Wachstums werden lässt. Schließlich kommt Pankaj Mishra in dem Jahr, in dem Donald Trump zum Präsidenten der USA gewählt wird, zu dem Schluss, dass die westliche Mittelschicht, lange Zeit die Vermittlerin demokratischer Werte, letztendlich vom Terror besiegt ist in ihrer Angst, *fremdrassisch* unterwandert und ökonomisch überflügelt zu werden; und weil sie gemeinsam mit einer an Verachtung grenzenden Gleichgültigkeit der Plutokratie eine von Grausamkeit und Herzlosigkeit geprägte Alltagskultur geschaffen hat.

Millionen Vertriebener, Verfolgter und Chancenloser suchen in der Migration ihr Heil, und das ist bekanntlich kein neues Phänomen. Ein paar Hunderttausende kommen in den reichen Zentren des Westens an, wo sie oder ihre Nachkommen erfahren müssen, dass ihre Hoffnungen auf individuelle Freiheit und angemessene Lebensverhältnisse keineswegs zu verwirklichen sind. Im Gegenteil, nicht nur die Fremden, Zugewanderten, sondern auch immer mehr westliche Bürger gelten als überflüssig, als gefährlich oder gar als »Abfall«; die Realität einer »digitalen Revolution« ersetzt den Menschen durch Big Data und Logarithmen, eine überhöhte Fortsetzung der positivistischen Anthropologien im ausgehenden 19. Jahrhundert. Pankaj Mishra befürchtet eine Art Remake des späten 19. Jahrhunderts, nicht jenes der großen Dichter und Denker, sondern der genozidalen Eroberungskriege, der blutigen Bürgerkriege, des betrügerischen Finanzkapitals. Und das alles unter dem ideologischen Dach einer neuen Biopolitik mit alten Fragestellungen aus der Zeit der *Rassenwissenschaften*.

Auch Achille Mbembe sieht in den Ausgestoßenen und Zurückgewiesenen »das Ergebnis einer brutalen Kontrolle und Selektion, deren rassenideologische Grundlagen bestens bekannt sind«. Mbembe wurde 1958 in Kamerun geboren, eine ehemals deutsche, nach dem Ersten Weltkrieg zwischen Briten und Franzosen wie eine Torte geteilte Kolonie, seit der Unabhängigkeit ausgeplündert durch einen vom Westen gestützten brutalen Diktator und nun, wenig verwunderlich, heimgesucht von verzweifeltem Terror als einzigem verbliebenen Geschäftsmodell. Einen guten Eindruck der Verhältnisse in Deutsch-Kamerun vermittelt die spannende, bestens recherchierte Lektüre des schmalen Bandes *Der gute Deutsche. Die Ermordung Manga Bells in Kamerun 1914* (Bommarius 2015).

Achille Mbembes Vater oder Großvater mochten diese Verhältnisse noch erlebt haben. Der Sohn verließ das Land als Kind in Richtung Paris, wo er eine solide akademische Ausbildung erhielt und danach eine akademische Karriere als politischer Philosoph und Historiker in den USA und in Südafrika hinlegte. Mbembe wurde gar zum Star der intellektuellen Welt des Westens, was ihm einige, insbesondere im deutschen Sprachraum übelnehmen, umso mehr, als er auf nahezu beleidigend eloquente Weise bestreitet, in einem »postrassistischen Zeitalter« zu leben, und er sich partout nicht auf seine afrikanische Abstammung beschränken lassen will. Er erkennt ein Zeitalter des Neorassismus, den zu überleben man sich allenfalls alter afrikanischer Mythen bedienen könnte. Diese Mythen befassen sich nämlich mit der *verbindenden Grenze* zwischen Menschen, Tieren, Pflanzen und denken die Gegenwart »von der Rückseite der Demokratie« und den »kannibalischen Strukturen der Moderne« her.

Wieso »kannibalisch«?

Weil der Fortschritt der einen immer mit dem Fleisch aller anderen bezahlt wird, angefangen bei der transatlantischen Sklavenwirtschaft und dem Kolonialismus bis hin zu den unfreien Produktionsbedingungen in einsturzgefährdeten Hallen anonymer Eigentümer, all dies bringt jene *Zombies* hervor, die weder tot noch lebendig zu *Dingen* werden, an denen der Humanismus zerschellt.

Sein Buch *Critique de la raison nègre* (2013), auf Deutsch *Kritik der Schwarzen Vernunft* (2014), meint einerseits die Vernunft der Schwarzen, die, von der Ambivalenz zwischen realer Ausgrenzung und gleichzeitig geforderter Assimilation in eine Art Trance getrieben werden, die dem westlichen Versprechen nach grenzenlosem Konsum verfallen und sich in Nachahmung und blinder Selbstaufgabe erschöpfen. Auch die Ideologie des Panafrikanismus ist in diesem Zusammenhang nicht vor seiner Kritik gefeit, da sie eine »afrikanische Identität« in einem Afrika beschwört, in dem Weiße keinen Anspruch haben, afrikanisch zu sein. Für Achille Mbembe, den Schwarzen, ist dies inakzeptabel. Wie für Frantz Fanon und Paul Gilroy ist auch für ihn die »verhängnisvollste Untat der Weißen« die Fragmentierung der Welt durch den auf »Rassen« reduzierten Menschen, *l'Homme racialisé*. Und er kritisiert, dass

nun wieder einmal eine verhängnisvolle Vermengung von Territoriali-
tät, Authentizität und eine auf eine imaginierte Antike bezogene, nati-
onalistische Identitätspolitik ihre Blüten treibt. Auch Achille Mbembe
ist überzeugt, dass eine Nachahmung dieser Fragmentierung in welcher
Gestalt auch immer keine Lösung der durch den Rassismus entstandenen Probleme bieten kann.

Das Zeitalter eines Neorassismus beginnt seiner Analyse zufolge in
den seit 9/11 nicht enden wollenden, gesetzlosen, großen und kleinen
Angriffskriegen durch digital hochgerüstete, dominante Wirtschafts-
mächte. Diese Kriege seien keine Clausewitz'sche »Politik mit anderen Mitteln«, sondern ein gigantischer »Arbeitsprozess« ohne Anfang,
ohne Ende: *We must do the job.* Doch weil alles, was »außen« anfängt,
auch das »Innen« irgendwann erfasst, entsteht gleichzeitig im Inneren der Nationen der neue Überwachungs- und Sicherheitsstaat, der
auch die eigene Bevölkerung zunehmend als potenzielle Gefahr begreift:
Digitale Abdrücke von Fingerkuppen, Iris, Netzhaut, Gesichtsform und
Stimme sowie digitale Algorithmen sollen die eigene Gruppe vor eindringenden Schädlingen schützen und das Individuum bewerten und
unter Kontrolle bringen. Bestimmten Gruppen werden Grundrechte
wie Bewegungsfreiheit, Bürgerschaft und Arbeit verwehrt und dadurch
Unterschiede geschaffen, die dann als kulturelle und/oder »identitäre«
Wesenheiten gelten. Doch eine Politik, die diesen Namen verdient, setzt
das Wissen voraus, dass es zwischen »ihnen« und »uns« etwas »wesen-
haft Gemeinsames gibt, das zu retten sich lohnt«. Dabei geht es immer
auch um Gerechtigkeit, denn kein Mensch – und schon gar keine Gesellschaft – kann ohne eine Vorstellung davon und ohne ein Streben danach
überleben. Geld kann dabei vieles, aber bei Weitem nicht alles regeln.
Achille Mbembe befürchtet, selbst ein letztlich auch von ihm befür-
worteter Marshall-Plan für Afrikas zerstörte Volkswirtschaften könnte
nur weiteres Begehren, weiteren Konsum, weitere Imitation des Westens zur Folge haben, wenn nicht gleichzeitig eine öffentliche Anerkennung des begangenen Unrechts erfolgt. Geschieht dies nicht, könnte
eine Art Schubumkehr erfolgen, und auch unser geliebtes Europa mit

seinen unschätzbaren Werten des Lichts wird im Streit um Einwanderer und in der Finsternis globaler Märkte verlöschen.

*

Es ist immer wohltuend, eigene dumpfe Ahnungen durch präzise formulierte Analysen bestätigt zu finden. Es ermutigt, gibt Hoffnung, lindert Furcht. Wenn einigen der Durchblick gelingt, ist die Welt vielleicht noch zu retten. So sinniere ich Schokolade knabbernd vor mich hin, während jenseits des Atlantiks in einer angeblich vorbildhaften Demokratie ein Mann zum mächtigsten Präsidenten der Welt gewählt wird, der mir vom Raunen in meiner karibischen Zeit her ein vager Begriff ist. Begegnet bin ich ihm nie. Aber es wurde erzählt, seine sagenhaft luxuriöse Jacht ankere hin und wieder vor Annabellas Kunstgalerie in Antigua. Entgegen verbreiteter Ansicht halte ich diesen Mann keineswegs für dumm, sondern für ein gefährliches, rassistisches Monster. Wie konnte diese Wahl passieren?

Der afroamerikanische Journalist und Bestsellerautor Ta-Nehisi Coates durfte Barack Obama, Vorgänger von Donald Trump im Präsidentenamt, mehrmals interviewen und auch seine Vorbehalte äußern, die er gegenüber Obamas Projekt, ein »Präsident für alle Amerikaner« sein zu wollen, hegte. Dadurch habe sich Obama zur Verharmlosung des halbstaatlichen und strukturellen Rassismus in den USA verpflichtet, was letztlich zu Frustration auf allen Seiten geführt habe. Denn ungeachtet seiner Anteilnahme für einige Opfer der zahlreichen Polizeimorde von unbewaffneten Schwarzen trat Barack Obama immer beschwichtigend auf, aus Angst vor dem Vorwurf einer melaningesteuerten Parteinahme. Ich weiß schon, ich sollte es nicht Mord nennen, sondern Tötung, handelt es sich doch um Agenten des staatlichen Gewaltmonopols, die einen unbewaffneten Menschen nur wegen seiner Hautfarbe abknallen oder ersticken oder zu Tode prügeln und sich nachher mit »Gegenwehr« rechtfertigen dürfen. Doch wegen des unübersehbar rassistischen Motivs sind diese »Tötungen« eben planvoll und gesetzlos und daher nenne ich sie weiterhin Mord. Obama überging selbst groteske rassistische Anwürfe gegen seine eigene Person vor und während seiner Amtszeit mit noblem Schweigen, angefangen von kruden Beschimpfungen und obszönen Karikaturen über das Abstreiten seiner »amerikanischen Herkunft« bis hin zum systematischen Boykott all seiner politischen Projekte durch die Mehrheit der vom Geist der *Tea Party* benebelten Kongressabgeordneten. Doch dadurch wurde die offensichtliche Asymmetrie einer durch die »Rassenlogik zerrissenen Gesellschaft« nur größer, meint Ta-Nehisi Coates.

Doch was, bitte, wäre die Alternative gewesen? Hätte Barack Obama erklären sollen, ich bin nicht nur der erste schwarze Präsident, sondern auch der erste Präsident der Schwarzen? Dies hätte doch von einem undemokratischen Amtsverständnis gezeugt.

Sein Nachfolger Donald Trump kennt da keine Scham. Der macht von Anfang an klar, wofür er steht, für *white priority* – und niemand scheint um die Demokratie besorgt. Nicht einmal wenn er die Nationalgarde auf unbewaffnete Demonstranten wegen der Polizeigewalt gegen Schwarze schießen und weiße rechtsradikale Gewalttäter ungeschoren lässt, scheint das zu irritieren. Und so groß die Empörung über das Unwissen, die Bestechungsversuche, den Sexismus des »ersten weißen Präsidenten« (Coates) sein mag, keine maßgebliche Zeitung in Europa schreibt vom eigentlichen Skandal, vom offenkundigen und ostentativen Rassismus des mächtigsten Mannes der Welt. Wenn er einmal als rassistisch bezeichnet wird, dann ist das eine von vielen unangenehmen Eigenschaften. Doch es ist sein *Wesenszug*, es ist die Grundlage seiner Persönlichkeit und seines Erfolgs.

Das Phänomen Donald Trump ist kein Unfall, schreibt Coates, sondern die Konsequenz eines alten, systemischen und strukturellen Rassismus in den USA. Wie ein roter Faden zieht sich durch die Geschichte, dass die Weißen sich selbst dabei immer als Opfer sehen, angefangen von den Mitgliedern des Ku-Klux-Klans, die das christliche Amerika durch Lynchjustiz vor der drohenden Gefahr einer schwarzen Übermacht zu retten glauben, bis hin zu den Polizeibeamten, die den Erstickungstod, die Erschießung, die schwere Misshandlung von unbewaffneten Schwarzen erfolgreich als Gegenwehr darstellen können.

In Österreich wird nur sporadisch darüber berichtet, und die Foren sind selbst in »Qualitätsmedien« voll von Rechtfertigungsversuchen für die Taten der Polizei. Das wundert wenig. Selbst hierzulande, wo der Bevölkerungsanteil an Schwarzen minimal ist, sind zwischen 1999 und 2008 über zehn Fälle namentlich dokumentiert, in denen bei willkürlichen Polizeieinsätzen oder im Zuge von Asylverfahren ein Schwarzer entweder ums Leben kam oder bleibende körperliche Schäden davontrug – jedes Jahr einer. Für die Polizei bleiben dergleichen »Übergriffe« folgenlos (*Die Presse*, 29. April 2009).

Ta-Nehisi Coates dokumentiert zahlreiche Beispiele für »strukturellen Rassismus«. Ungeachtet der Bürgerrechtsbewegung in den 1960er Jahren und spektakulärer Karrieren Einzelner ist die Benachteiligung von Afroamerikanern in vielen Bereichen des öffentlichen und privaten Lebens weiterhin fest verankert und erreicht ein weltweit folgenschweres Ausmaß in den zur Pleite von Lehman Brothers 2008 führenden Immobilienspekulationen. Und diese waren nichts anderes als eine Art großangelegtes Pyramidenspiel auf den Schultern der Schwarzen.

Trump wurde ja nicht wegen eines etwaigen Versagens seines schwarzen Vorgängers gewählt, weiß Ta-Nehisi Coates, sondern wegen dessen Erfolges, weil er der Welt zeigte, dass ein Schwarzer dieses große Land ebenso gut, wenn nicht gar besser regieren kann als ein Weißer. Für Trump und seine Wählerschaft ist das nicht hinnehmbar, jede Spur davon muss getilgt werden. Zwar werden die Wähler Trumps gerne als politisch vernachlässigte »Opfer« im *rust belt* dargestellt, aber wer die Geschichte kennt, weiß, dass es eine unheilige Allianz ist zwischen den wenig erfolgreichen Nachkommen jener im 19. Jahrhundert im Rahmen von *indentured labour* eingeführten *poor whites* und einer demselben Milieu entstammenden, jedoch meist durch Immobiliengeschäfte sehr reich gewordenen Unternehmerschicht.

Zu ihnen gehört die Familie von Donald Trump. Diese Weißen wurden – ähnlich wie die nichtdeutschen »Deutschen« von

Seafordtown – zur Einwanderung in die USA überredet, um »weißes Blut« zu retten und rebellierende Schwarze zu bekämpfen, und noch Generationen später werden sie von der Angst vor einem möglichen »Schwarzwerden« beherrscht. Selbst die Milliardäre unter ihnen bleiben Getriebene einer Angst, ungeachtet ihres Vermögens gesellschaftlich nie wirklich »angekommen« zu sein. Die Angst des Parvenüs, übertüncht von Brutalität, ist eine Angst, die auch zur Flucht in diverse evangelikale Sekten motiviert. Denn jeder möchte irgendwo dazugehören, wenn schon nicht zu den irdischen Eliten, dann wenigstens zu Gottes auserwählten Kindern weißer Haut. Aus der gleichen Schicht kommen die Mitglieder des ehemaligen Ku-Klux-Klans, der unter anderem Namen als eingetragener Verein weiterhin existiert. Der neue Obmann, ein Vertrauter Donald Trumps, ist übrigens der Erfinder jenes auch hierzulande beliebten rhetorischen Tricks: Weiße Suprematisten strebten doch nur *white priority* an, die vermeintlich legitime Vorherrschaft der Weißen, und seien angeblich keineswegs Rassisten. Diesen Spruch kennen wir in Europa von den genannten *Identitären*. Und offenbar nimmt man ihnen diese Botschaft auch ab, weil es ja, wissenschaftlich bewiesen, keine »Rassen« gibt und es daher auch keinen »Rassismus« geben könne.

Die Verhältnisse bei unserer mächtigen und gerne imitierten Schutzmacht sind freilich kaum auf unser liebes kleines Land übertragbar, nicht einmal auf die Zustände in der eher zu Extremen neigenden Bundesrepublik, wo wieder einmal »Asylantenheime brennen«, wo die gesamte Justiz ins Zwielicht gerät, nachdem jahrelang die Mörder an türkisch- oder kurdischstämmigen Deutschen in kurdischen und türkischen Familienclans vermutet werden statt in der sattsam bekannten Neonaziszene. Wo rassistische Rabauken unbehelligt auf den Straßen Dresdens schreien dürfen: *Wir sind das Volk!*

In Österreich wäre dergleichen undenkbar, denke ich. Hier muss eine rassistische und völkische Gesinnung nicht auf der Straße ausgelebt werden. Hier ist diese Haltung längst in der Mitte der Gesellschaft angekommen und bestimmt die Politik gegenüber Flüchtlingen, Muslimen,

Schwarzen und anderen »sichtbaren Minderheiten«. »Mit aller Härte« wird von ihnen Integration gefordert – ohne ihnen die Möglichkeiten dazu zu geben. Die Geschichte lehrt, irgendwann erreicht die Selektion in Geeignete und Ungeeignete immer auch die eigene Gruppe. Und dann kann sich niemand mehr hinter zynischen Begriffen wie *Ethnoplurali-tät* verbergen und behaupten, kein Rassist zu sein, sondern lediglich die »Eigenart jedes Volkes« anzuerkennen und *nur* eine Entmischung anzustreben. Diese Trickserei ist bereits vom Kleingedruckten im »Ahnenpass« bekannt. Und wir wissen, wie das ausgeht.

Solange wir nicht begreifen, dass Rassismus kein Kavaliersdelikt ist, keine Nebensache, kein Unfall, sondern eine die gesamte westliche Kultur formende, stetig innerhalb der gleichen Denkungsart mutierende Ideologie mit verheerenden Folgen, so lange wird die Maßlosigkeit rassistischer Träumer immer einen Nährboden finden. Denn das Menschenbild hinter Rassismus ist nichts, wofür man sich entschuldigen kann, sondern der morsche Pfeiler im Gebälk unserer westlichen Zivilisation. Einstmals die Stütze des »Europäischen Zeitalters« kann er nun alles, was uns stolz macht, zum Einsturz bringen.

Erst wenn das einmal begriffen wird, kann sich etwas ändern.

Ein wenig selbstzufrieden über diese schlichte Schlussfolgerung aus meinem langen, komplizierten Leben öffnete ich die heutige Zeitung. Nichts Neues. Im fernen China ist wieder einmal ein angeblich durch Wildtiere übertragener neuer Virus entdeckt worden.

Literatur – eine Auswahl

Améry, Jean: »Tortur«, in: *Jenseits von Schuld und Sühne. Bewältigungsversuche eines Überwältigten*, München 1966.

Anderson, Benedict: *Die Erfindung der Nation. Zur Karriere eines folgenreichen Konzepts*, Frankfurt a. M. 1988.

Arendt, Hannah: *Elemente und Ursprünge totaler Herrschaft. Antisemitismus, Imperialismus, totale Herrschaft*, München [8]2001 (erstmals 1986).

Balibar, Étienne: *Sind wir Bürger Europas? Politische Integration, soziale Ausgrenzung und die Zukunft des Nationalen*, Hamburg 2003.

Balibar, Étienne und Immanuel Wallerstein: *Rasse, Klasse, Nation. Ambivalente Identitäten*, Hamburg/Berlin [2]1998.

Bensaad, Ali (Hg.): »Marges et Mondialisation – Les Migrations Transsahariennes«, in: *Revue Maghreb-Machrek*, Nr. 185, Automne 2005.

Bermbach, Udo: *Houston Stewart Chamberlain. Wagners Schwiegersohn – Hitlers Vordenker*, Stuttgart 2015.

Bernatzik, Hugo Adolf: *Zwischen Weißem Nil und Belgisch-Kongo*. 204 Fotos, Wien 1929.

Bernatzik, Hugo Adolf: *Äthiopien des Westens*. 2 Bde., 378 Fotos, Wien 1933.

Bernatzik, Hugo Adolf unter Mitarbeit von Emmy Bernatzik: *Die Geister der Gelben Blätter. Forschungsreisen in Hinterindien*. 204 Fotos, München 1938 (Paris 1955).

Bernatzik, Hugo Adolf: *Akha und Meau. Probleme der Angewandten Völkerkunde in Hinterindien*. 2 Bde., 550 Abbildungen, Innsbruck 1957 (New Haven 1970).

Bernatzik, Hugo Adolf (Hg.): *Afrika. Handbuch für Angewandte Völkerkunde*. 2 Bde., München 1957.

Blanchard, Pascal et Gilles Boëtsch (Hg.): *Marseille, Porte Sud: 1905–2005. Un siècle d'histoire coloniale et d'immigration*, Paris 2005.

Blom, Philipp und Wolfgang Kos (Hg.): *Angelo Soliman. Ein Afrikaner in Wien*, Wien 2011.

Blum, William: *Killing Hope. Zerstörung der Hoffnung. Globale Operationen der CIA seit dem 2. Weltkrieg*, Frankfurt a. M. [6]2016.

Bommarius, Christian: *Der Gute Deutsche. Die Ermordung Manga Bells in Kamerun 1914*, Berlin 2015.

Bourdieu, Pierre: *Zur Soziologie der symbolischen Formen*, Frankfurt a. M. 1974.

Bourdieu, Pierre: *Sozialer Raum und ›Klassen‹. Leçon sur la leçon. Zwei Vorlesungen*, Frankfurt a. M. 1985.

Bourdieu, Pierre: *Homo academicus*, Frankfurt a. M. 1988.

Bourguignon, Erica: *Possession*, Columbus 1991 (erstmals 1976).

Bourguignon, Erica: »Vienna and Memory: Anthropology and Experience«, in: *American Anthropologist 3* (1996), S. 374–387.

Bourguignon, Erica: »Memory in an Amnesic World: Holocaust, Exile, and the Return of the Suppressed«, in: *Anthropological Quarterly* 78.1 (2005), S. 63–88.

Bourguignon, Erica (Hg.): *Religion, Altered States of Consciousness, and Social Change*, Columbus 1973.

Broszat, Martin: *Der Staat Hitlers. Grundlagen und Entwicklung seiner inneren Verfassung*, München ⁹1981.

Byer, Doris: *Rassenhygiene und Wohlfahrtspflege. Zur Entstehung eines sozialdemokratischen Machtdispositivs bis 1934*, Frankfurt a. M. 1987.

Byer, Doris: »Von der Klasse zum Körper. Zur Entwicklung moderner Sozialtechniken infolge des Ersten Weltkrieges«, in: *Jahrbuch für Zeitgeschichte* (1989).

Byer, Doris: »Die Rückkehr des ›geraubten Schattens‹. Ethnografische Fotos kehren nach einem halben Jahrhundert an den Ort ihrer Entstehung zurück«, in: Thomas Theye (Hg.): *Der geraubte Schatten. Eine Weltreise im Spiegel ethnographischer Photographie*, München 1989.

Byer, Doris: »Zum Problem eindeutiger Klassifikation. Diskursanalytische Perspektiven der Forschungen über Völkerkunde und Nationalsozialismus«, in: Thomas Hauschild (Hg.): *Lebenslust und Fremdenfurcht. Ethnologie im Dritten Reich*, Frankfurt a. M. 1995, S. 62–84.

Byer, Doris: *Die Große Insel – Südpazifische Lebensgeschichten. Autobiographische Berichte aus dem südöstlichen Salomon-Archipel seit 1914*, Wien-Köln-Weimar 1996.

Byer, Doris: *Der Fall Hugo A. Bernatzik. Ein Leben zwischen Ethnologie und Öffentlichkeit. 1897–1953*, Köln 1999.

Byer, Doris: »Evolutionistische Anthropologien. Zur Ambivalenz eines hundertjährigen Fortschrittsparadigmas«, in: Mitchell G. Ash (Hg.):

Wissenschaft, Politik und Öffentlichkeit. Von der Wiener Moderne bis zur Gegenwart, Wien 2002, S. 185–206.

Byer, Doris: *Essaouira, endlich*, Graz 2004.

Byer, Doris: *Mali. Eine Spurensuche*. Mit Fotos von Abdoulaye Sima, Graz 2014.

Celan, Paul: *Mohn und Gedächtnis. Gedichte*, Stuttgart ³1958.

Césaire, Aimé: *Discours sur le Colonialisme*, Paris 1955.

Césaire, Aimé: *Nègre je suis, Nègre je resterai. Entretiens avec Françoise Vergès*, Paris 2005.

Chamberlain, Houston Stewart: *Die Grundlagen des neunzehnten Jahrhunderts*, 2 Bde., München ¹¹1915.

Clifford, James und George E. Marcus (Hg.): *Writing Culture. The Poetics and Politics of Ethnography*, Berkeley 1986.

Coates, Ta-Nehisi: *Between the World an Me*, New York 2015.

Coates, Ta-Nehisi: *We Were Eight Years in Power. An American Tragedy*, New York 2017.

Daim, Wilfried: *Der Mann, der Hitler die Ideen gab. Die sektiererischen Grundlagen des Nationalsozialismus*, Wien 1985.

Deroo, Éric und Antoine Champeaux: *La Force Noir. Gloire et infortunes d'une légende coloniale*, Paris 2006.

Deville, Patrick: *Kampuchea*, Zürich 2018.

Diderot, Denis: »Nachtrag zu ›Bougainvilles Reise‹ oder Gespräch zwischen A. und B. über die Unsitte, moralische Ideen an gewisse physische Handlungen zu knüpfen, zu denen sie nicht passen. Um 1775«, in: D. Diderot, *Philosophische Schriften II*, Berlin 1984, S. 295–238. (Originaltitel von 1775: *Supplément au Voyage de Bougainville, ou Dialogue entre A et B sur l'inconvénient d'attacher des idées morales à certaines actions physiques qui n'en comportent pas*).

Du Bois, W. E. B.: *The Souls of Black Folk*, Chicago 1903 (Freiburg 2003).

Fanon, Frantz: *Peau noire, masques blancs*, Paris 1952 (Frankfurt a. M. 1980).

Fanon, Frantz: *Les damnés de la terre*. Préface de Jean-Paul Sartre, Paris 1961 (Frankfurt a. M. 1966).

Forster, Georg: *Reise um die Welt* (1777). Illustriert von eigener Hand. Mit einem biographischen Essay von Klaus Harprecht, Berlin 2007.

Fremmer, Ray: »Jamaicas Little Germany«, in: *Sky Writings Magazine*, Nr. 28, April 1981, Kingston.

Foucault, Michel: *Sexualität und Wahrheit 1. Der Wille zum Wissen*, Frankfurt a. M., 1979 (Paris 1976).

Galeano, Eduardo: *Die offenen Adern Lateinamerikas. Geschichte eines Kontinents*, Wuppertal 2016 (erstmals 1972).

Geertz, Clifford: *Spurenlesen. Der Ethnologe und das Entgleiten der Fakten*, München 1997.

Geisenhainer, Katja: *Marianne Schmidl (1890-1942)*, Leipzig 2005.

Ghali, Waguih: *Snooker in Kairo*. Roman, München 2018.

Gilroy, Paul: *The Black Atlantic. Modernity and Double Consciousness*, London 1993.

Gilroy, Paul: »On the Necessity and Impossibility of Being a Black European«, in: *The Contemporery Study of Culture*. Herausgegeben vom BM für Wissenschaft und Verkehr und IWK, Wien 1999, S. 53-82.

Gobineau, Arthur de: *Versuch über die Ungleichheit der Menschenracen*, Stuttgart 1900 (Paris 1853).

Goldstein, Jürgen: *Georg Forster. Zwischen Freiheit und Naturgewalt*, Berlin 2015.

Gould, Steven J.: *The Mismeasure of Man*, New York 1981.

Gutberlet, Bernd Ingmar: *Grandios gescheitert. Misslungene Projekte der Menschheitsgeschichte*, Köln 2012.

Hall, Catherine u. a. (Hg.): *Legacies of British Slave-ownership. Colonial Slavery and the Formation of Victorian Britain*, Cambridge 2014. doi: 10.1017/CBO9781139626958 (Zur Genealogie der Lordschaft Seaford).

Hall, Stuart: *Das verhängnisvolle Dreieck. Rasse, Ethnie, Nation*, Berlin 2018.

Haeckel, Ernst: *Natürliche Schöpfungsgeschichte. Gemeinverständliche wissenschaftliche Vorträge über die Entwickelungslehre im Allgemeinen und diejenige von Darwin, Goethe und Lamarck im Besonderen, über die Anwendung derselben auf den Ursprung des Menschen und andere damit zusammenhängende Grundfragen der Naturwissenschaft.* Zweite, verbesserte und vermehrte Auflage, Berlin 1870.

Hilsenrath, Edgar: *Das Märchen vom letzten Gedanken*. Roman, Berlin 1989.

Hilsenrath, Edgar: *Der Nazi & der Friseur*. Roman, Berlin 1990.

Hobsbawm, Eric J.: *Das imperiale Zeitalter 1875-1914*, Frankfurt a. M. [2]2008 (London 1987).

Hobsbawm, Eric J.: *Das Zeitalter der Extreme. Weltgeschichte des 20. Jahrhunderts*, München 1995.

Hobsbawm, Eric J.: *Gefährliche Zeiten. Ein Leben im 20. Jahrhundert*, München 2002.

Hobsbawm, Eric J. und Terence Ranger (Hg.): *The Invention of Tradition*, Cambridge 1983.

Jullien, François: *Es gibt keine kulturelle Identität*, Frankfurt a. M. 2017.

Kant, Immanuel: »Von den verschiedenen Rassen der Menschen« (1775) und »Bestimmung des Begriffs einer Menschenrasse« (1785), in: *Schriften zur Anthropologie, Geschichtsphilosophie und Pädagogik 1*. Werkausgabe Bd. XI, Frankfurt a. M. 1978.

Kramer, Fritz: *Verkehrte Welten. Zur imaginären Ethnographie des 19. Jahrhunderts*, Frankfurt a. M. 1981.

Koeppen, Wolfgang: *Tauben im Gras* (1951). *Das Treibhaus* (1953). *Der Tod in Rom* (1954). Drei Romane, Berlin 1986.

La France Noir. Trois siècles de présence. Sous la direction de Pascal Blanchard, Paris 2011.

Las Casas, Bartolomé de: *Kurzgefasster Bericht von der Verwüstung der Westindischen Länder*. Herausgegeben von Hans Magnus Enzensberger, Frankfurt a. M. 1981 (erstmals 1790).

Leiris, Michel: *Phantom Afrika. Tagebuch einer Expedition von Dakar nach Djibouti 1931–1933*. Bd. 1 und Bd. 2. Herausgegeben und mit einer Einleitung von Hans-Jürgen Heinrichs, Frankfurt a. M. 1980 (Paris 1934).

Lepenies, Philipp: *Die Macht der einen Zahl. Eine politische Geschichte des Bruttoinlandprodukts*, Berlin 2013.

Lévi-Strauss, Claude: *Tristes Tropiques*, Paris 1962 (Frankfurt a. M. 1978).

Lévi-Strauss, Claude: »Rasse und Kultur«, in: *Der Blick aus der Ferne*, München 1985 (Paris 1983).

Llosa, Mario Vargas: *Der Traum des Kelten*. Roman, Frankfurt a. M. 2011.

Lösch, Niels C.: *Rasse als Konstrukt. Leben und Werk Eugen Fischers*, Frankfurt a. M. 1997.

Malinowski, Bronisław: *Das Geschlechtsleben der Wilden. Liebe/Ehe und Familienleben bei den Eingeborenen der Trobriand-Inseln, Britisch-Neu-Guinea*, Frankfurt a. M. 1928.

Mayer, Michael: *Staaten als Täter. Ministerialbürokratie und »Judenpolitik« in NS-Deutschland und Vichy-Frankreich*, Oldenburg 2010.

Mbembe, Achille: *Kritik der Schwarzen Vernunft*, Frankfurt a. M. [5]2016 (*Critique de la raison nègre*, Paris 2013).

Mbembe, Achille: *Politique de l'inimité*, Paris 2016.

Mead, Margaret: *Male and Female. A Study of the Sexes in a Changing World*, London 1949.

Melandri, Francesca: *Alle, außer mir*. Roman, Berlin 2018.

Mishra, Pankaj: *Das Zeitalter des Zorns. Eine Geschichte der Gegenwart*, Frankfurt a. M. 2017.

Morrison, Toni: *The Origin of Others*, Harvard 2017.

Mosse, George L.: *Nationalismus und Sexualität. Bürgerliche Moral und sexuelle Normen*, Berlin 1987.

Müller, Elisabeth: »In Seafordtown sind die Jamaikaner blond«, in: *The Gleaners Tourist Guide*, Kingston, Januar 1979.

Nkrumah, Kwame: *The Big Lie* (reprint of: Dark Days in Ghana), London 1968.

Patterson, Orlando: *Slavery and Social Death. A comparative study*, Harvard 1987.

Patterson, Orlando: *Freedom in the Making of Western Culture*, Harvard 1991.

Pöhl, Friedlich und Bernhard Tilg (Hg.): *Franz Boas – Kultur, Sprache Rasse. Wege einer antirassistischen Anthropologie*, Münster 2011.

Pugel, Theodor: *Die arische Frau im Wandel der Jahrtausende*. Mit zahlreichen Abbildungen im Text und vielen ganzseitigen Kunstbeilagen, Wien 1936.

Reybrouck, David Van: *Kongo. Eine Geschichte*, Berlin 2012.

Rodney, Walter: *How Europe Underdeveloped Africa*, London 1972 (*Afrika. Die Geschichte einer Unterentwicklung*, Berlin 1975).

Ringer, Fritz K.: *Die Gelehrten. Der Niedergang der deutschen Mandarine 1890–1933*, München 1987 (Harvard 1969).

Rousseau, Jean-Jacques: *Schriften zur Kulturkritik. Die zwei Diskurse von 1750 und 1755*, Hamburg 1978 (»Über Kunst und Wissenschaft« und »Über den Ursprung der Ungleichheit unter den Menschen«).

Rousseau, Patrick H. O.: *Negotiating Change. Pat Rousseau and the Bauxite Negotiations 1974–77*, Kingston 1987.

Sala-Molins, Louis: *Le Code Noir ou le Calvaire de Canaan*, Paris 1987.

Sapper, Karl: »Der mittelamerikanisch-westindische Raum als Versuchsfeld deutscher Ansiedlung«, in: *Koloniale Rundschau*, Berlin, September 1937, S. 313–330.

Schmuhl, Hans-Walter: *Grenzüberschreitungen. Das Kaiser-Wilhelm-Institut für Anthropologie, menschliche Erblehre und Eugenik 1927–1945*, Göttingen 2005.

Schottelius, Herbert: *Mittelamerika als Schauplatz deutscher Kolonisationsversuche 1840–1865*, Hamburg 1939.

Scheppe, Wolfgang: »Einführung in die Kühlkammern. Über die Auffindung eines Themas und dessen Eskalation«, in: *Die Vermessung des Unmenschen. Zur Ästhetik des Rassismus*. Eine Ausstellung von Wolfgang Scheppe mit der Staatlichen Kunstsammlung Dresden 2016, S. 1.

Scheppe, Wolfgang: »Die Grenze als Wissenschaftsideal. Der Dresdner Anthropologe und Völkerkundler Bernhard Struck«, in: *Die Vermessung des Unmenschen. Zur Ästhetik des Rassismus*. Eine Ausstellung von Wolfgang Scheppe mit der Staatlichen Kunstsammlung Dresden 2016, S. 17–21.

Seidler, Horst und Andreas Rett: *Das Reichssippenamt entscheidet. Rassenbiologie im Nationalsozialismus*, Wien 1982.

Smith, Karen E.: *Europeans and Genocide*, Cambridge 2010.

Streck, Bernhard: *Sterbendes Heiligtum. Die Rekonstruktion der ersten Weltreligion*, Leipzig 2013.

Taussig, Michael: *Sympathiezauber. Texte zur Ethnographie*, Konstanz 2013.

Taussig, Michael: *Mimesis und Alterität. Eine eigenwillige Geschichte der Sinne*, Konstanz 2014.

Temime, Émile: *Histoire de Marseille: de la révolution à nos jours*, Paris 1999.

Tocqueville, Alexis de: *De la Démocratie en Amérique*, Paris 1835/1840 (Frankfurt a. M. 1956).

Tocqueville, Alexis de: »Travail sur l'Algérie«, 1841 (dt.: »Gedanken über Algerien«, in: *Kleine politische Schriften*, herausgegeben von Harald Blum, Berlin 2006).

Tyler, Stephen A.: *Das Unaussprechliche. Ethnographie, Diskurs und Rhetorik in der postmodernen Welt*, München 1991.

Vuillard, Éric: *Congo*, Paris 2012 (*Kongo*, Berlin 2015).

Vuillard, Éric: *Traurigkeit der Erde. Eine Geschichte von Buffalo Bill Cody*, Berlin 2017.

Wallerstein, Immanuel: *Das moderne Weltsystem – Die Anfänge kapitalistischer Landwirtschaft und die europäische Weltökonomie im 16. Jahrhundert*, Frankfurt a. M. 1986.

Wieviorka, Michel: *Kulturelle Differenzen und kollektive Identitäten*, Hamburg 2003 (Paris 2001).

Williams, Eric: *Capitalism and Slavery*, London 1967.

Williams, Eric: *From Columbus to Castro. The History of the Caribbean 1492–1969*, London 1970.

Zertal, Idith: *From Catastrophe to Power: The Holocaust Survivors and the Emergence of Israel*, Berkeley 1998.

Zertal, Idith: *Israel's Holocaust and the Politics of Nationhood*, Cambridge 2005.

Zips, Werner und Heinz Kämpfer: *Nation X. Schwarzer Nationalismus, Black Exodus & Hip-Hop*, Wien 2001.

Doris Byer, 1942 in Wien geboren, war Dozentin für Historische Anthropologie am Institut für Geschichte der Universität Wien. Sie lebte und arbeitete auf Jamaika, den Salomon-Inseln, in Marokko, Marseille, Mali und thematisierte in zahlreichen Publikationen anthropologische Diskurse des 19. und 20. Jahrhunderts sowie den Zusammenhang von individuellem Lebensentwurf, kultureller Repräsentation und politischer Geschichte.

Erste Auflage Berlin 2022

Copyright © 2022
MSB Matthes & Seitz Berlin Verlagsgesellschaft mbH
Göhrener Str. 7, 10437 Berlin
info@matthes-seitz-berlin.de

Einbandgestaltung: Dirk Lebahn, Berlin,
unter Verwendung eines Motivs von Dagobert Peche (1922)
Satz: Tom Mrazauskas, Berlin
Druck und Bindung: GGP Media GmbH, Pößneck

ISBN 978-3-7518-0363-2

www.matthes-seitz-berlin.de